le Guide du routard

Directeur de collection et auteur
Philippe GLOAGUEN

Cofondateurs
Philippe GLOAGUEN et Michel DUVAL

Rédacteur en chef
Pierre JOSSE

Rédacteurs en chef adjoints
Amanda KERAVEL et Benoît LUCCHINI

Directrice de la coordination
Florence CHARMETANT

Rédaction
**Olivier PAGE, Véronique de CHARDON,
Isabelle AL SUBAIHI, Anne-Caroline DUMAS,
Carole BORDES, André PONCELET,
Marie BURIN des ROZIERS, Thierry BROUARD,
Géraldine LEMAUF-BEAUVOIS, Anne POINSOT,
Mathilde de BOISGROLLIER, Alain PALLIER
Gavin's CLEMENTE-RUÏZ et Fiona DEBRABANDER**

NÉPAL TIBET

2007
2008

Hachette

Avis aux hôteliers et aux restaurateurs

Les enquêteurs du *Guide du routard* travaillent dans le plus strict anonymat. Aucune réduction, aucun avantage quelconque, aucune rétribution n'est jamais demandé en contrepartie. Face aux aigrefins, la loi autorise les hôteliers et restaurateurs à porter plainte.

Hors-d'œuvre

Le *Guide du routard*, ce n'est pas comme le bon vin, il vieillit mal. On ne veut pas pousser à la consommation, mais évitez de partir avec une édition ancienne. Les modifications sont souvent importantes.

> Pour que votre pub voyage autant que nos lecteurs,
> contactez nos régies publicitaires :
> ● fbrunel@hachette-livre.fr ●
> ● veronique@routard.com ●

ON EN EST FIERS : www.routard.com

Tout pour préparer votre voyage en ligne, de A comme argent à Z comme Zanzibar : des fiches pratiques sur 125 destinations (y compris les régions françaises), nos tuyaux perso pour voyager, des cartes et des photos sur chaque pays, des infos météo et santé, la possibilité de réserver en ligne son visa, son vol sec, son séjour, son hébergement ou sa voiture. En prime, *routard mag,* véritable magazine en ligne, propose interviews de voyageurs, reportages, carnets de route, événements culturels, dossiers pratiques, produits nomades, fêtes et infos du monde. Et bien sûr : des concours, des *chats,* des petites annonces, une boutique de produits de voyage...

Les réductions accordées à nos lecteurs ne sont jamais demandées par nos rédacteurs afin de préserver leur indépendance. Les hôteliers et restaurateurs sont sollicités par une société de mailing, totalement indépendante de la rédaction qui reste libre de ses choix. De même pour les autocollants et plaques émaillées.

Mille excuses, on ne peut plus répondre individuellement aux centaines de CV reçus chaque année.

Le contenu des annonces publicitaires insérées dans ce guide n'engage en rien la responsabilité de l'éditeur.

© **HACHETTE LIVRE** (Hachette Tourisme), 2007
Tous droits de traduction, de reproduction
et d'adaptation réservés pour tous pays.

© **Cartographie** Hachette Tourisme.

TABLE DES MATIÈRES

COMMENT ALLER AU NÉPAL ET AU TIBET ?

- LES LIGNES RÉGULIÈRES...... 13
- LES ORGANISMES DE VOYAGES 14

QUITTER LE NÉPAL ET LE TIBET

- QUITTER LE NÉPAL............... 29
- QUITTER LE TIBET................ 31

LE NÉPAL : GÉNÉRALITÉS

- CARTE D'IDENTITÉ 35
- AVANT LE DÉPART 36
- ARGENT, BANQUES, CHANGE 39
- ACHATS 40
- ACTIONS HUMANITAIRES...... 42
- BAGAGES.............................. 43
- BOISSONS............................. 43
- BUDGET................................ 44
- CALENDRIER......................... 45
- CLIMAT................................. 45
- CUISINE 47
- DANGERS ET ENQUIQUINEMENTS.................................. 47
- DÉCALAGE HORAIRE 48
- DRAPEAU NÉPALAIS 48
- DROGUE............................... 49
- DROITS DE L'HOMME 49
- ÉCONOMIE........................... 50
- ÉLECTRICITÉ........................ 51
- ENVIRONNEMENT.................. 52
- FAUNE ET FLORE 52
- FÊTES ET JOURS FÉRIÉS...... 53
- GÉOGRAPHIE........................ 55
- GUIDES 57
- HISTOIRE.............................. 57
- INFOS EN FRANÇAIS SUR TV5 60
- ITINÉRAIRES PROPOSÉS........ 60
- LANGUES.............................. 61
- LEXIQUE............................... 63
- LIVRES DE ROUTE 65
- MÉDIAS 65
- MENDICITÉ 67
- MUSIQUE ET CINÉMA 67
- NAMASTE !............................ 68
- PHOTO.................................. 68
- POIDS ET MESURES.............. 69
- POPULATION 69
- POSTE 72
- POURBOIRE ET TAXE 73
- RAFTING ET CANYONING 73
- RELIGIONS ET CROYANCES ... 74
- SANTÉ 76
- SAVOIR-VIVRE ET COUTUMES .. 78
- SCOLARITÉ, ÉDUCATION 79
- SITES INTERNET 79
- TÉLÉPHONE ET TÉLÉCOMMUNICATIONS 80
- TRANSPORTS INTÉRIEURS..... 80
- TREKKING 81
- VACHES SACRÉES................. 90

TABLE DES MATIÈRES

LE NÉPAL

- KATHMANDU ... 91
- DÉCOUVRIR LES MONTAGNES PAR LA VOIE DES AIRS ... 129

LA VALLÉE DE KATHMANDU

- COMMENT VISITER LA VALLÉE ? ... 129
- AVERTISSEMENT ... 129
- SWAYAMBUNATH (SWAYAMBU) ... 130
- BUDDHA NILKANTHA ... 131
- PATAN (LALITPUR) ... 134
  - Bungamati • Khokhana • Godavari
- KIRTIPUR ... 139
  - Les gorges de Chobar • Kucchay
- PHARPING ... 141
- DAKSHIN KALI ... 142
- PASHUPATINATH ... 143
- BODHNATH (BAUDA) ... 145
- BHAKTAPUR (BHADGAON) ... 147
  - Thimi
- CHANGU NARAYAN ... 158
- SANKHU ... 159
- NAGARKOT ... 160
  - Jaharsing Pauwa
- BANEPA ... 163
  - Nala
- PANAUTI ... 163
  - La balade du Namo Bouddha
- DHULIKHEL ... 165

À L'OUEST DE KATHMANDU

- MUGLING ... 167
- GORKHA ... 168
- BANDIPUR ... 169
- POKHARA ... 171
  - Hyangja • Les lacs de Begnas et Rupa et la vallée de la Kali Khola • Nirmal Pokhari • Sarangkot • Trek de Naudanda à Pokhara • Circuits en raft • Treks au départ de Pokhara • Ghorepani • Tatopani
- TANSEN (PALPA) ... 189
  - Parvas Lake • Chandi Bhanjyang • Bhairabsthan • Rani Ghat

LE TÉRAÏ

Le Téraï du Centre

- LE PARC DE CHITWAN ... 192

Le Téraï de l'Ouest

- LUMBINI ... 198
- LE PARC DE BARDIA ... 200

Le Téraï de l'Est

- JANAKPUR ... 201
  - Danusha • Janakpur Women's Development Centre
- KOSHI TAPPU WILDLIFE RESERVE ... 204

LE TIBET : GÉNÉRALITÉS

- CARTE D'IDENTITÉ ... 208
- AVIS AUX LECTEURS ... 208

TABLE DES MATIÈRES

- COMMENT ALLER AU TIBET ? 208
- AVANT LE DÉPART 212
- ARGENT, BANQUES, CHANGE 216
- AVENTURIERS ET EXPLORATEURS AU TIBET 216
- BOISSONS 218
- BUDGET 218
- CLIMAT 220
- CUISINE 222
- DÉCALAGE HORAIRE 222
- DROITS DE L'HOMME : UN PAYS SOUS L'OCCUPATION 223
- ÉCONOMIE 226
- ÉLECTRICITÉ 227
- ENVIRONNEMENT 227
- FÊTES ET JOURS FÉRIÉS 228
- GÉOGRAPHIE 229
- HÉBERGEMENT 230
- HISTOIRE 231
- ITINÉRAIRES PROPOSÉS 235
- LANGUE 236
- LIVRES DE ROUTE 237
- MÉDIAS 238
- MENDICITÉ 240
- ORGANISER SON VOYAGE SUR PLACE 240
- PHOTO 242
- POPULATION 242
- POSTE 243
- PSB – BUREAU DE SÉCURITÉ PUBLIQUE 244
- RELATIONS CHINE-TIBET 245
- RELIGIONS ET CROYANCES 248
- SANTÉ 254
- SITES INTERNET 256
- TÉLÉPHONE ET TÉLÉCOMMUNICATIONS 257
- TRANSPORTS INTÉRIEURS 258
- TREKKING ET SPORTS D'AVENTURE 259
- TRUCS ET ASTUCES 259
- YACKS 259

LE TIBET

- LHASSA 261
  - Le monastère de Drépung
  - Néchung • Balade vers Drépung en passant par Néchung
  - Le monastère de Séra • Randonnée de Pabonka à Séra

LES VALLÉES DU TIBET CENTRAL

La vallée de la Haute Kyichu

- LE MONASTÈRE DE GANDEN 286
- DRIGUNG TIL ET TERDROM 289
- RÉTING ET TAKLUNG 291

La vallée du Yarlung

- SAMYÉ 294
  - Le monastère de Mindroling
  - Le monastère de Dorje Drak
  - Chimphu
- TSÉTANG 297
  - Le monastère de Trandruk
  - Yumbulakang • Chongyé, la vallée des Rois

La vallée de la Tölung et le lac Namtso

- LE MONASTÈRE DE TSURPHU 300
- LE LAC NAMTSO 301

LE MONT KAILASH ET LE TIBET DE L'OUEST

- **LA PISTE DU NORD** 304
  - Sengué Zangpo
- **TÖLING ET TSAPARANG** 304
  - Le lac Manasarovar • La Kora du lac Manasarovar • Thirtapuri
- **LE MONT KAILASH** 305
- **DE PURANG À SIMIKHOT** 306
- **LA PISTE DU SUD** 306

LA ROUTE DE KATHMANDU À LHASSA

- **LA FRONTIÈRE** 307
- **ZANGMU (DRAM, KHASA)** 307
- **NYALAM** 308
  - La grotte de Milarépa • Le Tong-La • Gurdzö
- **TINGRI** 309
- **SHEGAR (NEW TINGRI)** 311
- **LE CAMP DE BASE DE L'EVEREST** 312
- **SAKYA** 313
  - Lhatsé • Lhatsé « vieux village »
- **SHIGATSÉ** 316
  - Shalu • Ngor
- **GYANTSÉ** 324
- **DE GYANTSÉ À LHASSA PAR LA ROUTE DU SUD** 328
  - Le monastère de Ralung • Le lac Yamdrok-Tso • Le monastère de Samding

- **INDEX GÉNÉRAL** 333
- **OÙ TROUVER LES CARTES ET LES PLANS ?** 335

NOS NOUVEAUTÉS

LORRAINE (janvier 2007)

D'abord, on ne passe pas par la Lorraine avec ses gros sabots, on laisse à la frontière ses idées préconçues. La Lorraine peut revendiquer aujourd'hui d'être le centre de l'Europe. Elle partage ses frontières avec trois pays (l'Allemagne, la Belgique et le Luxembourg). À propos, qui appelle-t-on lorsque la France est dans la panade ? Jeanne d'Arc et de Gaulle avec sa croix de Lorraine. Qui est le vrai poumon vert du pays ? La Lorraine avec un bon tiers de forêt. Et que dire de ces villes à forte personnalité : Nanacy avec sa célèbre place Stanislas et son patrimoine Art nouveau unique, Metz, qu'on croit grise, mais qui affiche un festival permanent de teintes jaune, ocre, mordorées et un délicieux centre piétonnier d'où émerge une merveilleuse cathédrale... Bar-Le-Duc, aux vieux quartiers pleins de charme. Sans oublier l'héroïque Verdun et les souvenirs douloureux des Poilus. Enfin comme cette province est très sage, allez voir Épinal, elle y a reçu une image. Enfin, les visiteurs apprécieront le superbe patrimoine culturel de la Lorraine, riche de ses différences. Nourrie par la France et l'Allemagne, ces deux cultures la façonnèrent.

LISBONNE (octobre 2006)

Lisbonne, à l'embouchure du Tage, avec vue sur l'Atlantique... La ville qui a vu passer Vasco de Gama, Magellan ou saint Antoine de Padoue offre – en moins de 3 h d'avion depuis Paris – un rapport qualité-prix-dépaysement imbattable. De l'authentique Alfama, jusqu'au Bairro Alto branché, en passant par le Parc des Nations, la ville du futur et le musée Calouste-Gulbenkian où les chefs d'œuvre abondent. Tout le monde s'y retrouve. Entre deux gargotes, on saute dans le vieux tram jaune 28 qui traverse la ville, du château Saint-Georges avec sa forteresse jusqu'au monastère des hiéronymites de Belém, tout en dentelles. Funiculaires, ascenseurs, tram, métro, tous les moyens sont bons pour arpenter la ville. On goûte un *pasteis de nata,* petit flan crémeux en buvant une *ginga*... Sans oublier les *casa do fado,* pour écouter ce blues portugais. Et les derniers fêtards se retrouvent sur les *docas,* où les meilleurs DJ's viennent astiquer les platines.

LES GUIDES DU ROUTARD 2007-2008

(dates de parution sur **www.routard.com**)

France

Nationaux

- **Camping en France (avril 2007)**
- Nos meilleures chambres d'hôtes en France
- Nos meilleurs hôtels et restos en France
- Nos meilleures tables à la ferme en France
- Petits restos des grands chefs
- Pays de la Loire
- Poitou-Charentes
- Provence
- Pyrénées, Gascogne

Régions françaises

- Alpes
- Alsace
- Aquitaine
- Ardèche, Drôme
- Auvergne, Limousin
- Bourgogne
- Bretagne Nord
- Bretagne Sud
- Châteaux de la Loire
- Corse
- Côte d'Azur
- Franche-Comté
- Île-de-France
- Languedoc-Roussillon
- **Lorraine (janvier 2007)**
- Lot, Aveyron, Tarn
- Nord-Pas-de-Calais
- Normandie
- Pays basque (France, Espagne)

Villes françaises

- Bordeaux
- Lille
- Lyon
- Marseille
- Montpellier
- Nice
- **Strasbourg (avril 2007)**
- Toulouse

Paris

- Junior à Paris et ses environs
- Paris
- Paris balades
- Paris exotique
- Paris la nuit
- Paris sportif
- Paris à vélo
- Paris zen
- Restos et bistrots de Paris
- Le Routard des amoureux à Paris
- Week-ends autour de Paris

Europe

Pays européens

- Allemagne
- Andalousie
- Andorre, Catalogne
- Angleterre, Pays de Galles
- Autriche
- Baléares
- Belgique
- Castille, Madrid (Aragon et Estrémadure)
- Crète
- Croatie
- Écosse
- Espagne du Nord-Ouest (Galice, Asturies, Cantabrie)
- Finlande
- Grèce continentale
- Hongrie, République tchèque, Slovaquie
- Îles grecques et Athènes
- Irlande
- Islande
- Italie du Nord
- Italie du Sud
- **Lacs italiens (décembre 2006)**
- Malte
- Norvège, Suède, Danemark
- Pologne et capitales baltes
- Portugal
- Roumanie, Bulgarie
- Sicile
- Suisse
- Toscane, Ombrie

LES GUIDES DU ROUTARD 2007-2008 (suite)

(dates de parution sur **www.routard.com**)

Villes européennes

- Amsterdam
- Barcelone
- Berlin
- Florence
- **Lisbonne (octobre 2006)**
- Londres
- Moscou, Saint-Pétersbourg
- Prague
- Rome
- Venise

Amériques

- Argentine
- Brésil
- Californie
- Canada Ouest et Ontario
- Chili et île de Pâques
- Cuba
- Équateur
- États-Unis côte Est
- Floride, Louisiane
- Guadeloupe, Saint-Martin, Saint-Barth
- **Guatemala, Yucatán (novembre 2006)**
- Martinique, Dominique, Sainte-Lucie
- Mexique
- New York
- Parcs nationaux de l'Ouest américain et Las Vegas
- Pérou, Bolivie
- Québec et Provinces maritimes
- République dominicaine (Saint-Domingue)

Asie

- Birmanie (Myanmar)
- Cambodge, Laos
- Chine (Sud, Pékin, Yunnan)
- Inde du Nord
- Inde du Sud
- Indonésie
- Istanbul
- Jordanie, Syrie
- Malaisie, Singapour
- Népal, Tibet
- Sri Lanka (Ceylan)
- Thaïlande
- Turquie
- Vietnam

Afrique

- Afrique de l'Ouest
- Afrique du Sud
- Égypte
- Île Maurice, Rodrigues
- Kenya, Tanzanie et Zanzibar
- Madagascar
- Maroc
- Marrakech
- Réunion
- Sénégal, Gambie
- Tunisie

Guides de conversation

- Allemand
- Anglais
- **Arabe égyptien (mars 2007)**
- **Arabe maghrébin (mars 2007)**
- Chinois
- Croate
- Espagnol
- Grec
- Italien
- Portugais
- Russe

Et aussi...

- Le Guide de l'humanitaire

NOS NOUVEAUTÉS

GUATEMALA, YUCATÁN (novembre 2006)

Une région que nous aurions pu tout aussi bien intituler « Le Pays maya ». Que l'on atterrisse à Ciudad Guatemala ou à Cancún, que l'on passe par le Chiapas ou par le Belize pour rejoindre le Yucatán ou le Guatemala, partout on est en territoire maya. À la fin d'un tel circuit cette civilisation aux coutumes toujours vives n'aura plus de secret pour vous. Malgré sa petite superficie, le Guatemala offre une palette étonnamment variée de paysages, de climats, de coutumes locales qui raviront les amateurs de vestiges, de culture et de dépaysement. Flores, ravissante île posée sur le lac Petén Itza et Tikal, site splendide en pleine forêt vierge. Alentour, enfouis dans la jungle, d'autres sites moins connus attendent les randonneurs aguerris. Le lac Atitlán, l'un des plus beaux du monde, avec sa couronne de volcans, est bordé d'un chapelet de villages hors du temps. Antigua, l'ancienne capitale coloniale et plus belle ville du pays, mérite à elle seule une étape de plusieurs jours. Et puis, changement de décor ! À bord d'une *lancha* vous descendrez le *río Dulce* jusqu'à Livingston, au bord de l'Atlantique, refuge des *Garifunas,* des descendants d'esclaves, présents aussi au Belize tout proche. Ici, on vit au rythme d'une musique caraïbe. Enfin, près de Cobán, ne manquez pas de rendre visite à l'oiseau-roi des Mayas, le *quetzal,* volatile rare et somptueux, qui a donné son nom à la monnaie locale. Escalades des volcans ou des pyramides, plongées dans les eaux turquoises du Belize et du Yucatán, découvertes des biotopes compléteront ce superbe voyage.

LACS ITALIENS (janvier 2007)

Le lac Majeur, le lac de Garde, Côme, Lugano, Orta, Iseo... Des romantiques du XIXe siècle aux stars hollywoodiennes, les lacs italiens n'ont cessé d'attirer et de séduire le visiteur. Nous sommes tous envoûtés par ces rivages nichés dans des paysages préalpins de toute beauté. Après avoir savouré le charme des villages du lac Majeur et du lac de Côme, leurs fastueuses villas entourées de jardins somptueux, peut-être serez-vous tenté alors par une virée helvète, à Locarno ou au bord du petit lac de Lugano. C'est là que vous vous attablerez dans les charmants *grotti,* ces petites auberges de campagne où l'on dévore un plateau de charcuterie (ou la spécialité locale) tout en s'abreuvant du vin du patron. Dans cette région de balades, entre villes et montagnes, le routard pourra toujours choisir entre le glamour et l'agitation des petites villes chic qui bordent les lacs et l'authenticité des coins perdus sur les hauteurs, dans une nature généreuse et escarpée qui offrira aux randonneurs une multitude de sentiers à explorer.

Nous tenons à remercier tout particulièrement Loup-Maëlle Besançon, Thierry Bessou, Gérard Bouchu, François Chauvin, Grégory Dalex, Fabrice de Lestang, Cédric Fischer, Carole Fouque, Michelle Georget, David Giason, Lucien Jedwab, Emmanuel Juste, Florent Lamontagne, Philippe Martineau, Jean-Sébastien Petit-demange, Laurence Pinsard, Thomas Rivallain, Déborah Rudetzki, Claudio Tombari et Solange Vivier pour leur collaboration régulière.

Et pour cette nouvelle collection, nous remercions aussi :

David Alon et Andréa Valouchova
Didier Angelo
Bénédicte Bazaille
Jean-Jacques Bordier-Chêne
Ellenore Busch
Louise Carcopino
Florence Cavé
Raymond Chabaud
Alain Chaplais
Bénédicte Charmetant
Cécile Chavent
Stéphanie Condis
Agnès Debiage
Tovi et Ahmet Diler
Clélie Dudon
Sophie Duval
Sophie Ferard
Julie Fernandez
Alain Fisch
Suzel Gary
Adrien Gloaguen
Romuald Goujon
Stéphane Gourmelen
Pierre Granoux
Claudine de Gubernatis
Xavier Haudiquet
Claude Hervé-Bazin
Claire d'Hautefeuille
Bernard Hilaire
Lionel Husson
Sébastien Jauffret

François et Sylvie Jouffa
Hélène Labriet
Lionel Lambert
Vincent Launstorfer
Francis Lecompte
Jacques Lemoine
Sacha Lenormand
Valérie Loth
Dorica Lucaci
Philippe Melul
Kristell Menez
Delphine Meudic
Éric Milet
Jacques Muller
Anaïs Nectoux
Alain Nierga et Cécile Fischer
Hélène Odoux
Caroline Ollion
Nicolas Pallier
Martine Partrat
Odile Paugam et Didier Jehanno
Xavier Ramon
Dominique Roland et Stéphanie Déro
Corinne Russo
Caroline Sabljak
Prakit Saiporn
Jean-Luc et Antigone Schilling
Brindha Seethanen
Nicolas Tiphagne
Charlotte Valade
Julien Vitry

Direction : Nathalie Pujo
Contrôle de gestion : Joséphine Veyres et Céline Déléris
Responsable de collection : Catherine Julhe
Édition : Matthieu Devaux, Stéphane Renard, Magali Vidal, Marine Barbier-Blin, Géraldine Péron, Jean Tiffon, Olga Krokhina et Sophie Touzet
Secrétariat : Catherine Maîtrepierre
Préparation-lecture : Lorraine Ouvrieu
Cartographie : Frédéric Clémençon et Aurélie Huot
Fabrication : Nathalie Lautout et Audrey Detournay
Couverture : conçue et réalisée par Thibault Reumaux
Direction marketing : Dominique Nouvel, Lydie Firmin et Juliette Caillaud
Responsable partenariats : André Magniez
Édition partenariats : Juliette Neveux et Raphaële Wauquiez
Informatique éditoriale : Lionel Barth et Luc Audrain
Relations presse : Danielle Magne, Martine Levens et Maureen Browne
Régie publicitaire : Florence Brunel

Remerciements

Pour cette édition, nous tenons à remercier tout particulièrement David Giason pour le Népal et Dominique Roland pour le Tibet ; ainsi que Catherine, Shailendra, Charly, Jérôme, Olivier et Daniel pour leur connaissance du Népal et leur soutien.

COMMENT ALLER AU NÉPAL ET AU TIBET ?

LES LIGNES RÉGULIÈRES

▲ AIR FRANCE
Renseignements et réservations au ☎ 0820-820-820 (0,12 €/mn – de 6 h 30 à 22 h), sur • www.airfrance.fr •, dans les agences Air France et dans toutes les agences de voyages.

➢ Air France dessert Delhi en Inde avec 1 vol quotidien direct au départ de Roissy-Charles-de-Gaulle terminal 2A ; correspondance possible pour Kathmandu avec la *Royal Nepal Airlines (RNA)* ou *Indian Airlines*. La compagnie assure également 1 vol par jour direct vers Bombay depuis Roissy CDG 2A. Correspondance pour Kathmandu avec la *RNA*.

➢ Pour les voyageurs qui entrent au Tibet par la Chine, Air France assure 2 vols quotidiens directs à destination de Pékin, ainsi que 16 vols hebdomadaires directs vers Shanghai, tous au départ de Roissy CDG terminal 2C.

Air France propose une gamme de tarifs accessibles à tous : du *Tempo 1* (le plus souple) au *Tempo 5* (le moins cher) selon les destinations, et pour les moins de 25 ans, *Tempo Jeunes* ainsi qu'une carte de fidélité (Fréquence Jeune) gratuite et valable sur l'ensemble des compagnies membres de Skyteam. Cette carte permet de cumuler des *miles*.

Tous les mercredis dès 0 h, sur • www.airfrance.fr •, Air France propose les tarifs « Coup de cœur », une sélection de destinations en France pour des départs de dernière minute.

Sur Internet, possibilité de consulter les meilleurs tarifs du moment, rubrique « Offres spéciales », « Promotions ».

▲ AUSTRIAN AIRLINES
Renseignements et réservations : ☎ 0820-816-816 (0,12 €/mn). • www.austrian.com • Également au comptoir ventes de l'aéroport Roissy-Charles-de-Gaulle terminal 2D ; à l'aéroport de Lyon-Saint-Exupéry, au comptoir Globeground ; à l'aéroport de Nice, au comptoir Lufthansa ; et à Strasbourg, au comptoir Aviapartner.

➢ Austrian Airlines dessert Kathmandu 1 à 2 fois par semaine, selon les saisons, via Vienne.

▲ GULF AIR
– *Paris* : 9, rue de Téhéran, 75008. ☎ 01-49-52-41-41. Fax : 01-49-52-03-15. • www.gulfair.fr • www.gulfairco.com • nepal@gulfair.fr • Ⓜ Miromesnil. Ouvert du lundi au vendredi de 9 h 30 à 17 h 15.

➢ De Paris, Gulf Air propose 1 vol quotidien à destination de Kathmandu via Bahreïn ou Mascate.

▲ QATAR AIRWAYS
– *Paris* : 24-26, pl. de la Madeleine (entrée par le 7, rue Vignon), 75008. ☎ 01-55-27-80-80. Fax : 01-55-27-80-81. • reservationparis@frqatarairways.com • Ⓜ Madeleine. Ouvert du lundi au vendredi de 9 h à 17 h

➢ Au total, 7 départs par semaine de Roissy-Charles-de-Gaulle pour Kathmandu via Doha (avec changement d'appareil).

▲ KUWAIT AIRWAYS
– *Paris :* 17, av. George-V, 75008. ☎ 01-47-20-75-15. Fax : 01-47-20-55-08.
● www.kuwait-airways.com ● Ⓜ Alma-Marceau. Ouvert du lundi au jeudi de 9 h 15 à 17 h 30 et le vendredi de 9 h 30 à 16 h 30.
➤ Dessert Delhi 3 fois par semaine au départ de Paris, avec escale à Kuwait. Correspondance possible pour Kathmandu avec la *Royal Nepal Airlines (RNA)* et *Indian Airlines*.

Pour les lecteurs qui souhaitent se rendre au Tibet depuis la Chine

▲ THAI AIRWAYS INTERNATIONAL
– *Paris :* 23, av. des Champs-Élysées, 75008. ☎ 01-44-20-70-80. Fax : 01-45-63-75-69. ● www.thaiairways.fr ● Ⓜ Franklin-D.-Roosevelt. Ouvert du 9 h à 17 h (16 h 30 le vendredi). Fermé le week-end.
– *Nice :* 8, av. Félix-Faure, 06000. ☎ 04-93-13-80-80. Fax : 04-93-13-43-43. Ouvert du lundi au vendredi de 9 h à 16 h 30.
➤ Depuis Paris, Thai dessert quotidiennement via Bangkok les villes de Pékin, Shanghai et Guangzhou, ainsi que 7 fois par semaine Kunming et 3 fois par semaine Chengdu (points de passage obligés pour relier ensuite Lhassa).

▲ AIR CHINA
– *Paris :* 10, bd Malesherbes, 75008. ☎ 01-42-66-16-58. Fax : 01-47-42-67-63. Ⓜ Madeleine.
➤ La compagnie aérienne chinoise assure, selon la saison, 5 à 7 vols directs par semaine Paris-Pékin et 3 vols directs Paris-Shanghai au départ de Roissy CDG 1, ainsi que de nombreux vols domestiques, notamment à destination de Chengdu et Kunming.

▲ CHINA EASTERN AIRLINES
– *Paris :* 6, rue de la Paix, 75002. ☎ 01-44-86-03-00. Fax : 01-44-86-08-68. Ⓜ Opéra.
➤ China Eastern assure 2 vols quotidiens pour Shanghai (avec possibilité de continuer à destination de Chengdu, Harbin, Shenyang) au départ de Roissy CDG 2C et 1 autre vol quotidien pour Pékin en partenariat avec *Air France*.
– Voir aussi les vols d'*Air France* sans escale pour Pékin et Shanghai.

LES ORGANISMES DE VOYAGES

– Ne pas croire que les vols à tarif réduit sont tous au même prix pour une même destination à une même époque : loin de là. On a déjà vu, dans un même avion partagé par deux organismes, des passagers qui avaient payé 40 % plus cher que les autres. De plus, une agence bon marché ne l'est pas forcément toute l'année (elle peut n'être compétitive qu'à certaines dates bien précises). Donc, contactez tous les organismes et jugez vous-même.
– Les organismes cités sont classés par ordre alphabétique, pour éviter les jalousies et les grincements de dents.

▲ ANANTA
– *Paris :* 54-56, av. Bosquet, 75007. ☎ 01-45-56-58-26. Fax : 01-45-51-34-70. ● www.atlv.net ● ananta@atlv.net ● Ⓜ École-Militaire ou La Tour-Maubourg.
Ananta s'adresse aux voyageurs curieux, qui souhaitent partir en groupe, loin des foules et en petit comité, dans un esprit d'échange. Itinéraires à travers l'Afrique, le Moyen-Orient, l'Asie et l'Amérique du Sud. L'originalité

Athenes — Le Caire — Al Ain — Dammam — Riyad — Abou Dhabi — Islamabad — Bangalore — Delhi — Colombo — Bangkok
Francfort   Casablanca   Amman   Doha   Sanaa   Bahrein   Karachi   Chennai   Calcutta Dhaka   Hong-Kong
Istanbul   Khartoum   Beyrouth Dubai   Shiraz Mascate   Lahore   Cochin   Mumbai   Kathmandou Jakarta
Larnaca   Damas   Jeddah   Téhéran   Peshawar   Trivandrum   Kuala Lumpur
Londres   Koweit   Manille
Paris   Singapour
                                                                                                            Sydney

GULF AIR DESSERT L'ASIE TOUS LES JOURS

VOLS QUOTIDIENS AU DÉPART DE PARIS

Profitez de la célèbre hospitalité de Gulf Air sur nos vols quotidiens au départ de Paris.

Nous sommes la seule compagnie aérienne desservant l'Asie à proposer les services d'un chef à bord pour offrir à nos passagers de première classe une expérience gastronomique unique en plein ciel.

Avec Sky Nanny, les familles voyageant avec de jeunes enfants bénéficient du premier service au monde de nourrice à bord. La nourrice veille à ce que leur vol soit aussi agréable que possible et rend le voyage des parents plus facile. Via nos escales de Bahreïn ou Abou Dhabi, vous pouvez facilement gagner de nombreuses destinations d'Asie comme le site majestueux de Kathmandou ou l'exotique Thaïlande.

Lorsque vous voyagez sur Gulf Air, vous recevez l'accueil le plus chaleureux : vos vacances commencent dès l'embarquement.

Gulf Air, 9 rue de Téhéran, 75008 Paris
Réservations Tél : 01 49 52 41 41 Fax : 01 49 52 03 15
Email: resa@gulfair.fr ou visitez www.gulfairco.com

culturelle de leurs voyages se trouve dans le souci de relier le passé et le présent grâce à des guides, tous spécialistes de la destination, qui en sont les garants.

Un voyage Ananta peut avoir un caractère d'expédition selon les lieux, mais aucun effort physique n'étant requis, ces voyages sont accessibles à tous les voyageurs qui ne veulent pas se contenter de survoler un pays. Plus de 50 pays proposés et une centaine d'itinéraires. Groupes de 6 à 12 participants.

▲ ASIA

– *Paris* : Asia et Air Asia, 1, rue Dante, 75005. ☎ 01-44-41-50-10. Fax : 01-44-41-50-19. • www.asia.fr • Ⓜ Maubert-Mutualité.
– *Lyon* : 11, rue du Président-Carnot, 69002. ☎ 04-78-38-30-40. Fax : 04-78-92-85-18.
– *Marseille* : 424, rue Paradis, 13008. ☎ 04-91-16-72-32. Fax : 04-91-77-84-41.
– *Nice* : 23, rue de la Buffa, 06000. ☎ 04-93-82-41-41. Fax : 04-93-88-83-15.
– *Toulouse* : 5, rue Croix-Baragnon, 31000. ☎ 05-61-14-51-50. Fax : 05-61-14-51-59.

Asia conçoit votre voyage au Népal et au Tibet, avec vous, selon vos envies, vos contraintes et votre budget. Pour les amateurs de voyages, en petits groupes, Asia propose une vingtaine de circuits à travers toute l'Asie dans sa brochure « Tentation ». Avec la brochure « Air Asia » : des vols réguliers à prix charters pour parcourir l'Asie, de l'Ouzbékistan au Japon et de la Chine à la Nouvelle-Zélande.

▲ CLUB AVENTURE

– *Paris* : 18, rue Séguier, 75006. ☎ 0826-88-20-80 (0,15 €/mn). Fax : 01-44-32-09-59. • www.clubaventure.fr • Ⓜ Saint-Michel ou Odéon.
– *Marseille* : Le Néréïs, av. André-Roussin, Saumaty-Séon, 13016. ☎ 0826-88-20-80 (0,15 €/mn). Fax : 04-91-09-22-51.

Spécialiste du voyage d'aventure depuis près de 30 ans, Club Aventure privilégie le trek, la randonnée, les voyages découverte ou en liberté, en famille ou entre amis pour parcourir le monde hors des sentiers battus. Le catalogue offre 600 voyages dans 90 pays différents. Ces voyages sont conçus pour une dizaine de participants, encadrés par des guides accompagnateurs professionnels.

La formule reste confortable et le portage est confié à des yacks. Les circuits en 4x4 ne ressemblent en rien à des rallyes mais laissent aux participants le temps de flâner, contempler et faire des découvertes à pied. Le choix des hôtels en ville privilégie le charme et le confort.

▲ COMPAGNIE DES INDES & DE L'EXTRÊME-ORIENT

– *Paris* : 82, bd Raspail (angle rue de Vaugirard), 75006. ☎ 01-53-63-33-40 (Cie des Indes) et ☎ 01-53-63-33-41 (Cie de l'Extrême-Orient). Fax : 01-42-22-20-15. Ⓜ Rennes ou Saint-Placide. Ouvert du lundi au vendredi de 9 h à 19 h et le samedi de 10 h à 19 h
– *Paris* : 3, av de l'Opéra – 1er étage, 75001. ☎ 01-42-60-30-00. Fax : 01-42-60-68-68. Ⓜ Palais-Royal-Musée-du-Louvre.
• www.compagniesdumonde.com • indes@compagniesdumonde.com •

Jean-Alexis Pougatch a ouvert la Compagnie des Indes & de l'Extrême-Orient, également spécialisée dans le voyage individuel organisé à la carte. Elle couvre entre autres le Népal et le Tibet. Tous les voyages individuels organisés se font en voiture privée avec chauffeur et guide.

Compagnie des Indes & de l'Extrême-Orient propose de bons tarifs sur le transport aérien en vols réguliers.

ACME

RECEPTIF
PASSAGE TO INDIA
PASSAGE TO SRI LANKA
PASSAGE TO NEPAL
PASSAGE TO MALDIVES

Népal, le pays des montagnes sacrées
et la porte ouverte sur les pays qui ont façonné
les rites fondateurs de la civilisation éminente
du bouddhisme : Le Tibet et le Bhutan

POUR ORGANISER VOTRE VOYAGE AU
NÉPAL, TIBET ET BHUTAN

Contacter Punya Poudel

ACME-LOSAR

HATTISAR IN FRONT OF INDIAN AIRLINES
KATHMANDU, NEPAL
TÉLÉPHONES : + 9771 4419940 ou 4430173
TÉLÉCOPIE : + 9771 4419711
E-mails : acmedel@vsnl.com & acmedel@eth.net

www.acmetours.com

▲ COMPTOIRS DU MONDE (LES)
– *Paris* : 22, rue Saint-Paul, 75004. ☎ 01-44-54-84-54. Fax : 01-44-54-84-50. ● cdm@comptoirsdumonde.fr ● Ⓜ Saint-Paul. Ouvert du lundi au vendredi de 10 h à 19 h et le samedi de 11 h à 18 h

C'est en plein cœur du Marais, dans une atmosphère chaleureuse, que l'équipe des Comptoirs du Monde traitera personnellement tous vos désirs d'évasion : vols à prix réduits mais aussi circuits et prestations à la carte pour tous les budgets, notamment sur toute l'Asie. Vous pouvez aussi réserver par téléphone et régler par carte de paiement, sans vous déplacer.

▲ DESTINATIONS QUEYRAS
☎ 04-92-45-04-29. Fax : 04-92-45-00-49. ● www.randoqueyras.com ●
Destinations Qeyras fait découvrir le Népal autrement, à travers des régions méconnues ou peu fréquentées, accompagné d'un professionnel de la montagne français. Spécialiste de l'accompagnement de groupes, il veille au bon déroulement du séjour en collaboration avec le guide local. Équipé d'un téléphone satellitaire, il assure également la sécurité durant le trekking (secours, assistance…).

▲ MAISON DES INDES (LA)
– *Paris* : 7, pl. Saint-Sulpice. 75006. ☎ 01-56-81-38-38. Fax : 01-56-81-38-39. ● www.maisondesindes.com ● info@maisondesindes.com ● M : Saint-Sulpice. Ouvert du lundi au samedi de 10 h à 19 h.

Forte de sa connaissance du terrain, La Maison des Indes conçoit aussi bien des itinéraires sur mesure pour voyageurs individuels que des circuits organisés en groupe avec un accompagnateur spécialiste de la région. Tout est vendu sans intermédiaire. Autre avantage : une programmation étudiée en fonction des fêtes de chaque pays. Pour les voyageurs indépendants les « autotours » offrent une formule personnalisée qui comprend voiture, chauffeur et hébergement. La Maison des Indes donne un avant-goût du voyage : expositions, soirées, conférences et informations voyage sont organisés le mardi (réservation indispensable).

▲ NOMADE
– *Paris* : 40, rue de la Montagne-Sainte-Geneviève, 75005. ☎ 0826-100-326 et fax : (0,15 €/mn). ● www.nomade-aventure.com ● Ouvert du lundi au vendredi de 9 h 30 à 18 h 30 (18 h le Samedi).

Loin des voyages préfabriqués, Nomade propose des circuits inédits partout dans le monde, à réaliser en famille, entre amis, avec ou sans guide. Spécialiste de l'aventure avec plus de 400 itinéraires, dont plusieurs au Népal et au Tibet (de niveau tranquille, dynamique ou sportif) qui vont à la rencontre des pays et de leurs habitants, Des expériences authentiques à pied, à cheval, à dos de chameau ou en 4x4.

▲ NOSTAL'ASIE
– *Paris* : 19, rue Damesme, 75013. ☎ 01-43-13-29-29. Fax : 01-43-13-30-60. ● www.ann.fr ● Sur rendez-vous du mardi au samedi de 9 h 30 à 13 h et de 15 h à 18 h.

Parce qu'il n'est pas toujours aisé de partir seul, Nostal'Asie propose des voyages sur mesure, notamment au Népal et au Tibet. Deux formules au choix : *Les Estampes* avec billets d'avion, logement, transferts entre les étapes, ou *Les Aquarelles* avec en plus un guide et une voiture privée à chaque étape. Ces formules à la carte sont possibles sur la plupart des itinéraires suggérés. La patronne est asiatique donc elle sait ce qu'elle vend !

▲ ORIENTS
– *Paris* : 27, rue des Boulangers, 75005. ☎ 01-40-51-10-40. Fax : 01-40-51-10-41. ● www.orients.com ● infos@orients.com ● Ⓜ Cardinal-Lemoine. Ouvert du lundi au vendredi de 10 h à 19 h. Le samedi, de 10 h à 13 h et de 14 h à 18 h.

ASIA
Toute l'Asie en voyage individuel sur mesure

Sentir la ferveur religieuse des pèlerins au Potala.
Voir les drapeaux de prière flotter au vent
au monastère de Samye.
Partager un thé chaud avec un moine à Gyantse.
Allumer une bougie au beurre de yak
devant le Jokhang.
Admirer les lacs turquoise et les plateaux couleur
sable à perte de vue.
Visiter des villages reculés.

...

Découvrez les brochures ASIA & AIR ASIA dans votre agence de voyages ou demandez-les à ASIA
■ 1, rue Dante, 75 005 PARIS. Tél. : 01 44 41 50 10 ■ 11, rue du Président Carnot, 69 002 LYON.
Tél. : 04 78 38 30 40 ■ 424, rue Paradis, 13 008 MARSEILLE. Tél. : 04 91 16 72 32 ■ 23, rue de la Buffa,
06 000 NICE. Tél. : 04 93 82 41 41 ■ 5, rue Croix Baragnon, 31 000 TOULOUSE. Tél. : 05 61 14 51 50.

TOUT SUR L'ASIE D'ASIA
SUR www.asia.fr

Spécialisé sur les voyages culturels en Asie et sur les anciennes routes de la Soie, Orients organise de très beaux voyages dans les pays de l'Himalaya. Au programme, plusieurs circuits au Népal et au Tibet où le voyagiste propose, entre autres, une approche du bouddhisme tibétain, le lamaïsme, pour un pèlerinage dans les plus vénérables monastères tibétains, la découverte du Festival tibétain de Labrang qui a lieu en février et dont Orients s'est fait une spécialité. Orients propose aussi le Népal à la carte et le Tibet sur mesure ainsi que des fugues de 10 jours sur le Toit du Monde, même en hiver, quand la lumière est sublime.

▲ ROUTE DES INDES (LA)
– *Paris* : 7, rue d'Argenteuil, 75001. ☎ 01-42-60-60-90. Fax : 01-42-61-11-70. ● www.laroutedesindes.com ● Ⓜ Palais-Royal ou Pyramides. Ouvert du lundi au vendredi de 10 h à 19 h (18 h le vendredi).

Un espace entièrement consacré au sous-continent indien : l'agence de voyages s'adresse en priorité aux voyageurs indépendants et propose des voyages individuels organisés, sur mesure, à travers l'Inde et l'Asie du Sud, adaptés au goût et au budget de chaque voyageur. Les itinéraires, personnalisés, sont construits, après un entretien approfondi, par des spécialistes connaissant chaque région du continent indien. Une librairie propose non seulement des guides et des cartes mais aussi des ouvrages de littérature indienne. La Route des Indes organise, en outre, des conférences et met à la disposition des voyageurs de nombreuses informations sur le continent indien (fiches, revues, vidéos). On peut y entendre des concerts de musique carnatique ou y rencontrer des écrivains venus signer leurs livres. À noter, le prix littéraire que décerne chaque année La Route des Indes.

▲ TERRES D'AVENTURE
☎ 0825-847-800 (0,15 €/mn). ● www.terdav.com ●
– *Paris* : 6, rue Saint-Victor, 75005. Fax : 01-43-25-69-37. Ⓜ Cardinal-Lemoine ou Maubert-Mutualité. Ouvert du lundi au samedi de 9 h 30 à 19 h.
– *Bordeaux* : 28, rue Mably, 33000. Fax : 05-07-14-03-39.
– *Grenoble* : 16, bd Gambetta, 38000. Fax : 04-76-85-96-05.
– *Lille* : 147, bd de la Liberté, angle place Richebé, 59000. Fax : 03-20-06-76-32.
– *Lyon* : 5, quai Jules-Courmont, 69002. Fax : 04-78-37-15-01.
– *Marseille* : 25, rue Fort-Notre-Dame (angle cours d'Estienne-d'Orves), 13001. Fax : 04-96-17-89-29.
– *Nantes* : 22, rue Crébillon, 44000. Fax : 02-40-20-64-37.
– *Nice* : 4, rue du Maréchal-Joffre (angle rue de Longchamp), 06000. Fax : 04-97-03-64-70.
– *Rennes* : 31, rue de la Parcheminerie, 35000. Fax : 02-99-79-10-00.
– *Toulouse* : 26, rue des Marchands, 31000. Fax : 05-34-31-72-61.
Ouvertures prévues à l'automne 2006 d'agences à :
– *Montpellier* : 7, rue de Verdun, 34000.
– *Rouen* : 17-19 rue, rue de La Vicomté, 76000.

Depuis 30 ans, Terres d'Aventure, pionnier du voyage à pied, accompagne les voyageurs passionnés de randonnée et d'expériences authentiques à la découverte des grands espaces de la planète. Voyages à pied, à cheval, en 4x4, en bateau, en raquettes… Sur tous les continents, des aventures en petits groupes encadrés par des professionnels expérimentés. Les hébergements dépendent des sites explorés : camps d'altitude, bivouac, refuge ou petits hôtels. Les voyages sont conçus par niveaux de difficulté : de la simple balade en plaine à l'expédition sportive en passant par la course en haute montagne.

En région, dans chacune des *Cités des Voyageurs,* tout rappelle le voyage : librairies spécialisées, boutiques d'accessoires de voyage, expositions-

Glacier Safari Treks

Votre guide au Népal

Agence franco-népalaise installée depuis 18 ans au Népal

Trekkings tous niveaux dans toutes les régions du Népal,
de 2 à 28 jours de marche : des classiques
Tour des Annapurna, Everest... aux plus secrets,
Dolpo, Mustang, Nar Phu, Manaslu, Rolwaling.

✧

Spécialiste des sommets de trekking : Island Peak, Pisang Peak,
Cholatse, Yala Peak,... avec guides de haute montagne expérimentés.
Et les nouveaux sommets
Expéditions : Himlung, Brikhuti, Kang guru sans officier de liaison.

✧

Pour individuels et groupes.
Voyages à la carte ou possibilité de se joindre à un de nos groupes.
Guides parlant français sur demande.

✧

Visites et trekkings au Tibet
dont un 8 jours Kathmandu/Lhassa et un 17 jours au
Mt Kailash à un prix très compétitif.
Spécialiste de circuits en VTT de Lhassa à Kathmandu

✧

Rafting, safari, réservations d'hôtels et de vols.

✧

Catherine et toute son équipe seront heureux de vous accueillir au Népal
Prix très raisonnables. 5% de remise sur les treks aux lecteurs du
GUIDE du ROUTARD

Glacier Safari Treks

Bagwan Bahal, Thamel,
P.O. BOX 2238   Kathmandu
tel (00977) 1 4 41 21 16 / 1 4 41 45 49
fax 1 4 41 85 78
E-Mail : glacier@mos.com.np
gst@wlink.com.np

http://www.gstreksnepal.com

ventes d'artisanat et cocktails-conférences. Consultez le programme des manifestations sur leur site internet.

▲ VOYAGEURS EN INDE ET DANS LES HIMALAYAS

Le grand spécialiste du voyage en individuel sur mesure. • www.vdm.com • Nouveau ! Voyageurs du Monde Express : tous les vols et une sélection de voyages « prêts à partir » sur des destinations mythiques. ☎ 0892-688-363 (0,34 €/mn).

– *Paris* : La Cité des Voyageurs, 55, rue Sainte-Anne, 75002. ☎ 0892-23-76-76 (0,34 €/mn). Fax : 01-42-61-45-86. Ⓜ Opéra ou Pyramides. Bureaux ouverts du lundi au samedi de 9 h 30 à 19 h.

– *Bordeaux* : 28, rue Mably, 33000. ☎ 0892-234-834 (0,34 €/mn).

– *Grenoble* : 16, bd Gambetta, 38000. ☎ 0892-233-533 (0,34 €/mn).

– *Lille* : 147, bd de la Liberté, 59000. ☎ 0892-234-634 (0,34 €/mn). Fax : 03-20-06-76-31.

– *Lyon* : 5, quai Jules-Courmont, 69002. ☎ 0892-231-261 (0,34 €/mn). Fax : 04-72-56-94-55.

– *Marseille* : 25, rue Fort-Notre-Dame (angle cours d'Estienne-d'Orves), 13001. ☎ 0892-233-633 (0,34 €/mn). Fax : 04-96-17-89-18.

– *Montpellier* : 7, rue de Verdun, 34000. Ouverture à l'automne 2006.

– *Nantes* : 22, rue Crébillon, 44000. ☎ 0892-230-830 (0,34 €/mn). Fax : 02-40-20-64-38.

– *Nice* : 4, rue du Maréchal-Joffre (angle rue de Longchamp), 06000. ☎ 0892-232-732 (0,34 €/mn). Fax : 04-97-03-64-60.

– *Rennes* : 31, rue de la Parcheminerie, 35102. ☎ 0892-230-530 (0,34 €/mn). Fax : 02-99-79-10-00.

– *Rouen* : 17-19, rue de la Vicomté, 76000. Ouverture en septembre 2006.

– *Toulouse* : 26, rue des Marchands, 31000. ☎ 0892-232-632 (0,34 €/mn). Fax : 05-34-31-72-73. Ⓜ Esquirol.

Sur les conseils d'un spécialiste de chaque pays, chacun peut construire un voyage à sa mesure…

Pour partir à la découverte de plus de 120 pays, 100 conseillers-voyageurs, de près de 30 nationalités et grands spécialistes des destinations, donnent des conseils, étape par étape et à travers une collection de 25 brochures, pour élaborer son propre voyage en individuel. Des suggestions originales et adaptables, des prestations de qualité et des hébergements exclusifs.

Voyageurs du Monde propose également une large gamme de circuits accompagnés (famille, aventure, routard…). À la fois tour-opérateur et agence de voyages, Voyageurs du Monde a développé une politique de vente directe à ses clients, sans intermédiaire.

Dans chacune des *Cités des Voyageurs*, tout rappelle le voyage : librairies spécialisées, boutiques d'accessoires de voyage, restaurant des cuisines du monde, lounge-bar, expositions-vente d'artisanat ou encore dîners et cocktails-conférences. Toute l'actualité de VDM à consulter sur leur site internet.

EN BELGIQUE

▲ CONTINENTS INSOLITES

– *Bruxelles* : rue César-Franck, 44 A, 1050. ☎ 02-218-24-84. Fax : 02-218-24-88. Ouvert du lundi au vendredi de 10 h à 18 h et le samedi de 10 h à 13 h. • www.continentsinsolites.com • info@insolites.be •

Continents Insolites, organisateur de voyages lointains sans intermédiaire, propose une gamme étendue de formules de voyages détaillée dans leur brochure gratuite sur demande.

VOYAGES D'AVENTURE À VOS MESURES À PRIX MALINS

TIBET — à partir de **1890€**

NÉPAL — à partir de **1320€**

DOC GRATUITE ⌀ 0826 100 326

0,15 €TTC/ mn

www.nomade-aventure.com

Lic. : 075950107

Les voyages découverte taillés sur mesure : à partir de 2 personnes. Un grand choix d'hébergements soigneusement sélectionnés : du petit hôtel simple à l'établissement luxueux et de charme.
Les circuits découverte en minigroupes : de la grande expédition au circuit accessible à tous. Des circuits à dates fixes dans plus de 60 pays en petits groupes francophones de 7 à 12 personnes. Avant chaque départ, une réunion est organisée. Voyages encadrés par des guides francophones, spécialistes des régions visitées.
De plus, Continents Insolites propose un cycle de diaporamas-conférences à Bruxelles. Ces conférences se déroulent à l'espace Senghor, place Jourdan, 1040 Etterbeek (dates dans leur brochure).

▲ PAMPA EXPLOR
– *Bruxelles :* av. Brugmann, 250, 1180. ☎ 02-340-09-09. Fax : 02-346-27-66. ● info@pampa.be ● Ouvert de 9 h à 19 h en semaine et de 10 h à 17 h le samedi. Également sur rendez-vous, dans leurs locaux, ou à votre domicile.
Spécialiste des vrais voyages à la carte, Pampa Explor propose plus de 70 % de la « planète bleue », selon les goûts, attentes, centres d'intérêt et budgets de chacun. Pampa Explor tourne le dos au tourisme de masse pour privilégier des découvertes authentiques et originales, pleines d'air pur et de chaleur humaine. Pour ceux qui apprécient la jungle et les pataugas ou ceux qui préfèrent les cocktails en bord de piscine et les fastes des voyages de luxe. En individuel ou en petits groupes, mais toujours sur mesure.
Possibilité de régler par carte de paiement. Sur demande, envoi gratuit de documents de voyages.

▲ SERVICE VOYAGES ULB
– *Bruxelles :* campus ULB, av. Paul-Héger, 22, CP 166, 1000. ☎ 02-648-96-58.
– *Bruxelles :* rue Abbé-de-l'Épée, 1, Woluwe, 1200. ☎ 02-742-28-80.
– *Bruxelles :* hôpital universitaire Érasme, route de Lennik, 808, 1070. ☎ 02-555-38-49.
– *Bruxelles :* chaussée d'Alsemberg, 815, 1180. ☎ 02-332-29-60.
– *Ciney :* rue du Centre, 46, 5590. ☎ 083-216-711.
– *Marche :* av. de la Toison-d'Or, 4, 6900. ☎ 084-31-40-33.
– *Wepion :* chaussée de Dinant, 1137, 5100. ☎ 081-46-14-37.
● www.servicevoyages.be ●
Ouvert de 9 h à 17 h sans interruption du lundi au vendredi.
Service Voyages ULB, c'est le voyage à l'université. L'accueil est donc très sympa. Billets d'avion sur vols charters et sur compagnies régulières à des prix hyper-compétitifs.

▲ TAXISTOP
Pour toutes les adresses *Airstop,* un seul numéro de téléphone : ☎ 070-233-188. ● www.airstop.be ● airstop@airstop.be ● Ouvert de 10 h à 17 h 30 du lundi au vendredi.
– *Taxistop Bruxelles :* rue Fossé-aux-Loups, 28, 1000. ☎ 070-222-292. Fax : 02-223-22-32.
– *Airstop Bruxelles :* rue Fossé-aux-Loups, 28, 1000. Fax : 02-223-22-32.
– *Airstop Anvers :* Sint Jacobsmarkt, 84, 2000. Fax : 03-226-39-48.
– *Airstop Bruges :* Dweersstraat, 2, 8000. Fax : 050-33-25-09.
– *Airstop Courtrai :* Badastraat, 1A, 8500. Fax : 056-20-40-93.
– *Taxistop Gand :* Maria Hendrikaplein, 65B, 9000. ☎ 070-222-292. Fax : 09-242-32-19.
– *Airstop Gand :* Maria Hendrikaplein, 65, 9000. Fax : 09-242-32-19.
– *Airstop Louvain :* Maria Theresiastraat, 125, 3000. Fax : 016-23-26-71.
– *Taxistop Ottignies :* boulevard Martin, 27, 1340. Fax : 010-24-26-47.

LES COMPTOIRS DU MONDE
De grands voyages pour tout le monde

Billet A/R PARIS/KATMANDU
A partir de 659 € HT

Circuits personnalisés

pour groupes ou individuels,
guides francophones, réservations d'hôtel,
location de voitures.

- Billets toutes destinations
- Réservation et paiement par téléphone

Brochures des circuits sur demande

22, RUE SAINT-PAUL - 75004 PARIS
TÉL. : 01 44 54 84 54 - FAX : 01 44 54 84 50 - LICENCE 075 950 218
www.comptoirsdumonde.fr • E-Mail : cdm@comptoirsdumonde.fr

L'ASIE en PROFONDEUR
en Largeur en Hauteur
en Longueur

Les meilleures astuces pour aller en Asie, dans les meilleures conditions :

Voyages à la carte (sur rendez-vous) :
NostalAsie, 19 rue Damesme, Paris 13
Tél. 01.43.13.29.29 - www.ann.fr - infos@ann.fr

www.ann.fr

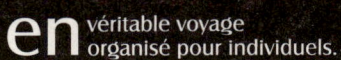

en véritable voyage organisé pour individuels.

▲ TERRES D'AVENTURE
– *Bruxelles* : Vitamin Travel, rue Van-Artevelde, 48, 1000. ☎ 02-512-74-64. Fax : 02-512-69-60. ● info@vitamintravel.be ●
(Voir texte dans la partie « En France ».)

EN SUISSE

▲ CLUB AVENTURE
– *Genève* : 51, rue Prévost-Martin, 1205. ☎ 022-320-50-80. Fax : 022-320-59-10. (Voir texte dans la partie « En France ».)

▲ L'ÈRE DU VOYAGE
– *Nyon* : Grand-Rue, 21, 1260. ☎ 022-365-15-65. ● www.ereduvoyage.ch ● Agence fondée par quatre professionnelles qui ont la passion du voyage. Elles pourront vous conseiller et vous faire part de leur expérience sur plus de 80 pays, dont le Népal et le Tibet. Des itinéraires originaux, testés par l'équipe de l'agence : voyages en solo pour découvrir un pays en toute liberté grâce à une voiture privée avec chauffeur, guide local et logements de charme ; billets d'avion à tarif préférentiel, tours du monde, petites escapades pour un week-end prolongé et voyages en famille.

▲ HORIZONS NOUVEAUX
– *Verbier* : centre de l'Étoile, CP 196, 1936. ☎ 027-771-71-71. ● www.horizonsnouveaux.com ● Horizons Nouveaux est le tour-opérateur suisse spécialisé dans les régions qui vont de l'Asie centrale à l'Asie du Sud en passant par les pays himalayens, tels que le Népal et le Tibet. Nicolas Jaques et Paul Kennes, qui voyagent dans ces régions depuis plus de 20 ans, organisent principalement des voyages à la carte, des voyages culturels à thème, des trekkings souvent inédits et des expéditions. Photographes et auteurs de nombreux reportages sur ces destinations, ils pourront vous renseigner sur tous les aspects du pays et vous aider à préparer votre voyage dans les meilleures conditions.

▲ TERRES D'AVENTURE
– *Genève* : Néos Voyages, 50, rue des Bains, 1205. ☎ 022-320-66-35. Fax : 022-320-66-36. ● geneve@neos.ch ●
– *Lausanne* : Néos Voyages, 11, rue Simplon, 1006. ☎ 021-612-66-00. Fax : 021-612-66-01. ● lausanne@neos.ch ●
(Voir texte dans la partie « En France ».)

AU QUÉBEC

▲ CLUB AVENTURE VOYAGES
– *Montréal (Québec)* : 757, avenue Mont-Royal, H2J 1W8. ● www.cluvaventure.qc.ca ●
Depuis 1975, le Club Aventure a développé une façon de voyager qui lui est propre : petits groupes, contact avec les populations visitées, utilisation des ressources humaines locales, visite des grands monuments, mais aussi et surtout ouverture de routes parallèles. Ces circuits ont reçu la griffe du temps et de l'expérience ; ils sont devenus les « circuits griffés » du Club Aventure.

▲ EXOTIK TOURS
Renseignements sur ● www.exotiktours.com ● ou auprès de votre agence de voyages.
La Méditerranée, l'Europe, l'Asie et les grands voyages : Exotik Tours offre une importante programmation en été comme en hiver. Dans la rubrique « grands voyages », le voyagiste suggère des périples en petits groupes ou en individuel, notamment au Népal.

ASSOCIATION CONTRE LA PROSTITUTION DES ENFANTS

Abusez d'un enfant au soleil et vous passerez 10 ans à l'ombre

La Loi d'extraterritorialité votée en 1994, révisée en 1998, permet de juger un résident et/ou un ressortissant français ayant commis des abus sexuels en France ou à l'étranger. Les peines pour un abus commis sur un enfant sont sévères : jusqu'à 10 ans d'emprisonnement et 150 000 € d'amende.

www.acpe-asso.org
A C P E - 14, rue Mondétour - 75001 Paris
Tél. : 01 40 26 91 51 - acpe@acpe-asso.org

ASSOCIATION CONTRE LA PROSTITUTION DES ENFANTS

▲ EXPÉDITIONS MONDE

Renseignements : ☎ (514) 844-6364.● www.expeditionsmonde.com ●
Expéditions Monde est spécialiste de voyages de découverte, de trekking et d'alpinisme depuis plus de 30 ans. Les voyages en petits groupes facilitent les déplacements dans les régions les plus reculées aux quatre coins du monde, en privilégiant le respect de l'environnement. Expéditions Monde a également mis sur pied un programme de randonnée et de vélo en liberté. Pour obtenir une brochure, possibilité de les contacter par téléphone : Ottawa, ☎ 1-800-567-2216 ; Montréal, ☎ 1-866-606-1721.

▲ EXPLORATEUR VOYAGES

Cette agence de voyages montréalaise propose une intéressante production maison, axée sur les voyages d'aventure en petits groupes (5 à 12 personnes) ou en individuel. Ses itinéraires originaux au Népal et au Tibet se veulent toujours respectueux des peuples et des écosystèmes. Au programme : treks et découvertes authentiques, guidés par un accompagnateur Montréal/Montréal. Intéressant pour se familiariser avec ces différents circuits : les soirées explorateur (gratuites), avec présentation audiovisuelle, organisées à Montréal et à Québec. ● www.explorateur.qc.ca ● explorateur@videotron.ca ● Renseignements : ☎ (514) 847-1177.

▲ KARAVANIERS DU MONDE

Renseignements : Karavaniers du Monde, 9, rue de la Commune Ouest, Montréal, H2Y 2C5. ☎ (514) 281-0799, ● www.karavaniers.com ● expeditions@karavaniers.com ●
L'agence montréalaise Karavaniers du Monde a pour but de rendre accessibles des expéditions aux quatre coins de la planète à pied, en kayak, en dromadaire, à ski. Toujours soucieuse de respecter populations et paysages, elle présente plusieurs destinations (dont le Népal et le Tibet), en petits groupes accompagnés d'un guide québécois et d'un guide local, avec hébergement en auberge ou sous la tente. De plus, Karavaniers organise au Québec plusieurs formations en manœuvres de montagne.

QUITTER LE NÉPAL ET LE TIBET

QUITTER LE NÉPAL

Ne pas arriver à Kathmandu la veille du vol retour, mais prévoir un battement de quelques jours.
– Une taxe d'aéroport de 1 700 Rps (environ 21 €, payable uniquement en roupies népalaises) doit être acquittée pour les vols internationaux ; elle est de 1 400 Rps (17,50 €) pour l'Inde. Attention, il n'y a pas de distributeur de billets à l'aéroport pour le moment. Mais cela ne saurait tarder.
– S'il vous reste des roupies népalaises, vous pouvez obtenir 10 % de la somme changée lors de votre séjour contre des dollars ou des euros au bureau de change de l'aéroport. Il faut montrer ses bordereaux bancaires.
– Le *duty-free shop* n'est pas trop mal achalandé.

Quelques recommandations pour un départ dans la bonne humeur

Préparez votre billet d'avion avant de pénétrer dans l'aéroport, il vous servira de sésame. Premier *security check* pour les bagages. Ensuite, à droite de l'entrée, se trouve la *Nabil Bank,* à laquelle on paie une taxe selon la destination (voir les tarifs ci-dessus). Puis on se présente au comptoir de la compagnie aérienne.

VERS L'INDE

Pour les formalités d'entrée en Inde, se reporter aux *Guides du routard* correspondant.

En avion

C'est la meilleure solution : d'abord parce que c'est rapide, bien sûr, mais également parce qu'on profite d'une vue aérienne magnifique sur l'Himalaya (lorsque le ciel est dégagé).
➢ **Pour Mumbay (Bombay) :** par *Royal Nepal Airlines (RNA),* 2 vols par semaine.
➢ **Pour Delhi :** par *RNA, Jet Airways, Indian Airlines, Druk Air* et *Air Sahara,* vols quotidiens. Durée : 1 h 45. *Indian Airlines* et *RNA* accordent la réduction aux moins de 30 ans. Demander un siège sur la gauche de l'appareil pour voir les montagnes.
➢ **Pour Kolkata (Calcutta) :** par *Indian Airlines,* plusieurs vols hebdomadaires. Durée : 1 h 30.

Par voie terrestre

Il existe une dizaine de postes frontaliers entre l'Inde et le Népal, mais la moitié est fermée pour des raisons de sécurité. Bhairava (le plus pratique), Kakarbhitta, Nepalganj, Dhangadhi et Mahendraganar, eux, sont toujours ouverts.

Les agences, vendant des billets de bus et train pour toute destination en Inde, avec réservation couchette, fonctionnent sérieusement si l'on s'y prend au moins 3 ou 4 jours à l'avance. Le billet de train est fourni à Kathmandu même. Sinon, par un contact à la frontière. Ce qui évite de rester bloqué plusieurs jours dans une ville indienne, faute de place en couchette, en particulier pour Mumbai (Bombay) et Madras, où les trains sont surchargés.

Depuis le poste-frontière de Bhairava (Népal)-Sonauli (Inde), on peut rejoindre, entre autres, **Bénarès** (Vanarasi) et **Delhi.**

Bhairava est accessible de Kathmandu en bus de *Central Bus Park (hors plan couleur général Kathmandu par B1),* à Gongabu. Prévoir 8 h de trajet. De Pokhara, l'ancienne gare routière *(plan général Pokhara B2, 1)* voit les bus partir tôt le matin pour Bhairava (compter 8 à 9 h de trajet).

➤ *Pour Bénarès :* en principe, on passe la nuit à Sonauli (ville-frontière indienne pas folichonne), avant de prendre le bus direct le matin pour Bénarès. Compter 7 h de trajet entre Sonauli et Bénarès.

Éviter de prendre le train car il faut changer 3 ou 4 fois.

➤ *Pour Delhi :* bus toutes les heures de Sonauli à Gorakhpur, puis en train. Départ de Gorakhpur en soirée, arrivée après 14 h de trajet. Si on le rate, un autre train part plus tard, mais il est moins direct. Arrêt à Lucknow (attention, il y a plusieurs gares à Lucknow : la bonne est *Lucknow Junction*). Changement de train. Pour le trajet Gorakhpur-Delhi, compter 16 h en tout.

➤ *Pour Darjeeling :* prendre le bus *Super Express* (bureau sur Kicha Pokhari à Kathmandu) pour Kakarbhitta, ville-frontière à l'extrême est du pays. Compter 20 h en tout pour arriver à Darjeeling. Réserver la veille, de préférence les places à l'avant, à cause des cahots et du plafond bas du bus. De Kakarbhitta, bus pour Siliguri, puis Darjeeling (4 h en bus ou en Land Rover).

➤ *Pour Patna :* par le poste-frontière Birganj (Népal)-Raxaul (Inde). Possibilité de rejoindre Birganj depuis Kathmandu en bus (de *Central Bus Park*). Nombreux départs le matin. Prévoir 10 h de trajet environ pour 200 km. Réserver sa place la veille pour le lendemain. Le paysage est impressionnant. De Birganj, passage de la frontière à pied jusqu'au poste-frontière de Raxaul. De là, bus quotidiens jusqu'à *Patna.*

VERS LE TIBET

Formalités

Il faut être muni d'un visa de groupe et donc passer par une agence. Pour ceux qui veulent ensuite continuer sur la Chine, ça se complique. Pour plus de détails, voir dans la partie Tibet la rubrique « Comment y aller depuis le Népal. Formalités ».

– *Agences basées à Kathmandu qui organisent des voyages au Tibet :* Glacier Safari Treks ; Nepal Trekking et Expéditions ; Montagnes du Monde ; Himalaya & Sailung Adventure Trekking ; Nepal Ecology Treks ; Exotic Treks and Expeditions. Pour plus de détails sur ces agences, reportez-vous à la rubrique « Adresses utiles » de Kathmandu.

En avion

Le moyen le plus facile. Le spectacle sur l'Himalaya et l'Everest est magnifique. Malgré des bruits récurrents d'annualisation, la seule liaison internationale du pays reste saisonnière. Seulement 2 ou 3 vols par semaine, d'avril à octobre. Pour les raisons expliquées plus haut (problème des visas), il faut s'adresser à une agence spécialisée.

Par la route

Longue de 900 km entre Kathmandu et Lhassa, la *Friendship Highway* nécessite au minimum 3 jours de voyage, mais ce serait dommage (on conseille 5, ou mieux, 8 jours de périple).
Les agences de Kathmandu peuvent organiser des séjours à la carte, avec moins d'une semaine de délai (3 jours minimum). C'est assez onéreux, mais moins cher qu'à partir de Paris. On peut aussi se joindre aux départs « réguliers » (en général les mardi et samedi) de groupes aux membres d'origine disparate réunis par les agences. Certains circuits sont très bon marché. Évidemment, les prestations sont proportionnelles au prix.
La route est bien meilleure que par le passé. Elle reste cependant fatigante à cause de l'altitude et poussiéreuse quand elle se change en piste. Le passage de 3 à 5 cols autour des 5 000 m peut occasionner le *mal aigu des montagnes*. Prévoir le nécessaire (voir la rubrique « Santé »). Attention, la *Friendship Highway* est théoriquement ouverte toute l'année, mais les inondations de la saison des pluies ou la neige en hiver (janvier, février) peuvent interrompre ou ralentir singulièrement le trafic.
➢ Suggestion d'itinéraire sur 8 jours : Nyalam, Tingri, camp de base de l'Everest, Shegar, Sakya, Shigatsé, Gyantsé et Lhassa.

À vélo ou à pied

Il est aussi possible d'aborder le Tibet en VTT, voire à pied. Pour le visa et le passage de la frontière, il faut préalablement avoir formé son petit peloton de 5 minimum. Les cyclistes ne sont plus embêtés lors des contrôles, ce moyen de locomotion devient courant sur cette route. Se renseigner auprès des agences.

QUITTER LE TIBET

EN AVION

Il n'y a pas de taxe d'aéroport (elle est dorénavant intégrée dans le prix du billet).
Pour se rendre à l'aéroport 机场 (ou *Jichang*) depuis la capitale, 3 ou 4 bus quittent chaque jour les bureaux de la *CAAC*, de 6 h à 17 h. ☎ 66-50-206 ou (0)133-08-91-58-77 (portable). Compter 25 ¥ (2,50 €) et 1 h de trajet. En taxi, prévoir plutôt 150 ¥ (15 €) pour le véhicule (jusqu'à 4 personnes).

■ **CAAC** (*plan couleur général Lhassa C1, 9*) : 88, Nangre Beilu. ☎ 68-38-609. À 100 m du croisement avec Dekyi Shar Lam, dans cette avenue qui file vers le nord, avant le Potala en venant de la vieille ville. Ouvert tous les jours de 9 h à 20 h 30 (19 h 30 en hiver). Toutes les compagnies desservant Lhassa ont un guichet ici, au sein des bureaux de l'administration civile de l'aviation. Surprise, ce bâtiment moderne abrite un guichet d'information serviable et anglophone. On vous indiquera les compagnies et les disponibilités, mais la suite est moins simple : il faut remplir un formulaire à l'un des guichets, rejoindre muni d'un talon la caisse qui se trouve au fond à droite (seules les espèces sont acceptées), avant de revenir au guichet initial pour récupérer son billet. Sauf pour d'éventuels changements de date, remboursements ou réclamations, s'adresser à une agence sérieuse telle que *Shigatsé Travels* ou à son hôtel permettra de gagner du temps moyennant une (petite) commission éventuelle.

Vers la Chine

Vols quotidiens toute l'année, entre autres, vers **Chengdu** (1 h 40 de vol), **Pékin** via Chengdu (4 h 45 de vol), **Kunming** (Yunnan).

Vers le Népal

En tout, 2 ou 3 vols hebdomadaires à destination de **Kathmandu** (1 h 20 de vol) uniquement d'avril à octobre.

PAR LA ROUTE

Attention, pour circuler dans certaines régions frontalières sensibles (comme la piste de l'Ouest qui borde l'Inde) des permis spéciaux sont obligatoires. Se renseigner auprès du PSB (voir la rubrique qui lui est consacrée dans les « Généralités »).
En pratique, de plus en plus d'indépendants prennent déjà (et depuis longtemps) la route sans permis depuis Lhassa, en direction du Népal bien sûr, mais aussi d'autres régions *off limit,* comme les provinces du Sichuan ou du Yunnan, en Chine. À la frontière, dans la ville de Zhongdian, il ne se passe pas une semaine en haute saison sans qu'un groupe de clandestins arrive du Tibet en stop ou à vélo. Les *checkpoints* policiers sont alors passés de nuit, et il faut éviter les hôtels trop voyants de peur de se faire coincer, ce qui rend le voyage difficile, voire éprouvant. Si l'on se fait pincer, les sanctions sont très variables : amende (minimum 300 ¥, soit 30 €), renvoi dans la direction opposée si c'est encore possible ou, miracle, une petite réprimande et puis s'en va. Cela demeure une véritable aventure avec tous les risques inhérents aux conditions climatiques, à l'altitude et à l'isolement (voir la rubrique « Comment aller au Tibet par la route » dans les « Généralités »).

Vers la Chine

➢ **Pour Golmud :** 1 165 km entièrement goudronnés, avec pour voisin la nouvelle voie ferrée… Plusieurs bus quittent Lhassa tous les matins. Prévoir 22 h de trajet. On trouve aussi de la pub pour des compagnies privées assurant ce service (voir à l'AJ *Dongcuo* de Lhassa). S'assurer qu'il s'agit d'un véhicule couchettes.
➢ **Pour Bayi, Chamdo, Chengdu, Zhongdian :** la fabuleuse route du Kham, par laquelle on peut rejoindre le Sichuan et le Yunnan, est toujours interdite aux étrangers indépendants. Pas moyen de monter dans ces minibus franchissant héroïquement certains passages pas piqués des vers et s'arrêtant prudemment la nuit. Il faut soit passer par une agence de voyages, soit partir en clandestin (stop, vélo), mais attention aux sanctions possibles.

Vers le Népal

– Un trajet express vers Kathmandu ne nécessite pas de permis. Il est possible de se grouper à d'autres voyageurs, en stop ou en bus.
Se reporter dans la partie « Tibet » au chapitre consacré à la *Friendship Highway* et au passage de la frontière.

➢ **Vers Kathmandu :** un gros bus confortable relie de façon très irrégulière Lhassa à Kathmandu en 3 jours. Se renseigner à la gare routière principale, au guichet spécial marqué « International Regular Bus Lhassa-Kathmandu ». Il est accessible aux étrangers. Le service est assuré toute l'année sauf en cas de coupure de la route. Les fréquences peuvent bien sûr évoluer.

LES QUESTIONS QU'ON SE POSE LE PLUS SOUVENT AVANT D'ALLER AU NÉPAL

➤ *Quels sont les papiers à prévoir ?*

Passeport valide 6 mois à partir de la date d'obtention du visa, à se procurer en France ou, plus simple, à l'arrivée à Kathmandu.

➤ *Quelle est la meilleure saison pour aller dans le pays ?*

D'octobre à mai. Pour les trekkeurs, il vaut mieux éviter de grimper en haute altitude en janvier et février, à cause de l'enneigement.

➤ *Quels sont les vaccins conseillés ?*

Les vaccinations classiques (tétanos, polio, diphtérie) et hépatite (A et B).

➤ *Quel est le décalage horaire ?*

Il est de 4 h 45 de plus en hiver et de 3 h 45 en été. Quand il est midi à Paris, il est 16 h 45 au Népal en hiver et 15 h 45 en été.

➤ *La vie est-elle chère ?*

Non : tout est très bon marché. En se contentant d'un confort simple, on peut facilement se débrouiller avec 10 € par personne et par jour, repas et hébergement compris.

➤ *Peut-on y aller avec des enfants ?*

Le Népal est un pays agréable à visiter avec des enfants. Il suffit de faire attention aux règles d'hygiène élémentaires. Cela dit, compte tenu des événements violents de ces derniers temps, il est préférable de prendre des infos sur l'état de sécurité dans le pays avant d'envisager un voyage tout court et avec vos bambins d'autant plus.

➤ *Quel est le meilleur moyen pour se déplacer dans le pays ?*

Navettes touristiques et bus de luxe pour les principaux sites. Éviter les bus locaux, surtout de nuit (accidents fréquents). La location de voiture avec chauffeur est une formule idéale à plusieurs.

➤ *Comment se loger au meilleur prix ?*

Petites *guesthouses* partout, à partir de 3 € pour les moins exigeants.

➤ *Quel sport peut-on pratiquer ?*

Le trekking, bien sûr ! Mais aussi le mountain bike, le rafting, le canyoning, le golf, le saut à l'élastique, le parapente…

➤ *Faut-il un bon entraînement pour faire un trek ?*

Les treks de niveau facile-moyen nécessitent une bonne condition physique, mais un entraînement spécifique n'est pas utile. Les treks plus difficiles (au-delà de 4 000 m d'altitude et plus de 2 semaines) exigent d'être physiquement et moralement bien préparé.

LE NÉPAL : GÉNÉRALITÉS

AVANT D'EFFECTUER UN VOYAGE DANS LE PAYS, IL EST INDISPENSABLE DE SE RENSEIGNER SUR LA SITUATION AUPRÈS DE L'AMBASSADE DU NÉPAL À PARIS OU SUR LE SITE INTERNET DU MINISTÈRE DES AFFAIRES ÉTRANGÈRES : ● www.diplomatie.gouv.fr ●

> Pour la carte générale du Népal, se reporter au cahier couleur.

Pendant des siècles, le Népal est resté un livre fermé. On l'a surnommé « le Royaume Ermitage », « la Demeure des Dieux », ou bien encore « les Marches qui donnent accès au Paradis ». Minuscule pays de légende, coincé entre deux géants, carrefour mythique sur la route du Sel et de la Soie où se côtoient dans la paix et la tolérance une multitude d'ethnies. C'est ici que naquit le Bouddha et que réside l'unique déesse vivante au monde. Royaume magique où le quotidien est encore fait d'histoires de rois, de reines et de princesses, de divinités qui se transforment en animaux, de serpents qui se changent en dieux, de géants, démons et autres sorcières. Le charme se poursuit jusque dans le prénom de ses habitants ; on s'appelle Vishnu, Laksmi, Krishna ou plus simplement Raj Kumar (« le fils du roi »).
Terre de contradictions, à l'image de son dieu Shiva, à la fois créateur et destructeur, on y trouve souvent un côté qui ravit et un autre qui attriste, aigre-doux, tragi-comique, parfum asiatique de yin et de yang. Mais ici, on se sourit, on se parle, on échange, on se soucie encore de l'autre.
Le Népal est un endroit béni, et on connaît peu de voyageurs qui en soient revenus déçus.

CARTE D'IDENTITÉ

- *Capitale:* Kathmandu.
- *Superficie:* 147 180 km2.
- *Point culminant:* le mont Everest (8 850 m).
- *Population:* 28 000 000 habitants.
- *Densité:* 190 hab./km2.
- *Espérance de vie:* 60 ans.
- *Monnaie:* roupie népalaise.
- *Langues:* népali (officielle), maithili, bhojpuri (dialectes hindis), newari, etc.
- *Chef de l'État:* Gyanendra Bir Bikram Shah Dev (roi depuis le 4 juin 2001).
- *Régime:* monarchie parlementaire.
- *Revenu mensuel moyen:* 4 000 Rps (50 US$).
- *Sites classés au Patrimoine de l'Unesco:* la vallée de Kathmandu, le parc national de Chitwan, le parc national de Sagarmatha (Everest) et Lumbini.

AVANT LE DÉPART

Adresses utiles

En France

■ *Ambassade et consulat du Népal :* 45 bis, rue des Acacias, 75017 Paris. ☎ 01-46-22-48-67. Fax : 01-42-27-08-65. ● www.nepalembassy.org ● nepalinparis@noos.fr ● Ⓜ Charles-de-Gaulle-Étoile ou Argentine. Service des visas ouvert du lundi au vendredi de 10 h à 13 h. N'oubliez pas d'apporter une photo, des espèces pour le visa (40 € pour un visa une seule entrée, valable 60 jours à partir de la date d'entrée dans le pays ; 90 € pour un visa de 60 jours avec entrées multiples), ainsi que votre passeport valable encore au moins 6 mois à partir de la date de retour du Népal. Validité du visa : 6 mois à partir de la date d'émission. Délai d'obtention : 4 ou 5 jours ouvrables. Par correspondance, il faut s'adresser au consulat général, à Mont-Saint-Aignan (près de Rouen). Il est également possible d'obtenir son visa à Kathmandu et aux postes-frontières terrestres (voir plus loin la rubrique « Formalités »).

■ *Consulat royal du Népal :* 2, rue Victor-Morin, 76130 Mont-Saint-Aignan. ☎ et fax : 02-35-07-18-12. ● www.consulat-nepal.org ● consultat.nepal@wanadoo.fr ● Ouvert le mardi et le jeudi de 18 h à 20 h, toutefois il est préférable de téléphoner avant. L'obtention du visa sur place est immédiate et prend 10 jours maximum par correspondance. Établir un chèque d'un montant de 46 € pour un visa simple entrée et de 96 € pour un visa entrées multiples, à l'ordre du consulat royal du Népal. Pièces à fournir : passeport, un formulaire de demande de visa et une photo d'identité. Joindre aussi une enveloppe à votre nom, affranchie en timbres-poste pour le retour en recommandé simple (sans accusé de réception). Possibilité de télécharger les formulaires de demandes de visas sur leur site internet (assez complet sur le pays).

■ *Association culturelle franco-népalaise :* 20, rue Poincaré, 84000 Avignon. ☎ et fax : 04-90-85-63-03. ● http://acfn.avignon.free.fr ● Cet organisme, né grâce à la volonté d'une Française amoureuse du Népal, met en œuvre de nombreux projets en vue d'un développement harmonieux et loin de toute assistance. Ils parrainent ainsi plusieurs villages népalais et ont pu construire un dispensaire grâce aux fonds collectés lors des différentes manifestations qu'ils organisent : rencontres à l'occasion de repas, randonnées, expos, conférences, soirées à thème. Leurs membres souhaitent également faire connaître aux Français les vraies valeurs du Népal. Ils éditent un journal tous les trois mois, destiné aux adhérents de l'association. Par ailleurs, celle-ci ne recrute pas, même des bénévoles. Tous les emplois sont en effet occupés par des Népalais.

■ *Népal-France Association culturelle :* F 42, 55, bd de Charonne, 75011 Paris (pas d'accueil public). ☎ 06-60-22-28-91 pour les informations. ● www.nepalfrance.com ● Une association composée de Népalais (une toute petite communauté en France) et de Français amoureux du Népal. À encourager vivement, tant le peuple népalais est attachant. Ils éditent un bulletin d'informations, *Garuda* (5 fois par an), très intéressant, et un livret *Voyager au Népal* pour promouvoir un tourisme respectueux de la population et de l'environnement. Ils organisent des conférences et des rencontres et diffusent un guide des associations.

■ *Maison du Népal :* La Condamine, 05000 Neffes-Gap. ☎ et fax : 04-92-57-91-24. ● jbeaume@wanadoo.fr ● Ouvert sur simple appel téléphonique, ou prendre rendez-vous par mail. En cas d'absence, contacter M. Raju Sharma au ☎ 04-92-51-27-51 ou sur ● rclvsharma@aol.com ● Située dans le village de Neffes, à 5 km de Gap, au lieu-dit La Condamine, cette association (loi 1901), dont le siège est installé dans une maison particulière, a pour vocation de développer des projets de coopération avec le Népal, d'accueillir et de renseigner toute personne désireuse de visiter ce pays, d'y effectuer des treks, expéditions, etc. On y trouve aussi de nombreux documents et un *chhorten* (voir « Lexique ») réalisés par des passionnés du Népal, dont Jacques Beaume, chargé en France des relations publiques par le *Nepal Tourism Board* de Kathmandu. En cours de constitution, un centre culturel sur les Sherpas, pour rendre hommage à cette ethnie exceptionnelle. Pour toute demande d'informations officielles, contacter l'association par téléphone ou e-mail, les renseignements pouvant alors être directement communiquées de Kathmandu. Il est également possible de s'adresser à Prabin Bickram Rana, professeur de français au Népal, qui se fera un plaisir de communiquer une foule de renseignements aux routards : ● rana.prabin@gmail.com ●

■ *Assistance médicale Toit du Monde :* 81, avenue du Maréchal-Joffre, 92000 Nanterre. ☎ 01-47-24-78-59. ● www.amtm.org ● RER A : Nanterre-Ville. Créée en 1992, Assistance médicale Toit du Monde a effectué ses premières missions pour répondre à l'appel des Tibétains réfugiés au Népal et en Inde (sur le plan sanitaire et aussi culturel), puis a étendu son action auprès des populations défavorisées de ces deux pays. AMTM axe son activité sur trois domaines : l'action médicale (une équipe médicale de l'association est présente plusieurs fois par an sur le terrain, avec pour objectifs de soigner le plus grand nombre et assurer une meilleure prévention) ; l'action humanitaire (l'absence d'eau potable étant la cause de sérieuses pathologies, AMTM soutient des travaux de réfection et de construction) ; les parrainages (plus de 800 parrainages d'enfants et adultes ; l'argent et les courriers sont remis en mains propres au filleul ou à l'adulte responsable du site). Afin de poursuivre sa mission, AMTM recherche sans cesse de généreux donateurs. Alors on fait passer le mot.

En Belgique

■ *Ambassade du Népal :* av. Brugmann, 210, Bruxelles 1050. ☎ 02-346-26-58. Fax : 02-344-13-61. ● www.nepalembassy.be ● Service consulaire ouvert du lundi au vendredi de 9 h 30 à 12 h 30. Retrait du visa le lendemain. Il coûte 35 € pour une entrée, 85 € avec entrées multiples. La demande de visa peut se faire par correspondance, par lettre recommandée ; ajouter alors 5 € aux prix indiqués. Voir également plus loin la rubrique « Formalités ».

En Suisse

■ *Ambassade du Népal :* 81, rue de la Servette, 1202 Genève. ☎ 022-733-26-00. Fax : 022-733-27-22. ● mission.nepal@bluewin.ch ● Service consulaire ouvert du lundi au vendredi de 9 h à 13 h et de 14 h à 17 h. Compter 4 ou 5 jours ouvrables pour l'obtention du visa, qui coûte 50 Fs pour une entrée et 130 Fs avec entrées multiples.

Au Canada

■ *Consulat du Népal :* 1200 Bay Street, suite 1203, Toronto (Ontario), M5R 2A5. ☎ (416) 975-92-92 (ext : 238). Fax : 975-92-75. Ouvert du lundi au vendredi de 10 h à 16 h. Visa touristique uniquement.

Formalités

Un *visa* est nécessaire et le *passeport* doit être valable encore au moins 6 mois après la date de retour du Népal. Vous pouvez l'obtenir avant le départ ou à l'ambassade du Népal à Delhi, mais il s'obtient très facilement à chaque poste-frontière, ou encore à l'aéroport de Kathmandu (prévoir 2 photos d'identité et une longue file d'attente, la police des frontières n'étant pas très rapide). Sur place, compter 30 US$ pour une entrée de 60 jours (c'est le visa minimum), 80 US$ pour une entrée multiple. Gratuit pour les enfants de moins de 10 ans, ainsi que pour les séjours qui n'excèdent pas 72 h.

Le visa peut être prolongé (mais on ne peut rester plus de 2 mois d'affilée la première fois. Il faut ressortir et revenir pour se faire prolonger, moyennant 50 US$. Les séjours ne doivent pas excéder 5 mois par an). Pour obtenir une extension, rendez-vous au *Central Immigration Office* de Kathmandu, près de l'office de tourisme. Voir la rubrique « Adresses utiles » de la capitale.

À Pokhara, vous pouvez bénéficier du même service. Faites toutes vos démarches par vous-même, refusez toute aide. Certaines personnes vous proposeront d'obtenir votre visa plus rapidement moyennant évidemment finances ; refusez très fermement. Ne faites rien, dans la mesure du possible, qui encourage la corruption.

Le visa vous autorise à circuler partout où il y a des routes ou des pistes. Néanmoins, un *droit d'accès* à un parc national ou un *permis de trek* (voir la rubrique « Trekking ») est parfois nécessaire. La réglementation de ce permis est souvent modifiée. Elle peut encore changer, on aura donc intérêt à se renseigner auprès de l'ambassade ou du consulat avant le départ.

Vaccinations

Il ne faut pas se fier à ce qui est exigé par les autorités du pays de destination : beaucoup de pays ne sont pas désireux de clamer qu'ils ont chez eux le choléra ou la rage… À l'inverse, quelques pays exigent au contrôle sanitaire des vaccins déconseillés par l'OMS.

Le Népal n'exige actuellement aucune vaccination à l'entrée de son territoire. Il est toutefois très fortement recommandé d'être à jour pour la diphtérie, le tétanos, la polio, l'hépatite A et B et la fièvre typhoïde (vaccin combiné Tyavax). Pour ceux qui vont vivre au Népal pour une longue période sont instamment conseillés les vaccins contre la méningite A et C (en particulier pour les moins de 40 ans) et contre la rage.

Attention, il est indispensable de suivre un traitement antipaludique si vous comptez vous rendre dans les régions reculées du Téraï népalais, près de la frontière indienne, entre mai et octobre. Le traitement consiste à prendre 1 comprimé de Savarine par jour. À commencer la veille de l'arrivée et à poursuivre pendant 4 semaines après le retour. Le moustique, vecteur de la maladie, ne survit pas en altitude au-delà de 1 800 m, c'est pourquoi ce traitement est inutile si vous séjournez à Kathmandu et dans sa vallée. Pour un séjour prolongé dans le Téraï pendant la mousson, il est aussi important de s'immuniser contre l'encéphalite japonaise.

Sachez toutefois qu'une simple escale en Inde ou au Pakistan suffit pour contracter la maladie. Réfléchissez donc bien avant de partir et souvenez-vous que deux précautions valent mieux qu'une (on prend soin de nos lecteurs). De toute manière, demandez conseil à votre pharmacien ou à votre médecin habituel. N'oubliez pas non plus, avant votre départ, de lire notre rubrique « Santé » et de consulter le site spécialisé : • www.sante-voyages.com •

Centres de vaccinations

À Paris

■ *Hôpital de l'Institut Pasteur :* 209, rue de Vaugirard, 75015. Ⓜ : Pasteur ou Volontaires. ☎ 08-90-71-08-11 (0,15 €/mn). • www.pasteur.fr • Ouvert de 9 h à 16 h 30 (jeudi de 10 h à 16 h 30) et le samedi matin de 9 h à 11 h 30.

■ *Centre de vaccination Air France :* 148, rue de l'Université, 75007. Ⓜ : Invalides. ☎ 01-43-17-22-04. Ouvert du lundi au samedi de 9 h à 17 h.

En province

La liste des centres de vaccinations en province se trouve sur • www.routard.com • rubrique « Guide », chapitre « Voyage. Mode d'emploi : les vaccinations ».

Assurances

Ne partez pas sans vous être assuré que vous l'êtes bien ! Vérifiez que votre assurance garantit le rapatriement en cas de pépin et la recherche en montagne par hélico, si vous partez en trek.

ARGENT, BANQUES, CHANGE

Monnaie, change

La monnaie est la *roupie népalaise,* divisée en 100 *paisas*. En 2006, son cours oscillait entre 80 et 85 Rps pour 1 €. Par commodité, nous appliquons une conversion à 80 Rps. On vous remet des reçus (sinon, exigez-les !) qu'il vaut mieux conserver. En effet, à la sortie, s'il vous reste des roupies, vous ne serez autorisé à changer contre des dollars que 10 % de la somme totale que vous avez achetée au cours de votre séjour. Les roupies népalaises ne sont pas négociables en dehors du Népal, et surtout pas en Inde.
Évitez le marché noir, car certains changeurs sont malhonnêtes et le taux n'est guère favorable. Il existe de nombreux changeurs privés mais néanmoins officiels dans les villes principales. Les euros en liquide et en chèques de voyage sont acceptés dans toutes les banques et bureaux de change népalais. On peut aussi payer en euros ou en dollars dans les magasins touristiques – bien que cela soit officiellement interdit.
Pour recevoir de l'argent au Népal, s'adresser à l'*Investment Bank* et à la *Western Union*. Se reporter à la rubrique « Adresses utiles. Argent, change » de Kathmandu pour leurs coordonnées.

Cartes de paiement

– On trouve des distributeurs automatiques pour *Visa et MasterCard* à Kathmandu, dans la vallée et à Pokhara.
– ATTENTION lors des paiements par carte. Cas d'arnaque possibles dans certaines boutiques de Kathmandu. Ne pas quitter le vendeur des yeux lorsque vous lui confiez votre carte ; conservez votre facturette.
– *Carte MasterCard :* assistance médicale incluse, numéro d'urgence : ☎ (00-33) 1-45-16-65-65. En cas de perte ou de vol, composer le ☎ (00-33) 1-45-67-84-84 en France (24 h/24 ; PCV accepté) pour faire opposition ; numéro également valable pour les cartes de paiement émises par le Crédit

Agricole et le Crédit Mutuel. • www.mastercardfrance.com • La carte *Master-Card* est acceptée à la *Standard Chartered Bank*, l'*Himalaya Bank* et à la *Nabil Bank*. Elle permet à son détenteur et à sa famille (si elle l'accompagne) de bénéficier de l'assistance médicale rapatriement.
– **Carte Visa :** assistance médicale incluse ; numéro d'urgence : ☎ (00-33) 1-42-99-08-08. Pour faire opposition, contactez le ☎ 1-410-581-9994 (depuis l'étranger). Elle est acceptée dans la plupart des banques, des bons hôtels et des restaurants chic. Les magasins qui l'acceptent vous font payer une commission parfois élevée. Attention, vous ne pourrez retirer que l'équivalent d'environ 300 € par semaine.
– Pour la carte **American Express,** téléphoner en cas de pépin au ☎ (00-33) 1-47-77-72-00. Numéro accessible 24 h/24, PCV accepté en cas de perte ou de vol.
– Pour toutes les cartes émises par *La Poste,* composer le ☎ 0825-809-803 (pour les DOM : ☎ 05-55-42-51-97).

Banques

– *Horaires d'ouverture :* en moyenne, de 10 h à 16 h en hiver et jusqu'à 17 h en été (15 h le vendredi). À Kathmandu, horaires plus larges. La plupart des banques sont fermées le samedi.

ACHATS

Les Népalais sont un peuple d'artistes, mais le tourisme a beaucoup nui à leur production, passée du stade artisanal à une fabrication « en série » souvent bâclée. En sachant bien choisir, vous trouverez cependant des objets originaux et bien travaillés. Comparez toujours avant d'acheter, et n'oubliez jamais de marchander, cela fait partie du jeu. La ménagère népalaise discute même le prix d'une botte de poireaux sur le marché, alors !
– **Les kukhuri :** couteaux souvent employés comme serpes et que l'on voit quelquefois à la ceinture des Népalais. Vous en trouverez de vraiment magnifiques, surtout parmi les anciens, très onéreux. La véritable copie de l'ancien possède deux mini-couteaux insérés dans l'étui. Une petite rigole est généralement creusée sur la lame pour éviter que le sang ne se répande sur le manche durant le sacrifice. Cependant, il vaut mieux éviter d'acheter tout ce qui ressemble à des antiquités, car vous avez de forts risques de vous faire avoir. À Kathmandu, éloignez-vous de Durbar Square, allez plutôt dans les boutiques d'Asan Tole qui en proposent de fort beaux et réellement utilisés par les habitants. De plus, vous les obtiendrez à des prix très abordables. Si vous partez en trek, attendez. Vous en trouverez d'aussi intéressants les jours de marché.
– **Les saranghi :** petites violes dont jouent les chanteurs ambulants. Elles sont toutes taillées dans le même morceau de bois et comportent quatre cordes en boyau de chèvre. L'archet, très court, est fait en crin de cheval. Elles s'achètent dans la rue à des paysans descendus de leurs villages pour en vendre.
– **Les moulins à prières :** attention, ceux que l'on vous proposera comme anciens sont toujours faux. Possibilité d'en acheter de belles copies fabriquées de façon artisanale. Juste vérifier qu'ils contiennent bien les textes sacrés à l'intérieur.
– **Les bols chantants** tibétains sont en bronze, ainsi que poignards, couteaux, haches et toutes copies d'objets rituels tibétains. Achetez-les de préférence dans un magasin de musique. Les bols chantants produisent un tintement sec quand on les frappe, puis une résonance impressionnante lors-

qu'on effleure leur bord avec un morceau de bois. Il faut toujours les « faire chanter » avant de les acheter, le son étant très différent d'un bol à l'autre.

– **Les tapis :** depuis quelques années, les tapis népalais sont très en vogue. Ils sont en pure laine et les couleurs sont à base de teintures végétales. Voir à Patan, dans le quartier de Jawalakhel. Reproductions de modèles anciens de grande qualité. La moitié de la production, qui emploie 400 000 personnes, est vendue sur place aux touristes. Attention, vous n'avez le droit d'entrer en France qu'avec un tapis par personne. Les tapis supplémentaires devront être déclarés et donc taxés.

– **Les bijoux :** vous en trouverez de toutes formes et à tous les prix, ce ne sont pas les boutiques qui manquent ! Dans certaines, vous pourrez vous composer votre propre collier. Les Népalaises comme les Indiennes aiment se parer, elles créent un heureux alliage d'or et de bijoux fantaisie.

Le plus grand choix de colliers traditionnels népalais se trouve à Kathmandu, sur la place d'Indra Chowk. Les femmes s'y bousculent pour acheter leurs bracelets et colliers multicolores. Ce ne sont pas des pierres précieuses mais des perles en plastique ou en verre fabriquées au Japon. Un cadeau néanmoins original et très apprécié lors du retour au pays.

Les bagues et colliers en argent ne sont pas chers, mais il faut se méfier des poinçons, certains sont trafiqués. Achat délicat tant l'arnaque règne. Essayez de trouver des boutiques sérieuses et demandez à comparer avec d'autres bijoux de qualité inférieure.

Pour les adeptes du piercing, ce n'est pas, et de loin, le meilleur endroit. Les règles élémentaires d'hygiène sont rarement respectées, même si l'on vous jure le contraire ! Alors achetez vos bijoux, mais faites-vous percer en Europe.

– **Les pierres :** on en propose beaucoup à partir de 1 US$ le carat et jusqu'à 100 US$ (et plus). La plupart des pierres semi-précieuses (aigue-marine, tourmaline, etc.) proviennent du Népal. En revanche, corail, turquoise et autres lapis-lazuli sont importés d'Inde et du Tibet.

– **Les vêtements :** on en trouve partout, à des prix défiant toute concurrence. Attention à la finition, qui est souvent loin d'être parfaite. Les tailleurs népalais, très habiles, peuvent vous faire du sur-mesure dans des délais très courts. Certains designers de passage ont laissé des modèles originaux et fonctionnels qui sont repris par tous les tailleurs. Le Népal commence à exporter vers l'étranger, principalement vers le Japon. On ne peut résister aux tee-shirts brodés à la machine sur commande d'après des modèles exposés. Les tigres et Tintin ont beaucoup de succès ! Les pantalons de coton sont très agréables quand il fait chaud. Grand choix de pulls avec des motifs originaux tricotés par les Tibétains. Idéal pour le trek, mais prendre la meilleure qualité car le poil de yack... ça gratte terriblement !

Les châles appelés *pashmina,* en duvet de chèvre provenant des hautes régions du Népal ou du Tibet, sont vendus à tous les coins de rue. Il existe trois qualités différentes : 70 % pashmina et 30 % soie, 50 % pashmina et 50 % soie et 100 % pashmina. Mais ceux qu'on essaiera de vous vendre seront plutôt proches de 0 %, si vous voyez ce qu'on veut dire : viscose, laine, coton, soie, tout y passe. Il faut être doué pour reconnaître le vrai du faux. Sachez que les *pashmina* purs, beaucoup plus chers, ne se trouvent que dans certaines boutiques de luxe. On peut aussi les acquérir à la fabrique *Everest Pashmina Arts,* à Kathmandu (voir la rubrique « Achats » de cette ville).

Grand choix de vêtements de trek à Kathmandu et Pokhara. Toutes les marques sont des copies. Les tissus en Gore Tex viennent de Corée et de Chine, mais la confection, elle, est réalisée au Népal. Vérifiez l'étanchéité en versant un verre d'eau dessus. Seules les coutures, véritables maillons faibles, ne sont pas imperméables. Les coupe-vent, moufles et blousons sont de bon rapport qualité-prix, tout comme les sacs de couchage en polaire. Vêtements polaires de bonne qualité et vraiment bon marché.

– **Les masques en bois :** bien travaillés sur Durbar Square à Kathmandu, à Patan et dans de nombreuses boutiques à Bhaktapur.

– **Les bronzes, cuivres, étains, laitons à la cire perdue :** vous trouverez les plus beaux et les moins chers chez les artisans de Patan (autour du temple de Mahabouddha). Pour marchander, disposez au moins d'une bonne heure car ils sont durs en affaires. Avec humour et persuasion, on peut obtenir de grosses réductions.

– **Les tangkha ou paubha :** plein de boutiques (pour touristes), mais les vraies œuvres d'art artisanales sont à commander. Si vous avez besoin de conseils, passez, à Kathmandu, à la *Kumari Shop*, Hanuman Dhoka, sur Durbar Square, *boutique n° 11*. Ratna KJ Shakya parle le français et vous expliquera la signification des différents symboles. Autre adresse intéressante, *Tara Thangkha Center* à Thamel (☎ 426-17-65). Bipin vous permettra de distinguer une peinture *newari* d'une tibétaine, *tamang*, etc. Accueil vraiment sympa et collection tout à fait exceptionnelle. Cartes de paiement acceptées. Sinon, plusieurs écoles de peinture se visitent, notamment à Bhaktapur : passionnant !

– **Les papiers népalais :** on les appelle à tort « papiers de riz », car il s'agit en fait de papiers élaborés à partir de l'écorce d'un arbre *(daphné)*. La grande majorité de ces papiers est fabriquée à Bhaktapur. D'autres peuvent être issus de matériaux bien plus insolites, tels que le jute, le chanvre ou bien encore l'ortie. On en trouve absolument partout.

– **Les épices et thés :** de nouvelles boutiques (pour touristes) s'ouvrent tous les mois. La demande est en effet croissante. Vous pourrez trouver les mêmes produits à un prix très inférieur, mais pas sous plastique, dans les boutiques d'*Asan Tole* et *Indra Chowk* à Kathmandu. Véritable safran (sous forme de pistils) importé bien souvent du Cachemire et conditionné obligatoirement dans de petites boîtes de plastique scellées, gingembre, noix de muscade, badiane, cardamome, etc.

– **Les timbres :** ils sont en devanture de nombreuses boutiques, en provenance du Népal bien sûr, mais aussi du Bhoutan, du Tibet, etc. (pour les timbres neufs, s'adresser à la *GPO*). Pour votre information de lecteur toujours curieux, le plus vieux timbre du Népal date de 1907. Auparavant, l'acheminement du courrier (essentiellement royal) était assuré par des messagers.

– **Les pièces de monnaie :** si vous êtes numismate, vous ne serez pas déçu, on en propose aussi un peu partout. En cherchant bien, il est possible d'en dénicher des périodes *licchavi, thakuri, malla,* ainsi que de l'époque *shah*.

ACTIONS HUMANITAIRES

Le Népal est l'un des pays les plus pauvres du monde. Ces dernières années, le pays a beaucoup souffert : sécheresse, inondations dramatiques dans le Sud, qui ont fait 7 000 victimes. Le développement du tourisme avec « l'industrie » du trekking qui ne profite qu'à quelques-uns a entraîné une augmentation considérable du coût de la vie. Le Népal se trouve aujourd'hui dans une situation politique, économique et sociale délicate. De nombreuses associations se sont créées pour apporter leur soutien à cette population en difficulté. Libre à nos lecteurs de profiter de leur voyage au Népal pour faire bénéficier à l'une d'entre elles de dons (voir également, plus loin, notre rubrique « Scolarité, éducation »).

Prostitution

C'est l'occasion pour nous d'évoquer un douloureux problème, celui du trafic de femmes et de très jeunes filles, forcées à travailler comme prostituées dans des bordels sordides en Inde. Le plus insupportable est qu'elles sont quelquefois vendues par leurs propres parents. Des rabatteurs opèrent aussi dans les villages, promettant bien évidemment une vie meilleure. Ces femmes sont ensuite vendues aux propriétaires de maisons closes, à Mumbai notamment, moyennant une somme de 40 à 500 US$. Leur calvaire ne s'arrêtera pas là, puisque la grande majorité d'entre elles sera renvoyée au Népal après avoir contracté le sida ou d'autres MST. Par ignorance, elles seront souvent rejetées de leurs villages.

Les chiffres sont monstrueux : 200 000 Népalaises « travailleraient » dans l'industrie du sexe en Inde. Plus alarmant encore, de 5 000 à 7 000 femmes par an continueraient de passer la frontière. Certaines ONG tentent d'enrayer ce trafic et ne manquent pas de le dénoncer. Malgré leurs appels au secours, l'Inde continue de fermer les yeux, et le gouvernement népalais ne déborde pas d'une grande énergie pour résoudre ce très grave problème. Ces ONG ne disposent souvent que de peu de moyens, alors rencontrez-les, et si vous pouvez leur apporter votre contribution, vous aiderez grandement ces femmes et ces gamines.

BAGAGES

Si vous ne faites pas de trek ou si vous souhaitez laisser une partie de vos affaires dans un hôtel de Kathmandu pendant votre trek, une valise solide fermée par un cadenas est fortement conseillée. En revanche, pour les treks, le style sac marin est vivement recommandé, peu fragile et beaucoup plus facile à manipuler pour les porteurs. Pour porter ses affaires personnelles (appareil photo, pull, eau, crème solaire, etc.), un petit sac à dos est idéal.

Le tableau de la rubrique « Climat » devrait vous aider à faire votre sac. Ne vous chargez pas outre mesure (la réglementation aérienne des lignes intérieures limite le poids des bagages à 15 kg par personne), on trouve des vêtements bon marché et sympas à Kathmandu et à Pokhara.

Même si vous ne faites pas de trek, de bonnes chaussures sont indispensables. Un coupe-vent et un parapluie ne sont pas inutiles. On en trouve sur place pour quelques roupies.

N'oubliez pas une trousse de pharmacie très complète (voir la rubrique « Santé »), des photocopies de tous vos documents, une lampe de poche ronde (impossible de trouver des piles plates au Népal), des bouchons de cire ou tampons pour les oreilles, un couteau de poche et une crème de protection solaire. Si vous devez faire un trek, reportez-vous à la rubrique correspondante.

BOISSONS

– On ne vous le répétera jamais assez : ne buvez pas d'*eau* qui n'ait été longuement bouillie ou purifiée. Évitez tous les glaçons, les amibes résistent bien au froid. On trouve facilement de l'eau en bouteille, mais de moins en moins minérale et de plus en plus purifiée (goût d'eau de piscine). Le prix d'une bouteille peut varier du simple au quadruple selon le lieu de vente. Compter 20 à 30 Rps. Vérifier l'intégrité de la capsule de protection.

– Se méfier des *lassi* (boissons à base de yaourt), surtout pendant la période de la mousson. Ils doivent être préparés dans de bonnes conditions d'hygiène.

– Le ***thé*** est la boisson nationale. Prononcez « tchya ». Dans les gargotes, on vous le servira à l'indienne, brûlant, sucré et avec du lait. Le thé tibétain est très différent ; il est salé et agrémenté d'un peu de beurre de *nak* (la femelle du yack). Il faut aimer ! Dans les hôtels et restos, on ne sert que du *black tea* en sachets.
– On peut aussi goûter au ***chang*** (ou *thomba*), cette bière tibétaine au goût de cidre fermier. Assez peu alcoolisée, elle fait vite tourner la tête si l'on y revient. C'est une boisson produite par la fermentation de grains d'orge. La *Star Beer* et l'*Everest*, bières locales, sont très légères. On trouve aussi quelques bières importées, bien plus chères. Attention, les bouteilles font souvent 0,65 litre, il faut avoir soif !
– Le ***rhum*** de fabrication népalaise n'est pas mauvais ; mélangé au *Coca*, il facilite la digestion. On peut le trouver dans une bouteille en forme de *kukhuri*, idée originale pour un cadeau.
– Le ***rakshi*** est l'alcool de riz népalais. Parfait pour égayer l'atmosphère…
– Il existe aussi des productions locales de ***whisky*** et de ***vodka***, ainsi que tous les alcools importés.
– On trouve maintenant régulièrement du ***vin*** dans les supermarchés, à partir de 400 Rps (5 €) la bouteille, ainsi que dans les grands hôtels où il est hors de prix.
– Il existe un très bon ***café*** en provenance du Téraï. Demandez-le, mais, la plupart du temps, les hôtels et restaurants vous serviront malheureusement du jus de chaussettes ou du café instantané.

BUDGET

Le Népal est un pays plutôt bon marché pour le routard, même si le coût de la vie y a beaucoup augmenté ces dernières années.

Hébergement

Pour un hébergement très simple, compter environ 250 Rps (3,10 € par jour et par personne) ; à ce prix-là, on dispose le plus souvent d'une chambre avec salle de bains. On trouve des chambres encore moins chères, mais le confort y est spartiate et la propreté laisse trop souvent à désirer.
Voici notre classement :
– ***Bon marché :*** de 150 à 500 Rps (de 2 à 6 €) pour une chambre double.
– ***Prix modérés :*** de 500 à 1 000 Rps (de 6 à 12,50 €).
– ***Prix moyens :*** de 1 000 à 2 000 Rps (de 12,50 à 25 €).
– ***Chic :*** de 2 000 à 4 000 Rps (de 25 à 50 €).
– ***Très chic :*** plus de 4 000 Rps (de 50 €).
De nombreux établissements proposent des chambres à des prix différents selon le confort. Dans ce cas, nous les avons classés dans la catégorie correspondant au prix pratiqué dans la majorité des chambres.
Dans les hôtels chic, la taxe gouvernementale de 13 % s'ajoute au prix annoncé.

Nourriture

Difficile d'établir des catégories précises, la plupart des restos proposant en fait une large gamme de plats et de prix. Sachez qu'en moyenne un déjeuner vous coûtera entre 200 et 500 roupies (entre 2,50 à 6,20 €).
– ***Bon marché :*** de 150 à 350 Rps (de 2 à 4,50 €).
– ***Prix moyens :*** de 350 à 800 Rps (de 4,50 à 10 €).
– ***Chic :*** plus de 800 Rps (plus de 10 €).

Comme pour les hôtels, une taxe de 13 % est ajoutée à l'addition dans les établissements un peu chic. Un pourboire correct se situe entre 5 et 10 % de la facture. Vérifiez toujours votre addition. Certains ont pris la fâcheuse habitude de « gonfler » les notes, partant du principe que le touriste paie toujours sans recompter.

Sites et treks

Attention, dans la vallée de Kathmandu, l'accès à de nombreuses villes est payant. Le record est détenu par Bhaktapur avec 750 Rps (9,40 €) par personne.
Pour les permis de treks, se reporter plus loin à la rubrique « Trekking ».

CALENDRIER

Il existe plusieurs calendriers au Népal, établis en fonction de la lune.
Toujours en usage, le calendrier newar *(Nepal Sambat)* remonte à la fondation de Bhaktapur et commence en 879 (à partir de fin 2006, nous sommes donc en l'an 1127).
Le calendrier officiel *(Vikram Sambat)* est, lui, utilisé dans toutes les administrations. Il débute en 57 av. J.-C. À la mi-avril 2007, nous passons donc à l'an 2063. C'est, en effet, à cette date que débute la nouvelle année népalaise *(Bisket Jatra)*. Comme en Europe, ce calendrier comporte 12 mois, dont la durée varie de 29 à 32 jours. Chaque mois est divisé en deux quinzaines ; la quinzaine claire correspondant à la période de la lune montante et la quinzaine sombre à la décroissante. La pleine lune *(purnima,* en népalais) est chaque fois l'occasion d'un festival. Par ailleurs, on dénombre ici 6 saisons. Le tableau ci-dessous devrait vous aider à mieux les situer.

Mois européens	Mois népalais	Saisons népalaises
Avril/mai	*Baisakh*	été
Mai/juin	*Jeth*	été
Juin/juillet	*Asar*	saison des pluies
Juillet/août	*Saun*	saison des pluies
Août/septembre	*Bhadra*	premier automne
Septembre/octobre	*Ashwin*	premier automne
Octobre/novembre	*Kartik*	second automne
Novembre/décembre	*Marg*	second automne
Décembre/janvier	*Push*	hiver
Janvier/février	*Magh*	hiver
Février/mars	*Phalgun*	printemps
Mars/avril	*Chaitra*	printemps

CLIMAT

Le climat du Népal permet des séjours en toute saison. Mais pour voir les montagnes et s'y balader à pied (le trekking, quoi !), il faut impérativement y aller, entre octobre et mi-mars période sèche et ensoleillée !
Le reste de l'année, la mousson (de mi ou fin juin à mi ou fin septembre) coiffe en permanence les sommets de nuages et amène des pluies fortes et violentes, particulièrement entre juin et août, sans compter les milliards de sangsues qui se promènent dans les herbes.

Moyenne des températures atmosphériques

Nombre de jours de pluie
NÉPAL (Kathmandu)

Tous les climats sont présents au Népal et changent avec l'altitude : tropical dans la jungle du Téraï, tempéré dans les vallées et polaire en haute montagne. Prévoir toujours un pull pour les soirées et une bonne couverture pour la nuit, même en été. Jusqu'en mars, nuits très fraîches (5 °C ou moins). À signaler qu'en décembre et janvier, il fait très froid en montagne au-delà de 3 200 m.

CUISINE

Le menu de base d'un Népalais se compose d'un plat de riz blanc *(bath)* et de lentilles *(dal)* que l'on mélange au riz pour en relever un peu le goût. Le *dal bath*, ce plat national dont se nourrissent les Népalais matin et soir, est agrémenté d'un curry de légumes *(tarkari)*, d'un mélange d'ingrédients épicés (achards) et parfois de viande.

Il existe une cuisine tibétaine très répandue. Elle se compose de soupes, assez proches des soupes chinoises, et de *momo*, sortes de raviolis fourrés à la viande ou aux légumes et que l'on sert bouillis ou frits. C'est excellent quand ils sont bien préparés. De même, vous trouverez facilement des nouilles tibétaines accommodées de légumes aux œufs *(chowmein)*.

Dès que l'on quitte la ville, la viande se fait rare. Celle que l'on trouve en montagne est séchée et en lambeaux *(sukuti)*. Bannissez-la de vos menus en altitude car elle provient souvent de viandes avariées et, quand on sait que pendant qu'elle sèche au soleil, les mouches aiment y pondre… Bon appétit !

La plus grande variété se trouve, bien sûr, dans les cuisines chinoise et indienne servies dans la plupart des restaurants de Kathmandu et Pokhara, où figurent souvent sur la même carte des plats tibétains, japonais, mexicains ou italiens. Le manque d'hygiène suscite toujours une certaine appréhension, mais les restos à vocation touristiques ont fait d'énormes efforts sur ce point. Il existe aussi des supermarchés où l'on trouve tout ce que l'on souhaite, même du jambon.

DANGERS ET ENQUIQUINEMENTS

L'état d'urgence, en vigueur depuis 2001, a été abandonné en 2006. Les maoïstes ont décrété un cessez-le-feu, reconduit en juillet 2006. L'impôt révolutionnaire mis en place sur de nombreux treks ne devrait plus être levé, mais il est fort possible que les francs-tireurs poursuivent le prélèvement encore quelque temps. Il est donc toujours conseillé aux trekkeurs de ne pas partir seuls et de passer par une agence reconnue. De son côté, l'ambassade de France invite les Français de passage « à venir remplir une fiche d'enregistrement ».

Pour tous renseignements complémentaires sur la situation, consultez avant votre départ le site du ministère des Affaires étrangères : ● www.diplomatie.gouv.fr ●

– *Le vol :* devant l'accroissement du tourisme, la tentation de vol est parfois grande. Il est important de ne pas la provoquer en posant son sac à terre sans le surveiller. Les larcins deviennent courants sur les toits des bus. L'idéal est d'avoir un sac cadenassé. Dans les hôtels, toujours fermer portes et fenêtres et laisser à la réception passeports, devises et billets d'avion. Attention aussi sur certains treks comme celui de Jomsom. Des trekkeurs ont été dévalisés dans la région de Dampus, d'autres sur le tour des Annapurnas. En règle générale, soyez discret avec votre argent, surtout lorsque vous effectuez un achat ou sortez de la banque, le portefeuille bien garni. Si la vigilance s'impose, il ne faut cependant pas tomber dans la paranoïa.

Depuis quelques années, des agressions de touristes sont à déplorer à Thamel. En cas de problème, vous pouvez toujours vous adresser à la *Tourist Police* (☎ 424-70-41 ou, en cas d'urgence, ☎ 100).

Méfiez-vous aussi de certains bijoutiers qui vous demandent de transporter des bijoux en France ou qui vous proposent carrément une association. Arnaque assurée à 100 % et problèmes à la douane garantis sur facture.

– *La blanchisserie :* on lave encore à la main au Népal, et quand nous disons laver, c'est plutôt racler ! Évitez de donner du linge fragile, si vous ne voulez pas qu'ils vous reviennent déformés ou passés de la taille S à XXL… Dans les bons hôtels, le pressing est toutefois irréprochable.

– *Les contrefaçons :* comme dans la plupart des pays asiatiques, vous trouverez des copies de toutes les grandes marques mondiales. Articles de sport mais aussi montres, matériel électronique, etc. Le prix peut être attractif, la qualité beaucoup moins, mais ATTENTION ! rapporter de tels produits en Europe peut vous coûter très cher (confiscation pure et simple des produits et forte amende) ! Alors réfléchissez-y à deux fois !

– *Les lézards :* vous en trouverez fatalement un jour ou l'autre dans votre chambre. Ne les tuez surtout pas, ce sont de précieux alliés contre les moustiques. De plus, ils ne viendront jamais vous déranger car ils sont très craintifs.

– *Les araignées :* certaines sont très étranges, avec une forme de disque ou de soleil. Leurs piqûres, sans être dangereuses, peuvent occasionner de fortes démangeaisons. Leur chasse est difficile parce que, très plates, elles se faufilent dans des endroits inimaginables. De plus, elles sautent et résistent aux insecticides. Une seule solution, un bon gros bouquin comme votre *Guide du routard* !

DÉCALAGE HORAIRE

L'heure officielle est en avance de 5 h 45 sur celle du méridien de Greenwich, et de 15 mn sur l'heure indienne. Quand il est midi en France en horaire d'hiver, il est 16 h 45 au Népal et 16 h 30 en Inde. En été, déduire 1 h.

DRAPEAU NÉPALAIS

C'est le seul au monde à n'être ni carré ni rectangulaire. Pour les hindous, le triangle représente le *Dharma* (loi morale, vertu religieuse et devoirs sacrés). On en retrouve la représentation encadrant la porte d'entrée de la majorité des temples.

Le rouge, couleur de bon augure, est opposé au blanc et au noir qui symbolisent la mort.

La lune et le soleil perpétuent le souvenir des mythiques dynasties « lunaires et solaires » qui auraient régi le Népal à ses origines. Le drapeau est aussi considéré comme un support de prières (la lune et le soleil sont symboliquement présents dans tous les *mantra*). « Fasse que la Nation prospère et vive, aussi longtemps que le soleil et la lune seront présents au firmament. »

Autre emblème national, le *danphe* (ou *monal*), une variété de faisan vivant uniquement au-dessus de 3 500 m d'altitude. C'est un spécimen superbe avec des couleurs de vert et de rouge métalliques étincelant au soleil. Vous pourrez le découvrir parmi de nombreuses autres espèces d'oiseaux si vous prévoyez un trek dans le parc national du Sagarmatha (Everest).

DROGUE

Finie la période des babas cool et des hippies qui partageaient leur temps entre Goa et Kathmandu, ce qui leur donnait un mode de vie de lords anglais : Nice l'hiver, Deauville l'été. La drogue est interdite depuis 1973. Des revendeurs continuent cependant à en proposer aux touristes, surtout dans les quartiers de Thamel à Kathmandu et de Lake Side à Pokhara. Il s'agit de haschisch ou d'herbe de mauvaise qualité, et les vendeurs sont, pour la plupart, des indicateurs. On vous proposera parfois à Pokhara des champignons hallucinogènes à déguster dans des omelettes. Attention, là encore, aux conséquences…

La drogue fait des ravages auprès des Népalais. Ils ne se contentent plus de fumer quelques joints, mais sont désormais tributaires de drogues dures importées, ou se rabattent sur la colle. On voit de petits enfants sniffer en pleine rue, par exemple sur Tridevi Marg à l'entrée de Thamel. Des contrôles sont dorénavant effectués dans les bus et sur les sentiers de trek. Les sacs peuvent être fouillés par la police aux différents *checkpoints*. Soyez donc vigilant. Les prisons népalaises n'ont vraiment pas bonne réputation…

DROITS DE L'HOMME

La sérénité semble regagner quelque peu le petit royaume du Népal. Les troubles sociaux et les manifestations à l'encontre d'un régime de plus en plus corrompu et autoritaire se sont succédé et ont finalement eu raison, en avril 2006, de l'intransigeance du roi Gyanendra. Celui-ci, qui s'était arrogé les pleins pouvoirs, n'avait pourtant pas hésité à faire tirer dans la foule, causant ainsi la mort de plusieurs manifestants. La modification de la Constitution qui a suivi la mise en place du nouveau gouvernement a dépossédé le roi du contrôle de l'armée, et du pouvoir de nommer le gouvernement. Toute référence à la divinité du roi, représentant direct sur terre de la divinité Vishnu, a été abolie, et le Népal est officiellement devenu un pays laïc. Le roi Gyanendra, redevenu simple citoyen, en sera même réduit à payer un impôt sur sa fortune, et perdra peut-être son statut de monarque si l'Assemblée constituante à venir le décide. Reste la question de la puissante guérilla maoïste, en guerre contre les autorités népalaises depuis plus de 10 ans (13 000 morts depuis 1996). Celle-ci, qui s'est rendue maître de près des 4/5e du pays, a certes déclaré un cessez-le-feu temporaire et répondu favorablement aux propositions de pourparlers de paix du nouveau gouvernement. Mais rien n'indique que ses dirigeants obéiront aux injonctions de ce dernier, qui pose comme préalable à la tenue de nouvelles élections le dépôt des armes. En dépit d'un moment historique pour le Népal, la population n'en a peut-être donc pas fini de subir ce conflit d'un autre âge.

■ **Fédération internationale des Droits de l'homme (FIDH) :** 17, passage de la Main-d'Or, 75011 Paris. ☎ 01-43-55-25-18. Fax : 01-43-55-18-80. ● www.fidh.org ● fidh@fidh.org ● Ⓜ Ledru-Rollin.

■ **Amnesty International** (section française) : 76, bd de la Villette, 75940 Paris Cedex 19. ☎ 01-53-38-65-65. Fax : 01-53-38-55-00. ● www.amnesty.asso.fr ● info@amnesty.asso.fr ● Ⓜ Belleville ou Colonel-Fabien.

N'oublions pas qu'en France aussi, les organisations de défense des Droits de l'homme continuent de se battre contre les discriminations, le racisme et en faveur de l'intégration des plus démunis.

ÉCONOMIE

Près de la moitié de la population du Népal vit en dessous du seuil de pauvreté. Si l'agriculture constitue toujours le pilier de l'économie, le tourisme et l'activité hydraulique représentent des marchés porteurs. Depuis le début des années 1990, une volonté de dynamisation est apparue et des réformes économiques ont ainsi été engagées afin d'attirer les investisseurs étrangers. Pas facile, compte tenu de l'instabilité politique actuelle, de la corruption systématique et des infrastructures défaillantes… Mais le processus démocratique rétablira peut-être une certaine confiance. En attendant, la croissance reste encore liée, pour plus de la moitié du budget, à l'aide internationale.

Agriculture

Le produit de la terre compte pour environ 40 % du revenu national. C'est la principale activité du Népal, quoique les terres cultivées ne représentent guère plus de 17 % de la surface du sol. En outre, 8 Népalais sur 10 sont des paysans. Dans les zones montagneuses, il s'agit surtout d'une agriculture en terrasses. Durant des générations, les hommes ont transformé collines et montagnes en de véritables escaliers dont chaque palier est alimenté par un ingénieux système d'irrigation.
Le Népal produit actuellement deux fois plus de céréales qu'il ne lui en faut. Il en exporte donc une grande partie vers l'Inde et reçoit en échange la quasi-totalité des produits manufacturés qui lui font défaut.
Aujourd'hui, de nombreux paysans sont propriétaires de la terre qu'ils exploitent. Jusqu'à la réforme agraire, ils devaient verser 50 % de la récolte à leurs propriétaires.

Mines et industries

Si les richesses du sous-sol demeurent largement inexploitées, quelques possibilités limitées concernant le mica et la lignite existent.
L'industrie se développe (20 % du PIB), mais reste peu diversifiée. Les manufactures d'État sont restées longtemps tournées vers le seul marché intérieur : briques, cigarettes, sucre, alcool, savon, etc. L'activité essentielle demeure le textile.

Échanges

Le transport des marchandises est encore en grande partie assuré par les hommes et les bêtes, le pays ne disposant que de 13 000 km de routes (dont seulement 4 000 km goudronnés). Celles-ci traversent le Népal d'est en ouest, une autre relie Kathmandu au Tibet. Deux voies de chemin de fer très courtes relient le Népal à l'Inde. Un téléphérique de 42 km (toujours en réfection) assure l'acheminement des marchandises entre Hétauda, au Téraï, et Kathmandu.
La balance commerciale du Népal reste très déficitaire, les importations représentent encore deux fois la valeur des exportations. Cela dit, le volume des échanges a considérablement augmenté, ce qui indique l'intégration croissante du Népal à l'économie mondiale. L'Inde reste le premier client et fournisseur de son voisin. Toutefois, les exportations se redéploient mainte-

nant vers les États-Unis et l'Europe, tandis que les importations proviennent encore en majorité d'Asie. Le tourisme permet au Népal de diversifier ses sources de revenus extérieurs. Mais outre les conséquences néfastes sur l'environnement et la culture du pays, c'est une activité qui connaît des hauts et des bas : avec l'importante baisse du nombre de visiteurs due à la situation politique, de nombreux Népalais dépendants du tourisme ont vu leur niveau de vie chuter.

Niveau de vie

Jusqu'en 1950, le Népal était un pays sans aucune industrie, sans route et sans liaison aérienne. Il n'y avait pas 1 % des enfants à l'école. Le paludisme faisait encore des ravages considérables et le pays n'avait que 50 médecins pour lutter contre ce fléau. Le taux de mortalité était effrayant et, dans certaines régions, peu de nouveau-nés atteignaient l'âge de 5 ans. D'ailleurs, la moyenne d'espérance de vie d'un Népalais n'était que de 26 ans. Elle est passée aujourd'hui à 60 ans, avec toutefois de fortes disparités entre les régions. C'est dire les efforts qui ont été faits dans tous les domaines pour améliorer la vie d'un peuple qu'une politique isolationniste avait condamné pendant des années.

Malgré ces efforts, certaines régions du Népal demeurent sinistrées. Le nord-ouest du pays, et plus particulièrement le district d'Humla est touché par la sécheresse de façon récurrente. La famine y fait des ravages, comme ce fut le cas au printemps et à l'été 2006. Il est à espérer que les nouveaux dirigeants parviendront à désenclaver cette région en réglant des problèmes à la fois conjoncturels et structurels.

Quelques chiffres

– *Taux de croissance démographique :* 2,2 %.
– *Espérance de vie :* 60 ans (79 ans en France).
– *Mortalité infantile :* environ 67 ‰, une des plus fortes d'Asie.
– *Une population jeune :* 40 % ont moins de 15 ans.
– Chaque femme a en moyenne 4 ou 5 enfants, et 1 femme sur 15 meurt des suites d'une grossesse.
– *Analphabétisme :* concerne environ 50 % de la population (autour de 30 % d'hommes et près de 70 % de femmes). En progrès.
– *Malnutrition :* 1 enfant sur 15 en souffre.
– *Scolarité :* les trois quarts des enfants vont désormais à l'école primaire. Mais plus de la moitié des ados népalais ne peuvent aller au collège et travaillent chez eux ou à l'extérieur.
– *Taux d'urbanisation :* 11,6 %, en augmentation.
– *L'énergie* du pays repose sur la consommation de bois de chauffage et de bouse séchée, ainsi que sur le pétrole importé d'Inde. De nouveaux projets hydroélectriques sont en route.
– *Budget népalais :* 60 % sont assurés par l'aide internationale et la quasi-moitié des recettes sert au remboursement de la dette extérieure.
– Son *PIB* par habitant place le Népal parmi les pays les plus pauvres du monde. Plus de 10 millions de Népalais vivent en dessous du seuil de pauvreté absolue. En 2005, le Népal se classait en 136e position sur 177 pays au classement de l'IDH (Indice de développement humain) calculé par le PNUD (Programme des Nations unies pour le développement).

ÉLECTRICITÉ

Le courant est en ***220 volts.*** Si vous utilisez des appareils électriques personnels, une prise dite « de voyage » est très utile car l'écartement des bornes est parfois différent. Le Népal connaît des coupures d'électricité fréquentes. N'oubliez pas votre lampe de poche, surtout si vous sortez le soir. On trouve très facilement des piles (rondes uniquement) dans toutes les villes.

Il peut paraître extraordinaire que la gigantesque réserve hydroélectrique du Népal ne soit pas suffisante. Une raison bien simple à cela : le Népal dispose de plusieurs barrages construits avec l'aide de l'Inde, mais celle-ci importe plus de la moitié de la production, cela en fonction de vieux accords préétablis. Il est bon de savoir aussi que le prix d'1 kWh est de 8 roupies au Népal mais acheté par l'Inde il descend à... 1 roupie !

ENVIRONNEMENT

Kathmandu est l'une des villes les plus polluées du monde. Alors, on se dit qu'avec huit parcs nationaux et quatre réserves naturelles, soit 8 % de la surface totale du pays, la pollution par le mazout ou les gaz d'échappement n'est au moins pas près d'exister sur les sentiers de trekking. Elle apparaît malheureusement sous d'autres formes : la déforestation due aux exigences de chauffage des *lodges,* ainsi que les papiers gras et bouteilles plastique qui restent toujours la pollution chérie des touristes. Chaque année, on en ramasse près de 100 t. Alors pitié ! D'ailleurs, lassés de voir des tonnes de détritus s'accumuler vers les sommets, des alpinistes népalais mais aussi une association française ont entrepris de les nettoyer. En 2002 et 2003, leurs expéditions de nettoyage ont permis de récupérer plus de 3 t de déchets, placardant par la même occasion dans tous les *lodges* une charte du trekkeur. Dans la région de l'Everest, les *lodges* doivent désormais redescendre toutes leurs bouteilles vides à Lukla, par porteurs. Cette réglementation est contrôlée très sévèrement par une association népalaise de lutte pour l'environnement (KEEP). À noter également qu'une caution est dorénavant exigée avant toute expédition en haute montagne. Elle n'est restituée que si les participants rapportent tous leurs déchets. À quand une généralisation à l'ensemble des treks ?

Ajoutons que les Népalais se soucient encore moins de ce problème que les touristes : vous le verrez très vite !

FAUNE ET FLORE

Le *yeti* est considéré par les autorités népalaises comme un bien national : depuis 1960, une loi interdit de le tuer. Une société britannique propose même une assurance anti-yeti ! En cas d'attaque, la victime recevrait une indemnité de 1,5 million d'euros... Sacrés Anglais ! Mais « l'abominable homme des neiges » n'est pas le seul animal du pays, loin de là. En effet, le Népal abrite une très grande variété de mammifères, d'oiseaux et de reptiles. Bien sûr, vous ne rencontrerez pas de tigres du Bengale à chaque coin de rue. Mais n'hésitez pas à visiter les réserves et parcs nationaux : ceux du Népal sont réputés dans le monde entier.

Léopards des neiges, rhinocéros unicornes de l'Inde (le plus gros de tous les rhinocéros d'Asie), éléphants, deux espèces de macaques, loups, chacals, crocodiles, mais aussi plus de 500 variétés d'oiseaux peuplent ces vastes territoires.

Enfin, s'il vous arrive un jour, au cours d'une de vos promenades, d'entendre un hurlement suraigu et très bref, ne soyez pas surpris, il s'agit sans doute d'un cri de *muntac*, encore appelé cerf aboyeur, à moins que ce ne soit celui d'un *pika* ou lièvre criard.

Une des particularités du Népal, et qui renforce l'ambiance mystérieuse qui règne dans ce pays, réside dans l'extraordinaire variété de sa végétation. En effet, bien que le territoire népalais soit assez peu étendu, tous les régimes climatiques y sont représentés, donnant naissance à une flore exubérante et exceptionnellement diversifiée. Rhododendrons – *laligura* en népali – (la fleur nationale qui atteint plus de 15 m de haut !), iris, orchidées, orpins, saxifrages (si, si, ça existe !), primevères, edelweiss, mais aussi forêts d'acacias, de chênes, de pins, de sapins et d'épicéas : sachez que l'on ne compte pas moins de 6 500 espèces d'arbres, d'arbustes et de fleurs sauvages au Népal. Voilà qui nous épargne de vous donner un inventaire détaillé de la végétation locale et qui devrait vous inciter à ouvrir bien grand vos yeux lors de vos pérégrinations dans la nature.

FÊTES ET JOURS FÉRIÉS

Le Népal est souvent en fête. L'office de tourisme édite chaque année un calendrier très complet des festivités. Nous ne vous signalerons donc que les principales. Vous en découvrirez des tas d'autres liées à la position de la lune, aux équinoxes, aux anniversaires des divinités et selon l'humeur du moment. Le samedi est toujours chômé.

Les principales fêtes

Seul le calendrier de l'année en cours est disponible au Népal. Voici une estimation des dates pour 2007 et 2008. Se renseigner une fois sur place, car il peut y avoir une journée ou deux de décalage.
– **Shiva Ratri** *(le 16 février 2007 et le 6 mars 2008)* : très spectaculaire à Pashupatinath, avec une concentration exceptionnelle de *sadhu*, mendiants aux cheveux longs et couverts de cendre venus honorer leur dieu Shiva.
– **Losar** *(le 19 février 2007 et le 7 février 2008)* : le Nouvel An tibétain, célébré également par les Sherpas, Tamangs et Gurungs. À découvrir absolument à Bodnath et Swayambunath. Occasion unique de voir des lamas en grande tenue, portant des drapeaux et des portraits du dalaï-lama.
– **Fête nationale** *(le 19 février 2007)* : célébration de l'avènement de la démocratie suite à la révolution de 1951 et au renversement du régime Rana. Parades, défilés, flonflons et feu d'artifice le soir. Cela ne vous rappelle rien ?
– **Holi Purnima** ou **Fagu Purnima** *(le 3 mars 2007 et le 20 mars 2008)* : comme en Inde, cette fête termine l'année à la pleine lune du mois de *phalgun*. On se jette de la poudre et de l'eau colorée partout. Kathmandu devient un champ de bataille incroyable. Cette fête est prétexte à certains abus et il est préférable d'éviter le centre-ville ce jour-là. Évitez le smoking si vous tentez quand même une petite balade.
– **Nayabarsa** ou **Bisket Jatra** *(le 14 avril 2007 et le 13 avril 2008)* : Nouvel An népalais. Impressionnant à Bhaktapur où ce festival dure une semaine. Deux imposants chariots sont assemblés pour y recevoir, dans le premier, les dieux Bhairav et Betal et, dans le deuxième, Ajima. Une lutte est alors engagée avec les participants qui tirent les cordes pour diriger les chariots. Puis on les fait dévaler jusqu'à la rivière. Un mât haut de 25 m est alors érigé et, le lendemain, le combat recommence pour abattre ce mât. Lorsqu'il est à terre, la nouvelle année débute. En 1997 et 1998, le mât s'est brisé en deux, signe de mauvais présage pour l'année nouvelle. Les nombreux maux dont souffre le Népal sont volontiers attribués à cet événement. Cette célébration donne lieu depuis quelques années à de sérieux excès. L'alcool y coule à flots : jets de briques, batailles rangées le soir avec la police sont devenus une habitude. Nous déconseillons fortement à nos lecteurs de sortir après la tombée de la nuit.

— **Buddha Jayanti** (le 2 mai 2007 et le 20 mai 2008) : c'est l'anniversaire de la naissance du Bouddha. À Patan, Bodnath, et plus encore à Swayambu, on expose des *tangkha* et des mandalas rares, habituellement conservés à l'intérieur du monastère. Danses particulièrement colorées des lamas.

— **Janaï Purnima** (le 28 août 2007 et le 16 août 2008) : pendant la pleine lune, la foule se rend au temple de Kumbeshwar à Patan. Pour les brahmanes et les personnages de haute caste, c'est le jour du changement du cordon sacré qu'ils portent en travers du torse. À Pashupati, les gens font bénir par les prêtres un petit cordonnet qu'ils se nouent au poignet. Il est considéré comme un porte-bonheur. Tous les étrangers présents sont invités à faire de même.

— **Gaï Jatra** (le 29 août 2007 et le 17 août 2008) : fête de la Vache, qui dure 8 jours. Ceux qui ont perdu un enfant pendant l'année défilent déguisés en vache dans les rues. Pour ceux qui ont perdu un proche adulte, on érige une pyramide de bambou, parfois très haute, recouverte de coton et avec la photo du défunt. Le tout est porté par la famille sur un brancard. En commémoration d'une très ancienne légende, cette fête revêt l'aspect d'un véritable carnaval, avec les personnalités politiques comme cible privilégiée. C'est merveilleux. À ne pas manquer.

— **Krishnastami** (le 3 septembre 2007 et le 23 août 2008) : anniversaire de la naissance de Krishna. On vous recommande chaudement une visite à Patan ce jour-là. Autour du temple de Krishna, la foule des dévots, des femmes en particulier, arborant leur plus beau sari rouge de cérémonie, vient apporter ses offrandes. Plus tard, elles chantent et dansent en l'honneur du dieu.

— **Teej** (le 14 septembre 2007 et le 2 septembre 2008) : c'est la fête des Femmes, elle dure 3 jours. L'apothéose se déroule à Pashupati. Y aller le 3e jour, de préférence tôt le matin, chants et danses accompagnent le bain rituel. Vraiment magnifique. Attention toutefois, les hommes n'y sont pas admis et doivent patienter en dehors de l'enceinte.

— **Indrajatra** ou **fête de Kumari** (le 25 septembre 2007 et le 14 septembre 2008) : fin de la mousson. On fête Indra, le dieu de la Pluie. La mythologie hindoue raconte que ce dieu avait l'habitude de descendre sur terre pour y voler ses fleurs et légumes favoris. Les villageois, las de voir leurs récoltes constamment pillées, le capturèrent et l'attachèrent solidement. Ils ignoraient alors que c'était un dieu. Vous verrez dans toutes les villes des croix avec une représentation du dieu en leur milieu rappelant cette légende. Pour cette occasion, de nombreuses danses masquées sont exécutées. Durbar Square à Kathmandu est transformé en théâtre. Le 3e jour de la fête est le plus important : c'est là qu'on sort la *kumari* de sa maison. Elle donne la *tikka* (point rouge sur le front) au roi. Très spectaculaire.

— **Dasain** (du 12 au 14 octobre 2007 et du 30 septembre au 9 octobre 2008) : fête nationale du Népal. Dès la fin septembre, les premiers cerfs-volants font leur apparition dans le ciel. Cela dure jusqu'à la fin de la fête. De toutes les terrasses, petits et grands se livrent à de véritables combats. Une certaine longueur de la ligne est enduite de glu et de verre pilé. Après des manœuvres d'approche, le défi est lancé. La victoire revient à celui qui, par de savantes acrobaties, réussit à couper la ligne de son adversaire. Des hordes d'enfants sans le sou se précipitent alors pour récupérer le cerf-volant perdu. Le 9e jour, sacrifice de béliers, boucs et buffles, coqs et canards. On asperge de leur sang tous les véhicules, avions compris. Les dieux ainsi rassasiés d'hémoglobine n'ont plus besoin, paraît-il, de provoquer des accidents… On peut être choqué par ces sacrifices, mais il faut bien garder à l'esprit que cela offre aussi une chance à l'animal, le « frère malchanceux », de se délivrer de sa forme primitive pour renaître en humain. Cérémonie protocolaire avec le roi le 10e jour.

— **Tihar** ou **Deepavali** (du 8 au 12 novembre 2007 et du 27 au 30 octobre 2008) : fête des Lumières, qui marque la nouvelle année pour les Newars.

On honore les corbeaux, les chiens, les vaches, les taureaux et… aussi les frères, en leur mettant des colliers de fleurs. C'est la fête pour tout le monde, et les gamins sont bien décidés à vous le faire savoir en vous bombardant de pétards. Les Occidentaux deviennent des cibles privilégiées. Il est préférable de ne pas être cardiaque. Une célébration propre à Bhaktapur est observée. Une procession d'enfants le matin et le soir, portant des lampes à huile à la main, sur les épaules et la tête. Le tout accompagné de musiciens. Spectacle de toute beauté. Le dernier soir, les habitants, souvent les plus anciens, réalisent des « tableaux » faits de différentes graines en face de chaque temple et autel, et dont ils sont souvent la réplique parfaite. Un peu plus tard vient l'apothéose avec l'allumage de milliers de lampes à huile à travers la ville.

GÉOGRAPHIE

Entre deux géants

Le Népal se présente comme une étroite bande de terre de 145 à 241 km de large qui s'étire sur 800 km. C'est une bien mince frontière pour séparer deux blocs puissants. Heureusement, l'Himalaya, ensemble montagneux unique au monde par ses sommets et par ses différences de niveau, constitue un rempart de premier ordre. Sur une distance de 25 km, l'altitude peut varier de 6 000 m. De plus, cette chaîne est une barrière climatique avec tout ce que cela comporte comme conséquences écologiques.

En raison de sa position géographique délicate, le Népal doit veiller avant tout à ses frontières. Ses rapports avec l'Inde ne sont pas toujours au beau fixe. N'ayant pas d'ouverture sur la mer, le Népal se trouve lié à son voisin tandis qu'il occupe une importante fraction du glacis himalayen face à la Chine. Or ce glacis est en partie rendu perméable depuis la construction de la route chinoise qui permet de relier Lhassa à Kathmandu. L'Inde n'est plus qu'à un mois de Pékin en camion et, de ce fait, le Népal est devenu un point stratégique important sur la carte politique du monde.

Cinq régions naturelles

On a souvent comparé le Népal à un gigantesque escalier débutant au piémont de la plaine gangétique et dont le sommet forme le toit du monde. Sur une superficie de 147 181 km^2, un peu plus du quart de celle de la France, on observe un des phénomènes géographiques les plus curieux du globe terrestre. L'armature morphologique du pays s'organise en bandes longitudinales formant cinq grandes régions naturelles correspondant à cinq paliers : le Téraï, les Siwalik, le Mahabharata Lekh, le plateau népalais et le grand Himalaya.

– **Le Téraï,** ou région basse, est une terre d'alluvions formant le piémont de la grande plaine du Gange. Elle était auparavant considérée comme un enfer en raison du paludisme. Les terres cultivables en bordure des affluents du Gange étaient régulièrement inondées (Chitwan a ainsi été ravagé par les moussons de 2003 et 2004). En effet, durant la mousson, le niveau des eaux peut monter de plusieurs mètres en une seule journée. Cette jungle, repaire de léopards et de tigres, ces marais et cette forêt vierge constituaient une frontière naturelle entre l'Inde et le Népal. La malaria, qui avait pratiquement disparu grâce à l'Organisation mondiale de la santé, tente un retour en force avec l'arrivée d'un moustique particulièrement résistant. Aujourd'hui, cette région contient à elle seule les deux tiers des surfaces cultivées. Les deux cinquièmes de la population népalaise se sont établis ici. Les villes croissent, et Biratnagar est devenue la seconde capitale industrielle du Népal. Les nouvelles entreprises traitant la canne à sucre, le riz et le bois ont attiré une bonne partie de la main-d'œuvre du pays. La culture des céréales constitue la principale ressource du Téraï (riz, maïs, colza et jute). Près de 20 % de la récolte de riz sont exportés vers l'Inde.

Le Téraï, jadis délaissé par l'Inde et le Népal, redevient un enjeu important entre les deux pays. Toute la population est d'ailleurs très indianisée dans ses mœurs et dans ses coutumes. Les incidents frontaliers deviennent de plus en plus fréquents et les grands projets d'irrigation prévus ont été maintes fois retardés. Ils risquaient de gêner l'irrigation d'une partie de la plaine du Gange.

— *Les Siwalik*, situés juste au-dessus du Téraï, voient l'amorce des premiers sommets de 1 500 m environ. Cette formation montagneuse se compose de crêtes séparées par de larges vallées appelées *doon*, dans lesquelles pénètre la forêt vierge. C'est là que les plaques indiennes et tibétaines se rencontrent. Cette région est peu habitée.

— *Le Mahabharata Lekh*, en revanche, est une véritable chaîne de montagnes dont les sommets atteignent parfois 3 000 m et forment un rempart entre le Téraï et le plateau népalais. Des vallées transversales découpent des gorges profondes et sauvages au fond desquelles s'écoulent les eaux des rivières descendant jusqu'à la plaine du Gange.

— *Le plateau népalais*, le cœur du pays, constitue le quatrième et plus important niveau. Cette bande de 100 km de large se trouve protégée au sud par le Mahabharata Lekh et au nord par l'Himalaya. Des fleuves transversaux viennent partager ce plateau en 9 bassins naturels. C'est la partie la plus riche du pays, et celle où se trouvent les plus grandes villes (Kathmandu, Patan, Bhaktapur et Pokhara). Quoique ne couvrant que le quart de la superficie du Népal, cette région est habitée par la moitié de la population. Le climat y est tempéré.

— *La chaîne himalayenne* : sur les 14 sommets de notre planète dépassant les 8 000 m, 9 sont situés au Népal ou sur ses confins : l'Everest, de son vrai nom *Sagarmatha* en népalais (8 850 m), le Kanchenjunga (8 598 m), le Lhotsé (8 571 m), le Makalu (8 470 m), le Dhaulagiri I (8 172 m), le Manaslu (8 156 m), le Cho Oyu (8 153 m), l'Annapurna I (8 091 m) et le Shisha Pangma (8 013 m environ). Ils sont entourés de plus de 100 sommets de 7 000 m constituant une muraille géante. Cette chaîne, beaucoup plus récente que les Alpes, appartient cependant au même système montagneux. Selon le géologue suisse Toni Hagen, la plus jeune des chaînes de la terre aurait pris sa forme actuelle il y a 60 millions d'années, lorsque « les blocs continentaux se heurtèrent ».

L'Himalaya est formé de massifs bien individualisés, parfois reliés entre eux par des chaînes secondaires moins élevées. Le système d'écoulement des eaux est très particulier ; ce sont des torrents, comme le Kali Gandaki qui naît au Mustang et se faufile entre le Dhaulagiri et l'Annapurna, passant par une des gorges les plus profondes du monde : le Thak-Khola. Étant donné la différence de latitude par rapport aux Alpes, les neiges éternelles ne commencent qu'à 6 000 m sur les versants exposés au sud. On trouve des forêts et des cultures à 4 000 m, des pâturages à 5 000 m, et on a même pu voir des plantes à fleurs à plus de 6 000 m.

Pour les Népalais, ces montagnes sont sacrées : elles appartiennent à la mythologie populaire et sont considérées comme le séjour des dieux. L'Everest est appelé en tibétain « Déesse Mère du Pays » *(Chomo Lungma)*. Le plus haut sommet du monde fut découvert d'une manière inattendue. En 1849, des officiers anglais de la *Trigonometrical Survey*, sous la direction de Sir John Everest, étudiaient les pics népalais dont la plupart ne portaient pas encore de noms. On les désignait par des chiffres romains, et l'Everest fut baptisé Pic XV. En 1852, lorsqu'on parvint à mesurer l'altitude d'une façon beaucoup plus précise, un calculateur découvrit que le Pic XV était le plus élevé ; il reçut le nom de mont Everest.

Aujourd'hui, grâce aux progrès technologiques, les calculs s'affinent de plus en plus. Ainsi, fin 1999, une équipe de scientifiques américains, bardée d'instruments de mesure ultra-sophistiqués, a annoncé une révision de la hauteur du mont Everest. La montagne mesurerait donc 8 850 m, soit 2 m de plus que la hauteur internationalement reconnue depuis 1954. Toutefois, le gouvernement népalais refuse encore de reconnaître cette nouvelle donnée.

Durant des années, des hommes ont tenté de vaincre ces fantastiques blocs de pierre et de glace. Entre 1921 et 1948, les Anglais lancèrent 8 expéditions à l'assaut de l'Everest par son versant tibétain. Entre 1950 et 1951, nouvelles tentatives par le versant népalais, suivies de deux expéditions suisses en 1952. Finalement, le toit du monde est atteint le 29 mai 1953 par deux hommes, Sir Edmund Hillary et le Sherpa Tenzing Norgay, au cours d'une expédition dirigée par Sir John Hunt et qui dura plus de 7 semaines. Trois ans auparavant, les Français Herzog et Lachenal avaient réussi une première en atteignant le sommet de l'Annapurna de 8 091 m (voir plus loin dans la rubrique « Livres de route » le récit de Maurice Merzog *Annapurna premier 8000*). Aujourd'hui, la plupart des sommets ont été vaincus. Les expéditions recherchent maintenant la difficulté en empruntant des voies nouvelles ou en faisant des concours de rapidité : en 2004, le record de l'ascension de l'Everest est tombé à… 8 h 10 mn ! Toutefois, une partie de la population népalaise considère encore ces ascensions comme sacrilèges. L'expédition qui partit à l'assaut du Machhapuchharé, en 1957, s'arrêta à 50 m du sommet pour respecter les croyances locales et ne pas profaner la demeure des dieux.

En mai 1999, on a retrouvé, à 600 m du sommet de l'Everest, les traces d'une expédition britannique partie en 1924 qui aurait pu avoir touché au but malgré un équipement des plus dérisoires : vêtements de tweed et bouteilles à oxygène primitives. Hélas, l'appareil photo des alpinistes Mallory et Irvine, disparus dans la descente, qui aurait pu prouver le succès de la cordée, est resté introuvable. Hillary, toujours en vie, a déclaré qu'il reconnaîtrait de bon cœur qu'il a pu n'avoir été que le deuxième sur le Toit du Monde, belle preuve du légendaire fair-play britannique (bien qu'il soit néo-zélandais).

GUIDES

Attention aux guides qui se proposent spontanément à Kathmandu ou à Pokhara. Licenciés ou non par l'État (carte officielle), ils offrent des prix fort alléchants comparés aux agences. Après avoir discuté un instant avec vous et vous avoir fait reconnaître que leur proposition est intéressante (mais rien de plus), ils n'hésitent pas à vous rejoindre et à vous attendre à l'aéroport de Pokhara comme si un contrat avait été signé. Là, ils ne vous lâchent plus et vous menacent de faire des complications pour obtenir le permis de trek si vous ne leur donnez pas quelques roupies en dédommagement. Ceux qui sont licenciés connaissent en effet les autorités qui délivrent les permis, et comme il y a pas mal de corruption, mieux vaut être prudent.

Par ailleurs, évitez d'avoir recours à des enfants. Attirés par les gains potentiels, ils font l'école buissonnière (parfois poussés par leurs parents) pour servir de guide aux touristes. Leurs affaires cachées dans un buisson, ils privilégient le gain facile au détriment de leur éducation. Pas la peine de les encourager !

HISTOIRE

L'histoire du Népal commence par une légende. Il était une fois… la vallée de Kathmandu, qui n'était qu'un immense lac habité par un serpent. On raconte qu'un sage venu de Chine s'y arrêta pour méditer. À la suite d'un rêve, il décida de vider le lac pour y construire une cité. Il trancha alors la montagne pour assécher la vallée, et ainsi naquit la ville de *Manju Pattana,* connue plus familièrement sous le nom de Kathmandu.

Cette légende est loin d'être la seule, et chacun l'accommode à sa façon. Pour les hindous, c'est Shiva qui fendit la montagne ; pour d'autres encore, elle se confond avec la fondation de Swayambunath (voir le texte consacré à ce temple). Des études récentes sur les premiers habitants du Népal tendent à prouver qu'ils seraient originaires de Mongolie ou bien encore de Perse. Mais les recherches archéologiques et historiques ne font que débuter et nous réservent sans aucun doute nombre de surprises.

Des faits avérés attestent que les premiers envahisseurs de la vallée sont les Kirats, venus de l'est de l'Himalaya en 700 av. J.-C. Viennent ensuite et beaucoup plus tard, en 300 apr. J.-C., les Licchavis, chassés de leur royaume indien par les Moghols. Ils fondent une nouvelle dynastie dont les Newars seraient les descendants.

En 563 av. J.-C. vient au monde le futur Bouddha, le prince Siddharta Gautama, aux confins du Népal. Un empereur indien, Ashoka, contribue ensuite à répandre la doctrine bouddhique dans la vallée, ainsi que l'écriture et la langue sanscrites. Mais le réel fondateur de Kathmandu (longtemps appelé Népal) est Gunakamadéva, en 949. Il est aussi l'instigateur de nombreux festivals encore en vigueur de nos jours. En 1346, des musulmans venus du Bengale envahissent la vallée et en détruisent tous les temples et monuments. Cet événement est suivi de luttes sanglantes entre chefs tribaux et bandits pour la prise du pouvoir, cela pendant 50 ans. S'impose alors le roi de la troisième et plus importante des dynasties Malla : Jayasthiti Malla. Il réorganise complètement l'administration, l'État et la société. Les coutumes existantes sont codifiées et le système des castes institué. Le royaume restera ainsi jusqu'à son partage en trois principautés, cent ans plus tard. Une rivalité farouche se fait alors jour entre les trois villes de la vallée, pour le plus grand bien de l'art et de la culture, puisque c'est à cette époque qu'ont été érigés les plus beaux monuments de la vallée.

L'ère des Rana

En 1768, profitant des dissensions et querelles de cour des trois rois, Prithivi Narayan Shah, roi de Gorkha, conquiert Kathmandu, puis Patan et Bhaktapur. Il mettra 25 ans pour unifier le Népal et imposer le népali. C'est la fin du règne des Malla. En 1774, le « Père de la Nation » meurt sans aucun successeur digne de lui. Après une série de guerres contre la Chine, le Tibet et les Anglais, mêlées à des complots de palais et tragédies de famille, Jang Bahadur Rana prend le pouvoir en 1847. Il s'est auparavant débarrassé de tous ses rivaux de la plus sanglante manière. Il marque ainsi le début d'une nouvelle ère, celle des Rana, qui durera près d'un siècle. Fortement influencé par les Anglais (l'architecture de l'époque en témoigne), il maintient à l'écart les souverains Shah et réprime sévèrement la moindre contestation. Il isole complètement le Népal de toute influence extérieure et s'abstient aussi d'équiper le pays en écoles. L'achèvement de l'indépendance de l'Inde en 1947, suivi de l'invasion du Tibet par la Chine, est une des causes majeures de l'étranglement du régime despotique des Rana. Tous les traités sont alors abolis, et des manifestations de plus en plus violentes contre le régime en place se font jour. Tribhuvan, souverain légitime, échappe de justesse à la prison et se réfugie en Inde.

En 1951, avec l'aide du Nepali Congress et de l'Inde où il a obtenu asile, le roi Tribhuvan mène un soulèvement général et parvient à restaurer l'autorité de sa dynastie. Par la suite, son fils, Mahendra, dote le pays d'institutions modernes destinées à mettre fin au régime féodal. Il faut attendre février 1959 pour qu'une constitution pose les bases d'un véritable système

parlementaire. Profitant alors des violentes contestations survenues lors des premières élections législatives, le roi Mahendra met fin à l'expérience démocratique, dissout le Parlement, fait arrêter les principaux leaders et s'octroie les pleins pouvoirs. La constitution de 1962 instaure alors la « démocratie Panchayat », une pyramide d'assemblées d'où sont exclus tous les partis et qui ne peut en aucun cas remettre en cause les orientations prises par le palais. L'opposition alors très divisée est réduite à la clandestinité.
Mahendra meurt en 1972. Accède alors au trône le roi Birendra Bir Bikoram Shah Dev. En 1980, des émeutes le forcent à un référendum sur le système Panchayat. La monarchie n'obtient qu'une très courte majorité. De profondes divergences éclatent avec l'Inde en 1989 et engendrent un blocus isolant complètement le Népal. L'insatisfaction envers le régime est alors à son comble. Une alliance entre le parti communiste et le parti du Congrès crée un mouvement d'agitation populaire qui oblige Birendra à accepter une démocratie parlementaire et une monarchie (seulement) constitutionnelle.

L'émergence du mouvement maoïste

Mais avec un taux de plus de 50 % d'analphabétisme (la majorité votant pour des dessins et/ou symboles), avec une propagande populiste, peut-on dire que le peuple népalais était prêt à la démocratie ? Lors des élections de 1990, le Parti communiste népalais émerge comme la deuxième force politique du pays. Mais la branche radicale du parti ne tarde pas à se marginaliser : Pushpa Kamal Dahal, alias Prachanda « le terrible », fonde en 1995 le Parti communiste népalais-maoïste (CPN-M). Au programme : la terre aux paysans, la fin du système de castes, l'égalité entre hommes et femmes, la prise en compte des différentes ethnies et langues, et bien sûr l'abolition des privilèges royaux. C'est dans les districts de l'Ouest, Rukum et Rolpa, que s'installe la guérilla. Ces régions stratégiques, les plus pauvres du Népal, ont toujours été délaissées par la monarchie. En outre, les forêts denses conviennent parfaitement aux opérations de guérilla.
À partir de 1996, les maoïstes s'attaquent à la « classe ennemie » : policiers, fonctionnaires, notables et usuriers. Rackets, enrôlements forcés et exécutions sauvages s'ensuivent. Face à une police mal équipée et mal aimée, le mouvement ne cesse de gagner du terrain, ne laissant au roi que le contrôle des grands axes et de la vallée de Kathmandu.
Sur le plan militaire, les maoïstes remportent donc un franc succès. Sur le plan idéologique, les arguments font mouche : la corruption est une vraie institution, la « démocratie » de façade n'a rien apporté aux laissés-pour-compte, le fossé entre riches et pauvres ne cesse d'augmenter...
Les femmes jouent un rôle prépondérant dans le mouvement maoïste. Dans les bastions de l'Ouest, les « guérilleras » représentent un tiers des troupes, que ce soit comme simples sympathisantes ou comme officiers. Les Népalaises, illettrées et opprimées par une culture très machiste, sont par nature habituées à la violence domestique et sociale. En outre, de nombreux hommes ont dû s'exiler dans la jungle, dans les grandes villes ou en Inde afin d'échapper à la police ou pour ne pas se faire enrôler de force par les Maos. Ce sont donc les femmes qui assurent la survie et la sécurité des familles.
En mars 2001, le pouvoir népalais tente de rétablir le dialogue. Un espoir anéanti par le massacre de la famille royale le 1er juin 2001, dont il se dit de plus en plus à Kathmandu qu'il aurait été commis par Gyanendra, frère impopulaire du roi défunt et partisan de la monarchie absolue. Son intronisation provoque de violentes émeutes dans la capitale.
Le nouveau roi fait intervenir l'armée, avec l'appui des Américains (argent, dons en armes, etc.). Et avec le 11 Septembre et la guerre contre le terrorisme en toile de fond... En 2002, le CPN-M est classé en compagnie d'Al-Qaida sur la liste des organisations « terroristes ». En octobre 2002, le roi

limoge le Premier ministre et dissout le Parlement, sans annoncer de date pour de prochaines élections.
Les maoïstes, qui sentent le vent tourner, demandent la tenue d'une table ronde avec le roi, l'armée et les partis politiques. Les discussions tournent court, et les violences reprennent de plus belle. La rébellion a frappé de grands coups en 2004 et 2005, notamment en bloquant l'accès à Kathmandu.
Militairement parlant, ni l'armée royale ni l'armée du peuple ne semblent en mesure de dominer l'autre. Les atteintes aux Droits de l'homme se succèdent. Les deux armées kidnappent, torturent et assassinent, bafouant ouvertement la convention de Genève. Dans ce conflit, près de 13 000 Népalais ont déjà trouvé la mort.

Les faits marquants de 2005 et du début 2006

À partir de février 2005, le roi instaure un régime totalitaire. En novembre 2005, les maoïstes et les partis d'opposition signent un accord qui vise à instaurer un système parlementaire où le roi n'aurait qu'un rôle honorifique. Le tout sous contrôle de l'ONU. Le palais royal fait évidemment la sourde oreille et déclare la guerre à la démocratie. Coup sur coup, il prend des mesures pour asservir les médias (voir plus loin la rubrique « Médias »), contrôler le travail des ONG (« NGO Code »), réprimer les manifestations… Mais les Népalais ayant goûté à la liberté d'expression ont défendu bec et ongles leurs récents acquis : voir la mobilisation sans précédent des journalistes et avocats contre ces mesures liberticides.
L'année 2006 marque la fin de la trêve unilatérale décrétée par les 7 partis d'opposition alliés aux maoïstes ; les affrontements reprennent, tandis que Kathmandu vit au rythme des manifestations, grèves générales et couvre-feu. Des élections municipales se sont tenues en février dans un climat de violence. Le taux de participation n'a pas excédé les 21 %. Critiques unanimes de la communauté internationale. Devant l'ampleur des protestations, le roi consent à rétablir le Parlement et confie le gouvernement aux partis d'opposition. Les maoïstes ordonnent le cessez-le-feu. Une assemblée constituante est chargée de rédiger un nouveau texte fondateur pour la nation. Le 19 mai, une page de l'histoire est tournée : la Chambre des députés prive le roi de la plupart de ses privilèges. Il est dessaisi du commandement de l'armée, ne peut plus promulguer de loi et voit son immunité levée. L'État devient laïc. En juillet 2006, le gouvernement et les maoïstes demandent officiellement l'aide de l'ONU pour désarmer et rétablir la paix. En 2007, le peuple devrait être consulté sur la prochaine nature du régime : république ou monarchie parlementaire.

INFOS EN FRANÇAIS SUR TV5

TV5MONDE vous accompagne : la chaîne TV5MONDE est reçue dans de nombreux hôtels du pays et disponible dans la plupart des offres du câble et du satellite.
Si vous êtes à l'hôtel et que vous ne recevez pas TV5MONDE dans votre chambre, n'hésitez pas à la demander ; vous pourrez ainsi recevoir 18 fois par jour des nouvelles fraîches de la planète en français.
Pour tout savoir sur TV5, connectez-vous à ● www.tv5.org ●

ITINÉRAIRES PROPOSÉS

Voici trois propositions d'itinéraires de durée différente pour en profiter au maximum.

Une semaine

Elle est consacrée à Kathmandu et sa vallée. Compte tenu des distances et surtout de l'état des routes, on ne peut guère aller plus loin. Mais on a déjà un magnifique aperçu du pays.
➤ *Kathmandu et environs : 2 jours.*
Durbar Square, Kumari Ghar, l'ancien palais royal Hanuman Dhoka, les anciens quartiers newars. Le *stûpa* de Swayambunath.
➤ *Bhaktapur : 1 jour.*
Visite de la ville.
➤ *Patan : 1 jour.*
Visite de la ville. Le musée.
➤ *Pashupatinath et Bodnath : 1 jour.*
Golden Temple. Les bûchers de crémation. Mrigasthali. Le *stûpa* de Bodnath.
➤ *Dakshin Kali et Kirtipur : 1 jour.*
Les sacrifices d'animaux (les mardi et samedi) au temple de Dakshin Kali. Bagh Bhairava. Uma Maheshvara, le temple d'Adibuddha et le grand *stûpa* de Chitubihar à Kirtipur.
➤ *Panauti : 1 jour.*
L'ensemble religieux de Panauti. Balade du Namo Bouddha.

10 jours

Reprendre l'itinéraire précédent et ajouter :
➤ *Le Téraï : 3 jours.*
Le parc de Chitwan : balade en pirogue, à dos d'éléphant, observation des animaux.

3 semaines

Cet itinéraire s'adresse aux plus sportifs de nos lecteurs. Reprendre l'itinéraire précédent, puis :
➤ *Pokhara et environs : 3 jours.*
Balade de l'autre côté du lac. Excursion aux lacs de Begna et Rupas (à vélo, à moto ou en bus). Le lever du soleil à Sarangkot.
➤ *L'Annapurna : 8 jours.*
Trek de Jomsom : de Pokhara à Tirkhedunga, de Tirkhedunga à Ghorepani, de Ghorepani à Tatopani, de Tatopani à Lete, de Lete à Marpha, de Marpha à Muktinath, de Muktinath à Jomsom, de Jomsom à Kathmandu (via Pokhara). Possibilité de choisir des treks plus longs auprès des agences spécialisées à Pokhara.

LANGUES

Il y a au Népal autant d'idiomes que d'ethnies et presque autant de dialectes que de villages. La langue officielle est le *népali,* d'origine indo-européenne, assez proche de l'hindi. Il existe toutefois deux autres langues parlées qui bénéficient d'une grande tradition écrite et littéraire : le *newari* et le *tibétain.* Le népali n'est pas une langue très difficile à apprendre. Essayez de baragouiner quelques phrases, ça fait toujours plaisir aux villageois de rencontrer des gens qui font cet effort. Pour avoir quelques notions, procurez-vous *Parlons népali,* de Pascal Charot (éd. L'Harmattan). Sur place *Le Petit Trekkeur,* un lexique de poche franco-népalais, est vendu pour quelques roupies dans toutes les librairies de Kathmandu. Plus sérieux, si vous parlez couramment l'anglais, *Basic Course in Spoken Nepali,* disponible à la librairie

Pilgrims de Thamel (à Kathmandu). On y trouve aussi une excellente méthode, *Parlez népalais,* éditée au Népal. D'une présentation claire et d'un format pratique, facile à glisser dans son sac à dos, ce livre a été écrit par deux professeurs qui enseignent le français à Kathmandu. Sa lecture en est très facile et il comporte de nombreux dialogues. Pour l'instant, cet ouvrage n'est disponible qu'au Népal.

Quelques mots et formules usuels pourront se révéler utiles au cours de votre voyage.

– Les voyelles sont tantôt courtes tantôt longues : a-aa ; i-ii ; u-uu (se prononce « ou ») ; e-ai (se prononce « aï ») ; o-aou.
– Les consonnes se prononcent comme en anglais : ch, « ts » ; chh, « tch » ; j, « dj ».
– Les r sont roulés.

Les nombres

Un	*Ek*	Dix	*Dosse*
Deux	*Doui*	Vingt	*Biss*
Trois	*Tin'*	Trente	*Tiss*
Quatre	*Tchar*	Quarante	*Tchalis*
Cinq	*Pantch*	Cinquante	*Patchas*
Six	*Tcha*	Cent	*Ek Sé*
Sept	*Saat*	Deux cents	*Doui sé*
Huit	*Aath*	Mille	*Hajar*
Neuf	*Naou*	Deux mille	*Doui hajar*

Les pronoms

Je	*Man*	Vous (respectueux)	*Tapaï*
Tu (familier)	*Timi*	Vous (pluriel)	*Tapaîharu*
Il	*Ou*	Ils, elles	*Uhaaharu*
Nous	*Haami*		

La famille

Père	*Bua*	Sœur aînée	*Didi*
Mère	*Ama*	Sœur plus jeune	*Bahini*
Fils	*Tchora*		
Fille	*Tchori*		

Le temps

Année	*Barsa*	Avant-hier	*Hosti*
Mois	*Maihina*	Demain	*Bholi*
Semaine	*Hapta*	Après-demain	*Parsi*
Lundi	*Sombar*	La semaine prochaine	*Arko hapta*
Mardi	*Mangalbar*		
Mercredi	*Budhabar*	Jour	*Din*
Jeudi	*Bihibar*	Nuit	*Raat*
Vendredi	*Sukrabar*	Matin	*Bihana*
Samedi	*Saniba*	Après-midi	*Diuso*
Dimanche	*Aïtabar*	Soir	*Beluka*
Aujourd'hui	*Aja*	Maintenant	*Ahilé*
Hier	*Hijo*	Quand ?	*Kahilé ?*

La quantité

Davantage	*Arou*	Très peu	*Ali ali*
Moins	*Ali Koti*	Encore (un autre)	*Arko*
Beaucoup	*Téré*		

Le trekking

Carte	*Naska*	Rivière	*Khola*
Guide	*Sirda*	Village	*Gaon*
Porteur	*Kulli*	Pluie (eau)	*Pani*
Chemin	*Bato*	Soleil	*Surhya*
Montagne	*Pahar, himal*	Lune	*Chandrama*

Quelques expressions usuelles

Bonjour, bonsoir, adieu	*Namaste*
À bientôt	*Féri Vétaula*
Quelle heure est-il ?	*Koti bodié ?*
Oui	*Ho*
Non	*Hoïna*
D'accord	*Huntcha*
Pas d'accord	*Hundeïna*
Il y a	*Tcha*
Il n'y a pas	*Tchaïna*
Peut-être	*Hola*
Je ne parle pas népali	*Mo népali boldeïna*
Je ne comprends pas	*Mo boudjeina*
Quel est votre nom ?	*Tapaïko naam ké ho ?*
Je m'appelle	*Mero naam… ho*
Où habitez-vous ?	*Tapaïko ghar kahin ho ?*
Comment allez-vous ?	*San tché tcha ?*
L'addition SVP	*Bill dinous*
C'est bon	*Mitho tcha*
Épicé, fort	*Piro*
J'ai faim	*Malaaï boglagyo*
J'ai soif	*Malaaï tirkha lagyo*
Où allez-vous ?	*Tapaï kahau januhuncha ?*
Quelle route ?	*Kun bato ?*
En haut	*Mati*
En bas	*Tala*
Devant	*Ogari*
Derrière	*Pachaadi*
Tout droit	*Sidha*

L'anglais est appris aux enfants dès l'âge de 5 ans (mais avec une efficacité toute relative pour les écoles publiques) et est pratiqué par tous les Népalais en contact avec les touristes.

Le français n'est guère parlé, excepté dans les milieux du tourisme. Nous vous signalons toujours les agences et les services où le personnel parle notre langue.

LEXIQUE

Arak : alcool à base de pomme de terre ou de céréales.
Avatar : réincarnation.
Bahal : monastère bouddhiste.

Bahil : idem mais plus petit.
Bodhisattva : dans le bouddhisme mahayana, c'est celui qui renonce à la félicité nirvanique pour aider ses semblables.
Brahmanes ou Bahun : prêtres chez les hindous.
Chaitya : petit *stûpa* contenant des *mantra*.
Chakra : c'est la roue de Vishnu.
Chapati : galette de farine de blé.
Chhorten : *stûpa* contenant des statuettes en forme de bouddhas.
Chowk : cour d'un palais.
Damaru : petit tambour.
Dharmasala : auberge pour pèlerins.
Ganga : déesse incarnant le Gange.
Ghat : plate-forme ronde pour les bains rituels et les crémations.
Hiti : citerne ou fontaine creusée dans le sol.
Jhad : bière à base de riz.
Juga : sangsue.
Karma : ensemble des bonnes et mauvaises actions qui décident de l'orientation de la prochaine réincarnation.
Lama : prêtre bouddhiste.
Lingam : emblème phallique, symbole de Shiva, généralement encastré dans un *yoni*.
Mandala : diagramme sacré de forme circulaire, pour la méditation.
Mandapa : sanctuaire népalais.
Mantra : syllabes sacrées psalmodiées pendant les prières.
Momo : raviolis à la vapeur (parfois frits) fourrés à la viande ou aux légumes.
Moulin à prières : instrument rituel contenant la phrase mystique « Om mani padme hum ».
Mudra : gestes des mains lors des cérémonies bouddhiques et des danses.
Nirvana : libération lors de la sortie du cycle des réincarnations.
Pipal : banian, arbre sacré souvent entouré de cordelettes blanches (offrandes aux dieux pour une guérison).
Puja : la puja c'est l'offrande régulière aux dieux, réalisée par les hindous ; celle-ci est à base de riz, lait, petites pièces ou pétales de fleurs et toujours de la poudre rouge. L'offrande peut être faite aux temples ou à même la rue sur une pierre, cela vous explique le nombre considérable de pierres rouges à Kathmandu.
Rinpoché : « abbé » d'un monastère tibétain.
Sadhu : anachorète ou ascète itinérant. Nombreux à Pashupatinath. Quelques-uns se sont « reconvertis » en mannequins-photos pour touristes.
Samsara : ce n'est pas un parfum, mais le cycle des réincarnations.
Saranghi : petite viole à quatre cordes souvent présente dans les boutiques de souvenirs.
Sanskrit : langue indo-européenne utilisée pour les textes religieux (hindous).
Sikhara : tour en forme de pain de sucre couronnant parfois des sanctuaires.
Stûpa : monument commémoratif en forme de dôme.
Sudra (shudra) : la plus basse classe des castes.
Tikka : c'est la marque rouge qu'ont les hindous sur le front, c'est le symbole de la présence divine. Elle est composée d'une parcelle des offrandes du jour ou *puja* (pétale, riz et rouge carmin) mélangée à de la glaise.
Vajra : objet rituel formé par une boule située au milieu de deux sceptres. Aux lignes convexes. Symbole d'Indra, il est censé détruire toutes les ignorances.
Yoni : symbole de l'organe sexuel féminin représenté par une pierre ronde sur laquelle vient s'encastrer un *lingam*.

LIVRES DE ROUTE

– ***Le Léopard des neiges,*** de Peter Matthiessen (éd. Gallimard, coll. « L'Imaginaire », 1991, 365 p.). En compagnie d'un zoologiste, P. Matthiessen partit au Népal en 1973 pour un voyage qui se transforma en aventure spirituelle au Dolpo.
– ***Au cœur des Himalayas,*** d'Alexandra David-Néel (éd. Payot, 2004, 208 p.). Publié en 1949, ce récit de voyage relate le pèlerinage, entrepris en 1912-1913, de la célèbre orientaliste française sur les lieux saints du bouddhisme.
– ***Le Fils de l'Himalaya,*** de Jacques Lanzmann (éd. Livre de Poche, n° 14530, 1998, 192 p.). Alexandre part au Népal sur les traces de son frère décédé.
– ***Annapurna premier 8 000,*** de Maurice Herzog (1951 ; éd. Arthaud, coll. « La Traversée des mondes », 2005). Le récit de la fameuse expédition du Club alpin français en 1950. Maurice Herzog et Louis Lachenal sont les premiers alpinistes au monde à gravir un sommet de plus de 8 000 m. Herzog ne nous épargne aucun détail, et pourtant son récit haletant et passionné se boit comme de l'eau fraîche. On trouve également cet excellent bouquin dans toutes les librairies de Kathmandu et de Pokhara.
– ***Le Regard de la Kumari,*** de Marie-Sophie Boulanger (éd. Presses de la Renaissance, 2001, 280 p.). Reportage passionnant sur les différentes Kumaris de la vallée de Kathmandu avec, en plus, un magnifique cahier photos de 16 pages sur ces enfants-dieux. L'auteur a reçu le prix « Jeune Journaliste » de la Fondation Hachette en 1997.
– ***La Fleur bleue du Jacaranda,*** de Parijat, traduit par Corinne Atlan (éd. Stock, 1998, 174 p.). Publié en 1965, ce roman est le tout premier à être traduit du népali en français. Il raconte une histoire d'amour à l'orientation dramatique.
– ***Le Népal : introduction à la connaissance du monde népalais,*** de Marc Gaborieau (éd. Kailash, 1999, 325 p.). Une bonne étude ethnographique.
– ***Mustang, royaume tibétain interdit,*** de Michel Peissel (éd. Arthaud, coll. « Clefs de l'Aventure », 1971). Épuisé, à consulter en bibliothèque ou à acheter d'occasion. L'auteur y raconte sa découverte de ce minuscule royaume féodal adossé à la frontière tibétaine et peuplé de 6 000 habitants.
– ***Les Tambours de Kathmandu,*** de Gérard Toffin (éd. Payot, 2002, 336 p.). Récits ethnologiques.

MÉDIAS

Les kiosques à journaux de Kathmandu sont bien fournis en publications en népali et en anglais. De même, la bande FM comporte neuf radios privées qui alternaient – jusque récemment – musique et information. Le développement de ces médias privés a été rendu possible par la tolérance de la constitution de 1990. Mais le roi Gyanendra a engagé une guerre totale contre la presse indépendante : les forces armées ont arrêté, menacé ou agressé des centaines de journalistes en 2005. Le monarque a également fait adopter une ordonnance qui détruit quinze années d'acquis pour la liberté de la presse. Si le *Kathmandu Post*, fleuron de la presse libre népalaise, continue à sortir chaque matin, en revanche les radios *Kantipur FM* et *Sagarmatha FM* se sont vu suspendre leur droit à l'info, provoquant des manifestations dans la capitale. Toutefois, pendant la révolution d'avril 2006, les médias ont bravé l'interdit et diffusé les atrocités commises par la police.

Radio

La radio est très populaire au Népal, notamment avec l'émergence de radios privées de bonne qualité. On peut citer *Kathmandu FM* (100 Mhz), *Metro FM* (106,7 Mhz). Les Népalais sont également très fidèles aux programmes en népalais de la *BBC*. Sauf que les infos sont dûment filtrées : la programmation d'une interview du leader maoïste réalisée par la *BBC* a provoqué la fermeture pure et simple de *Sagarmatha FM* (102 Mhz). La station publique *Radio Népal* donne des informations en anglais le matin (8 h) et le soir (20 h) sur ondes moyennes (648 Khz) et ondes courtes (792 Khz).
Le pays compte également une trentaine de stations communautaires. Les maoïstes ne sont pas en reste. En novembre 2003, ils ont lancé leur propre station, *Radio Janaganatantra Nepal (Radio République Népal),* dans l'ouest du pays.

Télévision

La télévision nationale *Nepal TV* offre peu d'intérêt, à l'exception d'un journal d'information en anglais à 22 h 15. Mais la grande majorité des hôtels et de nombreux foyers népalais disposent de nombreuses chaînes du câble. Les Népalais sont très friands de la *BBC World* et des chaînes de télévision indiennes.
Bonne nouvelle en 2003 : l'apparition de deux nouvelles chaînes de télévision hertziennes privées, *Kantipur Television* et *Image Channel.* En concurrence avec la chaîne publique *Nepal Television,* elles proposent des programmes d'information.

Journaux

Vous trouverez dans les quotidiens *Kathmandu Post, The Himalayan Times,* ou les hebdomadaires *Nepali Times, Himal* et *Spotlight* toute l'actualité nationale et internationale, ainsi que des articles de fond sur la situation du Népal, notamment sur la guerre civile, le tourisme et l'environnement. À côté de ces titres leaders, il existe une douzaine de quotidiens, la majorité en népali, des dizaines d'hebdomadaires, la quasi-totalité en népali et très politisés, et des magazines. En dehors de Kathmandu, la presse est bien distribuée et il existe des douzaines de journaux locaux, tous en népali.
Par ailleurs, les kiosques des grandes villes proposent les magazines internationaux et quelques journaux anglais, allemands ou français *(Le Monde, Le Figaro).*
Enfin, vous trouverez sur la Toile de nombreux sites d'informations très actualisés, notamment ● www.nepalnews.com ● ou ● www.kantipuronline.com ●

Liberté de la presse

Le 1er février 2005, le roi Gyanendra, tenté par un retour à la monarchie absolue, a imposé la censure et les radios FM ont été interdites de diffuser toute information. Le gouvernement a également coupé les communications. La levée de l'état d'urgence, fin avril, n'a pas réellement amélioré la situation. En 2005, le Népal a concentré, à lui seul, plus de la moitié des cas de censure survenus dans le monde. Reporters sans frontières en a relevé 567 dans le pays, tandis que 145 journalistes ont été agressés ou harcelés.
Face à la censure et aux licenciements massifs, la communauté des médias a fait preuve de courage, manifestant presque tous les jours, malgré la

répression des forces de l'ordre. Pendant la seule journée du 16 septembre, 87 journalistes ont été interpellés, dont une dizaine sous les coups de matraque de la police.

Le gouvernement a usé de tous les moyens à sa disposition pour tenter de mettre la presse privée à genoux : interférences dans l'indépendance éditoriale (une quinzaine de journalistes licenciés suite à des pressions), répartition partiale de la publicité publique, augmentation des coûts d'affranchissement pour les journaux, perturbation de la distribution, menace de non-renouvellement des licences des chaînes de télévision et des radios, etc.

Dans les zones tenues par les maoïstes, les journalistes étaient particulièrement exposés. Les rebelles détruisaient des infrastructures de médias. Menacés de représailles par les maoïstes ou les forces de sécurité, plus d'une dizaine de reporters s'étaient réfugiés dans les grandes villes. La situation stabilisée devrait profiter aux médias et à la liberté de la presse.

Ce texte a été réalisé en collaboration avec **Reporters sans frontières.** Pour plus d'informations sur les atteintes aux libertés de la presse, n'hésitez pas à contacter :

■ ***Reporters sans frontières* :** 5, rue Geoffroy-Marie, 75009 Paris. ☎ 01-44-83-84-84. Fax : 01-45-23-11-51. ● www.rsf.org ● rsf@rsf.org ● Ⓜ Grands-Boulevards.

MENDICITÉ

On conseille de ne pas donner d'argent aux mendiants « professionnels » qui se tiennent dans les endroits touristiques à Thamel, et encore moins à certains enfants qui vivent dans la rue suite à des mauvais traitements ou qui ont fui leur région pour ne pas se retrouver enrôler par les maoïstes.

Ceux qui veulent aider les enfants à la rue peuvent leur acheter un plat de riz, du pain, des fruits (par exemple), bref de la nourriture périssable qui ne sera pas revendue contre de la drogue. Évitez de donner de l'argent. Il est indispensable de connaître la mentalité et le pouvoir d'achat des Népalais. Le salaire mensuel moyen tourne autour de 4 000 Rps (50 €), et un porteur de trek gagne entre 150 et 300 Rps (1,90 à 3,70 €) par jour. Il faut donc abandonner nos réflexes et tout relativiser en fonction de ces données. Aider, d'accord, mais ne pas pourrir.

MUSIQUE ET CINÉMA

– *La musique* joue un rôle important au cours des festivités et dans la vie quotidienne. Elle a emprunté à la culture hindoue et à la culture bouddhique tibétaine des formes variées qui expliquent son caractère composite. Le chant des textes religieux est toujours accompagné d'un orchestre. Il existe d'ailleurs une grande variété d'instruments. Rien que pour les tambours, on ne compte pas moins d'une vingtaine de sortes. Les *gainés,* musiciens ambulants, s'accompagnent du *saranghi,* petit violon qui a la forme d'un sabot. Ces troubadours sont les détenteurs des légendes, des ballades épiques et de la littérature poétique. Ils vont de village en village pour faire revivre par leur art les épopées, les héros et les divinités. Cette coutume devient, hélas, de plus en plus rare, mais avec un peu de chance, vous en croiserez dans les bus locaux.

On trouve des cassettes et CD (de qualité médiocre la plupart du temps) pour moins de 200 Rps (2,50 €) à Kathmandu. Procurez-vous le *Live in Kathmandu* enregistré à l'hôtel *Vajra (violin, tabla, sitar)* ; et les cassettes et CD du groupe népalais *Sur Sudha*. Très bonne musique classique avec des chants népalais. Le 21 juin, la fête de la Musique est organisée par l'alliance française. Pour les amateurs de petits concerts de rock, jazz et blues, plusieurs cafés musicaux à Kathmandu et Pokhara.

– *Le cinéma :* pour un jour de pluie par exemple. Certes, les films sont en hindi et durent 3 h, mais l'expérience vaut le coup d'être vécue. Spectacle plus souvent dans la salle, les Népalais étant un public très « bon enfant ». Prix dérisoire (de 2 à 20 Rps), et choix entre 3 séances (4 le samedi), à 11 h 30, 14 h 30 et 17 h 30. Des affiches vous donneront une idée du contenu des films.

Pour soigner un petit coup de cafard, vous pouvez toujours aller visionner sur demande un film à l'Alliance française de Kathmandu (pour plus de détails, se reporter aux « Adresses utiles » de la capitale). Sinon, de plus en plus d'hôtels et restaurants dans Thamel proposent de visionner des films en v.o.

NAMASTE !

Rares doivent être les personnes revenues du Népal sans avoir entendu un grand nombre de fois l'expression *namaste*. Pourtant, tout aussi rares doivent être celles qui en connaissent exactement le sens. Bien sûr, *namaste* est une expression que l'on utilise pour vous saluer partout et qui veut dire aussi bien : « Bonjour », « Bienvenue », « Heureux de vous rencontrer », « Au revoir », « Bonne route », « À bientôt », etc. Mais la signification exacte de cette formule est, très précisément : « Que l'ensemble de vos qualités soient bénies et protégées des dieux. » Mains jointes et en s'inclinant, c'est ainsi que vous serez accueilli à travers tout le Népal. Et puisqu'on en est au chapitre des civilités, sachez que lorsqu'on veut honorer tout particulièrement la personne à laquelle on s'adresse, *namaste* devient *namaskar,* qui marque une plus grande déférence. *Namaskar,* donc, cher lecteur !

PHOTO

Le voyage au Népal est une occasion de photographier des paysages grandioses et des scènes de vie quotidienne pittoresques. Ne vous chargez pas d'un matériel encombrant surtout si vous devez faire un trekking. Évitez aussi certains appareils automatiques trop fragiles et qui supportent difficilement le froid et l'altitude. N'oubliez pas un filtre UV et un téléobjectif de 100 ou de 200 mm pour photographier les sommets. Un flash vous sera bien utile pour les photos d'intérieurs ou les détails de monuments situés à l'ombre. Utilisez de préférence des pellicules de 100 ISO que vous conserverez à l'abri de la chaleur et de l'humidité dans des boîtes en plastique. Gardez-les avec vos bagages à main durant les transports en avion.

Par respect pour la population, demandez toujours l'autorisation avant de photographier quelqu'un. Plutôt que de le rétribuer s'il vous réclame de l'argent, demandez-lui son adresse et envoyez-lui un tirage dès votre retour à la maison.

Évitez impérativement certaines scènes de grande misère. Lors des crémations sur les *ghat* de Pashupatinath, gardez votre appareil dans votre sac ou, si vous ne pouvez résister à prendre quelques clichés, faites-le le plus discrètement possible depuis la rive opposée en utilisant un télé de 200.

POIDS ET MESURES

Bien que le système décimal soit utilisé un peu partout au Népal, on a souvent recours à des mesures particulières (également en usage en Inde). Pour compliquer un peu plus la tâche, les mesures anglaises sont aussi de mise.

Hauteur

1 pouce *(inch)* = 2,54 cm.
1 pied *(foot)* = 30,48 cm.

Surface

1 *ana* = 1,37 m^2.
1 *ropani* = 22 m x 22 m (16 *ana*).

Poids

Le poids se mesure en kilos. Une appellation particulière existe pour l'or et l'argent, le *tola,* qui équivaut à 11,6 g.

Termes usuels

Vous entendrez des termes familiers pour les Népalais tels que :
– 1 *lakh,* équivalant à 1 000 000 unités (par exemple, un million de roupies).
– 1 *crore* (prononcer « carrot »), équivalant à 10 millions d'unités.

POPULATION

Une mosaïque d'ethnies

Le Népal compte aujourd'hui 28 millions d'habitants. Sa population a plus que triplé en 80 ans. Elle augmente aujourd'hui de 2,2 % par an, avec de grandes disparités de densité suivant les régions : 2,4 hab./km^2 à Manang et 1 710 à Kathmandu, la densité nationale étant de 190 hab./km^2 (voir la carte d'identité au début des « Généralités » sur le Népal). Les montagnes et les collines se dépeuplent au bénéfice de la plaine du Téraï et de la vallée de Kathmandu.
La population du Népal constitue une étonnante mosaïque d'ethnies parlant 75 langues ou dialectes différents. Aucun pays au monde n'offre une telle variété dans un espace aussi restreint. C'est pourquoi le Népal est considéré comme la « plaque tournante ethnologique de l'Asie ». Les origines de ces ethnies sont très complexes et souvent controversées par les spécialistes eux-mêmes. La population du Népal peut se diviser en deux grands groupes : le groupe « tibéto-birman-népalais » et le groupe « indo-népalais ». En règle générale, ce dernier occupe surtout les plaines et la vallée du Téraï, alors que les populations de souche tibétaine se sont plutôt réfugiées dans les montagnes. En fait, il est impossible d'établir une carte précise de la répartition des ethnies, tant les groupes sont mélangés. Les raisons climatiques et les problèmes de nutrition liés aux cultures ont largement contribué à leurs migrations, mais actuellement c'est la guerre civile, accompagnée du racket maoïste et du manque de travail, qui incite les ruraux à s'exiler massivement en direction de la capitale.
Voici les quatre ethnies les plus connues (mais pas les plus importantes) :

– **Les Newars :** les plus anciens habitants de la vallée de Kathmandu, divisés en 84 sous-castes (complètement différentes du système des castes népalais). Ils sont actuellement au nombre de 630 000 (soit environ 2 % de la population). Avec un sens inné de l'organisation, ils sont avant tout des artistes, ceux-là même qui ont rempli la vallée d'œuvres inestimables et variées en architecture. Il est curieux de constater que les seules régions sans œuvres d'art sont justement celles où les Newars ne sont jamais allés, au Téraï par exemple. Ce sont eux qui réussissent à sculpter les temples et à travailler le bois, la pierre ou le bronze avec autant de bonheur. C'est également l'un d'entre eux, l'architecte et peintre Arniko, qui serait l'inventeur de la pagode. Il fut invité avec une foule d'artisans au Tibet, où ils participèrent à la construction de nombreux monastères. Arniko se rendit ensuite en Chine, à l'initiative de l'empereur Kubilaï Khan, pour y édifier la pagode de Beijing, encore visible aujourd'hui. Le « style pagode » était né et allait alors se répandre dans toute l'Asie.

Les Newars sont très attachés à leurs traditions et à leurs coutumes religieuses. Sacrifices tantriques d'animaux, profonde vénération de la *Kumari* et rites très codifiés du passage de l'enfance à l'état adulte (voir, si vous en avez l'occasion, le mariage symbolique des filles prépubères avec Vishnu, à Bhaktapur). Ils sont aussi très superstitieux.

– **Les Sherpas :** ils sont célèbres dans le monde entier en tant que porteurs en altitude, mais ne sont toutefois guère plus de 150 000. Ce sont des individus de type mongol, venus du Tibet aux XIIIe et XIVe siècles. *Sher* signifie « Est » et *pa*, « peuple », d'où leur nom. Isolés dans des villages de haute montagne, leurs caractéristiques physiques sont demeurées intactes. Une résistance exceptionnelle à l'altitude et au climat leur permet de marcher de 8 à 10 h par jour avec des charges très lourdes, contrairement à ce que leur physionomie chétive pourrait laisser croire. Longtemps éloignés des autres civilisations et des influences étrangères, ils ont établi entre eux des rapports basés sur la discussion, l'arbitrage des conflits et la répartition des tâches en fonction des intérêts de la communauté.

Ils suivent aussi quelques coutumes et croyances qui leur sont propres. Ainsi les Sherpas ne peuvent égorger les animaux ; pour cela, ils ont recours à des membres d'autres ethnies. Bien qu'excellents guides, il est rare de les voir escalader les montagnes pour eux-mêmes, car elles revêtent pour eux un caractère sacré. Par ailleurs, avant le mariage, la liberté des relations amoureuses est totale chez les Sherpas. Ensuite, les femmes possèdent les mêmes droits que les hommes (droit au divorce, etc.). L'adultère est interdit aux deux membres du couple, et l'époux coupable est passible d'une amende *(dhijal)*. Pour conclure, l'idéal du Sherpa est la non-violence, marquée par le refus aussi bien de tuer les animaux que de faire pleurer les enfants. L'essentiel n'est pas d'acquérir des connaissances ou de l'argent, mais de garder le cœur pur et serein, de rester sage et maître de soi (une exception toutefois pour les Sherpas du Solo, à qui le business justement a fait tourner la tête). Cette recherche explique sans doute leur désintéressement, leur gaieté et leur dévouement.

Aujourd'hui, le succès aidant, les Sherpas préfèrent guider que porter. On trouve même des Sherpas pilotes d'avion (toujours l'altitude !).

– **Les Gurungs :** comme leurs voisins et proches cousins, les Tamangs, les Gurungs sont de souche tibétaine. On en compte environ 540 000 (presque 2 % de la population totale). Ils en ont gardé leur religion d'inspiration tibétaine, malgré l'hindouisation du pays. Moins connus que les Sherpas, ils sont devenus au cours de la dernière décennie d'excellents montagnards et des guides hors pair. Ils se sont installés dans les régions de Pokhara, de Gandrung et de la vallée de Kali Gandaki. Intéressant système de travail collectif, où toute la population d'un village s'unit pour cultiver la terre. Les groupes vont ainsi d'un champ à l'autre, mettant en commun leur force et leur enthousiasme.

– **Les Tharus :** c'est la population majoritaire du Téraï, avec une forte concentration dans le Centre et l'Ouest. Elle représente plus d'1,5 millions de personnes (6 %). Vivant en symbiose parfaite avec la nature et fermiers par tradition, peu d'entre eux possèdent leur propre terre. La plupart sont encore de nos jours exploités par les *zemindar* (collecteurs d'impôts) et englués pour des générations dans un système de dettes qu'ils remboursent par leur travail. Les mariages ont encore lieu d'une manière archaïque. Les garçons sont mariés très jeunes, vers l'âge de 7 ou 8 ans. À Chitwan, il n'est pas rare que le prétendant travaille plusieurs années au service de sa belle-famille avant que l'autorisation du mariage ne lui soit accordée. Ils pratiquent également une forme de religion particulière, mêlant l'adoration de certaines divinités hindoues avec celle des esprits hantant les forêts. La plupart des villages, regroupant de 10 à 12 maisons, possèdent en leur centre un autel de bois ouvragé. On y pratique, à certaines occasions, des sacrifices d'animaux. Selon les castes, on enterre ou on brûle les morts. Toutes les affaires personnelles du mort sont alors jetées à l'extérieur du village. Les Tharus vivent dans des huttes aux toits de chaume, faites d'une armature de bambou et recouvertes de glaise et de bouse. Malgré la pauvreté, leurs habitations sont d'une propreté étonnante.

Comme pour la plupart des autres ethnies du Népal, des changements profonds apparaissent, du fait des programmes d'aide au développement et à l'éducation. Les traditions religieuses régissant le déroulement de la vie quotidienne, remises en question par cette vague de modernisme, s'en trouvent souvent bouleversées.

L'émigration des Tibétains au Népal

L'invasion du Tibet par la République populaire de Chine en octobre 1950 provoque un important mouvement d'exode de la population tibétaine, fuyant la « rééducation » à la chinoise, quand ce n'est pas tout simplement la famine, issue des désastreuses mesures économiques imposées par Pékin. Ces premiers émigrants sont rejoints par une seconde vague après l'annexion définitive de mars 1959 et l'exil du dalaï-lama. Pendant les trente années qui suivent, ce sont quelque 110 000 Tibétains qui quittent leur pays, en raison de la guérilla et de l'épouvantable répression chinoise. Plus de 20 000 vivent aujourd'hui au Népal.

De nombreux monastères tibétains ont été construits dans la vallée de Kathmandu, dont la grande majorité à Bodnath. Les Tibétains sont d'excellents *businessmen,* mais leur réussite dans la fabrique de tapis et le commerce en général suscite l'hostilité des Népalais. Les Tibétains immigrés au Népal n'ont pas tous le même statut ; certains, déjà riches au Tibet, ont rapatrié leurs biens ; d'autres, ceux des camps de réfugiés, vivent dans des conditions très précaires. On constate, de plus, un manque de solidarité entre eux, quelques familles riches n'hésitant pas à détourner à leur profit l'aide internationale. Même l'attitude de certains moines est parfois ambiguë : il n'est pas rare, par exemple, de croiser des moines bien en chair portable à l'oreille, alors que des enfants affamés dorment à la porte de leurs monastères.

Les réfugiés bhoutanais

Vous n'en rencontrerez sans doute pas car ils sont relégués dans des camps à l'extrême est du Népal, dans le district de Jhapa. Estimés à 100 000, ils vivent dans des conditions dramatiques et avec le sentiment d'être abandonnés du monde. Pourquoi cet exode massif ? En 1988, le roi du Bhoutan, Jingme Singhe Wangchuk, a édicté de nouvelles lois sur la citoyenneté et les cartes d'identité, puis proclamé un slogan tristement célèbre, « Une seule nation, un seul peuple ». Le port du costume national est alors devenu obligatoire à l'exception de tout autre, et il fut également interdit de parler une autre langue que le bhoutanais et de pratiquer l'hindouisme. Des protestations s'élevèrent, en particulier de la forte communauté népalaise installée dans le sud du pays.

Puis vint la naissance d'un mouvement démocratique dont les manifestations furent très violemment réprimées. Les Népalais devinrent alors l'objet d'un véritable acharnement de la part des autorités. Une milice fut même créée pour les forcer à quitter le pays, utilisant des méthodes très brutales : rapts, viols, tortures, destruction des maisons et des champs, etc. N'ayant plus aucun choix, la communauté prit le chemin de l'exode dès 1989.

Aujourd'hui, ce problème n'est toujours pas résolu. L'Inde ne dit rien, estimant qu'il s'agit d'un problème interne au Bhoutan. Le Népal a exprimé plusieurs fois sa réprobation, priant sans doute pour qu'une solution divine apparaisse. Quant au roi du Bhoutan, il estime, lui, que le problème n'existe plus. Le mouvement des Bhoutanais en exil fait de son mieux pour faire connaître au monde son drame, mais en vain. En attendant une hypothétique solution, et malgré l'aide importante de l'UNHCR (Haut Commissariat des Nations unies pour les réfugiés), des milliers de personnes souffrent.

Les castes et leurs statuts

Bien qu'abolies officiellement en 1953 par le roi Tribhuvan, les castes n'ont pas disparu. Comme en Inde, ces castes, qui depuis l'Antiquité divisent la population en catégories sociales, sont régies par des statuts et des règles stricts. Cette classification n'est pas liée à la hiérarchie économique mais à la naissance. Les prêtres ou brahmanes appartiennent à la classe la plus élevée *(bahum)*, celle des instituteurs et des ministres du culte qui respectent les règles des écritures saintes. La caste des guerriers et des officiels à laquelle appartiennent, entre autres, les membres de la famille royale, s'appelle *chetri* ou *kshatriya*. Dans la classe des *vaishya*, on trouve tous les marchands et les agriculteurs. Celle des *shudra* regroupe les artisans, les paysans et de nombreux groupes socio-professionnels. Les *intouchables* sont hors caste. Dans cette dernière catégorie sont rassemblés les bouchers, cordonniers, joueurs de tambours et tous ceux qui ont un contact avec la peau des animaux, considérée comme impure.

La communauté est organisée par des règles régissant les rapports humains, la nourriture, le mariage, etc. C'est ainsi que le riz cuit ne peut se consommer que dans la maison, à l'abri de regards indiscrets, de peur d'être pollué par le regard d'un membre de caste inférieure. Ce qui explique pourquoi un étranger ne peut jamais, chez les gens de caste supérieure, pénétrer dans la cuisine, placée généralement dans la partie la plus inaccessible de la maison.

Les castes ne peuvent être comparées aux stratifications sociales de notre société et elles ne recoupent pas forcément les secteurs d'activité professionnelle ou le degré de richesse. On retrouve chez les brahmanes des industriels, mais aussi des agriculteurs. Un intouchable peut s'enrichir en dirigeant, par exemple, une usine de tannerie, et un brahmane rester pauvre toute sa vie en préparant la nourriture pour d'autres brahmanes. Il est difficile de se marier entre castes différentes, mais certains couples, en milieu urbain, y arrivent. Il existe aussi des institutions pour former des intouchables à d'autres professions.

POSTE

Le courrier est très lent, et son acheminement plus que variable ; comptez une semaine à un mois pour l'arrivée à destination d'une lettre postée à

Kathmandu. Une lettre venant de France met entre 4 jours et 3 semaines pour être distribuée au Népal. Vous pouvez vous faire expédier du courrier en poste restante, mais il est indispensable de demander à votre correspondant d'écrire votre nom en majuscules, suivi de votre prénom. Ne vous faites jamais envoyer d'argent dans une lettre, vous pouvez être sûr de ne pas le recevoir. Si vous souhaitez envoyer un colis au Népal, n'envoyez qu'une chose à la fois. C'est fastidieux, mais sachez que même en recommandé, certains employés peu scrupuleux n'hésiteront pas à se servir.
Les postes sont fermées le samedi.

POURBOIRE ET TAXE

Le pourboire n'est pas obligatoire, mais il a tendance à se généraliser. Certains établissements conseillent de déposer une somme dans la *tip box*, qui sera ensuite répartie entre tous les membres du personnel. Pour les autres services, quelques roupies suffisent largement.
Attention, dans les établissements classés il y a une taxe gouvernementale de 13 %. Elle ne constitue pas un pourboire.
Si vous partez en trek avec des porteurs, un pourboire collectif raisonnable est de 250 à 300 Rps (3 à 4 € environ) par touriste et par jour. Le guide reçoit en général une enveloppe à part.

RAFTING ET CANYONING

Rafting

Développé depuis plusieurs années, ce sport est une façon originale de découvrir le pays. Il n'est pas nécessaire d'en avoir déjà fait, mais une bonne condition physique est recommandée. Le rafting ne peut se pratiquer que de septembre à mai, et trois rivières sont surtout empruntées. L'idéal est de le pratiquer en octobre-novembre : il fait chaud et, comme la mousson vient de finir, le débit des rivières est important. Cela rend le parcours plus mouvementé. Amateurs de sensations fortes, préférez cette période ! En hiver (de décembre à février), l'eau est vraiment froide. Au printemps (mars et avril), il fait chaud mais le niveau des rivières est bas. Parcours plutôt tranquilles.
La rivière *Trisuli,* la plus fréquentée, suit la route de Pokhara jusqu'à Mugling puis bifurque vers le Téraï. C'est une rivière très calme, surtout dans la partie basse. Elle offre la possibilité de rejoindre le parc de Chitwan en 3 ou 4 jours de navigation. Attention cependant, en mars-avril les eaux de la Trisuli sont très basses... et on rame beaucoup.
La *Sun Kosi,* plus difficile à naviguer que la Trisuli, s'adresse à des amateurs avertis ; attention aux accidents souvent mortels pour ceux qui préféreront ignorer cette mise en garde. Cette rivière évoque à certains endroits, par ses gorges profondes, le Colorado. Réservée aux amateurs de sensations fortes. Compter une petite dizaine de jours pour la descendre.
La *Kali Gandaki,* qui part de Kusma et descend à Tansen (rapides importants) pour rejoindre aussi le Téraï, fera le bonheur des passionnés de nature et d'ornithologie. Prévoir 3 ou 4 jours suivant la saison, plus les délais de transport.
Il existe deux types de rafts : avec pagaies, et dans ce cas tout le monde participe à la navigation, ou avec rames, là seul le guide dirige le raft. Plus reposant mais moins grisant.
Il est indispensable de confier la logistique à une agence qui se chargera de tout le matériel de rafting comme gilets de sauvetage, casques, containers étanches pour vos affaires (valables aussi pour les appareils photo) et du

matériel de camping (tentes, matelas, duvets), ainsi que de l'organisation des repas, prise en charge par un cuisinier. L'acheminement aller-retour jusqu'à la rivière a lieu en voiture, en minibus ou par les transports locaux. Les groupes comprennent en moyenne 8 personnes, plus un guide, un cuisinier et des porteurs. Prévoyez un bagage minimum comprenant, bien sûr, un maillot de bain, des chaussures supportant l'eau, ainsi qu'une autre paire pour le soir, des vêtements de rechange et des sacs en plastique. Assurez vos lunettes, chapeau, etc., par une ficelle ou un élastique. Vous devez fournir 2 photos d'identité pour le permis.

Nous avons sélectionné (à Kathmandu) quelques agences spécialisées dans le rafting, qui organisent des descentes pour tous les niveaux :

■ *Great Himalayan River :* à Lazimpat. ☎ 441-09-37 et 443-46-06. Fax : 422-80-66. • www.ghaadventures.com • Une des plus anciennes et des plus sérieuses agences de rafting du Népal.

■ *The Borderland Adventure Centre Asia* (Ultimate Descents ; zoom couleur I, B1, 21) : bureau situé à l'entrée de l'hôtel *Mandap*. ☎ 441-92-95 et 442-63-29. • www.udnepal.com • info@udnepal.com • Également un bureau à Pokhara, sur Lakeside. ☎ (061) 523-240.

■ *Everest River Adventure :* à Thamel, Postal Box 8351. ☎ 442-15-60. • tata_erawlink.com.np •

■ *Ultimate Rivers :* à Thamel, bureau à côté de la librairie *Pilgrims* (zoom couleur I, B1, 11). ☎ 470-05-26. • info@urnepal.wlink.com.np • Agence sérieuse proposant du rafting sur les principales rivières du pays.

■ *Glacier Safari Treks* (zoom couleur I, B1, 14) : à Thamel, Bagwan Bahal, juste après le *Best Shopping Center*. ☎ 441-21-16. • gst@wlink.com.np • Rafting de 5 jours sur la Kali Gandaki et de 2 ou 3 jours sur la Seti.

Les librairies de Kathmandu et Pokhara vendent un bouquin indispensable pour les « rafteurs » : *White Water Nepal,* par Peter Knowles et David Allardice. Une vraie bible sur les rivières népalaises : cartes, hydrographie, etc.

Canyoning

Très en vogue en Europe, cette spécialité a aussi fait son apparition au Népal. Une seule agence pour le moment la propose. Celle-ci offre aussi des programmes de raft et de kayak, le tout encadré par des professionnels avertis, dans le respect de la nature et des habitants. Le directeur est un Australien passionné par son métier. Confiance et sécurité sont leur devise. Leur centre, situé non loin de la frontière chinoise est de toute beauté avec confort et nourriture saine. Organisation également de treks sur des itinéraires très originaux. À ne pas manquer si vous disposez d'un peu de temps, vous ne le regretterez pas !

■ *The Borderland Adventure Centre Asia* (zoom couleur I, B1, 21) : se reporter aux coordonnées indiquées ci-dessus pour le rafting.

RELIGIONS ET CROYANCES

Les dieux occupent une place très importante dans la vie des Népalais. La religion principale est l'hindouisme (80 % de la population), mais le pays compte aussi des bouddhistes (10 %), quelques musulmans (4 %) et une poignée de chrétiens. L'hindouisme et le bouddhisme coexistent et parfois même se confondent, les fidèles participant souvent aux fêtes des deux cultes. Un bouddhiste népalais ne voit d'ailleurs aucune difficulté à croire aux dieux hindous.

Claude B. Levensen écrit : « Par son histoire et sa position géographique au flanc de l'Himalaya, le Népal s'insère en quelque sorte naturellement entre Brahma et Bouddha. » Le Népal est d'ailleurs un des rares pays au monde à n'avoir jamais connu de guerre de religion. L'expulsion systématique des missionnaires de quelque religion qu'ils soient n'y est certainement pas étrangère ! Tout prosélytisme est d'ailleurs interdit par la Constitution. Début 1998, une Église américaine, les Mormons, sous des dehors humanitaires, avait entrepris une conversion forcée, moyennant finances. Ses membres ont été expulsés *manu militari*.

Les principaux dieux hindous et leurs avatars

Le panthéon des dieux offre une multiplicité assez déroutante. À chaque dieu ou déesse sont attribués plusieurs noms, dont il change, en plus, à chaque réincarnation. Sans parler de son côté féminin *(shakti)* qui possède aussi sa propre appellation. Tous ces êtres mythiques sont représentés par des images et des attributs différents. Avec des milliers de noms à retenir, difficile même pour les fidèles de s'y retrouver ! Nous nous contenterons de vous indiquer les principaux dieux. La triade hindouiste est composée de *Brahma, Vishnu* et *Shiva*.

– **Brahma** est le créateur, reconnaissable à ses 4 têtes (il voit tout !) et ses 4 bras. Bien qu'essentiel dans la mythologie hindoue, il est beaucoup moins représenté que *Vishnu* ou *Shiva*. Sa forme féminine *(shakti)* est *Saraswati*, déesse des Arts, des Lettres et des Sciences. Le véhicule de Brahma est le cygne.

– **Vishnu** est le conservateur de la vie et du monde. Il a vécu sous dix incarnations. Au Népal, il est surtout vénéré sous l'incarnation de *Narayan*, représenté avec de multiples bras et entouré par un cercle. Plus rarement, on le trouve sous la forme d'un homme-lion. Il est alors appelé *Narsingh*. Sous la forme d'un nain, il se nomme *Vikrantha* ou *Vamana*. Sa *shakti* est *Jaya Varahi* ou *Lakshmi*. Elle est représentée sous la forme d'une hure. Sous sa septième réincarnation, il s'appelle *Rama*, héros principal du Ramayana. Son épouse s'appelle *Sita*. Elle représente l'idéal de la féminité. Le roi est considéré comme l'incarnation vivante de Vishnu. Le véhicule de Vishnu est *Garuda* (comme la compagnie aérienne), sous forme d'un oiseau mi-aigle mi-griffon. Au Népal, il a souvent un corps d'homme lorsqu'il est représenté sous la forme d'une statue. En bas relief, c'est la forme de l'oiseau aux ailes déployées qui domine.

– **Shiva** ou **Civa** est la puissance transformatrice, à la fois destructeur et créateur, immobile et changeant. C'est un dieu bivalent souvent représenté avec un trident *(trisul)*. Sous sa forme destructrice, représenté par son élément féminin *(shakti)*, c'est *Kali*. Sa forme masculine et terrifiante est *Bhairav*, dieu sombre à six bras, yeux exorbités, crocs protubérants et cou entouré d'un collier de serpent. Il porte une tiare décorée par une guirlande de crânes. L'une de ses mains lève un glaive, l'autre une tête coupée. Il se manifeste en tant que dieu de la Danse sous le nom de *Nriteshwar*. Sous sa forme protectrice, c'est *Pashupati* (d'où le nom du village Pashupatinath). L'épouse de Shiva, qui est également sa *shakti* (vous suivez ?), s'appelle *Durga* sous sa forme redoutable, et parfois *Parvati*, sous sa forme bienveillante. Le véhicule de Shiva est le taureau sacré *Nandi* considéré comme le symbole de la fécondité et présent à l'entrée de tous les temples shivaïstes (avec ses testicules bien visibles).

– **Hanuman** est le personnage clé du Ramayana (conte épique) et chef de l'armée des singes. Il est vénéré au Népal comme un dieu. Il est le symbole de la loyauté et du courage. On le voit souvent à l'entrée des palais.

– **Rudrayani** ou **Shikali Mai**, c'est la déesse de la Nature, protectrice de la vallée de Kathmandu.

– **Indra** est le dieu de la Guerre et de la Foudre.
– **Surya** est le dieu du Soleil.

On ne vous parlera pas de la déesse de la Variole ni du dieu des Maux de dents... Mais n'oublions pas **Ganesh,** le sympathique et débonnaire dieu à tête d'éléphant, rejeton de *Shiva* et de *Parvati*. Dieu de la Sagesse, de la Prospérité et de l'Intellect, il est partout. On doit l'invoquer avant chaque épreuve. Son véhicule est le rat. Les croyants rendent hommage aux dieux avec des offrandes de riz, de fleurs, de monnaie, d'encens, de fruits et de gâteaux. Chaque jour est placé sous le signe d'une divinité et considéré comme propice ou néfaste à certains travaux.

SANTÉ

Un certain nombre de précautions s'imposent, en plus des vaccins et du traitement antipaludique conseillés dans notre rubrique « Avant le départ », d'autant que la situation sanitaire du Népal ne s'améliore pas tellement d'une année sur l'autre.

– **Les moustiques** sévissent pendant la période de mousson, surtout dans la basse vallée (moins de 1 800 m d'altitude) et dans le Téraï. Pour les éloigner, utilisez des répulsifs antimoustiques en vérifiant que ceux-ci sont véritablement efficaces. Produits de la gamme *Repel Insect* par exemple. Dans tous les cas, s'enduire les parties découvertes du corps toutes les 4 h au maximum.

Les systèmes de plaquettes que l'on branche directement sur une prise de courant ne sont utiles que dans la vallée. Les *mosquito coils* que l'on fait brûler la nuit sont aussi très efficaces, mais ils ne doivent pas être utilisés dans de petites pièces closes.

– **L'eau** du robinet et des rivières n'est jamais potable, surtout à Kathmandu (c'est là qu'elle est la plus dangereuse). Il faut toujours la filtrer (type *Katadyn*), la désinfecter chimiquement *(MicropurDCCNa)* ou la faire bouillir (plusieurs minutes en altitude). Se rincer les dents à l'eau minérale paraît un peu excessif, même les résidents de la vallée s'y refusent. Méfiance avec les légumes et les fruits qui ne s'épluchent pas, sauf s'ils sont lavés abondamment avec de l'eau propre ou bouillie. Attention, les dysenteries sont fréquentes au Népal.

– Se méfier des **laitages,** sauf du lait dûment bouilli. Attention aux *lassi,* la boisson lactée, surtout en période de mousson.

– Se protéger du **soleil.** Attention aux yeux. Prévoir une crème solaire d'indice maximal.

– Boire beaucoup en cas d'efforts, de chaleur, de diarrhée.

– Ne jamais marcher pieds nus.

– Ne pas se baigner en lac et rivière au-dessous de 2 000 m.

– Se laver souvent les mains, sources d'infections intestinales.

– **Les sangsues** sévissent pendant la mousson dans le Téraï et dans toutes les zones boisées (dans les petits chemins que l'on emprunte lors de treks dans la vallée). Vicieuses, elles s'accrochent aux branches des arbres et vous tombent dessus à votre passage ou tout simplement montent le long de vos chaussures, s'infiltrent sous vos vêtements et s'installent dans les endroits les plus chauds et humides. Elles vous sucent le sang sans que vous vous en rendiez compte immédiatement, car leurs mandibules ont un pouvoir anesthésiant. Beurk ! Pour extraire ces vampires, il n'y a pas 36 solutions : il faut les effleurer avec une cigarette ou un briquet ou encore avec beaucoup de sel. Elles se détacheront alors toutes seules. ATTENTION, surtout ne pas les arracher : cela peut créer des infections très graves ! Désinfecter la plaie ensuite car les sangsues provoquent des surinfections traînantes. Sinon, si vous faites de longs treks, protégez-vous les poignets et les chevilles avec des élastiques. Si vous avez des chaussures imperméables, sachez que les sangsues ne vous suivront pas jusque dans les cours d'eau. Bref, ces petites bêtes pourraient vous faire regretter le voyage, et vous ne direz pas qu'on ne vous a pas prévenu !

– Kathmandu se caractérise par la pollution des **véhicules à moteur** (voir l'introduction du texte sur Kathmandu). Pour les fragiles des bronches qui voudraient se déplacer en 2-roues, nous conseillons l'achat de masques « spécial moto ou vélo » avant le départ. Ceux disponibles au Népal ne sont vraiment pas efficaces.

– **Les diarrhées** ne sont pas rares au Népal, en raison du manque d'hygiène dans la plupart des établissements. Elles sont fréquentes au début du séjour et normalement sans gravité. Toutefois, un traitement adapté doit être entrepris dès les premiers symptômes. Demandez conseil à votre médecin ou à votre pharmacien avant le départ. Surveillez l'aspect de vos selles, la présence de sang ou de pus ainsi que la coexistence d'une fièvre imposent une consultation rapide. Contactez le médecin de l'ambassade qui vous conseillera.

– Attention aussi à la *rage.* La vaccination antirabique préventive est recommandée à tout voyageur qui se trouvera éloigné plus de 48 h d'un centre médical apte à lui administrer un traitement post-exposition de qualité. En cas de morsure de tout animal, y compris de la part d'une vache (c'est arrivé à un lecteur), contacter immédiatement un médecin. Les symptômes n'apparaissent pas avant 10 à 15 jours, mais l'issue est alors toujours fatale. Après une morsure animale, rincez abondamment et désinfectez soigneusement et rapidement, puis foncez à Kathmandu. Vérifiez aussi votre vaccination antitétanique, et consultez le plus vite possible si elle n'est pas à jour. Désinfectez plusieurs fois par jour la moindre plaie car la cicatrisation est longue en raison de l'impureté de l'eau des douches.

– **Le sida** a, lui aussi, fait son apparition via les nombreuses prostituées népalaises enrôlées de force en Inde, principalement à Bombay. Prudence donc, il faut absolument sortir « couvert » ! Évitez toute transfusion et toute piqûre avec une seringue douteuse.

– **Votre trousse médicale** devra comporter au minimum : un antipaludique *(Savarine)* pour tous séjours au-dessous de 1 800 m d'altitude, un antalgique du type *Doliprane*, un antiseptique intestinal, un antidiarrhéique, un antibiotique à large spectre, un antispasmodique, de la crème solaire, des pansements antiseptiques cutanés, une bande de contention, du sparadrap, des seringues neuves et du matériel stérile, sirop ou pastilles contre les irritations de gorge et la toux (on tousse beaucoup au Népal). N'oubliez pas d'y joindre aussi de quoi traiter rhinites et bronchites, très fréquentes, à cause de la poussière, de la pollution des véhicules et des tas d'ordures qui dégagent des milliards de bactéries. De la vitamine C pourra vous être très utile. S'il vous reste des médicaments à la fin de votre séjour (nous l'espérons pour vous), ne les donnez pas aux habitants. Ce geste généreux peut engendrer des catastrophes. Déposez-les plutôt à l'ambassade de France ; ils seront distribués aux différentes associations et aux dispensaires.

■ *Catalogue Santé-Voyages :* 83-87, av. d'Italie, 75013 Paris. ☎ 01-45-86-41-91. Fax : 01-45-86-40-59. ● www.sante-voyages.com ● (infos santé voyages et commandes en ligne sécurisées). Envoi gratuit du catalogue sur simple demande. Livraison *Colissimo suivi :* 48 h en France métropolitaine. Expéditions UE et DOM-TOM.

En cas de pépin

Voir les contacts médicaux dans la rubrique « Adresses utiles » de Kathmandu. Seuls quelques hôpitaux sont recommandables (voir le médecin de l'ambassade). Ils assurent les urgences 24 h/24. Les cliniques privées sont compétentes pour la pratique d'examens (biologie, radiologie) et les consultations spécialisées. Quelle que soit la structure, hôpital ou clinique, les médicaments sont payables d'avance et doivent être achetés par le malade lui-même ou une personne l'accompagnant. Cela est également valable pour la nourriture. Il est difficile, sinon impossible, de contacter une personne hospitalisée, le réseau téléphonique se résumant souvent à un seul poste pour tout l'établissement.

Le rapatriement héliporté est organisé par le médecin de l'ambassade en relation avec des agents locaux et internationaux des compagnies d'assurance. À côté de l'aspect strictement médical, le soutien matériel (nourriture, frais d'hospitalisation, communications, etc.) reste à la charge des représentants locaux des assurances. Aussi est-il conseillé d'avoir une assurance rapatriement héliporté, plus l'option « secours et recherche » (certaines agences de trek refusent les clients qui ne possèdent pas cette option), et de se faire enregistrer avant tout départ en trek à l'ambassade de France et/ou à la *Himalayan Rescue Association*, à Thamel, afin d'améliorer la prise en charge et d'envisager le rapatriement dans les plus brefs délais.

SAVOIR-VIVRE ET COUTUMES

Les Népalais sont, dans l'ensemble, souriants, paisibles, d'une grande courtoisie et dépourvus d'agressivité. C'est sans doute la rudesse de la montagne qui leur a donné ces traits de caractère et les rend attachants quand on séjourne parmi eux.
Quelques règles du savoir-vivre local :
– se déchausser avant d'entrer dans tous les monuments religieux et dans les maisons, en prenant soin de placer ses chaussures semelles sur la terre.
– Ne jamais pénétrer dans une cuisine.
– Contourner les *stûpa* dans le sens des aiguilles d'une montre (cf. *Tintin au Tibet*).
– Le feu est sacré, évitez d'y jeter vos détritus, enterrez-les.
– Ne pas manger dans l'assiette ni boire dans le verre d'autrui, considéré comme *jutho*, c'est-à-dire rituellement pollué. Dans le cas d'une bouteille commune, boire « à la régalade » et non directement à la bouteille.
– Si vous décidez de suivre la coutume locale en mangeant le plat national *(dal bath)* avec la main, utilisez la droite.
– Il est discourtois de désigner quelqu'un ou même une statue du doigt.
– Lorsque vous vous asseyez, évitez d'étendre vos jambes et de diriger vos pieds vers quelqu'un (entraînez-vous avant de partir en apprenant à vous asseoir en tailleur).
– Le merci n'existe pas au Népal, ne soyez donc pas surpris ! Par ailleurs, si vous offrez un cadeau, il ne sera jamais ouvert devant vous, cela pour vous éviter une déception si ce cadeau ne plaît pas. Lors d'un mariage, tous les présents offerts sont mis en commun, pour éviter d'exposer les disparités du budget de chacun. Excellente attitude à méditer pour nous, Occidentaux.
– Les hommes peuvent se déplacer en short et tee-shirt, mais jamais torse nu. Les routardes éviteront les tenues provocantes et les shorts. Il y a des bermudas très sympas et des pantalons légers. La population ne comprend pas toujours notre tenue débraillée.
– Les démonstrations d'affection en public, pour un couple par exemple, ne sont pas de mise au Népal.
– Les Népalais sont très curieux et posent plein de questions, n'en soyez pas offensé.
– Ne pas oublier qu'au Népal, comme en Inde, un hochement de tête de gauche à droite (ou le contraire) signifie « oui, d'accord ».

En résumé, essayez de vous conduire avec intelligence et amabilité : vous ne le regretterez pas et vous éviterez peut-être que le Népal ne soit trop pollué par le tourisme. Dans les endroits touristiques et sur certains itinéraires de trek, les enfants ont déjà appris à échanger leur sourire contre *one roupie* ou *a school pen*. Surtout, pitié cher lecteur, évitez absolument de donner des bonbons ! La carie était pratiquement inconnue avant les hordes de joyeux pourvoyeurs…

SCOLARITÉ, ÉDUCATION

Lorsque l'on voit tant d'enfants portant l'uniforme, on se dit que le pays est sur la bonne voie. Malheureusement, la réalité est tout autre, marquée par une grande inégalité devant le droit à l'éducation. L'argent fait, encore une fois, la différence. Il existe des écoles publiques, gratuites, dites *Nepali schools*. Les locaux sont souvent d'une grande pauvreté, et les élèves y étudient sur des nattes. Ces écoles disposent de moyens rudimentaires et les instituteurs sont peu payés, environ 2 400 Rps (30 €) par mois ! Et puis il y a les *boarding schools*, basées sur le système anglais. Tout y est payant (jusqu'au document d'inscription), la qualité de l'enseignement y est supérieure et la langue anglaise obligatoire. Les derniers résultats du *SLC* (l'équivalent du bac français) pour les écoles publiques ont été désastreux, mais les gouvernements successifs ne se posent guère de questions sur les causes de tels échecs. Ils préfèrent changer le calendrier scolaire plutôt que de réformer le système. Les étudiants, même dans les classes supérieures, ne connaissent rien de l'histoire, de la géographie ou de l'économie mondiale. Essayez, par exemple, de leur poser des questions sur la Seconde Guerre mondiale, c'est un sujet inconnu ! On apprend l'histoire du Népal avec des bouquins indiens, peu objectifs et très nationalistes.

Que pouvons-nous faire ? Beaucoup, et avec peu d'argent. Crayons et stylos ne coûtent pas grand-chose ici, alors n'hésitez pas à rencontrer des enseignants, le peu que vous pourrez faire sera toujours le bienvenu pour des dizaines d'enfants qui ne possèdent rien. Plus délicat, car il demande un engagement sur plusieurs années, le parrainage d'un enfant. Il en coûte moins de 9 600 Rps (120 €) par an. Mais bien réfléchir avant de s'engager, car trop nombreux sont les touristes qui laissent tomber après un an. Les conséquences peuvent alors être dramatiques pour les gamins !

SITES INTERNET

Informations générales et culture

- ***www.welcomenepal.com*** • En anglais. Le site officiel du *Nepal Tourism Board*.
- ***www.travel-nepal.com*** • En anglais. Excellent site, très complet, proposant des infos générales sur le Népal, avec nombreux liens vers des pages pratiques. Remise à jour fréquente.
- ***www.kantipuronline.com*** • En anglais. Site journalistique remis à jour quotidiennement.
- ***www.explorenepal.com*** • En anglais. Également très réussi et complet. Tout sur la politique, l'histoire, les loisirs, l'économie, le climat, les hôtels, les treks, agences de voyages, etc. Jolie galerie de photos.
- ***www.nepalnews.com*** • En anglais également. Site plus journalistique. On peut y lire les nouvelles du Népal, avec des liens vers la radio *BBC Nepali* et le journal *Nepali Times*. Mis à jour quotidiennement ou presque.
- ***http://namaste.thanaka.org*** • En français. Site sur la culture népalaise, et asiatique en général : des conseils quant à la politesse et aux comporte-

ments à adopter, aussi bien que des indications sur la cuisine, les transports, etc. Également une superbe collection de photos.
- *www.nepalfrance.com* • Site de l'association culturelle Népal-France (voir aussi les « Adresses utiles » de la rubrique « Avant le départ », en début de guide). Aborde des thèmes littéraires, culturels et artistiques et propose des articles sur l'actualité.

Albums photo

- *www.photoslagarde.com* • En français. Reportage photo d'une grande qualité artistique sur le décor et les ethnies du Népal.

Treks et montagnes

- *http://perso.wanadoo.fr/philippe.bourgine/nepal2000.htm* • En français. Parmi les sites existants sur les trekkeurs au Népal, on a bien aimé celui-ci. Récit fort bien illustré (photos, cartes des itinéraires…), agrémenté de conseils pratiques en or (puisque c'est du vécu !) pour les futurs randonneurs.
- *http://perso.wanadoo.fr/cryptozoo/vedettes/abominab.htm* • En français. Infos et vérité (s'il en est une !) sur le fameux yéti, dit « l'abominable homme des neiges », créature légendaire des montagnards sherpas du Népal.

TÉLÉPHONE ET TÉLÉCOMMUNICATIONS

Le téléphone fonctionne très bien, le Népal disposant de liaisons satellite. Il existe de nombreuses échoppes de téléphone-fax-Internet à Kathmandu et Pokhara. Celles indiquant *ISD* assurent les communications internationales (*STD* pour les liaisons locales). Certaines proposent des réductions le samedi ou le dimanche.
Aujourd'hui, la formule la plus économique consiste à communiquer par *Netphone*, téléphone par Internet.
– On obtient les **renseignements** en composant le ☎ 197 (attention, ce numéro est très souvent occupé, insistez !).
– Pas de possibilité d'appeler en PCV, mais le système du *callback* fonctionne presque partout.
– **Appels intra-urbains :** dans une même ville, ne composez que le numéro du correspondant, sans l'indicatif.
– **Appels interurbains :** composez l'indicatif de la ville suivi du numéro de votre correspondant.
– **France →Népal :** composez le 00, puis le 977 suivi de l'indicatif de la ville (sans le 0) et enfin le numéro de votre correspondant.
– **Népal →France :** composez le 00, puis le 33 suivi du numéro (à 9 chiffres, sans le 0 initial) de votre correspondant.
– Pour la **Suisse**, faites le 00-41 ; pour la **Belgique,** le 00-32. Dans les deux cas, le code est suivi du numéro du correspondant sans le 0 initial.

TRANSPORTS INTÉRIEURS

L'anarchie la plus complète règne dans la circulation. Il n'existe pas de code de la route ! Piétons et 2-roues sont à la merci des chauffards, mot synonyme de chauffeurs au Népal. C'est la loi du plus fort, camions et bus notamment !

Il faut éviter absolument de rouler la nuit. Les véhicules sont en majorité dépourvus de signalisation (feux de stop, clignotants, quand ce ne sont pas tout simplement les phares !).

Une info qui peut avoir son importance : la loi népalaise exige du chauffeur qui a provoqué un accident d'indemniser sa victime. Si celle-ci est décédée, le montant est fixé à 17 500 Rps (autour de 220 €). En revanche, si elle n'est « que » blessée, sa prise en charge doit être assurée jusqu'à son rétablissement complet. Et alors, me direz-vous, quoi de plus normal ? Le problème, c'est que, préférant payer le forfait de 17 500 Rps, le conducteur délictueux revient souvent sur ses pas et… Alors, routards à moto, méditez bien là-dessus !

– *Le bus :* voyager en bus ne revient pas cher et permet de plonger dans le quotidien des Népalais. Pour les destinations touristiques, il existe des *Tourist Bus,* bien pratiques car plus rapides. Sinon, ce sont des bus locaux, et dans ce cas, mieux vaut ne pas être pressé : les arrêts sont fréquents et il n'est pas rare de devoir patienter quelques minutes, le temps par exemple de charger des sacs de riz ou des chèvres… Choisir de préférence les bus de la compagnie *Green Line* ou *Sajha,* dits *Blue Buses,* plus rapides et plus confortables (mais on ne peut pas mettre les bagages sur le toit). La durée du voyage est fonction des aléas de la route : crevaisons, surchauffe du moteur, inondations, éboulements… Éviter de voyager de nuit.

– *Location de voitures :* attention, on roule à gauche au Népal (enfin, en théorie !). On peut louer des voitures privées avec chauffeur dans toutes les agences et auprès des hôtels de Kathmandu. Les prix à la demi-journée ou à la journée sont fixés par l'association *Nata*, reconnue par le gouvernement. Dans la capitale, la voiture est fortement déconseillée, car coûteuse et exaspérante à cause des bouchons. Mieux vaut louer un *taxi,* en négociant un forfait à la journée, souvent très bon marché.

– *Le vélo :* il faut être très prudent. Même si de nombreux Népalais et résidents étrangers l'ont adopté depuis longtemps, le vélo est plutôt déconseillé dans Kathmandu et sur les grandes routes comme celles de Patan ou Bhaktapur. Et attention à la pollution qui envahit toute la vallée ; le port d'un masque est vivement conseillé.

– *La moto :* la conduite de la moto est réservée uniquement à ceux qui savent la manier. Il faut sans arrêt anticiper et avoir les yeux à 360 degrés. Vous devrez être vigilant à tout ce qui bouge : enfants, animaux, etc. Le Népal n'est vraiment pas un pays pour faire de la vitesse, alors Fangios s'abstenir ! Permis de conduire du pays d'origine quelquefois demandé, ainsi que passeport, billet d'avion ou recommandation de votre hôtel. Pas d'assurance ! On loue à l'heure ou à la journée. Port du casque obligatoire pour le conducteur seulement.

TREKKING

Tout d'abord, petits lecteurs chéris, ne pas se tromper : *trek* est un mot anglais d'Afrique du Sud qui signifie « faire route ». Cela pour dire que le trekking n'a rien à voir avec la course en montagne que vous pouvez pratiquer dans les Alpes. Le trekking, c'est seulement marcher. L'intérêt étant, évidemment, que cette marche se fasse dans la plus belle montagne du monde et qu'on en revienne ébloui pour la vie.

Bon. Tout ce qui va suivre s'adresse à tout le monde, même à ceux qui ont l'impression de déjà connaître. On conseille même aux skieurs et « varappeurs » alpins de ne pas trop se fier à leur expérience européenne et de jeter un coup d'œil sur nos notes. Pour ceux qui s'intéressent à l'escalade, sachez qu'il existe une association reconnue par l'ENSA (École nationale de ski alpin) de Chamonix : le *Kathmandu Climbing Club,* regroupant des guides et destiné à la formation des Népalais.

Pour ceux qui débutent, ou qui souhaitent contacter une agence sur place, se reporter aux sous-rubriques suivantes pour plus d'infos sur la sécurité et l'éthique, car là encore leur expérience alpine ne sera pas suffisante.

■ *Syndicat national des accompagnateurs en montagne :* 240, rue de la République, 73018 Chambéry cedex. ☎ 04-79-70-20-42. Fax : 04-79-70-20-63. ● www.lesaem.org ● Outre l'encadrement de circuits, les accompagnateurs peuvent fournir des conseils pratiques sur les treks.

Permis de trek

Pour les treks classiques, vous n'aurez souvent pas besoin d'un permis : autour de la vallée de Kathmandu, autour de Pokhara jusqu'à Sarangkot, et pour certains treks entre Kathmandu et Pokhara. Se renseigner auparavant. Pour les autres (voir ci-dessous), il s'obtient à l'*Immigration Office (plan couleur général C3, 1)* de Kathmandu (voir « Avant le départ. Formalités »), Bhrikutimandap Marg, près de l'office de tourisme (longue attente : apporter un livre pour patienter !). Ouvert pour le dépôt du passeport, des 3 photos et du formulaire, de 10 h à 13 h. Également possible de Pokhara, où c'est plus rapide : le permis est délivré sur-le-champ. Remplir 2 formulaires avec 2 photos. Bureau ouvert tous les jours sauf le samedi. Sachez qu'aucun remboursement n'est possible en cas d'annulation d'un trek. Les permis de trek sont tarifés à la semaine et coûtent de 750 à 7 200 Rps (environ 10 à 90 €) par personne et par semaine de trek.

Régions nécessitant un permis de trek spécial (il faut donc passer par une agence) :
– le Kanchenjunga : prévoir 10 US$ (8,50 €) par personne et par semaine. Après un mois sur place, le prix passe à 20 US$ par semaine et par personne.
– Le Manaslu : 90 US$ (environ 60 €) par personne et par semaine en haute saison (75 US$ en basse). Compter 18 jours de marche. Ajouter les taxes et les assurances.
– Le haut Mustang : compter environ 70 US$ par jour et par personne. Minimum 10 jours ! Officier de liaison obligatoire et payant.

Prévoir suffisamment d'argent pour payer les maoïstes, présents sur la plupart des treks. Nous indiquons les sommes demandées pour les principaux treks, mais sachez qu'elles peuvent augmenter sans préavis (et que certains trekkers ont le culot de négocier des ristournes !).

Enfin, pour les alpinistes, il existe ce que le ministère du Tourisme appelle « sommets de trek ». Il faudra verser une *royalty* très élevée.

Un trek traversant deux régions requiert donc deux permis différents. On ne peut dépasser un mois et demi de trek, sauf autorisation spéciale. Les permis de trek ne sont pas valables pour les régions frontalières *(restricted areas)* mentionnées au dos du permis.

Se balader sans permis n'est pas conseillé. Au mieux, vous serez renvoyé à Kathmandu et vous devrez prendre un permis comme tout le monde. Au pire, vous serez expulsé du pays et parfois même interdit de séjour.

La région du Dolpo était déconseillée en raison des affrontements avec les maoïstes, mais, depuis mi-2006, la situation semble plus calme ; renseignez-vous avant de vous rendre dans cette région.

Accès aux parcs nationaux

Un permis de trek ne dispense pas d'acquitter les droits d'entrée dans certains parcs protégés *(conservation areas)*. Compter 1 000 Rps (12,50 €)

pour le Langtang, l'Everest, ainsi que pour le Makalu, et 2 000 Rps (25 €) pour l'Annapurna et le Manaslu. S'adresser au rez-de-chaussée du centre commercial de *Tridevi Marg,* Sanchayakosh Building, dans le même bâtiment que *Fire and Ice Pizzeria (zoom couleur I, C1-C2, 103).* Ouvert de 10 h à 16 h, sauf les samedi et jours fériés.

Assurance

Vérifiez avant de partir en trek que votre assurance couvre bien le risque « Montagne », avec, absolument, une assurance rapatriement par hélicoptère (pas seulement limitée à la haute montagne). Les assurances, en effet, sauf clause spéciale, ne couvrent pas les évacuations par hélicoptère. Depuis le pays d'origine, il faut prendre une assurance couvrant les frais de rapatriement par hélicoptère à hauteur de 3 000 US$. N'oubliez pas de souscrire l'option « secours et recherche », en cas de disparition. Toutefois, certaines agences de voyage françaises sont désormais équipées d'un téléphone satellite et ces services d'assistance sont parfois inclus dans le contrat. Renseignez-vous.

Documentation

On peut se procurer en France des ouvrages consacrés aux grands treks du Népal, région par région. On les trouve notamment dans des librairies de voyages. Ces guides sont précis. Vous pouvez encore, surtout si vous choisissez un chemin peu fréquenté, vous payer *Le Petit Trekkeur,* guide franco-népali de Daniel Forni : ça vous facilitera la vie pour la conversation avec les montagnards. Il est en vente, très bon marché, dans certaines librairies de Kathmandu.

On trouve toute la cartographie nécessaire à l'organisation et au choix de son trek. Cela dit, les sentiers sont assez faciles à suivre et les Népalais serviables et accueillants. On peut se procurer à la librairie *L'Astrolabe* (46, rue de Provence, 75009 Paris) des cartes couvrant l'Himalaya et la vallée de Kathmandu à des échelles allant du 1/250 000 au 1/50 000, ainsi que des plans de ville. La série des cartes *AMS* au 1/250 000 comprend les courbes de niveau et les différentes difficultés pour le trekkeur. Les cartes au 1/200 000 ont un découpage en 4 feuilles. Également, excellente carte de l'IGN au 1/750 000. Les cartes monochromes *Mandala Trekking,* imprimées à Kathmandu et en vente partout sur place à un prix très bas, n'ont pas été actualisées depuis des années. La carte polychrome *Mandala* avec courbes de niveau est plus fiable. À ce jour, les meilleures cartes vendues au Népal sont : *Himalayan Map House* et *Nepa Maps.* Il existe aussi, pour le massif de l'Annapurna, la carte de l'*ACAP (Annapurna Conservation Area Project),* qui est excellente. On trouve aussi à Kathmandu les cartes allemandes *Schneider,* bien faites, et la carte de la police népalaise au 1/750 000.

Vêtements et matériel

Indispensables, de bonnes chaussures de marche : légères, imperméables (Gore Tex, Sympatex...), résistantes, avec semelle en Vibram antichoc... Emportez beaucoup de chaussettes de laine, des sous-vêtements et collants en polypropylène. Pour éviter les ampoules, un truc : s'enduire les pieds avec une solution à base de formol. À demander en pharmacie. Assez efficace.
Si c'est en hiver : gants, bonnets, crème solaire haute protection, lunettes de glacier, un bon duvet cloisonné, un sac à viande en polaire et plus de vêtements chauds. Prévoir aussi plus léger : il peut faire chaud sur le coup de midi.
En été : un parapluie, des vêtements et godasses bien imperméables. Bref, prévoir tout contre l'humidité. Le K-Way s'avère insuffisant.

Petite remarque : les Népalais que vous croiserez sur les sentiers de trek apprécient une tenue soignée et non provocante (pas de shorts et débardeurs) surtout pour vous, mesdames. Respectez-les, c'est le seul moyen de vous en faire des amis.

Ceux qui veulent emporter une tente ne pourront éviter l'emploi d'un porteur (pour la tente et la cuisine). Néanmoins, sur certains itinéraires classiques, il est très facile de trouver des *lodges*. Chaque possibilité ayant des avantages et des inconvénients, à vous de choisir la formule adoptée selon la saison et l'itinéraire. D'octobre à mars, risque de neige en route. Après novembre, *lodges* en altitude fermés. Renseignez-vous aussi à Kathmandu pour savoir si une tente est indispensable dans la région où vous comptez vous rendre. Entraînez-vous un peu avant le trek, ne serait-ce que pour faire vos chaussures. Vous n'aurez sans doute pas envie de trimbaler tout votre matériel depuis l'Europe. Soyez rassuré, on trouve tout ça à louer à Kathmandu dans des dizaines d'échoppes. Ils font tous achat, vente, location... N'ayez pas peur, ils sont honnêtes, ils rendent la caution. Choisissez toutefois des boutiques ayant pignon sur rue et comparez les prix.

Laissez vos passeports (après en avoir fait une photocopie) et valeurs à l'hôtel, au *safe deposit,* d'autant que le permis de trek sert de pièce d'identité. Exigez un reçu quand vous déposez vos affaires dans un coffre. C'est une sécurité. Prévoyez suffisamment de roupies que vous demanderez en petites coupures, la monnaie sur les billets de 500 ou 1 000 roupies étant un réel problème en montagne.

Les vols sont de plus en plus fréquents au cours des treks. Ne jamais se séparer de son argent, ni de son appareil photo (même la nuit). Surveillez toujours vos affaires et n'étalez ni votre fortune ni vos gadgets.

Nourriture

Dans la montagne, on trouve à manger dans les *lodges.* La nourriture est en général à base de féculents et de légumes. Beaucoup de plats frits et donc très gras... intestins fragiles, s'abstenir ! En cas de problème de digestion, faire une cure de *boiled potatoes* (pommes de terre cuites à l'eau) et de *plain rice* (riz nature). La distance maximale de marche entre deux villages est de 2 à 5 h ; il suffit donc de prévoir une réserve de biscuits ou autre pour un éventuel coup de pompe, si vous voulez à tout prix emporter votre nourriture. L'eau est filtrée et bouillie seulement dans certains *lodges* du côté de Jomson. Même là, il faut ajouter des comprimés pour la purifier. Attention aux boîtes de jus de fruits souvent vieilles (courante assurée). Faites vos provisions à Kathmandu avant le départ : sucre, lait en boîte, potages en sachet surtout, confiture, biscuits, etc. D'Europe, vous pouvez emporter foie de morue, confiture de marrons, pâtes précuites, poudre d'œuf, fromage, saucisson. Sachez cependant que ces provisions ne sont pas nécessaires pour le tour des Annapurnas, l'Everest et le Langtang, les treks les plus fréquentés, car on y trouve désormais de tout.

Médicaments

Question médecine, rien de plus que pour le reste du voyage sinon de l'aspirine, un bon sirop pour la toux, un diurétique, un collyre, de l'hydroclonazone ou mieux du *Micropur®DCCNa* et des pansements pour les ampoules. Un truc gras style huile de coco pour se masser les mollets et une autre crème grasse pour les lèvres desséchées. Attention aux caries non soignées, l'altitude les réveille souvent.

La grande souffrance du trekkeur, c'est le mal aux genoux, qui s'aggrave dans les descentes. Donc quand on redescend, le faire posément, sans précipitation. Sinon, c'est comme on dit ici, l'apparition du *sahib knee,* c'est-à-

dire une violente douleur qui ne disparaît que lorsque ça monte (on finit par ne plus espérer que des montées). Un truc expérimenté par des routards : deux épaisseurs de chaussettes autour du genou, tenues par un élastique, à mouiller régulièrement avec de l'eau fraîche. C'est radical.
N'utilisez pour les treks que des chaussures déjà « rodées », jamais neuves. Et puis, une évidence absolue : prévoir léger pour le portage, mais ne rien oublier d'essentiel.

Prévention et précautions

Partir en excellente condition physique. Une préparation avant le départ est indispensable (à débuter 1 ou 2 mois avant). L'entraînement ne doit jamais être intense mais régulier. Choisissez un programme adapté à vos possibilités. Si vous êtes un routard de plus de 45 ans, un examen médical avec test d'effort est à prévoir avant le départ.
Sur les sentiers népalais, on rencontre des dizaines de marcheurs qui en sont à deux jours de marche et qui ont du sparadrap plein les pieds, 39° de fièvre, bref qui se demandent ce qu'ils sont venus faire dans cette galère. Beaucoup oublient en effet qu'on ne se balade pas à 4 000 m d'altitude comme sur la Croisette. Il est donc essentiel, avant de démarrer un trek, de se tester : marcher en montagne pendant une demi-journée ou deux avec le matériel qu'on projette d'emporter. Commencez par de petites étapes. Pas besoin de vous faire un dessin, mais ne négligez pas cette préparation : vous n'avez, en principe, jamais vécu aussi haut que dans ce pays, et vos réactions peuvent être douloureuses, ou en tout cas assez pénibles pour tout gâcher. La montagne est l'un des endroits où il faut prendre son temps et être humble ! N'allez pas plus loin si vous vous souvenez tout à coup que vous êtes cardiaque ou sujet à un problème articulaire au genou.
À partir de 3 000 m, ne pas monter plus de 300 à 500 m par jour. Idéalement, tous les 1 000 m, il faut passer 2 nuits à la même altitude. Ne jamais partir seul. Toujours demander son chemin à chaque bifurcation de sentier. C'est la règle au Népal, en l'absence de panneaux indicateurs. Les distances s'évaluent en jours, en heures de marche ou en *kos* (temps que met un mouchoir mouillé à sécher) mais jamais en kilomètres.
Il y a peu de radios (ce ne sont pas les Alpes), mais les téléphones satellite ont fait leur apparition. Si vous êtes malade ou blessé, il faudra vous porter jusqu'à un aérodrome, sauf si vous possédez l'assurance rapatriement par hélicoptère (indispensable). Les assurances, sauf clause spéciale, ne couvrent pas les évacuations héliportées. Depuis le pays d'origine, il faut prendre une assurance couvrant les frais de rapatriement par hélicoptère à hauteur de 2 500 €.
Avant de partir en trek, n'oubliez pas de laisser à votre agence une photocopie de votre passeport ainsi que les références de votre assurance. Si vous partez en trek en individuel, passez vous-même à l'ambassade déposer ces photocopies au service consulaire, ce qui facilitera les démarches en cas de pépin. Sans vouloir vous faire peur, on peut mourir du mal d'altitude au Népal, c'est rare, mais ça arrive. Comme on tient à conserver nos lecteurs, lisez le chapitre suivant.

Mal d'altitude

LE MAL D'ALTITUDE EST DANGEREUX… on peut même en mourir ! Il faut bien en être convaincu. Ce n'est pas être alarmiste que de le marteler. Si ça peut vous rassurer, les Chinois arrivant de Pékin par avion en souffrent eux aussi. Il est dû à une carence en oxygène (diminution de la pression atmosphérique en altitude et donc de la pression d'oxygène en air ambiant). Tout le monde peut être concerné. Il n'y a aucune corrélation avec l'entraînement physique et le style de vie. Les montagnards les plus aguerris peuvent en souffrir. Il apparaît à n'importe quelle altitude et à n'importe quel moment au-dessus de 2 000 m. En voici quelques effets : maux de tête, petites difficultés respiratoires, nausées, perte d'appétit, insomnie, fatigue anormale. Attention, ces signes sont souvent assimilés à d'autres facteurs que l'altitude (mauvaise alimentation, *lodges* inconfortables…). Dans la plupart des cas, ces symptômes disparaissent au bout de quelques jours SI L'ON OBSERVE SCRUPULEUSEMENT LES RÈGLES QUI SUIVENT : pour absorber plus d'oxygène d'un air raréfié, le corps doit aussi produire plus de globules rouges ; donc, règle d'or, éviter tout effort inutile, mesurer ses gestes, marcher très lentement, respirer doucement à pleins poumons. NE JAMAIS COURIR, même pour prendre la photo de votre vie. Les fumeurs devront réduire considérablement, voire arrêter leur consommation. Il ne faut absolument pas boire d'alcool ni prendre de somnifères.

Si les symptômes s'aggravent : maux de tête de plus en plus violents, vomissements, perte d'équilibre, respiration de plus en plus difficile et bruyante (râles), perte totale d'appétit, rétention d'urine, toux avec crachat rose (très grave), fatigue extrême, lèvres bleutées, altération de l'humeur, etc., une seule solution : REDESCENDRE IMMÉDIATEMENT AU MOINS DE 500 MÈTRES À UNE ALLURE CALME. Les conséquences les plus graves sont l'œdème pulmonaire (les poumons se remplissent d'eau) et surtout l'œdème cérébral, qui peut être fatal en quelques jours.

Si les signes du mal des montagnes sont aujourd'hui connus, ils sont encore trop souvent négligés. Il est maintenant conseillé de prendre du *Diamox* à titre préventif à partir de 4 000 m : voir impérativement avec votre médecin. Cela dit, ce n'est pas un remède miracle et il ne peut être pris que sous prescription et conseil médical. Le seul véritable traitement du MAM (mal aigu des montagnes bénin) est la réoxygénation, donc la descente (au moins 500 m).

En cas de malaise grave un seul remède : le caisson hyperbare. Ceux qui partent à plusieurs ont tout intérêt à en louer un gonflable et portable (ne pesant que 5 kg, pompe comprise). Vous en trouverez en vous adressant à *CERTEC*, Le Bourg, 69210 Sourcieux-les-Mines. ☎ 04-74-70-39-82. Fax : 04-74-70-37-66. • contact@certec.fr • Fermé du vendredi après-midi au dimanche, mais joignable par téléphone. Préférable de réserver 1 ou 2 mois à l'avance, selon la saison. Possibilité d'envoi par un transporteur express. Coût : 417 € hors taxe le 1er mois, puis dégressif. Ils demandent un chèque de caution de 762 €. Ce n'est pas cher pour une vie ! *CERTEC*, qui fabrique et vend ces produits, pourra sans problème vous conseiller par téléphone. Sachez que le caisson hyperbare est le seul procédé connu qui vous permette de descendre de 2 000 à 1 500 m en quelques minutes. Il est également possible d'en louer à Kathmandu dans les agences de trekking et les magasins de location de matériel, pour environ 8 € par jour.

IMPORTANT : la bonbonne à oxygène est d'un grand secours, mais ne supprime pas le mal. Voilà. Bien sûr, on regrette de t'avoir gâché un peu votre plaisir, mais s'il n'y avait qu'un chapitre essentiel à écrire, c'était bien celui-là. Et puis, si vous ne faites pas le fou ou la folle, tout ira bien !

■ ***The Himalayan Rescue Association*** : Dhobichaur, Lazimpat, à Kathmandu *(plan couleur général C1)*. ☎ 444-02-92 et 444-02-93. • www.himalayanrescue.com • hra@mail.com.np • Association de toubibs bénévoles. Ils tiennent des postes de santé à Pheriche (Everest) et Manang (Annapurnas) où ils organisent des briefings de 14 h à 15 h du lundi au vendredi. Attention, ces postes ne sont ouverts qu'en mars, avril, octobre et novembre. Leurs conseils sur le mal d'altitude sont très précieux. Brochure en français.

Choix du trek

Ne roulez pas des mécaniques : si c'est votre première expérience du Népal, choisissez un trek de basse altitude (inférieur à 4 000 m). Vous parcourrez des chemins très fréquentés (on parle de *Nepalese Highways*), où l'on peut manger et se loger tout du long et où vous ne risquerez pas de vous perdre. Cela dit, il est tout de même déconseillé de partir seul. L'exemple type de trek de basse altitude est *Pokhara-Jomsom*.

Pour les treks de haute altitude (4 000 à 5 000 m et plus) surgissent d'autres problèmes : la neige, le manque d'oxygène, peu de monde, les difficultés de ravitaillement. Là, vous avez vraiment intérêt à vous adresser à une agence pour avoir un guide et des porteurs.

Attention aux vols depuis Lukla (vers le camp de base de l'Everest) et Jomsom (Annapurna), qui peuvent être annulés en raison des mauvaises conditions atmosphériques. Prévoir une marge de sécurité, surtout en fin de séjour. Se faire toujours bien confirmer les vols de retour.

En outre, la préparation physique devient indispensable. Autre difficulté, les sites élevés étant pour la plupart très éloignés de Kathmandu, à moins de disposer de six mois, il faut se faire déposer en avion au départ du trek. Devinez quoi ? Ça coûte cher.

Si vous voulez partir entre juillet et mi-septembre, vous avez peu de chance de voir les sommets. Vous pataugerez dans la boue et vous vous ferez des amies très encombrantes : les sangsues. Pour réduire les inconvénients et pour les éloigner, voir plus haut la rubrique « Santé ». Ça vaut le coup à la rigueur jusqu'en juin, l'idéal étant le printemps (mars-avril) et l'automne (octobre-novembre).

Dans les *lodges* de montagne, vous ne devrez payer qu'une somme modique pour la nuit, sauf s'il y a du feu de bois (paradoxalement, le bois est très cher au Népal). De même, il est souvent abusif de payer pour prendre une photo. Pour les non-encore-initiés, sachez que le trekking impose beaucoup de contraintes question organisation, mais que ça en vaut la peine. Les paysages sont superbes, les gens très chouettes – ils invitent facilement chez eux – et le dépaysement garanti. Pourtant, n'allez pas imaginer que vous serez un pionnier. Ce n'est pas encore tout à fait l'autoroute du Soleil une veille de Pentecôte, mais ce n'est pas le désert non plus.

Quelques exemples de treks

Treks courts et faciles

➢ Un trek très facile et court (3 ou 4 jours) contourne une partie de la vallée de Kathmandu. Départ de **Nagarkot** pour **Chaukee Banjang** (3 h de marche). De là, **Shisso Pani** (5 h), puis **Shiva Puri** (4 h). De là, **Buddha Nilkantha** (4 h), puis bus bleu pour Kathmandu (1 h). Un seul problème : pas de logement ni de nourriture sur le parcours. Guide conseillé.

➢ Encore plus facile : de **Dhulikhel** au monastère de **Namo Bouddha**. Compter 4 h de marche. Prolongation conseillée jusqu'à *Panauti* (se reporter, aux environs de Panauti, à « La balade du Namo Bouddha »).

➢ **Pokhara-Ghorepani-Ghandrung-Pokhara :** en 1 semaine, avec de très bons *lodges* tout le long du trek. Belle vue sur les Annapurnas (voir la rubrique « Dans les environs de Pokhara »).

Les classiques

➢ **Le tour des Annapurnas :** compter 16 à 18 jours de Besisahar à Birethanti. Entrée dans le parc national des Annapurnas : 2 000 Rps (25 €). En 2006, la « taxe maoïste » tournait autour de 1 000 Rps (12,50 €).

Merveilleux pour la variété des paysages : on passe de vallées tropicales à un paysage désertique tout en profitant de magnifiques cascades et de vues splendides sur les montagnes. Attention, même si on les voit bien, on n'est pas cerné par les montagnes, comme c'est le cas pour d'autres treks. La balade est aussi intéressante culturellement puisqu'on traverse de nombreux villages pittoresques.

Il s'agit d'un trek assez facile avec montées et descentes progressives. Mais, comme il est long, il exige un bon entraînement physique et une acclimatation à cause du col du Thorong La, qui atteint 5 416 m d'altitude. Pour éviter le mal des montagnes, marcher doucement et faire de courtes étapes au-delà de 3 000 m. Attention, en hiver, le col est fermé en raison de la neige.

Un seul regret : c'est le trek le plus fréquenté du pays. Mais du coup, on trouve des *lodges* (qui plus est de très bonne qualité) tout au long du parcours. En fait, on ne marche jamais assez longtemps sans en croiser un, sauf au col de Thorong La. En toute logique, leurs prix grimpent avec l'altitude.

🏠 À Manang, on conseille de dormir au *Yéti Hotel*. *Lodge* chaleureux, tout en bois. Bons plats variés et surtout très copieux.

🏠 À Marpha, s'arrêter au *Dhaulagiri Guesthouse and Roof Top Restaurant*, charmant petit hôtel dans le centre du village. Le patron, d'origine italienne, très expansif, cuisine de bonnes lasagnes maison. Goûter au cidre, la spécialité du village. C'est aussi l'occasion de prendre une douche bien chaude.

➢ **Camp de base de l'Annapurna :** compter environ 10 jours pour réaliser ce trek qui débute à Phedi (environ 30 mn en bus de Pokhara) et se termine à Naya Pool. Droit d'entrée dans le parc national des Annapurnas : 2 000 Rps (25 €). Plus 1 200 Rps (15 €) à verser aux maoïstes.

Trek superbe pour la vue sur les montagnes. Le dernier jour, on se trouve véritablement entouré par les géants himalayens tels que l'Annapurna I et le Machhapuchhare. En revanche, d'un point de vue culturel, l'intérêt est beaucoup plus limité, puisque les villages rencontrés se composent tous presque exclusivement de *lodges*.

Périple assez facile avec néanmoins certaines montées et descentes longues et raides : attention aux genoux ! Éviter la saison hivernale en raison d'importants risques d'avalanche dans la zone où passe le sentier.

🏠 À Jhinu Danda, on recommande de poser son sac au *Namaste Hotel*. Cadre agréable avec sources d'eau chaude à proximité et jardin pour déjeuner. Bonne nourriture.

➢ **Trek de Langtang :** compter 8 jours (transport inclus) de Syabru Bensi, début du trek, à Kyanjin Gompa et retour, plus si vous passez par les lacs de Gosaikund puis Helambou pour rentrer à Kathmandu (environ 14 jours dans ce cas). Ajouter une journée de marche en commençant le trek à Dunche. Droit d'entrée dans le parc national de Langtang : 1 000 Rps (environ 12,50 €).

On marche au milieu des montagnes en passant par quelques villages pittoresques habités par les Tamangs, peuple proche des Tibétains. S'il ne s'agit pas d'un trek difficile, car il est court et les montées sont progressives (attention toutefois au mal des montagnes), se rendre au point de départ se révèle une véritable aventure en soi : pour parcourir les 110 km qui séparent Kathmandu de Syabru Bensi, il faut compter environ 9 h en bus. Ça donne une idée de l'état de la route, du nombre d'arrêts et de *checkpoints*. À partir de Trisuli Bazaar, la route n'est plus goudronnée. Juste avant Dunche, on passe plusieurs zones d'éboulis sur une route accidentée, qui surplombe la rivière, 1 000 m plus bas.

➢ **Trek d'Helambou :** compter 7 ou 8 jours de trek entre Sundarijal (à 15 km de Kathmandu) et Melamchi Bazaar (compter 6 h de bus pour regagner Kathmandu). Le plus facile d'accès. Droit d'entrée dans le parc national de Langtang : 1 000 Rps (12,50 €) + 1 000 Rps (12,50 €) pour les Maoïstes.

Marche de basse altitude (pas plus de 3 500 m), mais fatigante, surtout sur la première partie en raison de plusieurs passages de cols. Et certaines montées sont sacrément raides. On ne se trouve jamais véritablement dans les montagnes mais on les aperçoit au loin. En revanche, trek intéressant pour les villages traversés : ils sont brahmanes en début de randonnée, puis sherpas, à mesure que l'on gagne de l'altitude, comme à Malemchigaon, un village bouddhiste. On y trouve d'ailleurs un bon lodge : *Wild View Lodge and Hotel*.

➢ **Treks de l'Everest :** idéals pour ceux qui veulent se retrouver au cœur des montagnes ; la vue sur les géants himalayens est très impressionnante. Et puis, on traverse de nombreux villages sherpas. Accès au parc national de Sagarmatha (nom de l'Everest en népali) : 1 000 Rps (12,50 €).
Randonnées de durées très variables selon que l'on commence la marche à Jiri, ville que l'on atteint en bus, ou à Lukla, où se situe l'aéroport. À partir de Lukla, le trek est plus facile car on monte et on descend plus progressivement (mais attention à l'altitude et au mal des montagnes). Ceux qui viennent de Jiri bénéficient d'une meilleure acclimatation puisqu'ils ont déjà passé plusieurs cols à plus de 3 000 m.
– *De Jiri à Lukla :* compter 10 jours de trek, auxquels il faut ajouter une journée en bus depuis Kathmandu puisqu'il faut 9 h 30 pour relier la capitale à Jiri. Réservé aux sportifs et randonneurs bien entraînés. Avec un passage de col par jour, la marche se révèle particulièrement difficile. Montées et descentes assez raides. Attention aux genoux fragiles. En commençant la marche à Jiri, on traverse de magnifiques villages en se rapprochant petit à petit de la chaîne montagneuse, ce qui permet d'apprécier encore plus la beauté du paysage. Et puis, beaucoup de touristes arrivent directement à Lukla par avion, cette partie du trek est donc moins fréquentée et plus agréable.
– *De Lukla au camp de base de l'Everest :* compter environ 14 jours de marche. Mais mieux vaut prévoir plus car les problèmes d'altitude peuvent freiner la cadence. Sans compter les fréquentes annulations de vols pour mauvais temps qui peuvent vous immobiliser à Lukla.
L'avion pour Lukla coûte cher (environ 70 € aller), mais ça reste la meilleure option pour ceux qui ont peu de temps ou qui ne veulent pas commencer la marche à partir de Jiri. Attention toutefois au mal des montagnes, puisque par avion, on arrive tout de suite à une altitude élevée. Ce qui exige un effort physique beaucoup plus intense, et rend l'ascension assez difficile (marcher doucement). Ça n'empêche pas le parcours d'être très (trop ?) fréquentée (le prestige sans doute !). Et des vues splendides sur les montagnes en prime.
– *De Lukla aux lacs de Gokyo :* environ 12 jours de marche aller et retour. L'idéal est de le combiner avec celui du camp de base de l'Everest. Prévoir dans ce cas 21 jours de randonnée. Malgré la haute altitude, ce trek est plus court et plus facile que celui qui rejoint directement le camp de base de l'Everest depuis Lukla (voir ci-dessus). Il est aussi moins fréquenté et, osons-le peut-être plus beau. Il faut avouer que les lacs de Gokyo sont absolument splendides. De plus, la vue du Gokyo Ri, un sommet à 5 483 m facile à grimper, est très étendue et même si l'Everest est plus loin, on le voit mieux.
▪ Arrivé aux lacs, on conseille le *Gokyo Namaste Lodge*. Nourriture copieuse et excellente. Le propriétaire est cuisinier lors d'expéditions. Enfin un qui a compris que les randonneurs sont prêts à dévorer des montagnes ! Salle à manger agréable et chaude (un feu à la crotte de yack y étant toujours allumé !). Accueil sympa.

Treks moins fréquentés (plus difficiles ou dans des zones retirées)

Ces treks étaient devenus inaccessibles en raison des sommes exorbitantes exigées par les maoïstes : souvent 80 à 170 € par personne ! Mais avec les changements politiques, il n'est pas sûr que cet « impôt » demeure, du moins officiellement. Renseignez-vous bien sur la situation.

➢ **Lac de Rara :** 15 jours de Kathmandu. En avion jusqu'à Jumla. Cher. Peu fréquenté, vu la distance.

➢ **Mustang :** 13 jours aller-retour depuis Pokhara. Avion jusqu'à Jomsom. Marche jusqu'à la capitale de cet ancien royaume bouddhique, Lo Manthang. Inscription 1 mois à l'avance. Nombre limité à 600 personnes par an. Possible en été car la mousson ne touche pas le Mustang ; en hiver, froid et vents très éprouvants. Obligation de passer par une agence et de prévoir un porteur spécial pour rapporter les déchets.

➢ **Manaslu :** 19 jours. Passage d'un col à plus de 5 000 m. Peu fréquenté. Obligation de passer par une agence.

➢ **Nord Dolpo ou Shey Gompa :** ancien royaume de culture tibétaine, cette région est régulièrement fermée en raison des actions maoïstes. Renseignez-vous avant de partir. Si la situation est rétablie, il vous faudra compter de 20 à 25 jours. Difficile. Plusieurs cols à plus de 5 000 m. Nombre d'entrées limité à une centaine par an. Obligation de passer par une agence.

➢ **Sud Dolpo :** comme pour le Nord Dolpo, prenez le maximum de renseignements avant le départ. Si la zone est accessible, sachez qu'il faut compter 15 jours aller-retour. Nepalganj-Jufaal en avion. Remontée de la vallée de la Tarap. Passage de deux cols à plus de 5 000 m et arrivée au lac turquoise de Ringmo. Obligation de s'adresser à une agence pour ce trek.

VACHES SACRÉES

Vous en verrez quelques-unes errer dans les rues de Kathmandu. En réalité, elles appartiennent à des paysans qui viennent les chercher tous les soirs. Elles sont nourries par tout le monde. Quand elles sont vieilles, leurs propriétaires les laissent vagabonder en toute liberté. Si les Népalais ne mangent pas leur chair, ils se nourrissent de viande de *buffalo* (buffle d'eau). Les gens de haute caste se contentent, eux, de poulet ou de chèvre, quand ils ne sont pas simplement végétariens.
ATTENTION : si vous conduisez vous-même voiture ou moto, tuer une vache peut, tout comme la mort d'un homme, vous entraîner en prison. Et cela, même si la vache dort au beau milieu de la route ; donc, prudence !

LE NÉPAL

KATHMANDU　　　1 000 000 hab.　　　IND. TÉL. : 01

> Pour les plans de Kathmandu, se reporter au cahier couleur.

Située à 1 350 m d'altitude, au confluent de deux rivières, la Bagmati et la Vishnumati, Kathmandu est un bijou historique, culturel et humain. Bien sûr les esprits chagrins qui l'ont connue aux temps des *beatniks* regretteront son développement un peu anarchique... ou son développement tout court. À la fois capitale économique et culturelle, la croissance soudaine de la cité l'a fait passer rapidement d'un bon gros village à l'état de métropole.

Qu'on se le dise, Kathmandu est une cité qui bouge, qui adore son passé, mais qui a refusé de se laisser enfermer dans un statut de ville-musée. Et on l'aime pour cela. Elle assume ses contradictions, son développement, quitte à dérouter parfois le visiteur. Le routard, sauf s'il vient de l'Inde, sera d'abord frappé par l'animation et la pollution. Pourtant, peu de temps suffit pour s'habituer à ces désagréments, vite happé qu'on est par l'atmosphère particulière qui s'en dégage, la beauté des monuments, la magie des places royales parfaitement conservées « dans leur jus ».

À Kathmandu, il y a ce qui saute aux yeux, et puis ce que le touriste ne découvre que s'il est curieux et un rien fouineur. C'est le moment de partir à la recherche des charmes cachés de la capitale. Le meilleur moyen : prendre le temps de se perdre sans cesse dans les ruelles, de vagabonder sans raisons. Des temples se cachent dans les moindres recoins de la ville, des odeurs à humer, des panoramas à embrasser. On peut regretter qu'aucune véritable politique de sauvegarde du patrimoine ne soit engagée. Mais comme le dit si bien Jean Ratel : « La vallée de Kathmandu a été classée par l'Unesco parmi les sites à sauvegarder en tant que patrimoine de l'humanité. Bravo, mais s'il fallait restaurer et protéger toutes les œuvres d'art qui, à court terme, risquent la mort en ce jardin himalayen, le budget de la nation népalaise y passerait tout entier. »

EN PLEIN BOOM URBAIN

Le phénomène de l'exode rural s'est amplifié ces dernières années, car depuis le début des troubles en province, une partie de la population migre vers Kathmandu dans l'espoir d'y trouver sécurité et travail. Cet exode ne fait qu'augmenter l'insécurité et le chômage... Sans parler du trafic, plus dense d'année en année, dans une ville qui n'a visiblement pas été prévue pour. Bouchons et gaz d'échappements sont devenus la routine, et comme le nombre de véhicules en circulation ne cesse d'augmenter, ça ne visque pas de s'améliorer.

Difficile aujourd'hui de donner des chiffres exacts de la population urbaine. Et pour cause, elle double quasiment tous les 10 ans ! De 235 000 en 1981, Kathmandu est passée à 730 000 habitants en 2001, et environ 1 million autour de 2005, mais certains parlent désormais de 2 millions et plus, en comptant les pauvres qui s'entassent à la périphérie.

Arrivée à l'aéroport

– Dès votre descente d'avion, vous serez orienté vers le service des visas. Si vous en possédez déjà un, profitez-en pour changer quelques devises : vous disposez pour cela de deux banques (toujours pas de distributeur fiable, mais cela ne saurait tarder). Taux peu intéressant, donc ne changez que le minimum nécessaire. Exigez le reçu et recomptez votre argent. Roupies indiennes non acceptées.
– Après la vérification de votre visa, descendez au rez-de-chaussée. Repérez aussi vite que possible un chariot si vous avez beaucoup de bagages, car il y en a peu à disposition.
– Petit bureau de l'office de tourisme avant la sortie. ☎ 206-10-11. Ouvert toute la journée, tous les jours. Peuvent vous aider à trouver un hôtel ; quelques maigres brochures.
– IMPORTANT : à la sortie, ne vous laissez pas submerger par les porteurs qui essaieront de s'emparer de vos bagages pour simplement les « soulever » jusqu'au coffre du taxi. Refusez gentiment mais très fermement leurs propositions. Attention aussi à ne pas vous faire subtiliser vos bagages par de faux porteurs !
– Même attitude envers les rabatteurs d'hôtels et de *lodges* avec leurs offres alléchantes de transport gratuit et de chambres bon marché. Exigez du chauffeur de taxi qu'il vous conduise à l'adresse indiquée, quels que soient ses arguments (adresse fermée, loin du centre, etc.). Certains travaillent à la commission, ont les cartes de plusieurs hôtels et conduisent le client là où ils touchent le plus. De nombreux hôtels et pensions viennent vous chercher sans frais supplémentaires si vous avez réservé depuis la France. Pratique, mais moins facile pour négocier les tarifs.
– Le meilleur moyen pour se rendre en ville est de loin le taxi : il existe des billets *taxi prepaid* à prix fixe, que l'on paie au comptoir à la sortie de l'aéroport. On a droit en prime à un plan gratuit. Pas cher : 300 Rps (environ 3,70 €) pour Thamel. La nuit, majoration d'environ 50 %. Évitez tous les autres taxis.
– Seulement 6 km séparent l'aéroport du centre-ville, mais il n'est pas rare de rester coincé dans les embouteillages pendant une bonne heure...
– Si vous êtes attendu par des amis, ne comptez pas sur eux dans l'enceinte de l'aéroport. Personne n'est admis à y pénétrer sans billet d'avion.

Adresses utiles

Infos touristiques

🛈 ***Nepal Tourism Board*** (plan couleur général C3) : Bhrikutimandap Marg. ☎ 425-69-09 ou 425-62-29. Fax : 425-69-10. • www.welcomenepal.com • info@ntb.org.np • Ouvert du dimanche au vendredi de 9 h à 17 h. C'est un luxueux bureau qui propose gratuitement des brochures et quelques infos. Possibilité également d'acheter un CD-Rom de bonne qualité. Accueil sympa. À l'étage au-dessus, un petit musée ethnographique (costumes, objets usuels).

■ ***Immigration Office*** (plan couleur général C3, 1) : Bhrikutimandap Marg (juste à côté du *Nepal Tourism Board*). ☎ 422-24-53, 422-36-81 et 422-35-90. Fax : 422-31-27. Délivre les permis de treks et les extensions de visas. Compter un peu moins d'1 € par jour de plus, à payer en roupies népalaises. Apporter une photo et le passeport. Les demandes s'effectuent entre 10 h et 15 h (14 h en hiver) ; on retire les visas entre 15 h et 17 h (16 h en hiver). Venir tôt, la queue est souvent décourageante.

■ *KEEP Travellers Information Center* (zoom couleur I, B2, 2) : sur Tridevi Marg, dans le *North Face Building*, au 4e étage. ☎ 441-29-44. Fax : 441-30-18. ● www.keepnepal.org ● Cette ONG s'est donnée une double mission : la protection de l'environnement et l'information des voyageurs. Sur fond de combat écologique (et au Népal il y a vraiment du boulot), on peut donc glaner des infos sur le trekking, les événements culturels, les horaires de bus ou d'avion, ou encore consulter des cartes gratuitement et visionner des diaporamas. Animé par des jeunes gens très serviables qui parlent l'anglais.

Représentations diplomatiques

■ *Ambassade de France* (plan couleur général C1, 3) : Lazimpat, tout au nord de la ville. ☎ 441-80-34, 441-23-32 ou 441-38-39. Fax : 441-99-68. ● www.ambafrance-np.org ● information@ambafrance-np.org ● Ouvert du lundi au vendredi de 9 h à 12 h 30. Le mercredi, uniquement sur rendez-vous. Le consulat peut, en cas de difficultés financières, vous indiquer la meilleure solution pour que des proches puissent vous faire parvenir de l'argent ou encore vous assister juridiquement en cas de problèmes. Médecin à l'ambassade de France : voir, plus loin, la partie « Santé ».

■ *Consulat de Belgique* : à Thamel, près de la *Souvenir Guesthouse* (zoom couleur I, B1, 53). ☎ 441-37-32. ● kbel@alcatel.wlink.com.np ● Ouvert du lundi au vendredi de 10 h à 12 h.

■ *Consulat de Suisse* : à Patan, quartier Jawalakhel, près de la SATA, PO Box 4486. ☎ 554-92-25 ou 554-91-20. Fax : 554-92-24. ● scaktm@wlink.com.np ● Ouvert du lundi au vendredi de 10 h à 12 h.

■ *Ambassade de Thaïlande* : Bansbari, tout au nord de la ville (sur la route de Buddha Nilkantha). ☎ 437-14-10 ou 11. Fax : 437-14-08. ● thaiemb@wlink.com.np ● Demande de visa de 9 h 30 à 12 h 30, retrait le lendemain vers 16 h. Apporter 3 photos.

■ *Ambassade de l'Inde* (hors plan couleur général par C1) : Lainchour, après la clinique Ciwec. ☎ 441-09-00 ou 441-49-90. Demande de visa entre 9 h 30 et 12 h, retrait entre 16 h et 17 h. Vous gagnerez beaucoup de temps en le prenant dans votre pays d'origine. Un passage à l'ambassade de l'Inde à Kathmandu demande un maximum d'énergie et de patience. Prévoyez deux matinées complètes et un retour dans l'après-midi. Le tout sur une semaine au minimum (l'ambassade exige l'envoi d'un télex pour vérifier que votre passeport est bien le vôtre). N'oubliez pas de vous munir d'un stylo NOIR et d'écrire en LETTRES CAPITALES, sinon votre demande sera rejetée.

■ *Ambassade de Chine* (plan couleur général D1) : Baluwatar. ☎ 441-90-53. Fax : 441-40-45. Service des visas ouvert de 9 h 30 à 11 h 30 les lundi, mercredi et vendredi.

■ *Ambassade du Myanmar :* Chakupat, près de la porte de Patan (à Patan, donc). ☎ 552-17-88. Fax : 552-34-02. ● emb@myanmar.wlink.com.np ● Ouvert du lundi au vendredi de 9 h à 12 h 30 et de 13 h à 16 h 30. Le visa est délivré 3 jours plus tard dans l'après-midi et coûte 10 US$ (8,50 €).

Compagnies aériennes

Les horaires d'ouverture sont en général 9 h-13 h, 14 h-17 h ; fermé le samedi (sauf le matin pour certaines) et parfois le dimanche.

■ *Air France :* Hattisar. ☎ 444-55-37 ou 444-55-62. Fax : 443-95-85. ● afktm@ccsl.com.np ●

■ *Air India :* Hattisar. ☎ 443-75-20

- **Aeroflot :** Kamaladi (près de l'horloge). ☎ 422-73-99 ou 422-61-61. • aeroflot@wlink.com.np •
- **Biman :** Lazimpat. ☎ 443-47-40 ou 443-49-82. Fax : 443-48-69.
- **British Aiways :** Durbar Marg. ☎ 422-66-11 ou 422-22-66. Fax : 422-72-66. • ba-ktm@info.com.np •
- **China Southwest Airlines :** Lazimpat. ☎ 444-06-50 ou 51. Fax : 441-65-41. • ktmbdca@wlink.com.np •
- **Gulf Air :** Hattisar. ☎ 443-53-22 ou 443-59-18. Fax : 443-53-01.
- **Indian Airlines :** Hattisar. ☎ 441-09-06 ou 441-45-96. Fax : 441-96-49.
- **Kuwait Airways :** Kathmandu Plaza Kamaladi. ☎ 424-98-84 ou 87. Fax : 424-93-92.
- **Lufthansa :** Durbar Marg. ☎ 422-30-52 ou 422-43-41. Fax : 422-19-00.
- **Pakistan International Airlines :** Hattisar. ☎ 443-96-24 ou 443-93-24. Fax : 443-95-64.
- **Qatar Airways :** Kanti Path. ☎ 425-65-79 ou 425-77-12. Fax : 422-71-32. • zenith@mail.com.np •
- **Royal Nepal Airlines :** Kanti Path. ☎ 424-86-25 ou 422-07-57. Fax : 422-53-48. • com.gd@rnac.com.np •
- **Singapore Airlines :** Durbar Marg. ☎ 422-54-82 ou 422-07-59. Fax : 422-67-95. • sia@everest-express.com.np •
- **Swiss Airlines :** Durbar Marg. ☎ 443-46-07, 443-47-60 ou 443-48-72. Fax : 443-45-70. • swissair@mos.com.np •
- **Thai :** Durbar Marg. ☎ 422-35-65 ou 422-12-47. Fax : 422-11-30. • tgsales@mail.com.np •

Poste et télécommunications

✉ **General Post Office** (GPO ; plan couleur général B3) : juste à côté de la tour de Bhimsen. Ouvert de 10 h à 17 h (14 h le vendredi). Fermé le samedi. On y fait la queue : la 1ʳᵉ fois pour les timbres et la 2ᵉ fois pour le tampon sur les timbres (guichet n° 1) ! Un tuyau : acheter les timbres auparavant dans une librairie ou n'importe quel magasin qui vend des cartes postales. ATTENTION : de nombreux vols de passeports et chèques de voyage nous ont été signalés. Gare à vos affaires ! Tous les colis en partance pour l'étranger sont ouverts. À croire qu'ils n'ont pas très confiance. C'est là également qu'est la poste restante (qui marche bien).

✉ **Autres postes :** Botahity Post Office, dans une ruelle donnant sur l'artère Botahity, tout près de Rani Pokhari. Une autre sur Basantapur Square, en face de l'ancien palais royal.

■ **Envoi de colis :**
– *Foreign Post Office :* à côté de la GPO (plan couleur général B3). Ouvert de 10 h à 14 h (13 h le vendredi). Fermé le samedi. Par bateau, envoi de colis jusqu'à 20 kg (3 ou 4 mois) ; par avion, jusqu'à 10 kg (15 jours). Emballage sur place dans du tissu blanc obligatoire. Il faut des autorisations (tampon du département d'archéologie, voir ci-dessous) pour envoyer des babioles (statues, thangka…), même neuves. Compter 1 h 30 pour l'expédition d'un colis. Y aller avant midi. Même les formulaires sont payants. La réception de colis en provenance de l'étranger n'est pas plus simple et sujette aux droits de douane de 100 % sur tout article neuf autre que livres ou médicaments.
– *DHL International :* Kamaladi. ☎ 424-75-63 ou 422-32-22. • www.dhl.com • Ouvert tous les jours sauf le samedi.
– *UPS :* Pradarsani Marg. ☎ 422-58-54. À Thamel : ☎ 470-02-68. • www.ups.com • nac@mos.com.np •

■ **Archeology Department** (plan couleur général C4) : National Archives, Ram Shah Path ; à droite de Singha Durbar. ☎ 425-06-83 ou 85. Fax : 426-28-86. • archeology@infoclub.com.np • Ouvert de 10 h à 15 h (14 h le vendredi). Fermé le samedi. Tampons d'autorisation de sortie d'objets pouvant être anciens ou ayant l'air de l'être, tels que tangkhas et sculptures, bois et bronze, pierres précieuses. Attention, la limite d'âge est de 100 ans. Toute pe-

tite commission à payer. Pour gagner du temps, demandez au commerçant à qui vous avez acheté l'objet d'aller le certifier, si bien sûr l'objet en question possède une certaine valeur. Certains vous rendront ce service avec plaisir.
■ **Agences privées de téléphone, de fax et d'e-mail :** on en trouve partout. Pratiques, et on ne fait jamais la queue. Tarif à la minute et possibilité de recevoir des appels, des fax et du courrier. On en compte des dizaines à Thamel et pas mal à Durbar Square.
Les mêmes officines proposent très souvent un service d'e-mail. De toute façon, vous vous rendrez vite compte qu'il est possible de surfer sur le Net à chaque coin de rue. Comptez de 15 à 30 Rps de l'heure (0,20 à 0,30 €)… un des tarifs les moins chers du monde.

Argent, change

Nombreux bureaux de change aux abords des endroits touristiques. Pour dépanner restent les hôtels, dont le taux n'est guère avantageux.

■ **Standard Chartered Bank** *(zoom couleur I, C2, 4)* **:** à Kanti Path. ☎ 422-84-74. Ouvert de 9 h 45 à 19 h. Ferme à 16 h 30 le vendredi, 12 h 30 le samedi et les jours fériés. Distributeur de billets à l'extérieur. Change rapide. Pas de commission sur les chèques de voyage ni pour les retraits de roupies népalaises avec les cartes *Visa* et *MasterCard*. Ils ont plusieurs succursales : à Thamel, à côté du *Roadhouse Café (zoom couleur I, B2, 94)* avec là aussi un distributeur, tout comme à l'entrée de la *Kathmandu Guesthouse (zoom couleur I, B1, 65)* ; à New Baneshwor, Bijuli Bazar, un peu avant l'*Everest Hotel* en allant vers l'aéroport ; et à Patan, quartier Jawalhakhel.
■ **Himalayan Bank Limited** *(zoom couleur I, B2, 5)* **:** au 1er étage du centre commercial, à l'entrée de Tridevi Marg. Une des seules banques ouvertes de 8 h à 20 h (12 h le vendredi). Fermé les samedi et jours fériés. Transactions assez rapides. Possibilité de changer les chèques de voyage. Distributeur dans une guérite, sur la rue. Une succursale, sur New Road *(plan couleur général B3, 6)* vend des chèques de voyage et fait le change. Ouvert de 10 h à 20 h. Distributeur également.
■ **Nepal Investment Bank** *(plan couleur général C2, 7)* **:** Durbar Marg. ☎ 422-82-29. Fax : 422-63-49. La seule qui soit ouverte tous les jours de l'année, sans exception ! De 9 h 30 à 19 h (14 h 30 le vendredi, 12 h 30 le samedi). Achat et vente de *chèques de voyage* et distributeur d'argent. Une banque sûre pour recevoir des virements par fax. Délai : de 4 jours à une semaine.
■ **American Express** *(plan couleur général C2, 8)* **:** Jamal Tole. ☎ 422-61-72. Fax : 422-61-52. Ouvert de 10 h à 16 h. Fermé le samedi. Permanence téléphonique du lundi au vendredi de 8 h à 20 h et le samedi de 9 h 30 à 17 h.
■ **Western Union :** c/o *Annapurna Travels and Tours* à Durbar Marg. ☎ 425-48-21 et 422-35-30. Également à *Sîta World Travel*, à côté de *Fire and Ice Pizzeria (zoom couleur I, B-C2, 103)*, à Tridevi Marg. ☎ 424-85-56. • www.sitanepal. com • Et à la *Nabil Bank* sur Kanti Path. ☎ 422-71-81. • nabil@nabil. com.np • En cas de pépin, on peut s'y faire envoyer de l'argent, sans limite de montant. Attention toutefois, un code doit nécessairement vous être communiqué par la personne qui vous envoie l'argent. Il vous sera délivré sous forme de chèque à *Sîta World Travel* (la banque est toute proche) ou en liquide à *Annapurna Travels and Tours* et à la *Nabil Bank*.

– Attention lors de la sortie du pays : théoriquement, 10 % seulement des sommes inscrites sur vos reçus de banque sont rééchangés en dollars. Conservez bien vos bordereaux de change (et le moins de roupies possible).

Santé

■ *Médecin de l'ambassade de France* (plan couleur général C1, 3) : ☎ 441-23-32, 441-38-39 ou 441-47-34. Reçoit tous les membres des pays de l'Union européenne et les Suisses le lundi de 16 h à 18 h, le mercredi de 8 h à 9 h 30 et le vendredi de 16 h à 18 h. S'assurer néanmoins de sa présence en téléphonant préalablement, car il n'est pas toujours là et les horaires changent assez fréquemment. Consultation payante (environ 20 €). Feuille de sécu fournie. En cas d'urgence et en dehors des heures d'ouverture, un service de garde vous donnera la marche à suivre.

■ *Norvic* (hors plan couleur général par C4) : Thapathali ; avant le pont de Patan. ☎ 425-85-53 ou 54. La meilleure clinique actuellement, parfaitement équipée et ultramoderne.

■ *Nepal International Clinic* (plan couleur général C2) : en face de la porte sud du palais. ☎ 441-28-42. Recommandée en priorité par l'ambassade de France. Le Dr Buddha Basnyat est un grand spécialiste du mal des montagnes. Prestations moins chères qu'à la clinique *Ciwec*.

■ *B & B Hospital* (hors plan couleur général par C4) : Gwarku, sur Ring Road. ☎ 553-19-30. Hôpital très bien équipé, avec des spécialistes dans tous les domaines y compris le trek. Souvent recommandé par le médecin de l'ambassade.

■ *Ciwec Clinic* (plan couleur général C1, 9) : à Lazimpat, près de l'ambassade de l'Inde. ☎ 422-85-31 ou 424-17-32. Permanence du lundi au vendredi jusqu'à 16 h. Pour les urgences, la nuit ou le week-end, ils envoient le médecin de garde. Centre de consultation aux médecins américains et canadiens et aux tarifs en conséquence. Chèques de voyage et cartes de paiement acceptés.

■ *Patan Hospital* : à Patan. ☎ 552-22-66 ou 78. Cet hôpital, équipé d'un bloc opératoire, emploie des médecins étrangers. Excellent service de parasitologie et cabinet dentaire. Service des urgences tous les jours, 24 h/24.

■ *Kailash Medical & Astro Society* : 3/114 Chhetrapati, Dhobichour. ☎ 425-19-94. Ouvert de 9 h à 12 h et de 13 h à 16 h. Clinique tibétaine travaillant selon les enseignements du dalaï-lama. Fabrique ses propres médicaments. Très bonne réputation.

■ *Dentiste* : *Central Oral Health Clinic*, Kanti Path, au 1er étage. ☎ 424-55-72. Prix raisonnables et soins de qualité. La *Ciwec Clinic* dispose aussi d'une équipe de dentistes performants mais à des tarifs plus élevés.

■ *Ambulances* : elles peuvent mettre beaucoup de temps à arriver (1 h ou 2 h). Il est préférable, en cas de pépin, de prendre un taxi.

■ *Pharmacies* : plusieurs dans New Road (plan couleur général B3) et dans Thamel, ouvertes tard le soir. Une autre sur Kanti Path, avant le Bir Hospital, ouverte 24 h/24.

■ *Pharmacie tibétaine* : *Kunsang Tibetan Medical Hall*, Chhetrapati Tole, 1re impasse à 300 m du carrefour sur la droite. Consultation gratuite et vente de médicaments tibétains. Ce n'est pas bon, mais c'est efficace ! Médecin compétent.

■ *Gorkha Ayurved Company* : dans le quartier de Samakhosi, au nord de Thamel. ☎ et fax : 423-22-18. On peut obtenir des renseignements auprès de la clinique (gratuite) de la société, ouverte de 10 h à 17 h sauf le samedi. Laboratoire pharmaceutique fondé par une association française, qui valorise les plantes himalayennes. Les médicaments sont formulés d'après les préceptes de la médecine ayurvédique, premier système médical formulé dans l'histoire de l'humanité ! Testés cliniquement, ils sont réputés et utilisés par la plupart des Népalais et des résidents. Les traitements d'affections comme les diarrhées (*amati*), les refroidissements (*sitopaladi*) sont efficaces, à court et à long terme, et sans effets secondaires.

■ *Analyses* : chez le Dr Iswar Lall Shrestha, à Dilli Bazar (*Siddhi Polyclinic* ; plan couleur général D2). C'est dans l'allée près de la prison, au fond à gauche. ☎ 441-06-04. ● www.ilshrestha.com.np ● ilshrestha@healthet.org.np ● Ouvert de 8 h à 12 h 30 et de 16 h 30 à 19 h 30. Résultats le lendemain matin. On peut aussi s'adresser au *Curex Diagnostic Centre*, Putali Sadak. ☎ 443-84-40. Ouvert de 7 h 30 à 20 h, et le samedi de 8 h à 12 h. Ou à la *Ciwec Clinic*.

– Éviter le *Bir Hospital*, le *Kanti*, le *Teaching* et le *Teku Hospitals*.

Urgences

■ *Poste de police* (plan couleur général C2, 10) : en haut de Durbar Marg. Vous pouvez aussi appeler la *tourist police*, située derrière l'office de tourisme, qui sera plus apte à résoudre vos problèmes : ☎ 424-70-41 ou 424-70-37. En cas d'urgence, composez le ☎ 100.

Librairies, journaux et culture

Fouinez dans les librairies de Thamel, elles ont souvent des livres d'occasion en français laissés par vos prédécesseurs. Toujours négocier le prix. Difficile de recommander un *bookshop* plutôt qu'un autre. Nous n'indiquons que les librairies présentant un choix particulièrement vaste.

■ *Mandala Book Point* : Kanti Path, face au *Delicatessen Center* (zoom couleur I, C2, 133). ☎ 422-77-11. Fax : 425-59-21. ● mandala@ccsl.com.np ● Grand choix de livres en français. Compétents et bon accueil. On y trouve de très bonnes cartes de treks et quelques lexiques d'expressions populaires népalaises. Ils éditent également un magnifique petit livre de contes de la vallée de Kathmandu, de Kesar Lall, en français. Aussi, pour ceux qui souhaitent apprendre le tibétain, le très bon livre de Sylvie Grand-Clément, *Le Tibétain sur le bout de la langue*.

■ *Pilgrims* (zoom couleur I, B1, 11) : ☎ 470-09-42. Fax : 470-09-43. ● www.pilgrimsbooks.com ● Ouvert de 8 h à 22 h. C'est la Fnac locale, mais les prix y sont un peu plus élevés que dans les autres librairies. On y trouve absolument tout, y compris de l'artisanat, des instruments de musique, etc. Prix étiquetés. Restaurant et salon de thé très agréables dans le jardin. Cours de méditation et de yoga avec premier essai gratuit.

■ *Journaux et revues en français* : pas évidents à trouver. De nombreuses boutiques à Thamel vendent *Le Monde*, mais daté de quelques jours. Certains hôtels proposent à la réception des versions photocopiées de journaux européens... Bref, le meilleur moyen d'avoir des nouvelles fraîches reste Internet.

■ *Cartes de treks :* des dizaines de librairies en vendent à Thamel. Cartes détaillées de chaque région du Népal et des provinces voisines (Tibet, Ladakh).

■ *Nepal Maps :* sur la route de l'aéroport, avant l'hôtel *Everest*. Détaillant officiel du département de la Topographie. Excellentes cartes, moins chères qu'à Thamel.

■ *Alliance française* (plan couleur général B4, 13) : Tripureshwar, près de l'hôpital vétérinaire, en face de l'hôtel *Janak*. ☎ 424-11-63 et 424-28-32. Fax : 424-26-21. ● afk@wlink.com.np ● Bibliothèque ouverte du lundi au vendredi de 8 h à 18 h 30 et le dimanche de 12 h à 16 h. Fermeture le jeudi et le samedi. Location de livres, très grand choix de revues et de journaux (avec quelques jours de retard sur la France), lecture sur place de bandes dessinées et livres de référence. L'alliance accueille avec plaisir les étrangers de passage. Projection d'un film français programmée tous les dimanches vers 14 h. Films sur demande tous les jours de 10 h à 17 h et réception de TV5. Ciné-dîner le dernier vendredi de chaque mois avec projec-

tion de film et menu spécial. Le reste du temps, on peut déjeuner au bistrot, dans un paisible jardin (voir « Où manger ? ») et faire d'agréables rencontres.
■ **École de musique DO RE MI** (plan couleur général C2, 192) : à Jamal, dans un hall de cinéma. ☎ 424-76-00. Si vous êtes musicien, contactez Nyoo. Il aime organiser pour ses étudiants des concerts dans son école avec des musiciens étrangers. Il vous accueillera avec plaisir.

Galeries d'art

■ **Indigo Gallery :** Naxal, dans le restaurant *Mike's Breakfast* (plan couleur général D1, 121). ☎ 441-35-80. • www.asianart.com/indigo • Expositions temporaires variées et souvent très intéressantes : photo, peinture, sculpture, tapis...
■ **Lazimpat Gallery Café** (hors plan couleur général par C1) : Lazimpat, presque en face du restaurant *Ringmo*. ☎ 442-85-49. Expositions de peinture, concerts et films. On peut y prendre un café. Très sympathique.
■ **J Art Gallery :** Durbar Marg, tout près du palais royal. Nombreuses expositions de peintres népalais.
■ **Nef-Art Gallery :** à Patan, Gabahal ; à 5 mn de Durbar Square. Cette galerie offre un large éventail de l'art des *tangkha*.
■ **Nepal Art Council Gallery** (plan couleur général C4) : Baber Mahal. ☎ 422-07-35. Propose, selon le moment, des expos d'artistes d'avant-garde. Assez surprenant parfois.
■ **Srijana Contemporary Art Gallery :** dans le complexe du Brikutimandap. ☎ 422-26-37. Organise des expos de sculpteurs et de peintres contemporains.

Piscines

■ **Tripureshwar** (plan couleur général C4) : derrière le stade national. Piscine olympique, en plein air. Ne pas se laisser déborder (c'est le cas de le dire) pour obtenir son ticket ! Casiers surveillés pour vos affaires personnelles.
■ **Piscines des hôtels Shangri-La** et **Everest :** un peu excentrées et assez chères. Celle du *Shangri-La*, quoique petite, a beaucoup de charme, et on peut se faire faire ensuite un massage (exceptionnel) qui vous remet en forme après un trek.

Agences de treks et de voyages

On en compte plus de 300, mais elles sont plus ou moins sérieuses. Nous en avons sélectionné quelques-unes qui sont compétentes et respectueuses de leurs collaborateurs. De plus, les responsables parlent presque tous le français.
ATTENTION : il est de notre devoir à tous de nous assurer que porteurs, guides et cuisiniers sont convenablement rémunérés et disposent d'un équipement adapté (et qu'ils le mettent, ce qui n'est pas toujours évident). La norme officielle est de 30 kg par porteur, pour un salaire de 300 Rps (environ 4 €) par jour. À vous donc de négocier avant le trek le nombre de porteurs selon la charge totale (non, les agences n'en trouveront pas d'autres en cours de route, et non, les porteurs ne gagnent pas plus si la charge est plus lourde). Un hébergement doit aussi leur être fourni. Ne vous laissez pas leurrer par des pseudo-actions humanitaires dans lesquelles s'engagent les agences. La véritable éthique en matière de trek concerne des conditions de travail humainement respectables et normalement rémunératrices.
Soyez attentif à cela lors de votre trek, et en cas d'abus, n'hésitez pas à nous écrire. Après tout, c'est vous qui payez : vous seul pouvez donc changer les choses. Trop d'agences (les moins chères surtout, mais aussi quelques très

grandes compagnies) rognent au maximum sur les salaires et le matériel. Conséquences : vous partez avec de vrais esclaves et dans des conditions de sécurité médiocres. Pour plus d'informations sur le sujet, n'hésitez pas à consulter le site (en anglais) • www.ippg.net • Voir aussi plus haut la rubrique « Trekking » dans les « Généralités » sur le Népal.

■ *Glacier Safari Treks* (zoom couleur I, B1, 14) : Bagwan Bahal, à Thamel, 1re ruelle à droite après le *Best Shopping Center.* ☎ 441-21-16. Fax : 441-85-78. • www.gstreksnepal.com • Agence dirigée par Catherine, une Française passionnée de montagne. Vivant à Kathmandu depuis de nombreuses années, elle connaît parfaitement les sentiers de trekking. Cette agence emploie des guides compétents et sympathiques, dont certains parlent le français. Treks à la carte ou regroupés dans des régions classiques ou plus originales (Mustang, Solu, Rolwaling...). Ascensions de sommets avec guide de haute montagne. Treks aux monts Kailash et Everest à dates fixes. À noter qu'une compagnie nommée *Himalayan Glacier,* à Thamel, profite de la ressemblance des noms pour tromper les touristes.

■ *Celtic Trekking Adventure* (zoom couleur I, B2, 15) : en dessous de Chhetrapati Tole, non loin de l'hôtel *Harati.* ☎ 421-80-40 ou 426-90-50. Fax : 426-51-22. • www.celtictrekking.com • kervielo@wanadoo.fr • Une agence tenue par un Breton marié à une Népalaise. Organisation de treks pour tous les niveaux. Toutes prestations. Olivier et Krishna, chaleureux et très professionnels, feront tout pour vous rendre service. Plusieurs guides de l'agence parlent le français.

■ *Nepal Trekking et Expeditions* (zoom couleur I, B2, 16) : dans la cour de la *Om Tara Guesthouse,* Thamel. ☎ 425-35-62 ou 425-73-00. Fax : 426-61-57. • www.nepaltrek.com • Réponse en 24 h à toute demande. Un regroupement de guides francophones qui privilégient trois conceptions fondamentales : logistique, sécurité, convivialité. Amir, Ramesh Kami Sherpa et Surbendra vous feront profiter de leur expérience. Ils organisent excursions, trekkings, ascensions ou expéditions à la carte (Tibet, Inde, Bhoutan, Dolpo, Mustang...). Prise en charge dès l'aéroport avec un guide parlant le français.

■ *Trinetra Adventure* (zoom couleur I, C2, 17) : PO Box 20231, Kanti Path, Jyatha. ☎ 425-24-62. Fax : 426-66-13. • www.trinetra-adventure.com • Agence sérieuse et compétente avec guides francophones. Sunar est un vrai passionné de montagne. Il vous parlera de ses expéditions et aussi de la France. Il a fait ses études à l'ENSA de Chamonix. En plus des treks sur le Népal, il propose des virées au Sikkim, Ladakh, Bhoutan, Tibet...

■ *Base Camp Trekking and Expeditions* (plan couleur général C1, 18) : près de l'ambassade de France, dans la rue qui mène à l'hôtel *Tibet.* ☎ 441-55-73 ou 441-15-04. Fax : 441-23-37. • www.basecamptrek.com • Agence sérieuse et efficace dirigée par Jérôme, un Français « tibétologue », et Rashmi, une Népalaise francophone. Organise des treks au Népal mais aussi au Bhoutan, au Rajasthan, au Ladakh, au Sikkim et au Tibet. Guides francophones.

■ *Acme-Losar Travels* (plan couleur général C2, 19) : Hattisar, dans le bâtiment de *Buddha Air.* ☎ 441-99-40 ou 443-01-73. Fax : 441-97-11. • www.acmetours.com • Petite agence de voyages qui ne paie pas de mine mais qui peut rendre de multiples services. Punya, son directeur, trouvera toujours une solution quel que soit votre problème. N'hésitez pas à faire appel à lui en cas de besoin. Cette agence travaille beaucoup avec la clientèle française et belge.

■ *Montagnes du monde Himalaya & Sailung Adventure Trekking* (zoom couleur I, C1, 20) : Keshar Mahal, Thamel. ☎ 442-41-47. Fax : 423-14-57. • www.nepaltibetexpedition.com • Cette agence de professionnels, en partenariat avec une ancienne association belge « Montagnes du monde ASBL », met à votre disposition un personnel francophone (pour la plupart), compétent pour des randonnées de courte et longue durées, souvent insolites, permettant de découvrir un Népal authentique à pied ou en VTT (également au Tibet). Rencontrer son propriétaire, Kaman Singh Lama, est déjà en soi une aventure. Cette agence veille tout particulièrement à l'écologie. Par ailleurs, une partie de ses bénéfices est investie dans des projets de développement.

■ *Lama Randonnées trekking :* à Patan, Sanepa Chowk. ☎ et fax : 554-26-59. ● www.lamarando.com ● Agence franco-népalaise spécialiste des randonnées à la carte pour groupes ou individuels et des randonnées en famille avec des enfants. À consulter absolument si vous hésitez à partir avec votre progéniture. Demandez Karma, qui vous fournira toutes les informations nécessaires pour organiser votre trek. Il s'occupe également des réservations d'hôtels et des vols intérieurs.

■ *The Borderland Adventure Centre Asia* (zoom couleur I, B1, 21) : à Thamel, près du *Northfield Café.* ☎ 442-63-29 ou 470-12-45. Fax : 470-19-33. Bureau à Pokhara : ☎ (061) 52-32-90. ● www.borderlandresorts.com ● Propose des treks hors des sentiers battus mais aussi du rafting. Ce sont les seuls au Népal offrant des stages de canyoning pour tous niveaux. Sensations garanties. Voir la rubrique consacrée au rafting et au canyoning dans les « Généralités » sur le Népal. Autre idée sympa, des circuits en alternance où le sport (kayak, rafting) se mêle à des visites culturelles (monastères tibétains, villages).

■ *Hard Rock Treks & Expedition* (zoom couleur I, B2, 23) : Thamel. ☎ 425-90-67. Fax : 426-33-75. ● www.hardrocktreks.com ● Agence non francophone dirigée par Om. Accueil chaleureux et prestations de qualité, sans aucune mauvaise surprise et à des prix ajustés. Ils promeuvent les treks pas trop courus, tout comme les grands classiques, et proposent également un *package* de 4 jours à Chitwan, pour un prix très raisonnable.

■ *Nepal Ecology Treks* (plan couleur général C1, 24) : Dhobichaur, Lazimpat. ☎ 443-06-64. Fax : 442-41-98. ● www.tibet-nepal.org/descriptif ● Derrière le palais royal, facile à trouver. Organisation de treks et randonnées au Népal et au Tibet, en individuel ou en groupe, ainsi que des voyages au Bhoutan. Leur slogan : « Marchez utile. » Les bénéfices réalisés autofinancent leur action humanitaire. La construction d'un dispensaire gratuit dans l'Hélambu a déjà permis de soigner des milliers de personnes. Sans oublier trois écoles et l'aide apportée à un orphelinat au Tibet. Partir en trek avec cette agence permet l'achat de médicaments et la scolarisation d'enfants défavorisés. Respect également envers les guides et porteurs qui font partie intégrante de l'équipe. Toutes les réalisations effectuées peuvent naturellement être visitées. Ils possèdent également un hôtel dans la montagne à Hélambu et seront ravis de vous y accueillir.

■ *Mandala Trekking* (plan couleur général C1, 25) : Lazimpat, près de l'hôtel *Shanker.* ☎ 442-80-43. Fax : 442-80-42. ● www.mandalatrek.com.np ● Agence franco-népalaise : Akal et Bhim vous accueillent et organisent des treks à la carte. Également des voyages en jeep 4x4 au Tibet ou au Bhoutan, en individuel ou en petits groupes. Équipe dynamique et compétente qui parle le français. Prestations un peu chères mais tout se fait dans le respect des employés. Réponse en 24 h à toute demande par téléphone, fax ou e-mail.

■ *Exotic Treks & Expeditions* (zoom couleur I, B2, 26) : juste au-dessous de l'hôtel *Harati.* ☎ 424-65-63. Fax : 425-22-73. ● www.exotiquenepal.com ● Basu, Shree et Pradeep, tous professionnels confirmés, offrent une large palette de treks. Que ce soit au Dolpo ou au Mustang, au Sikkim ou encore au Tibet. Organisation irréprochable et prix étudiés. Accueil chaleureux et efficacité garantis.

■ *Himalayan Sherpa Excursions :* Maharajgunj, Ring Road. ☎ 442-51-00 ou 442-65-55. Fax : 442-92-63.

• http://oasis.fortunecity.com/bahamas/355 • Agence familiale dynamique, dirigée avec sérieux par Lakpa Tenje Sherpa, correspondant du Club alpin français et de la National Geographic Society. Du simple trek à la carte jusqu'à l'expédition, l'éventail de leurs compétences est large. Équipes jeunes et ambiance assurée. Ce sont des spécialistes des treks hors des sentiers battus : Dolpo, Mustang, Kanchenjunga, pour ceux qui peuvent se permettre de verser la taxe exorbitante demandée par les maoïstes de ces régions.

■ *Les Portes de l'Aventure* (zoom couleur I, B1, 28) : Bhagabatisthan, Thamel. ☎ 442-24-97. Fax : 442-52-89. • www.portesaventure.com • Tek Khakural, très sympa, débrouillard et à l'écoute de ses clients, parle le français et organise depuis longtemps déjà des treks, expéditions, voyages d'aventure et culturels au Bhoutan, Tibet, Népal et en Inde. Également, rafting et canyoning pour les sportifs. Prix très compétitifs.

Réceptifs d'agences de voyage françaises

■ *Great Himalayan Adventure* (hors plan couleur général par C1, 29) : Lazimpat. ☎ 443-29-39 ou 443-29-64. Fax : 443-29-58. • www.mountain-retreats.com • Correspondant d'Allibert. Une trentaine d'années d'expérience de travail avec les Français (organisateurs du Raid Gauloises).

■ *Yatri Tours* (zoom couleur I, C2, 30) : Kanti Path. ☎ 424-12-42 ou 442-92-07. Fax : 424-85-53. • yatri@mos.com.np • Agence francophone. Correspondant de *Nouvelles Frontières*. Spécialiste de la billetterie aérienne. N'organise pas de treks.

ONG

■ *Porter's Progress* : dans Thamel, tout près de *l'Annapurna Restaurant* (zoom, couleur I, B1, 90), à l'étage. ☎ 441-00-20 ou 441-39-66. • www.portersprogress.org • Organisation dont le but est d'améliorer les conditions de travail des porteurs. Contre un dépôt de 1 000 Rps (12,50 €), cette ONG leur prête un équipement pour la montagne. Les dons de vêtements, gants, lunettes et surtout de chaussures sont les bienvenus. On peut également se rendre à leur bureau pour visionner un film sur les porteurs népalais... pas très gai mais ça fait réagir !

Transports

– *Le taxi :* la meilleure solution à Kathmandu. Il est, en principe, muni d'un compteur. Quand c'est le cas, exigez-en la mise en marche (sauf la nuit). Sinon, discutez le prix avant de monter. Pour des courses un peu longues, ne vous privez surtout pas car les taxis népalais font partie des moins chers du monde. Ayez toujours de la monnaie car les chauffeurs en ont rarement ou, du moins, c'est ce qu'ils prétendent. Dès la fin de l'après-midi, les taxis mettent leur compteur en veille et augmentent les prix de 50 %. C'est autorisé. Il faut discuter âprement ou rentrer à pied. Pour réserver un taxi de nuit, vous pouvez appeler de 8 h à 17 h *Taxi Service* : ☎ 422-43-74 ou 424-44-85. Possibilité de louer un taxi à la journée pour un prix fixe : *Confort Cab'* et *Yellow Cab*, de 20 h à 6 h du matin. ☎ 442-43-74 ou 442-09-87. Les taxis sont confortables et neufs, et pas plus chers.

– *Le tempo :* c'est un scooter indien à trois roues. Moins cher que le taxi lorsqu'il accepte de mettre son compteur en marche. Les conducteurs intrépides parviennent à se faufiler dans les embouteillages. C'est une expérience amusante mais on ne voit pas le paysage. Tous les tempos sont désormais soit électriques, soit au gaz, ce qui devrait, à terme, réduire le niveau de pollution dans la capitale.

– **Le scooter collectif :** également appelé *tempo*, il traverse la ville suivant un itinéraire fixe et pour une somme fixe comme un bus. Ils portent des numéros et ressemblent à s'y méprendre à de vieux tas de boue. Souvent complets.

– **Le rickshaw :** tricycle à deux places. Toujours discuter le prix avant la course. Les *rickshaws* n'appartiennent pas à leur conducteur mais à un propriétaire qui les loue à la journée. Évitez de faire des parcours où ça grimpe trop, pas sympa pour les mollets du chauffeur. En revanche, c'est un moyen idéal pour circuler dans le centre, même si ça fait un peu « nabab ».

– **Le vélo :** le vélo est plutôt déconseillé à Kathmandu (on rappelle qu'il n'existe pas de code de la route). Plutôt dangereux donc et pas forcément très agréable. Mais nombreux parcours possibles dans la vallée.

– **Location de voitures :** compte tenu du trafic, de la conduite et du prix de la location, on déconseille de circuler en voiture dans la capitale, d'autant que les taxis sont vraiment bon marché. Pour info, on peut louer des voitures privées avec chauffeur dans toutes les agences, dans les hôtels et au carrefour sur Durbar Marg, près des taxis et minibus.

Où dormir ?

Aucun problème pour trouver un logement à Kathmandu, même en saison (octobre-novembre). Grand éventail de prix.
Trois quartiers se distinguent : **Freak Street,** le quartier « historique » des *early seventies,* désormais beaucoup plus calme et plus authentique que *Thamel,* le ghetto touristique, et enfin l'**axe Kanti Path-Durbar Marg-Lazimpat,** quartier des grands hôtels et restos chic.

– **Tarifs :** quel que soit votre hôtel, il faut négocier dur, ne jamais se fier au prix affiché. Selon la saison, vous pouvez obtenir des réductions allant de 20 à 80 %. Notre classification peut donc s'avérer très arbitraire. Attention, certains établissements n'incluent pas dans leurs tarifs les taxes gouvernementales qui avoisinent les 13 %.

CHAMBRE D'HÔTES

Prix modérés (de 500 à 1 000 Rps ; de 6 à 12,50 €)

Maison Chundevi *(hors plan couleur général par C1) :* au nord de Lazimpat, après l'hôtel *Shangri-La*. Le centre est à un saut de taxi. ☎ 215-08-86. ● chundeviktm@yahoo.com ● Idéal pour ceux qui souhaitent séjourner dans un cadre familial, amical, convivial, bref tout ce qui permet d'éviter les hôtels. Cette maison entourée d'un grand jardin a décidément bien des atouts : 2 chambres confortables avec salle de bains, un appartement avec salon et cuisine, et surtout une situation tranquille, dans un quartier résidentiel et face aux champs. On est à 1 000 lieues de Thamel ! L'ambiance mêle Orient et Occident, puisque l'endroit est habité par un chaleureux gars du Nord et sa famille népalaise. Possibilité d'ateliers (fabrication de bijoux, cuisine…), bibliothèque et musique à disposition. La cuisine est libre d'accès. Mais si par hasard une petite crêpe vous tente, le patron vous en fera de terribles. Également un appartement confortable avec jardin du côté de Lazimpat, plutôt destiné aux moyens séjours. Réserver bien à l'avance.

KATHMANDU / OÙ DORMIR ?

HÔTELS ET GUESTHOUSES

À *Freak Street* (plan couleur général B3)

Les hippies des années 1970 en avaient fait leur quartier. Aujourd'hui, ce sont surtout les routards nostalgiques qui s'y retrouvent. Les hôtels sont peu chers, mais un peu crados aussi. Prévoir son sac à viande. Mais rassurez-vous, on vous a tout de même dégoté des petits hôtels propres et sympas. Ici, on est en plein cœur de Kathmandu, juste à côté de Durbar Square, loin de Thamel et de ses bars. Parfois, les taxis se font un peu tirer l'oreille pour s'y rendre…

Bon marché (de 150 à 500 Rps ; de 2 à 6 €)

▲ *Monumental Paradise* (plan couleur général B3, 40) : Freak Street, presque tout en bas de la rue. ☎ 424-08-76. ● mparadise52@hotmail.com ● Hôtel d'une vingtaine de chambres propres et confortables. Terrasse agréable sur le toit avec bar. Accueil chaleureux et ambiance décontractée. Bien sûr, on peut trouver moins cher dans le quartier, mais le rapport qualité-prix est excellent.

▲ *Himalaya's Guesthouse and Coffee Bar* (plan couleur général B3, 41) : au fond de la 1re petite ruelle sur la droite, perpendiculaire à Freak Street depuis la place. ☎ 424-65-55. Fax : 425-82-22. ● himalgst@hotmail.com ● On aime beaucoup cet hôtel réchappé des années *flower power*. Un véritable bric-à-brac encombre la réception et l'escalier. Chambres d'une propreté acceptable, avec ou sans salle de bains. Souvent complet, d'autant qu'il y a pas mal de routards qui s'y attardent pendant de longues semaines. C'est dire si l'accueil est chaleureux, ô combien naturel et sans fard. Jolie vue de la terrasse lorsque le linge n'y sèche pas.

▲ *Moon Stay Lodge* (plan couleur général B3, 40) : 398, Freak Street. ☎ 424-29-76. ● moonstaylodge@yahoo.com ● Chambres simples, au confort sommaire, avec ou sans salle de bains. Ambiance décontractée, un peu baba. Surtout au bar, où l'on s'assied tous par terre dans une obscurité reposante pour les yeux rougis de fatigue. Apportez votre photo : elle viendra compléter le panneau des anciens clients de l'hôtel.

▲ *Green House Lodge* (plan couleur général B3, 42) : dans une rue perpendiculaire à Freak Street, près du restaurant *Le Snow Man*. ☎ 423-08-30. Fax : 424-18-88. ● greenhouse_robin@hotmail.com ● Petit hôtel aux chambres confortables, avec ou sans salle de bains. Plutôt impersonnel, mais bien plus propre que la moyenne du quartier, c'est là le principal. Accueil sympathique.

Prix modérés (de 500 à 1 000 Rps ; de 6 à 12,50 €)

▲ *Nippon Guesthouse* (plan couleur général B3, 43) : dans la première ruelle perpendiculaire à Freak Street, sur la gauche en venant de la place. ☎ 425-17-01. Fax : 427-57-23. ● nipponguesthouse@mail.com.np ● Guère plus cher que ceux de la catégorie « Bon marché », pour un confort nettement supérieur. Chambres avec salles de bains bien finies et super-propres. Belle façade ornée de bois sculpté et réception du même acabit. Accueil sympa et, au final, un bon rapport qualité-prix.

À *Thamel* (zoom couleur I)

Thamel est une création du tourisme des années 1980. C'est un quartier animé, à 10-15 mn du centre, mais très bruyant et essentiellement mercantile. Ce n'est certainement pas ici que vous trouverez un « Népal authentique » bien que les hôtels les plus hauts possèdent une très belle vue sur la vallée et les montagnes avoisinantes. En négociant dur, on peut obtenir des tarifs très intéressants.

Très bon marché (moins de 150 Rps ; moins de 2 €)

- **The Pleasant Lodge** (zoom couleur I, B2, 46) : situé au fond d'un passage. ☎ 441-74-15. Un endroit peuplé de routards, guère reluisant mais tellement bon marché ! Douches et salles de bains communes. Accueil brut de décoffrage, très local.

Bon marché (de 150 à 500 Rps ; de 2 à 6 €)

Hormis quelques bonnes surprises, beaucoup des *guesthouses* bon marché de Thamel se ressemblent. Le niveau de confort est en général correct, car les routards, même fauchés, sont devenus exigeants. Un patron sympa et débrouillard sera un atout considérable lors de votre séjour s'il peut vous conseiller pour tous vos petits soucis (treks, billets de bus…).

- **Tibet Peace Guesthouse** (zoom couleur I, B1, 47) : Paknajol. ☎ 438-10-26. Fax : 438-11-65. • www.tibetpeace.com • Dans une ruelle qui part du carrefour en forme de fourche. Maison plaisante, avec un jardin agréable pour flâner, papoter et profiter du calme du quartier. Chambres à tous les prix, mais toujours bon marché ; avec ou sans salle de bains, certaines avec vue sur Thamel ou sur le jardin. Également une sur le toit. Simple et très bien entretenu. Resto servant des spécialités indiennes et autres, avec des légumes du jardin. Excellent accueil de Nicolas, le patron, et convivialité assurée. De loin, notre adresse préférée dans cette catégorie. C'est pourquoi il vaut mieux réserver.

- **Kathmandu Peace Guesthouse** (zoom couleur I, B1, 49) : Paknajol, au calme. ☎ 438-03-69. Fax : 441-19-32. • www.peaceguesthouse.com • Demandez au chauffeur de bus de vous y arrêter lorsque vous arrivez de l'aéroport. Dans une ruelle partant du carrefour en forme de fourche. Chambres simples de 2 ou 3 lits avec ou sans salle de bains, réparties dans deux bâtiments. Préférer l'annexe récente, où les chambres sont nettement plus riantes. Eau chaude. Très propre, calme et ensoleillé. Terrasse sur le toit avec une vue spectaculaire sur la ville et le jardin. Accueil sympa.

- **Shangri-La Guesthouse** (zoom couleur I, B2, 50) : Jyatha. ☎ 425-01-88. Fax : 425-07-51. • www.shangrilanepal.com • Une adresse correcte pour les fauchés, située au calme dans un recoin de Thamel. Chambres rudimentaires, avec ou sans salle de bains, à l'entretien quelque peu négligé. L'accueil désinvolte ne dénote pas. Cela dit, prix imbattables dans cette catégorie.

- **Earth House Hotel** (zoom couleur I, B1, 51) : Bagwan Bahal, un peu avant l'agence *Glacier Safari Treks* en arrivant de Tridevi Marg. ☎ 442-29-82. Fax : 441-63-51. • www.hotelearthhouse.com • Bâtiment sans charme mais les chambres, bien qu'un peu décaties, sont spacieuses et propres. Chambres avec ou sans salle de bains (eau chaude). Évitez celles côté rue, bruyantes. Bon rapport qualité-prix.

- **Shambala Hotel** (zoom couleur I, B2, 52) : Chhetrapati. ☎ 425-54-53. Fax : 425-54-54. • www.hotelshambala.com • Calme, avec un resto dans une cour intérieure et une terrasse sur le toit. Chambres avec ou sans salle de bains, sans originalité mais plutôt propres. Personnel attentionné. Cybercafé en bas.

- **Souvenir Guesthouse** (zoom couleur I, B1, 53) : Bagwan Bahal, à côté de l'hôtel *Shakh*, dans une rue assez bruyante. ☎ 441-82-25 ou 443-73-33. Fax : 441-02-77. ● www.webnepal.com/souvenir ● Dans une maison toute simple, chambres basiques avec ou sans salle de bains. Les chambres les plus récentes et plus confortables sont disponibles derrière le bâtiment principal. Pas le grand luxe, mais l'équipe est sympathique et les prix sont doux.

◆ *Prince Guesthouse* (zoom couleur I, B1, **54**) : Satghumti. ☎ 470-04-56. ● princeguesthouse@hotmail.com ● Un petit hôtel modeste et sans grand confort mais très correct pour le prix. En revanche, chambres un peu petites et entretien moyen. Couloirs repeints dans les tons lilas. Terrasse sur le toit.

Prix modérés (de 500 à 1 000 Rps ; de 6 à 12,50 €)

◆ *Shree Tibet Hotel* (zoom couleur I, B1, **56**) : ☎ 470-09-02 ou 470-08-93. Fax : 470-19-38. ● www.hotelshreetibet.com ● Un établissement calme, tenu par une délicieuse famille tibétaine. Ici, tout le monde est serviable et prévenant. La trentaine de chambres, avec salle de bains et w.-c., est impeccable et les prix se révèlent très sages. Service de fax, téléphone et Internet. Comme souvent, terrasse fleurie sur le toit. Rapport qualité-prix exceptionnel.

◆ *Tibet Cottage* (zoom couleur I, B2, **57**) : Jyatha. ☎ 422-65-77 et 425-28-67. Fax : 424-01-65. ● www.tibetcottage.com ● Un petit hôtel comme on les aime, très simple mais impeccablement tenu par une famille tibétaine tout sourire. Confort modeste mais les prix le sont aussi, parmi les plus bas de la catégorie.

◆ *International Guesthouse* (zoom couleur I, B1, **58**) : à Kaldhara. ☎ 425-22-99 ou 425-16-61. Fax : 425-29-99. ● www.intguesthouse.com ● Beau bâtiment, calme et décoré avec goût. Les chambres ne sont guère spacieuses, mais tout de même agréables, impeccables et bien équipées. Petit jardin. Terrasse sur le toit avec transats pour se détendre. Une adresse que nous aimons bien, notamment grâce à l'accueil chaleureux. Restaurant.

◆ *Potala Guesthouse* (zoom couleur I, B2, **59**) : Chhetrapati. ☎ 422-04-67 et 422-65-66. Fax : 422-32-56. ● www.potalaguesthouse.com ● Ne pas confondre avec le *Potala Hotel*, également dans Thamel. Confort appréciable à prix réduits. Pas grand charme, mais un rapport qualité-prix extra. Préférer les chambres modernes donnant sur le patio. Les autres sont plus bruyantes car elles sont du côté rue.

◆ *Hôtel Tayoma* (zoom couleur I, B2, **60**) : Chhetrapati. ☎ 424-41-49. Fax : 422-20-37. ● tayoma@htp.com.np ● Une trentaine de chambres modestes mais correctement entretenues. Demander à en voir plusieurs, certaines sont très sombres. Éviter celles sur rue, vraiment bruyantes. D'autres offrent des vues sympas, notamment les deux qui se trouvent sur le toit. Personnel serviable. Sauna et salle de massage au premier étage. Restaurant.

◆ *Blue Horizon Hotel* (zoom couleur I, C1, **61**) : ☎ 441-38-81 ou 442-19-71. Fax : 442-32-96. ● www.hotelhorizon.com ● Hôtel situé au calme, dans une impasse. L'endroit est tranquille bien que très proche du centre de Thamel. Une bonne adresse de par sa situation et la qualité de son accueil. Chambres confortables, propres, avec salle de bains. Dommage qu'elles soient si sombres. Belles terrasses fleuries à chaque étage.

◆ *Mandap Hotel* (zoom couleur I, B1, **62**) : ☎ 470-03-21. Fax : 470-07-34. ● www.hotelmandap.com ● Chambres simples mais fonctionnelles et propres, avec des salles de bains un brin vieillissantes. Cadre agréable. Resto correct. Groupe musical tous les soirs, autour d'un feu ou à l'extérieur dans une petite cour animée, selon la saison. Terrasse sur le toit pour la bronzette. Pâtisserie donnant sur la rue, avec de bonnes viennoiseries.

◆ *Mustang Holiday Inn Hotel* (zoom couleur I, B2, **63**) : au fond d'une impasse, après de nombreux zigzags. ☎ 424-90-41 ou 424-95-

07. Fax : 424-90-16. • www.mustan gholiday.com • Une adresse tranquille, avec une déco tibétaine, petit jardin intérieur et terrasse agréable. Parmi les 25 chambres avec salle de bains et ventilo, préférer les plus récentes. Confortable et bien tenu. Patron serviable et commerçant, personnel charmant.

▲ **Dolphin Guesthouse** (zoom couleur I, B1, **55**) : près de Lainchaur. ☎ 442-54-22 ou 442-92-80. Fax : 442-06-97. • www.dolphingues thouse.com • Une quinzaine de toutes petites chambres avec ou sans salle de bains. Eau chaude, téléphone dans les chambres. Propreté exemplaire. Terrasse fleurie sur le toit, d'où l'on a une belle vue sur les environs, la chaîne du Langtang et Swayambunath. Accueil chaleureux de Surendra, le patron, qui parle bien le français. Mais faites attention à ne pas vous faire refourguer tous ses services et à garder votre indépendance.

▲ **Pilgrims Guesthouse** (zoom couleur I, B1, **64**) : ☎ 444-05-65. Fax : 444-07-34. • pilgrimsghouse@ yahoo.com • Une vingtaine de chambres bien tenues. Prix variés. Petite salle avec accès Internet. Resto-bar dans un beau jardin fleuri en retrait de la rue et terrasse sur le toit, avec vue sur Thamel. Plutôt fréquenté par des Anglo-Saxons.

Prix moyens (de 1 000 à 2 000 Rps ; de 12,50 à 25 €)

▲ **Kathmandu Guesthouse** (zoom couleur I, B1, **65**) : ☎ 470-06-32 ou 470-08-00. Fax : 470-01-33. • www. ktmgh.com • Au fond d'une grande allée, loin de la rue et... loin du Népal ! Une vraie ruche ou une usine à touristes, c'est selon ! En tout cas, l'un des rendez-vous incontournables des routards un peu argentés du monde entier. Large éventail de chambres en fonction du budget de chacun. Mais sachez que les moins chères sont franchement décrépites ! Les prix ne se justifient guère, et le manque d'intimité déplaira à certains. Toutes sortes de services dans l'enceinte de l'hôtel : coiffeur, Internet, excursions... Réservation conseillée, c'est la plupart du temps complet. Dans la cour, le restaurant Laskus, bien quelconque.

▲ **Utse Hotel** (zoom couleur I, B2, **66**) : Jyatha. ☎ 425-76-14 ou 422-89-52. Fax : 425-76-15. • www.hote lutse.com • Hall de réception marrant, chargé de kitscheries. Chambres assez confortables avec un petit effort de déco et un ventilo au plafond. Les chambres deluxe sont moquettées mais pas vraiment mieux que les autres. En voir plusieurs. Terrasse fleurie sur le toit, sympa pour prendre un verre. Bon accueil. Les tarifs flirtent avec la catégorie « Chic ».

▲ **Buddha Hotel** (zoom couleur I, B1, **67**) : au cœur de Thamel. ☎ 441-33-66 ou 470-05-08. Fax : 441-31-94. • www.buddhahotel. com • Chambres vieillissantes et un peu ringardes mais encore confortables et à prix raisonnables. Demander à en voir plusieurs, certaines sont aveugles (mais plus tranquilles !), d'autres possèdent une baignoire, mais dans l'ensemble les salles de bains manquent de finition. Jardin très agréable et calme, avec des petites tables. Personnel accueillant.

▲ **Nepa International Hotel** (zoom couleur I, B2, **68**) : Jyatha. ☎ 425-13-68. Fax : 425-63-06. • www.ho telnepaintl.com • Un grand hôtel moderne, sans caractère particulier et à la déco anonyme, mais qui propose un vrai confort pour un prix correct et dans une atmosphère reposante. Évitez toutefois les chambres donnant sur la rue.

▲ **Imperial Guesthouse** (zoom couleur I, B2, **69**) : à côté de la Shangri-La Guesthouse. ☎ 424-93-39 ou 424-96-57. Fax : 424-97-33. • impe rial_guesthouse@hotmail.com • Le patron parle bien le français. Une vingtaine de petites chambres ultrabasiques mais propres, avec salle de bains. Terrasse. Prix sciemment exagérés, à négocier de main de fer.

Chic (de 2 000 à 4 000 Rps ; de 25 à 50 €)

Pour les adresses suivantes, toutes les cartes de paiement sont acceptées. Les tarifs, une fois négociés, tombent en général autour de 15 ou 25 US$.

▲ *Nirvana Garden Hotel* (*zoom couleur I, B2, 70*) : au fond de l'impasse, après la *Tibet Guesthouse*. ☎ 425-62-00 ou 425-63-00. Fax : 426-06-68. • www.nirvanagarden.com • Bel hôtel de charme fort bien tenu. Une soixantaine de chambres confortables (mais lits un peu durs) et à la décoration soignée. Toutes possèdent une salle de bains et certaines un balcon. Resto accueillant avec coin-cheminée. Salon aux tons chauds avec bibliothèque bien fournie et terrasse. Jardin merveilleux où chante une fontaine. Idéalement situé sans les inconvénients du bruit et de la foule. Personnel chaleureux. Une excellente adresse.

▲ *Dynasty Hotel* (*zoom couleur I, B2, 71*) : Jyatha. ☎ 426-31-72 ou 73. Fax : 425-07-93. • www.hoteldynasty.com.np • Prendre la ruelle au niveau du restaurant *Kilroy's*. Un hôtel en retrait de la folie urbaine, confortable et plutôt réussi, avec un *lobby* accueillant, une petite boutique, un ascenseur, un restaurant et une vaste terrasse sur le toit. Toutes les chambres sont équipées de TV, téléphone et salle de bains digne de ce nom. Certaines sont climatisées et d'autres possèdent un balcon. Bref, un hôtel plaisant et gentiment luxueux en plein cœur de Thamel, pratiquant des prix plus que raisonnables.

▲ *Norbhu Linkha* (*zoom couleur I, B1, 72*) : sur Gairidhara. ☎ 441-06-30 ou 442-40-67. Fax : 441-90-05. • www.webnepal.com/norbulinka • Au calme, près du bassin sacré de Gairidhara. Chambres spacieuses et confortables mais assez impersonnelles. Les *deluxe* disposent d'un salon et de la clim'. Terrasse fleurie avec vue sur Thamel et les montagnes. Transport gratuit depuis et vers l'aéroport. Grosse ristourne hors saison, et en saison aussi s'il reste de la place. Souvent complet car recommandé par de nombreuses agences.

▲ *Moon Light Hotel* (*zoom couleur I, B1, 73*) : à Paknajol. ☎ 442-06-36. Fax : 441-94-52. • moonlight@enet.com.np • Dans un coin populaire, à l'écart du cœur touristique de Thamel. Négocier une grosse ristourne car les prix affichés sont nettement exagérés. Cet hôtel ne brille certainement pas par la chaleur de sa déco, mais il offre des chambres spacieuses et très confortables, certaines avec balcon, toutes avec téléphone et TV. Petit salon à chaque étage et jardin aménagé de quelques chaises et tables taillées dans le bois. Excellents services : transports, téléphone international, laverie, etc. Immense salle de billard qui mérite le coup d'œil, juste à côté.

▲ *Harati Hotel* (*zoom couleur I, B2, 74*) : Chhetrapati. ☎ 425-77-58 et 425-79-07. Fax : 426-34-29. • www.hotelharati.com • Chambres rationnelles, toutes équipées d'une salle de bains. Négocier âprement les tarifs. Le vrai plus, une magnifique pelouse à l'anglaise derrière le bâtiment. Demander une des chambres côté jardin, beaucoup plus calmes. Bonne vue sur Swayambu. La cuisine servie au resto est excellente.

Un peu plus chic

▲ *Kantipur Temple House* (*zoom couleur I, B2, 75*) : au fond d'une impasse accessible depuis Jyatha. ☎ 425-01-31 ou 29. Fax : 425-00-78. • kantipur@tmplhouse.wlink.com.np • Doubles annoncées autour de 60 US$ (51 €), mais en négociant on obtient de grosses ristournes, et là, il n'y a plus à hésiter. Voilà une adresse exceptionnelle à tous points de vue. L'architecture tout d'abord : brique, bois, dans un style purement traditionnel newar. L'accueil : chaleureux et sans ambages. Le client est reçu comme un prince mais avec naturel. Les chambres : une cinquantaine, d'un goût exquis, avec un souci du détail qui frise la perfection. Les plus récentes sont bâties à l'unisson de l'ensemble. Resto également dans le style avec coussins, tables basses, poutres apparentes et lumière tamisée. Excellentes spécialités préparées par un chef connaisseur. Revues internationales à votre disposition au salon. Patio fleuri avec fontaines, jardin et terrasse sur le toit, d'où l'on aperçoit Swayambu. Une réussite totale, et selon nous l'un des plus beaux hôtels de Kathmandu. Réservation conseillée.

Dans le quartier de Durbar Marg *(plan couleur général C2)*

C'est l'avenue des grands hôtels et de leur casino, des grands restos et des grands embouteillages… Comme à Kanti Path, il y a beaucoup de circulation, et la qualité de l'air s'en ressent.

Très chic (plus de 4 000 Rps ; plus de 50 €)

▲ *Hôtel Yak and Yeti* *(plan couleur général C2, 80)* : près de la *Nepal Investment Bank.* ☎ 424-89-99 et 424-05-20. Fax : 422-77-82. • www.yakandyeti.com • Compter tout de même de 150 à 250 US$ la nuit (127 à 212 €) pour 2 personnes. Il est vrai que c'est un 5-étoiles. Le service est parfait, malgré un accueil plutôt coincé, et le lieu enchanteur. Tennis, piscines, casino, bars, jardin avec énorme bassin, etc. En tout, 270 chambres, la plupart luxueuses, mais les standard datent un peu. Les deux restos, dans un authentique palais du XVIIIe siècle, figurent parmi les meilleurs de Kathmandu.

Dans le quartier de Lazimpat
(plan couleur général C1)

Le quartier des ambassades, au nord de Thamel et du palais royal. Des hôtels de bon standing, quelques bons restaurants, 2 ou 3 bars sympas, vous êtes relativement au calme, non loin du centre en taxi et de Thamel à pied.

Chic (de 2 000 à 4 000 Rps ; de 25 à 50 €)

▲ *Astoria Hotel* *(hors plan couleur général par C1)* : prendre la rue juste derrière le *Shangri-La Hotel.* ☎ 442-88-10 et 443-61-80. Fax : 441-67-19. • www.astoria-hotel.com • Dans un quartier résidentiel, une sorte de grande villa avec un beau jardin et de petites terrasses. Chambres confortables et aménagées avec goût. En voir plusieurs : les plus agréables ne sont pas forcément les plus chères. Quelques chambres communicantes, idéal en famille. Resto. Nagendra, le manager, a fait ses études en Suisse et parle très bien le français.

▲ *Hôtel Manaslu* *(plan couleur général C1, 81)* : à côté de l'*hôtel Tibet.* ☎ 441-00-71 ou 441-34-70. Fax : 441-65-16. • www.hotelmanaslu.com • Chambres spacieuses et confortables, avec de belles salles de bains. Dommage que les couloirs et le hall soient si mornes. En revanche, le jardin et la piscine sont un régal, surtout en été. Le week-end, on y fête souvent des mariages, ce qui vous donnera l'occasion d'admirer saris bariolés et coiffures compliquées. À part ça, cet hôtel travaille essentiellement avec des groupes de Français : pas très dépaysant. Petit déjeuner de qualité et bon resto. Souvent complet.

Très chic (plus de 4 000 Rps ; plus de 50 €)

🏨 **Hôtel Tibet** (plan couleur général C1, 81) : prendre la rue à droite juste après l'ambassade de France. ☎ 442-90-85 à 88. Fax : 441-09-57. ● www.hoteltibet.com ● Annoncé à 80 US$ pour deux (mais de gros rabais sont négociables, divisant le prix par 2). Tenu par Tsering Dolkar, une Tibétaine très dynamique, qui parle couramment le français. Chambres très confortables et impeccables. Tsering, en excellente femme d'affaires, vous invitera avec plaisir à visiter sa fabrique de tapis tibétains. Grande terrasse sur le toit. Ascenseur. Personnel aux petits soins.

🏨 **Shangri-La Hotel** (hors plan couleur général par C1) : dans l'avenue qui prolonge Kanti Path. ☎ 441-29-99 ou 441-00-51. Fax : 441-41-84. ● www.hotelshangrila.com ● Compter 130 à 160 US$ (110 à 136 €) la double selon le standing. Mais là encore, de gros discounts sont possibles. Établissement extrêmement agréable de 100 chambres, avec un magnifique jardin, une jolie piscine (accessible aux non-résidents moyennant 500 Rps, soit 6 €) et un centre de remise en forme où officie un masseur réputé. Accueil très sympathique ; le directeur, Deepak Upraity, parle parfaitement le français. Sans conteste l'un des meilleurs hôtels de Kathmandu dans cette catégorie. Un luxe à ne pas se refuser si l'on en a les moyens. Deux restos.

🏨 **Hôtel Shanker** (plan couleur général C1, 82) : ☎ 441-01-51 ou 52. Fax : 441-26-91. ● www.shankerhotel.com.np ● Prévoir 105 US$ (89 €) la chambre double, mais moitié moins si on réserve en ligne ! Un authentique et superbe palais rana transformé en hôtel. À l'écart du bruit, au bout d'un magnifique jardin à l'anglaise. L'ensemble a un charme décadent. Les chambres sont grandes mais un peu sombres. Bon service. Bar très agréable. La salle à manger, ancienne salle de bal, a beaucoup d'allure. Dommage que la cuisine soit aussi médiocre. Pas de piscine, mais moins cher que le précédent. Toujours pas mal de monde, alors réservez bien à l'avance.

Sur la route de Swayambunath
(plan couleur général A2)

Chic (de 2 000 à 4 000 Rps ; de 25 à 50 €)

🏨 **Hôtel Vajra** (plan couleur général A2, 83) : sur la route du célèbre temple, de l'autre côté de la rivière Vishnumati. ☎ 427-15-45 ou 427-27-19. Fax : 427-16-95. ● www.hotelvajra.com ● Agréablement situé sur une colline, à l'écart du centre-ville. Construit dans le style newar. Beaucoup de classe et de charme, et moins cher que ne le laisse supposer le standing de l'établissement. Belle déco intérieure. Superbe terrasse pour admirer les levers et couchers de soleil. Clientèle d'orientalistes, écrivains, journalistes, artistes, etc. On choisit l'une des 50 chambres en fonction de son budget. Les moins chères ressemblent à de petites cellules et leurs sanitaires sont collectifs. Réserver à l'avance car c'est presque toujours complet. Le mardi, soirée avec danses traditionnelles qui n'est pas réservée aux seuls clients de l'hôtel et qui figure parmi les meilleurs spectacles de Kathmandu. Cuisine de qualité.

Dans le quartier de Dilli Bazar
(plan couleur général D2)

Très chic (plus de 4 000 Rps ; plus de 50 €)

🏨 **Dwarika's Hotel** (hors plan couleur par D2, 84) : Battisputali, vers Pashupatinath. ☎ 447-94-88 ou 447-37-24. Fax : 447-83-78. ● www.dwarikas.

com ● De 110 à 170 € pour deux selon la saison et le type de chambre. Certainement le plus bel hôtel de tout le pays. Ici, on est au cœur de la culture népalaise et de son architecture newar. Façades, poutres, portes, fenêtres… tout a été refait comme à l'époque. La plupart des éléments architecturaux ont d'ailleurs été récupérés à droite et à gauche dans la vallée, avant d'être restaurés avec brio. Même la piscine possède du cachet. Le resto *(Krisnarpan)* figure parmi les meilleurs dans notre rubrique « Où manger ? ». Pour les routards qui ne peuvent s'offrir ni l'un ni l'autre, nous vous conseillons tout de même d'y faire un tour (accueil super) ou d'y boire un verre dans la cour. C'est un véritable musée.

Où manger ?

Ce ne sont pas les adresses qui manquent. Il s'en ouvre de nouvelles chaque mois à Kathmandu, mais beaucoup de Népalais s'improvisent restaurateurs sans avoir aucune notion de cuisine. Certains établissements ignorent les règles les plus élémentaires d'hygiène (bonjour les amibes !). À déconseiller : les plats genre quiches et crevettes importées d'Inde et pour lesquels la chaîne du froid n'est pas toujours respectée. Dans les gargotes, faites attention aux légumes et aux fruits non épluchés. Les restos plus chic et/ou touristiques, en revanche, sont censés les laver à l'eau purifiée.

Quelle que soit l'adresse choisie, vous mangerez pour bien moins cher qu'en France. Le plat traditionnel népalais, le *dal bath,* est à essayer. Si la vue des plats épicés vous angoisse, vous pourrez vous rabattre sur les pizzas-pâtes, disponibles presque partout à Thamel. Profitez du caractère cosmopolite de la ville pour manger indien, coréen ou japonais. La viande de bœuf, qui est en réalité du buffle, a un goût très prononcé, et si vous souhaitez boire un bon bordeaux, attendez votre retour en France ou alors mettez-y le prix.

La qualité de la cuisine est très variable. Une des causes en est que, malheureusement, lorsqu'un restaurant marche bien, le propriétaire en confie souvent la gestion à un employé, attendant d'en tirer les bénéfices à distance. Les restaurants de qualité constante sont souvent ceux dirigés par des Occidentaux ou sous leur contrôle.

À *Thamel* (zoom couleur I)

Bon marché (de 150 à 350 Rps ; de 2 à 4,50 €)

|●| **Annapurna Restaurant** *(zoom couleur I, B1,* **90)** : Bhagwati Bahal. ☎ 441-78-91. Le plus dur est d'y entrer ! Devanture vraiment glauque. À l'intérieur, des efforts ont été faits sur la déco, rendue chaleureuse grâce à quelques tableaux et à des éclairages colorés. Mais l'ambiance cantine demeure…, et la cuisine est un régal, pour un prix plus que raisonnable. À goûter, l'excellent et archicopieux *dal bath,* le poulet *tandoori,* le *chicken tikka makhmali* (un pur délice) ou bien encore le *paneer* (fromage en sauce), accompagné de riz et de *butter naan* (pain indien). Le tout sans excès d'épices. Sert aussi de la cuisine continentale, chinoise et mexicaine. À fréquenter assidûment pour tout essayer !

|●| **Himalayan Sherpa Restaurant & Bar** *(zoom couleur I, B2,* **91)** : Jyatha. ☎ 424-90-84. Ouvert de 10 h à 22 h. Au 1er étage. Déco d'inspiration tibétaine simple et agréable, avec des posters alpestres aux murs. Dans un coin, quelques petites tables basses pour les plus souples. Au menu, cuisine chinoise, indienne, népalaise et tibétaine, avec deux plats typiquement sherpas, *shyakpa* et *sherpa pancake,* rustiques et roboratifs mais à essayer. Également quelques plats de pâtes et pizzas. Excellent menu népalais avec toutes sortes de petits plats délicieux. *Momos* savoureux.

|●| **Jatra** *(zoom couleur I, B2,* **92)** :

☎ 425-66-22. Service jusqu'à 21 h (plus tard le week-end). Resto au cadre très agréable proposant de bons plats indiens, népalais, et une cuisine occidentale métissée. Ceux qui ont pris goût aux épices trouveront cette dernière plutôt fade. Murs avec briques apparentes et effort de déco très appréciable. On peut manger dans une cour ou dans une salle assis sur des coussins. Petit bar sympa : jetez un coup d'œil sur l'arbre à l'intérieur. Expositions temporaires de peintres népalais.

|●| *Zaika* (zoom couleur I, B1, 93) : ☎ 470-09-72. Tout petit restaurant, très fréquenté, proposant un large éventail de plats népalais et indiens à prix incroyablement bas. Intestins fragiles, attention ! les cuisiniers ont la main un peu lourde sur les épices.

|●| *Roadhouse Café* (zoom couleur I, B2, 94) : ☎ 426-01-87. Une adresse sympa pour déguster de bonnes et copieuses pizzas. Celle au *chicken tandoori* est vraiment excellente. Cadre boisé et reposant avec lumières tamisées.

|●| *Chikusa* (zoom couleur I, B2, 95) : Jyatha. ☎ 422-32-16. Comme le dit leur pub : « Marre du Nescafé ? » Petit bar-salon de thé sans prétention mais avec effectivement du vrai café fait maison, préparé juste devant vos yeux. Dès l'entrée, l'odeur enchanteresse parle d'elle-même. Par ailleurs, excellents sandwichs et menu japonais très correct.

|●| *Dechenling* (zoom couleur I, C1, 96) : dans la ruelle du *Blue Hotel*. ☎ 421-21-58. Ouvert de 8 h à 22 h. Très bonne cuisine des quatre coins de l'Himalaya : tibétaine et bhoutanaise, népalaise et chinoise, servie dans un jardin empreint de fraîcheur et de volupté. Bon, pas très cher et reposant.

|●| *Korean Restaurant Festival* (zoom couleur I, B2, 97) : J.P. School Road. ☎ 442-33-18. Ouvert de 8 h à 22 h. Un bon petit resto pour ceux qui veulent expérimenter l'excellente cuisine coréenne. On vous présente un album photo pour visualiser les plats. Le chef cuistot a officié plusieurs années en Corée et prodigue une nourriture goûteuse, copieuse et assez relevée (autant être prévenu !). Thé ou café offert à la fin du repas. Également des plats chinois, continentaux et des petits déjeuners. Personnel adorable et efficace. Service dans un jardin ombragé ou dans une salle décorée de photos du pays du Matin Calme.

|●| *Helena's* (zoom couleur I, B2, 98) : ☎ 426-69-79. L'endroit est chaleureux, avec un effort d'éclairage qui change des néons ravageurs ! Cuisine énergétique et savoureuse. Moussaka et lasagnes sont servies crépitantes dans une cassolette de fonte, accompagnées de riz (!) et de salade. Au goûter, vous apprécierez les gâteaux *(chocolate cake, banana cake, carrot cake…)*. Beaucoup de monde, le lieu est apprécié des jeunes Népalais branchés autant que des touristes. Succursale au pied de Swayambu aux menus aussi savoureux.

|●| *Green Ice Restaurant* (zoom couleur I, B2, 99) : ☎ 426-68-72. Cadre agréable avec vue sur le Thamel Chowk. Menu népalais, indien (y compris du Sud, comme les *masala dosa*), chinois ou encore occidental : italien, mexicain, etc. Ah ! Toujours cette manie de servir de tout et de rien !

|●| *Les Yeux* (zoom couleur I, B2, 100) : situé au carrefour de Thamel. ☎ 426-68-46. Terrasse sur le toit très sympa. On y mange principalement de la cuisine occidentale. Prix doux. Concerts de rock fréquents : ambiance assurée ! Au 1er étage, un bar à cocktails où l'on peut fumer le narguilé.

Prix moyens (de 350 à 800 Rps ; de 4,50 à 10 €)

|●| *Yin Yang Restaurant* (zoom couleur I, B2, 101) : resto un peu chic, à la déco soignée, qui propose de savoureuses spécialités thaïes et de poisson, ainsi qu'un menu continental. Demandez autour de vous : la qualité de leur cuisine ne s'est jamais démentie. Jardin reposant et salle à l'étage décorée de manière très classe, tout comme les em-

Café Mitra (zoom couleur I, B2, 102) : à côté de *Hard Rock Treks & Expedition*, dans un passage discret. Ouvert de 12 h à 23 h. Un resto-bar récent et résolument moderne, où se retrouvent des coopérants et des Népalais « d'en haut ». Au menu, des spécialités du monde entier, mais pour une fois on parvient à sortir des sentiers battus. Côté cuisine française, on relèvera le coq au vin ou la truite meunière. Les tables sont dressées avec classe, tandis qu'à l'étage, un bar-*lounge* permet de prendre un verre affalé sur des banquettes moelleuses. La déco du bar est assez psychédélique. Même les toilettes sont superbes et originales. Une adresse rafraîchissante.

Fire and Ice Pizzeria (zoom couleur I, B-C2, 103) : Trivedi Marg ; sur le parking d'une petite galerie commerciale. ☎ 425-02-10. Ana Maria, la patronne italienne très accueillante et qui parle admirablement le français, concocte de vraies pizzas. On y sert aussi un délicieux *cappuccino* et des glaces italiennes. Beaucoup de monde. C'est normal, l'endroit est sympa, et c'est bon. Réserver si possible.

Kilroy's (zoom couleur I, B2, 104) : Jyatha. Énorme resto composé de terrasses très agréables pleines de plantes vertes, en retrait de la bruyante et polluée Jyatha. Un peu plus cher qu'ailleurs dans ce quartier, mais ce resto est connu pour être un des temples de la gastronomie locale. Cuisine occidentale, salades inventives et délicieux *tandooris*. Raffiné, original parfois, mais pas très copieux. Les serveurs sont de joyeux lurons, dont plusieurs parlent le français avec volubilité.

Thamel House Restaurant (zoom couleur I, B1, 105) : ouvert de 11 h à 21 h 30. Une référence. Spécialités népalaises servies dans une vieille maison newar du XIXe siècle restaurée. Salles réparties sur trois étages. Bon *dal bath* et viandes excellentes. Une adresse un peu onéreuse mais un vrai plaisir pour l'accueil, la qualité de la nourriture et le décor. Attention, on y propose d'office la formule dégustation (chère, bien sûr, mais très copieuse) ; insister pour voir la carte.

Everest Steak House Restaurant (zoom couleur I, B2, 106) : Chhetrapati. Plusieurs salles, dont certaines un peu sombres. Probablement la meilleure viande de Thamel. Portions énormes : un plat de viande suffit pour 2 ; surtout ne commandez pas le chateaubriand si vous êtes moins de 4 personnes !

Northfield Café (zoom couleur I, B1, 21) : à côté de la librairie *Pilgrims*. Resto extérieur, à l'occidentale. Pour les touristes de la *Kathmandu Guesthouse* qui ont la flemme de se déplacer pour chercher un endroit original pour dîner. Nourriture tout à fait honnête, avec de nombreux plats mexicains mais aussi quelques chinoiseries et une longue carte de pizzas. Petit bar sympa à l'intérieur.

Gorkha Palace (zoom couleur I, B2, 107) : ouvert à partir de 14 h. Service jusqu'à 21 h 30. Dîner-spectacle plutôt rigolo et un peu kitsch. Fréquenté essentiellement par des Népalais, mais les étrangers sont accueillis à bras ouverts. Des danses indo-népalaises traditionnelles ou modernes, souvent surprenantes, accompagnent le dîner à partir de 19 h. Ambiance réussie. Bonne cuisine indienne à prix doux. Idéal pour fuir la faune touristique de Thamel.

Koto Restaurant (zoom couleur I, B2, 98) : ouvert de 11 h 30 à 15 h et de 18 h à 21 h. Décor plus séduisant et joyeux que son homonyme de Durbar Marg, avec une petite salle au fond pour s'installer à la japonaise, autour de tables basses. Grand choix de menus à tous les prix : *yakitori, tempura, sukiyaki, sushi...* bref, les grands classiques, raffinés et sains. Parfait pour se refaire une santé dans une ambiance paisible.

Maya Cocktail Bar (zoom couleur I, B1-2, 108) : ce restaurant bouge au son de la musique *salsa*. Plats mexicains (très bonnes *fajitas*) et bons cocktails, un peu chers toutefois. Heureusement, pour certains plats commandés le cocktail est offert. Serveurs amicaux. Sympa aussi en soirée pour aller boire un verre (voir « Où sortir ? »).

Dans le quartier de Freak Street (plan couleur général B3)

En majorité, des gargotes où routards et habitués se retrouvent devant des *momo* ou un *chowmein*. L'hygiène n'est pas fabuleuse, mais on y mange correctement pour environ 100 Rps (1,20 €).

I●I ***Ganesh Restaurant and Bar*** (*plan couleur général B3, 109*) : tenu par un Français. Salles en enfilade au plafond bas et murs recouverts de panneaux de vannerie. Plats variés à prix très raisonnables. Déco vraiment sympa et ambiance décontractée. Bonne bourse aux infos.

I●I ***Diyalo*** (*plan couleur général B3, 110*) : resto de l'*Annapurna Lodge*. On mange dans le petit jardin, bien plus engageant que l'hôtel ! Bonne nourriture. Diffusion de films récents en anglais vers 19 h.

I●I ***Mandala Meggi Restaurant*** (*plan couleur général B3, 40*) : à l'étage. Comme souvent, nourriture népalaise mais aussi pâtes, pizzas et snacks. Rien d'inoubliable, mais très correct pour calmer une petite faim sans se ruiner.

I●I ***Le Snow Man*** (*plan couleur général B3, 111*) : juste à côté du *Green House Lodge*. Petit salon de thé, véritable refuge dans Freak Street. Venir y prendre un dessert. Les gâteaux sont excellents.

Dans le quartier de Durbar Marg (plan couleur général C2)

Prix moyens (de 350 à 800 Rps ; de 4,50 à 10 €)

I●I ***The Pub Nanglo*** (*plan couleur général C2, 112*) : Durbar Marg. ☎ 442-26-36. Ouvert de 11 h à 22 h. La salle du bas ne présente pas beaucoup d'intérêt. En revanche, la grande terrasse sur le toit est vraiment plaisante, à condition de ne pas s'installer trop près du barbecue central. Vous l'aurez compris, toutes sortes de grillades donc, absolument délectables, des frites très honorables et des *momo* mémorables... Les amateurs de cuisine népalaise choisiront le *dal bath,* excellent.

I●I ***Tukche Thakali Kitchen*** (*plan couleur général C2, 113*) : Durbar Marg ; en étage, à côté du *Delicatessen Center*. ☎ 422-58-90. Ouvert de 9 h à 21 h ou 21 h 30. Il est préférable de réserver, le nombre de couverts étant très limité. Une adresse originale pour découvrir les spécialités de la cuisine thakalie (région de Jomsom) dans un sobre mais très élégant décor. Super accueil. On mange assis sur des coussins, dans une quasi-pénombre (la lumière ne fait pas partie du menu). Ambiance agréable et nourriture excellente (*momo* inoubliables).

I●I ***Kushifuji*** (*plan couleur général C2, 113*) : Durbar Marg ; au 1er étage. ☎ 422-05-45. Ouvert de 11 h 30 à 22 h. Resto japonais, bien sûr. Beaucoup de Japonais, ce qui est plutôt bon signe. Plusieurs menus à des prix différents autour d'un plat : le *sukiyachi* (filet de bœuf ou de poulet), porc au gingembre, etc. Les portions sont maigres mais c'est bon.

I●I ***Koto Restaurant*** (*plan couleur général C2, 114*) : Durbar Marg. ☎ 422-60-25. Un autre japonais. Les lieux sont simples, mais on y mange bien. Nous lui préférons cependant celui de Thamel, plus chaleureux.

Chic (plus de 800 Rps ; plus de 10 €)

Dans ces restos chic, vous trouverez aussi des plats roboratifs à partir de 600 Rps (7,50 €), qui peuvent constituer un repas à eux seuls.

I●I ***Kathmandu Kitchen*** (*plan couleur général C2, 115*) : sur Jamal, au 1er étage. ☎ 422-38-50. Resto de spécialités népalaises fondé par une association de guides de tourisme. Pendant que vous dégustez l'apéritif (le *rakshi*) qui est offert, un serveur délicat vous détaille le menu composé de spécialités newars. On peut manger assis sur des coussins autour d'une table basse ou sur des chaises hautes. Spectacles de danses traditionnelles tous les soirs à partir de 19 h. Sachez qu'au Népal, la cuisine est au dernier étage afin de ne pas enfumer la maison mais également par souci religieux, afin qu'elle ne soit pas souillée par des étrangers « impurs ». Le patron est très sympa et parle le français. Bon rapport qualité-prix.

|●| ***Bhojan Griha*** (plan couleur général D2, 116) :** au cœur de Dilli Bazar. ☎ 441-64-23. Dans une demeure historique du XIXe siècle, un resto cher et touristique offrant une cuisine traditionnelle. On y vient plus pour le lieu et le spectacle de danse que pour la qualité de la cuisine, assez décevante et insipide pour le prix (environ 1 000 Rps, soit 12,50 €, quand même !). Les danseurs animent le repas en virevoltant autour des tables. Petit bar *Kama Sutra* décoré de gravures érotiques, agréable pour prendre un verre après le repas. L'endroit est réputé, il est donc prudent de réserver.

|●| ***Nepali Chulo*** (plan couleur général C2, 117) :** à deux pas du palais royal. ☎ 422-04-75. Un resto tout récent installé dans un petit palais de style néoclassique. Dans une salle tout en longueur, on s'assied par terre sur des coussins. Fréquenté essentiellement par des groupes de touristes, donc assez bruyant et pas du goût de tout le monde. Cela dit, la nourriture est très bonne (menu newari et népalais arrosé de *rakshi*) et les tarifs raisonnables. Spectacle de danse de qualité donné tous les soirs. Le staff est souriant et l'ambiance excellente.

|●| ***Royal Saïno Restaurant*** (plan couleur général C2, 118) :** en haut de Durbar Marg. ☎ 423-08-90. On peut manger dans le jardin ou à l'intérieur dans une atmosphère feutrée. Deux étages très différents à la déco superbe. On dîne installé à de petites tables et tabourets ou bien à l'orientale, en tailleur sur des coussins. Cuisine de qualité, indienne, tibétaine et népalaise. Prix tout à fait raisonnables.

|●| ***Ghàr e Kebàb*** (plan couleur général C2, 119) :** Durbar Marg, au niveau de l'hôtel *Annapurna*. ☎ 422-17-11. Ouvert de 19 h à 22 h. La salle est un peu démodée : déco années 1980, bas de plafond, moquette épaisse. Beaucoup d'Indiens viennent y dîner ; il est vrai que la cuisine est de qualité. Service beaucoup trop lent. On patiente en écoutant le concert des sitars ou en observant le ballet des cuisiniers derrière la grande baie vitrée. Réservation conseillée.

|●| ***Les restaurants de l'hôtel Yak and Yeti*** (plan couleur général C2, 80)** sont installés dans les restes du palais rana de Lal Durbar. Décor somptueux qui évoque le luxe dans lequel vivaient les princes. Au ***Chimney,*** dans un décor newar, cuisine occidentale et russe. Ouvert à partir de 18 h 30. Le ***Sunrise,*** ouvert toute la journée, propose des petits dej', de la cuisine occidentale et une formule buffet. Pour tous renseignements et réservations, s'adresser à la réception de l'hôtel ou au ☎ 424-89-99.

Dans Baber Mahal (plan couleur général C4)

Dans le complexe de *Baber Mahal Revisited* (voir plus loin la rubrique « Achats. Souvenirs »)

Chic (plus de 800 Rps ; plus de 10 €)

|●| ***Chez Caroline* :** salon de thé, café, restaurant. ☎ 426-30-70. Ouvert de 9 h 30 à 22 h. Ce resto a très vite acquis une réputation méritée, Caroline étant une Française très exigeante. Cour merveilleusement arrangée et chauffée en hiver. Le menu est très recherché et régulière-

ment renouvelé. Tout y est excellent et fait maison. Sandwichs avec de la baguette fraîche et du véritable saucisson, de la viande, du thon ou encore de la truite. Plats du jour, comme les côtes de porc à la moutarde, steak au poivre, etc. Desserts pas en reste et vrai café. Pastis en apéritif, bordeaux en accompagnement. Prix quand même élevés, mais on sait pourquoi.

I●I *Baithak* : ☎ 426-73-46. Ouvert de 12 h à 14 h 30 et à partir de 19 h. Restaurant très chic où vous pourrez déguster le « festin des Ranas », la dernière dynastie de dirigeants du Népal (pas la plus philanthrope), qui a régné jusqu'en 1951. Il appartient au Rana Jitu, le fondateur de *Baber Mahal Revisited*. Son restaurant est superbe ; aux murs sont suspendus les portraits de tous ses ancêtres, on s'y croirait. Le menu fixe est un bel aperçu de la cuisine typiquement népalaise. Le *sikarni*, au dessert, est succulent. Assez cher, mais encore abordable, puisqu'il faut compter autour de 1 000 Rps (12,50 €) pour le menu complet.

Près de Baber Mahal

Bon marché (de 150 à 350 Rps ; 2 à 4,50 €)

I●I *Le Bistrot de l'Alliance française (plan couleur général B4, 13)* : ☎ 424-11-63. Ouvert du lundi au vendredi de 7 h à 19 h et le dimanche de midi à 16 h. En terrasse ou au comptoir, vous pourrez y manger de la cuisine française, et à l'occasion, indienne ou népalaise. C'est surtout l'occasion d'y rencontrer des Népalais francophones qui seront très heureux de vous faire connaître leur pays.

Chic (plus de 800 Rps ; plus de 10 €)

I●I *Krisnarpan (hors plan couleur général par D2, 84)* : resto du *Dwarika's Hotel* à Battisputali-Pashupatinath. Réservation obligatoire : ☎ 447-94-88 et 447-37-24. Menu fixe comprenant de 6 à 22 plats : c'est le marathon culinaire de Kathmandu ! Venez tôt si vous voulez avoir le temps de tout finir ! Les plats sont des échantillons des spécialités de différentes régions du Népal. Délicieux et raffiné. Mais c'est assurément le bol de *rakshi* servi entre chaque mets qui vous achève ; rares sont ceux qui terminent cette épreuve et sont encore capables de se lever. Cadre splendide et serveuses mystérieuses avec leurs piercings extraordinaires. C'est un must quand on a les moyens : les menus vont tout de même de 22 à 34 US$, soit 18,70 à 28,90 € (mieux vaut avoir vraiment faim pour ne pas gâcher). Ne pas oublier le trophée, un menu à votre nom, et la petite visite de l'hôtel après le repas.

À Lazimpat (plan couleur général C1)

Prix moyens (de 350 à 800 Rps ; de 4,50 à 10 €)

I●I *Ringmo (hors plan couleur général par C1)* : 200 m plus haut que l'ambassade de France, sur le même trottoir. ☎ 441-53-27. Ouvert tous les jours. Repas à toute heure jusqu'à 21 h. Cadre banal mais propre pour ce petit resto sans prétention. Possibilité de prendre plein de petits plats asiatiques à partager entre amis (*momos, spring rolls, buff rolls, meatballs,* soupes, etc.). Également des plats chinois plus consistants (*chowmein,* riz frit...) et des plats continentaux. Les patrons veillent à la qualité et maintiennent des prix très bas.

I●I *China Town (plan couleur général C1, 120)* : pas loin de l'ambassade de France, au-dessus du *Blue Bird Supermarket*. ☎ 441-02-98. Deux grandes salles décorées à la chinoise, un peu kitsch (musique assortie) et une terrasse sur le toit, pas déplaisante même si le béton et la tôle ondulée ne sont pas des matériaux bien chaleureux. La cuisine est bonne et variée. Serveurs attentionnés en gilet rouge. Télévision géante et quelques tables où l'on peut faire tourner les plats.

Chic (plus de 800 Rps ; plus de 10 €)

|●| *The Jazz Bar* (hors plan couleur général par C1) : au 1er étage du luxueux *Shangri-La Hotel*. Ouvert de 19 h à 22 h. Cuisine thaïe, indienne, chinoise et continentale. Dîner accompagné par un pianiste classique ou un orchestre de jazz.

|●| *Tien Shan* (hors plan couleur général par C1) : également au 1er étage du *Shangri-La Hotel*. Cuisine chinoise de qualité. Comme dessert, essayez les bananes au caramel chaud croquant : un régal.

À *Naxal* (plan couleur général C-D1)

Prix moyens (de 350 à 800 Rps ; de 4,50 à 10 €)

|●| *Mike's Breakfast* (plan couleur général, D1, *121*) : près du poste de police à Naxal. ☎ 441-37-88. Ouvert de 7 h à 21 h. On mange dans un jardin intérieur des plats mexicains et des snacks copieux. Barbecue le dimanche soir. Endroit très fréquenté. C'est normal, le cadre est agréable et la nourriture simple mais bonne. Galerie d'art avec expositions temporaires à ne pas rater.

À *Tahachal* (plan couleur général A3)

Prix moyens (de 350 à 800 Rps ; de 4,50 à 10 €)

|●| *Bukhara* (hors plan couleur général par A3) : resto de l'hôtel de luxe *Soaltee Holiday Inn*. ☎ 427-39-99. C'est un peu loin, au sud de Kathmandu. Spécialités d'Afghanistan. Déco étudiée, ambiance guerrière, on mange avec les doigts, couteaux et boucliers aux murs. Cuisine magnifique, derrière une grande baie vitrée. Venir à plusieurs, car les plats à partager sont très copieux. Réserver.

Sur la route de l'aéroport

Prix moyens (de 350 à 800 Rps ; de 4,50 à 10 €)

|●| *The Bakery Café* : New Baneshwor. ☎ 448-85-28. Le dernier endroit branché de Kathmandu, qui attire une clientèle jeune. On peut y déjeuner rapidement. Menu restreint mais sans mauvaises surprises. Après 17 h, barbecue de mouton, poulet et porc. Grand choix de glaces. Idéal pour une petite faim. Le personnel sourd et muet est charmant, tout se passe par gestes.

Où prendre son petit déjeuner ?

☕ *Chez Caroline* (plan couleur général *C4*) : dans le complexe de *Baber Mahal Revisited* (voir « Où manger ? »). Tenu par une Française énergique. Un havre de paix pour prendre un verre ou son petit dej'. Pâtisseries exquises : éclairs, nougat glacé, coulis de mangue, gâteaux au chocolat ou aux épices... Beaucoup plus cher qu'ailleurs, mais tellement meilleur !

☕ *Just Juice and Shake* (zoom couleur I, B1, *93*) : à côté de *Zaika*. Ouvert de l'aube à 22 h. Indiscutablement les meilleurs milk-shakes de Kathmandu. Le patron est un saint homme, il vous ressert avec le sourire. Les viennoiseries et les gâteaux sont à la hauteur.

🍵 *Pumpernickel (zoom couleur I, B1-2, 130) :* très (trop ?) fréquenté. Le rendez-vous des touristes de Kathmandu. Sympa pour un petit dej' ou pour un goûter. Bons croissants, viennoiseries et glaces à l'italienne à déguster en salle ou dans un plaisant petit jardin.

🍵 *Mike's Breakfast (plan couleur général D1, 121) :* on déjeune dans une cour ensoleillée au milieu de plantes vertes. Excellent petit déjeuner. En été, le *special waffle* (fromage blanc onctueux avec des fruits) rafraîchit bien. Voir également « Où manger ? ».

🍵 *Delima Garden Café (zoom couleur I, B1, 54) :* cadre agréable dans un beau jardin fleuri avec de la musique reposante. Idéal pour boire un verre dans la journée. Bons *lassi*. Fait aussi restaurant. En revanche, service un peu froid.

🍵 *Hot Breads (zoom couleur I, B1-2, 131) :* boulangerie avec une grande terrasse à étage. Gâteaux et très bonnes viennoiseries (*chocolate danish* savoureux). Moitié prix après 21 h.

🍵 *Weizen Bakery (zoom couleur I, B2, 98) :* à côté du restaurant *Helena's*. Bonne boulangerie proposant un large choix de gâteaux et de viennoiseries. Moitié prix après 20 h. Parfait pour le petit déjeuner ou le goûter. Possibilité de s'installer au calme dans une petite cour et d'y boire un verre.

🍵 *Le Bistro (zoom couleur I, B1-2, 131) :* dans Thamel, à côté de la *Kathmandu Guesthouse*. Petit dej' avec croissants et brioches. Excellents gâteaux le soir. Beaucoup de monde. Fait aussi resto. Le jardin est agréable.

🍵 *Delicatessen Center (zoom couleur I, C2, 133) :* Kanti Path. Fromages français et suisses (camembert, chèvre, roquefort, emmenthal, etc.). Charcuterie, beurre, café, pain, gâteaux, sandwichs à emporter ou à déguster sur place. Une excellente adresse.

– La pâtisserie de l'hôtel *Shangri-La* (hors plan couleur général par C1) et celle du *Radisson SAS* (plan couleur général C1, à côté de l'hôtel *Manaslu*) tiennent une solide réputation. Pas donné mais de qualité.

Où boire un verre ?

🍷 *Bar du Park Guesthouse (plan couleur général B3, 140) :* depuis sa terrasse, on domine Durbar Square et l'ancien palais royal. Parfait donc pour prendre un verre dans un cadre historique.

🍷 *The Mud Café'n'Bar (plan couleur général B3, 42) :* petit bar à la déco sympa avec sièges et tables en osier. Agréable pour l'après-midi. Musique pas terrible.

Où sortir ?

Les noctambules seront déçus : seuls certains établissements, les plus pêchus, prolongent jusqu'après minuit. La vie nocturne se concentre à Thamel, qui regorge de bars assez branchés (ou qui se prétendent tels) et destinés à une clientèle occidentale ; après 22 h, la majorité des Népalais sont couchés. La police exerce un contrôle important dans Thamel, imposant presque un couvre-feu à la population locale. En général, *happy hours* de 16 h à 20 h, mais les doses d'alcool sont souvent moins chargées.

🍷 *New Orleans Café (zoom couleur I, B1, 141) :* à côté du *Tom and Jerry*. Un des bars les plus sympas de Thamel, où l'on s'installe dans une petite salle de style newar avec de jolies photos anciennes ou dans une cour protégée du bruit de la rue. Clientèle hétéroclite de résidents, touristes et Népalais. Le week-end, groupes de rock, jazz, blues ou musique traditionnelle. Ferme en général autour de minuit, parfois bien plus tard quand l'ambiance s'y prête.

▼ *Via Via Café* (zoom couleur I, B1, 142) : au 2ᵉ étage d'une ancienne maison newar. Ouvert de 11 h à minuit en semaine, jusqu'à 1 h 30 le vendredi et le samedi. Fermé le lundi. L'un des bars qui bougent à Thamel. Émanation d'une chaîne présente sur 4 continents, il est fréquenté aussi bien par des étrangers que des locaux. D'ailleurs la direction est népalo-belge. Nombreux cocktails, milk-shakes et snacks variés. Plats népalais et indiens également, pour ceux que boire affame. Déco réussie où Corto Maltese voisine avec des moines bouddhistes. Le week-end, soirée DJ. Voilà un bistrot bien dynamique.

▼ *Upstairs Jazz Bar* (plan couleur général C1, 143) : à Lazimpat. Petit bar de jazz très sympa. Bons concerts les mercredi et samedi vers 20 h : ambiance assurée ! Beaucoup de monde ces soirs-là : arrivez tôt pour avoir une place.

▼ *Maya Cocktail Bar* (zoom couleur I, B1-2, 108) : petit bar cosy à l'occidentale, où la musique est plutôt orientée rock et salsa. Les serveurs sont très gentils et vous feront écouter avec grand plaisir leur unique CD de musique française. Le vendredi soir en revanche, c'est la grosse teuf. Longue liste de cocktails mais un peu plus chers qu'ailleurs.

▼ *Rum Doodle Bar-40 000 Feet* (zoom couleur I, B1, 144) : en face de l'hôtel *Shree Tibet*. Ouvert de 10 h à 21 h. Le rendez-vous des trekkeurs de Kathmandu depuis des années. Grand bar chaleureux. On peut y boire et y manger (pizzas au feu de bois) dehors ou à l'intérieur sur fond de musique rock. Un des bars les plus agréables de la ville. Murs recouverts de pieds en carton avec des signatures en souvenir de treks ou d'expéditions… le pied !

▼ *Bamboo Club* (zoom couleur I, B1, 145) : presque en face de l'hôtel *Shree Tibet*, au 1ᵉʳ étage. Bien situé, au-dessus de la mêlée. Terrasse à deux niveaux couverte d'un toit de paille. Concert les mercredi et vendredi soir, en général du rock occidental. On peut y manger pour pas trop cher.

▼ *Paddy Foleys Irish Pub* (zoom couleur I, B2, 146) : au-dessus du resto *Casa Della Pasta*. Un vrai pub comme seuls savent l'imaginer les Irlandais. Chaude ambiance et *Guinness* (en canette !). Concerts fréquents. Vraiment très sympa.

▼ *Tom and Jerry* (zoom couleur I, B1, 141) : presque en face de la librairie *Pilgrims*, au 2ᵉ étage. Ouvert de 14 h à minuit environ. Beaucoup (peut être même trop) de monde. Cocktails pas chers. Difficile de s'entendre à cause de la musique… à moins de crier très très fort ! Billard américain au fond. Panneau d'affichage riche en infos.

▼ *Tongues and Tales Bar* (zoom couleur I, B2, 147) : à gauche de la *Mom's House Lodge*. Musique jazz. Atmosphère détendue et serveurs amicaux.

▼ *Fullmoon* (zoom couleur I, B1, 148) : ouvert jusqu'à 23 h (et plus si nécessaire !). Bar sympa avec déco originale dans le style *seventies*… Tables basses et coussins. Ambiance décontractée, que l'on soit assis par terre en tailleur ou accoudé au bar. Cocktails un peu chers.

À voir

Kathmandu, qui vient de *Kasta Mandap*, signifie « Temple de Bois » en sanskrit. Les temples sont, pour le voyageur, les monuments les plus frappants et les plus extraordinaires qu'il rencontrera sur sa route.

🕉🕉🕉 **Durbar Square** (plan couleur général B3 et zoom couleur II) : c'est le centre monumental de Kathmandu, avec une accumulation caractéristique de temples, palais, pagodes, statues, le tout très beau, très étrange. Entrée : 200 Rps (2,50 €). Demandez un *pass* au bureau principal si vous résidez dans ce quartier (apporter son passeport). Le meilleur moment pour le visiter est sans conteste le matin, pour profiter du calme encore ambiant. L'éveil de Durbar Square est un pur régal en soi : parfums d'encens, tintements de cloches, dévots affairés pour la *puja*, etc. Des milliers de pigeons y ont élu domicile, encouragés par une foule qui, moyennant quelques roupies, les engraisse par poignées de grain.

La meilleure approche, à notre avis, est en venant de New Road. Toute la splendeur du lieu vous sera alors révélée par petites touches. La grande place de Basantapur, aujourd'hui transformée en marché aux souvenirs, était autrefois le parking des éléphants royaux. Sur votre droite, la majestueuse tour du même nom. Extraordinaire finesse des sculptures sur bois.

Toutefois, l'insistance des vendeurs ambulants et vrais-faux *sadhu* peut atténuer la magie du lieu.

Kumari Ghar *(zoom couleur II, 165)* : maison du XVIIIe siècle, à gauche juste après la place, avec deux lions de pierre à l'entrée. Ouvert jusqu'à 16 h. La cour vaut le coup d'œil à elle seule. Remarquez la richesse des motifs sculptés sur les portes et fenêtres et la virtuosité des ébénistes newars qui ont monté ce prodigieux assemblage sans utiliser ni clous ni colle !

Dans cette maison habite la déesse vivante. L'origine de la vénération de la *Kumari* remonte au XVIIe siècle, sous le règne de Jaya Prakash Malla. Ce souverain avait l'habitude de jouer aux dés avec la déesse Taleju, protectrice divine de la cité. Mais un jour, Jaya Prakash commença à lui faire la cour et Taleju s'enfuit. Elle revint le visiter dans un rêve pour le tourmenter au sujet de sa conduite inqualifiable. Le roi n'obtint son pardon qu'en promettant la vénération annuelle de son « incarnation », Kumari. Depuis ce jour, tous les rois du Népal, une fois l'an, viennent s'incliner devant elle pour obtenir sa bénédiction. L'incarnation sur terre de la déesse est une fillette choisie vers l'âge de 4 ou 5 ans dans une caste précise, pourvue d'un corps sans défaut et d'un horoscope qui colle avec des critères précis, etc. On exauce tous ses désirs, mais elle ne sort que pour quelques cérémonies religieuses. Elle ne doit surtout pas se blesser, car l'apparition du sang signifie pour elle la fin irrémédiable de son caractère sacré. Elle ne joue donc pas, ne bouge presque pas et termine sa carrière au plus tard avec l'apparition de ses règles. On la renvoie alors dans sa famille avec plein de cadeaux, un psychisme un peu atteint et célibataire jusqu'à la fin de ses jours (une superstition tenace prétend que l'élu mourrait dans les mois suivant le mariage). On la voit souvent apparaître à la fenêtre du 1er étage, moyennant quelques roupies. Son visage n'exprimera probablement rien, votre appareil photo non plus, d'ailleurs, car il est formellement interdit de la photographier. Pour la voir, il faut laisser un bakchich important, ou encore se joindre à un groupe organisé qui paiera pour voir apparaître la déesse trois secondes au balcon (pas très moral !). Depuis 2002, Kathmandu a une nouvelle Kumari : elle se nomme Preeti Sakya.

Trailokya Mohan ou temple de Narayan *(zoom couleur II, 166)* : c'est le premier temple qu'on aperçoit en arrivant, après la maison de la Kumari. Temple dédié à Vishnu. Il y est représenté sous ses dix formes terrestres.

Garuda *(zoom couleur II, 167)* : de l'autre côté du temple de Narayan, une sculpture de Garuda (véhicule de Vishnu), à genoux et les mains jointes, face à l'entrée. Garuda, mi-homme, mi-oiseau, représente l'énergie et le pouvoir divin.

Kasthamandap *(zoom couleur II, 168)* : ce sanctuaire est dédié à un saint homme très populaire au Népal, *Guru Goraknath*. Certains pensent que son édification daterait du XIIe siècle, d'autres penchent plutôt pour le XVIIe. Cet édifice, qui aurait été construit avec le bois d'un seul arbre, servait de lieu de repos pour les pèlerins et les marchands sur la route du Tibet. Aux quatre angles de ce temple sont placées des statues de Ganesh.

🍴 **Maru-Ganesh** *(zoom couleur II, 169)* : juste derrière cette maison-temple se trouve un sanctuaire très vénéré. Une des quatre représentations de Ganesh censées protéger la vallée. C'est le premier sanctuaire visité par le roi après son couronnement.

🍴 **Nasal Devta Temple** ou **Nasal Devata** *(zoom couleur II, 170)* : à droite cette fois du Kasthamandap, un temple ressemblant plutôt à une riche maison avec ses trois étages. *Nasal Devta* est le nom donné à la forme dansante de Shiva. Cette statue a complètement disparu sous les couches de peinture rouge appliquées par les dévots. C'est dans ce temple que se rendent les danseurs et musiciens avant de donner libre cours à leur art.

🍴 **Singha Satal** *(zoom couleur II, 171)* : à gauche du Kasthamandap, une maison à deux étages avec un grand balcon. Une légende affirme qu'après la construction du « temple de bois », les restes de bois furent utilisés pour édifier cette maison. Quatre superbes lions veillent sur les côtés. À l'intérieur, une magnifique représentation de Krishna jouant de la flûte.

🍴 **Mahadeva** ou **Shiva Temple** *(zoom couleur II, 172)* : il domine tout Durbar Square. De là, on peut y observer toute l'activité de la place. Construit en 1690, ce temple de trois étages possède une particularité : son pinacle (le symbole placé sur le haut du toit) est en forme de *stupa*, ce qui est pour le moins surprenant pour un temple dédié à Shiva. À l'intérieur, on peut entrevoir un *lingam*.

🍴 **Asta Yogini, temple de Shiva et Parvati** *(zoom couleur II, 173)* : impossible de les louper. Ils observent par la fenêtre tout ce qui se passe sur Durbar Square depuis des siècles. Ah, s'ils pouvaient parler !

🍴🍴 **Bhagwati Temple** *(zoom couleur II, 174)* : longer la grande bâtisse blanche néogrecque, sur votre droite, au-dessus des échoppes de *tangkha*. Une construction à trois toits avec ces omniprésentes et superbes sculptures sur bois représentant plusieurs déesses. L'histoire dit que Prithivi Narayan Shah, grand admirateur de la déesse, apporta avec lui, lors de la conquête de Kathmandu, une représentation jusqu'alors conservée dans son fort de Nuwakot.

🍴 **La grande cloche** : juste en face, une imposante cloche protégée par un toit. Kathmandu a été la dernière ville de la vallée à se doter d'une cloche de cette taille. Utilisée autrefois comme signal d'alarme, elle ne sonne plus aujourd'hui que pendant les cérémonies d'octobre au temple de *Taleju*. Observez les chaînes qui la retiennent, ornées d'animaux fabuleux.

🍴🍴 **Les fenêtres d'ivoire** *(zoom couleur II, 175)* : ne pas manquer sur la droite, à l'angle du palais royal, des fenêtres uniques au Népal. Trois fenêtres en ivoire merveilleusement travaillées. De là, les rois Malla observaient les défilés et processions. On les a redécouvertes lors du nettoyage du palais pour le couronnement du roi Birendra en 1975.

🍴 **Les gros tambours** *(zoom couleur II, 176)* : recouverts récemment d'une nouvelle peau de cuir (cela n'avait pas été fait depuis leur installation en 1880), ils ne servent que pendant le *Festival de Dasain* (voir la rubrique « Fêtes et jours fériés » dans les « Généralités »). Une inscription sur l'un d'eux précise qu'un buffle et une chèvre doivent être sacrifiés à leur intention une fois par an.

🍴 **Seto Bhairav** *(zoom couleur II, 177)* : vous ne pourrez l'admirer qu'en septembre pour le *Festival d'Indra Jatra*. Il demeure caché le reste de l'année derrière une imposante fenêtre faite de boiseries entrelacées. Haute de 3,60 m, cette statue entourée d'un halo de flammes possède une couronne d'or. Lors du Festival, un bambou est placé dans sa bouche, abreuvant les dévots de *rice beer*.

Jagannath Temple *(zoom couleur II, 178)* : situé à l'entrée de l'ancien palais royal, à côté de Durbar Square. Grande richesse dans sa décoration et dans la variété de ses motifs érotiques, d'autant plus beaux qu'ils sont polychromes. Juste à côté, la terrifiante *statue du Kalo* (noir) *Bhairava*, toujours très vénérée. Cette statue, non datée, est faite d'une seule pierre. Le roi Pratap Malla l'a placée à cet endroit après sa découverte dans un champ au nord de la ville.

Le temple octogonal de Krishna *(zoom couleur II, 179)* : présente une architecture originale et rare au Népal. Il fut construit par Pratap Malla qui espérait alors reconquérir son prestige perdu lors de la conquête de Patan.

Le temple de Taleju *(zoom couleur II, 180)* : le plus beau et l'un des plus anciens (1564). Trois étages de toits en cuivre doré s'élevant à plus de 35 m. Dédié à la déesse tutélaire des rois Malla, c'est le plus fameux des trois temples de Taleju de la vallée. La porte menant à ce temple est un remarquable exemple de l'utilisation de la terre cuite. On raconte que dans le saint des saints de cet édifice se trouve l'arc orné d'un fabuleux diamant que Ram utilisa pour tuer le roi de Lanka. Une autre légende dit que Prithivi Narayan Shah, le conquérant de Gorkha, offrit un sacrifice humain à Taleju pour fêter sa victoire. La déesse lui apparut alors en rêve et lui exprima son désaccord pour cette pratique barbare. Dès lors, les sacrifices humains ne furent plus jamais autorisés. On ne le visite pas, seuls le roi et les membres de la famille royale peuvent pénétrer dans le sanctuaire principal. À gauche de ce temple, sous un magnifique *pipal*, une belle représentation de Vishnu et Garuda.

L'ancien palais royal, Hanuman Dhoka *(zoom couleur II, 181)* : entrée par la porte d'Or, en retrait dans un angle, à côté de la statue de Hanuman, le dieu-singe, recouverte de pâte rouge. Ouvert de 9 h 30 à 16 h en été (15 h en hiver). Fermé les lundi et jours fériés. Entrée : 250 Rps (3,10 €). Chaque cour est consacrée à une divinité différente. L'accès à certaines cours est interdit.
Cet édifice complexe, à la fois religieux, politique et administratif, a été commencé au XIVe siècle. Cependant, des indications montrent que le site était déjà utilisé par la dynastie Lichhavi au VIIIe siècle.
Dans le palais, un *musée* ringard assez marrant, consacré aux règnes du roi Birendra (assassiné avec sa famille en 2001) et de son père. La visite permet d'apercevoir l'intérieur des différentes cours. Le mobilier européen des années 1930 du roi précédent n'est pas mal non plus, manquant un peu d'exotisme peut-être. Là ont été pieusement rassemblés tous les objets personnels du souverain : son lit, son aquarium, jusqu'au cercueil dans lequel son corps fut ramené de Suisse. Photos d'époque, riches costumes brodés, *royal howdah* (nacelle posée sur l'éléphant), collections d'éventails et sculptures sur bois qui permettent d'en apprendre un peu plus sur l'histoire du Népal. N'oubliez pas de grimper, le long d'étroits escaliers de bois, jusqu'au 7e étage de la grande tour du palais, d'où l'on a une vue magnifique sur la vallée et sur Durbar Square. Sur la gauche de l'entrée, le long du mur du palais, une pierre gravée avec des mots en quinze langues. Le roi Pratap Malla, poète et linguiste, fit enchâsser cette pierre dans le mur en 1664, en signe de piété envers la déesse Kalika. Un petit clin d'œil sur la culture de la famille royale de l'époque.

Machendranath Bahal *(zoom couleur II, 182)* : temple dans une cour un peu en retrait de Makhan Tole. Des griffons en signalent l'entrée. C'est l'un des plus curieux, car il associe les cultes bouddhique et hindouiste. Sa pagode à deux étages de toits est décorée avec recherche. Tout autour de la porte principale, la représentation des 108 formes d'Avalokitesvara, une véritable collection iconographique. Chaque soir, vers 21 h, des musiciens se rassemblent ici pour chanter des psaumes sacrés.

Derrière le temple, un petit passage couvert conduit à une place donnant sur le quartier des marchands de poteries.

Autour de Durbar Square

🎬🎬 **Makhan Tole** *(plan couleur général B2-3)* : la « rue en diagonale ». En cours de route, elle change parfois de nom *(Indra Chowk, Asan Tole)*. Elle commence au bout de Durbar Square, en biais sur la droite. C'est le quartier grouillant par excellence et la plus grande concentration de boutiques de Kathmandu. Les vrais amateurs d'Asie seront aux anges. Agoraphobes s'abstenir. On y vend de tout, mais surtout des vêtements pas chers, du petit électronique et diverses babioles *made in China*. Marché aux légumes également. Une bonne balade émaillée de scènes hautement photogéniques.

🎬🎬 **Les vieux quartiers newars** *(plan couleur général B3)* : ils se trouvent dans un rectangle formé par New Road, Kanti Path et les rives de la Vishnumati. Il faut se laisser dériver au hasard de ces ruelles, attentif à toutes les découvertes : tantôt un petit temple, tantôt une fontaine superbement ombragée. Entrez dans les cours intérieures. C'est plein de statues, *stûpa*, sculptures très chouettes. Les cours communiquent dans tous les sens. Tâchez de vous y perdre, c'est alors que vous ferez les plus belles découvertes. On vous aidera toujours pour retrouver votre chemin. Sinon, nous proposons plus bas aux curieux un itinéraire insolite.

🎬 **Le quartier de la tour de Bhimsen** *(plan couleur général B3)* : derrière la GPO. Reçoit beaucoup moins de visiteurs que celui de Makhan Tole, mais il propose cependant quelques monuments intéressants. La *tour de Bhimsen,* le « Dharahara », qui ressemble à un minaret, fut construite en 1825 comme tour de guet. On peut monter tout en haut. À côté, un monastère quasi abandonné présentant quelques beaux vestiges. Ne pas rater la *Sundhara,* la plus belle fontaine de la ville. Elle descend en terrasse dans le sol. Splendides becs verseurs en bronze doré.

Itinéraire insolite

Peut-être en aurez-vous déjà remarqué certaines, mais voici un itinéraire se fixant pour but de découvrir quelques-unes des merveilles cachées de Kathmandu. Pas toutes d'ailleurs, nous n'avons pas cette prétention. Gageons que votre œil exercé en découvrira d'autres en cours de route. Compter 1 h 15.

➤ Départ de Jyatha, au niveau du **Chusya Bahal** *(plan couleur général B2, 183),* un très ancien et superbe monastère bouddhique. Deux lions trônent devant. Très belles porte et *torana* sculptées. Aujourd'hui, c'est une école et la cloche du monastère ne sonne plus l'office, mais l'heure de la récré.

➤ Continuer tout droit jusqu'à un carrefour avec une fontaine, un offertoire et un abri de police, puis jusqu'à la grande place de *Thahity Tole,* non sans encore avoir remarqué à main gauche un autre édifice bouddhique avec deux lions devant. Thahity Tole est un carrefour extrêmement actif (marchands, porteurs, etc.) avec un gros *stûpa* au milieu. Longer le côté gauche de la place, pour s'engouffrer tout de suite à gauche dans la ruelle qui mène à cette curieuse **fontaine aux Singes et aux Serpents.** Vous êtes dans le quartier des ferrailleurs, étameurs, dinandiers et autres travailleurs des métaux, qui toutefois se font très rares.

➤ En face de la fontaine aux Singes et aux Serpents s'ouvrent trois cours remplies de *chaitya*. Dans la première, à droite, le **temple de Sigal,** peu connu. Un petit bijou présentant des vestiges de peintures murales, porte et *torana* sculptées, clochette, moulins à prières, petit portique, deux lions en pierre, etc. C'est l'un des plus anciens temples bouddhiques de la ville.

➤ Sortir par où l'on est venu, remonter à la place Thahity Tole qu'on garde à gauche pour emprunter la grande rue active qui redescend à gauche à nouveau. Marcher quelques centaines de mètres, jusqu'à rencontrer à droite deux grands lotus, avec lions à bannière encadrant une ruelle. C'est l'entrée de la plus belle place de Kathmandu, à notre avis, le **Katheshimbu** *(plan couleur général B2, 184)*. Festival de *stûpa* et *chaitya*. Le plus gros au centre a, paraît-il, été construit sur le modèle de celui de Swayambunath avec les pierres en trop. Plein de mômes frondeurs jouent là-dedans. Spectacle unique !

➤ Sortir du Katheshimbu, tourner à droite et continuer la rue vers le sud. Au passage, quelques échoppes de dentistes vous incitent à observer vraiment une bonne hygiène dentaire. Vous aborderez ensuite un autre grand carrefour, **Bangemuda Tole.** C'est d'ici que partent les taxis collectifs pour Swayambunath. Animation démente. Petit *temple,* au milieu, vieux de quatre siècles. Première curiosité : à gauche de l'entrée de la place, vous trouverez, plantée de travers, une *stèle* de pierre noire symbolisant le Bouddha. Elle date du VIe siècle et n'a jamais bougé de place, malgré les constructions successives qui se sont élevées autour. Traversez la place. En poursuivant votre itinéraire, jetez un œil à gauche, au coin, sur cette curieuse bille de bois percée de centaines de clous. C'est le *dieu des Maux de dents*. Eh oui ! Si l'une d'entre elles vous fait souffrir, plantez un clou pour liquider la douleur. Si, si, ça marche !

➤ Oubliez les caries et empruntez résolument la rue qui descend jusqu'à une place avec une sorte de petit monument à coupole arabe, couvert de poteries et marchandises. Tournez à droite pour gagner l'une des placettes les plus pittoresques et les plus émouvantes de Kathmandu : **Kilagal Tole** *(plan couleur général B2, 185)*. Toute petite, extraordinairement vivante et colorée. Presque une composition médiévale. La meilleure heure : en fin d'après-midi, lorsque les vénérables demeures à étais et fenêtres sculptées ne sont plus écrasées de soleil et prennent du relief. Fontaines et templions couverts de végétation. L'ensemble se dégrade doucement, prenant de nobles rides.

➤ Quitter Kilagal Tole et continuer tout droit. Sur la gauche, on aperçoit bientôt un petit passage entre deux immeubles s'ouvrant sur une très grande cour rectangulaire, ornée de quelques *chaitya*. Se rendre au fond à droite. Deux lions de pierre gardent une petite porte surmontée d'une très ancienne *torana* en bois sculpté représentant le Bouddha. Passé cette porte, on plonge dans un merveilleux passé artistique : la **Yitym Bahal** *(plan couleur général B2, **186**)*, courette offrant de magnifiques poutres inclinées sculptées, datant des XIIIe et XIVe siècles (les plus anciennes de Kathmandu). Au fond, d'autres poutres polychromes plus récentes. Observer tous les autres détails insolites de cette cour.

➤ Quitter la grande cour par une petite porte carrée basse, à l'opposé de celle par laquelle on est arrivé. Prendre à droite. La ruelle s'incurve un peu. On passe un offertoire en mosaïque de céramique et un beau balcon sculpté avant d'arriver à la grande rue menant à Durbar Square. À propos, dans le prolongement du balcon, noter la superbe porte ouvragée, surmontée d'une *torana* et d'une fenêtre décorée d'une *tara* (étoile de David), symbole porte-bonheur. Voilà, c'est terminé. Si vous n'êtes pas saturé, il y a plein d'autres itinéraires à composer. Dans le quartier de la *tour de Bhimsen,* par exemple.

Voyez aussi la place de *Te Bahal*, entre Sundhara et le porche de New Road. Peu visitée et intéressante.

Nous vous recommandons la lecture d'un petit bouquin édité par une Française : *Kathmandu, la cité cachée,* d'Annick Hollé, disponible, entre autres, à la librairie *Pilgrims* (voir « Adresses utiles »). Beaucoup d'autres itinéraires vous y sont proposés.

À voir encore

🏃 **Rani Pokhari** (plan couleur général C2) : en remontant vers Thamel par la grande artère Kanti Path, on remarque un grand bassin avec un temple en son centre. Le *bassin de la Reine,* qui fut construit en fait par Pratap Malla en 1670 en mémoire de l'un de ses fils décédé après un jour et demi de règne. Ce temple n'est ouvert qu'une fois l'an pour *Bhai Tikka (Tihar).* Ceux qui ne possèdent ni frère ni sœur peuvent venir ici recevoir la *tikka* particulière dévolue à ce jour. Anecdote : le bassin a été rempli avec les eaux provenant de toutes les rivières et tous les lacs sacrés du Népal.

🏃 **Seto Durbar Gate :** en prenant la route à droite, juste après le Rani Pokhari en direction de Durbar Marg, on trouve une porte blanche monumentale, ornée d'un magnifique portail en fer forgé, qui n'ouvre sur rien de particulier. Elle fait penser à un décor de cinéma. Elle constituait en fait l'entrée d'un superbe palais appelé le *Seto Durbar,* construit sous le règne des Rana. La porte fut érigée pour que le souverain de l'époque puisse pénétrer à l'intérieur sans descendre de son éléphant. C'est la plus grande du Népal avec celle de Tansen. Le palais fut détruit par un incendie. Dommage qu'on ne donne pas plus de soins à ces vestiges.

Achats

Nourriture

On trouve de tout dans les boutiques d'alimentation de Kathmandu. Pour les fruits et légumes : au **marché d'Asan Tole** (plan couleur général B2) ; pour le reste, plusieurs supermarchés dans le centre de Thamel. Voir le **Sales Mart Departmental Store,** dans le Namche Bazar Building, à côté de la *Kathmandu Guesthouse (zoom couleur I, B1, 65).* On y trouve entre autres une bonne sélection de vins à des prix abordables. Voir aussi les **Blue Bird Department Stores** à Lazimpat, après l'ambassade de France *(plan couleur général C1, 3)* et à Tripureshwar Marg *(plan couleur général B4),* entre le stade et le pont de Patan.

Boulangeries, pâtisseries

🍰 **Pâtisserie de l'hôtel Yak and Yeti** (plan couleur général C2, 80) : dans la galerie marchande de l'hôtel. Grand choix de gâteaux, tous meilleurs et plus riches les uns que les autres. Quelques viennoiseries.

🍰 **Pâtisserie de l'hôtel Radisson** *(plan couleur général C1) :* à côté de l'hôtel *Manaslu.* Cadre élégant et pâtisseries de bonne facture.

🍰 **Mabacco :** succursales dans Thamel, New Road, etc. Ils vendent un excellent pain de mie, pas cher.

🍰 **The Pub Nanglo** *(plan couleur général C2, 112) :* à Durbar Marg. Pâtisseries, biscuits secs, pain de mie... *Happy hours* sur les pâtisseries après 20 h 30.

– Voir aussi plus haut dans « Où prendre son petit déjeuner ? ».

Thés

🌸 **Nepal Tea House** *(plan couleur général B3) :* 23/47 Ganga Path, à Basantapur. Grand choix de thés et de tisanes. Ils ont aussi plusieurs succursales en ville. Une idée originale pour des cadeaux.

🌸 **Nepali Spices :** presque en face de *l'Annapurna Restaurant (zoom couleur I, B1, 90)*. Épices et thés indiens et népalais. Le propriétaire n'hésitera pas à vous communiquer quelques recettes de cuisine.

Souvenirs

Inutile de chercher les boutiques ; il y en a partout, sans parler des vendeurs ambulants. La plus grande concentration se trouve dans Thamel et sur l'esplanade de Durbar Square. Bien marchander : on peut négocier jusqu'à 5 fois le prix. Pour plus de détails, voir la rubrique « Achats » dans les « Généralités » sur le Népal. On peut payer en euros ou en dollars (ce qui est normalement interdit par la loi).

🌸 **Asan Tole et Indra Chowk** *(plan couleur général B2) :* entre ces deux places, vous trouverez des boutiques destinées aux Népalais. Rien de tel pour dénicher un souvenir original à bas prix. Spécialité de vêtements, mais de moins en moins traditionnels. Bien négocier.

🌸 **Kupondole :** dans cette rue qui monte vers Patan (juste après le pont qui enjambe la Bagmati), quelques belles boutiques d'artisanat. Nous en recommandons deux en particulier. Elles fonctionnent sous forme de coopérative, les prix sont fixes. **Mahaguthi**, Manbhavan (à côté de l'école AVM) ; et, sur le trottoir d'en face, **Dhukuti** : les produits y sont vraiment de qualité.

🌸 **Folk Nepal** *(plan couleur général C1, 190) :* sur Lazimpat. Ouvert tous les jours de 9 h à 19 h. Un bel éventail de l'artisanat népalais à prix fixes mais raisonnables.

🌸 **Baber Mahal Revisited** *(plan couleur général C4) :* comme vous pourrez le voir sur les photos exposées, il y a peu de temps ce magnifique palais rana était encore en ruine. Jitu, digne héritier des Rana, arrière-petit-fils du fondateur du fameux Singha Durbar, a transformé les dépendances du palais en un centre commercial de luxe. On y passe facilement un après-midi à fouiner dans les boutiques. La sélection de celles-ci a été très rigoureuse, vous y trouverez un échantillon de qualité de tout ce que vous pouvez rapporter du Népal. Prix en conséquence.

Photo, films, vidéo

Les photographes sont très nombreux (surtout à Thamel et sur New Road) et travaillent plutôt bien, à des tarifs défiant toute concurrence (un tiers des prix pratiqués chez nous). On trouve les principales marques de pellicules et des films pour caméra, ainsi que des cartes mémoire numériques. Pour les pelloches, attention à la date d'expiration et à l'état de conservation dans le magasin. Il est possible d'acheter du matériel d'occasion, notamment sur Thahiti Square et New Road, ainsi que du matériel neuf à prix très intéressant.

Musique

On trouve des magasins un peu partout. Que ce soit du folk ou du moderne, le choix est de plus en plus vaste. Les cassettes et CD sont très bon marché (des pirates, évidemment) et de qualité moindre. Vérifier que le contenu correspond bien à la pochette.

Si vous êtes tenté par les instruments de musique (percussions traditionnelles, *saranghi*, etc.), allez dans un magasin spécialisé. On en trouve notamment sur Chhetrapati et au centre de Thamel. Ils ont de vrais instruments (faits pour jouer avec) à des prix inférieurs à ceux des boutiques touristiques.

- **Saroj Instrumental Shop** (*zoom couleur I, B2, 191*) : sur Chhetrapati. ☎ 425-83-72. Ouvert de 9 h 30 à 19 h 30 (jusqu'à 13 h le samedi). Fermé le dimanche. Différentes sortes de tambours (dont certains très anciens), tabla, sitar, bols chantants (vendus au kilo !), le tout à des prix justes et avec une vraie qualité de conseil.

Vêtements

– Pour un trek, ceux qui ne veulent pas trop se charger au départ de France peuvent acheter ou louer presque tout à Kathmandu : parkas, sacs de couchage, gourdes, tentes…
– Les vêtements fantaisie sont amusants, mais la qualité et la finition laissent souvent à désirer. Ils sont valables pour les vacances, mais ne résistent pas toujours aux lavages lorsqu'ils sont de mauvaise qualité. Les tee-shirts brodés à la machine sont, eux, très résistants.
– Pour ceux qui ne veulent pas se déguiser en pseudo-hippie rescapé des années 1970, il existe quelques boutiques où l'on trouve des vêtements tout à fait portables une fois les vacances terminées. Avec un peu de flair, vous les dénicherez facilement.
– Pour ceux qui n'apprécient que la bonne qualité et la classe, voici trois adresses que nous recommandons :

- **Everest Pashmine Arts** (*plan couleur général D2, 32*) : Kawal Pokhari ☎ 441-12-96. Ouvert tous les jours de 10 h à 19 h. Assez cher mais très bonne qualité et explications détaillées sur la fabrication.
- **Yasmine** : Durbar Marg, dans la galerie Katsuri où se trouve également le *Koto Restaurant* (*plan couleur général C2, 114*). Ouvert de 11 h à 18 h. Fermé le samedi. Très beaux vêtements conçus par une styliste française. Cher, mais haute couture. Prix fixes. Accepte les cartes de paiement.
- **Wheels Boutique** (*plan couleur général C2*) : Durbar Marg, dans la galerie Katsuri, à l'étage (également dans la galerie marchande de l'hôtel *Shangri-La*). Vêtements faits sur mesure par une couturière népalaise. Délais courts et prix raisonnables.

Pour prolonger ou abréger vos vacances

La plupart des grands hôtels (*Soaltee Holiday Inn, Yak and Yeti, Annapurna, Radisson, Hyatt*…) ont un *casino* destiné surtout à la clientèle indienne. Officiellement, l'accès en est interdit aux Népalais. C'est la raison pour laquelle l'unité de base de la monnaie pour les jetons est la roupie indienne. À voir, même si l'on n'est pas joueur. Pour celui du *Soaltee Holiday Inn,* un minibus gratuit passe vers 21 h dans certains hôtels ramasser leurs clients. Se renseigner sur place. Retour toutes les heures. Machines à sous et roulette. Une salle diffuse des films hindis, ce qui permet de « neutraliser » les femmes pendant que les hommes jouent. Un bon truc : en y allant dans la semaine suivant son arrivée et sur présentation du passeport et du billet d'avion, le casino offre à chaque touriste quelques roupies pour la première mise. À partir de 22 h, possibilité de se restaurer. Et, oh surprise ! les prix sont les plus bas de tout Kathmandu. À l'hôtel *Annapurna,* des films américains sont projetés vers 17 h 30 et 20 h 30. On peut aussi assister à des concerts de rock. On a même vu, autour des tables de jeu, des moines défier le *dharma*. Plus facile d'accès que le *Soaltee*.

QUITTER KATHMANDU

En bus

Les bus locaux partent des deux principales gares : la *City Bus Station*, essentiellement pour la vallée de Kathmandu, et la *Central Bus Park*, pour les régions plus éloignées.

Principales gares de bus

▄▄▄ **Central Bus Park** *(hors plan couleur général par B1)* aussi appelé **New Bus Park** et **Balaju Bus Park :** à Gongabu, sur Ring Road, en direction de Balaju ; prendre un taxi. ☎ 435-14-80 pour l'ouest du pays ; ☎ 435-30-56 pour l'est. Arriver au moins 30 mn en avance car il est quasi impossible de trouver son bus dans ce formidable capharnaüm. Villes desservies : Pokhara, Dunche (départ du trek de Langtang), Nepalganj, Bhairava, Taulihawa, Kakarvita, Biratnagar, Dharan, Surkhet, Dhangahi et Bardiya.

▄▄▄ **City Bus Station** *(plan couleur général C3)* : aussi nommé **Old bus Park** et plus couramment **Ratna Park**. Elle dessert la vallée de Kathmandu : Patan, Bodnath, Banepa, Panauti, Swayambunath, Sankhu, Sundarijal (départ du trek d'Hélambou), Nagarkot, Kirtipur, Balaju, Jawalakhel, Kalimati, Pharping et Dakshin Kali. Il y règne l'anarchie la plus complète : inutile de chercher seul votre bus car il n'y a aucun panneau en anglais. Demander sur place.

Destinations dans la vallée de Kathmandu

➤ **Pour Bhaktapur :** minibus n°s 7, 9 et 10 de Bagh Bazar *(plan couleur général C2-3)*. Également des bus, express ou non, au départ de Ratna Park *(plan couleur général C3)*. Préférer l'*express* qui rejoint Bhaktapur sans arrêt. Départs fréquents.

➤ **Pour Nagarkot :** service de bus quotidien pour touristes en début d'après-midi. Départ de Lainchaur, sur le grand parking en face de l'hôtel *Malla*. Ce bus revient de Nagarkot le matin suivant. Plus souple et plus fréquent, le bus local : départ toutes les 30 mn de Ratna Park. Prévoir 1 h de trajet. Les trekkers en mal d'entraînement peuvent y monter à pied (5 h de marche).

Destinations grandes lignes

Pour ceux qui ont la hantise des queues ou qui veulent se simplifier la vie, la majorité des agences peuvent réserver vos tickets 2 jours à l'avance, moyennant une commission de 20 %.

➤ **Pour le parc de Chitwan** (Sauraha) : départ de Kanti Path *(plan couleur général B3)*, de 6 h 30 à 7 h le matin, arrivée à 13 h environ. Comme pour Pokhara avec les bus touristiques *Green Line* (un peu cher mais plus sûr et confortable) ou avec *Saibaba Travel*. Réserver 1 ou 2 jours à l'avance. Beaucoup moins pratique, mais en période de fortes affluences on pourra aussi prendre un bus de Central Bus Park (à Gongabu) pour Narayanghat qui se situe à 3 km à l'ouest de l'entrée du parc. Mêmes heures de départ.

➤ **Pour Trisuli, Dhunche :** réservation à Central Bus Park (à Gongabu) et départs tôt le matin. D'autres bus partent de Soharkutte au nord de Thamel, un peu plus tard. Permettent d'arriver environ 8 h après à Dhunche, point de départ des treks pour Langtang et Gosaïnkund. À partir de Dhunche, permis nécessaire.

➤ **Pour Pokhara :** les bus les plus fiables sont ceux de la compagnie *Green Line*. Bus de luxe ; bien sûr, les plus chers, cependant on peut espérer voyager en confiance. Départ à 7 h précises, le matin, de Tridevi Marg *(plan* *couleur général C2)*, arrivée vers 14 h à Pokhara. Renseignements et réservations dans toutes les agences ou à la compagnie à Kathmandu : ☎ 425-38-85 ou 425-75-44. À Pokhara : ☎ (061) 52-72-71. À Chitwan : ☎ (056) 56-01-26. Compter, selon l'état de la route, 8 h de trajet environ. Réserver au minimum la veille dans une agence de voyages. Les minibus de *Swiss Bus, Peace and Heaven, Blue Sky Travel* et *Alisha Travel* sont également fiables. Éviter les bus des compagnies locales, qui sont inconfortables et plus lents encore. Ceux de nuit sont carrément dangereux. On déplore des accidents mortels de plus en plus nombreux sur cette ligne. Arrivée à l'ancienne gare routière de Pokhara, au sud-est. Il est possible de réserver aussi son retour. Les bus de la *Swiss Travel* partent à 7 h de Kanti Path. Achat des billets derrière la *GPO*, en allant sur le marché, ou Tridevi Marg à Thamel. Possibilité d'acheter le retour à l'avance avec *open date*.

➢ *Pour Gorkha :* bus direct de Central Bus Park en 5 h.
➢ *Pour Janakpur :* de Central Bus Park. Compter 9 h de trajet.

En avion

– Attention, nous ne traitons ici que les liaisons intérieures. Pour tout ce qui concerne les vols internationaux (conseils, taxes, change, etc.), se reporter en début de guide, au chapitre « Quitter le Népal et le Tibet ».

– Attention aux vols domestiques des différentes compagnies, souvent annulés pour raisons atmosphériques ou autres.

– Ne pas oublier la taxe d'aéroport (payable uniquement en roupies népalaises) de 170 Rps (2,10 €) pour les vols intérieurs (pour ces derniers, autorisation de 10 kg seulement pour vos bagages ; billets de 1 000 Rps refusés, prévoir de la monnaie). Attention, il n'y a pas de distributeur de billets à l'aéroport pour le moment. Mais cela ne saurait plus tarder.

Les compagnies aériennes privées pour les vols domestiques

■ *Buddha Air :* à Hattisar. ☎ 443-70-25. Fax : 443-60-33. Également à Patan, Jawalakhel. ☎ 552-10-15. Fax : 553-77-26.
■ *Cosmic Air :* Kalimatidole. ☎ 449-61-10. Fax : 449-75-69. À l'aéroport : ☎ 446-77-68.
■ *Sita Air :* à Hattisar. ☎ 444-50-12. Également à Sinamangal. ☎ 448-71-10. Fax : 449-05-46.
■ *Gorkha Airlines :* à Maharajgunj. ☎ 444-40-29. Fax : 444-40-30.
■ *Royal Nepal Airlines :* à New Road. ☎ 424-49-77 ou 424-86-04.
■ *Necon Air :* à New Road, ☎ 424-25-07. À Thamel : ☎ 426-25-14. Fax : 447-16-79. ● reservation@necon.mos.com.np ●
■ *Skyline Airways :* à Teenkune. ☎ 444-64-17 ou 448-17-78. Fax : 442-42-13. ● obyais@wlink.com.np ● Nombreuses destinations. À Hattisar. ☎ 443-65-78. Fax : 443-86-26.
■ *Yeti Airways :* à Lazimpat. ☎ 442-12-15 ou 441-19-12. Fax : 442-07-66. ● www.yetiairlines.com ● Beaucoup de destinations.

➢ Ces compagnies assurent de nombreux vols quotidiens depuis Kathmandu pour *Pokhara* et *Biratnagar* ; quelques-uns seulement pour *Bharatpur, Bhairawa, Lukla, Nepalganj* ou sur la ligne *Pokhara-Jomsom*. Les autres aéroports du pays sont desservis 1 ou 2 fois par semaine.
➢ Il y a aussi des vols pour *Delhi, Calcutta, Patna, Bénarès, Dacca (Bangladesh)*...
➢ Généralement, ces compagnies assurent également le *Mountain Flight* (voir ci-dessous « Découvrir les montagnes par la voie des airs »).

➤ DÉCOUVRIR LES MONTAGNES PAR LA VOIE DES AIRS

En avion ou en hélicoptère (Mountain Flight)

Vol d'1 h environ au-dessus des montagnes, lié aux conditions atmosphériques du jour. Effet extraordinaire garanti. Malheureusement, c'est très cher (85 €). Encore plus cher en hélicoptère. Pour les photos, ce n'est pas le rêve, mais vous pouvez vous rendre dans le cockpit à tour de rôle. Vue superbe ! L'Himalaya a une altitude moyenne plus élevée que l'altitude de croisière de l'avion. Vous aurez presque l'équivalent, sans l'Everest mais avec l'Annapurna, en allant en avion à Pokhara.
Renseignements dans les agences de voyages ou auprès des compagnies suivantes :

■ *Buddha Air :* à Hattisar. ☎ 443-70-25. Fax : 443-60-33. Ou à Patan, Jawalakhel. ☎ 552-10-15. Fax : 553-77-26.
■ *Cosmic Air :* Kalimatidole. ☎ 449-61-10. Fax : 449-75-69. Également à Sinamangal. ☎ 446-83-21.
■ *Dynasty Aviation :* à Sinamangal. ☎ 447-75-60 ou 449-74-18. Fax : 446-88-02.
■ *Asian Airlines :* à Teenkune. ☎ 449-75-83 ou 448-17-78. Fax : 448-71-36.
■ *Karnali Air :* à Sinamangal. ☎ 449-33-02. Fax : 448-82-88. • karnaair@mos.com.np •
■ *Fishtail Air :* à Teenkune. ☎ 448-51-86 ou 449-36-70. Fax : 448-51-87. • fish@rotor.mos.com.np •
■ *Air Aranya :* à Tripureshwor. ☎ 422-29-48 ou 422-01-72. Fax : 422-83-24. • mitco@wlink.com.np •

LA VALLÉE DE KATHMANDU

Cette vallée, de forme circulaire, n'est pas très étendue puisque son rayon fait une quinzaine de kilomètres. Pourtant, la population y est nombreuse (plus de 2 millions d'habitants). C'est dans ce cirque naturel que se trouve la plus grande partie des richesses artistiques du Népal.
Prévoir au moins une semaine pour la visite de Kathmandu et de sa vallée. C'est le minimum, d'autant que la tentation est souvent grande de retourner sur certains sites tant ils sont fascinants. On peut visiter la vallée en logeant à Kathmandu, mais pour ceux que les grandes villes rebutent, il est plus judicieux de dormir à Bhaktapur ou à Patan. Vous n'aurez pas à souffrir de la pollution et le séjour y sera bien plus agréable.

COMMENT VISITER LA VALLÉE ?

– D'une manière générale, il est possible de relier les différents sites de la vallée à pied, sur un ou plusieurs jours. Bien sûr, c'est long, il peut faire chaud, mais c'est le meilleur moyen pour découvrir la vallée et aller à la rencontre des Népalais.
– Nos lecteurs qui ont une certaine aisance financière et qui veulent se déplacer sans souci pourront négocier avec un chauffeur de taxi des tarifs forfaitaires à la journée (ou plus). L'importante concurrence facilite la négociation.

AVERTISSEMENT

La situation, sans être vraiment périlleuse, n'est pas toute rose en matière de sécurité. L'exploration de la vallée requiert désormais une certaine prudence. NOUS RECOMMANDONS DONC AUX ROUTARDS DE NE PAS S'AVENTURER SEULS NI MÊME À DEUX HORS DES SENTIERS BATTUS.

Évitez les zones militaires et tout contact avec des soldats (cela vaut surtout pour les routardes). Ne traînez pas dans les forêts alentour, en particulier la forêt de Nagarjung (au nord-ouest de Kathmandu), où deux étrangères, une Française et une Allemande, ont disparu sous coup sûr à l'automne 2005. Et enfin faites-vous accompagner, si possible, par des Népalais de confiance, qui sauront mieux que vous gérer d'éventuels problèmes.

Plusieurs endroits sont à déconseiller de nuit : Bodnath, où le risque d'agression nocturne est fort, le quartier Pulchowk de Patan également. Renseignez-vous auprès du patron de votre hôtel par exemple, et ne prenez pas les conseils à la légère.

SWAYAMBUNATH (SWAYAMBU)

Le temple de Swayambunath, appelé aussi *Monkey Temple,* est perché sur une colline, à 2 km à l'ouest de Kathmandu. À faire dès son arrivée à Kathmandu pour se familiariser avec les lieux. La vue sur la ville et la vallée est saisissante. Entrée du site payante : 75 Rps (environ 1 €).

Swayambu abrite le plus ancien *stûpa* de la vallée, et il est aussi considéré comme l'un des premiers sanctuaires bouddhiques du monde (il aurait été fondé il y a 25 siècles). C'est l'un des pèlerinages les plus populaires et émouvants. Y aller pendant les *fêtes newars* : le matin, le soir, tous les jours il s'y passe quelque chose.

Dans notre rubrique « Il était une fois », Alexandra David-Néel nous raconte : « Au bout de la chaîne neigeuse des Himalayas, Ishwara, le dieu qui procède du Bouddha primordial (l'Adi Bouddha, connu au Népal sous le nom de Swayambu), créa une vallée et celle-ci fut appelée Naghrad, ce qui signifie réservoir ou lac habité par une divinité serpent, un naga. Dans des temps très anciens, un Bouddha nommé Vispashyi vint au Népal et y demeura sur une montagne à l'est du lac au naga. Un jour de pleine lune, il sema une graine de lotus dans le lac. Cela fait, il s'en retourna chez lui. Beaucoup de temps s'étant écoulé, la graine de lotus germa, puis produisit une fleur, et dans le cœur de ce lotus Swayambu apparut sous la forme de lumière. Un autre Bouddha, ayant eu connaissance de ce prodige, se rendit sur la montagne. Il y contempla la lumière émergeant du lotus, s'absorba pendant longtemps dans la méditation, puis finalement s'unit à la flamme et fut incorporé en elle. »

Arriver – Quitter

➢ Vous pouvez choisir d'y aller **en taxi collectif** pour quelques roupies – départ de Bangemuda Tole à Kathmandu *(plan couleur général B2)* –, ou **en taxi individuel** (compter 150 à 200 Rps environ, soit 1,90 à 2,50 €) pour les nantis qui se feront déposer au parking. De là, plus que quelques marches à monter jusqu'au sanctuaire.

➢ Mais le mieux est encore d'y aller **à pied** depuis le centre de Kathmandu (45 mn de marche). La route est simple, tout le monde connaît, et vous apercevez le *stûpa* très rapidement. C'est une balade très intéressante qui permet de découvrir des quartiers populaires le long de la rivière Vishnumati, là où vivent les intouchables, les petits métiers, des temples, la crémation le long de la rivière, etc.

À voir. À faire

🐾 Arrivé au pied du Swayambunath, on peut continuer la route à gauche, jusqu'au chemin menant au *stûpa,* ou emprunter l'escalier monumental partant du portique. L'approche par l'escalier est superbe. Vous y verrez comment les singes glissent sur la rampe comme des poulbots. Ne pas transporter de nourriture sur soi, sinon ils risquent d'attaquer, et bien tenir son sac. Un truc : ne jamais les regarder dans les yeux. Attention, marches glissantes. En haut, une forêt de *chaitya* entoure l'énorme *stûpa* surmonté par une flèche ronde à base carrée, orné des yeux bleus du Bouddha qui voit tout et de treize anneaux dorés qui symbolisent les degrés de la connaissance. Il est dit que l'espèce de point d'interrogation entre les yeux du Bouddha représente le chiffre 1 en écriture sanskrite. Affirmation de l'unité de Dieu par rapport au polythéisme hindou. Si la bouche est absente, c'est que le Bouddha, qui voit tout et sait tout, ne parle jamais.

La fondation de Swayambunath remonterait à 2 500 ans, mais les bouddhistes ne la datent pas. L'édifice abrite des reliques et des documents sacrés. Les neuf niches du *stûpa* central présentent de chaque côté des bronzes parmi les plus fascinants de l'art newar. Tout autour, des moulins à prières que les fidèles font tourner sur leur axe pivotant. Ils contiennent chacun un texte sacré. En les tournant, le dévot imagine que cette prière ou *mantra* est emportée par le vent pour le bien de tous les êtres.

Mais Swayambunath n'est pas uniquement un sanctuaire bouddhique. En effet, opposé à l'escalier, un petit temple est dédié à *Sitala,* déesse népalaise de la Petite Vérole.

Possibilité de visiter l'un des 3 monastères tibétains (le plus grand à droite en arrivant) où se déroule presque chaque jour, vers 15 h, un office de l'école Karma Kagyu. Dans une atmosphère prenante, les prières que les lamas chantent d'une voix monocorde sont entrecoupées par l'appel strident des longues trompes et des *gyalings* (sortes de hautbois à double anche vibrante).

Faire le tour du *stûpa* dans le sens des aiguilles d'une montre : tout *stûpa* rencontré sur sa route doit être laissé à main droite. Ne faites pas comme le capitaine Haddock dans *Tintin au Tibet* : « Toi passer à gauche, Sahib ! »

De plus, le temple n'est pas un monument unique. Il intègre des maisons d'habitation, quelques petits commerces, des *sikhara* du XVIIIe siècle (*stûpa* en forme de temple hindou), *chaitya* et *pagodons* dans un joyeux désordre. Descendre vers l'autre versant, en zigzaguant entre les blancs *chaitya,* sortes d'ex-voto qui bordent les sentiers, pour la colline jumelle de Sarasvati.

🍴 **National Museum :** à 2 km de Kathmandu, à **Chhauni.** Entrée payante (oh, seulement 50 Rps !), supplément photos. Il est situé sur la route qui mène à Swayambunath (et non sur le chemin que l'on emprunte lorsqu'on y va à pied). Ouvert de 10 h 30 à 16 h 30 en été et jusqu'à 15 h 30 en hiver. Le lundi, jusqu'à 14 h 30. Fermé le mardi et les jours fériés.

Cadre vieillot mais quelques belles pièces : sculptures, statuettes (dont une très belle *Nritya Devi,* déesse dansante en bois du XVe siècle) et gravures. Panoplies d'armes des rois du Népal (dont une épée de 2 m !), canons tibétains en cuir, etc. Si l'on dispose de temps, mérite vraiment un petit détour.

BUDDHA NILKANTHA

À 10 km environ au nord de Kathmandu. Pour y aller, scooters publics et *Blue Bus* partent de Rani Pokhari. Ce site n'est intéressant que pour sa statue de 5 m de long, représentant Vishnu couché sur un lit de serpents. Entouré d'une inesthétique barrière de protection en béton. Y aller de préférence le matin pour la cérémonie qui s'y déroule vers 9 h. Le roi du Népal est le seul être à qui l'entrée du sanctuaire est interdite. En effet, incarnation vivante de Vishnu, il ne peut se trouver face à son image sous peine de mort. L'ensemble est, il faut l'avouer, assez décevant et le roi ne rate pas grand-chose.

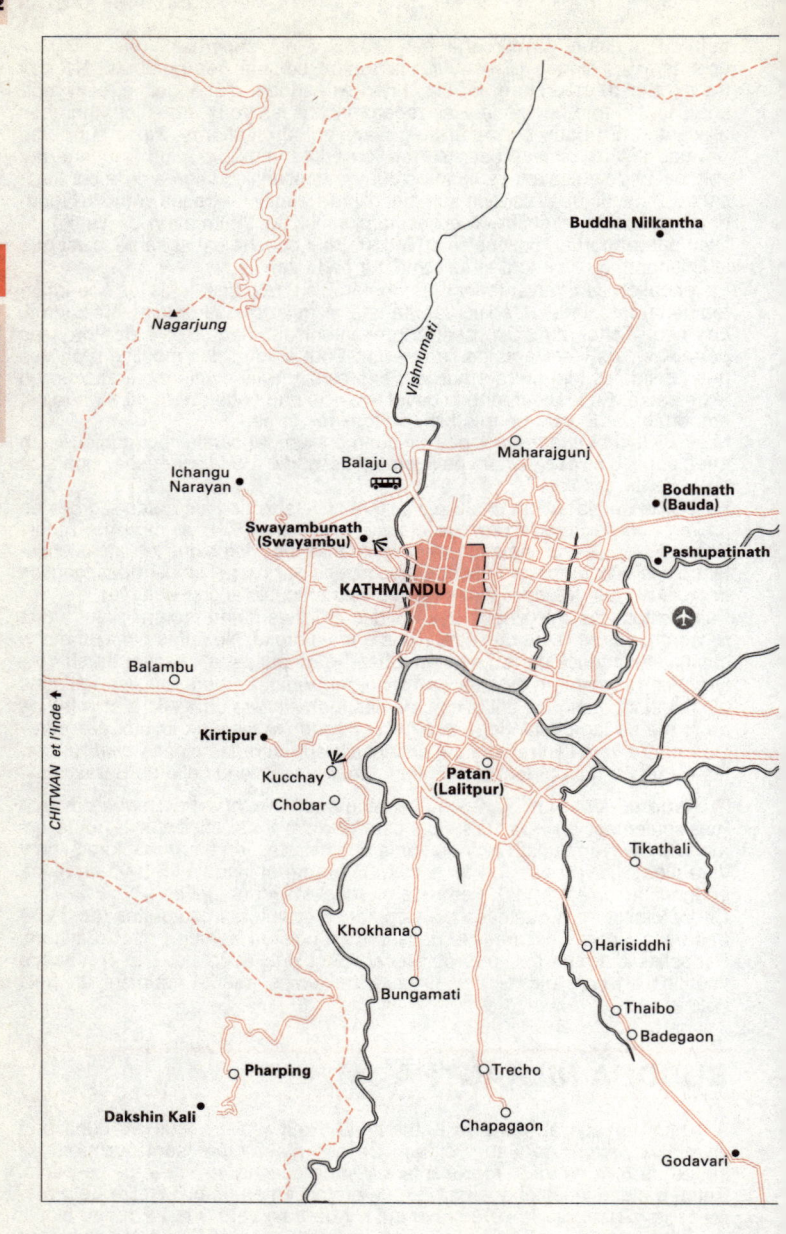

LA VALLÉE DE KATHMANDU

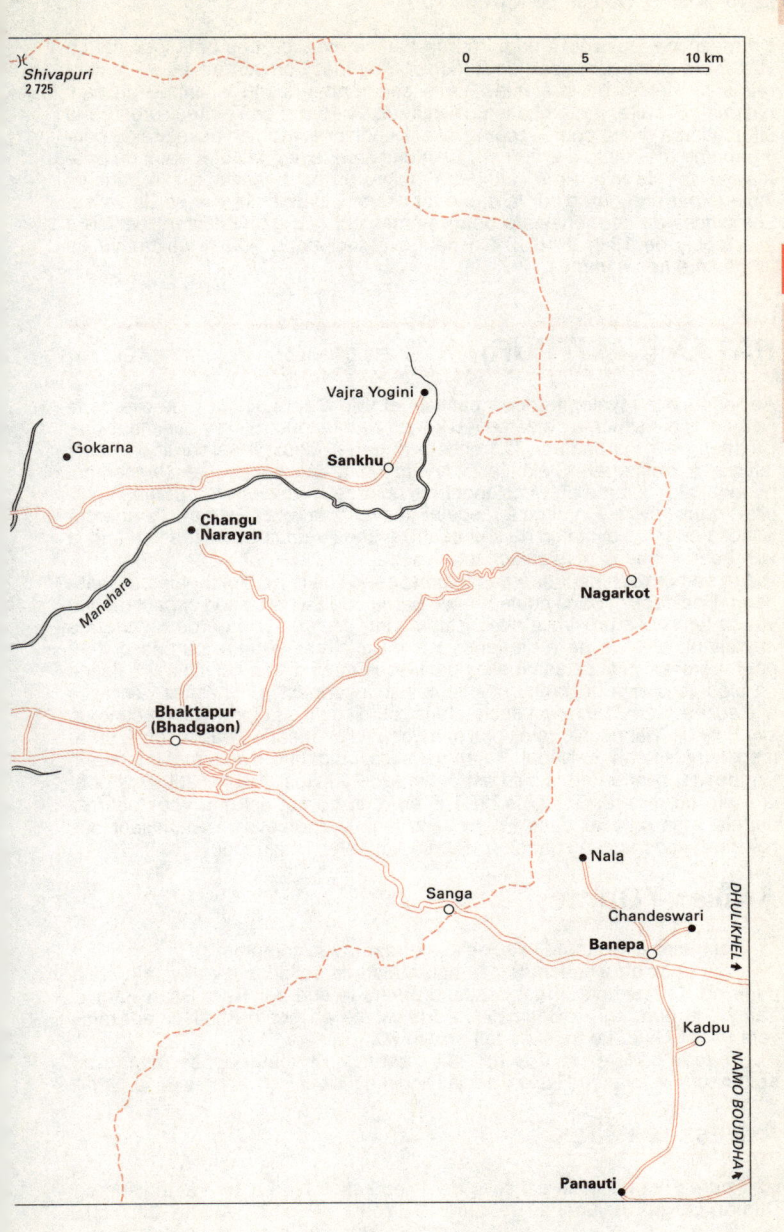

LA VALLÉE DE KATHMANDU

En revanche, possibilité de faire une balade avec de très beaux points de vue sur la vallée au départ de Buddha Nilkantha. Compter environ 4 h aller-retour au départ de la statue. Route goudronnée jusqu'à l'entrée du parc national. Ensuite, large chemin cailloteux. À 10 mn de l'entrée, prendre la bifurcation à droite pour le monastère bouddhique. Montée assez raide pour y parvenir (de 1 400 à 2 000 m). Le monastère, avec ses drapeaux de prières, se voit de loin. Pour l'atteindre, suivre un petit sentier sur la gauche, indiqué par une borne sur la droite du chemin. Très belle vue sur la vallée. Les offices de ce monastère pour femmes ont lieu généralement de 7 h à 10 h, puis de 13 h à 16 h. On peut y participer. À 500 m se trouve un monastère des hommes.

PATAN (LALITPUR)   250 000 hab.   IND. TÉL. : 01

Ancienne ville royale, autrefois capitale et ville d'art, Lalitpur (« la cité de la Beauté ») est située à seulement 6 km de Kathmandu. S'il n'y avait la rivière Bagmati pour les séparer, la frontière entre les deux villes serait d'ailleurs difficile à distinguer. C'était auparavant un grand centre d'enseignement bouddhique, comme en témoignent les nombreux monastères *(bahal)* éparpillés dans la ville. On aime à rappeler que Lalitpur fut choisie par l'empereur Ashoka pour y élever l'un de ses quatre grands *stûpa* et serait, de ce fait, la ville bouddhique la plus ancienne d'Asie.

Patan ne possède peut-être pas le prestige et l'unité architecturale de Bhadgaon (Bhaktapur). Sans doute a-t-elle perdu une partie de son aspect médiéval du fait de sa proximité avec Kathmandu. Mais la ville garde un charme envoûtant, et vous ne regretterez pas d'avoir réservé une journée entière pour marcher au fil de ses ruelles pavées, le nez en l'air. Un itinéraire fléché en bleu vous fera découvrir des lieux insoupçonnables, n'hésitez donc pas à le suivre. Son *Durbar* est enchanteur ; on dit qu'il a la forme d'une conque, symbole de Vishnu. Ne ratez pas le musée à l'intérieur du palais royal, sûrement le plus riche du Népal. Patan est aussi un centre d'artisanat important. En théorie, l'entrée de la ville est payante : 200 Rps. Ajouter 250 Rps pour la visite du musée. Soit plus de 5 € en tout. Le fait est que vous pourrez parfois vous balader dans Patan sans jamais apercevoir le monsieur des tickets et sans aucun contrôle... Rien à voir avec Bhaktapur !

Arriver – Quitter

➢ Pour aller à Patan, le mieux c'est le *taxi* (avec compteur !).
➢ Pour ceux qui auraient le courage malgré la pollution d'y aller **à pied,** à partir de Kathmandu, il faut descendre vers le sud par Ram Shah Path et franchir le pont sur la Bagmati. La rue monte en pente relativement raide vers Patan Gate. Le trajet se fait en 1 h 30.
➢ Si vous préférez le **bus** (n° 26), c'est là qu'il vous dépose (départ de Kathmandu le long de *Ratna Park*, à l'angle de *Kanti Path* et près de la *GPO*).

Adresses utiles

✉ **Poste :** la principale est celle du Durbar. Ouvert du lundi au vendredi de 10 h à 17 h.

■ **Change :** à la *Standard Chartered Bank,* Jawalakhel, à côté de l'hôtel *Aloha Inn.* Ouvert du lundi au jeudi de 9 h 45 à 15 h et le vendredi jusqu'à 12 h 30. Même taux qu'à Kathmandu et queue aussi longue.

■ **Distributeurs d'argent :** on en trouve un à la *Nabil Bank,* près de l'*Hotel Himalaya,* à l'entrée de Patan en venant de Kathmandu. Et un autre en plein centre, sur Durbar Square, en dessous du restaurant *Lakeyu Kitchen.*

■ **Téléphone :** de nombreuses agences disposent du téléphone, du fax et d'Internet.

Où dormir ?

Bon marché (de 150 à 500 Rps ; de 2 à 6 €)

🛏 *Café de Patan :* 83, Mangal Bazar (à 20 m de Durbar Square). ☎ 553-75-99 et 553-02-08. ● pcafe@ntc.net.np ● Une dizaine de chambres avec ou sans salle de bains. Excellent rapport qualité-prix pour cet établissement géré avec sérieux. Belle vue sur Patan et les montagnes environnantes. Réserver car c'est souvent complet. Resto dans une sorte de patio ombragé, au calme.

🛏 *Mahabuddha Guesthouse :* ☎ 554-05-75. Fax : 553-51-48. ● mhg@mos.com.np ● Petit hôtel familial dans une ruelle en face du temple du Mahabuddha. Chambres simples mais correctes et propres, toutes avec salle de bains et eau chaude. Petit dej' au lit. Réserve les tickets de bus, vols intérieurs, etc. Cybercafé au rez-de-chaussée.

🛏 *Mountain View Guesthouse :* Kumaripati. ☎ et fax : 553-81-68. En venant de Patan, tourner dans une petite rue sur la droite au niveau d'un collège, à 500 m environ du carrefour de Jawalakhel. Hôtel familial tenu par un ancien capitaine gurkha. Chambres d'une propreté très moyenne, vraiment tristes. Celles avec salle de bains commune sont à éviter. Les couloirs ne sentent pas bon, et les prix sont quasi identiques aux adresses précédentes. En dépannage, c'est tout.

De chic à très chic (à partir de 2 000 Rps ; plus de 25 €)

🛏 *Hôtel Clarion :* Man Bhawan, Jawalakhel. ☎ 552-45-12 ou 552-14-76. Fax : 552-14-68. ● www.hotelclarion.com ● Environ 60 US$ (51 €) la nuit mais grosses réductions – jusqu'à - 50% – s'il reste de la place. Hôtel d'un excellent standing, dirigé par un Népalais formé en Suisse. Une douzaine de chambres impeccables avec salle de bains. Grand jardin protégé de l'agitation de la rue. Resto assez classe et pas très cher.

🛏 *Summit Hotel :* Kupondole Height, PO Box 1406, Kathmandu. ☎ 552-46-94 ou 552-18-10. Fax : 552-37-37. ● www.summit-nepal.com ● Sur la route de Kathmandu, un peu avant d'arriver à Patan, prendre à droite (c'est indiqué). Il est préférable de s'y rendre en taxi, car c'est assez éloigné de la route principale et compliqué à trouver. À partir de 60 US$ (51 €) en basse saison (mai à septembre) et de 75 US$ (64 €) en haute saison. Mais comme d'habitude les prix se discutent ! Hôtel luxueux très plaisant, au calme, avec piscine et belle vue sur la montagne. Chambres spacieuses décorées en style newar, dont le balcon donne sur le jardin. Quelques chambres doubles avec salle de bains commune, une bonne formule pour profiter du standing de l'hôtel sans se ruiner (compter entre 20 et 30 US$, soit 17 à 25,50 €).

Où manger ?

Bon marché (de 150 à 350 Rps ; de 2 à 4,50 €)

🍴 *Café du Temple :* sur Durbar Square. ☎ 552-71-27. Ouvert de 9 h à 21 h. Au terme d'un dédale d'escaliers raides et de couloirs étriqués, on atteint la terrasse sur le toit avec sa belle vue sur le Durbar. Nourriture chinoise, continentale, népalaise et indienne. Les menus fixes *veg'* ou *non veg'* sont plutôt à prix moyens. Bons milk-shakes. Service gentil et efficace.

|●| ***Taleju Restaurant :*** dans le prolongement de Durbar Square, derrière le temple de Shiva. ☎ 553-83-58. Salles aux 2ᵉ, 3ᵉ (on s'y assoit en tailleur) et 4ᵉ étages, terrasse encore au-dessus. Point de vue superbe sur l'alignement des temples de Durbar Square et les montagnes par temps clair. Bonne cuisine népalaise, indienne ou chinoise. Service attentionné, cadre propre, prix bas et accueil chaleureux.

|●| ***The Third World Restaurant :*** sur Durbar Square, à l'angle d'une rue, derrière le temple de Krishna. Resto sur quatre étages avec deux adorables terrasses. Un peu négligé et moins cher que les autres. Nourriture pas extraordinaire, mais on peut aller y boire un verre pour profiter du meilleur coup d'œil sur le temple hindou dédié à Krishna.

|●| ***The Bakery Café :*** sur la route de Kathmandu, au grand rond-point de Jawalakhel, près du zoo. Self à l'occidental servant hamburgers, pizzas, glaces et quelques plats typiques à des prix corrects. D'autres succursales à Kathmandu.

Prix moyens (de 350 à 800 Rps ; de 4,50 à 10 €)

|●| ***Lakeyu Kitchen :*** sur Durbar Square. ☎ 555-12-54. Dans un ancien bâtiment restauré, de type newar. Un cadre superbe et soigné où l'on peut manger assis sur des coussins autour de tables basses. Nourriture variée et bonne. Le menu newari, pas cher, permet de goûter à différentes entrées et plats. Seul problème : les fenêtres donnent sur une rue très bruyante... bruits de moteurs et klaxons accompagnent donc le repas. L'excellent accueil tentera de vous le faire oublier.

|●| ***Patan Museum Café :*** dans le jardin du palais royal. ☎ 552-62-71. Accès par la porte d'Or et par le musée. Ouvre seulement de 10 h 30 à 17 h. On y sert des snacks et des plats simples mais délicieux. Une partie du jardin est réservée à la culture (bio nous a-t-on dit) des légumes utilisés par le restaurant. Un havre de paix magnifique. Prix très raisonnables compte tenu de la beauté du lieu et la qualité de la cuisine. On peut y aller sans avoir à payer l'entrée du musée.

|●| ***Dhokaima Café :*** à Patan Dokha (à droite après la porte de Patan). ☎ 552-21-13. On mange dans une minuscule salle chaleureuse ou dans une cour ombragée, dans un décor apaisant de brique et de végétation. Délicieux plats occidentaux et bons snacks. Le *fish scallop Rochelle* est particulièrement savoureux. Pour les grosses faims, menu du jour à prix intéressant. Sert du vin. Une excellente adresse.

|●| ***La Soon :*** sur Pulchowk, pas très loin de l'*hôtel Narayani*. ☎ 553-71-66. À 100 m du rond-point, dans une impasse pavée. Restaurant tenu par Maria, une Africaine. Bonne nourriture locale ou occidentale et délicieuses pâtes. Plats du jour présentés sur une grande ardoise. Propose du vin. Desserts également savoureux. Les tables sont disposées dans un vaste jardin, au grand calme. Un petit luxe à prix tout à fait abordables.

À voir

Patan, en raison de ses nombreux temples, est surnommée « la ville aux mille toits dorés ».

🛖🛖🛖 ***Durbar Square :*** la place, très animée, est limitée par le palais royal et encombrée d'une dizaine de temples tous plus beaux les uns que les autres, dédiés aux divinités locales. Le soir, spectacles de musique, danse et chants se succèdent. Une belle et saine émulation qu'il ne faut pas rater.

PATAN / À VOIR 137

– **Le palais royal :** il occupe tout un côté de Durbar Square, c'est la longue bâtisse face aux temples. Trois entrées principales donnent chacune accès à une cour intérieure ou *chowk*. La première porte à droite est protégée par Hanuman (le dieu-singe) et par Vishnu sous sa forme terrifiante. Elle donne accès au *Sundari Chowk* qui présente en son centre une superbe fontaine de pierre, le *Tusha Hiti,* qui servait de bain royal. Cette fontaine en forme de bassin octogonal a été construite en 1670. Malheureusement, depuis plusieurs années, des travaux de restauration en interdisent l'accès. La deuxième porte, située en face de la grosse cloche et gardée par deux lions, donne sur le *Mul Chowk,* cour construite en 1666 ; c'est la plus ancienne. Le centre est occupé par un petit sanctuaire de *Badya Mandir*. Sur la droite, deux statues remarquables personnifiant le *Gange* debout sur une tortue et la rivière *Jumna* ou *Yamuna* sur un *makara* (une bête plutôt bizarre). La troisième porte ou *porte d'Or,* avec son riche tympan, véritable chef-d'œuvre, rivalise avec celle de Bhadgaon. Elle se trouve en face du *Krishna Mandir* et est protégée par deux lions. Elle donne accès au musée. À voir absolument.

– **Le musée de Patan :** ☎ 552-14-92. • www.asianart.com/patan-museum • Ouvert tous les jours de 10 h 30 à 17 h 30. Entrée : 250 Rps (3,10 €). Photos autorisées. La rénovation du bâtiment est une réussite complète, et les œuvres présentées sont exceptionnelles par leur qualité. Explications passionnantes (en anglais) sur l'hindouisme et le bouddhisme. Ne pas manquer aussi de lire les commentaires sur la fabrication des statues métalliques. S'il n'y a qu'un musée à visiter au cours de votre voyage, c'est bien celui-ci. On y apprend plein de choses utiles pour apprécier l'art hindou. Très agréable restaurant dans les jardins (*Patan Museum Café* ; voir « Où manger ? »).

– **Bhimsen Mandir :** au nord de la place. Bhimsen, héros à la force légendaire du *Mahabharata*, est le dieu du Commerce et des Affaires. Ce temple fut reconstruit au XVIIe siècle après un incendie. Deux lions, montures de Bhimsen, protègent son entrée. Belle façade dorée, richement décorée.

– **Vishwanath Mandir ou temple de Shiva :** à côté du précédent. Une autre splendeur datant du XVIIe siècle, extraordinaire combinaison du travail de la brique et du bois. Notez les superbes scènes érotiques sculptées sur les étais et l'impressionnant *lingam*. Les habitants de Patan l'appellent d'ailleurs « le temple du Kama Sutra » !

– **Krishna Mandir :** à la suite du précédent, en face du musée. L'un des plus beaux, datant du XVIIIe siècle. Élevé en forme de *sikhara,* sur un plan architectural octogonal assez unique au Népal. Ce *mandir* fut construit pour commémorer le sacrifice des femmes du roi Yoganarendra Malla selon le rite du *sati*. Ce rite, aujourd'hui aboli au Népal mais encore existant en Inde, veut que la veuve s'immole vivante dans le bûcher de crémation de son mari. À côté, la grande cloche de *Taleju*.

– **Jagannarayan Mandir** ou ***Karnarayana*** **:** dans le prolongement du précédent. C'est probablement l'édifice le plus ancien de la place. Petit temple à deux étages dédié à Narayan, un avatar de Vishnu. Sculptures érotiques intéressantes sur les étais du toit.

🍴🍴 ***Golden Temple (Hiranya Mahavihar)*** **:** situé à environ 200 m de Durbar Square. Ouvert de 8 h 30 à 18 h. Entrée : 25 Rps (0,30 €). Ce monument est l'un des plus beaux de Patan. Des siècles durant, les artisans de la ville ont, par leur travail minutieux, d'une finesse inégalée, bâti leur réputation. Le résultat se retrouve dans cette gigantesque pièce d'orfèvrerie dont les origines remontent au XIIe siècle et où tout est gravé et ciselé. Il y règne une atmosphère religieuse très prenante. Chaque soir, des moines viennent y célébrer l'office. Notez le travail admirable des portes d'accès. À remarquer également, les tortues sacrées, nourries d'offrandes, qui vivent dans l'enceinte du temple. Frileuses, elles ne sont pas visibles en hiver. Attention, tout objet en cuir est interdit dans l'enceinte. Il y a souvent une sorte de

LA VALLÉE DE KATHMANDU

comité d'accueil chargé de s'occuper du temple... et de le faire visiter aux touristes. On peut disposer son obole dans un tronc.

Kumbeshwar ou Shiva's Temple : en continuant vers le nord après le Golden Temple. Pas aussi beau que celui de Bhadgaon et sans escalier monumental, mais l'un des derniers à posséder cinq toits. Splendides balcons sculptés. Autour, des bassins entourés de sculptures remarquables, dont une de Ganesh. L'ensemble est animé : des enfants jouent, courent dans tous les sens et, à l'occasion, sollicitent les touristes pour un petit quelque chose.

En face du temple, vous pourrez visiter le centre technique *Khumbeshwar Technical School.* Ils s'occupent des intouchables et ont un petit orphelinat. Vente de pulls tricotés main en pure laine et de tapis. Les objets proposés sont de bonne qualité et le bénéfice de la vente sert à l'école.

Maha Bouddha (temple aux Neuf Mille Bouddhas) : prendre le Mangal Bazar à gauche, à l'angle de Durbar Square. Pénétrer par une porte qui semble être celle d'une maison d'habitation. Immense *shikara* (pain de sucre) au milieu d'une petite cour. L'effigie du Bouddha est reproduite sur chaque brique, et on peut en compter près de neuf mille, de toutes les tailles. Construit au XIVe siècle, il fut presque entièrement détruit par le tremblement de terre de 1934. Les artisans-potiers de Patan le reconstituèrent patiemment suivant le même modèle. Un travail fabuleux ! Marcher vers les deux maisons du fond et leurs terrasses, puis emprunter les escaliers étroits qui mènent au dernier étage. Vue privilégiée sur ce temple et sur les montagnes. C'est dans cette cour et les boutiques alentour que vous trouverez les plus jolis bronzes à la cire perdue.

Rudravarna Mahavihara ou Uku Bahal : au bout de la rue du Maha Bouddha, tourner à gauche. Superbe monastère bouddhique, dont la tour est surmontée de deux toits dorés. Belle cour aux proportions harmonieuses, remplie de monstres ailés, *garuda,* lions et différents symboles bouddhistes comme le *dorje.* Les étais (dire « corbeaux » quand on veut faire savant !) de bois sculpté seraient les plus anciens de la vallée.

➤ Prendre un peu de temps pour flâner dans les ruelles tout autour de Durbar Square et entrer dans les cours des maisons : petits temples en abondance, ateliers de bronze à la cire perdue...

Achats

Patan est un haut lieu de l'artisanat népalais, vous pourrez visiter des fabriques de tapis, de statuettes ou des ateliers de *tangkha,* et acheter des objets directement à l'artisan.

Patan Industrial Estate : à 1 km avant l'arrivée à Patan, en venant de Kathmandu, sur la droite. Artisanat népalais (bijoux ou bois). Pour ceux qui veulent des souvenirs. Pas bon marché et touristique, mais artisanat de très bonne qualité.

Le village tibétain de Jawalakhel : à 4 km de Durbar Square. Des milliers de Tibétains se sont réfugiés là, ayant fui l'invasion chinoise. Ils ont conservé leurs coutumes et leurs pratiques religieuses, ainsi que leurs métiers traditionnels : cardage et tissage principalement. Dans les magasins, vous trouverez des tapis, des pull-overs et des bonnets de fourrure. Les ateliers de fabrication de tapis ouvrent de 9 h à 17 h et le règlement des achats de tapis doit être fait dans une monnaie étrangère. Petite boutique de bijoux et d'artisanat. Prix fixes.

➤ DANS LES ENVIRONS DE PATAN

Bungamati : à 6 km de Patan, côté Jawalakhel. Village construit dans un cadre magnifique, entouré de rizières en terrasses, qui possède de belles maisons et une place centrale animée avec deux temples, dont celui qui abrite le célèbre dieu rouge *Rato Machhendranath,* dieu de l'Agriculture, en pénitence pour six mois. Le reste du temps, il est conservé à Patan, et la cérémonie de transfert, début décembre, donne lieu à une procession très suivie. La spécialité du coin : la sculpture sur bois (d'ailleurs, beaucoup de sculptures vendues à Bhaktapur viennent d'ici). L'ensemble, très agréable, semble être oublié des agences de voyages. N'en parlez pas trop pour que cet endroit demeure préservé le plus longtemps possible.

Khokhana : on peut y passer en revenant de Bungamati (mais en prenant un chemin et pas la « route »). Comme à Bungamati, ensemble admirable avec un cachet authentique. On peut y admirer le travail des femmes qui filent la laine de yack devant leur maison. Un bon moment à passer loin de l'agitation de Kathmandu. Sur la place, bus pour Patan, de temps en temps…

Godavari : à 22 km de Patan. Pour s'y rendre, prendre un bus ou minibus à Patan Lagankhel. Pour les paresseux, possibilité bien sûr de prendre un taxi ; il pourra vous conduire jusqu'au sommet de la montagne. La route qui y mène offre déjà un itinéraire très pittoresque. Elle traverse tout d'abord le petit village de *Harisiddhi,* qui possède un joli temple à quatre étages, puis *Bishanku Narayan,* important lieu de pèlerinage. La vue, de ce village, est absolument superbe. Ensuite, c'est l'arrivée au jardin botanique. On se sent complètement dépaysé par le calme et la fraîcheur du lieu. Pour une poignée de roupies, on peut pénétrer dans le jardin et y admirer une foule de plantes. Il faut malgré tout s'y connaître car leur nom n'est, hélas, jamais spécifié.
La route continue après le jardin et, après avoir dépassé un site très étrange, *Godavari Kunda* (nom d'une source sacrée), commence l'ascension de la montagne de *Pulchowki.* C'est le plus haut sommet de la vallée (2 762 m). Si vous avez la chance de visiter le Népal au printemps (de février à avril), vous serez ébloui par la forêt de rhododendrons géants. Dommage que des antennes de TV viennent un peu (beaucoup) gâcher le paysage.

Où dormir ? Où manger très chic ?

Godavari Village Resort : Amarabati (Taukhel), Godavari, Lalitpur. ☎ 556-06-75. Fax : 556-07-77. ● godavariresort.com.np ● À partir de 50 US$ (42,50 €) la double. Une énormité, malgré tout d'assez bon goût. Pour le prix, on a une chambre grande comme un appartement avec une vue imprenable, piscine, court de tennis, jacuzzi, etc. Restaurant pas donné.

KIRTIPUR

À 6 km au sud-ouest de Kathmandu. Cette ancienne forteresse semble vivre encore au Moyen Âge. Les ruelles sont bordées de maisons délabrées où subsistent quelques belles fenêtres sculptées. Sur le plan historique, une curieuse anecdote : Kirtipur fut au XVIIIe siècle une cité très importante. Lors du processus d'unification du royaume, Prithivi Narayan Shah, roi de Gorkha, attaqua la ville. Une flèche ayant crevé l'œil de son frère, il ordonna que l'on coupe le nez de tous les garçons de plus de 10 ans. Mais, grand mélomane, il en dispensa… ceux qui savaient jouer d'un instrument de musique ! Il

imposa aussi à cette localité le nom de *Naskatpur*, ce qui signifie « ville des nez coupés ». La ville a aujourd'hui troqué cette appellation contre celle de Kirtipur.
Nous conseillons vivement aux amateurs de photos de venir de très bonne heure car le soleil a vite fait d'écraser les contours des maisons et temples. La population est accueillante, ce qui rend cette visite vraiment plaisante. C'est l'un de nos endroits préférés mais on démolit beaucoup ces derniers temps et on modernise avec force béton et tôle ondulée. Un vrai massacre.
➢ Pour s'y rendre, bus fréquents depuis *Ratna Park* à Kathmandu ; 45 mn de trajet. Ils vous laissent au pied du village, à l'université.

Où dormir ? Où manger ?

Kirtipur Hillside : en montant vers le centre, sur la gauche. ☎ 433-40-10. Fax : 433-09-08. • www.kirtipurhillside.com.np • Prévoir entre 10 et 20 € la double. Cet hôtel sans prétention offre des chambres propres et équipées d'une salle d'eau, avec ou sans balcon. Et surtout, une vue étonnante sur l'agglomération de Kathmandu. Vue jouissive dont on profite encore mieux depuis le restaurant sur le toit.

À voir

Vous serez souvent accueilli par des gamins se proposant comme guides. Le village étant de dimensions réduites, cela ne s'avère pas très utile. En outre, ça risque de vous empêcher de rêver en paix.

Le temple thaï : dans le bas du village en venant du campus de l'université, en sortant de la station de bus. Ce spécimen de sanctuaire thaï unique au Népal, riche en couleurs, a été construit récemment. Insolite, il vaut le détour malgré son côté kitsch. Des dioramas à taille humaine présentent les scènes essentielles de la vie de Gautama. Pour les nostalgiques de Bangkok et du bouddhisme du « Petit Véhicule ».

Bagh Bhairava : devant la place avec le grand bassin verdâtre, là où se garent les taxis. *Le temple du dieu tigre*, d'allure massive avec trois étages, est reconnu comme sacré autant par les hindous que par les bouddhistes. Au 1er niveau, toute une batterie de cuisine marrante pendouille sur la façade. Au 2e niveau, superbes panneaux et étais (corbeaux) sculptés. Les épées, poignards et boucliers accrochés là sont ceux des combattants newars vaincus par le roi de Gorkha. Le mardi et le samedi, tôt le matin, des sacrifices y sont pratiqués. En sortant du temple, prendre à droite, là où la colline s'élève le plus haut.

Uma Maheshvara : ce temple domine le bourg. Il permet de bien distinguer l'arête sur laquelle il est construit et l'on voit combien tout cela se révèle harmonieux. Panorama superbe sur les vallées verdoyantes et les montagnes par temps clair. Le temple a perdu deux toits lors du tremblement de terre de 1934. Devant, deux éléphants rappellent qu'il est dédié à Ganesh. Séduisants Shiva et Parvati dans le sanctuaire.

En continuant vers l'ouest, derrière l'Uma Maheshvara, on arrive à une **ancienne porte de ville** ; c'est d'ailleurs la seule qui ait été épargnée lors du démantèlement de l'enceinte censée protéger la ville des envahisseurs. Adorable placette d'une sérénité délicieuse.

Dans le prolongement du bassin central, **temple d'Adibuddha** avec une *sikhara* du XVIIe siècle. À deux pas, le grand *stûpa* de **Chitubihar**. Ensemble très ancien et pittoresque, fusion harmonieuse des *chaitya* bouddhiques et de l'exubérance des sanctuaires hindous. Tout le quartier autour possède bien du charme. En descendant l'escalier passant sous les portiques, on découvre deux fort belles statues de pierre. À gauche, une curieuse chapelle insérée dans un arbre.

➤ DANS LES ENVIRONS DE KIRTIPUR

Les gorges de Chobar : à 4 km de Kirtipur, sur la route de Pharping et Dakshin Kali. Les trois rivières sacrées (Manohara, Bisnumati et Bagmati) traversent ces gorges. Selon l'une des plus célèbres légendes de la vallée, c'est l'endroit où Manjushri fendit les montagnes de son épée. Il permit ainsi l'écoulement du lac et la libération de tous les serpents qu'il contenait à l'exception de leur roi qui, dit-on, vit encore non loin de là. La réalité de ce lieu est pourtant devenue bien triste. La cimenterie en contrebas, avec ses poussières, a gâché irrémédiablement le paysage. Sans compter la rivière qui charrie les mousses blanches issues des usines de Kathmandu toute proche.

On traverse le pont suspendu (offert par les Écossais) pour se rendre (1 h) au village sur la colline. Là se dresse le temple dédié à *Adinath Lokeshwor*. Remarquer tous les ustensiles ménagers suspendus : ils ont été offerts à Lokeshwor par des jeunes mariés, avec l'espérance que leur union soit durable et heureuse.

Avant de reprendre la route, petite halte au *sanctuaire de Ganesh*, situé en contrebas. Belles frises érotiques ainsi qu'une superbe statue en bronze de musaraigne (véhicule de Ganesh). Attention aux amateurs de photos, le gardien du lieu n'est pas commode du tout !

Kucchay : entre Chobar et Kirtipur, petit village perché au-dessus de la route. Pas facile à trouver. Grimpez à pied (10 mn) depuis la route. Demandez au taxi de vous indiquer le chemin. Très belle vue sur Kathmandu. Ce village rural est parfaitement préservé ; ici, pas de touristes, et les gens sont très accueillants. L'été, les grains sèchent dans la rue, les épis de maïs sont pendus aux murs des maisons. Les enfants jouent sur la place au milieu des canards et des poules. Au bout du chemin, vous tomberez sur un temple très ancien. Des centaines d'ustensiles de cuisine, d'outils, sont accrochés aux murs depuis plus de quatre siècles.

PHARPING

IND. TÉL. : 01

À 18 km au sud-ouest de Kathmandu, au sommet de collines surplombant Kirtipur. Magnifique vue de la colline de Pharping d'où l'on découvre toute la chaîne himalayenne et la vallée de Kathmandu jusqu'à Bhaktapur et Nagarkot.

Où dormir ?

Hattiban Resort : en surplomb de Pharping, au terme d'une route chaotique. Réservation à Kathmandu au ☎ 437-13-97. Fax : 437-15-61. ● www.intrekasia.com ● Prix annoncés de 80 à 120 US$ (68 à 102 €) selon le standing de la chambre ; négociable en basse saison. Un ensemble de bungalows construits par des Bhoutanais au milieu d'une magnifique pinède avec des jardins fleuris. Très isolé, parfait pour ceux qui veulent s'offrir le calme total. Mais qu'est-ce que c'est cher ! Surtout que les chambres n'ont rien d'exceptionnel. Accueil courtois. L'hôtel peut assurer le transport de et vers Kathmandu.

À voir

Le sanctuaire de Shikhara Narayan : peu de touristes s'y arrêtent ; les lieux sont pourtant charmants. Les villageois se lavent à la chute d'eau en contrebas, les femmes s'activent à leur lessive, les enfants jouent autour des bassins, pendant que les moines font la sieste à l'ombre. Ici, pèlerins bouddhistes se mêlent aux hindouistes. Très beaux bassins aux poissons sacrés. Au-dessus, un petit temple est encastré dans la roche, un monastère tibétain que l'on peut visiter.

Grimper sur la colline pour atteindre, au-dessus de Pharping, le **temple de Vajra Yogini**. Un petit chemin à gauche mène à un ermitage à demi ruiné, au milieu des yuccas et des eucalyptus. Panorama sur toute la vallée.

DAKSHIN KALI

IND. TÉL. : 01

À 20 km au sud de Kathmandu

Pas grand-chose à Dakshin Kali ; l'endroit est pourtant devenu très touristique. Vous n'échapperez ni aux vendeurs de souvenirs ni aux mendiants, car l'endroit est connu pour la cérémonie religieuse en l'honneur de la déesse Kali, qui s'y déroule tous les samedis (le mardi aussi, mais moins intéressante). Attention, le samedi, la route étroite est parfois embouteillée sur plusieurs kilomètres. Des centaines de bus et de camions bondés de pèlerins empêchent l'accès au site et on doit alors faire demi-tour. Venir tôt ou, mieux encore, dormir sur place.

Le temple des sacrifices est à ciel ouvert, c'est une sorte de cour de 40 m à l'intérieur de laquelle le sacrificateur décapite un par un, à la machette, les coqs et chèvres qui lui sont présentés. Pour calmer la soif sanguinaire de la déesse Kali et pour que le samedi (jour néfaste) ne se déroule pas trop mal, des centaines de Népalais s'y rendent pour sacrifier poulets et jeunes boucs, offrant à Kali fleurs, fruits et encens. Spectacle assez impressionnant puisque les officiants-bouchers pataugent dans le sang, mais, curieusement, assez dépourvu de ferveur religieuse et de charge émotive. On vient plutôt par habitude. Travail à la chaîne : dès que la tête tombe, les fidèles récupèrent vite les bêtes pour arroser de sang les bas-reliefs. Les touristes ne peuvent pas pénétrer à l'intérieur de l'enceinte, mais on voit très bien la scène de derrière les grilles. Les poulets et autres bêtes sont ensuite dépouillés au bord de la rivière pour être mangés.

Les âmes sensibles pourront toujours aller dans l'autre petit temple perché un peu plus haut. On y sacrifie des fleurs et des légumes.

Arriver – Quitter

Kathmandu-Dakshin Kali : à Kathmandu, le bus local se prend entre le rond-point de Martyr's Gate et Kanti Path (à la hauteur de la *GPO*). Sinon, taxis collectifs à Ratna Park. Vous ne pourrez pas vous tromper, il n'y a qu'à suivre les porteurs de poulets ou ceux qui tirent de jeunes boucs. Environ 1 h de trajet. Se placer sur la gauche pour voir le paysage des cultures en terrasses magnifiques. À plusieurs, conseillé de « chartériser » un taxi ; négocier la matinée pour faire les environs : Dakshin Kali-Shikhara Narayan-Chobar-Kucchay. Partir très tôt.

Où dormir ? Où manger ?

Dakshinkali Village Inn : situé juste à gauche de la porte principale qui mène au temple. ☎ 471-00-53. Réservation à Kathmandu :

☎ 433-08-58 et 433-07-70. • dakvinn@hotmail.com • Autour de 15 US$ (12,70 €) la nuit. Idéal pour passer la nuit la veille des sacrifices (ils commencent à 5 h) ou pour y déjeuner. Chambres simples, toutes avec salle de bains. Vue superbe. Bon rapport qualité-prix. Resto à l'intérieur ou petites tonnelles dans le jardin. Menu un peu plus cher qu'à Kathmandu. Essayez le *kukhura ko sekuwa* ou le *chicken libanese style*, ce sont de véritables merveilles.

PASHUPATINATH

À 5 km à l'est de Kathmandu, c'est l'un des centres les plus sacrés du pays, une ville de pèlerinage baignée par la rivière Bagmati – le Bénarès et le Gange du Népal en quelque sorte. *Pashupati* est l'un des multiples noms du grand dieu Shiva. Si le site est vénéré depuis des temps très anciens, les bâtiments actuels, œuvre de Pratap Malla, datent du XVIIe siècle. L'histoire dit que ce raja a accompli un acte de piété pour une raison bien curieuse. Dans son harem qui abritait 3 000 concubines, il viola une fillette impubère et celle-ci en mourut. Ce libertin comprit alors la gravité de son crime. Pour l'expier, il fit une retraite de trois mois à Pashupatinath et s'occupa à agrandir et enrichir généreusement le sanctuaire. L'atmosphère du lieu est tout imprégnée de cette terreur sacrée, propre aux lieux où Shiva règne. D'ailleurs, un des autres noms de Pashupati est « la vallée de l'Ombre ». Pashupati est aussi une superbe bourgade, d'une très grande homogénéité architecturale. Pour les photos de l'ensemble du village, il est vivement recommandé de venir le matin car l'après-midi et en soirée, le soleil est de face.

Entrée du site payante : 250 Rps (3,10 €). L'endroit, passionnant et reposant, mérite qu'on prenne son temps. Il peut être utile d'embaucher un guide pour mieux comprendre les symboles et rituels hindous. On trouve des guides pleins de bagou à l'entrée, mais ils sont plus ou moins qualifiés… En tout cas, n'hésitez pas à vous débarrasser gentiment de ceux qui vous collent trop ou se montrent incompétents. Fixez le tarif avant la visite pour qu'il n'y ait pas de contestation possible.

Arriver – Quitter

➤ *Kathmandu-Pashupatinath* : en bus depuis *Ratna Park* (départs fréquents) en direction de Bodnath ; en tempo collectif de *Rani Pokhari* ; ou encore en taxi, très bon marché (autour de 100 Rps ; 1,20 €).

À voir

🚶 *Golden Temple* : l'accès n'est autorisé qu'aux hindous. Vous pourrez donc uniquement entrevoir la statue imposante du taureau *Nandi* (véhicule de Shiva) dans la cour principale. En empruntant les escaliers sur la gauche, on peut grimper sur les hauteurs et bénéficier d'une très belle vue sur le sanctuaire et la rivière. La rue qui conduit au temple est particulièrement animée avec ses boutiques de fleurs, bondieuseries et ses *saddhu,* ces hommes couverts de cendre vivant en ascètes, en marge du monde. Leur front est marqué de trois traits horizontaux. D'une main, ils portent le trident de Shiva, de l'autre, une sébile. C'est d'ailleurs à Pashupatinath qu'a lieu le grand rassemblement annuel des *saddhu* pour la *Shivaratri,* en février ou mars selon les années. Un spectacle à ne pas manquer. Attention ce jour-là aux pickpockets. Ils viennent de l'Inde pour faire les poches des touristes et des riches Népalais en pèlerinage.

Teej (le 14 septembre 2007) est une autre fête à ne pas manquer : ce jour-là, des milliers de femmes brahmanes venues de toute la vallée se rendent à Pashupatinath toutes de rouge vêtues pour prier au temple d'Or, danser et chanter, puis faire leurs ablutions dans la Bagmati ; la ville leur est réservée (les entrées sont gardées par la police). Le spectacle des saris aux couleurs chatoyantes est tout simplement magnifique. Les femmes touristes peuvent franchir quelques barrages ; quant aux hommes, ils devront attendre au troquet du coin !

🏃 Sur la petite place à gauche du pont, le tout petit **temple de Batchhla Dev** présente des poutres très ouvragées avec d'intéressantes figures érotiques. Autre curiosité également avoir franchi le pont, sur votre gauche, un *lingam* de bonne proportion. Il est dit qu'autrefois s'y élevait un puits. En regardant dans ce puits, on pouvait voir la forme que l'on aurait et les conditions de sa nouvelle réincarnation. Devant l'effroi de beaucoup de Népalais, peu vertueux à l'époque, le prince régnant, Sankara Rajah, fit combler le puits et ériger le *lingam* à la place.

🏃🏃 **Les bûchers de crémation (Burning Ghats) :** le long de la rivière, sur la rive du temple d'Or. Lors de votre visite, il est possible qu'une ou plusieurs crémations soient en train de se dérouler. La Bagmati se jetant dans le Gange, la crémation à Pashupatinath a la même valeur qu'à Varanasi (Bénarès). Toutefois l'endroit est modeste et beaucoup moins impressionnant. Même si les tensions avec les touristes sont également moins vives, soyez discret si vous avez l'intention de photographier. Prenez vos clichés depuis la rive opposée. Sur la droite sont alignés les *ghat* des pauvres, bases de pierre carrées sur lesquelles sont installés les bûchers. Les corps sont orientés vers le nord en direction de l'Himalaya, berceau des dieux. C'est le fils aîné qui a la charge de mettre le feu au bûcher de son père après lui avoir versé de l'eau dans la bouche. Lorsque la mère décède, ce rituel est assuré par le fils cadet. Les *ghat* situés à gauche du pont sont réservés aux riches et aux célébrités. Quant aux *ghat* de forme circulaire, sur l'autre rive, ils servent aux ablutions des *saddhu* et de plongeoirs aux gamins !

🏃🏃 **Mrigasthali :** traversez le pont qui enjambe la rivière. Vous accéderez à une colline boisée, riche en édifices. Le long des escaliers, vous croiserez des *saddhu* sincères, en pèlerinage, et d'autres beaucoup plus cabots et très photogéniques, possédant un sens des affaires assez éloigné de leur philosophie initiale. Ils ne manqueront pas de tirer avec grande conviction sur leurs énormes *shilom* pour que vos photos soient encore plus spectaculaires ! Prendre sur la gauche, à mi-parcours, pour découvrir tout le site. D'une grande terrasse, on obtient un splendide panorama (et les plus belles photos). Tout en haut de la colline, on accède, à travers bois ou par l'escalier monumental, à tout un ensemble abandonné de monastères et de petits temples. Le paradis des singes et des chiens errants. Dommage que l'argent des entrées ne serve pas plus à la restauration de ces bâtisses en état de délabrement avancé. Comme à Swayambunath, éviter d'avoir de la nourriture : les singes deviennent vite agressifs. Possibilité de redescendre de la colline en longeant la rivière et de revenir à son point de départ.

🏃 **Social Welfare Centre :** en arrivant sur le site, sur la droite. Dans une belle bâtisse, un refuge pour défavorisés, géré par le gouvernement. On peut y faire des dons.

➤ De Pashupatinath, on peut rejoindre **Bodhnath** à travers une campagne qui s'est beaucoup urbanisée. Prendre l'escalier qui monte à la colline de Mrigasthali et, arrivé en haut, continuer sur la gauche en descendant les marches, jusqu'à la Bagmati qu'il faut traverser, près d'un temple dont l'accès est réservé aux seuls hindous. Compter un peu plus de 45 mn à pied entre Pashupatinath et Bodhnath.

BODHNATH (BAUDA)

IND. TÉL. : 01

À 8 km à l'est de Kathmandu. Départs fréquents des bus depuis *Ratna Park*. Les marcheurs peuvent se fendre d'une belle balade à pied depuis Pashupatinath (45 mn).
Cette ville, considérée comme un sanctuaire du bouddhisme, est peuplée de nombreux Tibétains qui ont fui au Népal après l'invasion chinoise. Ainsi, on y dénombre pas moins d'une trentaine de monastères. Très grand *stûpa* de 100 m de circonférence au centre. Son origine est un peu obscure : on raconte qu'il a été construit par le roi Mana Dev au Ve siècle av. J.-C.
Aujourd'hui Bodhnath est devenue aussi crasseuse et encombrée que le reste de l'agglomération, dont elle fait désormais partie intégrante. Le *stûpa* est entouré d'un amoncellement de boutiques de souvenirs (bijoux, *tangkha*, clochettes, moulins à prières...) et attire de nombreux mendiants, cireurs de chaussures et vendeurs de hasch. Le soir, faites attention si vous traînez dans le coin : pas très sûr (vols, agressions).
– Nombreux bureaux de change et cybercafés.

Où dormir ?

Dormir à Bodhnath revêt quelque chose de magique. Prudence tout de même le soir, car, nous le répétons, les rues sont moins sûres qu'à Kathmandu. Le matin, doux réveil vers 6 h, au son des trompes tibétaines.

Bon marché (de 150 à 500 Rps ; de 2 à 6 €)

🏠 *Lotus Guesthouse :* Phoolbari, Budha. ☎ 447-24-32. Fax : 447-80-91. Prendre la ruelle au niveau du *Stupa View Restaurant*, bien indiqué ; ce sera après plusieurs bifurcations, au fond d'une impasse. Appartient au monastère voisin. Très calme. Chambres simplissimes avec des lits un peu rudes, mais propres, avec ou sans salle de bains. Jardin reposant. Une valeur sûre. Il convient de réserver en saison.

Prix moyens (de 1 000 à 2 000 Rps ; de 12,50 à 25 €)

Les prix – délibérément exagérés – peuvent descendre en flèche lors de la basse saison : marchandez ferme !

🏠 *Happy Valley Guesthouse :* Phoolbari, Budha. ☎ 447-12-41. Fax : 447-18-76. Tourner dans la petite rue partant du *Stupa View Restaurant*. Très calme, bien qu'à deux pas du *stûpa*. Hôtel tenu par une famille tibétaine. Dans la réception, grande photo du dalaï-lama et nombreuses offrandes, ainsi que des livres à échanger. Chambres d'une grande propreté, avec salles de bains impeccables. Terrasse avec une vue sympa. On peut même venir vous chercher à l'aéroport sur simple demande.
🏠 *Hôtel Padma :* sur la place du *stûpa*. ☎ 446-24-52 ou 447-09-57. Fax : 448-15-50. Derrière une grande porte en bois sculptée très prometteuse... Hélas, les chambres ne donnent pas sur le *stûpa*, mais elles sont impeccables et de bon confort. Terrasse sur le toit.

Chic (de 2 000 à 4 000 Rps ; de 25 à 50 €)

🏠 *Hôtel Norbu Sangpo :* Phoolbari, Budha. ☎ 447-73-01. Fax : 449-28-16. ● www.norbusangpo.com ● Tourner à gauche au *Stupa View Restau-*

rant et poursuivre tout droit pendant 200 ou 300 m. C'est fléché. Hôtel à l'allure massive, tenu par des Tibétains. Le coin est super-tranquille, entouré de friches. Les prix affichés sont supérieurs à ceux de nos précédentes adresses, mais on peut les négocier (y compris en haute saison), ramenant la double tout confort à des prix défiant toute concurrence. De plus, les bénéfices vont à la création de maisons pour orphelins et femmes en difficulté. Chambres spacieuses et impeccablement propres. Possibilité également de louer des petits appartements. Jardin, terrasse, excellent resto, le tout plein de sourires et de gentillesse. Le meilleur standing de Bodhnath.

Où manger ?

Bodhnath est célèbre pour son *chang* (bière d'orge). On y boit également de la *thomba*, bière chaude de millet à déguster avec une paille de bois. On reverse de l'eau chaude (bouillie) plusieurs fois. À votre santé !
Attention, les restaurants ferment plus tôt qu'à Kathmandu.

Bon marché (de 150 à 350 Rps ; de 2 à 4,50 €)

|●| Nombreuses petites gargotes pour fauchés, réputées pour leurs *momo*. Nourriture généralement bonne et économique. Si vous y voyez des moines, c'est plutôt bon signe, allez-y les yeux fermés.

|●| ***Bir Restaurant & Bar :*** Tuser Road, 100 m à gauche de la porte principale du *stûpa* (en la regardant de face). Notre resto préféré ici, et comme par hasard il se trouve hors de l'enceinte du *stûpa*. Salle basique donnant sur la rue. On y sert des spécialités tibétaines et quelques plats chinois. La nourriture est saine et vraie, à l'image du *thantuk* (soupe de pâtes, légumes et viandes) et des *momo*, excellents. Bons *lassi* et nombreux alcools servis. Service adorable et prix défiant toute concurrence.

|●| ***View Himalayan Restaurant :*** près du *stûpa*. ☎ 447-90-97. Salle au 1er étage, terrasse au 5e étage. Choix hétéroclite, comme d'habitude, avec des plats indiens, tibétains, italiens et chinois. Prix très raisonnables et vue imprenable sur le *stûpa*.

|●| ***Lotus Restaurant :*** dans l'impasse de la *Lotus Guesthouse*. Petite taverne tibétaine plus propre et cosy que la moyenne. Pas cher du tout. Menu en anglais.

|●| ***Stupa View Restaurant :*** à côté du *stûpa*, bien entendu, sur le côté gauche de l'entrée. ☎ 448-02-62. Ouvert de 10 h à 21 h. En étage, agréable terrasse avec belle vue sur le *stûpa*. Spécialités éminemment locales (!) : salade grecque, tomates-mozzarella (népalaise), pizzas, *mezze*, etc. Très propre mais sans grand charme et finalement plus cher que ses concurrents pour une nourriture tout juste acceptable.

|●| ***Three Sisters Café & Restaurant :*** dans l'enceinte du *stûpa*. ☎ 449-91-81. Ce petit resto agréable et proprette propose des snacks, sandwichs, *thali*, pizzas, glaces, pâtisseries, *bagels, brownies*, etc. Prix corrects.

À voir

Le stûpa : entrée payante : 100 Rps (1,20 €), mais l'enceinte est libre d'accès. Le *stûpa* lui-même se compose de cinq terrasses (sur lesquelles on peut grimper). C'est à l'évidence l'un des plus impressionnants du Népal, et certainement le plus grand. Ses bâtisseurs en ont fait un mandala que seul le Bouddha pouvait contempler. Un mandala, c'est une figure où domine le cercle qui symbolise l'eau, entouré de carrés (la terre), eux-mêmes cernés d'un ou plusieurs cercles extérieurs. Les *mandalas* inspirent la méditation bouddhique. Le volume permet de poursuivre le symbolisme : la tour qui surmonte la coupole représente le feu et la couronne terminale figure l'air. Ainsi se superposent les quatre éléments. Les treize marches qui séparent l'hémisphère du pinacle symbolisent les treize stades et l'accès à la connaissance parfaite ou *Bodhi,* d'où le nom de Bodhnath est tiré.

Le *stûpa* abriterait dans son sanctuaire les cendres de Kashyapa, le prédécesseur de Bouddha Sakyamuni. Le lieu est très vivant et hautement touristique. Pour avoir un autre son de cloche, il ne faut pas manquer d'y venir en fin de journée, quand les chants bouddhiques commencent à résonner dans les ruelles et que laïcs et moines tournent autour du *stûpa,* allant parfois jusqu'à s'agenouiller ou s'allonger.

À l'opposé de la grande porte d'accès, presque en face du moulin à prières géant, un petit chemin longe d'abord une ancienne fontaine à moitié ruinée et mène au **monastère de Shechen,** le plus vaste de toute la région. Offices quotidiens vers 15 h et 18 h.

🏃 Beaucoup d'autres monastères ont ouvert, mais tous ne présentent pas le même intérêt. Cependant, on est toujours sûr d'y rencontrer des moines et des pèlerins, et souvent d'assister à des rituels intéressants (danses masquées, concert de trompes géantes, etc.).

Bodhnath se révèle un centre commercial prospère, avec tout ce que cela implique de boutiques de souvenirs et de vrais-faux mendiants. Le dynamisme de la communauté tibétaine se manifeste d'ailleurs par le nombre élevé de luxueux monastères édifiés ces dernières années ou en cours de construction. Près d'une trentaine.

– Si vous avez la chance d'être au Népal pour Losar, le Nouvel An tibétain (le 19 février 2007 et le 7 février 2008), il ne faut pas manquer les cérémonies qui ont lieu, le matin seulement, sur le grand *stûpa*. L'après-midi, danses tibétaines dans le grand monastère bhoutanais. Se renseigner sur place.

🏠 Possibilité de séjourner au **monastère de Kopan** : à quelques kilomètres à gauche après le croisement de Chabahil (2 km avant Bodhnath). Réservation à Kathmandu : ☎ 448-12-68. Fax : 448-12-67. • www.kopanmonastery.com • Les taxis y vont mais exigent le prix du retour à un tarif élevé. La route est assez mauvaise. On peut y faire des séjours dans le cadre d'activités organisées par le monastère (par exemple, un mois de cours résidentiel d'introduction au bouddhisme). Renseignez-vous sur leur site web. Le monastère est magnifique, avec une vue extraordinaire. Réservation impérative.

BHAKTAPUR (BHADGAON)   165 000 hab.   IND. TÉL. : 01

Située à 13 km à l'est de Kathmandu, c'est sans aucun doute la plus belle ville de la vallée. Elle a su conserver un aspect médiéval fantastique, et la plupart des rues ont été pavées de briques comme jadis. Encore une ancienne capitale royale de la vallée (du XIVe au XVIIe siècle), rivale de Patan et de Kathmandu. Merveilleuse petite ville de paysans et d'artisans parsemée de palais, de temples et de superbes demeures (choisie par Bertolucci pour y tourner certaines scènes de son film *Little Buddha*). Nous, c'est vraiment celle qu'on préfère. Ne pas hésiter à séjourner sur place car c'est un ravissement incomparable de voir le soleil se coucher sur la ville désertée par les touristes et de parcourir les rues à la nuit tombée. De plus en plus de voyageurs, écœurés par la pollution et le bruit de Kathmandu, viennent se ressourcer ici.

148 LE NÉPAL / LA VALLÉE DE KATHMANDU

■ Adresses utiles

- Bus stations
- General Post Office (GPO)
- **1** Nyatapola Money Exchange
- **2** Dattatraya Money Exchange
- **3** Department of Music

⌂ Où dormir ?

- **10** Golden Gate Guesthouse
- **11** Himalaya's Guesthouse & Coffee Bar
- **12** Khwopa Guesthouse
- **13** Sunny Guesthouse
- **14** Shiva Guesthouse
- **15** Bhadgaon Guesthouse
- **16** Pahan Chhen Guesthouse
- **17** Pagoda Guesthouse and Roof Top Café
- **18** Bhaktapur Guesthouse

॥०॥ Où manger ?

- **13** Sunny Restaurant
- **30** Big Bell Garden Restaurant
- **31** Café Nyatapola
- **32** Nyatapola Restaurant
- **33** Panus Restaurant & Roof Top Café
- **34** Café de Temple Town

⚞ À voir

- **40** Templion
- **41** Bassin royal
- **42** Musée des Peintures et des Tangkha
- **44** Chyasilim Mandap
- **45** Kancha-Pukhu
- **46** Ta-Pukhu
- **47** Pujari Math, musée du Bois sculpté
- **48** Musée du Bronze et du Cuivre

⊛ Achats

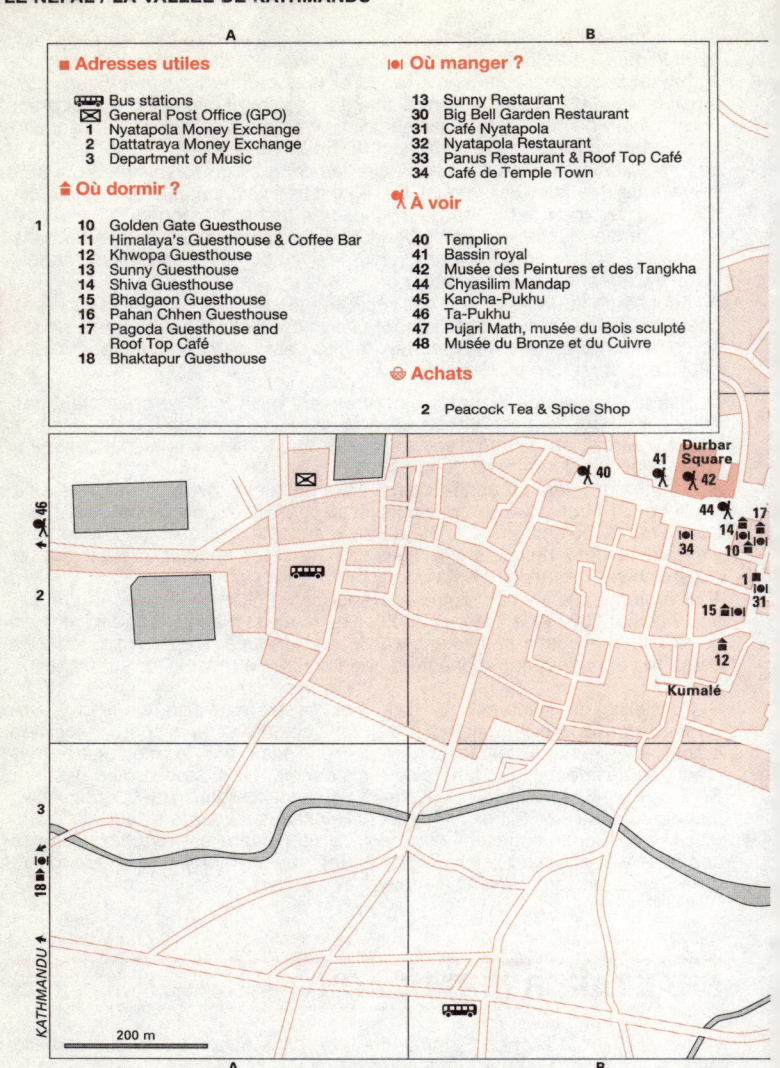

- **2** Peacock Tea & Spice Shop

Droit d'entrée dans la ville de 750 Rps par personne (payable aussi en dollars : 10 US$, soit environ 9 €). Si vous séjournez à Bhaktapur ou si vous souhaitez y revenir, demandez un *pass* (sur présentation du passeport) valable une semaine, sans supplément de prix. Attention, le guichetier ne vous le proposera pas toujours. Si vous avez oublié, retournez au guichet où vous avez acheté le billet et réclamez un tampon au dos de celui-ci, cela évitera de payer une 2ᵉ fois ! Même si le tarif paraît salé, quand on voit les restaurations

BHAKTAPUR

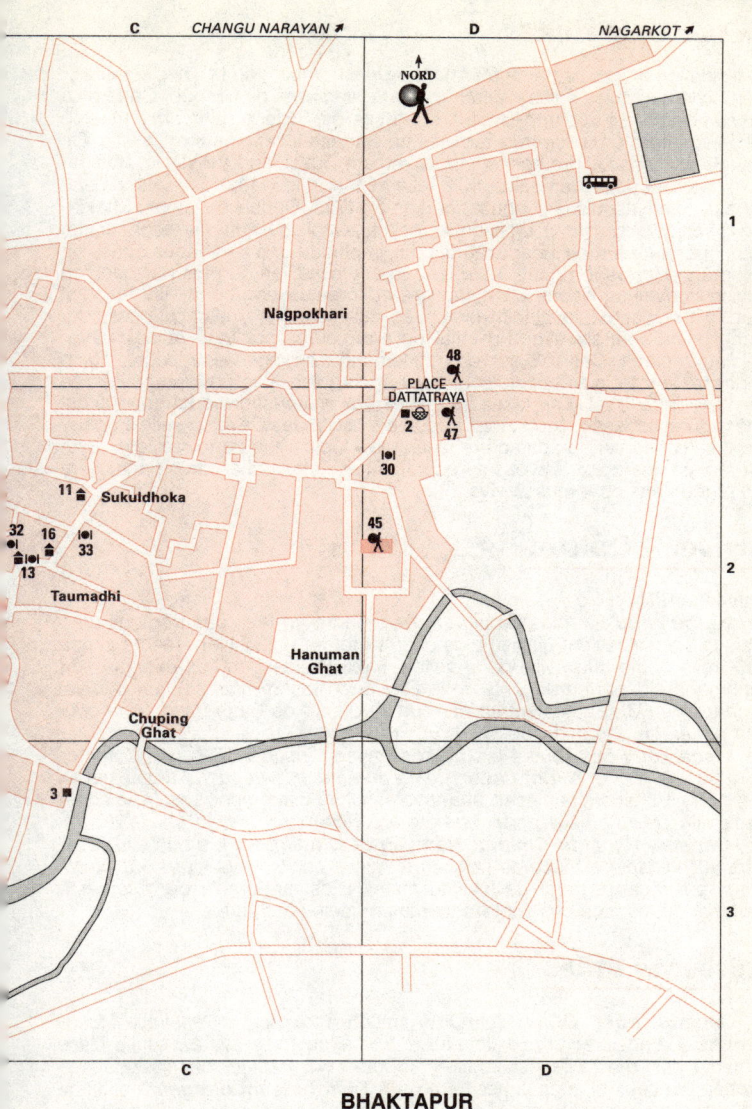

entreprises on se dit que cela vaut le « coût ». Beaucoup d'autres projets sont en cours de réalisation. À terme, Bhaktapur devrait retrouver sa géographie originelle. Sont également à l'étude : le remplacement des toits de tôle par les tuiles traditionnelles, la reconstruction du mur d'enceinte et la suppression totale de la circulation dans le centre-ville. La municipalité dispose d'un e-mail sur lequel vous pouvez poser toutes vos questions : ● bhaktapur@htp.com.np ●

UN PEU D'HISTOIRE

La fondation de la ville par le roi Ananda Deva remonte au IXe siècle. Initialement, elle aurait été édifiée selon une carte en forme de conque. Carte plus vraisemblable, celle d'un mandala où la cité est incluse dans un « triangle magique » formé par les trois temples de Ganesh à l'extérieur de la ville. Ce triangle est censé la protéger symboliquement. Jusqu'au XVIe siècle, Bhaktapur a dominé politiquement et culturellement tout le Népal. Elle a maintenu cette position jusqu'à la conquête gorkha en 1769. Depuis ce temps, Bhaktapur a toujours constitué un monde à part, avec une autarcie économique mais aussi une féroce indépendance. Ici, la plupart des personnes âgées ne comprennent pas le népali. Leur langue est le newari, le plus pur que l'on puisse trouver au Népal. L'architecture et l'organisation de la ville révèlent tout l'art newar de la planification. Les quartiers *(tole)* s'articulent autour d'une place centrale avec un puits ou une source publique et des autels religieux attitrés. Ces *tole* servent également à protéger les récoltes. Dans le passé, la ville avait acquis son importance grâce à sa position privilégiée sur l'axe Inde-Tibet. Les taxes imposées aux marchandises lui apportaient une grande richesse. Longtemps appelée « la cité des Dévots », elle a également su conserver son caractère religieux. Ici, plus que partout ailleurs, tout est régi par les dieux, et vous serez surpris de l'atmosphère très particulière qui règne dans ce « musée vivant ».

Arriver – Quitter

Bhaktapur est relié à :
➢ ***Kathmandu :*** le plus simple est de prendre un taxi (pas très onéreux, mais la course revient un peu plus cher au retour qu'à l'aller). Même chose pour relier toute autre ville de la vallée. Il existe aussi un bus express : de Kathmandu, départs fréquents de la City Bus Station *(plan couleur général Kathmandu C2).* Également un minibus au départ de Bagh Bazar *(plan couleur général Kathmandu C2-3).*
➢ ***Nagarkot :*** bus toutes les heures environ jusqu'à 16 h 30. Compter 1 h 30 de trajet. À Bhaktapur, le départ se fait depuis Kamalbinayak *(plan D1).* Rejoindre la place Dattatraya et suivre la rue principale. À la sortie de la ville juste après la porte, prendre à gauche.
➢ ***Banepa, Panauti, Changu Narayan et Dhulikhel :*** les bus s'arrêtent tous à Bhaktapur en face de l'ancien terminus des trolleys *(plan B3).* Nombreux passages à partir de 5 h du matin. Il est préférable de réserver à Kathmandu, car ces bus sont fréquemment pleins à craquer.

Adresses utiles

✉ ***General Post Office*** *(GPO ; plan A2) :* la poste se trouve juste au terminal des bus. Elle est souvent cachée par ceux-ci, ne pas hésiter à se faire indiquer le chemin. Comme partout ailleurs, le courrier doit être oblitéré devant vous. Le tout sera apporté à Kathmandu en fin de journée, l'acheminement n'en souffre que très peu.

■ ***Change :*** possibilité de changer son argent au *Nyatapola Money Exchange (plan B2, 1),* sur la place Taumadhi Tole, ou au *Dattatraya Money Exchange (plan D2, 2),* sur la place Dattatraya. Pas de commission.

■ ***Distributeurs d'argent :*** celui de la *Nabil Bank* se trouve sur Durbar Square, en bas de la *Shiva Guesthouse.* Un autre de la *Himalayan Bank* est installé sur la même place.

■ ***Santé :*** pour tout problème sérieux, consultez à Kathmandu. Deux pharmacies situées en face de l'hôpital de Bhaktapur vous prodigueront de bons conseils.

■ **Department of Music** (*University of Kathmandu* ; plan C3, **3**) : ☎ 661-24-60. • www.asianart.com/kumusic/index.htm • Si vous souhaitez apprendre le *sarod*, le *sitar*, le *tabla*, mais aussi des percussions newars ou bien encore de la danse rituelle. Stages ouverts à tous. Compter environ 5 600 Rps (7 €) par mois pour 2 h de cours par semaine. Un ancien temple rénové avec un goût certain abrite cette université. Une bibliothèque et un mini-musée des Instruments du Népal peuvent être visités. Gerd, un Allemand vivant depuis de longues années à Bhaktapur, vous parlera avec passion de son souci de préserver, via des kilomètres de bandes sonores, tout le folklore musical du pays.

Où dormir ?

Bon marché (de 150 à 500 Rps ; de 2 à 6 €)

⌂ *Golden Gate Guesthouse* (plan B2, **10**) : une entrée à côté de *Shiva Guesthouse,* une autre derrière. ☎ 661-05-34 ou 661-24-27. Fax : 661-10-81. • www.goldengateguesthouse.com • On y accède par un dédale de couloirs et de cours intérieurs. Plusieurs catégories de chambres à prix tout doux, avec ou sans salle de bains, certaines avec balcon. Moins cher qu'ailleurs, pour des prestations excellentes. Très bon accueil.

⌂ *Himalaya's Guesthouse and Coffee Bar* (plan C2, **11**) : au début de la rue qui monte à la place Dattatraya. ☎ 661-39-45. Fax : 425-82-22. • himalgst@hotmail.com • Hôtel simple avec un intérieur de maison traditionnelle. Mieux vaut ne pas dépasser 1,80 m sinon attention à la tête ! Petites chambres propres avec salle de bains. Bon accueil.

⌂ *Khwopa Guesthouse* (plan B2, **12**) : dans la rue allant à Pottery Square, à 100 m environ de Taumadhi Square. ☎ 661-46-61. • khwopa12@hotmail.com • Une petite *guesthouse* toute simple dans une maison newar restaurée. Les petites chambres sont joliment meublées, moquettées et équipées d'une salle de bains très correcte. Le patron et son personnel sont charmants. Certainement l'un des meilleurs rapports qualité-prix du quartier.

Prix modérés (de 500 à 1 000 Rps ; de 6 à 12,50 €)

⌂ *Sunny Guesthouse* (plan C2, **13**) : sur Taumadhi Square. ☎ 661-66-94. ☎ et fax : 661-60-94. • sunnyres@hotmail.com • *Guesthouse* très bien située, sur la place de Taumadhi. Chambres confortables, pas très grandes mais propres, avec ou sans salle de bains. Elles donnent soit sur la place, soit sur l'arrière (plus tranquille). Décorations de type newar. Accueil vraiment sympa. Agréable restaurant sur le toit avec une belle vue sur la place.

⌂ |●| *Shiva Guesthouse* (plan B2, **14**) : sur Durbar Square, près du temple de Pashupatinath. ☎ 661-39-12. Fax : 661-07-40. • www.shivaguesthouse.com.np • Une quinzaine de chambres simples d'aspect et de tailles variables. Choisir celles avec salle de bains privée : les sanitaires communs sont acceptables, mais sans plus. Certaines chambres sont plus sympas que d'autres, par exemple celle située sous les combles. Petite terrasse sur le toit avec belle vue sur les temples. Bon restaurant en bas. Accès à Internet. Accueil d'une grande gentillesse.

Prix moyens (de 1 000 à 2 000 Rps ; de 12,50 à 25 €)

⌂ |●| *Bhadgaon Guesthouse* (plan B2, **15**) : Taumadhi Square. ☎ 661-04-88. Fax : 661-04-81. • www.bhadgaon.com.np • Magnifiquement situé, sur la place du temple Nyatapola. Un des meilleurs hôtels en ville, à des prix encore très abordables. Agréable terrasse sur le toit, avec une vue magnifique, et petit jardin intérieur plaisant. Quartier ultra-central, donc bruyant du matin au soir. Demander si possible une chambre donnant sur l'intérieur. Il existe également une annexe de l'autre côté de la place Nyatapola *(plan C2)*, assez confortable mais tout aussi bruyante à cause de la rue. Bon resto offrant 15 % de réduction aux clients de l'hôtel, sauf sur les boissons. Excellent petit dej' (goûtez leur muesli !). Personnel sympa.

▄ *Pahan Chhen Guesthouse (plan C2, 16)* : ☎ 661-28-87. Fax : 661-02-90. ● srp@mos.com.np ● Quasiment sur la place de Taumadhi, à côté de l'entrée de la *Sunny Guesthouse*. On entre par une boutique de *pashmina*. Petit hôtel d'une dizaine de chambres confortables et très propres, toutes avec salle de bains. Téléphone. Sur le toit, terrasse agréable qui domine les temples de la place, assez géniale pour le petit dej'. Mais les prix sont un poil exagérés, pour un confort à peu près identique à celui des hôtels voisins.

▄ |●| *Pagoda Guesthouse & Roof Top Café (plan B2, 17)* : Taumadhi. ☎ 661-32-48. Fax : 661-26-85. ● ghpagoda@wlink.com.np ● À l'entrée de la place, derrière le temple de Nyatapola. Chambres impeccables, plus ou moins spacieuses, avec ou sans salle de bains, et même une banquette pour s'affaler. Mais les prix sont un peu surestimés. Déco assez kitsch. Nourriture quelconque.

▄ |●| *Bhaktapur Guesthouse (hors plan par A3, 18)* : Chundevisthan, Katunje ; à 25 mn à pied du centre-ville, sur les hauteurs. ☎ 661-06-70. Fax : 661-23-25. ● bghouse@mos.com.np ● Un hôtel d'une trentaine de chambres tristes, aux salles de bains fatiguées. C'est surtout la vue sur l'Himalaya qui séduit. De plus, les fils du propriétaire, Sushil et Suman, sont des hôtes charmants, prêts à faire découvrir la ville et les environs. Immense salle de resto servant une cuisine ordinaire. Attention, cette *guesthouse* reçoit de nombreux groupes et elle peut alors devenir très bruyante.

Où manger ?

Ne quittez pas Bhaktapur sans avoir goûté sa spécialité, très renommée également à Kathmandu : le *dahi*, ou *jujudhau* en newari. C'est un yaourt fait à l'ancienne, exactement comme celui de nos grand-mères. Il est présenté dans un récipient de terre et souvent inclus dans les menus newaris. Si la cuisine népalaise est assez peu variée, en revanche la cuisine newarie peut vous réserver de bien agréables surprises.
Attention : Bhaktapur ne se distingue pas par ses folles soirées. Après 20 h, difficile de trouver un resto ouvert !

Bon marché (de 150 à 350 Rps ; de 2 à 4,50 €)

|●| *Sunny Restaurant (plan C2, 13)* : à droite du Nyatapola Temple. Resto à l'étage d'une maison typique qui donne sur la place. De la terrasse, sur le toit, la vue est saisissante. Spécialités newars bien exécutées. Bon et copieux *chicken shashlik* et *momo* qui se laissent manger. Atmosphère cosy. Anil parle un français impeccable.

|●| *Big Bell Garden Restaurant (plan D2, 30)* : peu avant Dattatraya, à droite en venant du centre, au fond d'une impasse. Ouvert jusqu'à 21 h. Quelques tables dans une arrière-cour tranquille ou dans une salle étroite. Plats très variés. Plutôt bon et copieux, à des prix imbattables. Peu de touristes, donc nourriture un peu épicée.

|●| *Café Nyatapola (plan B2, 31)* : au centre de la place Taumadhi Tole. Dans une pagode, avec une vue imprenable sur les temples et l'anima-

tion de la place. C'est l'observatoire imprenable par excellence. Fréquenté uniquement par les touristes. Ferme à 18 h (sauf réservation de groupe). On y sert quelques snacks. Prix excessifs pour ce qui est servi.

|●| **Nyatapola Restaurant** *(plan C2, 32)* : derrière le temple aux cinq toits. Propose toutes sortes de spécialités à prix très serrés et des *thali* népalais. Cuisine correcte. L'intérêt de ce resto est qu'il reste ouvert un peu plus tard que la moyenne (jusqu'à 22 h environ) : les jeunes de la ville viennent souvent y prendre une bière en soirée. Terrasse agréable sous un toit de paille.

|●| **Panus Restaurant & Roof Top Café** *(plan C2, 33)* : Sakotha Tole. Prendre la petite rue qui monte en direction de Dattatraya Square, à droite du Nyatapola Temple. On accède au resto par la boutique de *tangkha* au rez-de-chaussée. Petit restaurant très simple avec une minuscule terrasse sur le toit et une salle un peu cafardeuse. Menu varié avec des spécialités népalaises et newars. Accueil vraiment chaleureux.

|●| **Café de Temple Town** *(plan B2, 34)* : à l'entrée de Durbar Square, sur la droite, juste après le porche d'entrée (payant). ☎ 661-03-46. Bien situé, avec terrasse, mais nourriture quelconque ; y aller juste pour prendre un verre en admirant la vue. Personnel vraiment peu sympa.

À voir

Si le moyen de transport utilisé est le bus ou le taxi, on arrive par la porte du Lion (péage pour le droit d'entrée). Juste avant de la franchir, à 100 m environ à votre droite, un **templion** *(plan B2, 40)*. Les frises érotiques y montrent des animaux en plein ébats amoureux. Le couple d'éléphants est particulièrement savoureux.

🏛🏛 **Durbar Square** *(plan B2)* : avant de vous avancer trop sur la place, arrêtez-vous quelques instants, sur la gauche, devant deux énormes stèles du XVIIIe siècle représentant *Durga* et *Bhairava* avec des colliers de têtes de mort autour du cou. Durga a 18 bras alors que Bhairava n'en a que 12. Ces statues encadraient autrefois la porte d'entrée du *Basantapur Durbar*, un palais magnifique aujourd'hui détruit. Elles plurent tellement au monarque qui les avait commandées qu'il fit aussitôt couper les mains de l'artiste pour éviter qu'il n'en sculpte d'autres aussi belles. Ces deux sculptures encadrent désormais l'entrée d'une école.
– Juste après ces deux statues, dans une cour qui a abrité pendant longtemps un poste de police, se trouve le **bassin royal** *(plan B2, 41)*, complètement nettoyé. Les bâtiments entourant ce bassin sont reconstruits selon les plans originaux. Un musée a récemment ouvert ses portes pour y exposer, entre autres, des bijoux en or découverts dans ce bassin et tout un arsenal d'épées, de boucliers, etc.

🏛🏛 **Le musée des Peintures et des Tangkha** *(plan B2, 42)* : sur la gauche de la porte d'Or. Ouvert de 10 h à 17 h ; fermé le mardi. Entrée : 20 Rps, valable aussi pour le *musée du Bois sculpté* et celui du *Bronze et du Cuivre* situés tous deux place Dattatraya.
De chaque côté de la porte d'entrée, deux statues, l'une représentant *Hanuman*, le dieu-singe, et l'autre *Narsingh*, l'homme-lion (Vishnu). À l'intérieur, magnifique et intéressante collection de *tangkha*, surtout si l'on a l'intention d'en acheter une ensuite chez un marchand. On peut mesurer ainsi tout ce qui différencie une belle *tangkha* ancienne d'une mauvaise copie. Mais rassurez-vous, il en existe aussi de magnifiques chez les bons marchands et dans les écoles de peinture. L'origine des *tangkha* est souvent attribuée aux Tibétains. En réalité, ce sont les Newars de Bhaktapur qui les ont exportées jusqu'à Lhassa. Ils fondèrent alors des écoles pour l'enseignement de leur technique. Dans ce musée, porter une attention particulière pour deux

🎎 **Le palais royal** *(plan B2)* : deux longs bâtiments reliés par la porte d'Or, chef-d'œuvre de l'orfèvrerie népalaise représentant une déesse à 4 têtes. Réalisée au XVIIe siècle, en cuivre doré, elle a très peu subi les dommages du temps. La franchir pour aller voir le temple de *Teleju* qui est derrière mais dont l'entrée est interdite aux non-hindous. Si les portes en sont ouvertes, vous pourrez admirer la superbe cour réservée à la Kumari *(Kumari Chowk)*. Même si celle de Kathmandu est la plus importante, chaque cité possède sa propre Kumari. Les deux déesses vivantes, de Patan et Bhaktapur, ne sont retenues qu'une fois par an, durant la période de *Dasain*. À voir également, le bassin royal entouré de cobras sacrés. Le canal qui l'alimentait, long de 10 km, desservait au passage 63 fontaines. En sortant, levez les yeux pour admirer la statue du roi Bhupatindra Malla, agenouillé et les mains jointes. C'est à ce roi, grand protecteur des arts, que l'on doit la majorité des extraordinaires monuments de la ville. On ne peut avoir qu'une idée partielle aujourd'hui de ce qu'était la splendeur de Bhaktapur à son apogée. Le Durbar (palais) ne comptait pas moins de 99 cours intérieures. Bhupatindra, grand joueur d'échecs, en avait conçu les plans en forme de damier. Seul le roi, dit-on, savait s'y retrouver. Le palais était aussi vaste que celui de Kathmandu, et les bâtiments d'habitation ne comportaient pas moins de 7 étages. Hélas, seuls les dessins de la façade ont été conservés.

🎎 **Le palais aux 55 Fenêtres** *(plan B2)* : sur la droite de la porte d'Or, c'est le noyau originel et le plus pur des bâtiments royaux. Il a été entièrement reconstruit après le tremblement de terre de 1934 et fait actuellement l'objet d'importantes rénovations. Remarquer les fenêtres aux linteaux finement sculptés et encastrés dans la brique. À partir du 2e étage, une dentelle de bois qui forme une galerie de 55 fenêtres juxtaposées. L'utilisation de la vitre n'apparut au Népal qu'au XXe siècle, et la première fut installée dans ce palais. Les treillis de bois qui ornent les fenêtres sont encore en usage dans de nombreuses maisons.

🎎 **Chyasilim Mandap** *(plan B2, 44)* : cet ancien temple, construit au XVIIIe siècle et détruit par un tremblement de terre en 1934, fut reconstruit grâce à l'ancien chancelier allemand Helmut Kohl, d'après une photo prise en 1866 par un photographe français, Gustave Le Bon. Avec comme base ce cliché de plus d'un siècle, les artisans newars purent reconstituer l'édifice construit par leurs ancêtres. Ils furent aidés aussi par l'apport de quelques éléments d'origine (piliers et étais) qui avaient été dérobés par le chef de la ville après le séisme et offerts à des membres de sa famille.
À l'origine, ce *mandap* était utilisé par les souverains comme loge pour assister au déroulement des processions et aux fêtes. De sa plate-forme, on a une vue d'ensemble du Durbar avec tous ses monuments. Cette fois-ci, le Chyasilim Mandap a été conçu afin de pouvoir résister à de nouvelles secousses sismiques, entraînant de ce fait une polémique loin d'être close. En effet, le fer utilisé pour sa consolidation est rituellement interdit dans un temple. Alors, la raison contre la tradition, que choisir ?

🎎 **Pashupatinath Temple** *(plan B2)* : dédié à Shiva, c'est le plus ancien de Bhaktapur. Situé au fond de Durbar Square, face à la porte d'Or. Sa double toiture abrite une belle collection de figures érotiques, postures amoureuses et exercices physiques particulièrement réalistes. Cet art érotique est une forme de mysticisme appelé le tantrisme qui émergea au VIe siècle en Inde. En fait, c'était alors une révolte contre les castes orthodoxes très restrictives dans leurs ordres. Le tantrisme ouvrait ses voies à toutes les castes et aux femmes. Aujourd'hui encore, il ne rejette rien des croyances fondamentales hindouistes et bouddhiques mais les transcende. L'art érotique si florissant à Bhaktapur en est l'un des plus remarquables exemples.

BHAKTAPUR / À VOIR

🏃 À côté du palais aux 55 Fenêtres, agréable place bordée de nombreuses échoppes et de 3 temples : **temple de Durga,** superbe. Lui faisant face, trône l'imposante *cloche de Taleju*. À sa droite, une autre cloche, de proportions beaucoup plus modestes, réputée pour faire aboyer les chiens à la mort. Également le **temple de Fasidega**. Juché sur un socle à 6 paliers, gardé par des rangées d'animaux, il n'est pas très attractif, mais de là-haut, on a un point de vue magnifique sur la place et les toits. Le **temple de Batsala Durga** est construit dans le style *shikara,* qui ressemble au célèbre *Krishna Mandir* du Durbar Square de Patan. Son pinacle est agrémenté de carillons. L'escalier est orné de statues d'animaux, dont des dromadaires, représentation rare au Népal où cet animal est inconnu.

🏃 À proximité du Durbar, une autre place, **Taumadhi Tole,** absolument ravissante, où l'on peut voir le fameux **temple de Nyatapola.** Au sommet d'un escalier très raide, bordé de grosses statues, trône le temple à cinq toits superposés. On en a une large vue depuis la terrasse du café *Nyatapola.* Édifié en 1708, le temple de Nyatapola est le plus haut du Népal. Les statues représentent, en bas, deux lutteurs, puis deux éléphants, deux lions, deux griffons et enfin deux déesses, chaque couple étant dix fois plus fort que celui de l'étage en dessous.

L'autre **temple** de la place est celui **de Bhairav,** très vénéré, gardé par deux lions-dragons à l'allure féroce. Ce fut le premier construit sur cette place. Dédié à la forme terrible de Shiva. Mais Bhairav, placé là, manifesta un grand mécontentement, frappant les habitants de nombreuses épidémies. Après consultation de prêtres et de sages, le conseil fut donné de placer, non loin du dieu courroucé, la grande déesse des *Tantra* : *Siddhi Laksmi*. Le temple aux cinq étages fut donc construit. Le roi, suivi de la foule, y apporta le premier les briques nécessaires. Bhairav ne manifesta plus jamais sa colère. L'ensemble produit un effet fantastique. L'un des rares temples dont la base soit rectangulaire et non carrée. Si vous observez bien les angles du toit principal, vous y verrez des oiseaux prêts à prendre leur envol. C'était une idée du roi Yoga Narendra Malla. Peu avant sa mort, il fit savoir que tant que ces oiseaux ne se seraient pas envolés, il resterait parmi son peuple, quand bien même son corps serait sans vie. Tous les rois qui régnèrent ensuite suivirent cet exemple. La poésie est vraiment partout !

Un autre temple remarquable se trouve en face du Nyatapola. On peut y accéder par une porte. C'est le **Til Mahadev Narayan Temple,** construction à double toit dédiée à Vishnu. Une légende, encore une, raconte que la statue du dieu que ce temple renferme fut trouvée, enfouie sous un tas de graines de sésame, chez un marchand. Malgré des ventes régulières, ce tas de graines ne diminuait miraculeusement jamais. Une fois l'an, le dieu est massé avec du beurre, et des gâteaux au sésame lui sont offerts en souvenir de cet événement. C'est aussi le lieu de célébration du *ihi,* une cérémonie où les jeunes filles sont mariées symboliquement au dieu Vishnu. C'est un des temples les plus anciens de la ville. Une inscription indique « 1080 », une autre que le dieu fut « installé » en 1170.

🏃🏃 La rue qui commence entre le Nyatapola et le Bhairav est l'artère commerçante de Bhaktapur. Elle est bordée de maisons superbes et d'échoppes pittoresques. Allez tout au bout (c'est assez long) jusqu'à la **place Dattatraya** *(plan D2),* bordée de temples et de demeures médiévales. Cette place était le centre de Bhaktapur avant qu'il ne se déplace au XVIIe siècle sur le Durbar.

– Au fond, à droite en venant du centre, se trouve le **Pujari Math** *(plan D2, 47),* ancien monastère absolument magnifique. Ce sont les fenêtres ornées de paons faisant la roue qui ont donné son surnom de « *Peacock House* » à la maison. Voir la fameuse fenêtre du paon (commandée par le roi Yaksha Malla au XVe siècle) dans la petite rue à gauche du bâtiment, quand on lui fait face. Il abrite aujourd'hui le **musée du Bois sculpté,** assez intéressant bien qu'on en ait vite fait le tour (ouvert de 10 h à 17 h, sauf le mardi). En face, dans une autre belle maison, le **musée du Bronze et du Cuivre** (plan D1, 48), ouvert aux mêmes horaires que le précédent mais moins passionnant. Billet commun avec le *musée des Peintures et des Tangkha* (20 Rps). Supplément pour prendre des photos.

– **Le temple de Dattatraya,** situé sur la place, date du XVe siècle. Il est consacré au dieu Dattatraya, une « combinaison » de trois dieux : *Brahma, Vishnu* et *Shiva.* Il est également vénéré par les bouddhistes, qui le considèrent comme un cousin du Bouddha. Au mois de février, des centaines de pèlerins venus de tout le Népal et de l'Inde envahissent la place pour célébrer *Shiva Ratri,* en son honneur. La légende veut que le temple ait été fait du bois d'un seul arbre. Il offre la particularité d'avoir trois toits superposés et des galeries ouvertes à chacun des étages. La partie frontale a été rajoutée tardivement, d'où sa forme peu habituelle. Remarquez les scènes érotiques sur les étais et les statues des deux lutteurs *malla* qui gardent l'entrée.

🕇 **Kumalé** (le quartier des Potiers ; plan B2) **:** commence juste derrière le café *Nyatapola.* Il suffit de marcher 5 mn pour atterrir en plein Moyen Âge. Les techniques n'ont guère changé depuis des siècles, même si les tours de pierre sont lentement remplacés par des roues de camions plus malléables. La glaise vient de Thimi, un village à l'ouest de Bhaktapur. Ici, pas de four. Les poteries sont recouvertes de paille à laquelle on met le feu, puis finissent de cuire dans la cendre. Ne pas hésiter à se perdre dans les ruelles alentour pour saisir des images pittoresques de la vie quotidienne. En septembre, les places se couvrent d'un tapis de piments rouges.

🕇 **Hanuman Ghat** (plan C2) **:** plusieurs routes y mènent. De Taumadhi, prendre l'une de celles qui descendent vers la rivière. Une fois passé le quartier des intouchables, toujours relégués à la périphérie de la ville, traverser le pont. Entre la route et la rivière, au milieu de *chaitya* et autres autels, se dresse les plus gros *lingam* du Népal. Un coup d'œil au bas-relief, vous y découvrirez un Shiva nu très en forme ! Sur la gauche, le lieu des crémations. Une atmosphère étrange s'en dégage. On peut cependant regretter la construction des deux toits en béton surplombant les plates-formes. En face de l'autre pont plus petit, à 200 m à gauche en montant, un Bouddha assis, protecteur d'un grand bassin aux eaux verdâtres, à côté d'immenses bambous qui donnent un peu de fraîcheur à ce lieu appelé **Kancha-Pukhu** (plan D2, 45). De là, une ruelle pavée rejoint la place Dattatraya. Cet itinéraire n'est qu'un petit exemple de ce qu'on peut découvrir à Bhaktapur. C'est une ville où il fait bon se perdre, et on rencontre toujours des habitants prêts à aider pour retrouver son chemin.

🕇 **Ta-Pukhu** (hors plan par A2, 46) **:** si vous avez le temps, ne manquez pas cet immense bassin situé après la station de bus. Presque en face de la caserne des pompiers (ne pas louper en passage les camions, qui relèvent vraiment de l'Antiquité). Ce bassin, encore appelé *Siddha Pokhari* en népali, a été entièrement refait ; ce n'était auparavant qu'un cloaque infect. Il était déjà décrit au VIIe siècle dans les carnets de voyage d'un Chinois. Pour une poignée de roupies, on vous donnera du pain rassis que vous pourrez jeter aux milliers de poissons qui y ont désormais élu domicile. Et puisque nous sommes dans l'animalerie, continuez donc la route jusqu'au **Sallaghari-grove,** un petit bois de pins qui abrite une colonie de roussettes chassées de Kathmandu. À la tombée de la nuit, lorsqu'elles s'éveillent, le spectacle est impressionnant. Rassurez-vous, elles ne mangent que des fruits.

🕇 Enfin, pour avoir une vue générale de la ville, se rendre au **Surya Vinayak Temple** dédié à Ganesh, de l'autre côté de la rivière au sommet d'une colline, un peu plus haut que l'ancienne station des trolleys. Ce temple est très fréquenté par les parents d'enfants ayant des troubles du langage, et de manière générale par tous ceux dont les projets demandent de la chance. Au pied débute un chemin qui traverse la forêt et de petits villages. Vue imprenable sur la ville et sur la chaîne de l'Himalaya.

Achats

Masques, marionnettes, *tangkha*...

La ville est réputée pour ses masques en papier mâché, ses marionnettes représentant des divinités, ses sculptures sur bois et ses *tangkha*. Pour ces dernières, voir entre autres :

- **Treasure Himalaya** et **Art Curio Goods & Tangkha Center :** à Durbar Square (dans la petite rue entre le Durbar et le Nyatapola).
- **Traditional Tangkha Painting :** sur la place Taumadhi. ☎ 661-12-43. ● madhuart@col.com.np ● Madhu Khishna est un réel connaisseur issu d'une fameuse famille d'artistes.
- **Lama Tangkha Painting School :** derrière le Durbar Square. ☎ 661-20-24. Ouvert tous les jours de 9 h à 18 h. Une école de peinture qui suit les enseignements traditionnels. Demander Ram Bahadur ou Gyan, de véritables maîtres dans leur art, toujours désireux de faire partager leur passion. Les bénéfices de la vente de *tangkha* permettent de financer l'école.

Papeterie

La ville est également célèbre pour ses papiers, cartes postales, etc. Intéressant de visiter l'une des nombreuses fabriques artisanales (se renseigner dans les boutiques). Voir, entre autres :

- **Namaste Paper Handicraft :** sur Pottery Square. Tous les jours de 9 h ou 10 h à 18 h. Un grand choix de tout ce qui se fait en la matière, et à des prix très raisonnables. Demandez Nawaram, qui vous donnera tous les détails que vous souhaitez.

Épices

De nombreuses boutiques proposent des épices et du thé. En voici une où vous serez particulièrement bien accueilli et informé :

- **Peacock Tea & Spice shop** *(plan D2, 2) :* sur la place Dattatraya. ☎ 661-69-88. Fax : 661-26-07. ● peacocktea@yahoo.com ● Ouvert tous les jours de 7 h à 18 h 30. Ratna, le propriétaire, qui parle parfaitement le français, se fera un plaisir de vous expliquer les différences entre les thés, vous faire humer le parfum des épices et vous expliquer les vertus médicinales de certaines plantes. Prix raisonnables. Les lecteurs du *Guide du routard* seront particulièrement les bienvenus.

Poterie

- De très nombreuses **échoppes,** plus particulièrement du côté de Kumalé, sauront combler vos vœux en matière de poterie. Certaines sont très originales et ne tiendront que peu de place dans votre valise.

➤ DANS LES ENVIRONS DE BHAKTAPUR

À *Thimi*, sur l'ancienne route de Bhadgaon, allez voir les artisans fabriquant des masques et des poteries. Le *trolley* s'arrête en bas du village, qui est très étendu. Mais si vous résidez à Bhaktapur, n'hésitez pas à demander le chemin de l'ancienne route qui part du Sallagharigrove (le petit bois de pins sur la colline). Rien que pour le premier sanctuaire que vous rencontrerez, dédié à la déesse *Bal Kumari*. C'est l'un des plus importants lieux saints de la vallée. À remarquer, les dizaines de noix de coco clouées sur le temple. Étrange offrande sacrée. Là aussi, début septembre, des millions de piments et autres aliments sèchent au bord des routes, donnant à la campagne couleurs et odeurs particulières.

CHANGU NARAYAN

IND. TÉL. : 01

L'arrivée surprend. On a l'impression de débarquer dans une espèce de ferme médiévale, un enclos fermé par de très anciens et rustiques bâtiments. Au milieu, le temple principal éblouit par la richesse de son décor. C'était un de nos endroits préférés, mais aujourd'hui, succès oblige, il a perdu de sa sérénité. Nombreux étalages pour touristes dans la rue principale du village. Les portes du village sont ouvertes jusqu'à 16 h 30 ou 17 h 30 (selon la saison). Entrée payante : 60 Rps (0,70 €).

Arriver – Quitter

➤ En principe, en **voiture**, on ne peut atteindre ce sanctuaire isolé que par Bhaktapur et une montée de 6 km dans un paysage magnifique. Le plus simple est, là encore, le **taxi**.
➤ Quant aux **bus**, il y en a environ 2 par heure. Compter 30 mn de trajet. Retours fréquents en bus.
➤ En revanche, les heureux lecteurs **à pied** peuvent, **de Sankhu**, se concocter une balade géniale : Sankhu, Changu Narayan, Bhaktapur (ou l'inverse bien sûr !), sans trop s'épuiser, en traversant de chouettes paysages de cartes postales et des villages aussi « nature » que Sankhu. Un peu difficile cependant pendant la mousson. Pour commencer donc, à pied ou en bus, aller en direction de Thaligaon, à 5 km de Sankhu. Au niveau de Bramhakhel, on aperçoit déjà de la route la colline de Dolagiri où trône Changu Narayan. À cet endroit, on passe assez facilement à gué la rivière Manohara, sauf pendant la mousson (parfois, eau jusqu'aux cuisses !). Des petits passeurs népalais sont parfois là pour aider les gens. Après la traversée de quelques rizières, le chemin s'élève de façon assez raide, livrant des plongées saisissantes sur la plaine.

Où dormir ? Où manger ?

Bon marché (de 150 à 500 Rps ; de 2 à 6 €)

Bed and Breakfast : ☎ 213-11-93 et 985-070-817 (portable). Fax : 470-05-44. ● prinsu_p@yahoo.com ● pradibna@yahoo.com ● Une bonne adresse, mais un peu difficile à trouver. Traverser le village jusqu'au temple, aller derrière celui-ci et descendre longtemps la colline en direction de la rivière ; on tombe sur une maison newar retapée. Chambres simples sans grand confort mais accueil sympathique. Le patron, Pradibna Pokharel, est une personnalité de la vallée qui enseigne le népali et qui vous sera de bon conseil.

🛏️ 🍴 *Changu Guesthouse and Restaurant :* ☎ 661-66-52. • sarita bhatta@hotmail.com • Petite *guesthouse* bien située, au cœur du village. Structure familiale de 4 chambres, mais les 2 du bas sont plus sombres et moins confortables que celles du haut, qui possèdent en outre une petite terrasse. Très bien tenu, avec salle de bains. Accueil chaleureux à souhait. Fait aussi restaurant.

🍴 *New Hill Resort :* sur le parking. ☎ 661-06-82. Ouvert de 7 h à 19 h. Terrasse ombragée et fleurie surplombant la vallée de Bhaktapur. Snack, bar, cuisine népalaise. Bons *lassi* et boissons très fraîches. Accueil aimable. Dispose également de chambres avec salle de bains, à 5 mn à pied du restaurant.

À voir. À faire

🔸🔸 *Le temple :* au IVe siècle avant J.-C., le roi Handatta Burma décida de construire quatre temples dédiés à Narayan (un des noms de Vishnu) et ce, aux quatre points cardinaux de la vallée. Le temple de Changu est l'un de ceux-là et, de ce fait, l'un des plus anciens. Il est dit également que l'histoire écrite du Népal commence là, avec la plus ancienne inscription découverte à ce jour, gravée dans la pierre par le roi Manadeva Ier en 464. Le premier temple fut détruit par les Moghols, le suivant brûla en grande partie au XVIIe siècle, fut restauré, puis subit de nouveaux dommages lors du tremblement de terre de 1934. Malgré toutes ces vicissitudes, le temple conserve de nombreux chefs-d'œuvre du passé, et nulle part ailleurs on ne trouve de vestiges aussi significatifs de la dynastie Licchavi (du IVe au VIIe siècle). Impossible de tout décrire, contentons-nous d'en signaler les éléments les plus remarquables. Des sculptures fabuleuses : un *Vishnu Vaikunthnatha* (assis sur Garuda) du XIIIe siècle, une *statue de la reine Buvana Laksmi* en bronze doré (devant le temple), un *Vishnu aux nombreuses têtes superposées* du Ve siècle, etc. Magnifiques panneaux et *torana* ornant la porte du sanctuaire, ainsi que des poutres polychromes sculptées.

🔸 *Le musée :* dans la rue principale du village qui monte jusqu'au temple. Entrée : 50 Rps (0,60 €) en plus de l'entrée de la ville. Petit musée sans prétention mais intéressant, situé dans la plus vieille maison de la ville (milieu XIXe). Beaucoup d'objets anciens comme des instruments de musique, des ustensiles de cuisine, des pièces de monnaie… C'est également l'occasion de découvrir la légende à l'origine de la fondation de Changu. Visite guidée.

➢ *Randonnée :* si on souhaite rejoindre Nagarkot à pied, un chemin part du village et suit la ligne des crêtes. Compter 3 à 4 h de marche dans un paysage superbe.

SANKHU

Voici, à notre avis, l'une des plus belles balades de la vallée. À 19 km au nord-est de Kathmandu, Sankhu est un ancien relais-étape de porteurs vers le Tibet. Route assez bonne, à part les derniers kilomètres, pleins de nids-de-poule. Depuis Kathmandu, prendre un bus ou un taxi public à Ratna Park. Pas d'hébergement et uniquement des gargotes. Sankhu n'a pas changé depuis des siècles. Demeures paysannes avec encadrements de fenêtres sculptés et balcons de bois. Beaucoup sont dans un état avancé de dégradation ou en ruine, ce qui confère un caractère sans fard et poignant au village. Tableaux pittoresques de la vie au quotidien.

Voir, à la sortie nord du village, les remarquables *stèles de Vishnu et de Hanuman*, le dieu-singe. C'est aussi le point de départ du chemin menant au *temple de Vajra Yogini* ; 45 mn de rude montée pour l'un des plus importants pèlerinages du Népal. Il y a plusieurs siècles, des aires de repos ont été aménagées en cours de route avec de superbes fontaines sculptées. Un dernier escalier, recouvert par une véritable voûte de verdure, permet enfin d'accéder aux temples.

Le plus important, à trois étages, est le *temple de la déesse Vajra Yogini*. Admirables *torana* et reliefs de bronze doré. L'autre temple, plus petit, présente des étais et portes sculptés. Grande fontaine à trois becs verseurs très ancienne. Au-dessus des temples, monastère avec, au milieu, une fontaine décorée. Ne pas rater la splendide vision de la vallée à travers le portique et sa cloche monumentale. Une balade que vous ne regretterez pas !

NAGARKOT

IND. TÉL. : 01

À 33 km à l'est de Kathmandu et à 15 km de Bhadgaon (Bhaktapur). C'est le seul endroit de la vallée de Kathmandu (à 2 200 m) où l'on a une chance de voir la chaîne de l'Everest en période de mousson. Mais ne vous faites pas d'illusions : si le temps se dégage, le spectacle ne dure que quelques minutes, et comme les éclaircies éventuelles se produisent vers 17 h… il faut se débrouiller pour être là au bon moment ! Le reste de l'année, quelques chances de voir les montagnes au lever du soleil.

Attention, il peut faire très froid à Nagarkot. Se munir de vêtements chauds.

Arriver – Quitter

Nagarkot est relié à :
➢ **Kathmandu :** bus direct toutes les 30 mn qui se prend depuis *Ratna Park* à Kathmandu. Sinon, prendre un taxi privé ou une jeep collective depuis *Kanti Path*.
➢ **Bhaktapur :** minibus, toujours bondé, ou taxi. Retour depuis Nagarkot toutes les 30 mn environ, jusqu'à 17 h 30.

Où dormir ?

D'une manière générale, les tarifs sont un peu plus élevés qu'à Kathmandu. Ne surtout pas se fier aux prix affichés et négocier dur ! Les hôtels, qu'ils soient bon marché ou chic, ne sont pas chauffés. En revanche, ils fournissent toutes les couvertures nécessaires et font parfois du feu le soir.

Si vous le souhaitez, on vous réveillera à l'aube pour le lever du soleil sur les montagnes… si le temps est clair ! Sinon, on vous laissera faire tranquillement la grasse matinée.

Bon marché (de 150 à 500 Rps ; de 2 à 6 €)

🏠 **Madhuban Bamboo Cottage :** en dessous du *Peaceful Cottage*. ☎ 668-01-14. Notre meilleure adresse pour les budgets riquiquis. Minuscules chalets de bois récemment rénovés. La plupart bénéficient désormais d'une douche chaude, et ce à des prix très attrayants. Les moins chers (catégorie « Très bon marché » !) ont des sanitaires collectifs. Petit resto sans prétention à prix modestes. Accueil très gentil et belle situation.

🏠 **Sherpa Cottage & Tibet Home :** près de la fourche. ☎ 668-00-15 ou 668-01-80. ● sherpacottage@wlink.

com.np ● Un ensemble de maisonnettes en bois miniatures. Pas le grand confort et des prix assez surestimés, mais n'empêche : la chambre située au-dessus du resto, sous le toit, rappelle tellement les cabanes de notre enfance ! Lit posé à même le sol, salle de bains à l'extérieur. Propre, mais eau froide seulement (l'eau chaude vient en seau).

Deux autres cabanes plus confortables avec salle de bains intégrée, en début de la catégorie des prix modérés (donc pas encore très cher). Et enfin, plus haut, en bord de route, une annexe avec chambre en dur, moins charmante mais avec l'eau chaude. Restaurant tout mimi accroché à la pente.

De prix modérés à prix moyens (de 500 à 2 000 Rps ; de 6 à 25 €)

🏠 *The End of the Universe :* ☎ 668-01-09 ou 668-00-11. ● www.endoftheuniverse.com.np ● Un petit hôtel perché sur les hauteurs, dans un site tranquille. Trois types de chambres à prix divers, d'un bout à l'autre de cette catégorie. Dans un bâtiment en dur, chambres avec salle de bains, confortables et agréables, toutes en bois, avec de grandes ouvertures sur la nature. Dortoir sur le toit. Également des petits chalets plus anciens sans salle de bains, mais sympas comme tout. L'ensemble est très réussi. Ambiance cool et chaleureuse, y compris au resto-bar. Une adresse qui donne envie de poser son sac quelques jours...

🏠 *Peaceful Cottage & Café Du Mont :* ☎ 668-00-77 ou 668-00-56. ● peacefulcottage@hotmail.com ● Chambres de standings très divers : sans salle de bains et bon marché pour les fauchés, bon petit confort et prix « chic » pour les routards plus exigeants. Prix à négocier fermement. Hôtel simple, relativement confortable, qui vous offre une vue imprenable depuis votre lit ! Restaurant panoramique offrant un menu varié et copieux, le tout devant un bon feu de cheminée ! Le sympathique patron, Ram Shankar, parle très bien le français. Une navette payante (200 Rps, soit 2,50 €) permet de se rendre à l'hôtel depuis Thamel à Kathmandu.

🏠 *Hôtel Himalayan Heart :* 200 m après l'arrêt de bus. ☎ 668-00-84 ou 668-01-26. Réservation à Kathmandu, ☎ et fax : (01) 470-04-24. Propose des chambres relativement confortables, avec salle de bains (eau chaude). Terrasse d'où l'on a une vue panoramique sur les montagnes et la vallée. Salle à manger assez triste. Prix exagérés, à négocier comme d'habitude.

Chic (de 2 000 à 4 000 Rps ; de 25 à 50 €)

🏠 *Farm House :* sur la piste très défoncée et sinueuse de Sankhu, à 3 km de la station de bus, après le *Country Villa Hotel,* dans un endroit superbe. Réservation à Kathmandu à l'hôtel *Vajra :* ☎ (01) 422-80-87 ou 427-27-19 ou 427-15-45. Fax : (01) 427-16-95. Cet hôtel de charme comporte 15 chambres de belles tailles, chaleureusement décorées, équipées de salle de bains et d'un grand balcon pour admirer la vue sans aucun obstacle. Choisir la demi-pension ou la pension complète (vu l'isolement, difficile d'aller manger ailleurs !). La salle à manger, avec sa cheminée, rappelle les refuges de haute montagne. Pavillon pour méditation. Une adresse exceptionnelle que nous conseillons pour son charme et son calme. Un havre de paix privilégié, loin de l'agitation du monde !

🏠 *Country Villa Hotel :* sur la route de Sankhu. ☎ 668-01-28. Fax : 668-01-27. Réservation à Kathmandu : ☎ (01) 470-03-05. Fax : 470-00-82. ● www.hotelcountryvilla.com ● Un établissement franchement pas esthétique mais merveilleusement situé pour jouir pleinement du paysage. Chambres correctes, même si l'on peut regretter que les lits soient si durs et les douches si tièdes ! En fait, certaines chambres sont mieux que d'autres, donc n'hésitez pas à en voir plusieurs. Le restaurant très réussi, avec murs de pierre et baie vitrée, présente une carte alléchante. Patron et personnel charmants. Fournissent des renseignements et des cartes pour les promenades. Petit bar douillet avec de grandes baies vitrées pour profiter de la vue, bien au chaud.

Très chic (plus de 4 000 Rps ; plus de 50 €)

The Fort Resort : ☎ 668-00-69. Fax : 668-00-42. Réservation à Kathmandu : ☎ (01) 422-69-77 ou 422-67-99. • www.mountain-retreats.com • fort@mos.com.np • Compter environ 80 US$ (68 €) pour une chambre double. L'hôtel accorde d'importantes réductions en basse saison ou s'il reste de la place. Une maison en brique tout en hauteur et de jolis bungalows dans le style des maisons newars répartis dans la nature – l'option à privilégier. Les chambres du bâtiment principal sont confortables et la vue exceptionnelle. Mais les suites dans les bungalows en contrebas sont vraiment bien plus agréables et intimes. Salon de lecture avec de passionnants ouvrages sur le Népal. La salle à manger et le salon recréent l'ambiance d'un grand chalet. Excellente cuisine et prix en rapport. Accueil très chaleureux et personnel plein d'attention (bouillotte dans les lits, etc.). Transfert gratuit depuis Kathmandu. Pour ceux qui en ont les moyens, une de nos meilleures adresses. Cartes de paiement acceptées.

Où manger ?

The Restaurant at the End of the Universe : un petit resto cosy et bon marché, avec de grandes baies vitrées donnant sur les deux vallées. Selon nous, l'endroit le plus chaleureux de la ville pour manger ou boire un verre. Goûter au *chicken biryani*, avec des noix de cajou, coco et raisins secs : succulent ! Service très sympa mais décidément lent : commander son plat à l'avance paraît judicieux.

The Tea House Inn : très agréable restaurant perché au sommet d'un téton rocheux, à côté du *Club Himalaya*. Ouvert du lever au coucher du soleil. Salle panoramique, terrasse ensoleillée. Service et cuisine de qualité : on propose de nombreux et intéressants plats locaux. *Lassi* particulièrement frais et onctueux. Prix moyens.

Le Restaurant du Fort : excellente table dans un décor très agréable. Accueil délicieux et service classieux. C'est l'endroit où il faut déjeuner ou boire un verre si l'on va à Nagarkot dans la journée et que l'on est en fonds.

➤ DANS LES ENVIRONS DE NAGARKOT

➤ Plein de balades à pied. Possibilité de redescendre dans la vallée : 3 à 4 h pour *Changu Narayan* en longeant la ligne des crêtes, puis 2 h de *Changu* à *Bhaktapur*. Vous pouvez aussi gagner *Dhulikhel* : compter 4 h via *Nala* ou descendre vers *Sankhu* en 2 h 30 en passant par **Jaharsing Pauwa**, village doté d'une vue aussi imprenable qu'à Nagarkot. Le chemin traverse des forêts et des collines très chouettes. Un seul *lodge* on ne peut plus basique. À voir aussi la *fromagerie*, grande bâtisse en contrebas, à droite après le *post office*. On y vend du fromage de bufflonne.

BANEPA

IND. TÉL. : 011

Situé à 25 km de Kathmandu, après Bhaktapur et un peu avant Dhulikhel. Le village, reconstruit en grande partie après un terrible incendie en 1962, ne présente aucun intérêt, à l'exception de quelques maisons rescapées. En revanche, à l'extrémité du village, voir absolument le **temple de Chandeswori** (environ 20 mn de marche depuis le centre). En surplomb d'une rivière, un temple superbe à trois toits, entouré d'une pittoresque enceinte de brique. Les poutres (on dit aussi les « corbeaux »), sculptées, sont d'une finesse extraordinaire. Sur le côté, une fresque plus récente et carrément psychédélique représente le dieu Bhairava, avatar maléfique de Shiva. D'autres édifices intéressants, en brique rouge, dédiés à Shiva. Nombreux piliers portant des animaux en bronze. Impressionnant Vishnu couché sculpté dans la roche au bord de la rivière.

▲ Quelques *guesthouses* pas géniales au bord de la route. Nous vous conseillons de dormir à Dhulikhel à 5 km (voir plus loin) où il y a bien plus de choix.

➤ *DANS LES ENVIRONS DE BANEPA*

🏃 *Nala :* prendre la 1re route à gauche à l'entrée de Banepa, après avoir passé le poste de police. Situé à 3 km de la ville, ce petit village très tranquille offre sans doute une des plus authentiques « vitrines » de la vie quotidienne newar. Ici, pas de *guesthouse* ni de restaurant, c'est encore un endroit ignoré des guides de voyages. Les habitants sont accueillants et on se retrouve très vite entouré de gamins curieux. Forteresse dans le passé, des ruines de l'enceinte sont encore visibles près du bazar. Lors de la conquête de la ville par le souverain gorkha, tous les habitants se réfugièrent dans un souterrain, en partie bouché aujourd'hui. « Souterrain » se traduit par *nala* en newari ; le village a conservé ce nom en souvenir. Deux temples, dont l'un, le **Ugrachand Bhagwati,** du XVe siècle, possède quatre toits. Situé au centre du village, il est agrémenté de miroirs et d'une pendule de bistrot sur la façade. Remarquer les différents ustensiles offerts en remerciement de souhaits exaucés, et les armes, dont des boulets utilisés pour assiéger la ville. Si vous avez la chance de rencontrer quelqu'un qui parle l'anglais, faites-vous raconter l'histoire fameuse de la colère des soldats gorkhas, furieux de ne trouver aucun habitant pour les accueillir.

➤ Un autre temple, dédié à *Lokeshwor,* présente un peu moins d'intérêt ; il est cependant très vénéré. Si le temps s'y prête, vous pouvez, de là, prendre l'ancienne route qui rejoint Bhaktapur ; paysages sublimes ! Compter largement 2 h de marche.

PANAUTI

IND. TÉL. : 011

Situé à 6 km au sud de Banepa. Comment expliquer la présence, dans ce petit village perdu, d'un tel ensemble religieux ? Simplement, au Xe siècle, il y eut un royaume de Panauti. Les souverains d'alors possédaient un goût très sûr. Le site est magnifique.

▲ En revanche, comme à Banepa, l'hôtellerie est tout à fait médiocre. Dormir plutôt à Dhulikhel. L'hôtel *Panauti Pvt* peut cependant servir en cas de dépannage, et il possède un restaurant convenable.

Arriver – Quitter

➤ **De et vers Kathmandu :** *Blue Bus* depuis *Ratna Park* (Kathmandu). La plupart vont directement à Panauti. Des bus relient fréquemment Panauti à Banepa et Dhulikhel.

À voir

¶ *Le temple à trois toits de l'Indreshwar Mahadev :* de la place principale où vous laisse le bus, suivre la petite rivière Punyamati, légèrement encaissée, le long de la pittoresque Main Street. Le temple, consacré à Shiva, date du XVe siècle ; c'est, probablement aujourd'hui le plus ancien du Népal dans son état originel et dans le plus pur style népalais qu'on puisse imaginer. Huit lions lui assurent une garde vigilante. Les étais, en bois brut finement sculpté, présentent tous les dieux et déesses du *Mahabharata*. Admirer la *stèle de Surya* sur son attelage sacré. D'autres édifices autour, pas moins intéressants. Le temple est sur la liste d'attente pour être inscrit à l'inventaire du Patrimoine de l'humanité par l'Unesco.

¶ *Le temple de Brahmayani :* de l'autre côté de la rivière, seul au pied de sa colline. Il date du XVIIe siècle. Très cher au cœur des habitants de Panauti. Restauré en 1981 par une équipe française du CNRS après consultation de la population à qui l'on demanda ce qu'elle souhaitait voir amélioré en premier dans le village. Après avoir rénové d'autres monuments (près de 70 dans la région !), les Français ont également entrepris des travaux destinés à améliorer la vie quotidienne des habitants (canalisations, réfection des rues, don de 4 000 t de blé par an et construction d'écoles).

¶¶ Le temple de Brahmayani appartient au quartier de **Triveni Ghat** qui en compte lui-même une vingtaine. La beauté du paysage rivalise avec la finesse des temples. C'est un important lieu de pèlerinage hindou. En mars 1998, pendant la *Makar Mela*, ils étaient plusieurs centaines de milliers à venir se recueillir. Le prochain festival aura lieu en 2010.
Il y a d'autres festivals propres à Panauti, dont le plus important est le *Jya Punhi*. Cette fête qui dure 3 jours, aux alentours de la pleine lune du mois de juin, est à découvrir si vous êtes dans le coin. Les gens du village invitent les membres de leur famille pour toutes sortes de réjouissances et défilés.

➤ *LA BALADE DU NAMO BOUDDHA*

Voici, de Panauti à Dhulikhel, une superbe balade tout à fait réalisable dans la journée et sans difficulté majeure. Compter environ 6 h de marche aller simple, à un rythme paisible. Première étape : le *Namo Bouddha*.
Au départ, traverser la rivière par le pont suspendu, longer le cours d'eau jusqu'au *temple de Brahmayani*. Suivre quelque temps un sentier bien marqué, puis, en contrebas, une grande cuvette couverte de rizières. Un petit chemin en moraine, très étroit, passe au milieu. Au fond, sur une colline, on entraperçoit déjà le Namo Bouddha. Après la rizière, une fourche. Prendre à droite, vers l'unique village au fond des collines. Juste après cette bourgade pittoresque et animée, le chemin se met à grimper. À un embranchement bien distinct, prendre à gauche. Au milieu d'un nouveau hameau, chemin de droite (vous pouvez toujours vous faire confirmer par un paysan si c'est bien la route du Namo Bouddha). Itinéraire un moment assez ardu à travers les champs de maïs, avant d'aborder une voie plus large, moins abrupte, qui aboutit à un hameau offrant un somptueux panorama sur la vallée.

Le Namo Bouddha est un beau *stûpa* dans les dégradés de jaune, avec son collier de moulins à prières. Plusieurs échoppes servent du thé et des boissons fraîches.

Face à la vallée, emprunter un petit raidillon qui part à gauche du *stûpa*. Après la montée, on parvient à une chapelle et un petit monastère bouddhique où les moines font retraite (ne pas oublier de contourner par la gauche ni de se déchausser pour pénétrer dans le monastère). On peut voir une pierre avec un relief racontant la légende dont ce lieu a tiré le nom : le Bouddha avait appris qu'une tigresse avait été tuée par un chasseur au sommet de la colline. Il s'y rendit et y trouva quatre petits tigres gémissants et affamés. Il ressentit tant de compassion pour eux qu'il prit la forme d'une tigresse et mit son corps en pièces, donnant ses entrailles pour les petits. Ceux-ci grandirent et devinrent de puissants animaux qui prirent plus tard leur revanche sur le chasseur en le dévorant. À voir également, les offrandes de biscuits secs et de briques de jus de fruits !

🛏 🍴 S'il y a de la place, possibilité pour ceux qui sont intéressés par le bouddhisme d'être hébergés au **monastère.** Chambres bon marché.

Passé le monastère, on aperçoit une ligne de crêtes. Se fixer l'unique hameau et la route de terre au loin comme point de mire. Arrivé sur la route, la suivre à gauche tout du long. Elle mène directement à Dhulikhel. Cependant, il est vivement conseillé, comme les porteurs et villageois le font, d'emprunter les raccourcis. Voici quelques indications, forcément floues faute de références précises (dans la nature, c'est dur !). Se fier à son intuition et, surtout, observer les porteurs qui déboucheraient d'un sentier de montagne-raccourci. Du Namo Bouddha à Dhulikhel, compter environ 4 h de marche.

Au détour d'un virage, après quelques kilomètres de marche, vous apercevrez un hameau (avec une fontaine et un bosquet d'arbres) sur la colline en face. La route y passe. On peut alors couper à la hauteur d'un gros arbre isolé jusqu'à un autre du même gabarit. On s'économise un grand lacet. Depuis le hameau, reprenant la route, quelques centaines de mètres plus haut, vous verrez un chemin qui part sur la droite. Facile à reconnaître : très rude et fait de pierres encastrées dans l'argile. Votre ultime dure montée de la balade. Vous atteindrez alors le *temple de Kali*, idéal pour une pause.

🍴 Deux **guesthouses** aux prix raisonnables proposent un menu sans prétention mais tout à fait acceptable. Le *Panorama View Lodge* est vraiment sympa, tout comme le patron. ☎ (011) 66-20-85.

Ensuite, les raccourcis sont tous en descente et, là aussi, facilement reconnaissables. À peine débouche-t-on sur la route que ça repart de l'autre côté (chemin de pierres encaissé). En fin d'après-midi, le flux incessant des porteurs se révèle d'ailleurs une bonne indication. Finalement, Dhulikhel apparaît, dans une vallée sereine.

DHULIKHEL

IND. TÉL. : 011

Autre ville réputée pour son point de vue sur l'Himalaya. Située à 30 km de Kathmandu, sur la route chinoise qui traverse de beaux paysages de rizières (c'est-à-dire la route qui mène au Tibet, construite par les Chinois). Ici, c'est surtout le Makalu (8 515 m) qu'on peut apercevoir.

Hormis la vue, la ville ne présente pas d'intérêt. Les rares « restaurants » ferment tôt et toute forme de vie disparaît après 21 h 30. Emporter un bon bouquin.

Arriver – Quitter

Liaisons avec :
➢ *Namo Bouddha* : 4 h de marche ; sinon, en taxi si la route est carrossable. Hormis pendant la mousson, des bus locaux assurent un service. Il est possible aussi de faire Nagarkot-Dhulikhel à pied.
➢ *Kathmandu* : de la capitale, prendre le bus à *Bagh Bazar* (même endroit que pour Bhaktapur). Pour le retour, des bus partent toutes les 15 mn. Ils sont vides au départ, la place assise est assurée. Environ 1 h 30 de trajet.

Où dormir ?

Établissements plutôt chic dans l'ensemble. Souvent des groupes et des séminaires : il est utile de téléphoner pour savoir s'il reste de la place.

De bon marché à prix modérés (de 150 à 1000 Rps ; de 2 à 12,50 €)

🏠 **Art Gallery in Nawaranga :** ☎ 66-12-26. À la sortie du village sur la route du Namo Bouddha. Demandez le chemin : tout le monde connaît. Purna et sa *guesthouse* forment un tout absolument inoubliable ! Le personnage est extraordinaire, un sourire généreux éclairant son visage buriné. Depuis quelques décennies, il accueille les vrais routards du monde entier dans sa modeste demeure. Quelques chambres on ne peut plus sommaires, avec toilettes à la turque et douches communes, pour les fauchés. D'autres plus récentes avec salle de bains privée (eau chaude). Chauffage solaire. Les prix restent bon marché. En bas, une petite salle encombrée sert de « resto » et de « salle d'exposition ». Eh oui, Purna aime mélanger l'art et les bons petits plats ! Cuisine locale très peu chère et franchement copieuse. Une adresse dont on revient forcément avec quelques souvenirs…

🏠 **Hôtel Arniko :** ☎ 66-14-80. Fax : 66-31-67. Réservation à Kathmandu : ☎ (01) 443-36-94. • arnikonp@yahoo.com • Bâtisse moderne située avant le village, juste en face de l'*Himalayan Horizon*. Les chambres du haut ont une grande baie vitrée avec une jolie vue sur les champs en terrasses. Entretien correct. Problème : elles sont glaciales la nuit car très mal isolées. Par ailleurs, assez bruyant si l'on dort côté route. Resto agréable dans le jardin, offrant une nourriture abondante et excellente. On y sert un exceptionnel *chicken à la Kiev*. En résumé, une adresse qui a ses défauts mais, comme les prix (modérés) ont bien baissé, l'endroit reste intéressant.

Très chic (plus de 4 000 Rps ; plus de 50 €)

🏠 **Himalayan Horizon (Hôtel Sun'n'Snow) :** ☎ 66-12-96 ou 66-12-60. Fax : 66-14-76. Réservation à Kathmandu : ☎ (01) 424-71-83 ou ☎ et fax : (01) 422-50-92. • hi.horizon@dhulikhel.wlink.com.np • Prévoir 70 à 80 US$ (60 à 68 €), avec bien sûr la possibilité de marchander. Un établissement d'une trentaine de chambres qui bénéficient de superbes vues. Les chambres les plus récentes sont parfois immenses, avec un vrai lit *king size* et un grand balcon. Celles de l'ancien bâtiment sont largement moins agréables, mais confortables également. Jolis jardins et terrasses fleuries alentour. Accueil soigné. Resto panoramique. Les repas sont loin d'être donnés.

🏠 **Dhulikhel Mountain Resort :** à 4 km de Dhulikhel, vers le nord, sur la route du Tibet. ☎ 66-14-66 ou 66-10-88. Réservation à Kathmandu :

☎ (01) 442-07-74. Fax : 442-07-78. ● dmrktm@wlink.com.np ● Un peu moins de 100 US$ (85 €) la double. Une quarantaine de chambres dans des bungalows construits avec beaucoup de soin et qui reprennent le style traditionnel. Le jardin, peuplé d'arbres vénérables et de fleurs délicates, s'étale à flanc de colline. Agréable salle de restaurant où l'on vous servira une excellente nourriture. Il y a même une carte en français, avec de délicieuses spécialités. Cher, mais les prestations sont à la hauteur des prix. Accueil sympa. Plein de balades à faire dans le coin. Le personnel, très disponible, vous donnera des tuyaux.

🛏 *Mirabel Resort Hotel :* à 300 m de la station de bus. ☎ 66-19-72. Fax : 66-32-25. ● mirabel@ccsl.com.np ● Très chic mais moins cher que le précédent. Tarifs intéressants en pension complète. Cet hôtel possède incontestablement la meilleure vue. Chambres luxueuses et très confortables, mais hormis la vue, rien d'ébouriffant non plus. Cours de yoga sur demande. Attention, les groupes sont nombreux à venir ici. Réservation impérative. Pour ceux que le prix décourage, faites-vous plaisir avec un bon petit déjeuner sur la terrasse, c'est le meilleur moment pour bien apercevoir l'Himalaya.

Où manger ?

En dehors des adresses ci-dessus, qui font toutes de la restauration, on pourra essayer :

🍴 *Purna's Nawaranga Restaurant :* voir *Art Gallery in Nawaranga* dans « Où dormir ? De bon marché à prix modérés ». L'inoubliable et extraordinaire Purna propose des plats simples mais savoureux, dans sa modeste maison. À en croire son livre d'or, il ferait les meilleurs *momo* du monde ! Mais ils ne sont pas toujours disponibles. Prix dérisoires.

À L'OUEST DE KATHMANDU

MUGLING

IND. TÉL. : 056

Étape obligatoire de tous les bus, c'est une ville sans aucun charme particulier et qui n'est pas sans rappeler les cités de western.

À faire

➢ *La télécabine de Manakamana :* un peu avant d'arriver à Mugling en venant de Kathmandu. ☎ (01) 443-46-90. ● rajesh@cc.wlink.com.np ● Ouvert tous les jours de 9 h à 12 h et de 13 h 30 à 17 h (le samedi sans interruption). Aller-retour : 700 Rps (8,80 €). Construite par les Autrichiens, cette télécabine relie en une dizaine de minutes le site de pèlerinage de Manakamana. Impressionnant ! Cela évite désormais les 12 km de sentier. Si vous avez le temps, ne prenez qu'un aller pour redescendre ensuite à pied (compter une bonne heure et demie). À éviter absolument en période de vacances scolaires et le samedi si vous ne souhaitez pas attendre… 2 h au minimum !

GORKHA

IND. TÉL. : 064

Sur la route de Pokhara, tourner à droite à Khareni (une dizaine de kilomètres après Mugling) et suivre la route (goudronnée) sur 20 km. Gorkha est l'ancienne capitale de la dynastie des Shah, dont le roi actuel est le descendant direct. C'est ici, du haut de la forteresse, que Prithivi Narayan Shah fonda la célèbre armée gorkha grâce aux soldats tamangs, magars et thakuris. Pendant 27 ans, ils lancèrent régulièrement des raids sur Kathmandu et sur l'ensemble de la vallée. Ce fut finalement en 1767 qu'ils parvinrent à la conquérir entièrement, ainsi que certaines régions de l'Inde et du Tibet, et à unifier l'ensemble du pays.

ATTENTION : les montagnes avoisinantes sont le siège de groupuscules maoïstes qui s'en prennent régulièrement aux bâtiments administratifs ou directement aux fonctionnaires de l'État. Aux dires des anciens soldats gorkhas de la région, ils constituent une réelle menace. Bien que jusqu'à présent ils ne s'en soient jamais pris aux touristes ou aux villageois, vérifiez tout de même avant de partir que la situation est calme.

Arriver – Quitter

Liaisons avec :

➢ *Kathmandu :* de la capitale, les bus partent de la *Central Bus Station* (demander « Gangabu » au taxi). Départ tôt le matin, mais prévoir en avance pour avoir le temps de trouver le bus ! De Gorkha, nombreux bus et minibus quotidiens vers Kathmandu. Départs entre 6 h 45 et 14 h 30. Compter environ 6 h de trajet avec un bus local et 5 h avec les *tourists coaches*.

➢ *Pokhara :* départ à l'aube aussi. Compter 3 h de trajet. De Gorkha, souvent 2 bus par jour, un tôt le matin et un le midi. Se renseigner sur place.

Où dormir ? Où manger ?

Au moment de la descente du bus, vous serez assailli par les rabatteurs. Lors de la négociation, n'acceptez aucune proposition sans vous rendre sur place, les rabatteurs désespérés finissent souvent par dire n'importe quoi. Méfiez-vous des nombreuses petites *guesthouses* à gauche de la montée en pierre pour Gorkha Durbar, qui sont très sales pour la plupart et peu recommandables. On préférera les hôtels suivants, de part et d'autre du trajet de bus, plus sûrs et plus tranquilles.

Prix modérés (de 500 à 1 000 Rps ; de 6 à 12,50 €)

Hôtel Gorkha Bisauni : à l'entrée de la ville. ☎ 42-01-07 ou 42-04-19. ● hotel_bisauni@hotmail.com ● Hôtel triste et sans charme particulier mais bien situé. Chambres à différents prix mais les plus chères, avec TV, ne sont pas pour autant les plus confortables. Surtout intéressant pour les petits budgets. Restaurant pas terrible.

Chic (de 2 000 à 4 000 Rps ; de 25 à 50 €)

Gurkha Inn, Village Hotel : au centre de la ville, à 5 mn de l'arrêt des bus. ☎ 42-02-06. Fax : 42-05-87. Réservation à Kathmandu : ☎ (01) 444-00-91. Autour de 35 US$ (29,70 €) la nuit. Hôtel au charme indéniable. Superbe jardin fleuri et odorant le soir, avec fontaine, où il fait bon boire un verre. Chambres confortables et décorées avec soin. Petit restaurant servant des spécialités indiennes, chinoises et occidentales. Personnel absolument charmant. Bon rapport qualité-prix. De loin notre meilleure adresse.

🏠 |●| **Gorkha Hill Resort :** prendre à droite après Laxmi Bazar, 3 km avant la ville. Réservation à Kathmandu : ☎ (01) 424-70-82. Fax : 424-09-92. ● www.promotenepal.com ● Compter environ 50 US$ (42,50 €) la nuit. Le lieu idéal pour se reposer dans la paix la plus absolue au milieu d'un paysage magnifique avec cultures en terrasses. Une vingtaine de chambres spacieuses avec salle de bains, téléphone et grandes fenêtres pour profiter de la vue. Dommage que l'ensemble vieillisse si mal ! Restaurant de qualité et bar avec des cocktails détonants. Prix quand même exagérés !

À voir. À faire

🚶 *Tallo Durbar :* un peu plus haut que l'arrêt des bus et après le bassin. Ouvert entre 10 h et 17 h. Ce superbe édifice carré de style purement newar était, il y a 250 ans, le centre administratif du royaume de Prithivi Narayan Shah, avant que Kathmandu ne devienne capitale. Certaines fenêtres en bois sculpté sont de purs joyaux. L'ensemble, qui a été magnifiquement restauré, devrait abriter (un jour, peut-être…) un musée sur l'histoire de Gorkha.

🚶 *Gorkha Durbar :* forteresse-temple, avec une vue magnifique sur la chaîne himalayenne. Compter 45 mn de dure grimpette depuis le village. À l'intérieur, interdiction de porter du cuir et de photographier. Aux alentours de la pleine lune, de nombreux sacrifices sont effectués l'après-midi en l'honneur de Kali à l'intérieur de la forteresse. Des pèlerins venant de tout le Népal apportent leurs offrandes. Le roi et sa suite s'y rendent tous les ans en septembre-octobre, 10 jours après *Dasain* (pour les dates, se reporter, en début de guide, à la rubrique « Fêtes et jours fériés »). La forteresse est donc régulièrement une mare de sang, âmes sensibles s'abstenir…

🚶 *Upkallo :* à 45 mn de marche de la forteresse, c'est le point le plus élevé où les vues sur le palais et sur la chaîne de l'Himalaya sont les plus impressionnantes.

➤ Petite *balade* sympathique à faire à pied en 3 h : montez jusqu'au Gorkha Durbar puis, en longeant la crête, marchez vers Tallokot, un village plus à l'est. En chemin, vous passez inévitablement devant la statue du roi Ramsha. Continuez et, à partir de Tallokot, redescendez par les villages en contrebas. En passant devant une maison de retraite d'anciens gorkhas, n'hésitez pas à vous arrêter, ils seront ravis de vous accueillir pour discuter. La balade est idéale si le ciel est dégagé.

BANDIPUR

IND. TÉL. : 064

À mi-chemin entre Mugling et Pokhara, cette charmante cité typiquement newar ne manque pas d'attrait. Les routards en quête d'authenticité seront comblés. Mais dépêchez-vous car le lieu commence à être connu…

UN PEU D'HISTOIRE

Au XVIIIe siècle, fuyant la conquête gorkha, quelques familles de riches commerçants de Bhaktapur s'établissent dans ce qui n'est encore qu'un minuscule village. En quelques années, Bandipur devient un point de passage incontournable entre l'Inde et le Tibet. Grâce aux taxes sur les marchandises, temples et maisons bourgeoises fleurissent. Mais avec l'ouverture du Népal en 1950, et plus encore avec la construction de la route entre

Kathmandu et Pokhara, Bandipur perd peu à peu de son importance. Alors, les descendants des premiers commerçants s'éloignent pour rejoindre leurs villes natales. Comme dans toutes les villes habitées par les Newars demeure un superbe patrimoine de sanctuaires, temples-pagodes, maisons aux fines boiseries sculptées. Le parfum qui émane de ce merveilleux village n'est évidemment pas sans rappeler celui de Bhaktapur...

Arriver – Quitter

➢ *En bus :* tous les bus (excepté ceux de la compagnie *Green Line*) s'arrêtent à Dumre Bazaar d'où l'on peut rejoindre le village en 3 h de marche. C'est certainement la meilleure approche car on emprunte l'ancienne route des échanges indo-tibétains. Champs de riz en escaliers, forêt peuplée d'oiseaux, sources...

➢ *En voiture :* aucun problème, une route relie la ville à la *highway*.

Où dormir ? Où manger ?

Plusieurs familles dans des maisons traditionnelles pratiquent le *Bed & Breakfast*. Se renseigner dans le village.

Bon marché (de 150 à 500 Rps ; de 2 à 6 €)

Bandipur Guesthouse and Restaurant : dans le centre du village. ☎ 52-01-03. Dans une maison traditionnelle, quelques chambres très simples avec sanitaires communs. Accueil chaleureux et prix très doux.

Prix moyens (de 1 000 à 2 000 Rps ; de 12,50 à 25 €)

The Old Inn Bandipur : en plein cœur du village. ☎ 52-01-10. Possibilité de réserver à la *Kathmandu Guesthouse* à Thamel : ☎ (01) 441-74-26. Compter environ 21 US$ (17,80 €) la nuit. Dans une maison traditionnelle datant de presque deux siècles. Belles chambres confortables à la décoration soignée et authentique. Sanitaires à l'extérieur mais d'une propreté exemplaire. Terrasse avec une belle vue. Une bien bonne adresse.

Bandipur Mountain Resort : ☎ 52-01-25. Réservation à Kathmandu : ☎ (01) 422-01-62 ou 422-91-16. Fax : 422-56-15. ● www.islandjungleresort.com ● Compter environ 25 US$ (21,20 €) la nuit avec les repas. Complexe parfaitement au calme perché sur une colline, à l'écart du village. Une douzaine de chambres très propres et confortables avec balcon et vue imprenable sur la vallée et les montagnes. TV et téléphone dans toutes les chambres. Grand jardin, piscine et restaurant. L'idéal pour se reposer quelques jours.

À voir. À faire

Bindebasini Temple : situé au cœur du *bazaar,* ce temple à deux toits est encore un exemple de la richesse des artisans newars. Boiseries ouvragées et *torana* de cuivre avec des détails étonnants. À l'intérieur une des formes de Durga, le destructeur des démons. L'activité de ce temple est à son comble lors du Festival de Bisket en avril : l'idole est alors placée sur un chariot pour un tour de la ville, accompagnée de musiciens.

🛕🛕 **_Khadga Devi Temple_** : autre temple à deux toits, celui-ci est particulièrement vénéré. Il contient, en effet, une épée sacrée. La tradition rapporte que cette épée fut offerte par Shiva à Mukunda Sen, l'ancien roi de Palpa, dont Bandipur était le vassal. Au cours du Festival de Dasain en septembre ou octobre, l'épée est sortie pour effectuer le sacrifice d'un mouton, puis ensuite portée à travers la ville.

🛕🛕 **_Mahalaxmi Temple_** : encore un temple-pagode dédié à la déesse de l'Abondance. Là également, le travail du bois sur les portes, les arches et les linteaux frise la perfection.

🛕 **_Le marché couvert_** : le seul exemple connu dans la vallée, couvrant la place d'une échoppe à l'autre.

🛕 **_Tudikhel_** : c'est de ce grand champ au nord de la ville que l'on peut admirer un panorama grandiose les jours de beau temps. Le _Langtang_, le _Ganesh Himal_, le _Manaslu_ et la chaîne de l'Annapurna au coucher ou au lever de soleil laissent sans voix. Si vous avez le temps, n'hésitez pas à vous balader dans les environs. Un guide peut s'avérer très utile pour découvrir les nombreuses grottes, dont **_Pataali Dwar,_** « la porte de l'Enfer » avec ses nombreuses concrétions calcaires ou encore **_Siddha Gufa_**. C'est le gouffre le plus profond recensé au Népal, et il est loin d'avoir livré tous ses secrets.

POKHARA

150 000 hab.   IND. TÉL. : 061

Cette petite ville était quasiment coupée du monde (à part, peut-être, du Tibet) jusqu'à l'achèvement de la route, dans les années 1980. Elle ne comptait que 5 530 habitants en 1962. Aujourd'hui, on en recense 150 000 et elle est devenue aussi fréquentée par les touristes que Kathmandu. Point de départ pour visiter le parc national des Annapurnas, Pokhara est surtout intéressante pour les trekkeurs.
La faible altitude, qui tourne autour de 850 m, explique ce climat plutôt doux et un poil humide qui contraste avec le climat sec et froid des montagnes environnantes. Plus de verdure, moins de pollution : voilà donc une étape reposante et un vrai réconfort pour ceux qui reviennent de trek (pensez : des douches chaudes, de bons restos, des bistrots, c'est l'Eldorado !). Pokhara se trouve à proximité du lac Phewa, le 2e plus vaste du Népal, absolument splendide avec toute la chaîne de l'Annapurna en toile de fond. La vieille ville mérite également une balade.

Arriver – Quitter

En voiture

À 200 km de Kathmandu. Les paysages entre Kathmandu et Naubise (26 km) sont magnifiques, sur un dénivelé très impressionnant. La deuxième partie de la route (84 km), entre Naubise et Mugling, est en bon état, ainsi que le troisième tronçon (90 km) entre Mugling et Pokhara. Compter 5 ou 6 h, selon l'état de la route.

En bus

➢ **_De / vers Kathmandu_** : même si elle est plus chère que les bus locaux, on conseille la compagnie _Green Line_ (_zoom A3, 9_ ; ☎ 53-14-72). Compter de 6 à 8 h de trajet selon l'état des travaux routiers et l'importance du trafic.

Réserver la veille. Les bus de nuit, plus rapides, sont très dangereux et les accidents fréquents.

Ils partent de Kathmandu entre 19 h et 20 h, sont équipés de sièges-couchettes, mais doivent absolument être proscrits en période de mousson. Le trajet de jour en *Tourist Bus* est plus sûr. Gare aux vols dans les bus. En venant de Kathmandu, asseyez-vous à droite si vous voulez profiter du paysage.

Dû certainement à des arrangements douteux avec le lobby des taxis et certains *lodges*, le bus vous laisse à la station de bus principale sur Prithvi Chowk *(ancienne gare routirère ; plan général B2, 1)* et non dans le quartier pour touristes. Des taxis attendent pour vous conduire à Lake Side.

Pour se rendre à Kathmandu, les départs ont lieu de l'ancienne gare routière au sud. Peu cher, mais il faut voir l'allure des bus… Départs dans la matinée. De nombreuses compagnies partent de *Lake Side* pour y capter les touristes. Les bus *Green Line* partent le matin en face de l'agence et arrivent à Kathmandu dans l'après-midi (déjeuner inclus). Sinon les *Tin-tin Travel Buses* sont rapides et rarement bondés. Les minibus *Swiss Coaches* et *Student Travels* partent tôt le matin et arrivent à Kathmandu dans l'après-midi. Attention, parfois des contrôles musclés ont lieu à l'entrée et à la sortie de Pokhara pour débusquer les faux guides. Si vous voyagez avec un ami népalais, ne vous laissez pas faire !

➢ **Vers Chitwan (Sauraha) :** avec *Green Line*. On prend le bus en direction de Kathmandu tôt le matin, avec changement à Kurinta. Reste 1 h 30 jusqu'à Sauraha.

En avion

Les bureaux des compagnies se trouvent sur Mustang Chowk *(plan général B3)* mais n'importe quelle agence peut se charger de vos réservations. Ne pas oublier la taxe d'aéroport sur les vols intérieurs de 170 Rps (2,10 €). Liaisons avec :

➢ **Kathmandu :** liaisons quotidiennes assurées par *RNA, Cosmic Air, Buddha Air* et *Gorkha Air*. Environ 25 mn de vol. Dans les 65 à 70 US$ (55 à 60 €) l'aller. Commander et payer le billet d'avion pour le retour vers Kathmandu avant le trek. Délai d'attente parfois de plusieurs jours. Seules les devises étrangères sont acceptées. Réserver un second vol en cas d'annulation du premier. S'asseoir à gauche pour profiter de la vue (spectacle inoubliable).

➢ **Jomsom :** vols chaque jour avec *Cosmic Air, RNA, Shangri-La*… Environ 70 US$ (60 €). La nouvelle route va sûrement porter un coup à cette liaison, souvent annulée en raison des conditions météo.

■ **Adresses utiles**
- 🛈 Pokhara Tourist Service Centre
- ✉ Poste principale
- 🚌 1 Ancienne gare routière
- 🚌 2 Nouvelle gare routière
- 3 Immigration Office
- 5 Police

🛏 **Où dormir ?**
- 10 New Pagoda Hotel
- 11 Green View Hotel
- 12 Dragon Hotel
- 13 Monalisa Hotel
- 14 Shangri-La Village
- 15 Fish Tail Lodge
- 16 The Fulbari Resort
- 34 Mandap Hotel
- 41 Chhetri Sisters Guesthouse

🍴 **Où manger ?**
- 50 Don't pass me by

✱ **À voir**
- 90 International Mountain Museum
- 91 Tamu Kohibo Museum
- 92 Camp de réfugiés tibétains de Tashiling

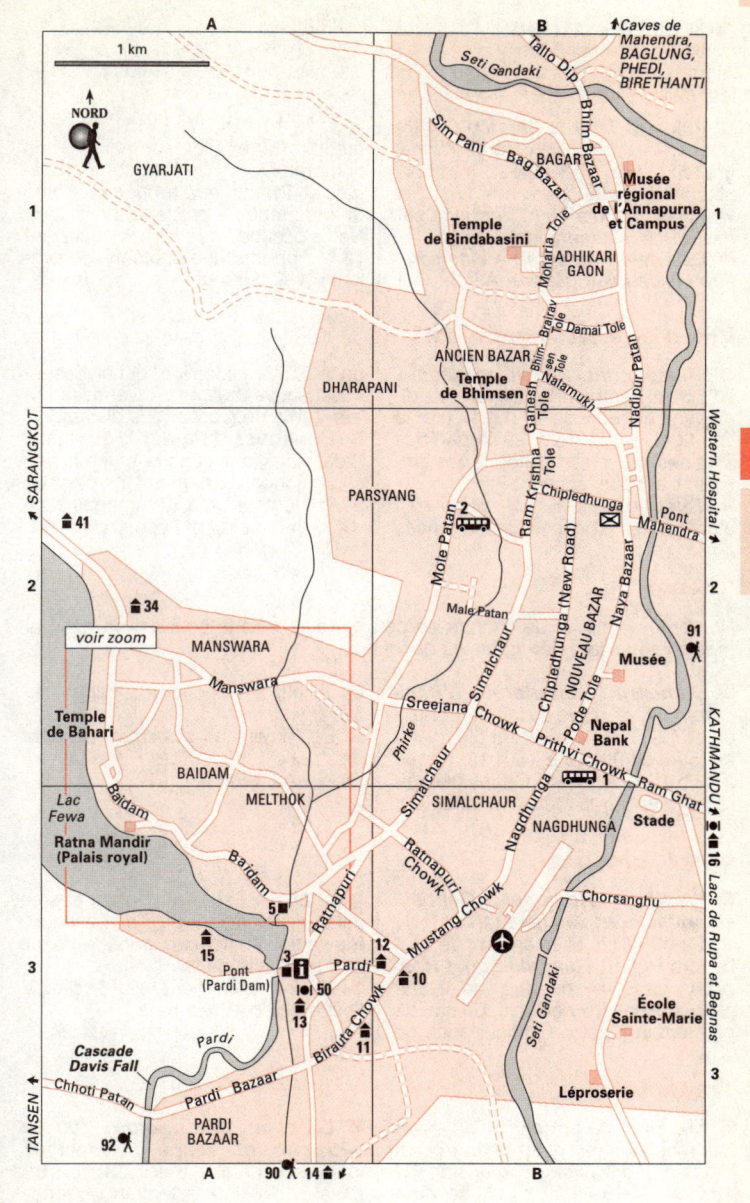

POKHARA – PLAN GÉNÉRAL

Adresses utiles

Infos touristiques

■ **Pokhara Tourist Service Centre** (plan général A3) : à côté de l'Immigration Office. ☎ 53-52-92. • pntb@bb.com • Ouvert de 9 h à 17 h ; le vendredi, jusqu'à 15 h. Fermé le samedi. Pas tellement intéressant.

■ **Extension de visa** : à l'Immigration Office (plan général A3, 3). Ouvert de 10 h à 17 h (15 h le vendredi). Fermé le samedi et les nombreux jours de fête comme *Dasain* et *Tihar* (lire la rubrique « Fêtes et jours fériés » en début de guide). Ne s'occupe des visas qu'avant 13 h. Apporter une photo et l'équivalent d'1 € par jour.

Poste et télécommunications

■ **Poste principale** (plan général B2) : au centre-ville. Ouvert du dimanche au jeudi de 10 h à 17 h et le vendredi jusqu'à 15 h. La plupart des librairies de la ville vendent des timbres, c'est plus simple !

■ **Téléphone** : il est préférable d'utiliser les services des agences de télécommunication, qui disposent aussi souvent d'un fax. Dans les hôtels, tarifs beaucoup plus élevés.

@ **Boutiques Internet** : sur Lake Side, elles ont poussé comme des champignons. En revanche, c'est un poil plus cher qu'à Kathmandu (loin d'être la ruine) et beaucoup plus lent.

Change

Nombreux bureaux de change un peu partout, mais le taux est en général moins intéressant que dans les banques.

■ **Standard Chartered Bank** (zoom A2, 4) : près du lac. ☎ 52-01-02 et 52-17-46. Ouvert du dimanche au jeudi de 9 h 45 à 16 h 15. Ferme à 13 h 15 le vendredi. Cartes bancaires et service de télex. Distributeur de billets à l'extérieur. Change les *travellers*.

■ Également un **distributeur** juste en face du *Koto Restaurant* (zoom A3, 58).

Santé, urgences

■ **Western Regional Gandaki Hospital** (hors plan général par B2) : ☎ 52-00-66. Y aller en taxi de Mahendra Pul. Et **Gandaki Zonal Hospital,** dans le quartier de Ranipauwa. Hôpitaux corrects. En cas de problèmes médicaux importants, se faire rapatrier sur Kathmandu et prévenir le médecin de l'ambassade. Plusieurs pharmacies dans le bazar et à proximité du lac.

■ **Police** (plan général A3, 5) : à l'extrémité de Lake Side.

Transports

■ **Location de poneys :** s'adresser à la réception de l'hôtel *Shangri-La* à Baidam (hors plan général par A3, 14). ☎ 52-19-79. Il s'agit de chevaux nains du Mustang. Guide obligatoire car les buffles s'attaquent parfois à ces poneys au pied très montagnard.

■ **Location de motos 100 à 125 cm^3 et Vespa :** nombreux loueurs sur Lake Side. Caution ou passeport exigé. Attention à l'arnaque avec l'essence : on vous donne la moto avec très peu de carburant en espérant que vous allez faire le plein. Ne mettez que ce que vous

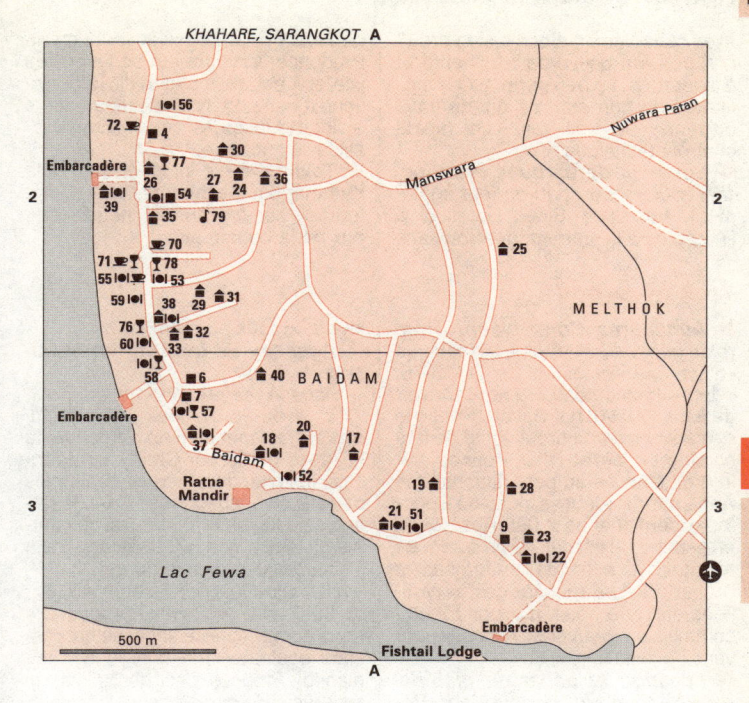

POKHARA – ZOOM

■ Adresses utiles

- 4 Standard Chartered Bank
- 6 Ultimate Descents
- 7 Ganesh Kayak Shop
- 9 Green Line
- 54 Sunrise Paragliding

🏠 Où dormir ?

- 17 Gauri Shankar Guesthouse
- 18 Angel Hotel
- 19 Kiwi Guesthouse
- 20 Nirvana Hotel
- 21 Lake Side Hotel
- 22 Baba Lodge
- 23 Base Camp Resort
- 24 Butterfly Lodge
- 25 New Solitary Lodge
- 26 Monal Hotel
- 27 Lubbly Jubbly
- 28 Nanohana Lodge
- 29 Serenity Hotel
- 30 Tranquillity Lodge
- 31 Noble Inn
- 32 Board Walk Guesthouse
- 33 ABC Hotel
- 35 Mountain Top Hotel
- 36 Temple Villa Hotel
- 37 The Hungry Eye Hotel
- 38 Meera Hotel
- 39 Fewa Hotel
- 40 Barahi Hotel

|●| Où manger ?

- 18 Lan Hua Chinese Restaurant
- 37 The Hungry Eye
- 51 Lhasa Tibetan Restaurant
- 52 Laxman Restaurant et Caffé Concerto
- 53 Once Upon A Time
- 54 The Lemon Tree
- 55 Boomerang
- 56 Mamma Mia
- 57 Moondance Restaurant and Pub
- 58 Koto
- 59 Fewa Park Restaurant
- 60 Le Bistrot de Caroline

☕ Où prendre son petit déjeuner ?

- 55 German Bakery
- 70 Pokhara Joe's
- 71 Pumpernickel Bakery
- 72 Sheela Bakery

🍸 ♪ Où boire un verre ? Où sortir ?

- 58 Moonsoon Bar and Grill
- 71 Busy Bee
- 76 Club Amsterdam
- 77 Old Blues Café
- 78 Maya Pub and Restaurant
- 79 Magic Club

allez consommer, sinon c'est perdu !
- *Location de vélos :* à l'heure et à la journée, un peu partout. Généralement en bon état, ce qui ne vous dispense pas de faire un rapide contrôle technique.
- *Location de barques et de petits voiliers :* un peu partout également sur Lake Side. Location à l'heure ou à la journée, avec ou sans rameur. Prix à négocier fermement. Prudence, le vent peut se lever très vite et il est alors plus difficile de revenir à bon port. N'utilisez les voiliers en individuel que si vous en connaissez la manœuvre.
- *Taxis :* tarifs plus élevés qu'à Kathmandu. Certains ont des compteurs. Pour les autres, négocier le prix de la course avant.

Trek et rafting

- *Annapurna Conservation Area (plan général A3) :* même bureau que l'office de tourisme. ☎ 54-03-76. • info@kmtnc-acap.org.np • Ouvert de 9 h à 17 h (16 h en hiver). Fermé le samedi et les nombreux jours de fête comme *Dasain* et *Tihar*. Pour obtenir le droit d'accès au parc national des Annapurnas, il faut se munir de 2 photos d'identité et de 2 000 Rps (25 €) en espèces. Il est délivré en quelques minutes. Y aller de préférence à l'ouverture. Les agences de trek certifiées ou votre hôtel, moyennant une commission, peuvent s'occuper pour vous de cette formalité.
- *Location et achat de matériel de trek :* un peu partout dans Pokhara, et tous au même prix.
- *Agences de trekking et de rafting :*
– *Ganesh Kayak Shop (zoom A3, 7) :* ☎ 52-26-57. Fax : 52-66-42. • gks@fewanet.com.np • Agence de voyages gérée par Charly, un Français installé depuis des décennies dans le coin, spécialisée dans le rafting et le kayak (il loue aussi ces derniers) ainsi que le trekking. Peut s'occuper des permis de trek.
– *Ultimate Descents (zoom A3, 6) :* ☎ 52-32-40. • www.borderlandresorts.com • Agence sérieuse qui possède également un bureau à Kathmandu. Propose des descentes en rafting sur de nombreuses rivières.

Compagnies aériennes

- *RNA Office :* à l'aéroport (plan général B3). ☎ 52-00-40. Et sur Mustang Chowk (plan B3). ☎ 52-10-21 ou 52-73-15. Ouvert, en principe, de 10 h à 13 h 30 et de 14 h à 15 h. Vendent seulement des billets au départ de Pokhara.
- *Buddha Air :* Mustang Chowk (plan général B3). ☎ 53-49-98 ou 52-89-97. Et à l'aéroport (plan général B3) : ☎ 53-49-97. Ouvert de 8 h à 17 h 30 en hiver et jusqu'à 18 h en été.
– Liaisons Pokhara-Jomsom et Pokhara-Kathmandu avec :
- *Gorkha Airlines :* à l'aéroport. ☎ 52-59-71 ou 53-80-18.
- *Cosmic Air :* à l'aéroport. ☎ 53-20-39.
- *Sita Air :* à l'aéroport. ☎ 52-03-50 ou 52-08-73.
– Liaisons avec Kathmandu uniquement :
- *Yeti Airlines :* à l'aéroport. ☎ 53-00-16 ou 52-89-92.

Où dormir ?

Les hôtels se sont multipliés à vitesse grand V pendant l'âge d'or du tourisme. Aujourd'hui, la plupart sont vides et les tarifs ont chuté. Personne ne paie le prix affiché et on peut négocier d'énormes rabais. Alors, ne pas hésiter à marchander.
Il y a quatre zones d'hébergement :
– *Dans la ville même :* sale, bruyant et sans aucun intérêt, à moins que vous ne vouliez séjourner à côté de la station de bus.

POKHARA / OÙ DORMIR ? 177

– **Damside :** c'est une retenue d'eau de barrage tout au début du lac. Quartier nettement moins touristique que le bord du lac. Les hôtels y sont peu chers et bien tranquilles.
– **Sur Lake Side** (*Baidam* en népalais) *:* le véritable cœur du Pokhara touristique ; 2 zones en bord de lac.
– **Entre le Dam et le palais royal** et **au nord du palais royal :** peu de différences de style et de prix entre les hôtels. Toujours visiter avant et faire jouer la concurrence. Quartier le moins authentique de Pokhara, mais le plus pratique car tout est à proximité.

Dans le quartier du Dam

Bon marché (de 150 à 500 Rps ; de 2 à 6 €)

▲ **New Pagoda Hotel** (plan général B3, 10) : en face du *Dragon Hotel*. ☎ 52-18-02. Petit hôtel familial tenu par un ancien Gorkha, lieutenant dans l'armée britannique. L'ensemble est modeste mais très bien tenu et si calme ! Petit jardin coquet et accueil chaleureux. Vue sympa depuis le toit.

▲ **Green View Hotel** (plan général A3, 11) : ☎ 52-18-44. Fax : 52-26-53. ● hotelgreenview@yahoo.com ● Légèrement en retrait, entouré de jardins particulièrement mignons. Une douzaine de chambres sans fantaisie à différents prix, toutes avec salle de bains. Certaines ont une vue sur les montagnes. Super accueil.

Prix moyens (de 1 000 à 2 000 Rps ; de 12,50 à 25 €)

▲ **Dragon Hotel** (plan général B3, 12) : ☎ 52-26-30. Fax : 52-03-91. ● dragon@mos.com.np ● Entrée accueillante et fleurie. Une trentaine de chambres pleines d'un charme suranné, boisées, avec salle de bains, ventilo ou AC. Très calme, avec un petit jardin derrière la maison.

▲ **Monalisa Hotel** (plan général A3, 13) : ☎ 52-36-80. Fax : 52-46-75. ● monalisa@mos.com.np ● Les chambres sont insipides, mais propres, avec une vue paisible et superbe sur le lac. Deux catégories de chambres, certaines avec un petit balcon donnant directement sur le lac. Prix annoncés tout de même exagérés : à discuter âprement.

Très chic (plus de 4 000 Rps ; plus de 50 €)

▲ **Shangri-La Village** (hors plan général par A3, 14) : isolé de tout, près de l'hôpital ophtalmologique (*Eye Hospital*). ☎ 52-21-22 ou 52-37-00. Fax : 52-19-95. ● www.hotelshangrila.com ● Tarif fixé à 180 US$ (153 €) en chambre double, à débattre. Une des significations du mot *Shangri-La* est « paradis » et c'est bien de cela qu'il s'agit ! De grandes chambres très confortables, décorées avec un goût exquis. Magnifique piscine d'un bleu profond. Le tout niché dans un jardin coloré et luxuriant. Excellent resto chinois au 1er étage. *Spice Route*, cafétéria, bar fourni et salle de billard au rez-de-chaussée. Salle de cinéma avec un film différent chaque jour, sans oublier les enfants. Ici, aucune fausse note, le souci du détail confine à la perfection (ah ! la petite fleur sur votre oreiller…). Excellent service et personnel charmant. Le directeur parle le français. Un cadeau magique : moyennant 550 Rps (7 €), le week-end pour les non-résidents, possibilité d'utiliser la piscine ; buffet le midi et thé vers 16 h 30 compris dans le prix. On vient même vous prendre à votre hôtel si vous le souhaitez… chapeau ! Indéniablement notre meilleure adresse dans cette catégorie.

🏠 **Fish Tail Lodge** (plan général A3, 15) : sur une presqu'île du lac. ☎ 52-00-71 ou 52-64-28. Fax : 52-00-72. Réservation à Kathmandu : ☎ (01) 422-17-11 ou 422-95-70. Fax : 423-03-04. • www.fishtail-lodge.com.np • De 100 à 120 US$ (85 à 102 €) annoncés pour une double ; réduction à négocier. Un havre de paix, qui vaut surtout pour sa situation et son jardin féerique. Le passage en bac à corde est déjà dépaysant et la vue sur l'Annapurna au soleil levant (ou couchant) est fantastique. Chambres vieillissantes réparties dans de vastes bâtiments circulaires. Confort standard, avec un effort à faire sur les matelas. Demander les plus récentes, plus agréables. Piscine. La nourriture du resto n'est vraiment pas terrible, et ça fait plusieurs éditions que ça dure ! On peut toujours aller y prendre un verre pour profiter du cadre, mais les boissons sont très onéreuses.

Spécial folie

🏠 |⚪| **The Fulbari Resort** (hors plan général par B3, 16) : à 7 km de Pokhara. ☎ 52-34-51. Fax : 52-84-82. Réservation à Kathmandu : ☎ (01) 478-03-05. Fax : 478-03-06. • www.fulbari.com • Doubles standard à partir de 150 US$ (127 €), petits déjeuners inclus, et jusqu'à 400 US$ (340 €) pour la suite nuptiale. Une folie, voilà comment on pourrait résumer ce véritable palais construit dans un style purement newar, mêlant la brique et le bois. Le hall d'entrée vous donnera à lui seul une idée de la majesté du lieu. Quatre restaurants pour une cuisine des quatre coins du monde. Golf, courts de tennis, superbe piscine, sauna, jacuzzi, et même un casino tout neuf. Personnel charmant et discret. Malgré tout, l'impression de vide et la baisse du tourisme rendent l'endroit un peu triste, nostalgique.

Sur Lake Side, entre le Dam et le palais royal

Bon marché (de 150 à 500 Rps ; de 2 à 6 €)

🏠 **Gauri Shankar Guesthouse** (zoom A3, 17) : ☎ 52-04-22 ou 52-54-27. Chambres un peu râpées mais à des prix dérisoires. Beau jardin un brin fouillis, agréable pour se reposer et papoter. Bhim, le directeur, est très gentil et vous fera vous sentir chez vous. Une bonne adresse toute simple.

🏠 **Angel Hotel** (zoom A3, 18) : au bout d'une impasse. ☎ 52-17-13. • angelnepal@wlink.com.np • Hôtel tenu à merveille par Angel, une Népalaise qui fera tout son possible pour faciliter votre séjour. Chambres remarquablement spacieuses, confortables et propres. Très au calme, au milieu des potagers. Un rapport qualité-prix exceptionnel.

🏠 **Kiwi Guesthouse** (zoom A3, 19) : au fond d'une impasse, au calme. ☎ 52-20-52. Confort correct. Service jeune et dynamique. Préférez le deuxième bâtiment derrière, qui a un jardin et est plus agréable. Grosses réduc' pour les jeunes (ou ceux qui en ont l'air) !

Prix modérés (de 500 à 1 000 Rps ; de 6 à 12,50 €)

🏠 **Nirvana Hotel** (zoom A3, 20) : ☎ 52-33-32. Fax : 52-37-36. • nirvana@cnet.wlink.com.np • Hôtel très bien tenu par Ganga et Aisla, un couple anglo-népalais. Chambres immenses et propres, dont certaines avec balcon et vue sur le lac. Les habitués sont nombreux, même en ces temps de disette : c'est bon signe ! Petits déjeuners copieux pris sur la terrasse, avec vue sur le lac et les montagnes. Une très bonne adresse.

🏠 |⚪| **Lake Side Hotel** (zoom A3, 21) : ☎ 52-00-73 et 53-26-47. Fax : 52-34-23. • htllakeside@hotmail.

com • Calme car en retrait de la route. Une vingtaine de chambres fort bien tenues et jardin agréable. Accueil sympa. Resto de bonne qualité. Bon rapport qualité-prix.

🛏 |●| *Baba Lodge* (zoom A3, 22) : ☎ 52-19-97. Fax : 52-09-81. Chambres simples, équipées de salle de bains et TV. Éviter celles donnant sur la rue, trop bruyantes. Terrasse, jardinet et resto. Un classique des routards depuis longtemps. Dommage, le rapport qualité-prix se dégrade d'année en année.

Chic (de 2 000 à 4 000 Rps ; de 25 à 50 €)

🛏 *Base Camp Resort* (zoom A3, 23) : ☎ 52-29-49 et 52-36-53. Fax : 52-09-03. Réservation à Kathmandu : ☎ (01) 421-65-98. • www.basecampresort.com • Un grand hôtel composé d'un ensemble de petits bâtiments (pas très beaux !) de 2 étages disséminés dans un jardin fleuri. Chambres parfaitement confortables avec petit balcon et disposant toujours d'une vue sur les montagnes. Repas chérots. Personnel accueillant.

Sur Lake Side, au nord du palais royal

Peu d'adresses originales ici. Il y a des dizaines d'hôtels très corrects et quasiment identiques, à des prix vraiment hachés menu.

Bon marché (de 150 à 500 Rps ; de 2 à 6 €)

🛏 *Butterfly Lodge* (zoom A2, 24) : ☎ 52-28-92 ou 52-58-53. Fax : 52-72-20. • pahari_govinda@hotmail.com • Chambres pour tous les budgets. Les plus récentes possèdent une salle de bains. Les autres offrent un confort spartiate mais ont au moins le mérite d'être propres. Également un dortoir de 6 lits. Jardin fleuri et bonne ambiance. Patron sympa. Cuisine et laverie. De la terrasse sur le toit, vue panoramique sur le lac et les montagnes. Une excellente adresse que nous vous recommandons depuis des années.

🛏 *New Solitary Lodge* (zoom A2, 25) : ☎ 52-18-04 ou 52-31-67. Fax : 52-28-06. • solitary@fewanet.com.np • Le bien nommé, loin de tout. Adresse familiale qui, malgré la crise touristique, a conservé son côté coquet et une propreté irréprochable. Eau chaude. Terrasse avec vue sur le Machhapuchhare.

🛏 *Monal Hotel* (zoom A2, 26) : ☎ et fax, 52-14-59. • kbpariyar@hotmail.com • Chambres confortables et propres, avec ou sans salle de bains, à prix très modiques compte tenu de leur qualité. Malheureusement, une construction édifiée juste devant rend l'hôtel très sombre. Il n'en demeure pas moins confortable, mais il faut bien avouer que ça gâche un peu l'endroit.

🛏 *Lubbly Jubbly* (zoom A2, 27) : ☎ 53-18-96 ou 52-28-81. Guesthouse familiale sympa et d'une propreté correcte. Ambiance un peu baba, même si l'on est loin de la grande époque ! Avant de partir en trek, recueillez-vous dans le petit temple de Shiva, au fond, faites le plein de bananes du jardin, et pas d'inquiétude pour les bagages que vous laissez sur place, le patron dort avec.

🛏 *Nanohana Lodge* (zoom A3, 28) : dans la rue qui part de *Green Line.* ☎ 52-24-78. • nanohana_lodge@hotmail.com • Un hôtel bien rénové affichant des couleurs pimpantes. Chambres à différents prix, toutes très propres et avec salle de bains. Très belle vue sur les environs depuis les terrasses. Calme, cerné par des jardins. Organise des treks.

🛏 *Serenity Hotel* (zoom A2, 29) : ☎ 52-60-98. • sunrise@mos.com.np • Chambres à différents prix, avec ou sans sanitaires privés, plutôt dépouillées mais assez propres. Belles salles de bains (quelques-unes avec baignoire) et eau chaude. Une adresse simple, sans charme particulier, mais au final un rapport qualité-prix acceptable.

🛏 ***Tranquillity Lodge*** *(zoom A2, 30) :* ☎ 52-10-30. ● hemrajpahari@hotmail.com ● Chambres banales avec sanitaires privés, certaines avec un balcon ou même une terrasse. Préférer celles de l'étage, plus lumineuses. Jardin calme taillé au cordeau. Propriétaire attentionné.

🛏 ***Noble Inn*** *(zoom A2, 31) :* ☎ 52-49-26. ● www.nobleinn.com ● Chambres avec salles de bains d'une propreté immaculée, donnant sur un grand jardin soigné. Cet hôtel appartient à une famille népalaise qui sait conjuguer accueil et confort pour un prix très bas. Une vraie bonne adresse.

🛏 ***Board Walk Guesthouse*** *(zoom A2, 32) :* ☎ 52-49-27. ● meera@cent.wlink.com.np ● Chambres confortables mais un peu vieillies, toutes avec salle de bains. Matelas moelleux. Ambiance familiale détendue. Jardin agréable, comme chez les voisins (rue très sympa, d'ailleurs).

🛏 ***ABC Hotel*** *(zoom A2, 33) :* ☎ 52-19-34. ● abc@go2katmandu.com ● Un hôtel familial, avec de grandes chambres équipées de salle de bains et TV et, pour la plupart, d'un petit balcon. Préférer les chambres du haut, légèrement plus chères, pour la vue sur les montagnes. Bon accueil. Jardin paisible et fleuri entretenu avec maniaquerie par le maître des lieux.

🛏 |●| ***Mandap Hotel*** *(plan général A2, 34) :* à la limite nord de Lake Side. ☎ 52-70-88. Fax : 52-43-33. ● hotelmandap@hotmail.com ● Grandes chambres à différents prix, toutes avec salle de bains. Spartiate mais bien tenu. Resto en terrasse avec menus aux prix doux. Accueil vraiment cool.

🛏 ***Mountain Top Hotel*** *(zoom A2, 35) :* ☎ et fax, 52-07-79. ● www.hotelmountaintop.com ● Un établissement de 4 étages sans aucun charme proposant 3 catégories de chambres, certaines avec un petit balcon, d'autres avec TV. Terrasse sur le toit. Pas franchement déplaisant, mais cet hôtel pourrait être bien mieux entretenu (moquette tachée, salles de bains vétustes…). Autre inconvénient, le restaurant voisin dont la musique est un peu envahissante.

Prix modérés (de 500 à 1 000 Rps ; de 6 à 12,50 €)

🛏 ***Temple Villa Hotel*** *(zoom A2, 36) :* un peu plus loin que le *Butterfly Lodge.* ☎ 52-12-03. ● templevilla_hotel@hotmail.com ● Petit hôtel tenu par un couple germano-népalais. Ici, tout est fait pour que l'on se sente chez soi. On laisse ses chaussures à l'entrée. Chambres avec ou sans salle de bains, bien meublées, confortables et incroyablement propres. Salles de bains bien arrangées. Jardin à l'image de l'ensemble, paisible et fleuri. Une de nos meilleures adresses à Pokhara.

🛏 ***The Hungry Eye Hotel*** *(zoom A3, 37) :* ☎ 52-09-08 ou 52-30-96. Fax : 52-30-89. ● hungry@mos.com.np ● Pas loin d'une trentaine de chambres de toutes tailles. Les plus chères sont spacieuses et lumineuses, avec une vue prenante. Toutes sont bien tenues, calmes et assez joliment meublées. Visitez-en plusieurs. Personnel attentionné. Terrasse avec vue. Une bonne affaire, au regard des tarifs très doux. Le resto est un peu cher, mais le spectacle de danses et de chants népalais chaque soir est superbe.

🛏 |●| ***Meera Hotel*** *(zoom A2, 38) :* gros pâté de 3 étages en bord de route. ☎ 52-10-31 ou 52-30-91. Fax : 52-49-23. ● www.namastepokhara.com/hotelmeera ● Une vingtaine de chambres agréables, lumineuses et propres donnant sur le lac pour la moitié d'entre elles. Les tarifs sont avantageux seulement hors saison. Resto en terrasse sur la rue.

Chic (de 2 000 à 4 000 Rps ; de 25 à 50 €)

🛏 |●| ***Fewa Hotel*** *(zoom A2, 39) :* ☎ 52-01-51. ● www.trekinfo.com/mikes/mikefewa.htm ● Hôtel bien situé en bordure du lac, à l'écart de l'avenue principale de Lake Side. Chambres propres et confortables. Petites maisons de type népalais, sur deux étages, pleines de charme, ou chambres plus simples dans un bâtiment tout en longueur. Restaurant servant de bons plats mexicains avec une terrasse géniale surplombant le lac. Notre préféré dans cette catégorie.

â *Barahi Hotel* (zoom A3, 40) : Barahi Path, dans la rue à droite qui part de *Ganesh Kayak.* ☎ 52-30-17 ou 52-35-26. Fax : 52-30-72. • www.bahari.com • Un hôtel très agréable entouré d'un splendide jardin. Certaines chambres bénéficient d'une vue superbe. Les *standard* sont à peu de chose près aussi confortables que les *deluxe*, dont les finitions laissent à désirer. Cela dit, cet établissement offre d'excellentes prestations, raison pour laquelle il est souvent complet. Piscine (propre).

Où dormir dans les environs ?

Au village de Khahare

Longer le lac vers le nord jusqu'au village de Khahare, dernier refuge des babas, des fauchés et de ceux qui recherchent tout simplement la tranquillité. Environnement magnifique, avec les buffles qui se promènent dans les rizières...

Prix modérés (de 500 à 1 000 Rps ; de 6 à 12,50 €)

â *Chhetri Sisters Guesthouse* (plan général A2, 41) : ☎ 52-40-66. Fax : 53-22-49. • www.3sistersadventure.com • Un des derniers *lodges* de la route du lac, en allant vers Sarangkot. *Guesthouse* très agréable et paisible, tenue par trois sœurs formidables qui forment des femmes népalaises au métier de guide de trek. Petites chambres impeccables et charmantes et dortoirs à 5 lits, avec salle de bains nickel. Au milieu des rizières, avec vue directe sur le lac, ce qui est rarissime à Pokhara. Accueil très sympa et super ambiance.

Où manger ?

Énormément de restos, surtout au bord du lac, mais peu originaux. Dommage qu'ils aient tendance à servir tout et n'importe quoi. Ne manquez pas de goûter au poisson du lac, frit ou vapeur. Le soir, se munir d'un produit antimoustiques car ces affreuses bestioles pullulent dès la tombée de la nuit !

Dans le quartier du Dam

Bon marché (de 150 à 350 Rps ; de 2 à 4,50 €)

I●I *Don't pass me by* (plan général A3, 50) : ☎ 53-13-32. Petite terrasse très sympa en bordure du « barrage ». Dans un cadre assez chaleureux, clientèle internationale routarde venue déguster une bonne nourriture pas chère.

Sur Lake Side

De bon marché à prix modérés (moins de 800 Rps ; moins de 10 €)

I●I *Lhasa Tibetan Restaurant* (zoom A3, 51) : ☎ 52-30-66. On y mange bien et copieusement, bercé par la voix rauque des chants bouddhistes. Immense salle décorée de tentures tibétaines au plafond. Jardin fleuri situé derrière. Un peu de tout au menu, mais puisque nous sommes dans un resto tibétain, essayez le *gyakok* (à commander une bonne heure à l'avance) ou le *tibetan chopsuey*. On peut boire la *thomba,* bière tibétaine à base d'orge servie chaude, et finir par un thé au beurre de yak. Éviter les *momo,* décevants. Service adorable.

|●| **Laxman Restaurant** (zoom A3, 52) : à côté du *Caffé Concerto.* ☎ 53-23-15. Ouvert de 8 h à 22 h environ. *Happy hours* entre 16 h et 20 h. Un grand resto élégant, peint en ocre rouge comme les maisons traditionnelles, chauffé par une cheminée en hiver et éclairé à la chandelle le soir. Il y en a pour tous les goûts et toutes les faims : burgers, salades, steaks, poissons du lac, *thali*, plats mexicains et chinois et cuisine italienne. Un des meilleurs restos de Pokhara, pratiquant des prix raisonnables compte tenu du cadre, de la qualité de la cuisine et du service. Fait également bar (cocktails). Film tous les soirs au 1er étage.

|●| **Once Upon A Time** (zoom A2, 53) : ☎ 53-18-81. Service jusque tard, après minuit s'il y a du monde. Au 1er étage, sous un grand toit de paille, ou en terrasse sur rue. La nourriture est bonne et légère (surtout les crêpes au dessert). Belle déco et musique douce. Une bonne adresse.

|●| **The Lemon Tree** (zoom A2, 54) : ☎ 52-32-46. Une cuisine de très bonne qualité, copieuse et bien présentée. Toute petite salle ou terrasse sur la rue. Terrasse également sur le toit, un peu pouilleuse, mais d'où l'on a une belle vue sur le lac – elle serait encore plus belle sans ces damnés fils électriques. Un poil moins cher que les autres restos de ce style. Serveurs très gentils.

|●| **Boomerang** (zoom A2, 55) : ☎ 52-29-79. Ouvert de 6 h 30 à 22 h, voire plus tard. Une des institutions de Pokhara. Bonne cuisine diversifiée : tandoori, mexicain, pizzas… Très bon *thali* népalais supercopieux et raisonnablement épicé. On mange sous des paillotes dans un jardin d'Éden, et pour une fois on est vraiment au bord de l'eau. En hiver, salles agréables avec cheminées. Très bonnes viennoiseries et excellents petits déjeuners. Toutefois, service désordonné. Spectacle tous les soirs de 19 h à 21 h.

|●| **Mamma Mia** (zoom A2, 56) : ☎ 52-35-82. Comme son nom l'indique, restaurant spécialisé dans les plats italiens. Délicieuses pizzas et très bonnes pâtes, bien qu'un peu grasses. Accueil chaleureux et service efficace.

|●| **Lan Hua Chinese Restaurant** (zoom A3, 18) : face à l'entrée du palais royal. ☎ 52-68-47. Chinois, comme son nom l'indique. Une des meilleures adresses de la ville pour cette cuisine. Déco kitsch à souhait avec néons rose bonbon.

|●| ♀ **Moondance Restaurant and Pub** (zoom A3, 57) : juste à droite de l'hôtel *The Hungry Eye.* Comme partout ou presque, cuisine des quatre coins de la planète. Menu pas cher incluant le plat du jour et un verre de vin. Bonne ambiance le soir, autour de la cheminée, calé dans des sièges confortables.

|●| **Caffé Concerto** (zoom A3, 52) : ☎ 53-14-29. Ouvert jusqu'à 23 h. Restaurant italien. La salle avec cheminée centrale est sympa. La patronne italienne veille sur ses pizzas, vraiment bonnes. Délicieuses glaces maison et tiramisú. Musique jazzy de bonne facture.

|●| **Koto** (zoom A3, 58) : ☎ 53-14-14. Cette enseigne japonaise, réputée à Kathmandu, a fait des petits. Déco plutôt basique mais terrasse agréable. Différents menus à tous les prix, bonne cuisine saine et équilibrée.

De prix moyens à plus chic (de 350 à 800 Rps et plus ; de 4,50 à 10 € et plus)

|●| **The Hungry Eye** (zoom A3, 37) : très fréquenté. Bonne cuisine italienne, chinoise et indienne, un peu chère. Cocktails. Service efficace, et

c'est propre. Très beau programme de danses népalaises tous les jours de 18 h 30 à 20 h.

|●| *Fewa Park Restaurant* *(zoom A2, 59)* **:** ouvert de 7 h à 22 h. Comme souvent, carte longue comme le bras de plats divers et variés. On y mange pas mal, installé dans un jardin agréable, au bord du lac. Bon accueil et danse ou musique traditionnelle tous les soirs vers 18 h 45.

|●| *Le Bistrot de Caroline* *(zoom A2, 60)* **:** non loin du *Fewa Park Restaurant.* ☎ 53-13-41. Cette Française, à la solide réputation dans la capitale, a ouvert un salon de thé-café-restaurant occidental au bord du lac avec, en prime, un jardin particulièrement agréable. Déco originale et qualité toujours de mise... pour ceux qui peuvent se le permettre !

De l'autre côté du lac

Louer une barque ou un kayak pour rejoindre l'autre rive. Compter dans les 400 Rps (5 €) aller-retour pour une barque. Louer un kayak à l'heure revient moins cher et c'est bien plus maniable. À conseiller pour le déjeuner, car le lac en pleine nuit, c'est romantique mais pas évident pour se repérer !

|●| *Fewa Resort and Lychee Garden Restaurant* **:** ☎ 52-08-85. Dans un lieu calme et reposant. Idéal pour ceux qui cherchent à fuir l'agitation de Lake Side. Cuisine correcte et bon marché. On déjeune au bord du lac en admirant oiseaux et papillons. Ceux qui dorment à l'hôtel bénéficient gratuitement du service de navette en barque. Chambres spacieuses et confortables.

|●| *Kopila* **:** carte simple, mais bonne nourriture. Tenu par un couple népalo-nippon. Pas plus cher que sur Lake Side. Et beaucoup plus calme qu'auparavant, quand les *rave-parties* secouaient toute la ville jusqu'à l'aube ! Dispose de quelques chambres.

Où prendre son petit déjeuner ?

☕ *German Bakery* *(zoom A2, 55)* **:** à l'entrée du *Boomerang Restaurant.* Viennoiseries et délicieux gâteaux... d'inspiration allemande, comme on pourrait s'en douter. Très bon pain complet.

☕ *Pokhara Joe's* *(zoom A2, 70)* **:** à l'étage. Incontestablement les meilleurs gâteaux de Pokhara. *Brownies,* gâteaux au fromage blanc et *cookies* savoureux. On peut aussi y boire un verre installé dans un fauteuil ou sur des sièges en fer forgé. Accès à Internet.

☕ *Pumpernickel Bakery* *(zoom A2, 71)* **:** dans un agréable jardin en bord du lac. Pour le petit déjeuner ou le déjeuner. Bons *pancakes* et sandwichs copieux. Attention, peu d'ombre.

☕ *Sheela Bakery* *(zoom A2, 72)* **:** une petite gargote qui propose de très bons *lassi* et des sandwichs copieux. En revanche, évitez les croissants, pas toujours très frais.

Où boire un verre ? Où sortir ?

Nombreux *pubs* à l'occidentale et une discothèque.

🍸 *Busy Bee* *(zoom A2, 71)* **:** beaucoup de monde attiré par le cadre sympa et l'ambiance. Concerts de rock à peu près tous les soirs. Projection de films et de rencontres sportives. Le bar le plus en vogue de la ville.

🍸 *Club Amsterdam* *(zoom A2, 76)* **:** ouvert de 11 h à très tard ou très tôt le matin. Grand bar haut de plafond, tout en bois, avec jardinet donnant sur le lac. Bons cocktails. Billard. Musique *new age* et groupes certains soirs.

🍸 **Old Blues Café** *(zoom A2, 77)* : ouvert de 17 h à 1 h ou 2 h du matin, plus tard quand l'ambiance est bonne. Endroit sympa pour faire un billard. Bons cocktails. *Happy hours* de 17 h à 19 h. Assez jeune.

🍸 ***Moonsoon Bar and Grill** (zoom A3, 58)* : bar de 2 étages lumineux avec de grandes baies vitrées et vue sur la lac. Très agréable pour prendre un verre l'après midi, voire en soirée. Essayez le *Moonsoon Fruit Punch,* un cocktail sans alcool rafraîchissant et vraiment délicieux. Fait aussi restaurant.

🍸 ***Maya Pub and Restaurant*** *(zoom A2, 78)* : plus sympa que celui de Thamel. Cocktails à savourer sur fond musical. Cadre très chaleureux, dans la salle du bas avec billard ou en haut sous un toit de paille. *Happy hours* de 17 h à 22 h.

🎵 **Magic Club** *(zoom A2, 79)* : la discothèque de Pokhara. Ouvert de 18 h à 23 h. L'affichage à l'entrée est significatif : 200 Rps (2,50 €) pour les hommes avec une bière et 100 Rps (1,20 €) pour les femmes avec un *Coca* ! Surtout des Népalais, plutôt jeunes. À l'intérieur, piste de danse au style indéfinissable avec une grande glace. Musique *dance* dépassée. Pelouse dans un jardin clos, pour souffler un peu. Assez curieux… ça vaut le coup d'y jeter un œil.

À voir

🎬 Comme chacun le sait, Pokhara est la ville la plus proche de l'**Annapurna.** En hiver, la contemplation du massif est la principale occupation. L'image de la chaîne se reflétant dans les eaux du lac est un spectacle inoubliable lorsque la lumière est favorable. Il y a encore quelques années, ce lac couvrait 600 ha, mais aujourd'hui, il n'en a plus que 400 et on prétend qu'il perdra une superficie de 6 ha chaque année, en raison de l'érosion provoquée par le déboisement dû à l'accroissement de la population et des touristes. Après des années de laisser-aller, des mesures sont enfin prises pour protéger le lac et son environnement : il est désormais interdit de construire directement sur les berges et de bâtir des maisons de plus de 2 étages (mais il y a lieu de relativiser, la corruption aidant à dépasser ces normes !). Il y a de nouveau du poisson, c'est un signe ! Pendant la mousson, le lac peut se couvrir à certains endroits de végétation. Attention, on s'y empêtre facilement.

On pratique beaucoup la navigation sur le lac Fewa. Location de barques, de pédalos et de kayaks. Très reposant après un trekking. Il est préférable, en barque, de ramer soi-même et d'aller assez loin vers le nord du lac, au milieu des rizières et des élevages de poisson.

🎬🎬 ***L'autre rive du lac*** (à l'opposé de Lake Side) : elle donne une idée du Pokhara d'il y a quelques années. On l'atteint facilement en barque ou en kayak. On y trouve quelques *lodges* et restaurants. C'est un des rares endroits d'où l'on peut jouir simultanément de la vue sur les montagnes et sur le lac. Pas de boutiques ni d'agitation : calme assuré. On peut y aller en faisant une balade sympa : partir tôt le matin du Dam Side ; monter sur la crête jusqu'au *monastère japonais* (2 h de marche), guère intéressant sur le plan architectural mais on y bénéficie d'un magnifique panorama sur les montagnes et le lac. Ensuite, redescendre au bord de l'eau et traverser le lac dans l'une des barques qui assurent la navette. Chutes d'eau à côté du resto *Typical,* dans lesquelles on peut se baigner.

🎬🎬 ***International Mountain Museum*** *(hors plan général par A3, 90)* : Rata Paira, près du *Shangri-La Village.* ☎ 52-57-42. Ouvert tous les jours de 9 h à 17 h. Entrée : 300 Rps (3,70 €).

Musée consacré à la montagne et aux peuples qui l'habitent. Vous apprendrez à différencier les ethnies népalaises vivant dans les montagnes. Également des infos sur la faune et la flore, histoire de ne pas marcher idiot. Très belles photos des 14 plus hauts sommets du monde, avec l'histoire de leur « conquête » et même le matériel utilisé. À faire sans hésiter si vous avez du temps et de l'argent. À l'extérieur, reconstitution d'habitations népalaises... sans aucun intérêt. Mieux vaut traîner ses guêtres dans le beau parc qui entoure le musée.

🏃 *Annapurna Regional Museum (plan général B1) :* dans l'enceinte du Campus. Ouvert de 10 h à 17 h, avec une pause pour le déjeuner. Fermé le samedi. Entrée gratuite.
Ce musée ringard renferme une belle collection de papillons (le Népal n'en compte pas moins de 640 espèces), quelques oiseaux morts étendus sur le dos et des animaux en ciment. Les explications sur l'écosystème himalayen et les populations locales sont néanmoins intéressantes.

🏃 *Tamu Pye Lhu Sangh (Tamu Kohibo Museum ; plan général B2, 91) :* face au *Pokhara Museum,* de l'autre côté de la Seti River. Au passage, superbe panorama sur la gorge profonde de celle-ci. Horaires pas vraiment fixes. Entrée : 20 Rps (0,30 €). Modeste musée présentant le peuple gurung, une ethnie mongoloïde implantée autour des Annapurnas et dans le Mustang. Grâce aux schémas et surtout au passionnant bonhomme qu'est le conservateur, on découvre leurs rites religieux (les gurungs sont polythéistes), leur cosmogonie, les arts, costumes et objets de leur vie quotidienne.

🏃 *Pokhara Museum (plan général B2) :* entre la station de bus et Mahendra Pul. Ouvert de 10 h à 17 h. Fermé le mardi. Entrée payante. Si c'est un jour de pluie et que l'on ne sait pas quoi faire... Pas très grand ; reflets de la diversité des ethnies du Népal : photos, modèles et artisanat.

🏃 *Le bazar de Pokhara (plan général B1) :* situé au nord-est de la station de bus, le bazar vaut le détour si l'on veut découvrir le véritable Pokhara. Jusqu'au début des années 1960, la ville vivait essentiellement du commerce et du troc. Les Newars, ainsi que les marchands du Mustang et du Tibet, se mêlaient aux Gurungs (ethnie principale de la région) pour échanger toutes sortes de marchandises. Aujourd'hui, ce bazar a beaucoup perdu de cette diversité mais reste tout de même très authentique.
Voici une petite balade à faire : autour du **temple de Bhimsen** *(plan général B1),* quelques vieilles maisons de brique rouge ornées de beaux balcons, poutrelles et fenêtres sculptées. Le temple n'a rien d'intéressant en soi mais le quartier donne une idée du Pokhara au milieu du siècle dernier. Continuer vers le **temple de Bindabasani,** plus moderne. En haut de la colline, superbe vue sur la ville et les montagnes. On peut faire un tour au campus pour jeter un œil au musée d'Histoire naturelle, puis longer la rivière Seti vers le sud jusqu'aux deux autres musées de la ville.

🏃 *La cascade Davis Fall (plan général A3) :* à 2 km du centre-ville sur la route de Lumbini. Petit droit d'entrée. Impressionnante, elle se jette avec grand fracas dans un profond gouffre. On peut même descendre au fond de la grotte *(Buktesur Cave)* et observer la base de la chute.

🏃 *Le camp de réfugiés tibétains de Tashiling (plan général A3, 92) :* environ 500 m après *Davis Fall.* ☎ 52-04-47. • tashilingpkr@fewanet.com.np • On visite l'atelier de tissage de tapis et on peut bien sûr investir dans l'une de ces œuvres, de très bonne qualité mais coûteuses. Monastère tibétain, différentes boutiques d'artisanat, village des enfants, etc. Sympa pour les routards qui ont du temps et ne savent pas quoi en faire.

À faire

Parapente

Inoubliable, mais pas donné évidemment : compter dans les 80 US$ (68 €) pour 45 mn. Les départs s'effectuent de Sarangkot, à 8 km de Pokhara (20 à 25 mn des agences en voiture). Cours sur plusieurs jours, tous niveaux.

■ *Sunrise Paragliding* (zoom A2, 54) : ☎ 52-11-74. Fax : 52-28-10. • www.nepal-paragliding.com • La plus vieille agence de parapente. Très fiable. Au-delà des vols classiques, il y a une expérience qu'ils sont les seuls à proposer, c'est le *parahawking* : ou comment voler en tandem en compagnie de faucons dressés ! Regardez leur DVD (projeté en début de soirée) : c'est tout simplement magique !
■ *Blue Sky Paragliding* : près du *Mandap Hotel* (plan général A2, 34). ☎ 53-47-37. Fax : 52-86-98. • www.paragliding-nepal.ch • Agence népalo-suisse sérieuse, qui propose à peu près les mêmes prestations. Instructeurs européens.

ULM

■ *Avia Club Népal PVT* (plan général B3) : Mustang Chowk. ☎ 52-51-92 ou 52-59-44 (aéroport). • www.avianepal.21bc.net • Toujours en tandem pour une découverte de la vallée vue des airs. Sensations garanties. Compter de 55 (pour seulement 15 mn !) à 175 US$ selon le programme (46,70 à 149 €). Enfants à partir de 8 ans.

VTT

■ *Pokhara Mountain Bike Club* (hors zoom par A2) : ☎ 985-41-240-450. Tangi, un Français passionné de VTT, propose des parcours de différents niveaux, tous accompagnés d'un guide. Une bonne option pour partir sportivement à la découverte de fabuleux paysages.

Golf

■ *Himalayan Golf Course* : ☎ 52-18-82 ou 52-72-04. • www.travel-nepal.com/adventure/golf • Pas facile à trouver, mais les taxis connaissent. Cadre unique dans un canyon où se trouvent des nids d'aigles. En toile de fond, la chaîne de l'Annapurna. Même les non-golfeurs sont admis et rien que pour la balade, ça en vaut sacrément la peine ! Dirigé par un amoureux fou du golf, retraité de l'armée gorkha. Compter de 35 à 45 US$ (30 à 38 € environ) tout compris.

Achats

On trouve de tout à Pokhara, et surtout de l'artisanat tibétain. Le choix est aussi grand qu'à Kathmandu et les prix moins élevés. Bien sûr, il faut marchander, même si le prix vous paraît raisonnable, mais il y a une telle concurrence que l'on obtient toujours un bon prix. Attention cependant, la plupart des objets viennent d'Inde par camions entiers.
– *Vêtements* : les boutiques de broderie de tee-shirts pullulent. Les soi-disant *pashmina* 100 % (et pourquoi pas 150 % pendant qu'on y est ?) sont bien sûr de la viscose, du coton, de la soie ou des mélanges de tout ça. Pour le trek, on trouve tout l'équipement nécessaire, c'est le meilleur endroit

pour faire ce genre d'achat. Toutes les boutiques sont autour du lac ; faites marcher la concurrence. La location de matériel est souvent moins chère qu'à Kathmandu.
– Nombreuses *librairies* vendant ou échangeant des livres (dont quelques-uns en français). On trouve facilement des guides (rafting, trekking) et des cartes de trek.
– *Bijoux :* on en trouve de très beaux dans les nombreuses bijouteries de Pokhara, à des prix intéressants. Notamment les bagues et les colliers en argent ; les pierres viennent de l'Inde et ne coûtent rien. Ne vous laisssez par embêter par les vendeuses de rue tibétaines, elles sont gentilles mais insistantes et vendent de la vraie camelote.

➤ *DANS LES ENVIRONS DE POKHARA*

➤ On peut aller en 1 h de marche au village des réfugiés tibétains de *Hyangja* par la route de Naudanda. On peut aussi y aller en bus (direction Baglung). Spécialité de tapis tibétains dont on peut voir la fabrication. Grand monastère. La campagne est très belle dans le coin.

➤ Plus loin, à 15 km à l'est de Pokhara, se trouvent les **lacs de Begnas et Rupa,** accessibles à vélo, à moto ou en taxi. Les bus en direction de Kathmandu (départ à l'ancienne gare routière ; *plan général B2, 1*) vous déposent à l'intersection, à 300 m des lacs. Le lac de Begnas (le plus joli) est un lac à vocation piscicole aménagé par le ministère de l'Agriculture. Possibilité d'en faire le tour à pied, mais prévoir une bonne demi-journée. Traversée en barque (30 mn) pour quelques roupies. Négociez directement avec les habitants et pas à l'endroit où tous les passeurs attendent. Beaucoup d'oiseaux autour des lacs : aigrettes, hérons, limicoles, etc. Un peu plus loin, la *vallée de la Kali Khola*, très belle. Possibilité de dormir et de se restaurer dans le village en surplomb, situé entre les deux lacs.

➤ *Nirmal Pokhari :* prenez un taxi jusqu'à *Hunge Sanghu,* un petit village à 6 km de Pokhara, d'où vous aurez une vue magnifique. Ensuite, demandez au taxi de vous déposer à *Modgauda,* après la rivière Seti. Un chemin (il n'y en a qu'un) vous mènera à travers rizières et forêts jusqu'à Nirmal Pokhari. Vous aurez vraiment l'impression de tenir Pokhara dans votre main et vous pourrez admirer, si le temps le permet, plusieurs sommets de la chaîne des Annapurnas. De là, dirigez-vous vers l'ouest où vous demanderez *Baj Pokhari,* un autre village typique. La traversée d'autres hameaux *(Shivalaya, Foksing* et *Dhopahare)* vous permettra de découvrir sur des sommets sous des angles toujours nouveaux. Puis, dernière étape, le *Tashi Tibetan Camp.* De Dhopahare, comptez environ 1 h pour atteindre ce camp de réfugiés tibétains. Revenir à Pokhara en taxi ou avec un bus local. Cette balade très agréable vous prendra environ 5 h en tout, et vous ne le regretterez pas.

➤ À faire aussi, en une demi-journée, l'excursion pour profiter du lever de soleil à *Sarangkot.* La veille, commander un taxi (à plusieurs) pour 5 h 30 devant l'hôtel. Se faire déposer au village de Sarangkot et rejoindre la plate-forme (quelques minutes de grimpette). Vue absolument magnifique sur le Machhapuchhare et le lac Fewa depuis le haut du village. Malheureusement, le ciel se bouche souvent rapidement. Pour rejoindre Pokhara, on peut redescendre à pied vers le lac (en 2 h environ). Difficile seul ; ne pas hésiter à se faire accompagner par un des nombreux jeunes qui attendent au sommet. Négocier le prix au départ.

➤ *Naudanda-Kaski-Sarangkot-Pokhara :* marche très simple d'une journée. Être équipé d'une carte de la vallée. L'étudier avec son hôtelier ou un guide d'une agence. La veille, commander un taxi (à plusieurs) pour 5 h 30 devant son hôtel. Se faire déposer au village de *Naudanda* à 32 km de Pokhara. La route monte à 1 600 m d'altitude, splendide lorsque l'Annapurna est dégagé. À l'arrivée de votre taxi, des guides proposeront de vous accompagner : refusez en bloc, la route est facile et vous trouverez toujours du monde pour vous aider. À *Naudanda*, prenez un petit déjeuner rapide, car les nuages arrivent, et achetez une bouteille d'eau. Une fois engagé sur le chemin, plutôt que de le suivre, essayez de grimper sur la crête qui le domine, vous traverserez des rizières, vous ferez des rencontres charmantes ; de plus, la vue est magnifique. En longeant la crête, vous avez une vue sur les deux côtés et vous continuez votre route parallèlement au chemin de Sarangkot. Après le petit village de Kaski, grimpez jusqu'à une forteresse ; là encore, panorama imprenable. À *Sarangkot,* quelques *lodges* et de nombreux restaurants. Ne pas prendre les premiers qui se présentent, mais aller jusqu'au bout de la route. Le *View Top Restaurant* a la plus belle vue sur le lac de Pokhara. Depuis Sarangkot, la descente sur Pokhara prend 2 h.

➢ *Raft :* circuits de un ou plusieurs jours (jusqu'à 12 jours) sur la Kali Gandaki ou la Seki Gandaki (moins touristique que la première). S'adresser à *Ganesh Kayak Shop* ou à *Ultimate Descents* (voir les « Adresses utiles » à Pokhara), qui a également un bureau à Kathmandu (se reporter aussi aux « Généralités » sur le Népal).

➢ D'autre part, Pokhara est un point de départ pour de nombreux treks dont les plus connus sont *Jomsom* et le **sanctuaire des Annapurnas** (se reporter au paragraphe sur le trekking, dans le chapitre « Généralités » sur le Népal). À Pokhara, le droit d'accès au parc national se paie (voir « Adresses utiles »). La somme semble être bien utilisée pour le nettoyage et le balisage des sentiers. Ajouter la taxe maoïste (1 200 Rps, soit 15 €), si vous tombez sur eux (fortes chances), à moins que cet « impôt » n'ait plus cours au regard de la nouvelle situation politique.
La route ralliant Jomsom est sur le point d'être achevée, et va changer toute la physionomie du trek dans la région : avant, les treks partaient de *Birethanti*. On pourra désormais aller en voiture jusqu'à Jomsom, en longeant la Kali Gandaki, « économisant » ainsi de nombreux jours de marche. Cela va sans dire, les Annapurnas perdent là une bonne partie de leur mystère…

➢ *Un petit trek sympa :* en 3 jours version rapide, 4 ou 5 jours version pépère, possibilité d'effectuer **Pokhara-Birethanti-Ghandruk-Landruk** (village gurung)**-Dhampus-Phedi-Pokhara,** sans revenir sur ses pas. À l'aller, prendre à la *nouvelle gare routière (plan général B2, 2*) le bus de Baglung jusqu'à Nayapul appelé aussi New Bridge ; pour le retour, bus ou taxi de Phedi à Pokhara. On peut faire ce circuit dans l'autre sens (montée plus facile). Il y a des auberges dans chaque village. Très conseillé de prendre un guide. Il sert d'interprète, donne plein de renseignements sur la vie des gens. Ce n'est pas si cher que ça, encore moins à plusieurs. En été si les nuages cachent les sommets, le petit déjeuner devant l'Annapurna et le Machhapuchhare est quand même super. De plus, souvent il ne pleut qu'en fin d'après-midi.

Autres étapes sur le trek de Jomsom

🚶 *Ghorepani :* à 5-6 jours au départ de Pokhara. Faire Pokhara-Phedi en bus ou taxi. Puis Phedi-Dhampus-Ghandruk-Ghorepani.

🏠 Un *lodge* très sympa à la sortie du village de Phedi, le *Hillary Guesthouse,* tenu par un joyeux luron. Vue splendide et agréable jardin. On conseille aussi le *Hill Top Lodge* à Ghorepani. Vue superbe sur la montagne, douche chaude à l'extérieur. Autre adresse recommandable, le *Super View Lodge,* un peu plus luxueux que le précédent. Pas de téléphone pour l'instant.

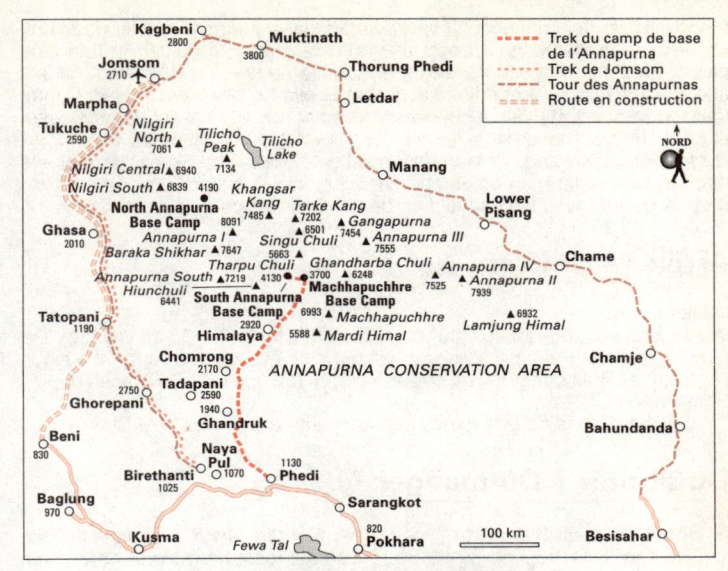

LES TREKS DES ANNAPURNAS

Monter avant le lever du jour sur la colline appelée *Poon Hill* (3 200 m, 45 mn de marche). Lever du soleil à ne pas manquer. Rejoindre Ulleri, puis Birethanti. De là, bus pour Pokhara. Possibilité de faire le trek dans l'autre sens.

🍴 *Tatopani* : avec 2 jours de plus, vous pouvez vous rendre de Ghorepani à Tatopani.

🏠 🍴 Là, il faut aller au *Dhaulagiri Lodge*. Excellente nourriture, en particulier la pâtisserie. Dommage que l'on rattrape le prix bas des chambres sur le menu. Dans un cadre fleuri et à proximité des sources d'eau chaude. C'est l'attraction du coin. Vous y trouverez des Népalais qui viennent y faire leurs ablutions. Autre adresse à retenir, le *Trekker Lodge*, plus cher que les autres, mais rien qu'un petit dej' dans le jardin mérite qu'on s'y arrête. Retour Tatopani-Beni-Baglung. De là, bus direct pour Pokhara.

TANSEN (PALPA)   20 000 hab.   IND. TÉL. : 075

À quelque 110 km de Pokhara et 55 km de Bhairava, cette petite ville, peuplée en majorité par des Newars, reste souvent ignorée des circuits touristiques. Et c'est vraiment dommage, car Tansen peut vous offrir une halte agréable et beaucoup de balades sympas. L'atmosphère qui règne ici permet d'imaginer ce que devait être le Népal d'autrefois. Ce n'est pas pour rien que l'on surnomme cette ville « la petite Kathmandu ». Ici, les rues sont si étroites que les véhicules à moteur ne peuvent s'y faufiler. Pas de pollution donc, enfin une ville où l'on peut vraiment respirer.

UN PEU D'HISTOIRE

Place forte du royaume de Palpa, Tansen fut la dernière à se rendre devant l'invasion gorkha. Au XVIIIᵉ siècle, les habitants acquirent une notoriété certaine dans l'une des batailles décisives contre les Anglais. Le colonel Ujir

Singh Thapa, qui commandait l'armée dans la région, se trouvait dans une situation désespérée, se battant à un contre quatre. Il demanda une aide divine, promettant la construction d'un temple au nom de Bhagwati (qui est une déesse féroce aimant les sacrifices) si elle consentait à l'aider. Contre toute attente, il sortit vainqueur de son combat. En 1815, il tint sa promesse, et c'est l'un des monuments les plus originaux que vous pourrez admirer ici. Durant l'ère des Rana, Tansen devint le lieu d'exil de tous les indésirables à la cour, notamment les nombreux comploteurs. Plus tard, on en fit un lieu de villégiature, avec la construction de palais et résidences secondaires.

Arriver – Quitter

Liaisons avec :
➢ **Pokhara :** 2 bus locaux par jour. Trajet très long (6 h 30 de voyage). De plus, la route de Pokhara à Tansen est dans un état de délabrement avancé et, de ce fait, très dangereuse. Mieux vaut prévoir une visite à Tansen depuis Bhairava ou Chitwan.
➢ **Sauhara :** pas de bus direct, changements à Bhairava et à Butwal.

Où dormir ? Où manger ?

- **Hôtel Gautam Siddharta :** non loin de l'arrêt de bus. ☎ 52-02-80. Propose des chambres très simples.
- **Srinagar Hotel :** à 2 km de l'arrêt des bus, sur la colline. ☎ 52-00-45. Fax : 52-04-67. Vues magnifiques, sur l'Himalaya côté nord et sur le Téraï côté sud. Hôtel confortable, d'une catégorie supérieure, mais aux prix tout de même un peu élevés. Resto honnête.

- **Nanglo West :** Bhagwati Tole. Le seul restaurant digne de ce nom pour le moment dans la ville. C'est le même proprio que *The Pub Nanglo* de Kathmandu. Cadre très agréable, on peut manger sur des coussins autour d'une table basse. Excellente nourriture, à des prix plus doux que dans la capitale. Bonne boulangerie au rez-de-chaussée.

À voir

- **Amar Narayan Temple :** ce temple à trois toits a été construit au début du XVIIIe siècle par des artisans newars venus de la vallée de Kathmandu. C'est le plus bel exemple de leur art en dehors de la vallée. Attenante à ce temple, une superbe fontaine. Tous les matins, *puja* en l'honneur de Vishnu.

- **Baggi Dhoka :** c'est la plus grande porte que l'on puisse admirer au Népal. Elle fut construite pour que le régent de l'époque, Khadga Sumsher Rana, puisse pénétrer dans son palais sans descendre de son éléphant. Le bâtiment qui se trouve à l'intérieur ne présente que peu d'intérêt.

- **Bhagwati Temple :** tout près du Durbar, un petit temple sans prétention mais animé d'une grande ferveur. On dit qu'il était autrement plus remarquable avant le tremblement de terre de 1934. En août, un festival a lieu, avec procession de chariots pour commémorer la victoire sur les Anglais.

- **Birendra Park :** un parc où il fait bon se reposer le soir. Quelque 150 variétés de roses enchanteront vos narines.

- De nombreux **sanctuaires bouddhiques** sont également présents au centre et alentour.

➤ DANS LES ENVIRONS DE TANSEN

¶¶ Parvas Lake : à 8 km au sud de Tansen, une belle balade jusqu'à un bassin couvert de fleurs de lotus. Le paysage aux alentours est splendide.

¶¶ Chandi Bhanjyang : à 200 m au-dessus de la ville. On y accède par un sentier sur la colline. De là, vous aurez non seulement une vue superbe de Palpa, mais aussi des Himalayas dans toute leur majesté.

¶ Bhairabsthan : à 9 km à l'ouest de Tansen et, en comptant bien 2 h de marche, vous apercevrez le plus grand trident d'Asie. Ce sanctuaire est en effet dédié à Shiva. De cette colline, une autre vue intéressante sur les montagnes.

¶¶ Rani Ghat : compter 6 h 30 de marche aller-retour (prévoir un pique-nique). Le sentier démarre juste à côté du *Srinagar Hotel*. C'est à notre avis la plus belle excursion. À travers une forêt de pins et une gorge impressionnante, vous descendrez jusqu'à la rivière Kali Gandaki. Souvent surnommé le Taj Mahal du Népal, ce palais fut érigé par un comploteur exilé, en souvenir de sa femme. C'est un endroit magique comme il en existe tant au Népal. Prenez votre temps, goûtez à l'atmosphère du lieu. On se rêve maharaja...

LE TÉRAÏ

Cette étroite bande de terre de 50 km de large, entre les contreforts de l'Himalaya au nord et la grande plaine alluviale du Gange au sud, reste peu fréquentée par les touristes (à l'exception du parc de Chitwan). Pourtant, elle ne manque pas d'attraits et se révèle riche en surprises. Pour les routards qui peuvent prendre leur temps, une visite à *Janakpur* ou dans les plantations de thé d'*Ilam* contrastera grandement avec la vallée de Kathmandu. Ici, toutes les ethnies sont représentées, avec une forte concentration de Tharus (voir la rubrique « Population » des « Généralités » sur le Népal). Près de la moitié de la population du Népal vit dans cette province, et la courbe de croissance ne cesse d'augmenter. Certaines villes comme *Biratnagar* et *Nepalganj* offrent les exemples les plus sordides que l'on puisse trouver dans les cités industrielles. Au contraire, dans les collines des *Churias,* la vie locale est encore pleine d'authenticité.

Arriver – Quitter

➤ ***Par la route*** de Mugling, ou par celle plus directe qui relie Naubise (26 km de Kathmandu) à Hetauda via Daman. Une halte à Daman avec sa tour d'observation peut se révéler intéressante.

➤ ***En bus :*** nombreux départs de Kathmandu, desservant les principales villes de cette région. Se renseigner dans les agences et à la gare routière. Les bus de *Green Line* desservent quotidiennement Sauraha depuis Kathmandu et Pokhara.

➤ ***En avion :*** pour les plus fortunés, possibilité de rejoindre Biratnagar, Simra, Bhairava et Janakpur. D'autres aéroports ne sont praticables qu'en dehors de la mousson.

LE TÉRAÏ DU CENTRE

LE PARC DE CHITWAN

IND. TÉL. : 056

Cette réserve, autrefois domaine des chasses royales, est la plus célèbre du Népal. Vous verrez certainement des rhinocéros à une corne, des daims, des singes et plein d'autres animaux inhabituels dans nos régions. C'est aussi le paradis des oiseaux. Avec beaucoup de chance, vous apercevrez peut-être un tigre, dont il reste 100 à 110 spécimens dans le parc, ou encore un *sloth bear* (ours lippu).

Cette magnifique réserve de presque 1 000 km² a été créée au sud de la rivière Rapti pour préserver les espèces animales menacées de disparition. Il était temps : si, dans les années 1950, on estimait à près de 800 le nombre de rhinocéros unicornes, il en reste la moitié aujourd'hui. Une population largement suffisante pour Chitwan, c'est pourquoi l'on capture des rhinos chaque année pour les envoyer vers d'autres réserves (celle de Bardia par exemple).

La réserve est ouverte toute l'année, mais il est déconseillé d'y aller pendant la mousson, entre mai et septembre. Les rivières en crue rendent les déplacements difficiles, il pleut et les animaux se cachent. Le reste de l'année, le climat y est très agréable. Les meilleurs mois sont février, mars et avril, quand les herbes sont rases. En automne, les animaux restent près des points d'eau : on sait où les trouver, mais les herbes hautes ne facilitent pas la tâche. Une forme « légère » de malaria sévit encore dans les campagnes du Teraï, uniquement de mai à octobre. N'oubliez pas l'antimoustiques. Renseignez-vous sur l'utilité d'un traitement antipaludéen.

Depuis 1998, l'électricité est arrivée à Chitwan. Pour faire face au nombre croissant de visiteurs, le village de Sauraha est sorti de terre. Les hôtels bon marché y sont dispersés sans ordre apparent, avec pêle-mêle, quelques boutiques, restos, agences de voyages… Par manque de touristes, l'ensemble fait un peu abandonné. Les sept *lodges* qui se trouvent à l'intérieur du parc offrent une vraie ambiance de safari, mais accueillent plutôt des groupes et coûtent cher.

Arriver – Quitter

En bus

➢ *De / vers Kathmandu :* compter, pour les 160 km de routes sinueuses et en piteux état, entre 5 et 7 h, selon la circulation, le nombre de barrages policiers et les affaissements de certains tronçons par temps de pluie. Prendre un bus touristique : le *Green Line* de luxe ou le *Saïbaba Travel* (deux fois moins cher, mais il met 1 h 30 de plus). Depuis Kathmandu, départ tôt le matin de *Tridevi Marg* pour *Green Line,* et de *Kanti Path* pour *Saïbaba*. Ces bus vont jusqu'à Sauraha même. Réservez la veille ou même l'avant-veille. Pour le retour, s'y prendre 1 ou 2 jours à l'avance aussi (☎ 58-00-56 pour *Green Line*). Les bus partent le matin de Chitrasali, un pont entre Sauraha et Tandi Bazar.

➢ *De / vers Pokhara :* 1 bus *Green Line* tous les matins, environ 5 h de trajet. Changement à Kurinta (« lunch place »).

En avion

➢ Plusieurs vols quotidiens de **Kathmandu** à **Bharatpur,** à 9 km de Tandi Bazar. Solution très onéreuse. Le vol dure moins de 30 mn. Attention, il n'y a jamais de taxis à l'aéroport de Bharatpur. Si vous avez réservé depuis Kathmandu, vous y serez attendu.

En voyage organisé

– Une autre solution consiste à passer par une agence de voyages (environ 60 US$, soit dans les 50 € par personne, pour 2 nuits et 3 jours en dormant à l'extérieur du parc). Il faut savoir que dans le forfait proposé (visite du parc, promenade à dos d'éléphant, pirogue, etc.), tout se fera en général avec les employés du *lodge,* et non avec des naturalistes licenciés (eux s'y connaissent !). La visite se passe presque toujours à l'extérieur du parc, ce qui n'a rien à voir. Bien se renseigner au moment de la réservation. Se rendre à Sauraha par ses propres moyens revient beaucoup moins cher. Et on choisit les activités qu'on veut. Pour les *lodges* à l'intérieur du parc, les prestations sont de meilleure qualité mais les tarifs plus du double. Compter au minimum 110 US$ (94 €) par personne pour 3 jours et 2 nuits. Ces forfaits se réservent depuis Kathmandu ou depuis votre pays de résidence. N'hésitez pas à négocier les tarifs. Une fois sur place, vous ne pourrez plus rien marchander du tout.

Adresses utiles

■ *Change :* il existe quelques bureaux de change officiels mais les taux sont loin d'être intéressants. Vous pourrez y changer chèques de voyage et argent liquide. Attention, les cartes de paiement ne sont acceptées que dans les endroits très chic. Les possesseurs de cartes *Visa* et *MasterCard* peuvent retirer des sous auprès de l'agence *Hello World's,* en dessous du resto *Hungry Eye.* Ouvert de 7 h à 19 h tous les jours. Mais ils prennent 4 % de commission.

@ *Internet :* nombreuses boutiques. Prix plus élevés que dans la capitale, mais encore bon marché.

Agences sur place

■ **United Jungle Guide Service :** bureau en face du *Hungry Eye Restaurant.* ☎ 58-02-63 ou 58-31-33. Agence unique en son genre au Népal. Elle est le fruit de l'association des guides licenciés de Sauraha. Ces derniers, plutôt que d'errer dans les rues à l'affût de clients potentiels, ont décidé de se regrouper pour offrir un meilleur service et des prix fixes. L'argent récolté est ensuite partagé à parts égales et leur assure un revenu décent. Toutes les agences font désormais appel à eux.

■ **Bird Education Society :** à côté de *United Jungle Guide Service.* ☎ 58-01-13. ● besnepal@wlink.com.np ● Pour les passionnés d'ornithologie. Cette association aide le gouvernement à établir la liste des espèces d'oiseaux (plus de 540 à ce jour) et apprend bénévolement aux Tharus, chaque samedi matin, à protéger et respecter leur habitat naturel. Les touristes peuvent se joindre au groupe gratuitement. La meilleure période pour les observer va d'octobre à décembre.

Où dormir ?

La majorité des *lodges* se trouvent à **Sauraha,** village situé à l'entrée du parc. Sauraha est l'exemple typique de la ville-champignon népalaise qui a trop cru au miracle du tourisme. La ville a grandi à une vitesse folle jusqu'à compter une soixantaine de *lodges,* dont la plupart sont aux trois quarts vides. Une ville genre western avec de nombreuses commodités, mais une ambiance bizarre. Visitez plusieurs établissements et faites jouer la concurrence.

Les *lodges* les plus chic se trouvent *à l'intérieur du parc.* Pour ceux qui peuvent se le permettre, c'est un must à ne pas se refuser. Les *lodges* possèdent leurs propres guides et éléphants, du coup les prestations sont bien meilleures. C'est grâce à eux qu'on a le plus de chances de voir des animaux et peut-être des tigres. L'atmosphère y est plus sympa qu'à Sauraha, mais encore faut-il supporter les groupes. Tarifs à négocier avec le bureau central de Kathmandu.

À Sauraha

Bon, voire très bon marché (moins de 500 Rps ; moins de 6 €)

▲ *Traveller's Jungle Camp :* dans la rue principale. ☎ 58-00-13 ou 98-55-05-58-45 (portable). Fax : 58-00-14. ● tiger@gnet.com.np ● Chambres propres avec moustiquaire et salle de bains (eau chaude). Accueil excellent, ambiance familiale et beau jardin pour se reposer. Un rapport qualité-prix exceptionnel.

▲ *Annapurna View :* tout près de l'entrée de la réserve. ☎ 58-00-24. Une adresse au confort minimal, pour fauchés en phase terminale. Chambres avec salle de bains dans un bâtiment décati ou bungalows traditionnels avec douche commune. Eau chaude au seau. Le calme et le bon accueil compensent le manque de confort.

▲ *Crocodile Safari Camp and Lodge :* à côté du précédent. ☎ 58-02-02 ou 56-15-21. Chambres rudimentaires avec ou sans salle de bains dans de petits bungalows qui subissent les outrages du temps. Assez *destroy* quand même. Accueil sympa.

Prix modérés (de 500 à 1 000 Rps ; de 6 à 12,50 €)

▲ *Jungle Adventure World :* près de l'embarcadère, à côté des bars-paillotes. ☎ 58-00-64. À Kathmandu : ☎ (01) 426-11-27. Fax : 423-11-98. ● jaw_resort@hotmail.com ● Une dizaine de maisonnettes à toit de paille vraiment rigolotes, très propres et décorées de *thangka.* Jolie salle de resto. L'ambiance, visiblement conviviale, est assurée par une équipe jeune. Prix bas pour de si bonnes prestations. En clair, une excellente adresse.

▲ *River View Jungle Camp :* à 100 m du carrefour central. ☎ 58-00-96. Fax : 58-00-35. Bungalows confortables de style traditionnel avec salle de bains, eau chaude (quand il y a du soleil) et moustiquaire. Jardin superbe avec accès direct à la rivière. Accueil chaleureux. Bonne nourriture.

▲ *Rhino Lodge and Hotel :* à côté du précédent. ☎ 58-00-65 ou 58-00-91. Réservation à Kathmandu : ☎ (01) 443-68-81. ● rhinolodge@gnet.com.np ● À défaut d'être beaux, les bâtiments roses à 2 étages offrent des chambres confortables et propres, certaines climatisées, avec salle de bains. Très beau jardin et bar avec vue sur la rivière et le parc. Bon accueil.

▲ *Rainbow Safari Resort :* près de l'entrée du parc. ☎ 58-01-03. À Kathmandu : ☎ (01) 442-52-38. ● www.rainbowadventure.com ● Chambres simples mais très propres, avec eau chaude. Bon accueil, et on aime le jardin frais et reposant.

▲ *Eden Jungle Resort :* non loin de l'embarcadère des pirogues. ☎ 58-00-71. Réservation à Kathmandu : ☎ (01) 470-04-81. ● www.edenre

sort.com.np ● Assez déprimant. Chambres au mobilier cheap, avec une moquette vert pomme toute râpée. Possède son propre éléphant.

Prix moyens (de 1 000 à 2 000 Rps ; de 12,50 à 25 €)

🏠 *Royal Park Hotel :* au bout de la rue principale, près de la rivière. ☎ 58-00-61. Réservation à Kathmandu : ☎ (01) 441-29-87. Fax : 441-10-85. ● www.royalparkhotel.com.np ● Sans hésiter, le meilleur du coin. Et pourtant, à moins de 20 € la double, il ne videra pas votre porte-monnaie. L'immense jardin dans lequel sont répartis les bungalows laisse une impression d'ordre et d'espace. Chambres tout confort, avec salle de bains superbe. Resto, bar avec terrasse. Accueil pro. Une bonne adresse.

À l'intérieur du parc

Chic (environ 110 US$, soit 94 €, pour 3 jours et 2 nuits)

🏠 *Island Jungle Resort :* sur l'île de Bandarjhola, à l'intérieur du parc. Réservation et tarifs à Kathmandu : ☎ (01) 422-91-16 ou 422-01-62. Fax : 422-56-15. ● www.islandjungle resort.com ● L'un des moins chers à l'intérieur du parc. Logement en bungalows. On est assuré d'y voir des animaux. Bien négocier le prix.

Très chic (de 150 à 250 US$, soit environ 128 à 213 €, pour 3 jours et 2 nuits)

Quelle que soit la saison, n'hésitez pas à discuter fermement les prix.

🏠 *Machan Wildlife Resort :* réservation et tarifs à Kathmandu, ☎ (01) 422-50-01 ou 424-54-02. Fax : 424-06-81. ● www.nepalinformation.com/machan ● Très beau complexe, avec des bungalows confortables. Piscine naturelle. Équipe de naturalistes très compétents. Circuit passionnant relatif à l'utilisation des herbes, écorces, etc., à but médicinal. Pas de mauvaises surprises, ils possèdent leurs propres éléphants, *Land Rover*, etc. Organisation remarquable. Remise importante si vous réservez par Internet.

🏠 *Temple Tiger :* ☎ 52-09-80. Réservation à Kathmandu : ☎ (01) 426-34-80 ou 424-46-51. Fax : 422-01-78. ● www.templetiger.com ● Bungalows à l'intérieur de la jungle. Service impeccable. Ils possèdent des éléphants pour les excursions. Excellents guides naturalistes ; parmi eux, Jitu est un brillant conteur. Ce camp a beaucoup de charme et constitue, à notre avis, la meilleure adresse du parc.

🏠 *Safari Narayani Lodge :* situé en bord de rivière. À Kathmandu : ☎ (01) 453-50-20 ou 452-28-71. Fax : 452-41-39. Ensemble de bungalows couleur de terre, propres et ventilés, avec eau chaude et terrasse individuelle. Naturalistes qualifiés, nombreux éléphants. Superbe piscine dans l'annexe. Le paysage face à la rivière Rapti est de toute beauté.

🏠 *Gaida Wildlife Camp :* admirable complexe au bord de la Rapti, au sud-est de Sauraha. Réservation et tarifs à Kathmandu : ☎ (01) 421-54-09 ou 421-54-31. Fax : 425-00-78. ● gaida@mos.com.np ● Les bungalows sur pilotis sont très réussis. De la terrasse, on peut apercevoir les rhinocéros sur l'île située en face. Accueil exceptionnel. Du village de toile annexe, situé à 1 h 30 à dos d'éléphant, on observe des zébus, des bisons et, avec beaucoup de chance, des tigres.

🏠 *Tiger Tops :* réservation et tarifs à Kathmandu, ☎ (01) 436-15-00 ou

435-42-37. Fax : 436-16-00. ● www.tigermountain.com ● L'un des plus vieux de Chitwan et aussi le plus cher. Les différentes sortes de logements, dans des arbres notamment, sont superbes et originales. Service évidemment excellent et nombreuses activités possibles. Le cadre à l'intérieur du parc est splendide. C'est aussi le *lodge* où vous avez le plus de chances de voir un tigre.

Où manger ?

Tous les *lodges* peuvent vous préparer des repas. Cependant, dans ceux de Sauraha, la nourriture est souvent médiocre et le service très long. Il vaut mieux sortir dans de vrais restos pour le même prix. Vous ne pouvez pas les rater dans la rue principale, ils sont agglutinés les uns à côté des autres. Les *lodges* dans le parc, en revanche, fournissent de bons repas népalais ou occidentaux.

|●| **Hungry Eye :** ☎ 52-85-78. Resto tenu par une famille où tout le monde donne un coup de main. Bonnes spécialités du monde entier, revues et corrigées à la mode népalaise, sans mauvaises surprises. Excellent rapport qualité-prix. *German Bakery* en dessous qui propose les meilleurs croissants de Sauhara.
|●| **KC's :** ☎ 58-00-08. Ce resto n'a rien en commun avec celui de Thamel du même nom. Le nom *KC's* vient du fait que le propriétaire appartient à la caste des khatris et à l'ethnie chhetri. La salle ouvre sur un vaste jardin qui donne sur la rivière. Nourriture occidentale copieuse apportée par de jeunes serveurs sympas et dynamiques. Demandez-leur la composition hallucinante du *special lassi*.
|●| **River Side Restaurant :** ☎ 58-00-09. On mange sous une grande hutte avec vue sur la rivière. Cuisine variée, bonne et copieuse. *Happy hours* le soir, auprès d'un grand feu allumé en bordure de rivière.
|●| **Sunset View Restaurant and Bar :** au bout de la rue principale, au bord de la rivière. Plats népalais, indiens et continentaux à prix doux. On vient aussi pour y boire un verre allongé sur un transat en admirant le coucher de soleil. Nombreux cocktails. *Happy hours* le soir.
|●| **Jungle View Restaurant and Bar :** au carrefour principal, à l'étage. Une vigie idéale pour observer l'animation – ou l'absence d'animation – du centre-ville. Grand choix de nourriture. *Happy hours* le soir. Comme presque partout, il y a une *German Bakery* en dessous, qui propose des gâteaux et viennoiseries corrects.

Visite du parc

Entrée : 500 Rps (6,20 €). Le droit d'accès est valable 24 h. On peut entrer à plusieurs reprises. Il est déconseillé d'y pénétrer sans guide. Si vous voulez mettre toutes les chances de votre côté pour voir les animaux, portez des vêtements de couleur neutre et ne faites pas de bruit. Par ailleurs, oubliez les shorts et les sandales, inadaptés aux virées dans la jungle. Des jumelles vous seront très utiles.

Vous pourrez observer des rhinocéros, des singes et une multitude d'oiseaux. Vous remarquerez aussi la présence envahissante d'une plante appelée *Mecania micrantha* : c'est la plaie du parc, du vrai chiendent non comestible pour les animaux et qui endommage les arbres et étouffe les autres végétaux. C'est devenu le souci n° 1 pour les rangers et naturalistes de Chitwan : se débarrasser de l'herbe folle !

À voir. À faire

Centre d'information sur la faune, la flore et l'ethnologie locale : près de l'embarcadère des pirogues. Un peu désuet mais intéressant. Une bonne approche avant de visiter le parc.

Descente de rivière en pirogue : on voit des crocodiles endormis (sauf pendant la fin de la mousson et pendant le mois qui la précède) et qui ont l'air d'être empaillés. La balade permet également d'admirer une grande variété d'oiseaux. On accoste ensuite dans le parc pour visiter le centre de protection des crocodiles et gavials. Puis retour à pied au point de départ. Peu d'animaux visibles au retour.

Centre de protection des reptiles : à l'intérieur du parc. Entrée : 100 Rps (1,20 €). Plus de 600 crocos ont été relâchés de ce centre. On les voit dans des enclos, aux différents stades de leur vie. Deux espèces ici : le gavial, au museau étroit et allongé, peut atteindre 7 m, mais il ne mange que du poisson. Le *mash-mugger*, lui, est plus court et trapu. En revanche, il dévore tout, y compris des gens s'il en a l'occasion. Cet endroit sert aussi de centre de soins pour les jeunes orphelins ou les bêtes blessées.

Excursions en jeep : de février à juillet seulement. Se rendre la veille au *United Jungle Guide Service* pour former un petit groupe qui remplira la jeep (les grandes offrent jusqu'à 10 places). On partage ainsi le coût avec les autres passagers. La promenade dure environ 4 h dans de vieilles carcasses en piteux état, mais comme on parcourt 40 km, on multiplie les chances de voir les animaux. Il est possible de faire une balade plus longue (environ 10 h pour 80 km !) mais là, il faut vraiment être un acharné du 4x4.

Elephant's Ride : à l'extérieur du parc, la promenade dure à peu près 3 h. Compter autour de 650 Rps par personne (environ 8 €). À l'intérieur du parc, la balade coûte 1 000 Rps (12,50 €) pour 1 h à 1 h 30. Dans ce cas, il faut en plus ajouter le droit d'accès au parc. C'est cher, mais on a plus de chances de voir des animaux et l'expérience laisse un souvenir impérissable. Le cornac, moyennant quelques roupies ou cigarettes, montre les repaires des animaux avec plus d'efficacité. Les promenades ont lieu à l'aube et en fin d'après-midi. On peut en faire deux dans la même journée. Plutôt que de faire la queue vous-même pour acheter le billet, demandez à votre *lodge* ou à votre agence de s'en occuper. Pour des promenades plus longues, contacter le *chief warden*, à l'entrée du parc.

Elephant's Stable : l'étable des éléphants, à ne pas confondre avec la *nursery* à l'intérieur du parc. Entrée gratuite. C'est là que viennent se reposer les pachydermes après leur dur labeur. Intéressant pour ceux qui ne font pas la balade et veulent les voir de près. Le paysage alentour est très beau.

Tharu Culture Programm : à 200 m du carrefour central, sur la route de l'étable. Tous les soirs à 19 h. Entrée : 60 Rps (moins d'1 €). Présentation de danses tharus, danse du paon et autre *stickdance*. À voir, si ce programme n'est pas déjà prévu dans votre forfait (c'est souvent le cas dans les *lodges*). Ambiance bon enfant. En revanche, évitez les visites programmées des habitations tharus, organisées de façon pas toujours très respectueuse.

Spécial danger

Il y a un réel danger à se promener seul dans le parc, surtout à la tombée de la nuit, car les rhinos sont chez eux et les tigres (rares) gourmands. Si un rhino charge, monter sur un arbre (solide de préférence) et attendre patiemment, ou alors courir, en zigzaguant au dernier moment. Mesdames, évitez de mettre un parfum très fort, et vous, messieurs, prenez un bain, car les rhinos, à défaut de voir très clair, ont un odorat particulièrement développé. Ne pas prendre ces conseils à la légère car ces animaux font chaque année des victimes. Ils sortent des réserves la nuit pour ravager les terres cultivées et viennent même dans les jardins des hôtels. Un de nos lecteurs a passé ainsi la nuit dans les toilettes, un rhinocéros étant resté planté devant la porte, en attendant qu'il sorte ! Se méfier surtout des rhinos femelles accompagnées de leur rejeton.

Mais l'animal le plus dangereux reste le *sloth bear,* un ours avec un collier de poils plus clairs autour du cou. Il s'attaque à l'homme et grimpe aux arbres ; impossible de lui échapper, sauf, paraît-il, en gloussant un parapluie ouvert à la main ou en se livrant à un strip-tease, abandonnant, un à un, ses vêtements derrière soi. Entraînez-vous avant le départ...

Le tigre du Bengale, d'un naturel peureux, s'attaque rarement aux hommes. Mais si cela arrive, sachez simplement que la clair humaine devient alors son mets favori...

LE TÉRAÏ DE L'OUEST

LUMBINI

Petit par sa taille, ce village perdu dans le Téraï revêt une importance capitale quant à l'histoire des civilisations : Lumbini est en effet le berceau du bouddhisme. C'est là que naquit Siddharta Gautama, encore appelé Sakyamuni, en un mot, le Bouddha. Fils d'une famille fortunée, Siddharta découvre la misère du monde à l'âge de 29 ans au cours de quatre promenades à cheval dans la ville. Il décide alors de tout abandonner et de chercher la voie de la délivrance de toutes les souffrances humaines. Après des années d'ascèse et de méditation, il reçoit enfin l'Illumination qui fait de lui le Bouddha « Éveillé ».

La ville reste aujourd'hui un lieu de pèlerinage sacré pour les bouddhistes du monde entier. Le site de Lumbini, très ancien et également appelé *Rupendehi,* fut longtemps célèbre pour ses souvenirs, plus que pour ses monuments. Dessiné par l'architecte japonais Kenzo Tange, il sort petit à petit de terre. L'idée est de créer ici une capitale universelle du bouddhisme, dans le berceau même où naquit, il y a près de 2 500 ans, le fondateur de cette grande philosophie religieuse orientale. Ce projet grandiose remonte à 1967. Le secrétaire général de l'ONU, le Birman U'Thant, bouddhiste convaincu, vint en pèlerinage à Lumbini. Il fut choqué par l'état d'abandon du site sacré. Il lança alors « le plus Lumbini » et le plaça sous l'égide de l'Unesco.

Chaque pays bouddhiste d'Asie a maintenant la possibilité de financer et de construire une pagode ou un monastère, selon son style national, sur une vaste zone de 8 km. Le coût exorbitant des travaux a fait hurler certaines personnes, sceptiques quant à l'utilité de pareilles dépenses dans une nation où la majorité des habitants ne disposent que du minimum pour vivre. D'autres reprochent à ce gigantisme de favoriser les nations les plus riches (le Japon) au détriment des pays les plus pauvres (le Tibet, le Sri Lanka). En outre, la présence évidente de puissantes sectes japonaises exaspère ceux qui prônent au contraire le respect et non la division entre les différentes branches et écoles du bouddhisme.

Arriver – Quitter

Liaisons avec :
➢ *Sauraha (Chitwan) :* bus local avec changement à Bhairava (frontière indo-népalaise). Environ 4 h 30 de trajet.
➢ *Tansen :* pas très pratique. Il faut effectuer 2 changements : à Bhairava et à Butwal. Prévoir 5 h 30 de route.

Où dormir ?

De bon marché à prix modérés (de 150 à 1 000 Rps ; de 2 à 12,50 €)

🛏 *Lumbini Village Lodge :* devant l'entrée principale du site. Chambres simples, mais correctes.

🛏 *Lumbini Buddha Hotel :* près de la gare routière, sur le chemin du site. ☎ (071) 801-14. Cadre agréable car le *lodge* dispose d'un jardin où l'on peut déjeuner à l'abri d'une hutte. Chambres confortables, propres et salles de bains avec eau chaude. Prix plus élevés qu'au *Lumbini Village Lodge,* mais bien mieux aussi. Restaurant correct.

Où manger ?

Peu de restaurants dignes de ce nom. Quelques petites gargotes sur le site et un resto très simple :

🍽 *Lumbini Garden Restaurant :* dans le site, près des jardins sacrés. Genre cantine qui propose des plats simples mais corrects, à prix raisonnables.

À voir

🏛 *La colonne d'Ashoka :* le principal vestige historique de Lumbini est cette colonne commémorative érigée en 249 av. J.-C. et offerte par l'empereur Ashoka. Elle porte une inscription qui confirme que le Bouddha naquit bel et bien à Lumbini vers 560 av. J.-C.

🏛 *Le temple de Mayadevi :* porte le nom de la reine Mayadevi, la mère du Bouddha. Selon la tradition, elle donna naissance à ce dernier dans un « lieu de jardins agréablement boisés » appelé Lumbini. Tandis qu'elle tenait la branche d'un arbre *sal,* le petit sortit de son flanc droit.

🏛 *Les jardins sacrés :* bordent au sud le périmètre entourant la colonne d'Ashoka et le temple de Mayadevi. Restaurés au fur et à mesure par le gouvernement népalais. De nombreux archéologues fouillent le sous-sol de cet espace pour y trouver de nouveaux indices sur la jeunesse du Bouddha.

🏛 *Le canal central :* relie les jardins (au sud) au nouveau village de Lumbini (au nord). Il est bordé de chaque côté par un chemin de terre.

🏛 *La pagode de la Paix :* offerte par l'organisation bouddhique japonaise *Nipponjan Myohoji.* Sa flèche doit mesurer 46 m de haut, ce qui dépasse largement les 18 m réglementaires prévus pour ne pas faire ombrage à la colonne d'Ashoka et au temple de Mayadevi. Coût : plus de 760 000 €.

🏛 *La zone des monastères :* située entre le nouveau village de Lumbini (au nord) et les jardins sacrés (au sud). Selon la charte de l'Unesco, chaque communauté bouddhique est invitée à bâtir pagode, temple ou monastère dans le style architectural de son pays. Quand le centre de pèlerinage international sera achevé, on comptera près de 38 monastères mahayanistes (Grand Véhicule) à l'est, et 13 monastères du Hinayana (Petit Véhicule) à l'ouest. Il est possible, en outre, de visiter les deux monastères de la ville, à l'écart de cette zone en chantier. Le premier, bouddhique, abrite une statue du Bouddha en marbre offerte par la Birmanie. Le second, tibétain, fondé en 1975, est un don du roi du Mustang. Il abrite, lui aussi, une belle statue du Bouddha, ainsi que de nombreuses fresques.

L'Institut international de recherches sur le bouddhisme : financé par la secte japonaise *Reiykai* (près de 7,5 millions d'euros), construit par des Coréens, il présente une architecture rappelant d'énormes canalisations arrondies en brique. Le tiers des ouvrages de la bibliothèque est en japonais.

LE PARC DE BARDIA

IND. TÉL. : 084

ATTENTION : les maoïstes sévissaient parfois dans la zone, bien se renseigner sur la situation avant votre départ.

Situé au sud-ouest du Téraï, ce parc attire les déçus de Chitwan et les mordus de safaris. C'est un des rares endroits où l'on est à peu près sûr de voir des tigres du Bengale et des dauphins d'eau douce. Contrairement au parc de Chitwan, seuls les éléphants sont autorisés à pénétrer dans la jungle, et encore, isolément : vous serez sans doute perché sur le seul éléphant présent pour une balade deux fois plus longue (et cependant pour le même prix !). Pour éviter que les villages tharus aux alentours ne deviennent des centres d'attraction comme à Chitwan, nous en déconseillons la visite.

Arriver – Quitter

➢ À moins d'avoir plusieurs semaines et d'être accro des transports en commun, le moyen le plus pratique est l'avion jusqu'à Nepalganj puis 5 h de route en bus public jusqu'au parc. Si vous avez réservé depuis Kathmandu, on vous conduit de l'aéroport jusqu'au *lodge*.

Où dormir ?

Le logement reste encore cher, malgré l'installation de quelques petites *guesthouses*.

Bon marché (de 150 à 500 Rps ; de 2 à 6,20 €)

Bardia Wildlife Paradise : situé à côté du *Dolphin Manor.* ☎ 42-97-15. Petits bungalows très simples mais propres, de style tharu. Sept chambres, dont 4 avec salle de bains. Salle à manger très sympa. Krishna, le propriétaire, est vraiment adorable. Une très bonne adresse qui propose un programme précis de promenades accompagnées par Shankar et Indra.

Sukarmalla Crest (ex-*Rhino Express*) *:* petits bungalows sympas autour d'un jardin fleuri. Dispose de 6 chambres, avec douches communes. Tenu par des jeunes, ambiance très décontractée.

De prix modérés à prix moyens (de 500 à 2 000 Rps ; de 6 à 25 €)

🏠 *Forest Hideway* : Takudwara. ☎ 42-97-16. Réservation à Kathmandu : ☎ (01) 422-59-73. ● hideway@forest.wlink.com.np ● Les bungalows de style tharu sont perdus dans un grand jardin. Salles de bains rudimentaires mais impeccables. Bonne cuisine. Guides naturalistes très compétents. Notre meilleure adresse dans cette catégorie.

🏠 *Bardia Jungle Cottage* : situé face à l'entrée principale du parc. ☎ 42-97-14. Fax (à Kathmandu) : (01) 442-86-91. C'est le plus ancien. Vit, hélas, sur sa réputation. Bungalows très très rustiques et pas nickel. Grand et beau jardin. Le personnel est très sympa.

🏠 *Tiger Top Karnali Lodge :* réservation à Kathmandu, ☎ 42-95-05 ou (01) 436-15-00 (à Kathmandu). ● www.tigermountain.com ● Hébergement en bungalows ou sous la tente, au bord de la rivière Karnali. Organisation irréprochable.

LE TÉRAÏ DE L'EST

JANAKPUR

IND. TÉL. : 041

Le voyageur qui débarque à Janakpur se demande s'il n'a pas, sans le savoir, traversé la frontière indienne. Un méli-mélo de petites ruelles encombrées de *rickshaws*, une agitation frénétique, habitants à la peau sombre, saris de toutes les couleurs... Le contraste est saisissant, mais pourtant Janakpur se trouve bien au Népal.

La légende dit que le dieu Ram et la déesse Sita se sont mariés ici ; la place est donc devenue un lieu de pèlerinage important pour les hindous. De toute l'Inde et du Népal, des milliers de dévots se rendent au *Janaki Mandir*.

UN PEU D'HISTOIRE

La cité semble avoir été fondée plusieurs centaines d'années avant J.-C. À plusieurs reprises détruite par les épidémies et les invasions, ses habitants l'abandonnèrent, laissant la forêt recouvrir ses ruines. Étrangement, il se trouva toujours un roi pour la reconstruire à la même place. Elle changea ainsi de nom maintes fois. Mais le premier roi de la dynastie Janak, en fondant le royaume de Mithila, lui donna son nom définitif et en fit sa capitale. L'âge d'or fut atteint sous le règne de son 22e roi, dont la fille adoptive Sita, une incarnation de Laxmi, fut mariée à Ram. Selon le *Ramayana*, un concours organisé par le roi devait déterminer, parmi les nombreux prétendants, le futur marié. L'épreuve eut lieu à Danusha (non loin de Janakpur), où se trouvait l'arc magique de Shiva. Ram fut le seul à pouvoir le bander.

Le royaume de Mithila possédait, et possède encore, sa propre langue et sa propre écriture. En 1819, Prithivi Narayan Shah intégra ce royaume au Népal.

C'est ici que naquit cet art si particulier de la peinture que l'on nomme « art du Mithila ». Expression d'une culture qui s'est transmise et considérablement enrichie de génération en génération, par les femmes principalement. Ne pas manquer la visite du *Women's Development Centre* (voir « Dans les environs de Janakpur »).

Arriver – Quitter

En bus

À Janakpur, deux gares routières :
- *Ramanand Chowk :* pour les longues distances (Kathmandu, Kakarbhita, Pokhara, etc.).
- *Zéro Mile (Traffic Office) :* pour les courtes distances (Danusha et les environs de Janakpur).
- ➢ *De Kathmandu et Pokhara :* des bus privés ou gouvernementaux assurent plusieurs départs de jour comme de nuit.

En avion

➢ *De Kathmandu :* au moins 1 vol quotidien avec *Buddha Air*, *Cosmic Air* ou encore *RNA*. L'aéroport se trouve tout près de la ville.

Adresses utiles

■ *Janakpur Tourist Office :* Bhanu Chowk. ☎ 52-07-55. Tout près de la gare. Peu de brochures et pas de carte de la ville. En revanche, excellent accueil et beaucoup d'infos orales.

■ *Change : Nepal Bank*, derrière la gare, et *Nepal Bengladesh Bank* (Bhanu Chowk, près de la *Kathmandu Guesthouse*) assurent le change d'argent liquide et des chèques de voyage à des taux intéressants.

■ *Royal Nepal Airways :* Bhanu Chowk, entre l'hôtel *Ram* et le carrefour central. ☎ 52-01-85. Pour toutes vos réservations et reconfirmations.

■ *Necon Air :* Bhanu Chowk. ☎ 52-19-00. Au carrefour central.

@ *Spectrum Computer :* Bhanu Chowk, près de l'hôtel *Welcome*. Cette nouvelle boutique permet d'envoyer ses e-mails.

Où dormir ? Où manger ?

Vu l'affluence des pèlerins, il est étonnant que Janakpur ne possède pas plus d'hôtels et surtout de meilleure qualité. Nous vous indiquons les « moins pires »…

Bon marché (de 150 à 500 Rps ; de 2 à 6 €)

▲ *Hôtel Sukh Sagar :* à deux pas du *Janaki Mandir*. ☎ 52-04-88. Chambres basiques mais propres. Accueil agréable. Bruyant.

▲ *Shree Ram Guesthouse :* Station Road n° 2. ☎ 52-29-08. Un peu plus loin que l'hôtel *Welcome*, sur la droite. Chambres très simples mais d'une propreté irréprochable. Douche et toilettes avec la même évacuation, ne pas perdre son savon ! Préférez les deux chambres donnant sur l'arrière, beaucoup plus calmes.

Prix modérés (de 500 à 1 000 Rps ; de 6 à 12,50 €)

▲ |●| *Hôtel Welcome :* Shiva Chowk, Janakpurdham. ☎ 52-06-46. Fax : 52-09-22. La moins mauvaise des solutions. Bon accueil. Chambres kitsch et pas vraiment gaies, mais très propres. Restaurant servant de bonnes spécialités indiennes. Mais le bruit des ventilos et de l'AC est insoutenable, même les plantes en plastique se meurent…

À voir. À faire

Janaki Mandir : construit il y a près d'un siècle par une reine indienne dans le style rajasthani. Il commémore le lieu où le roi Janak aurait découvert Sita (aussi appelée Janaki) et qu'il adopta par la suite. L'architecture ressemble plutôt à un décor de cinéma rococo. Ce temple renferme une statue de Janaki, de son époux Ram et de ses trois frères. Le meilleur moment pour la visite est sans aucun doute le soir, juste après la tombée de la nuit, moment où le temple s'anime véritablement.

Marriage Canopy (Ram, Sita Mandir) : tout à côté du précédent. Petite obole à l'entrée. Construction assez moderne, même si l'architecture est manifestement de style népalais. Pas de murs, mais des vitres laissant entrevoir les représentations de Ram, Sita et leurs familles. Beau jardin entourant le temple. Intérêt limité.

Shree Ram Mandir : à quelques centaines de mètres des deux premiers et jouxtant le grand bassin sacré *(Danush Sagar)* se dresse ce temple dédié à Rama. Là également, style népalais avec toits de cuivre en pagodes.

– D'autres temples et bassins (108 au total) jalonnent la ville. Vraiment agréable de s'y balader en *rickshaw* juste avant le coucher du soleil.

Festivals

– **Vivah Panchami :** en novembre-décembre. Célébration du mariage légendaire de Ram et Sita. La ville double le nombre de ses habitants. Impossible alors de trouver un hôtel. Les mariés et leurs invités se rendent du Ram Mandir jusqu'à Ranghbumi (le stade actuel). Rendez-vous ensuite au Janaki Mandir pour la cérémonie proprement dite. Une grande foire a lieu à cette occasion.
– **Ram Navami** *(anniversaire de la naissance de Ram)* **:** en mars-avril. Processions avec musique et danses dans toute la ville. Foire également à cette occasion, mêlant artisanat du Téraï et des montagnes environnantes.
– Chaque **nouvelle lune (Panchami)** offre l'occasion d'une fête particulière. Essayez vraiment de vous y trouver à ce moment-là.
– **Chaat Festival** *(fête du Soleil)* **:** 6 jours après le Festival de Deepawali, en octobre. Festival essentiellement féminin. Les femmes restent toute la nuit autour des bassins pour attendre le lever du soleil. Elles dansent et chantent après un jeûne de 24 h. Un vrai régal pour les yeux et les oreilles.

➤ DANS LES ENVIRONS DE JANAKPUR

À faire

➤ **Le train :** à voie étroite. C'est la seule ligne existant au Népal. Si les autochtones peuvent rejoindre Jayanagar de l'autre côté de la frontière, le passage demeure interdit en revanche pour les étrangers. Si vous aimez marcher, nous vous conseillons vivement de vous arrêter dans l'une des gares mentionnées ci-dessous et de revenir à pied. La découverte des petits villages traditionnels est absolument extraordinaire.
Trois gares, donc, avant la frontière :
Parbaha : à environ 7 km de Janakpur.
Baihedi : à 12 km.
Khajuri : à 21 km.

Rien ne vous empêche, si vous êtes fatigué, de reprendre un train dans l'autre sens. Trois trains circulent quotidiennement. Bien se renseigner avant sur les horaires.

À voir

Danusha : à 20 km de Janakpur. Le temple est aussi petit que le village… C'est le lieu mythique où Ram banda l'arc magique de Shiva.

Janakpur Women's Development Centre : situé au sud sur la route de l'aéroport. ☎ et fax : 52-10-80. Le projet est né en 1985 grâce à une Américaine qui avait repéré les peintures réalisées par les femmes et a souhaité les encourager et surtout les faire connaître. Dans les villages aux alentours de Janakpur, on peut découvrir de nombreuses expressions de cette fameuse peinture dite du *Mithila*. Les motifs diffèrent selon les castes et déclinent peintures religieuses, symboliques, scènes de la vie quotidienne, etc. L'art du *Mithila* inclut la création d'objets usuels (vaisselle, étagères, silos à grain, etc.).
Le centre fonctionne comme une coopérative. Un pourcentage est prélevé chaque mois sur les salaires pour offrir aux familles la possibilité de prêts sans intérêts. Une autre partie du projet concerne l'éducation et l'apprentissage des enfants. La transparence est totale dans la gestion des comptes. Une boutique vous présente des exemples de ces réalisations à des prix très raisonnables. Nous vous recommandons chaudement un détour par ce centre.

KOSHI TAPPU WILDLIFE RESERVE

ATTENTION : bien se renseigner avant votre départ sur la situation avec les maoïstes.
Située à 450 km de Kathmandu et à 150 km de Janakpur, cette réserve fut établie pour la protection des buffles sauvages. Protégée des crues de la gigantesque rivière Sapta Koshi par un barrage et des digues, elle offre un habitat propice à 300 espèces d'oiseaux, dont beaucoup de migrateurs. Un véritable paradis pour les ornithologues, qui s'y rendent en nombre de novembre à mars. Une faune variée – nigaults, gavials, pythons, tortues et lézards – évolue dans un univers aquatique de 175 km, étrange, recouvert d'un tapis de nénuphars et de lotus. Peut-être aurez-vous la chance d'apercevoir le *gonch*, un poisson-chat de taille humaine.
Trois jours et deux nuits sont conseillés pour apprécier cette réserve, que nous préférons de beaucoup à Chitwan. Seul inconvénient, mais de taille : les prix élevés (compter 1 000 Rps, soit 12,50 € par jour pour la taxe d'entrée). Cependant, si vous en avez les moyens, vous ne le regretterez pas. Les réservations s'effectuent à Kathmandu.

Où dormir ? Où manger ?

Aqua Birds Unlimited Camp : réservation à Lazimpat, Kathmandu, ☎ (01) 443-47-05. Fax : 441-09-38. ● www.aquabirds.com ● Situé à Kusaha, à 2,6 km de la Mahendra Highway, et jouxtant la réserve. Compter moins de 200 US$ (170 €) pour 2 nuits et 3 jours sans le transport et l'entrée du parc. Dix tentes très bien aménagées, avec salles de bains communes. Resto et bar décorés avec goût, faisant face aux marais foisonnant d'oiseaux. Pas plus de 20 personnes à la fois, ce qui assure un maximum de tranquillité. Personnel très

compétent et serviable.
- ***Koshi Tappu Wildlife Reserve :*** réservation à Camp Kaaladi, PO Box 536, Kathmandu. ☎ (01) 424-70-78. Fax : 422-42-37. • explore@mos.com.np •

À voir. À faire

C'est à vous, lors de votre réservation, de déterminer les activités qui vous intéressent : découverte de la réserve à dos d'éléphant, canoë et/ou kayak, safari en jeep, pêche, etc.
En soirée, diaporama pour mieux connaître faune et flore, télescopes pour l'observation du ciel et danses traditionnelles.

LES QUESTIONS QU'ON SE POSE LE PLUS SOUVENT AVANT D'ALLER AU TIBET

➤ *Quelles sont les formalités ?*

Passeport valide 6 mois après la date du retour. Se procurer dans son pays d'origine un visa népalais (ou directement à l'aéroport ou aux frontières terrestres de ce pays, à revérifier auprès du consulat) si l'on entre depuis Kathmandu, un visa chinois si c'est depuis la Chine. Nécessité de passer par une agence afin d'obtenir le permis TTB d'entrée au Tibet.

➤ *Peut-on voyager au Tibet en individuel sans l'aide d'une agence ?*

Oui, mais ça dépend où et quand. Non pour entrer dans le pays depuis le Népal. Oui depuis la Chine. Oui pour sortir du Tibet par la *Friendship Highway*. Oui à Lhassa et sa région, et dans certaines grandes villes. Mais, pour prolonger son visa, obtenir des permis pour des zones soumises à autorisation (incluant souvent des monastères ou des lieux en bordure d'itinéraire autorisés), il faut s'adresser à une agence, passer souvent d'« indépendant » à « accompagné » et, dans son intérêt ou par goût, d'« individuel » à « groupé » pour partager les frais.

➤ *Quelle est la meilleure saison pour aller dans le pays ?*

Les mois de mai, juin, septembre et octobre. Au cœur de l'hiver, les températures peuvent descendre largement en dessous de zéro et certains cols et routes se retrouvent fermés. Juillet et août, pics de la fréquentation touristique, sont agréables même s'ils coïncident avec la saison des pluies (atténuées par l'altitude).

➤ *Quel est le meilleur moyen pour se déplacer dans le pays ?*

La location de voiture avec chauffeur, après s'être groupé sur place ou avant de partir. Les transports publics gagnent cependant du terrain, grâce à l'amélioration du réseau routier. L'auto-stop reste difficile vu la faiblesse du trafic.

➤ *Quel est le décalage horaire ?*

Lhassa vit à l'heure de Beijing, histoire de bien montrer qu'on est en Chine ! Par rapport à la France : 6 h de plus en été et 7 h en hiver. En arrivant du Népal, il faut avancer sa montre de 2 h 15 !

➤ *Quel est le principal risque sanitaire ?*

Lhassa se trouve à 3 700 m d'altitude, mais il est courant de dormir à 4 000 m ou de franchir un col à 5 000 m. Le principal risque est donc lié au célèbre MAM (mal aigu des montagnes) qui se manifeste par des essoufflements, nausées, maux de tête, etc. Il faut absolument respecter certaines règles. Avant d'entreprendre un voyage au Tibet, mieux vaut effectuer un bilan médical pour s'assurer de sa bonne condition physique.

LE TIBET : GÉNÉRALITÉS

> **Pour la carte de la région de Lhassa, se reporter au cahier couleur.**

Le Tibet fascine depuis des siècles. Son éloignement et son inaccessibilité ont toujours alimenté l'imaginaire occidental en mal d'exotisme et de merveilleux. Les voyageurs ayant réussi à y pénétrer composèrent des récits extraordinaires où la réalité semblait dépasser la fiction. Leurs parcours naissaient du rêve puis y retournaient. Restaient quelques certitudes : au-delà de formidables fortifications naturelles, il y a bien une terre où règne, au nom du Bouddha, celui qui se dit le plus omniscient détenteur de la foi, et, c'est dans ce pays si éloigné des océans que naissent nombre de grands fleuves allant les rejoindre.

En plus de l'architecture religieuse (Potala, Jokhang, Tashilumpo), cette terre d'essence intemporelle offre à l'œil du voyageur des espaces immenses et extraordinaires, dominés par la beauté exceptionnelle des hauts plateaux et la puissance des montagnes. On y découvre la chaleur des maisons et le thé au beurre, la richesse des rituels et la ténacité d'un peuple qui refuse de mourir.

Car impossible d'évoquer ce pays, ses habitants, sans parler des drames qui le tourmentent. Depuis le début du siècle passé, la Chine pressait, essayait de grignoter les terres des « barbares de l'Ouest ». Mais en 1950, l'invasion est radicale. Le 14e dalaï-lama, Tenzin Gyatso, préfère l'exil à l'humiliation. Pacifiste, il se réfugie en Inde, évitant probablement au Tibet un sort encore plus sombre.

Depuis, le Tibet central a été rebaptisé région autonome du Tibet (TAR) et a été intégré à la République populaire de Chine. Les autres régions historiquement tibétaines de l'est et du nord-est, le Kham et l'Amdo, déjà gouvernées par les Chinois, sont définitivement rattachées aux provinces du Qinghaï et du Sichuan. C'est avec une amplitude particulière que tout le pays va vivre les tourments récents de la Chine : supporter les communes populaires et la fureur destructrice des gardes rouges, la rééducation par le travail, l'humiliation ou la collaboration. Plus d'un million de Tibétains seront exterminés par les soldats de Mao, soit 1/6e de la population.

À la fin des années 1970, quand le régime se veut plus tolérant, il ne reste plus qu'une douzaine de temples et monastères sur les 5 000 que comptait le Tibet d'avant l'annexion. Depuis 1981, des centaines de monastères ont été reconstruits et restaurés, souvent à l'initiative du peuple, sans l'aide du gouvernement.

Aujourd'hui, il y a toujours plus de 120 000 réfugiés tibétains. En grande majorité établis en Inde, certains se plaignent de l'image de *cute Tibetans* qui circulerait en Occident : « Nous, réfugiés à succès les plus populaires du monde, dont même les chiens, les fameux Lhassa Apso, sont protégés par des associations, sommes, derrière ce mythe, des hommes et des femmes qui ont perdu notre terre dans l'indifférence générale. Chez nous, il n'y a pas de pétrole ! Que l'on parle de lutte pour l'indépendance du Tibet et toutes les œuvres caritatives disparaissent en nous laissant seuls ! »

Le dalaï-lama a clairement encouragé les voyageurs à se rendre au Tibet, qui, paradoxalement, n'a jamais été aussi accessible. Pensons à Alexandra David-Néel qui, bien avant l'invasion chinoise, se plaignait d'un pays fermé. Certes, trop de facilité aurait ruiné le caractère épique de ses voyages. Nous, humbles voyageurs, ne reviendrons pas indemnes d'un pays si particulier et attachant, mais… éclairés.

CARTE D'IDENTITÉ

- **Statut:** région autonome de la République populaire de Chine (nom officiel : Xizang).
- **Superficie:** 1 228 000 km2.
- **Altitude moyenne:** 4 000 m.
- **Population:** 2 640 000 habitants.
- **Exilés:** 120 000 (depuis 1959).
- **Revenu moyen:** 1 250 ¥ (125 €) par mois.
- **Site classé au Patrimoine mondial de l'Unesco:** le Potala, à Lhassa.

AVIS AUX LECTEURS

Avant de rejoindre Lhassa et le haut plateau tibétain, méditez ce premier précepte bouddhique : « Tous les phénomènes sont impermanents. » Entre autres bienfaits, cela vous mettra dans l'état d'esprit approprié pour affronter les travers et revers de la politique chinoise concernant ce qui est autorisé et ce qui ne l'est pas, ce qui l'a été mais ne l'est plus. Essayant (avec modestie !) de suivre la voie du milieu prêchée par le Bouddha, nous avons constaté une certaine amélioration quant à l'accueil des voyageurs de toutes obédiences et motivations. Toutefois, si le géant chinois s'adoucit, ses hoquets sont toujours redoutables, risquant de venir contrarier l'impression actuelle.

COMMENT ALLER AU TIBET ?

On peut toujours tenter d'atteindre Lhassa, la Cité interdite, en se déguisant en pèlerin-mendiant comme l'a fait Alexandra David-Néel dans les années 1920. Certains ont réactualisé cette méthode, jouant à l'homme invisible entre *checkpoints* et villes policées, souvent avec succès d'ailleurs. Mis à part ces désagréments d'origine politique, la route est bien plus facile et sûre qu'avant guerre. Il est toutefois moins risqué d'entrer au Tibet officiellement soit par la frontière népalaise (c'est la voie d'accès la plus usitée), soit depuis la Chine, au départ des villes de Chengdu, Kunming, Golmud, voire de Kashgar. Pour cela, il faut obtenir une autorisation spéciale, le permis TTB, du nom de son émetteur, le *Tibet Tourism Bureau.*

Peut-on voyager au Tibet en individuel et sans l'aide d'une agence ?

C'est la grande question que se posent tous les voyageurs souvent déroutés par les infos contradictoires en la matière. La réponse est officiellement « non » (même si ça ne devrait plus durer très longtemps) mais en pratique « oui » ! Seulement ça dépend où et comment.
Non, pour entrer dans le pays depuis le Népal. Oui, depuis la Chine si c'est par avion (les formalités d'achat du billet d'avion et d'obtention du permis sont simples et rapides), ou par la route quand on vient de Golmud (voir plus loin « De Chine. Par la route »). Oui, pour sortir du Tibet par la *Friendship Highway*. Et oui à Lhassa où les routards sont libres de tous mouvements. Mais dans la capitale, pour prolonger son visa ou bien obtenir des permis pour les zones « fermées », il faudra s'adresser à une agence, passer

« d'indépendant » à « accompagné » et, dans son intérêt ou par goût, « d'individuel » à « groupé » pour partager les frais.
En pratique, la majorité des voyageurs s'adressent encore à une agence spécialisée afin de mettre en place un voyage organisé. C'est une obligation depuis le Népal et toujours un choix intelligent si l'agence est fiable.

Avec quel visa ?

L'entrée au Tibet nécessite un visa chinois. Depuis le Népal, les agences de voyages vous procureront un visa spécial dit de groupe, le seul à être autorisé à la frontière. Venant de Chine, pas de soucis de visa puisque vous en êtes déjà forcément titulaire…

De France

Des voyages de groupe, culturels ou d'aventure, sont organisés par de nombreux tour-opérateurs. Reportez-vous à la rubrique « Les organismes de voyages » dans le chapitre « Comment y aller ? » en début de guide.

Du Népal

Formalités

Étape historiquement privilégiée sur la route du Tibet, le Népal n'est plus forcément l'accès le plus pratique du point de vue administratif. En effet, l'ambassade chinoise de Kathmandu ne délivre pas de visa aux voyageurs individuels en route pour le Tibet mais seulement des visas de groupe. Tous ceux qui ne font qu'une boucle aller-retour au départ du Népal sans prolonger sur la Chine ne seront certes pas pénalisés. Mais un nombre croissant de routards désirent prolonger leur voyage vers la Chine. Or, depuis fin 2002, tout visa chinois individuel, délivré dans le pays d'origine, est annulé par l'ambassade de Kathmandu, au profit d'un visa de groupe, refacturé ! Toutefois, des tour-opérateurs népalais bien informés nous ont affirmé qu'il était possible de restaurer sur place les visas originels. Cette info est à revérifier impérativement avant votre départ si c'est votre intention.
N'entreront au Tibet, par route ou par avion, que les personnes ayant acheté une prestation à une agence de Kathmandu.
Le visa de groupe est en général valable 15 jours, mais, en fait, rien n'empêche les agences d'obtenir une plus longue période. En 2006, il était très difficile par des routards venus en groupe du Népal de faire prolonger leur visa en individuel.
– **Petits conseils à la réservation :** bien se renseigner sur le type de véhicule. Le 4x4 promis se transforme parfois en minibus. Ne pas forcément choisir la formule la plus chère promettant le meilleur hébergement (incluant les repas). On peut facilement négocier un meilleur hôtel sur place sans avoir à payer de commission. Certaines agences essaient de vous vendre un billet avion retour. Or, même si ce dernier n'est pas obligatoire, il est devenu très compliqué à Lhassa de rejoindre la frontière népalaise en 2 jours en 4x4 ou en minibus. Dommage, car prendre un avion à l'aller et revenir par la route offre l'avantage d'arriver à « seulement » 3 500 m d'altitude et de garder les cols à 5 000 pour la fin, ce qui atténue les risques du mal d'altitude.
– **Attention :** avant de repartir vers de nouvelles aventures depuis Lhassa, veillez à bien avoir sur vous votre feuille de visa *originale* (volante). En effet, sans elle, vous ne pourrez pas ressortir !
– Pour **les différents moyens de relier Lhassa,** se reporter au début du guide, au chapitre « Quitter le Népal, vers le Tibet ».

De Chine

C'est l'option qui offre le plus de liberté aux voyageurs.

Formalités

Attention, quand on vient de Chine, si le visa de tourisme chinois individuel est valable, l'obtention préalable d'un permis TTB *(Tibet Tourism Bureau)* par l'intermédiaire d'une agence habilitée reste obligatoire. En théorie, l'entrée en groupe est toujours obligatoire, mais ces agences accueillent les voyageurs solos sans problème. Une fois arrivé à Lhassa et si vous avez choisi la prestation minimum n'incluant que le transport et le permis TTB, vous êtes bel et bien libre de vos mouvements sur place, en tout cas dans les zones ouvertes. Pour les zones « fermées », les agences à même de fournir le permis TTB peuvent aussi obtenir préalablement les fameux *travel permits* (voir plus loin la rubrique PSB), tracasseries administratives de rang supérieur concernant par exemple le pays Kham (voir « Les routes de l'Est » ci-dessous). Sinon, on peut s'adresser aux agences de Lhassa à l'arrivée.

Une question épineuse est celle de savoir combien de temps on peut rester au Tibet. Légalement, il faut toujours faire partie d'un groupe. Dans la pratique, les contrôles étant extrêmement rares, il est possible de rester jusqu'à la date de péremption de votre visa chinois. Les agences de voyage ne vous demanderont rien du tout pour réserver chez eux votre départ vers Kathmandu, de même à l'aéroport et aux frontières dans le sens de la sortie.

En avion

Tout comme pour les vols en provenance de Kathmandu, demandez une place vers la fenêtre : succession ininterrompue de pics effilés, lacs, fonds de vallées couverts de forêts. Un régal…

Les liaisons et fréquences des vols changent d'année en année. La grande majorité de ceux-ci sont saisonniers mais le nombre de dessertes hivernales est en progression. Pour en savoir plus, voir « Quitter Lhassa ».

À Chengdu, se rendre au *Traffic Hotel,* où plusieurs agences habilitées à vendre le vol de Lhassa se trouvent à proximité de ce célèbre établissement pour routards. À Kunming, s'informer auprès des agences du *Camellia Hotel* ; à Zhongdian, aller à l'agence *Tibet Tour* dans l'hôtel *Shangbala* sur Changzheng Lu. Depuis Pékin, Guangzhou, Xining, Xi'an et Chongqing, s'adresser aux pensions pour routards (se reporter au *Guide du routard Chine*) qui sauront vous indiquer comment procéder.

Par la route

C'est possible depuis le Nord (Golmud, Xining), l'Est (province du Sichuan et du Yunnan) et récemment (mais plus difficile) du lointain Ouest des routes de la Soie (Kashgar, province du Xinjiang). Nous détaillons les deux premières options :

➢ *La route de Golmud* (1 165 km de trajet) est parcourue par les transports publics. Golmud est reliée à toutes les grandes villes chinoises par avion ou par train. Cet itinéraire, très populaire auprès des routards, est ouvert aux indépendants moyennant l'obtention d'un permis, une procédure plus ou moins opaque (on voit rarement le bout de papier). Aux dernières nouvelles, impossible de réserver une place directement à la gare routière. Il faut aller au *CITS* (cher, prévoir autour de 1 500 ¥, soit 150 €) de la ville ou au lieu de rendez-vous des jeeps, fréquenté par les chauffeurs et leurs intermédiaires, où la négociation est bien plus facile. Attention, se renseigner sur le type de bus, tous ne sont pas dotés de couchettes. Cette route n'est pas la plus spectaculaire car elle traverse la relative monotonie du plateau tibétain, le Changtang, pays des nomades et de leurs troupeaux de yacks. Vous rencontrerez 3 *checkpoints* : un après Golmud, les deux autres au niveau de la passe de Tangula, d'un côté et de l'autre de la frontière tibétaine. En hiver, personne…

➢ Il est également possible d'embarquer à **Xining,** ce qui rajoute quelque 800 km au trajet. Aller à la station des bus longues distances et attendez qu'un conducteur vous fasse une proposition, ils sont habitués aux longs-nez en partance vers le haut plateau. Là encore les prix proposés incluent de généreuses commissions, largement occultes… Faire descendre le tarif autour de 800 ¥ (80 €) avant de s'engager. Prévoir 36 h de trajet dans un bus couchettes qui ne s'arrête pas beaucoup sauf incidents.

À Xining, l'agence de voyages **Wind Horse Adventure Tours,** ● www.windhorseadventuretours.com ● (ne pas confondre avec son quasi homologue de Lhassa), jouit d'une honnête réputation. Ils peuvent organiser tout type de voyage vers le Tibet, permis compris.

➢ ***Les routes de l'Est (Yunnan-Tibet, Sichuan-Tibet Highways) :*** ce sont les plus belles. Elles partent des provinces du Yunnan ou du Sichuan en commençant par traverser le pays kham, nom donné à l'Est tibétain. Alexandra David-Néel baptisa à juste titre ses habitants (les Khampas) de « gentilshommes brigands », en raison de la terreur qu'ils inspiraient aux voyageurs puis aux envahisseurs chinois, qu'ils furent les seuls ou presque à combattre les armes à la main. Aujourd'hui assagis, leur aspect n'en demeure pas moins impressionnant : haute taille, cheveux longs agrémentés de tresses de laine rouge ou noire et gros cabochons de coraux et turquoises. Ces 1 500 à 2 000 km de voyage s'effectuent en 4 à 10 jours selon les itinéraires et… le temps disponible, ce qui est conseillé pour apprécier pleinement ces superbes voyages. Au programme : profondes gorges, celles du Haut Yangzi, du Mékong et de la Salween, hautes passes, belles forêts même si elles ont souffert pendant les années les plus sombres de l'occupation chinoise. Rejoindre Lhassa depuis l'Est puis ressortir par le Népal permet d'appréhender le Tibet dans l'essentiel de ses diversités.

Ne vous laissez pas abuser par le terme « Highway » même si la route en constante amélioration, est déjà bitumée sur la moitié du parcours. Les transports publics y sont encore très rares et de toute façon interdits pour l'instant aux voyageurs étrangers. Il faut se munir de permis spéciaux et de véhicules privés obtenus à l'aide d'agences de voyages spécialisées. Cela n'empêche pas d'intrépides voyageurs de partir en clandestin, en stop, à vélo (voire à pied !) munis simplement d'un visa chinois (voir plus loin « À vélo ou à pied »).

Les 3 routes de l'Est possibles :

– Les deux premières, méridionales, se rejoignent dans la ville de Markham, franchissent le Mékong pour se diriger vers Bamda où elles se séparent, la branche nord s'en allant attaquer le plateau, la sud tutoyer le bassin du Brahmapoutre non loin de l'Inde.

La première est peu empruntée. Plutôt austère, parsemée de monastères très rarement visités, elle est toutefois assez fascinante.

La deuxième offre des paysages beaucoup plus variés recouverts d'une impressionnante forêt, voire de jungle là où elle descend au plus bas, à seulement une cinquantaine de kilomètres de la frontière indienne. C'est celle choisie par le plus grand nombre de voyageurs.

– La troisième route, « plein nord », part de Chengdu. Elle entre dans la région « autonome » du Tibet en franchissant le Yangzi, juste après la ville de Derge. Elle passe ensuite par Chamdo, capitale du Kham, située sur le Mékong. Après Chamdo, la route continue vers le plateau du Changtang

avant de rejoindre la route venant de Golmud pour déboucher sur la plaine de Lhassa.
Voici de superbes voyages, de grandes aventures asiatiques. Depuis le Yunnan, ce voyage est devenu assez facile à réaliser. La Yunnan-Tibet Highway rentre au Tibet « politique » par la pointe nord-ouest de la province, un district autonome tibétain récemment rebaptisé Shangri La.
Pour une organisation préalable de ce voyage, il est conseillé de se mettre en rapport avec des agences locales à même d'offrir d'honnêtes prestations. Contacter, par exemple, *Equinox Tour* (● www.yunnanguide.com ●), *China Minority Travel* (● www.china-travel.nl ●) ou *Startrekking* (● startrekkingasia@hotmail.com ●), trois structures basées au Yunnan. À Kunming, soyez vigilant sur les prestations des agences du *Camellia Hotel*. Les plus petits prix sont souvent obtenus au détriment de la qualité.

À vélo ou à pied

Ou encore en roller (pas trop de bitume quand même), tracté par un cerf-volant… Pas de la rigolade en tout cas pour la bicyclette et le cuir des semelles. Les routes du Tibet sont parmi les plus prisées de ces voyageurs entêtés dont chacun perpétue à sa manière la tradition des grands voyageurs. Alors quoi d'étonnant à ce que la plupart d'entre eux y déboulent carrément sans permis car, au départ de la Chine (au contraire du Népal), cela peut passer. À ceux-ci, nous ne pouvons que souhaiter bonne chance et dire bravo.
Quand on est à ce stade d'implication dans sa démarche de voyageur, on se doit d'être au courant des risques que l'on court. Celui de se faire arrêter n'étant pas le plus grave. Au pire, il faut rebrousser chemin ou, mieux, payer une amende mais finalement pouvoir continuer. Plus sérieux sont le climat, l'altitude, l'isolement et le manque de trafic.
Notons que certaines agences, spécialisées dans les voyages terrestres, peuvent organiser légalement les périples à pied ou à vélo. Contacter les agences citées ci-dessus (cf. « Par la route ») ou celles que l'on mentionne à Lhassa. S'y prendre en tout cas très à l'avance.

Par le train

Inaugurée à l'été 2006, la voie ferrée, la plus haute du monde, reliant Golmud à Lhassa, sera tout à fait opérationnelle d'ici fin 2007. Les voyageurs choisiront parmi quatre classes. Certains compartiments seront pressurisés et un train de luxe reliant Pékin à Lhassa en 48 h est annoncé. Comme le proclame le ministère du Tourisme tibétain, oubliant les déjà nombreuses liaisons aériennes : « Il ne faudra plus avoir le courage et la détermination d'un routard pour se rendre au Tibet ! » Voir aussi plus loin, la rubrique « Relations Chine-Tibet ».

AVANT LE DÉPART

Adresses utiles en France

Ambassade, services touristiques et culturels

■ *Consulat de la République populaire de Chine :* 18-20, rue Washington, 75008 Paris. ☎ 01-53-75-88-31 (visa). ● www.amb-chine.fr ● Ⓜ George-V. Ouvert du lundi au vendredi de 9 h 30 à 12 h. Le passeport doit être valide encore 6 mois au moment de la demande. Apporter une photo. Prix variable en fonction du délai : 5 jours ouvrables, 35 €

pour une entrée et 50 € pour deux entrées ; ajouter de 20 à 30 € pour une formule express. Paiement en espèces uniquement. Le départ doit se faire dans les 3 mois qui suivent l'obtention. À partir de la date d'entrée en Chine, les visas touristiques chinois d'une seule entrée donnent droit à un séjour de 3 mois maximum. Cependant, l'ambassade de Paris délivre parfois des visas d'un mois qu'il faut prolonger sur place. Si vous avez besoin d'une plus longue validité, mentionnez de nombreuses villes aux quatre coins du pays sur le formulaire de demande de visa, en précisant qu'un mois ne suffira pas à votre périple. Vous en obtiendrez peut-être deux. Attention, ne dites jamais que vous souhaitez vous rendre au Tibet, encore moins que vous êtes journaliste, photographe ou éditeur, car cela compliquerait sérieusement les choses. L'ambassade ne délivre pas de visas par correspondance.

■ *Consulat général de Chine :* 20, bd Carmagnole, 13008 Marseille. Service visas : ☎ 04-91-32-00-01 (serveur vocal). Fax : 04-91-32-00-08. Ouvert les mardi, mercredi et vendredi de 9 h à 12 h.

■ *Consulat général de Chine :* 35, rue Bautain, 67000 Strasbourg. ☎ 03-88-45-32-32 (serveur vocal). Fax : 03-88-45-32-23. ● www.consulatchine-strasbourg.org ● Ouvert du mardi au jeudi de 9 h à 12 h.

■ *Services de visa express :* sachant que les services consulaires chinois n'acceptent pas les demandes de visa par courrier, les organismes mentionnés ci-dessous peuvent être très utiles. Ils gèrent aussi les visas urgents. Compter entre 24 et 26 € par dossier, ajouter le prix du visa, plus les frais d'expédition (si besoin). Dans les deux cas, possibilité de télécharger gratuitement les formulaires du consulat sur leur site respectif. Visa en urgence possible.

– *Visas Express :* 54, rue de l'Ouest, BP 48, 75661 Paris Cedex 14. ☎ 01-44-10-72-72. Fax : 01-44-10-72-73. ● www.visas-express.com ● visas-express@visas-express.fr ● Ouvert du lundi au vendredi de 9 h à 12 h 30 et de 14 h à 18 h, et le samedi de 10 h à 13 h.

– *Action-Visas.com :* 69, rue de la Glacière, 75013 Paris. ☎ 0892-707-710 (0,33 €/mn). Fax : 0826-000-926 (0,15 €). ● www.action-visas.com ● Ⓜ Glacière. Ouvert du lundi au vendredi de 9 h 30 à 12 h et de 13 h 30 à 18 h 30 et le samedi de 9 h 30 à 13 h. N'oubliez pas de vous réclamer du *Routard*, une réduction vous sera accordée ! De plus, *Action-Visas* prélève 1 € de sa marge commerciale pour un projet humanitaire qui peut être suivi en direct sur leur site internet.

■ *Bureau du Tibet :* 84, bd Adolphe-Pinard, 75014 Paris. ● tibetparis@aol.com ● Ⓜ Porte-de-Vanves. Ouvert du lundi au vendredi de 9 h 30 à 18 h. Attention, il ne s'agit pas d'un office de tourisme du Tibet mais d'un des 14 bureaux répartis dans le monde qui représentent le dalaï-lama et son gouvernement en exil. Il a pour mission de sensibiliser l'opinion publique à la situation du Tibet et de son peuple ainsi que de promouvoir une solution négociée avec la Chine. En contact direct avec les gouvernements, les parlements, les ONG et les associations de défense des Droits de l'homme, le bureau du Tibet coordonne les échanges d'informations et les diffuse, notamment dans son excellent magazine trimestriel, *Actualités tibétaines*. Possibilité de s'abonner pour 25 € par an.

🛈 *Office de tourisme de Chine :* 15, rue de Berri, 75008 Paris. ☎ 01-56-59-10-10. Fax : 01-53-75-32-88. ● www.otchine.com ● Ⓜ George-V. Ouvert du lundi au vendredi de 10 h à 12 h 30 et de 14 h à 17 h.

Librairies

■ *La Route du Tibet :* 3, rue des Fossés-Saint-Jacques, 75005 Paris. ☎ 01-46-33-10-16. RER B : Luxembourg. Ouvert de 11 h (14 h 30 le lundi) à 19 h. Fermé le dimanche. Le *Tashi Delek,* un bon resto tibétain, se

■ *Fenêtres sur l'Asie :* 49, rue Gay-Lussac, 75005 Paris. ☎ 01-43-29-11-00. RER B : Luxembourg ; bus n°s 21 ou 27, arrêt Feuillantines, juste devant la librairie. Ouvert du lundi au samedi de 11 h à 19 h. Plus de 1 000 références sur le Tibet.

Boutiques

■ *La Route du Tibet :* 198, rue Saint-Jacques, 75005 Paris. ☎ 01-43-54-37-00. RER B : Luxembourg. Ouvert de 10 h 30 à 19 h 30. Fermé le dimanche. Produits artisanaux (vêtements, bijoux) réalisés par des réfugiés tibétains.

■ *La Boutique Tibétaine :* 4, rue Burq, 75018 Paris. ☎ 01-42-59-14-86. Ⓜ Abbesses. Ouvert du mardi au samedi de 11 h à 19 h. Vend des vêtements, de l'encens tibétain, des objets de décoration intérieure et de rituels et des bijoux.

Associations humanitaires

Les quatre premières ONG indiquées ci-dessous ne travaillent pas au Tibet mais interviennent auprès de réfugiés qui ont fui la répression chinoise, principalement en Inde et au Népal. Il est en effet extrêmement difficile pour les ONG de travailler à l'intérieur du Tibet puisque les autorités chinoises surveillent de façon extrêmement pointilleuse tout ce qui, à leurs yeux, ressemble à de l'ingérence dans des affaires sino-chinoises. Seules quelques organisations parviennent à maintenir de petites équipes sur place, du moins tant que les autorités chinoises les tolèrent.

■ *Aide à l'enfance tibétaine :* 4, passage Lisa, 75011 Paris. ☎ 01-55-28-30-90. Fax : 01-55-28-31-10. ● www.a-e-t.org ● Ⓜ Voltaire. Ouvert du lundi au jeudi de 9 h 30 à 17 h 30, le vendredi jusqu'à 16 h 30. Cette association finance en particulier la construction de crèches et d'écoles pour les Tibétains en exil en Inde et au Népal. Elle aide également à la scolarisation de quelque 3 000 filleuls (parrainages individuels) dans le but de sauvegarder la culture tibétaine. Depuis 1986, cette fondation réunit des fonds pour aider les enfants tibétains exilés en Inde, permettant ainsi à plus d'un millier d'entre eux de suivre une scolarité complète, avec des professeurs tibétains. Des personnes âgées (dont des ermites) sont également soutenues. Si vous souhaitez parrainer un enfant, n'hésitez pas à les contacter. De plus, la fondation organise chaque année des journées tibétaines pour mieux appréhender la culture traditionnelle du pays.

■ *Assistance médicale « Toit du Monde » :* 81, av. du Maréchal-Joffre, 92000 Nanterre. ☎ 01-47-24-78-59. ● www.amtm.org ● RER A : Nanterre-Ville. Organisation de médecins et soignants bénévoles qui partent en mission en Inde et au Népal pour venir en aide aux réfugiés tibétains (campagnes de soins et de vaccinations, forage de puits, aide aux orphelinats).

■ *Parrainage Alexandra David-Néel :* au sein du musée Alexandra-David-Néel, 27, av. Maréchal-Juin, 04000 Digne-les-Bains. ☎ 04-92-31-32-38. Fax : 04-92-31-28-08. ● www.alexandra-david-neel.org ●

■ *Association France-Tibet :* 10, rue Jean-Macé, 75011 Paris (adresse postale, pas d'accueil au public). ☎ 06-80-70-69-45. ● www.tibet.fr ● Dispose également de contacts dans différentes régions de France. Fondée en 1989, son but est d'informer et de sensibiliser l'opinion publique sur la situation du Tibet et de défendre les droits fondamentaux du peuple tibétain. France-Tibet a ainsi créé des groupes de pression agissant à l'Assemblée nationale, au Parlement européen et auprès de l'ONU.

■ *Tibet Heritage Fund :* ● www.tibetheritagefund.org ● info@tibe theritagefund.org • Si vous avez aimé les ruelles du Barkhor, c'est aussi grâce à cette association internationale qui s'est longtemps consacrée à la restauration du centre historique de Lhassa. Plus d'une vingtaine de sites ont déjà été rénovés avec l'aide de la population, maisons anciennes, monastère datant du IXe siècle... THF s'est aussi occupé des installations sanitaires, d'eau courante dans le quartier. Aujourd'hui, ce sont les Tibétains qu'ils ont formés qui continuent le travail, tandis qu'ils poursuivent leur mission sur les routes du Tibet (principalement dans les pays Kham et Amdo, mais aussi non loin de Lhassa). Et il y a de quoi faire ! Pour les contacter, savoir où se trouve leur chantier en cours, et bien sûr pour leur faire un don, n'hésitez pas à leur envoyer un mail. André ou Pimpim se feront un plaisir de vous répondre.

■ *Tibet Poverty Alleviation Fund :* • www.tpaf.org • Créée en 1998, cette ONG américaine cherche à impliquer les Tibétains défavorisés dans le développement économique de leur pays. Leurs nombreux projets touchent à l'acquisition de connaissances « modernes », l'adaptation des moyens traditionnels d'existence et le développement de l'artisanat (voir la boutique *Dropenling* à Lhassa, rubrique « Achats »).

■ *Shambhala Foundation :* • www.shambhala-ngo.org • Une fondation créée par Laurence J. Brahm, avocat et analyste politique de formation, adepte de la voie du milieu prônée par le dalaï-lama. Son action : médiations entre la Chine et le Tibet, restauration de monastères, protection de l'héritage culturel, etc.

Divers

– Ceux qui souhaitent avoir toutes les coordonnées des centres bouddhiques tibétains en France, la liste complète des associations caritatives et des adresses pratiques peuvent acheter le *Guide du Tibet en France et en Europe* (rééd. 2003) pour la somme de 5,80 € aux éditions Claire Lumière.

Adresse utile en Belgique

■ *Consulat de la République populaire de Chine :* bd du Souverain, 400, Bruxelles 1160. ☎ 02-663-30-00 et 01 (service visa) ou 02-779-43-33 (serveur vocal). • www.chinaembassy-org.be • Ouvert du lundi au vendredi de 9 h à 11 h 30. Délai pour l'obtention du visa : 5 jours ouvrables. Service express possible, moyennant un supplément.

Adresses utiles en Suisse

■ *Consulat général de la République populaire de Chine :* 20, Bellariastr., 8002 Zurich. ☎ 01-201-10-05. Ouvert du lundi au vendredi de 9 h à 12 h. Les habitants de 11 cantons suisses (liste sur • www.china-embassy.ch • ou sur le serveur vocal de Berne) sont priés d'effectuer leur demande de visa au consulat de Zurich. Les autres devront se rendre au *service consulaire de l'ambassade,* à Berne : 10, Kalcheggweg, 3006 Berne. ☎ 031-351-45-93 (serveur vocal). Ouvert du lundi au vendredi de 9 h à 12 h. Dans les deux cas, la demande se fait uniquement sur place ; pas de service par correspondance. Compter 5 jours ouvrables pour l'obtention du visa. Possibilité de télécharger le formulaire de demande de visa sur leur site internet.

■ *Tibet Bureau :* 10, pl. de la Navigation, 1201 Genève. ☎ 022-738-79-40. Fax : 022-738-79-41. • tibet@bluewin.ch • Représentant du gouvernement tibétain en exil et de Sa Sainteté le dalaï-lama.

Adresse utile au Canada

■ *Comité Canada Tibet :* 300 Léo-Parisseau, suite 2250, Montréal (Québec) H2X-4B3. ☎ (514) 487-0665. Fax : (514) 487-7825. ● www.tibet.ca ● Cette ONG dispose aussi d'une dizaine d'antennes régionales dans les grandes villes du pays.

ARGENT, BANQUES, CHANGE

La monnaie est le *renminbi*, aussi appelé *yuan* (abrégé ¥), divisé en 10 *jiao*. Populairement, *yuan* et *jiao* prennent le nom de *kuai* et *mao* (rien à voir avec le Grand Timonier).
Début 2006, on obtenait environ 10 ¥ pour 1 €.
Attention, très peu d'agences de la *Bank of China* disposent d'un service de change (espèces, chèques de voyage et avance sur carte). À notre connaissance, il n'y en a qu'à Lhassa, Shigatsé, Tsétang, Zhangmu et Ali. Les deux premières possèdent un distributeur, plus intéressant que le guichet où les avances d'espèces sur carte de paiement entraînent une commission supplémentaire de 3 %. En définitive, il est impératif de faire des réserves là où c'est possible avant de partir explorer le pays. En gardant son reçu, il est possible de changer son excédent en fin de voyage, toujours à la *Bank of China*.
Il n'est plus nécessaire de se munir exclusivement de dollars avant son départ puisque les agences des grandes villes citées plus haut acceptent l'euro. Quelques billets verts peuvent toujours être utiles si l'on se retrouve coincé dans la campagne sans renminbi. Essayer alors le grand hôtel du coin ou les chauffeurs de 4x4.
À la frontière tibéto-népalaise, le marché noir s'affiche sans vergogne. De nombreux « trafiquants » vous attendent coté tibétain pour changer renminbi, roupies, dollars, voire des euros. En principe, pas de faux billets. Leur taux est souvent meilleur qu'au Népal, mais pas forcément plus avantageux que celui des banques. Quoi qu'il en soit, éviter cette formule ailleurs qu'à la frontière, c'est trop risqué. Enfin, pour ceux qui arrivent en avion, il y a un bureau de change à l'aéroport.

AVENTURIERS ET EXPLORATEURS AU TIBET

Le « Toit du Monde » a toujours attiré le « reste du monde ». Il demeure un pays quasi mythique jusqu'au XIIe siècle, période à laquelle un rapport adressé au pape Eugène III évoque le mystérieux « royaume du frère Jean situé dans les lointains les plus reculés de l'Asie ». Cet hypothétique souverain chrétien vient à point nommé pour redonner le moral aux croisés suite à leurs échecs. Ce sont donc les missionnaires qui ouvrent le bal, Jean Plan du Carpin, puis frère Guillaume, s'engageant dans de longs et très ardus voyages en direction de l'inconnu, vers un Tibet mythique qui serait peut-être peuplé d'hommes-chiens et de cannibales ! Aucun ne réussit à pénétrer au Tibet. Ils s'arrêtent à chaque fois dans les cours mongoles avec lesquelles il faut d'ailleurs négocier une paix.
Ce seront les jésuites portugais qui entreront les premiers. Au XVIe siècle, Antonio de Andrade et ses compagnons amorcent un dialogue difficile (en langue persane !) avec les lamas. Véritable miracle, le roi de Guge, aux confins occidentaux du Tibet, les autorise à établir une mission à Tsaparang. Ils sont suivis par des missionnaires de différentes nationalités qui établissent d'autres postes avancés, notamment à Shigatsé. Pour Lhassa, il faut

AVENTURIERS ET EXPLORATEURS AU TIBET

attendre 1661. Les pères Grueber et Dorville précèdent les capucins et ouvrent une mission, mais les moines bouddhistes ne voient pas ce prosélytisme d'un très bon œil. Les missions quittent le Tibet vers 1740.

Il n'y a plus guère que les Anglais, à partir de leurs bases indiennes, pour franchir l'Himalaya. Le plus célèbre, Thomas Manning, touche-à-tout de génie, est conduit dans la capitale en 1811 en tant que médecin par un général chinois des marches du Tibet. Il réussit à tenir quatre mois à Lhassa en 1811.

Mais, pour commencer à appréhender la culture tibétaine, il faut attendre le Hongrois Alexandre Csoma de Körös, personnage énigmatique, doté d'un talent exceptionnel pour les langues. C'est lui qui va rédiger un dictionnaire tibétain-anglais et traduire les deux livres tibétains sacrés majeurs : le *Kangyur* et le *Tangyur*, rassemblant les enseignements du Bouddha écrits après sa mort et les commentaires qui en ont été faits. Mort à Darjeeling en 1842, sur la route de Lhassa, cet érudit laissa un travail remarquable et prépondérant pour ses successeurs. Il apparaît dès lors essentiel de parler la langue et d'avoir de solides notions concernant la culture et la religion du pays pour vaincre l'hostilité des lamas.

C'est ce qu'a bien compris Évariste Huc, missionnaire français lazariste (de l'ordre de Saint-Vincent-de-Paul). Entré à Lhassa avec son compagnon le père Gabet en janvier 1846, au terme de 5 000 km de voyage, ils se feront expulser presque aussitôt, soupçonnés d'espionnage ! Huc, homme hautement truculent, parviendra à se défendre avec succès et à sauver leurs peaux devant les accusations du Kalon, le Premier ministre tibétain, et de l'Amban, l'ambassadeur chinois. Ces deux personnages, aux antipodes l'un de l'autre, ont laissé un récit de leur incroyable épopée, *Souvenirs d'un voyage dans la Tartarie et le Tibet*. Il obtiendra un grand succès populaire et renforcera la tentation du Tibet tout comme les pages d'Alexandra David-Néel un siècle plus tard.

Au tournant du XXe siècle, les Anglais n'auront pas besoin d'autorisation puisqu'ils envahissent Lhassa par la force en 1904. Malheureusement, l'instabilité créée par la nouvelle situation rend encore plus difficile l'accès au Tibet.

Le voyage au Tibet le plus connu en France est incontestablement celui accompli par Alexandra David-Néel en 1924. Née en 1868, dans un milieu libéral et républicain, elle sautera sur les genoux de Victor Hugo, un ami de la famille, et sera marquée à jamais par le massacre de la Commune. Dès son plus jeune âge, elle développe un féminisme résolu et une attirance marquée pour les savoirs occultes, inclination renforcée par ses études au sein d'écoles d'obédience gnostique. Ayant étudié les langues orientales, elle est aussi fascinée par les doctrines tantriques. Alexandra resta très discrète au sujet de sa vie privée qui la verra, en tant que cantatrice, glisser d'Indochine à l'opéra municipal de Tunis avant de se marier de raison plus que de passion. Son mari deviendra rapidement le « mécène malgré lui » des expéditions de son épouse. Entrée une première fois, via le Sikkim (Inde) où elle s'est installée, elle atteint Shigatsé où elle est reçue par le panchenlama au monastère de Tashilumpo, avant d'être expulsée par les Anglais. Quelques années plus tard, de 1918 à 1921, on la retrouve au nord-est du Tibet, dans l'actuelle province du Qinghaï, au monastère de Kum-Bum, là où est né, en 1357, Tsongkhapa, fondateur de l'école des Guélugpas. Mais cela ne lui suffit pas, elle veut à tout prix atteindre Lhassa. Déguisée en mendiante, le visage noirci par du cacao ou du noir de fumée mélangé de braise pilée, elle se met en route, accompagnée par le lama Yongden dont elle va faire son fils adoptif quelques années plus tard. Leur approche du Tibet central durera huit mois pendant lesquels ils traversent, en plein hiver, les immensités de l'est tibétain (Kham et Amdo) peuplées de bandits, de bêtes sauvages et de quelques nomades qui n'apprécient pas trop les *philling*

(« étrangers »). Mais, grâce à son statut d'initié, sa dégaine incroyable qui la fait passer pour un pèlerin venu d'ailleurs, la ruse de Yongden et, parfois, l'aide d'un pistolet automatique, cet étrange équipage parviendra à Lhassa où il résidera incognito pendant deux mois.
Elle n'y retournera jamais, mais continuera d'étudier et de publier nombre d'ouvrages avant de s'éteindre, en 1969, dans son refuge bouddhiste de Digne (à l'âge de 101 ans). Diminuée physiquement, mais pas mentalement, on dit qu'Alexandra David-Néel venait, par défi, de demander le renouvellement de son passeport ! Par sa vie, sa force de caractère hors du commun, mais aussi ses frustrations de femme assoiffée de reconnaissance, elle dessina probablement une des trajectoires de voyage spirituel et temporel les plus fascinantes du XXe siècle.
Il faut attendre les années 1980 pour que le Tibet s'ouvre au tourisme. Paradoxe malheureux, ce sont finalement les Chinois qui permettront à tous les voyageurs de découvrir ce pays sans avoir à se cacher. Après plusieurs revirements, les autorités chinoises ont en effet compris l'intérêt économique qu'elles pourraient tirer de cette ouverture.
Si le temps des pionniers semble bien loin, pas d'inquiétude, le pays est grand ! Comparé à ses voisins régionaux, le Tibet reste en effet peu peuplé et visité, offrant nombre de chemins de traverse longeant et croisant ses itinéraires les plus populaires.

BOISSONS

Tout le monde a entendu parler du thé au beurre de yack, appelé *böcha*. Ce lourd breuvage salé et de rancidité variable compose avec la *tsampa* le régime habituel des nomades tibétains. Heureusement (!), il existe d'autres boissons au Tibet. Un peu partout, notamment dans les restos-maisons de thé, les autochtones consomment aussi du *cha ngamo*, un thé au lait sucré. Nos estomacs d'Occidentaux s'accommodent beaucoup mieux de cette boisson, souvent confondue avec son plus dense cousin, le *böcha*. Dans l'un ou l'autre des cas, votre coupe sera systématiquement remise à niveau par votre hôte ou serveur après chaque gorgée. Ne pas s'en formaliser, rien n'oblige à la terminer.
L'eau en bouteille, ainsi qu'une sélection réduite de jus et sodas « génériques » sont au rayon de toutes les petites épiceries. Les randonneurs veilleront à faire de bonnes provisions d'eau avant de s'élancer à travers monts et plateaux, là où la densité humaine est des plus réduites.
Rayon alcool mon cher Tintin, une très bonne surprise vous attend au Tibet, la *Chang* bien sûr ! Cette bière d'orge artisanale, désaltérante et plus enivrante qu'il n'y paraît, au petit goût de vin nouveau, est souvent délicieuse et rarement mauvaise. Un rien branchée, elle est disponible dans la plupart des restos de Lhassa. Les durs pourront se frotter au *Qingke Jiu*, descendus des lointains de l'Amdo (nord-est tibétain). Toujours à base d'orge, d'ailleurs son nom l'indique (le qingke est une variété d'orge de montagne), c'est un véritable alcool, au titrage allant de celui d'un vin à celui de gnoles redoutables. Prudence !
Les bières industrielles, devenues très populaires ici comme en Chine, sont largement disponibles dans tout le pays. Vedette locale, la *Lhasa Beer* dont la version brassée à base d'orge (logique) pourrait bien prétendre au titre de meilleure bière chinoise dans un océan de mousses ri(z)ibles.

BUDGET

Bonne nouvelle, le Tibet est un pays plutôt bon marché pour se loger et se nourrir, même si le coût de la vie est un peu plus élevé qu'en Chine ou au

Népal, de par l'isolement et les difficultés d'approvisionnement. Toutefois, les transports viennent sérieusement alourdir l'addition. Ce poste est gonflé dès l'entrée par les frais de permis puis, sur place, parce qu'il faut souvent louer un moyen de locomotion pour organiser ses excursions. D'autre part, les entrées dans les sites touristiques (monastères, parcs naturels) ont beaucoup augmenté. Sachez aussi que de nombreux hôtels et restaurants ont la fâcheuse tendance de surfacturer l'étranger. Essayez d'avoir une idée du prix de certains plats et denrées à Lhassa avant de vous lancer dans le marchandage.

Le pays est accessible aux budgets serrés qui savent se contenter du nécessaire en oubliant le superflu : petits hôtels et gargotes, transports publics dès que possible, voire un peu de stop, examen attentif des petites annonces et carnets de route laissés par ses confrères dans les *guesthouses* et… le tour est joué.

Hébergement

Pendant la basse saison, de début novembre à fin mars, baisse sur les prix : de 20 % à 50 % selon le confort.
Particularité locale : l'existence dans nombre d'hôtels de chambres « tibétaines ». En général de 10 à 20 % moins chères, elles diffèrent des standard « occidentales » par leur décoration traditionnelle et leur ameublement typique : lits banquettes (assez étroits et durs, recouverts d'une grosse étoffe), table basse, etc.
Voici nos fourchettes de prix pour la haute saison :
– **Bon marché :** moins de 100 ¥ (moins de 10 €) ; chambres privées sans salle de bains ou lits en dortoirs (à partir de 15 ¥).
– **Prix moyens :** de 100 à 300 ¥ (de 10 à 30 €) ; chambres standard avec salle de bains.
– **Plus chic :** à partir de 300 ¥ (plus de 30 €).

Nourriture

À Lhassa, l'offre est très variée, il y en a pour tous les goûts et budgets. En dehors de la capitale, le choix, bien plus limité (en général toujours dans la catégorie bon marché) se résume aux restaurants des « caravansérails », établissements typiquement tibétains et gargotes chinoises.
– **Bon marché :** jusqu'à 25 ¥ (2,5 €) le repas.
– **Prix moyens :** de 25 à 50 ¥ (de 2,5 à 5 €) le repas.

Transport

– **Bus public :** le prix est toujours assez élevé, prévoir au minimum 0,2 ¥ (0,02 €) du km. Les fourchettes vont du minibus standard au luxe des taxis « partagés ».
– **Voiture de location et voyage organisé :** les prix donnés le sont en principe pour tout le groupe et non par personne. Ils comprennent toujours l'usage du véhicule sur l'itinéraire entendu ainsi que le logement et la nourriture du chauffeur et du guide. Ils peuvent aussi inclure votre hébergement et vos repas, mais nous ne le conseillons pas. Rappelons aussi que les entrées sur les sites (monastères, parcs) ainsi que les *travel permits* ne sont pas inclus.
La composante la plus importante du prix total est en fait le nombre de kilomètres parcourus. Le tarif se situe autour de 8 ¥ (0,8 €) du kilomètre, valeur indicative car dépendant des saisons et des modèles de véhicule. Attention aux périodes de congés publics chinois qui font flamber les prix : semaines du 1er octobre et du 1er mai. Dernier point, l'importance tradition-

nelle du **pourboire,** qui s'explique par la modestie du salaire d'un guide standard et de celui du chauffeur. Cette pratique est aussi respectée par les Tibétains ou Chinois en voyage. Combien donner ? Pour une semaine de périple (par exemple sur la *Friendship Highway*), 100 ¥ (10 €) par passager, que se partageront guide et chauffeur, c'est très bien, mais on peut se contenter de la moitié voire de rien du tout si l'on est légitimement mécontent du service.

CLIMAT

Comme chacun sait, *Tintin au Tibet* se passe au Népal et non au Tibet, où il ne neige pratiquement pas, si ce n'est sur les frontières himalayennes. De même, contrairement à un autre mythe très répandu, les Himalayas n'arrêtent pas la mousson en été. Ils l'atténuent, certes, mais juillet et août voient une bonne moitié des précipitations annuelles s'abattre sur le pays, ainsi que de fréquents orages accompagnés de chutes de grêle. L'est tibétain (pays kham) est alors de loin le plus arrosé.
Les provinces centrales jouissent d'un climat plus tempéré que l'ouest (région du Kailash) et le nord (Changthang). La clémence des températures à Lhassa (3 700 m) se comprend mieux quand on se souvient qu'elle se situe à la latitude du Caire.
On peut agréablement camper de juin à début octobre.
En dehors de l'été, il faut toujours rester très couvert car les températures peuvent descendre en dessous de 0 °C, même en pleine journée et les nuits peuvent être glaciales. En raison de l'altitude, les écarts de température sont importants, notamment au printemps et en automne. Alexandra David-Néel raconte comment, voyageant à cheval, ses mains brûlaient au soleil tandis que ses pieds, à l'ombre, gelaient.

Faire son sac

Les chutes de température étant très rapides, il est conseillé d'utiliser la technique de l'oignon, qui consiste à revêtir plusieurs couches de vêtements que l'on peut enlever et remettre au cours de la journée. Au rayon sous-vêtement, la soie reste une excellente solution, mais il existe maintenant de nouvelles fibres dites « techniques » ; demandez conseil à votre revendeur habituel. De même, pour la dernière couche, privilégier une fibre qui laisse la transpiration sortir sans être perméable à la pluie tout en ayant de bonnes qualités thermiques et de coupe-vent. En Chine et à Kathmandu, on trouve facilement et pour pas cher des vêtements allant du style « stock de l'armée et vieux caleçons » aux grandes marques, vraies ou fausses. À Lhassa, il est possible de compléter son équipement, mais le choix est plus limité. Vitales aussi : de bonnes chaussures de marche. N'oubliez pas le foulard pour la poussière, le bonnet et les gants, une lampe de poche et les piles qui vont avec (pour les visites de temples, la sortie toilette nocturne…), une gourde (boire beaucoup est un bon remède contre le mal d'altitude), du papier hygiénique, un ouvre-boîte et un couteau. Par respect pour les Tibétains, ne portez pas de short, et n'ayez pas les épaules découvertes surtout lorsque vous visitez des lieux sacrés.

Quand y aller ?

– **Mai, juin, septembre et octobre :** ce sont les meilleurs mois, beaux et secs. Température douce dans la journée, belle lumière, sommets dégagés. Fleurs du printemps ou belles couleurs d'automne.

Moyenne des températures atmosphériques

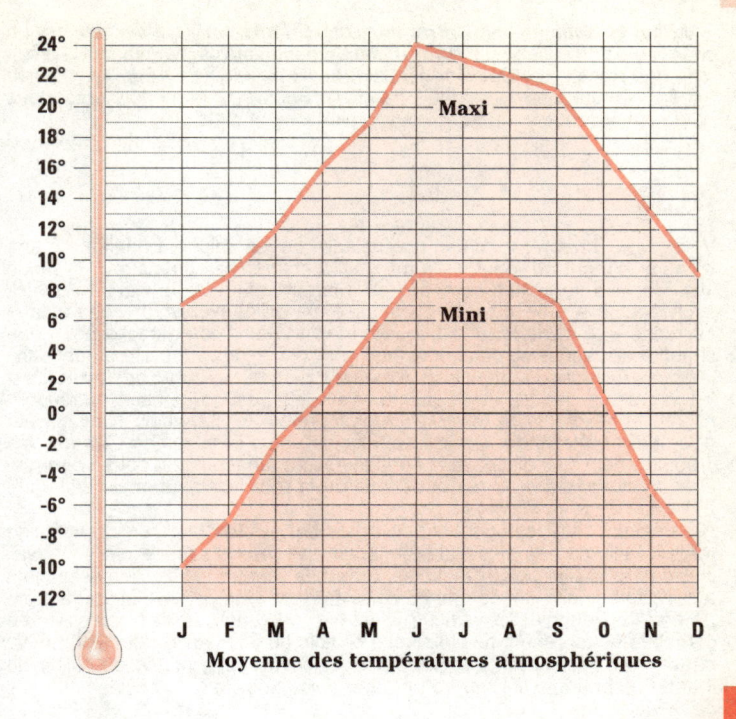

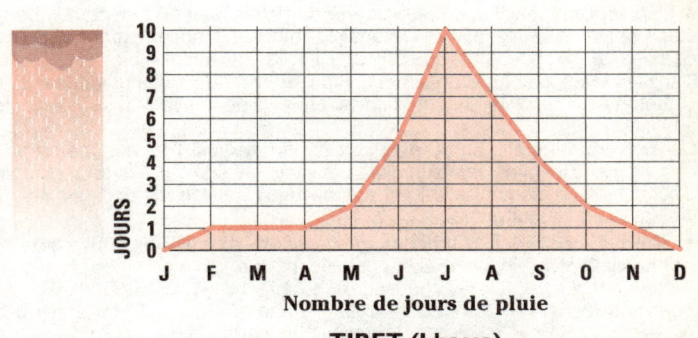

Nombre de jours de pluie

TIBET (Lhassa)

– *De novembre à avril :* c'est la basse saison, avec très peu de touristes et des prix qui dégringolent. Comme il fait froid, les nomades descendent des montagnes, campent ou louent des chambres dans les villes et vendent leurs viandes et fourrures. C'est l'époque de nombreuses foires (Shigatsé, Gyantsé, Tsétang). Malgré la température, c'est donc une très belle saison pour s'y rendre, notamment pendant les fêtes du Nouvel An. Mais attention, cela vaut surtout pour la région de Lhassa et les villes alentour. Sur le plateau ou en altitude, dans quelques monastères paumés, il faut s'attendre à des conditions difficiles. Prévoir alors un très bon équipement.

– *Juillet et août :* haute saison touristique. Parfois difficile de trouver une chambre d'hôtel. Certes, il fait bon, mais il peut pleuvoir, notamment à proximité des Himalayas. Souvent nuageux aussi. À partir du 15 juillet, chaque année, certaines parties de la *Friendship Highway* sont parfois emportées par les pluies rendant alors le voyage plus long et difficile.

CUISINE

Voyager au Tibet n'est en rien une balade gastronomique. En fait, pour être heureux partout au Tibet, il faudrait se contenter de l'ordinaire à la mode khampa, ces farouches nomades du Tibet oriental : de la viande de yack séchée sous la selle, un sac de *tsampa* (orge grillé) avec un peu de fromage accroché à la ceinture, une brique de thé tibétain, une gamelle pour faire chauffer de l'eau avec de la bouse de yack (il y en a partout) et un bol dans la poche ventrale de sa pelisse. Ça passe partout, on survit des mois, c'est léger, pratique, rapide, et y'a pas de vaisselle ! Quoi qu'il en soit, en randonnée sur le plateau, ayez toujours votre propre bol, les Tibétains ayant horreur de le prêter. Alexandra David-Néel explique bien cela, remarquant que les Tibétains riches se distinguaient des autres en rangeant leur bol en bois non dans l'*ambag,* la poche sur la poitrine de la robe tibétaine, mais dans une boîte confiée à un serviteur.

Ne soyons pas si catégoriques, il existe bel et bien une cuisine tibétaine traditionnelle un peu plus élaborée, si, si. Les **momo** sont de petits raviolis, fourrés à la viande ou aux légumes. Cuits à la vapeur ou frits, ils ressemblent aux *jiaozi* chinois. Autres grands classiques, la **thukpa,** une soupe à base de nouilles, légumes et viandes, ainsi que des currys assez rustiques. Le caractère entreprenant des immigrés chinois du Sichuan fait que l'on trouve partout des restaurants cuisinant à la mode de cette province voisine du Tibet. C'est parfois un peu trop gras et épicé pour le goût occidental, mais ça requinque.

À Lhassa, c'est de plus en plus la fête du palais, menée par de nombreux établissements gérés par des Népalais maîtrisant honnêtement plusieurs cuisines de la région ainsi que des spécialités occidentales.

Dans les villes, notons la présence de longue date, de communautés musulmanes d'Asie centrale qui ont importé leur cuisine souvent aussi délicieuse que simple et pas chère.

De manière générale, on ne peut pas se tromper : si l'on voit une gargote remplie de Tibétains ou d'immigrés chinois attablés, c'est une garantie d'obtenir des plats consistants et authentiques pour un rapport qualité-prix défiant toute concurrence.

Au rayon conserves, friandises et fruits secs, un peu de tout dans les villes, beaucoup moins à la campagne.

DÉCALAGE HORAIRE

Lhassa vit à l'heure de Beijing (Pékin), comme tous les territoires sous contrôle chinois allant de Kashgar à l'océan Pacifique ! Par rapport à la France, ajouter 6 h en été, 7 h en hiver. Si vous venez de Kathmandu, avancez votre montre de 2 h 15.

En été, les soirées sont longues, ce qui est agréable, mais en revanche rien ne bouge le matin avant 8 h 30. Les guides locaux ont tendance à s'aligner sur Beijing et, si vous n'y prenez pas garde, ils viendront vous chercher vers 10 h, avec une pause déjeuner vers 11 h 30. L'après-midi, ils seront là vers 15 h et vous déposeront à votre hôtel à 17 h !

DROITS DE L'HOMME : UN PAYS SOUS L'OCCUPATION

Depuis plus d'un demi-siècle, l'utilisation de la terreur, de méthodes administratives discriminatoires et de politiques actives de colonisation, ont en effet permis aux autorités de Pékin de parfaire la « sinisation » du Tibet dans l'indifférence quasi générale de la communauté internationale.

Dans le cadre de cette politique d'« éducation patriotique », des monastères sont fermés et de nombreux moines et nonnes, qui refusent de renier le dalaï-lama, sont expulsés. La nouvelle législation sur la religion censée être plus « libérale » n'a rien changé ou presque, et l'organisation du bouddhisme tibétain « façon Pékin » se poursuit encore aujourd'hui. En juillet 2005, le responsable de la région du Tibet a ainsi annoncé publiquement que le XVe dalaï lama serait officiellement choisi par les autorités chinoises.

Il faudrait avoir connu le Tibet d'autrefois pour réaliser l'ampleur des changements et le poids de l'occupation. Tous les lieux touristiques sont balisés, les monastères importants que vous visiterez ont été reconstruits, certains moines sont des fonctionnaires employés par le gouvernement. Tout le monde se méfie de tout le monde, la délation est une pratique quotidienne. Les violations des Droits de l'homme y sont légions, et elles se sont encore aggravées avec l'adoption de nouvelles législations antiterroristes, largement utilisées pour poursuivre les militants autonomistes du Xinjiang ou du Tibet. Selon Amnesty International, en dépit de la libération symbolique de quelques détenus politiques, plus d'une centaine d'entre eux seraient encore emprisonnés (décembre 2004), la plupart étant des moines ou des nonnes.

Peut-on encore espérer des jours meilleurs ? Les relations entre le dalaï lama et les autorités chinoises, qui s'étaient détendues ces dernières années, ont connu une nouvelle crispation en 2006. Du reste, qui peut encore croire aujourd'hui à un éventuel processus d'autonomie du Tibet, alors même que la ligne ferroviaire Qinghai-Tibet est désormais en passe d'être achevée, annonciatrice de l'arrivée de centaines de milliers de colons chinois dans la région ?

Pour plus d'informations, contacter :

■ **Fédération internationale des Droits de l'homme :** 17, passage de la Main-d'Or, 75011 Paris. ☎ 01-43-55-25-18. Fax : 01-43-55-18-80. ● www.fidh.org ● fidh@fidh.org ● Ⓜ Ledru-Rollin.

■ **Amnesty International** (section française) **:** 76, bd de la Villette, 75940 Paris Cedex 19. ☎ 01-53-38-65-65. Fax : 01-53-38-55-00. ● www.amnesty.asso.fr ● webmestre@amnesty.asso.fr ● Ⓜ Belleville.

N'oublions pas qu'en France aussi, les organisations de défense des Droits de l'homme continuent de se battre contre les discriminations, le racisme et en faveur de l'intégration des plus démunis.

La prostitution et le sida

En Chine, la prostitution, officiellement interdite, fut longtemps sévèrement réprimée. Aujourd'hui, elle est tolérée et en pleine explosion. Le Tibet ne fait pas exception. Certes, ce n'est pas nouveau dans ce pays, mais la prise en main des affaires par les Chinois a accentué le problème. Les bordels se multiplient dans les villes possédant une caserne militaire (c'est-à-dire à peu près toutes). C'est particulièrement impressionnant à Lhassa et Shigatsé. Selon certaines sources, la capitale du Tibet, recense le plus fort pourcentage de prostituées au monde rapporté à la population, soit à peu près 3 % pour près d'un millier d'établissements. Aujourd'hui, les *mola* (grand-mères) tibétaines viennent se prosterner devant le Potala, après avoir parcouru une

partie des 8 km de leur pèlerinage le long de bordels devant lesquels les prostituées tricotent en attendant le client, principalement des soldats chinois.
Les premiers cas de sida sont apparus en 1993, alors que Tibétains et Chinois n'utilisaient pas de préservatifs et que l'on enseignait, à l'école de médecine, que le sida venait des étrangers. Devant la pression internationale, le gouvernement chinois a fini, d'une certaine manière, par reconnaître le problème, et a lancé un programme de formation à la prévention du sida.

Les atteintes aux Droits de l'homme et de la femme

Il faut lire les multiples rapports des ONG tibétaines et internationales pour se donner une idée des pratiques ignobles et de l'imagination employée par les autorités chinoises pour mater toute forme de résistance au Tibet (voir *Tales of Horror : Torture in Tibet,* du Tibetan Centre for Human Rights and Democracy).
Lhassa est entourée de prisons. Des canons, qu'on peut apercevoir du haut des montagnes qui surplombent la ville, sont toujours pointés en direction de la ville. Ici, comme dans d'autres provinces de Chine, on prononce les sentences en public. Gyrophares allumés, sirènes hurlantes, le cortège de camions exhibe les prisonniers. Les exécutions ont lieu à la sortie de Lhassa, dans un enclos sur la route de l'aéroport, deux virages avant le bouddha sculpté dans la pierre à flanc de colline. Comme dans le reste de la Chine, le prix des balles nécessaires à l'exécution est systématiquement facturé à la famille. Les touristes s'arrêtent et prennent en photo le bouddha sans se douter de ce qui se passe parfois à 500 m.

Le contrôle de la religion

À l'entrée des monastères aux alentours de Lhassa, Shigatsé et Gyantsé, une plaque rappelle que les monastères sont des unités de travail comme les autres. Sur le toit, un drapeau rouge flotte au vent, rabaissant les moines, rappelant que, comme tout le monde, ils doivent obéissance au Parti... Trop de moines d'aujourd'hui sont des jeunes sans connaissance et endoctrinés, ou des vieux sans force. Ceux qui se révoltent connaissent la prison et/ou la torture. Les autres ont été assassinés ou se sont exilés en Inde. Sur les 4 000 moines de haut rang que comptait le pays en 1949, il n'en reste que quelques-uns aujourd'hui. Des lamas ne peuvent plus enseigner, des cadres tibétains sont parfois forcés de participer à la « rééducation politique » des moines. Partout où l'on trouve un monastère, il y a un chargé des Affaires religieuses dépendant des autorités chinoises.

Le successeur spirituel du dalaï-lama

Depuis 1995, personne ne sait ce qu'est devenu Gendun Choevkyi Nyima, reconnu par le dalaï-lama comme étant la véritable réincarnation du panchen-lama, autorité spirituelle équivalente au dalaï-lama, mais sans pouvoir temporel. Né en 1989, il est le plus jeune prisonnier politique au monde. Il est supposé vivre en résidence surveillée avec sa famille, mais on ne sait pas où il est retenu. Pour le remplacer, les autorités chinoises ont désigné un nouveau panchen-lama, qu'ils tentent par tous les moyens de faire reconnaître par les moines tibétains.
Mais les autorités chinoises n'arrivent pas à tout contrôler : fin décembre 1999-début janvier 2000, la fuite du karmapa, numéro 3 dans la hiérarchie bouddhiste tibétaine et reconnu à la fois par les Chinois et le dalaï-lama, a causé une vive contrariété au gouvernement de Pékin. Intronisé en 1992 au monastère de Tsurphu, à l'âge de 7 ans, il avait jusqu'alors fait preuve

de docilité vis-à-vis de Pékin. Les Chinois, qui voulaient exploiter l'image du
« bon » religieux, soumis au pouvoir communiste, avaient réussi à le faire
venir deux fois en Chine et même à lui faire rencontrer leur panchen-lama
de substitution. En deux semaines, le jeune Orgyen Trinley Dorje, 15 ans, a
effectué pas moins de 900 km en pleine montagne pour arriver à McLeodganj, une petite station de l'État d'Himachal Pradesh, 9 km au-dessus de
Dharamsala, la capitale des Tibétains en exil. L'État indien lui a depuis
octroyé le statut de réfugié politique même si sa situation n'est de loin pas
aussi confortable que celle du dalaï-lama.
Même si tout acte religieux revêt une portée politique dans un tel contexte,
l'entourage du jeune homme a mis en avant des raisons religieuses pour
cette défection. Le karmapa ne pouvait terminer son éducation religieuse au
Tibet et se plaignait de l'absence de son principal guide spirituel, exilé en
Inde et interdit de retour au Tibet. Officieusement, sa lignée connaît aussi
de fortes divisions sur fond de rivalité avec celle des dalaï-lamas. Une autre
raison invoquée concernait la précieuse relique de l'ordre : « le Bonnet noir »
(voir plus loin, la rubrique « Religions et Croyances », les écoles kagyüpas »),
conservé à Rumtek (Sikkim) et que le karmapa voulait récupérer. Or, les
magistrats indiens lui ont récemment interdit l'accès à la région. La faute à
son mentor, Situ Rinpoché, un personnage ambigu.

Une culture en péril

La sinisation de l'enseignement a entraîné le dépouillement de tout ou partie
de l'identité tibétaine des écoliers. Habitudes vestimentaires, culinaires, religieuses ou festives sont strictement réglementées. Si le double système
d'enseignement en tibétain et en chinois existe dans les écoles primaires, le
chinois reste la seule langue dans le secondaire et le supérieur (auquel peu
de Tibétaines accèdent d'ailleurs). Les jeunes écoliers savent que de leur
connaissance de la langue de Mao dépendra aussi leur avenir dans le Tibet
chinois. Le tibétain écrit disparaît, même l'oral est menacé. La véritable éducation tibétaine reste uniquement accessible aux familles ayant les moyens
d'envoyer leurs enfants en Inde. Quant à tous ceux qui n'ont pas eu les
moyens d'aller à l'école du tout, ils deviennent des citoyens de seconde zone
dans leur propre pays.
Tous les Tibétains ont un nom chinois. Au nom du modernisme, les Chinois
ont également détruit une partie des centres historiques, comme celui de
Lhassa. Un monument de 37 m de haut, commémorant la « libération pacifique » du Tibet par les troupes chinoises en 1951, a par ailleurs été érigé
devant le célèbre palais du Potala.
Mais l'acculturation progressive du Tibet n'en est qu'à ses débuts. L'afflux
massif de colons han devrait renforcer le déséquilibre démographique dans
la région. Encouragés par les primes gouvernementales, ces derniers
affluent en masse et ils seraient déjà plus de 7,5 millions. Les projets de
« développement économique » du Tibet chinois, et la découverte de nouveaux gisements pétroliers dans la région risquent encore d'accentuer ce
phénomène.

Contrôle des naissances

Bien entendu, la gamme complète des méthodes contraceptives féminines
ainsi que la politique chinoise très stricte de limitation des naissances a aussi
été implantée au Tibet. Les femmes ont le droit d'avoir trois enfants dans les
campagnes, deux à Lhassa et un seul si elles travaillent pour le gouvernement. Si elles dérogent à la règle, elles doivent payer une amende d'environ
60 €. Les enfants en sus ne sont pas enregistrés, ils ne peuvent aller à
l'école et n'obtiendront aucun poste officiel. Dans chaque village, il y a une

Women Federation qui contrôle et réprime. Les organisations de défense des Droits de l'homme font également toujours état de cas de stérilisation forcée.

Le Tibet demain ?

Les négociations entre le dalaï-lama et les autorités chinoises sont aujourd'hui au point mort, et la perspective d'une « autonomie renforcée pour le Tibet » semble s'envoler. Le guide spirituel tibétain, aujourd'hui en exil en Inde, a même récemment été accusé d'avoir fomenté l'attaque d'un monastère tibétain, en vue de briser deux statues sacrées et renforcer ainsi les « divisions religieuses ». Aujourd'hui en quête de reconnaissance internationale, les autorités doivent désormais donner des gages de dialogue. Le Tibet reste en effet un point noir sérieux, qui empoisonne (un peu) certaines relations diplomatiques, comme par exemple avec les États-Unis ou l'Union européenne, où les mouvements de pression pro-tibétains sont importants.
Le Tibet ne sera plus jamais comme avant, mais il se pourrait bien qu'il aille mieux demain qu'aujourd'hui.
En allant au Tibet, en y voyageant, chacun peut se faire son opinion sur ce contexte torturé. Que vous visitiez leur pays, c'est aussi ce que désirent certains jeunes Tibétains de Lhassa qui ont décidé de réagir, de s'adapter à cette nouvelle donne pour permettre à leur culture de survivre décemment et à d'autres compatriotes paysans, nomades ou ermites de conserver leurs modes de vie. Se rendre au Tibet, c'est aussi persuader dans une certaine mesure le gouvernement chinois de l'intérêt de ce patrimoine malgré les risques de folklorisation qui vont de pair.

ÉCONOMIE

Traditionnellement agricole et dirigée par l'aristocratie et les monastères, l'économie tibétaine a été bouleversée depuis 1951 et plus encore depuis le milieu des années 1990. Pékin mène au Tibet une politique de modernisation économique aux forceps. Officiellement, c'est (naturellement...) une grande réussite, puisque la croissance à 2 chiffres du PIB de la province dépasse la moyenne nationale. Des investissements massifs ont été réalisés dans le domaine des infrastructures, afin de favoriser la circulation des personnes et des biens. Cependant, si l'essor économique du pays ne fait aucun doute, il convient de s'interroger sur sa nature et la répartition de ses profits. Les rares chiffres disponibles sont souvent teintés de propagande, ce qui rend difficile une appréciation objective de la situation.
Certains experts estiment que l'action économique chinoise au Tibet consiste à supporter artificiellement une croissance sans qu'il y ait de productivités réelles. D'autres rappellent que si les villes s'enrichissent, certaines campagnes s'appauvrissent. Affectant toute la Chine, ce phénomène cause d'ailleurs de grands soucis au gouvernement actuel.
Les Chinois sont les premiers à profiter du développement économique local. Selon eux, le manque de qualification des Tibétains expliquerait en grande partie ce déséquilibre. Ce serait oublier la politique stratégique et les mouvements migratoires encouragés à couvert. Les Chinois, majoritaires à Lhassa, et peut être même dans tout le pays, monopolisent des pans entiers de l'économie régionale et l'essentiel des postes clés.
Comment le gouvernement chinois pourra-t-il faire jouer au Tibet un rôle actif dans l'essor de son empire ? Son atout le plus sûr semble être le tourisme. Devenu la principale source de revenu de la province (57 % de son PIB), son essor a largement contribué au boom du secteur tertiaire.
Mais c'est le secteur primaire qui concentre toujours la majorité de la population. La diversification des cultures a été encouragée contre la prédominance

traditionnelle de l'orge. De véritables forêts de serres ont fait leur apparition aux alentours de Lhassa. Les étals et marchés de la capitale regorgent de produits qu'il fallait autrefois importer des autres provinces. Contrecoup, le troc traditionnel entre les nomades *(Drokpas)* et les paysans *(Rongpas)* est menacé.

Au rayon des bonnes nouvelles, l'exploitation forestière, autrefois massive, a été sévèrement réglementée avant qu'il ne soit trop tard (à ce propos, voir plus loin la rubrique « Environnement »). La Chine se contente désormais de déboiser indirectement ses voisins pauvres, corrompus et assoiffés d'argent de l'Asie du Sud-Est (Laos, Birmanie). Enfin, il ne faut pas oublier l'exploitation des ressources minières du haut plateau, régulièrement présentée comme une future corne d'abondance à venir. C'est d'ailleurs cette éventualité, conjuguée aux revenus du tourisme, qui devrait aider à rentabiliser la nouvelle et pharaonique voie ferrée qui relie désormais Lhassa à Pékin via Golmud.

Le dalaï-lama, fortement attaché à la protection de l'environnement et à une égale répartition des richesses, a reconnu à la Chine le mérite de moderniser le Tibet. À ses yeux, cette action n'aurait pas que des effets négatifs. Idéalement, celle-ci devrait résorber la pauvreté et l'arriération de certaines couches sociales de son pays, choses qui ont de tout temps peiné le saint homme. Espérons que cela ne demeurera pas un vœu pieu. Pendant ce temps, le prix de l'immobilier de la capitale continue de grimper – il a été multiplié par près de 50 en 10 ans !

ÉLECTRICITÉ

220 volts 60 cycles comme en Chine, donc pas de transformateurs nécessaires. La plupart des prises sont multiformats et acceptent les deux broches de nos appareils électriques. Sinon, on trouve sans problèmes des adaptateurs à Lhassa.

ENVIRONNEMENT

Tenzin P. Atisha caractérise ainsi l'attitude des Tibétains envers la nature : « L'interdit d'exploiter l'environnement était directement dû à notre croyance dans l'interdépendance entre les plantes, les animaux et les éléments inanimés du monde naturel, ainsi que dans leur intime appartenance à notre vie quotidienne. » Cette interdiction, exprimée par le 5e dalaï-lama, avait même fait l'objet d'une sorte de « décret » dès 1642 ! À partir de 1959, l'afflux massif de Chinois (militaires ou civils) a contribué à une dégradation croissante des ressources terrestres et du fragile écosystème tibétain. Aujourd'hui, comme l'a démontré une étude (en décembre 2003), 50 % des 4 000 lacs du plateau Qinghai-Tibet ont disparu et 70 % des pâturages sont devenus des déserts. La décimation d'une vie sauvage autrefois florissante et extrêmement variée, la destruction de nombreuses ressources forestières, l'industrie minière, la politique agricole, l'érosion des sols, le changement de climat, les activités liées aux armes nucléaires sont autant d'éléments qui dénaturent le Tibet et menacent sa population. Or, en tant que haut plateau le plus étendu du monde, le pays influence de manière significative les conditions atmosphériques et climatiques de l'ensemble de l'Asie. Il est aussi la source des principaux fleuves d'Asie comme le Brahmapoutre, l'Indus, le Karnali, le Yangzi, le Mékong, la Salween, etc., des grands fleuves qui fournissent de l'eau douce à près de 50 % de la population mondiale ! C'est d'ailleurs une des raisons de l'intérêt qu'a toujours porté la Chine au Tibet. Si n'importe laquelle de ces chutes d'eau était contaminée par les mines d'uranium ou par des déchets nucléaires, les effets se répandraient et les conséquences pour le continent seraient dévastatrices.

Avant l'invasion chinoise, les forêts tibétaines, très anciennes, s'étendaient sur 221 000 km². Comme dans toute la Chine elles ont fait l'objet d'une politique de déforestation sauvage, les réduisant de plus de moitié. Dès lors, les couches d'humus, notamment dans les vallées à forte déclivité, disparaissent, les fleuves s'embourbent, les inondations et coulées de boue se multiplient. En été 1998, au Tibet, 50 personnes en sont mortes et 10 % des routes ont été détruites par les pluies. Toujours à la même époque, l'ampleur exceptionnelle de la crue du fleuve Yangzi trouve l'une de ses causes principales dans la destruction de l'écosystème des hauts plateaux tibétains. Ces événements, ainsi que des catastrophes similaires dans tout le pays, ont heureusement poussé les Chinois à prendre des mesures d'urgence de protection de la nature.

La faune a également subi des outrages comme ceux occasionnés par la transformation en fermes d'État (par l'armée ou par des colons chinois) de zones ancestralement consacrées au pâturage. Ceci a considérablement réduit l'espace vital nécessaire aux animaux, notamment aux yacks, tandis que des espèces rares sont menacées.

FÊTES ET JOURS FÉRIÉS

Le système du calendrier tibétain diffère beaucoup de notre calendrier grégorien, puisqu'il se base sur les mouvements du soleil et de la lune. Il possède de 4 à 6 semaines de retard sur le nôtre. Ainsi, le 1er mois lunaire tibétain tombe généralement en février, le 5e en juin ou début juillet et le 8e en septembre. Les années sont dénombrées (ajouter 127 ans à notre calendrier), mais sont surtout désignées par un des douze signes d'animaux (Dragon, Serpent, Cheval, Chèvre, Singe, Oiseau, Chien, Cochon, Souris, Bœuf, Tigre et Lièvre) conjugué avec un des 5 éléments (eau, terre, feu, bois et métal). D'où des cérémonies particulièrement importantes ayant lieu tous les 60 ans. L'année du Chien de Feu a débuté le 28 février 2006 (l'an 2133 pour les Tibétains).

Il est impératif de vérifier les dates du calendrier grégorien données ci-dessous à titre indicatif. Elles peuvent varier à quelques jours près.

Pour en savoir plus sur les signes et les dates, rendez-vous (en français) sur ● http://public.ntic.qc.ca/rloiselle//astrotibet/calendrier/calactuel.html ● ou (en anglais) sur ● http://kalachakranet.org/ta_tibetan_calendar.html ●

1er mois lunaire

– 1er-7e jours (février) : **fêtes du Nouvel An (Losar).** Fêtes familiales. Le mieux est d'être à Lhassa : pendant une semaine se succèdent courses hippiques, théâtre et carnavals. Les familles apportent offrandes et encens sur les collines des environs. Prochaines célébrations : 19 février 2007, 7 février 2008.

– 15e jour (février-mars) : **Festival des lanternes.** Feux sur les toits, lampes aux fenêtres. De gigantesques statues en beurre de yack sont érigées autour du Barkhor. Dates à venir : 4 mars 2007, 26 février 2008.

– 25e jour (février-mars) : **Festival du Mônlam chenmo,** « la grande prière », institué par Tsongkhapa en 1409. À Lhassa, une foule de pèlerins se rend au Jokhang ; le Bouddha du futur (Jampa) est promené en parade autour du Barkhor.

2e mois lunaire

– 28e-29e jours (mars) : **Festival d'exorcisme** pour chasser le mal. Processions de lamas et de moines munis de trompettes autour de Lhassa.

4ᵉ mois lunaire

– 8ᵉ jour (mai) : ***anniversaire de la naissance du Bouddha Sakyamuni.*** Importants pèlerinages.
– 15ᵉ jour (mai-juin) : ***anniversaire de l'Éveil de Sakyamuni et de sa mort (Saga Dawa Düchen).*** Les pèlerins envahissent le Jokhang, les animaux capturés sont remis en liberté. Prochaines dates : 31 mai 2007, 18 juin 2008.

6ᵉ mois lunaire

– 4ᵉ jour (juillet) : ***commémoration du premier sermon du Bouddha Sakyamuni (Chökhor Düchen).*** Les pèlerins gravissent les montagnes saintes avoisinant Lhassa.

7ᵉ mois lunaire

– Première semaine (août) : ***Shöton Festival.*** Calendrier grégorien : 12-18 août 2007, 30 août-5 septembre 2008.

8ᵉ mois lunaire

– Au cours du mois (septembre) : ***Festival de l'étoile d'or*** (Vénus). Nombreux bains rituels dans les rivières afin de se purifier l'âme de la haine, de l'avarice et de l'illusion. Prochaines célébrations : 10-20 septembre 2007, 20-30 septembre 2008.
– Un peu partout, des fêtes pour célébrer la ***fin de la moisson.*** Courses hippiques, danses, chants, jeux…

9ᵉ mois lunaire

– 22ᵉ jour (octobre-novembre) : ***le Bouddha descend des Cieux*** où il s'est rendu pour enseigner à sa mère. Ouverture de tous les monastères. Concentration importante de pèlerins à Lhassa.

10ᵉ mois lunaire

– 25ᵉ jour (novembre) : ***Festival des lampes.*** Les Guélugpas fêtent l'anniversaire de la mort de Tsongkhapa. On prépare des brasiers et des lampes sur les toits des monastères.

12ᵉ mois lunaire

– 29ᵉ jour (janvier) : ***fêtes de fin d'année.***

GÉOGRAPHIE

En plus de la région sous contrôle chinois, le Tibet géographique, culturel et ethnique, englobe d'une part le Ladakh, le Zanskar, le Spiti et le Lahoul (contrées rattachées à l'Inde) et, d'autre part, les régions du Kham et de l'Amdo. Ces dernières couvrent un territoire allant de la frontière birmane au désert de Gobi, du Yangzi à Chengdu, et sont aujourd'hui intégrées aux provinces chinoises limitrophes du Yunnan, Sichuan et Gansu.
L'ensemble représente un énorme territoire de 3 500 000 km^2 alors que la « région autonome du Tibet » ne s'étend plus que sur 1 228 000 km^2 (quand même plus de deux fois la France).

Plus haut plateau du monde, avec une altitude moyenne de 4 000 m, le Tibet est bordé au sud par la barrière de l'Himalaya et au nord-ouest par les chaînes du Karakoram et des Koun Lun. Le territoire est divisé en trois grandes régions naturelles : le *haut Tibet* ou *Changthang* au nord, le *Tibet oriental* et le *Tibet méridional* autour de Lhassa. Le Changthang – plateau entrecoupé de montagnes culminant à 6 000 ou 7 000 m et de lacs salés où vivent les nomades et leurs immenses troupeaux de yacks, de moutons et de chevaux – occupe la majeure partie du Tibet.

Géologie

L'Himalaya a commencé à se soulever au milieu de l'ère tertiaire, il y a 40 à 60 millions d'années, et se soulève encore actuellement à une vitesse de l'ordre de 1 à 10 mm par an. L'Himalaya est donc une montagne très jeune, non encore achevée, formée par la chaîne de collision entre les continents indien et asiatique, sans équivalent dans le monde. Poussée par l'ouverture de l'océan Indien, l'Inde continue à s'enfoncer sous le Tibet, ce qui a provoqué une deuxième rupture dans la croûte continentale dont trois épaisseurs de croûte se chevauchent.

HÉBERGEMENT

> « L'homme n'est pas fait pour le confort ;
> comme la chèvre n'est pas conçue pour vivre dans la plaine. »

Ce proverbe tibétain résume bien la situation au Tibet, où confort et propreté sont des denrées rares. On trouve au Tibet trois sortes d'hébergements :
– **Des caravansérails** pour camionneurs dans pratiquement tous les villages : thermos d'eau chaude et grosses couettes fournies. Souvent crados, il vaut mieux avoir son sac de couchage. Les sanitaires sont assez sales et plus que rudimentaires, ce sera un miracle s'il y a de l'eau chaude au robinet. Se débrouiller avec de l'eau bouillie et une bassine ! C'est un hébergement bon marché. On y trouve aussi de quoi manger.
– **Des hôtels bon marché :** assez rares, présents surtout dans les grosses villes et les lieux touristiques. Endroits sympas en général, où les rencontres sont garanties. La qualité des prestations reste très variable malgré une certaine amélioration. Parfois pas de clé individuelle ; c'est la jeune fille de l'étage qui ouvre la porte de la chambre (soyez aimable si vous rentrez à 2 h !).
– **Des hôtels chinois** de pseudo-luxe comme à Shigatsé, Gyantsé, Tsétang, Shegar, etc. Chers pour un service moyen. TV avec chaînes chinoises (et tibétaines) dans les chambres, fenêtres en aluminium. Lieu de passage des officiels chinois, obligés de passer la nuit. Eau chaude à certaines heures, restos pas terribles.
– Par ailleurs, de nombreux **monastères** ont une *guesthouse* destinée aux pèlerins. C'est toujours basique et pas forcément accessible aux étrangers, mais on peut toujours essayer.
Dormir chez l'habitant est interdit. Vous risqueriez de compromettre vos hôtes aux yeux des autorités chinoises.
Une tente et du matériel de **camping** sont indispensables si vous voulez sortir des chemins battus. Le camping permet un véritable contact avec la population, même si parfois il vaut mieux s'installer dans des endroits isolés sous peine d'avoir sur le dos une horde d'enfants adorables mais très envahissants.

HISTOIRE

Les origines légendaires

Il existe plusieurs versions plus ou moins différentes. Voici celle gravée sur un pilier datant de la construction du Jokhang (VIIe siècle.)
Au commencement, Avalokitésvara, Bodhisattva de la Compassion, s'incarne sur terre sous la forme d'un singe. Il a fait vœu de célibat et médite seul sur le Gongpo Ri, la montagne qui s'élève à l'est de Samyé.
Une démone, nommée Senmo, ne supportant plus sa solitude, vient s'installer près de la tanière du Bodhisattva. Elle se lamente et pleure tellement que le singe sort de sa retraite pour la consoler. Senmo l'implore alors de l'épouser. Forcément pris de compassion, le singe ne veut cependant pas briser ses vœux et interrompre sa retraite. L'insistance de la démone et son petit chantage – elle menace de tuer tous les animaux de la Création en cas de refus – pousse le singe à aller demander conseil auprès du palais céleste (Potala). Là, on lui dit que le temps est venu de renoncer à ses vœux et d'épouser Senmo. Six singes considérés comme les premiers Tibétains naissent de cette union : 3 bons et 3 mauvais, reflet de l'éternelle opposition du bien et du mal. Leurs descendants deviennent bientôt trop nombreux pour continuer à se nourrir de cueillette. Le singe s'en retourne alors au paradis du Potala où on lui remet les six sortes de grains : l'orge, le blé, le sésame, le riz, le pois et la moutarde. En se mettant à travailler, les singes deviennent des hommes et façonnent les premiers champs cultivés, toujours dans la vallée du Yarlung (il y a de cela 2 200 ans). C'est de ce berceau de la civilisation tibétaine que les six tribus, trop à l'étroit, s'en allèrent peupler le Tibet et s'établirent en familles et en clans.

Quelques repères historiques

– **Avant le VIe siècle avant J.-C. :** royaume de Shangshung, de rite chamanique bönpo, basé dans la région du mont Kailash.
– **Du VIe siècle avant J.-C. au VIe siècle après J.-C. :** dynastie royale mythique dans la vallée du Yarlung (forteresse de *Yumbulakang,* vallée des rois de *Chongyé*). Petit à petit, le Tibet est unifié.
– **VIIe siècle :** règne du premier roi « historique » *Songtsen Gampo,* qui s'installe à Lhassa (grotte du Potala). Originaire de la vallée du Yarlung, il se lance, à la tête d'une puissante cavalerie, dans une politique d'expansion qui va faire du Tibet une puissance régionale et menacer la Chine. Le premier empereur Tang devra lui payer un tribut pour continuer à régner tranquille. Songtsen Gampo épouse une princesse népalaise et une princesse chinoise, qui toutes deux apportent le bouddhisme au Tibet (voir les temples de *Jokhang* et *Ramoché* sous Lhassa). Sa cour est fréquentée par des sages de tous horizons (chinois, persans, mongols et indiens). Un de ses émissaires, envoyé en Inde, crée un alphabet tibétain pour traduire les textes bouddhiques originellement écrits en sanskrit.
– **VIIIe siècle :** grand débat entre bouddhisme indien et chinois à Samyé, commandité par le roi Trisong Détsen, arrière-petit-fils de Songtsen Gampo. Le bouddhisme indien triomphe et devient religion d'État. Fondation du monastère de Samyé avec l'aide du grand thaumaturge indien Padmasambhava (*Guru Rinpoché* pour les Tibétains). Le Tibet continue à menacer son voisin chinois : quand, en 763, l'empereur de Chine fait des difficultés pour payer son tribut annuel (des rouleaux de soie), les Tibétains envahissent la capitale de l'empire (l'actuelle Xian) et déposent l'empereur !
– **IXe siècle :** assassinat du roi, fin de la dynastie royale au Tibet et résurgence de la tradition bön. L'Empire tibétain, très fragile (peu d'hommes pour un territoire immense), perd à jamais les terres conquises comme le

Turkestan ou l'oasis de Dunhuang (route de la Soie) et se morcelle dans ses frontières naturelles.

– **XIe et XIIe siècles :** seconde diffusion du bouddhisme au Tibet suite à l'invitation du maître indien Atisha au royaume de Gugué (Purang, Töling, Tsaparang) se trouvant aux confins occidentaux du Tibet. Renouveau culturel et religieux grâce aux grands maîtres Marpa (dit le « Grand Traducteur »), Milarépa, poète et magicien mystique, et Sakya Pandita. Fondation des monastères de *Sakya, Réting, Tsurphu, Shalu, Gyantsé*, etc.

– **XIIIe et XIVe siècles :** les Mongols de Kubilaï Khan, qui créent la dynastie Yuan en Chine, délèguent aux patriarches de *Sakya* le pouvoir temporel au Tibet. Le Tibet est passé sous contrôle mongol, mais Kubilaï Khan se convertit au lamaïsme. Cette association de raison et de religion crée un principe d'allégeance auquel se référera la Chine pour justifier son intervention au Tibet. Après le déclin des Mongols en Chine, le Tibet retrouve une certaine indépendance.

– **XVe siècle :** Tsongkhapa (1357-1419) fonde l'école réformée *(Guélugpa)*. Tous les grands monastères de cette école seront érigés en moins de 10 ans : Ganden (1409), Drepung (1416), Sera (1419) et l'œcuménique Pelkor Chode (1418).

– **XVIIe siècle :** nouvelle intervention mongole qui donne le pouvoir temporel et spirituel au *5e dalaï-lama* (1617-1682). C'est avec lui que commence réellement la saga des dalaï-lamas, les deux premiers n'ayant d'ailleurs jamais porté ce titre, établi rétroactivement un siècle plus tard. Le terme, d'origine mongole, signifie « grande mer ».
Celui que les Tibétains appellent le « grand cinquième » entreprend la construction du *Potala* à Lhassa sur le site de l'ancienne grotte de l'époque royale. Au symbolique il ajoute le politique, en renforçant l'unité du Tibet par la mise en place du système administratif et d'un mode de gouvernement qui perdurera jusqu'en 1959.

– **XVIIIe siècle :** invasion chinoise du Tibet, expulsion des Mongols (1720), prise de Lhassa et annexion par la Chine de certaines régions du Kham et de l'Amdo. Les Chinois mettent en place un *amban,* sorte de commissaire impérial mandchou représentant le pouvoir chinois à Lhassa. Sa présence et ses troupes n'ont jamais eu d'influence significative, mais, de 1720 à 1911, les Tibétains sont théoriquement les vassaux de l'empereur de Chine.

– **Fin du XVIIIe siècle :** guerre tibéto-népalaise. Les Gorkhas népalais envahissent tout le sud du pays jusqu'à Shegar, puis sont repoussés avec l'aide des armées chinoises.

– **Fin du XIXe siècle :** Thubten Gyatso, le 13e dalaï-lama (1876-1933), tente de réformer l'administration et de diminuer le pouvoir de la noblesse de Lhassa. Il navigue entre les Anglais, sur lesquels il tente de s'appuyer, et la Chine, qui ne desserre pas sa pression.

– **1904 :** craignant une influence russe au Tibet, Younghusband et les Anglais du Raj pénètrent au Tibet par la vallée de la Chumbi. Après avoir pris Gyantsé, ils négocient leur retrait à Lhassa, contre l'établissement de comptoirs commerciaux, d'écoles et de missions. Le dalaï-lama s'exile en Mongolie puis en Chine, jusqu'en 1909.

– **1911 :** effondrement de la dynastie des Qing (voir *Le Dernier Empereur* de Bertolucci). Les Chinois revenus au Tibet en 1910 (le dalaï-lama était alors parti s'exiler en Inde) sont chassés. Le Tibet vivra indépendant pendant 30 ans. Mais les ordres religieux conservateurs refusent tout changement social, s'opposent à toute modernisation malgré les tentatives d'ouverture, vers l'extérieur, du 13e dalaï-lama. Le Tibet se referme sur lui-même, manquant l'occasion d'assumer internationalement son rang de nation souveraine. C'est peut-être là que se joue la tragédie contemporaine de ce pays.

– **1914 :** conférence bipartite de Simla en Inde entre les Anglais et les Tibétains. Les Chinois refusent d'y participer. Établissement d'un Tibet intérieur (ou Tibet central) et d'un Tibet extérieur comprenant le Kham et l'Amdo. Par ce traité, les Anglais reconnaissent *de facto* l'indépendance du Tibet. Le traité définit aussi « la ligne Mac-Mahon » (du nom d'un officier britannique) délimitant les frontières entre le Raj indien et le Tibet. La Chine ne le signe pas. Cette attitude, lourde de conséquences, est à l'origine des différends frontaliers qui perturbent aujourd'hui encore les relations entre l'Inde et la Chine.

— *1933 :* à la mort du 13e dalaï-lama, et malgré sa mise en garde visionnaire contre l'isolement, le Tibet se recroqueville une fois encore sous la pression de l'aristocratie et du pouvoir religieux, refusant même d'ouvrir des ambassades à l'étranger.

— *1949-1950 :* établissement de la République populaire de Chine et prise de pouvoir par Mao Zedong. Un an plus tard, le Tibet est envahi par l'Armée populaire de libération. Les Tibétains n'ont que 8 500 hommes à opposer aux 80 000 soldats chinois. Lors de l'appel au secours des Tibétains aux Nations unies, seul le Salvador réagit. Nehru et les Indiens, suivis des Anglais, lâchent le Tibet qui se retrouve seul devant l'invasion communiste. Le jeune dalaï-lama Tenzin Gyatso, âgé de 15 ans, reçoit les pleins pouvoirs pour gérer la crise, comme le préconise l'oracle d'État.

— *1951 :* l'accord du 23 mai intègre le Tibet à la république de Chine. Celle-ci, tout en assurant sa mainmise sur le territoire, promettait le respect de la religion et des monastères. Ce compromis fonctionna tant bien que mal jusqu'en 1956.

— *1956 :* au Kham et en Amdo, révolte armée des Khampas qui font trembler l'Armée populaire de libération (APL), en reprenant une grande partie du territoire. Mais, malgré une résistance héroïque face à 150 000 soldats, ils sont progressivement repoussés vers le Tibet central.

— *Mars 1959 :* révolte du peuple de Lhassa. Le dalaï-lama est invité au camp militaire chinois, mais on lui spécifie qu'il doit venir sans son escorte. La rumeur de l'enlèvement annoncé enfle dans Lhassa. 30 000 personnes se massent autour de la demeure du dalaï-lama pour l'empêcher de sortir. Les Chinois tirent prétexte de ce « soulèvement » pour passer à l'offensive : trois jours de combats acharnés à la mitrailleuse et au mortier font au moins 3 000 morts du côté tibétain. Le Potala est bombardé, le Jokhang envahi par les chars et le dalaï-lama emprisonné par le peuple dans son palais du Norbulingka, de peur que les Chinois ne le capturent. Ce sont finalement les guerriers khampas qui l'« enlèvent » en pleine émeute à la barbe des Chinois et le conduisent sous bonne garde en Inde, qui accepte, sous la pression de l'opinion publique internationale, de l'accueillir sur son territoire. Apprenant l'évasion du chef spirituel du Tibet, Mao se serait frappé le front en s'écriant : « C'est un échec, nous avons perdu le Tibet ! »

— *1965 :* le 9 septembre, inauguration officielle de la région autonome du Tibet au sein de la République populaire de Chine.

— *1966-1976 :* Révolution culturelle dans toute la Chine. Un des plus grands drames contemporains auquel le Tibet n'échappera pas quand Mao décide d'y lâcher ses gardes rouges. Destruction de la quasi-totalité des monastères (en 1978, il ne restait plus que 8 monastères intacts sur les 2 700 recensés en 1959), moines défroqués et renvoyés dans leurs foyers, communes populaires, exterminations, premières famines dans l'histoire du Tibet, rééducation par le travail. Des milliers d'enfants sont envoyés en Chine pour leur éducation.

— *1981 :* libéralisation religieuse partielle qui permet le retour des moines (selon des quotas) et la reconstruction progressive des monastères par les villageois. Le gouvernement finance la restauration des monastères les plus voyants (Potala, Jokhang, Samyé, etc.).

— *1987-1989 :* manifestations à Lhassa en septembre 1987 et répression sanglante. La loi martiale est imposée dans la capitale en mars 1989, le pays est de nouveau fermé après une première ouverture au tourisme. En octobre 1989, le dalaï-lama reçoit le prix Nobel de la paix pour son combat non violent pour l'indépendance du Tibet. Depuis, le dalaï-lama est reçu par tous les grands de ce monde, mais aucun pays n'a reconnu officiellement le gouvernement tibétain en exil à Dharamsala. Les Chinois font nommer leur propre réincarnation du panchen-lama après avoir refusé l'enfant choisi par le dalaï-lama. L'enfant disparaît tandis que l'autre serait « gardé » à Pékin. Les photos du dalaï-lama (dans les lieux publics ou privés) sont interdites, et on demande aux moines de le renier sous peine d'emprisonnement. Les réfugiés continuent d'affluer régulièrement en Inde et au Népal (environ 2 000 à 3 000 chaque année). À la mort de Deng Xiaoping, certains espèrent un éventuel changement de politique... Le célèbre dissident chinois Wei Jingsheng tente de pousser le gouvernement chinois à négocier avec le dalaï-lama, à renoncer au « grand empire han ».

– *1993 :* rupture des contacts officiels entre le gouvernement tibétain en exil et Pékin. Des contacts officieux se poursuivent néanmoins jusqu'en 1998.

– *1995 :* la propagande s'intensifie au Tibet, l'afflux de colons dans la capitale tibétaine est encouragé.

– *1999 :* le dalaï-lama, que Pékin accuse d'être un agent de la CIA, déclare être prêt à reconnaître la souveraineté chinoise sur le Tibet à condition d'obtenir une véritable autonomie administrative et culturelle pour son pays. Mais cette initiative est contestée par certains de ses partisans favorables à l'abandon de la voie pacifique et prêts à opter pour un combat violent contre l'occupation chinoise.

– *2000 :* en juillet, le Parlement européen adopte une résolution historique qui met en demeure les pays de l'Union européenne de reconnaître officiellement le gouvernement tibétain en exil si, d'ici 2003, des négociations entre Pékin et le dalaï-lama, menées sous l'égide de l'ONU, n'aboutissent pas à l'élaboration d'un nouveau statut pour le Tibet. On attend toujours la suite... Fin 2000, le dalaï-lama annonce la reprise des contacts avec Pékin, à son initiative. Le pouvoir chinois tarde à donner suite.

– *2003 :* démarrage de négociations secrètes entre Pékin et le dalaï-lama par l'intermédiaire de nouveaux envoyés. En septembre, organisation au Tibet du Mount Everest Culture Festival affichant une claire volonté d'attirer de plus en plus de touristes au Tibet et plus forcément en provenance de Kathmandu. En novembre, le dalaï-lama déclare que « pour le bien du Tibet, mieux vaut aider la Chine que la critiquer ». Il confirme son intention de « remettre tout son pouvoir politique à un gouvernement tibétain local (...) à l'autonomie significative, sans totale indépendance ».

– *14 mars 2004 :* scoop dans un grand quotidien de Hong Kong lors de la publication de deux interviews du dalaï-lama et du panchen-lama « chinois », concomitantes et tout aussi étonnants l'un que l'autre. Le dalaï-lama déclare que son pays s'est développé économiquement grâce aux Chinois, ce qu'il aurait difficilement pu faire seul, et que le futur train sera une bonne chose. Il constate aussi que de nombreux Chinois aiment et s'intéressent à la culture tibétaine. Il va plus loin qu'autrefois en sous-entendant qu'il ne tient plus à l'autonomie que pour les affaires religieuses et culturelles. Il précise que sa démarche est suscitée par une ouverture d'esprit et non le désespoir. Quant au panchen-lama « chinois », il adresse un message d'harmonie et de tolérance réciproque assez subtil que ne désavouerait pas son compatriote exilé.

– *Mi-septembre 2004 :* une délégation de 4 personnes dirigée par l'ambassadeur du dalaï-lama à Washington se rend à Pékin pour discuter d'un éventuel retour.

– *Février 2006 :* nouvelles discussions entre des émissaires du dalaï-lama et les autorités chinoises.

– **10 mars 2006 :** le jour de l'anniversaire du soulèvement tibétain de mars 1959, le dalaï-lama déclare souhaiter accomplir un pèlerinage en Chine pour mesurer les changements.

ITINÉRAIRES PROPOSÉS

Voici un petit aperçu de ce que vous pourrez faire en une, deux ou trois semaines. Les distances sont longues et les moyens de transport assez limités. Pour les conseils pratiques, voir plus loin la rubrique « Organiser son voyage sur place ».

Une semaine

➢ *Lhassa : 3 jours.*
Visite du Potala. Visite du temple du Jokhang. Se mêler aux pèlerins sur l'itinéraire du Barkhor, le pèlerinage le plus célèbre de tout le Tibet. Balade dans le quartier musulman.
➢ *Environs de Lhassa : 3 jours.*
Visite des monastères de Drépung, Séra, Ganden et, si possible, de Tsurphu.
➢ *Monastère de Samyé : 1 jour.*
Découverte du complexe monastique. Excursion pédestre à Chimphu, haut lieu de méditation.

2 semaines

Reprise de l'itinéraire précédent, puis poursuivre avec :
➢ *Gyantsé : 1 jour.*
En prenant la route du Yamdrok-Tso. Visite du monastère. Grimpette jusqu'au Dzong (forteresse) et promenade dans la ville.
➢ *Environs de Gyantsé : 1 jour.*
Monastères de Samding et Ralung.
➢ *Sakya : 1 jour.*
Monastère de Sakya, marche sur les remparts. Village et ruines de l'autre côté de la rivière.
➢ *Shigatsé : 2 jours.*
Visite du monastère du Tashilumpo. *Kora* (pèlerinage) autour de son enceinte. Poursuite vers la forteresse. Marché (le matin). Aux environs : visite du monastère de Shalu, excursion au village de Ngor.
➢ *Lac Namtso ou camp de base de l'Everest : 2 jours.*

3 semaines

Une semaine dans la région de Lhassa avant de partir découvrir l'Ouest tibétain.
➢ *La piste du nord : 14 jours minimum.*
Lac Manasarovar et mont Kailash (source de trois des plus grands fleuves du monde). Toling et Tsaparang (anciens centres politiques et religieux du royaume de Gugué, avec vue superbe de la forteresse de Tsaparang sur la vallée de la Sutlej).

LANGUE

Quelques expressions usuelles

Bonjour	*tashi dilé*
Merci	*tou djé tché*
Au revoir (va doucement, à celui qui part)	*kalé pé*
Au revoir (reste doucement, à celui qui reste ; réponse)	*kalé shou*
Désolé	*Gonda*
Je veux	*nga la… go*
Je (ne) comprends (pas)	*ha ko (ma) song*
Combien ?	*ka tsé ray ?*
C'est cher	*gong chenpo ray*
Aujourd'hui	*Déring*
Demain	*Sangnyin*
Hier	*kasang*
Matin	*shogay*
Après-midi	*nying gung gyab la*
Soir	*gonta*
Hôtel	*dhönkhang*
Avez-vous une chambre ?	*kang mi yöpe ?*
Au restaurant	*sakang la*
Nourriture	*kala*
Au monastère	*gompa la*
Temple	*lhakhang*
Château, fortin	*dzong*
Écharpe blanche de soie ou de tulle	*khata*
Puis-je prendre une photo ?	*par gyap tchoggi rébé ?*
Où est l'hôpital ?	*menkang kaba dou ?*
Aéroport	*namdrutang*
Je vais à Shigatsé	*nga Shigatsé la dro gyi yö*
Quand part ce bus ?	*bus di kadu dro gyi ré ?*
Je suis français	*nga farensi ne yin*
Comment t'appelles-tu ?	*kerang gi ming la karey zer gi yö ?*
Je m'appelle	*ngai… ming la, ni kerang zer gi yö*
C'est	*dou, ré*
Ce, ceci	*di*
Qu'est-ce que c'est ?	*di karé ré ?*

Les nombres

1	Chik	5	nga
2	Nee	10	choo
3	Soom	100	gya-t'ampa
4	Shee		

Le « a », le « i », le « o » et le « ü » se prononcent comme en français.
Le « e » est toujours accentué (ex : *Milarepa* se prononce « Milarépa »).
Le « ö » se prononce « eu » ; le « ä » se prononce « é ».
Le « u » se prononce : « ou ».
Le « g » est toujours dur (comme dans « bague »).
Le « ch » se prononce « tch ».
Le « j » se prononce « dj ».
Pour en savoir plus, voir *Le Tibétain sur le bout de la langue*, de Sylvie Grand-Clément, petit livre édité à compte d'auteur (donc on ne peut pas

le commander), que vous trouverez notamment (et au milieu d'autres bons ouvrages sur le Tibet) à *Mandala Book Point,* sur Kanti Path, à Kathmandu.

LIVRES DE ROUTE

– **Voyage d'une Parisienne à Lhassa,** d'Alexandra David-Néel (éd. Plon, 1927 ; rééd. 2004, Pocket n° 2095, 376 p.). Un grand classique du récit d'exploration. La célèbre orientaliste, aventurière, mais néanmoins « parisienne », se déguisa en mendiante pour atteindre Lhassa, la Cité interdite, dans les années 1920. Passionnant, facile à lire et léger à porter ! L'essentiel du livre raconte sa marche d'approche à travers le Tibet oriental. On pourra lire d'autres livres d'A. David-Néel sur le Tibet, notamment son meilleur roman, **Le Lama aux cinq sagesses** (Pocket n° 2052, 2002) cosigné par son fils adoptif, le lama Yongden, ou encore **Mystiques et Magiciens du Tibet** (Pocket n° 1921, 2003), ouvrage fascinant où Alexandra nous entretient des pratiques occultes.
– **Le Voyage en Asie centrale et au Tibet,** de Michel Jan (éd. Robert Laffont, 1992), une superbe et pratique anthologie des récits de voyage du Moyen Âge à la première moitié du XXe siècle.
– **Souvenirs d'un voyage à travers la Tartarie, le Tibet et la Chine,** des pères Huc et Gabet (éd. Omnibus, Paris, 2001). Récit de la formidable épopée de deux missionnaires lazaristes qui parviendront à entrer à Lhassa au milieu du XIXe siècle. Vivant et coloré, à l'image de la personnalité du père Gabet. Un best-seller étonnant qui influença tous les grands voyageurs de l'époque.
– **Sept Ans d'aventures au Tibet,** de Heinrich Harrer (éd. Arthaud, « J'ai Lu » n° 4774, 1999). Un beau livre d'aventures sur le Tibet d'avant les Chinois, qui inspira le célèbre film de Jean-Jacques Annaud, *Sept Ans au Tibet.*
– **L'Histoire du Tibet** de Laurent Deshayes (éd. Fayard, 1997). Des origines mythiques à l'ère contemporaine, 500 pages agréables à lire permettant aussi de mieux comprendre comment on en est arrivé à l'imbroglio actuel.
– **Le Feu sous la neige,** de Päldèn Gyatso (éd. Actes Sud, coll. de poche « Babel » n° 344, 1999, 333 p.). Moine tibétain incarcéré pendant 32 ans et libéré en 1992, Päldèn Gyatso a connu la torture, la famine, ainsi que les séances de rééducation. Son témoignage offre un aperçu vivant de l'histoire du Tibet depuis l'invasion de 1949-1950. Il rappelle aussi ce qu'était le Tibet avant l'invasion chinoise et aide à comprendre la manière dont les structures et les traditions d'une ancienne civilisation bouddhique ont été brutalement anéanties.
– **La Messagère du Tibet,** de Claude B. Levenson (éd. Picquier Poche, n° 142, 2001, 200 p.). Une jeune Tibétaine décide de fuir son pays pour pouvoir découvrir un ailleurs sans entraves, apprendre sa propre langue menacée de sinisation. Elle entreprend ce périlleux voyage en quête d'elle-même sur les chemins de l'exil.
– **1949-1959, la Chine envahit le Tibet,** de Claude B. Levenson (éd. Complexe, coll. « La mémoire du siècle », 1999, 128 p.). Un livre dense et très pédagogique, qui expose avec clarté les raisons de l'antagonisme millénaire entre le Tibet et la Chine.
– **Celui qui mène les fleuves à la mer,** de Cosey (éd. du Lombard, 1997). C'est le 12e album de la B.D. *Jonathan.* Cosey nous montre la réalité complexe du Tibet actuel, envahi par la Chine, avec ses destructions massives, puis par l'Occident, avec ses gadgets. Battant en brèche certains clichés réducteurs.
– **Mémoires d'un moine aventurier tibétain,** de Hugh Richardson (éd. Phillippe Picquier, 1999), très intéressante et vivante biographie d'un simple moine *Dobdob* (sorte de milicien chargé de la défense des monastères).

Description du pays d'avant les Chinois puis de la fuite et la vie de réfugié sous un angle différent de celui des témoignages des grands lamas tibétains.
– ***Fascination tibétaine,*** de Donald S. Lopez (éd. Autrement, 2003). Analyse de la fascination que le Tibet exerce sur l'Occident depuis le Moyen Âge jusqu'à nos jours. Rappel des diverses charlataneries et impostures qui ont entraîné la naissance d'un Tibet irréel, habité de fantasmes et dépossédant ses habitants de leurs tangibilités. Un livre d'universitaire aux notes abondantes mais qui reste très lisible. Une lecture fortement conseillée à tous ceux qui s'intéressent au phénomène Tibet dans toute sa largeur.
– ***Tintin au Tibet,*** d'Hergé (éd. Casterman). Même s'il se déroule essentiellement au Népal, l'album le plus accompli d'Hergé est l'un des piliers de notre catalogue personnel de l'imaginaire tibétain. Qui n'a en tête ces images d'immensités enneigées, de cerfs-volants dragons et du yeti, protecteur du jeune Tchang ? Peut-être parce qu'Hergé l'a réalisé dans une période de crise personnelle, c'est d'abord un hymne à l'amitié qui vainc les obstacles, une leçon de respect de la différence et une recherche de pureté rarement égalée dans un récit dessiné. À noter que cet épisode des aventures de Tintin a été traduit en… tibétain !
– ***The Dragon in the Land of Snows,*** de Tsering Shakya (éd. Vintage, 1999). Une histoire du Tibet depuis 1947 profitant de l'étude méticuleuse d'archives anglaises, indiennes et tibétaines jusqu'alors secrètes. Malheureusement, pas (encore ?) traduite en français. Dommage, sa qualité, son objectivité mais aussi sa lisibilité en ont fait une des références en la matière.
– ***Red Star Over Tibet,*** de Dawa Norbu (éd. Envoy Pr, 1987). Écrit par un fils de propriétaire terrien de Sakya, ce livre fit scandale par son analyse de la déliquescence de l'ordre politique et social au Tibet avant que l'intervention chinoise n'entraîne son écroulement. Aujourd'hui universitaire établi à Delhi, Dawa Norbu n'aurait dû sa survie qu'à une intervention personnelle du dalaï-lama. Depuis, il a publié un autre ouvrage dans la même veine, ***The Road Ahead*** (éd. Rider & Co, 1999).

MÉDIAS

En 1950, au moment où les troupes de l'armée rouge envahissent le Tibet, aucun journal indépendant n'est publié dans le pays. Cinquante ans plus tard, les médias autorisés, écrits comme audiovisuels, sont tous contrôlés par les autorités chinoises. Seule une vingtaine de publications clandestines, à la parution sporadique, défient le monopole du Parti communiste chinois (PCC) sur l'information. Si cette absence totale de liberté ne contraste pas avec la situation en Chine, au Tibet, la répression des autorités contre toute forme d'expression des thèses autonomistes ou indépendantistes est systématique. Peindre un graffiti indépendantiste, coller une affiche ou prononcer publiquement des propos « antichinois » sont passibles de lourdes peines de prison.

Radio

En 1960, la station publique *Radio Tibétaine* diffuse son premier programme. Mais ce n'est qu'en septembre 1973 que la station émet en tibétain. Les radios officielles sont le principal relais de la propagande du PCC. Selon Chakemo Tso, journaliste tibétaine réfugiée à Dharamsala (Inde), les journalistes radio sont contraints d'appliquer la politique de « sinisation » de la langue tibétaine, d'abandonner l'accent tibétain au profit d'une prononciation proche du mandarin, et les médias sont utilisés par les Chinois « pour humilier les Tibétains et détruire leur culture ».

Il faut attendre mai 1996 pour que soit lancée la première station indépendante tibétaine, *Voice of Tibet* (*VOT* ; ● www.vot.org ●), basée en Norvège. Les sections en tibétain de *Voice of America (VOA),* depuis mars 1991, et de *Radio Free Asia*, depuis 1996, sont également des sources d'information pour les Tibétains de l'intérieur. Mais les autorités chinoises brouillent tous ces programmes, notamment grâce à un dispositif de brouillage perfectionné fonctionnant avec des équipements vendus par l'entreprise française Thalès (installation d'antennes et d'émetteurs). Écouter des radios étrangères diffusées en tibétain est devenu un crime contre la « sécurité de l'État ».

Télévision

Il fallut attendre 1978 pour que la *CCTV*, la télévision d'État chinoise, émette pour la première fois du Tibet après l'installation d'un relais dans la province. En 1985, une chaîne tibétaine est lancée par les autorités, ses premiers programmes seront d'abord diffusés en mandarin. Aujourd'hui, plusieurs chaînes relayées par satellite couvrent le territoire. Les présentateurs sont tenus d'utiliser le *Lhassa Hua* (le parler de Lhassa), prononcé à la chinoise, une nouvelle menace pour la langue tibétaine.

Journaux

Au Tibet, plus encore qu'en Chine, le PCC contrôle les médias écrits. Aujourd'hui, au moins 180 publications sont recensées, de *L'Hebdomadaire de la jeunesse du Tibet,* journal des jeunesses communistes du Tibet, créé en 1985, au *Télé et Radio du Tibet,* guide hebdomadaire des radios et télévisions tibétaines, lancé en 1989.

Le *Quotidien du Tibet (Xizang Ribao),* publié en tibétain et en mandarin, principal journal à paraître à Lhassa, est l'organe de presse du Comité tibétain du PCC. Créé en 1956 et dirigé exclusivement par des Chinois, le quotidien se contente de publier des articles traduits du très officiel *Quotidien de Chine.* Le journal intègre également des informations locales, surtout les réalisations de l'administration chinoise. Dorjee Tsering, journaliste tibétain ayant travaillé pendant 6 ans au *Quotidien du Tibet,* aujourd'hui réfugié en Inde, affirme que « 99 % des informations publiées dans le journal sont des traductions de l'agence *Xinhua* ». Néanmoins, selon ce journaliste, le quotidien connaît un certain succès auprès du public tibétain depuis qu'il publie des poèmes et des feuilletons.

Depuis la fin des années 1980, une vingtaine de publications clandestines ont été répertoriées au Tibet. Écrite à la main, sérigraphiée et tirée à une centaine d'exemplaires, cette presse underground est avant tout le fait de militants de la cause tibétaine ou de moines. Elle reprend le plus souvent des articles d'écrivains ou de lamas exilés ou interdits de publication au Tibet. Si les auteurs des articles sont identifiés, ils encourent de lourdes peines de prison. Ainsi, cinq moines du monastère de Drakar Trezong purgent des peines de deux à trois ans de rééducation par le travail après avoir été arrêtés en janvier 2005. Ils avaient publié un journal contenant des écrits politiques. Dans les publications clandestines, au détour d'un poème, on trouve pourtant des métaphores politiques : le dalaï-lama est évoqué comme une montagne sacrée, et le lion des neiges, présent sur le drapeau tibétain, symbolise l'indépendance du Tibet. Du coup, les autorités chinoises ont interdit, depuis quelques années, que soit utilisé ou écrit le mot tibétain qui désigne cet animal légendaire.

C'est dans le nord de l'Inde que naît, en 1996, le *Tibet Times (Bod-kyi-dus-bab),* un trimensuel indépendant en tibétain, tiré à plus de 3 000 exemplaires. S'il est diffusé principalement dans la communauté tibétaine en exil, quelques exemplaires arrivent néanmoins au Tibet.

Liberté de la presse

Au Tibet, la censure est toujours appliquée aussi durement. Le responsable de la propagande dans la province a récemment rappelé qu'à « tous les niveaux de l'administration, les journaux du Parti doivent être lus et étudiés ». Cela ne laisse bien entendu aucune place aux sentiments autonomistes tibétains.

Quant aux journalistes étrangers, ils sont empêchés de travailler librement. Ils sont obligés de solliciter une autorisation auprès du département des Affaires étrangères de la région autonome du Tibet qui, dans la plupart des cas, est refusée. Si l'autorisation est délivrée, le journaliste étranger sera pris en charge du début à la fin de son reportage par les autorités chinoises, qui élaboreront son programme de rencontres.

Ce texte a été réalisé en collaboration avec **Reporters sans frontières.** Pour plus d'informations sur les atteintes aux libertés de la presse, n'hésitez pas à les contacter :

■ **Reporters sans frontières :** 5, rue Geoffroy-Marie, 75009 Paris. ☎ 01-44-83-84-84. Fax : 01-45-23-11-51. • www.rsf.org • rsf@rsf.org • Ⓜ Grands-Boulevards.

MENDICITÉ

Le tourisme est à l'origine de la multiplication des mendiants et d'un changement de leur attitude. Si cette activité existe dans le cadre religieux et culturel des pays bouddhistes, il arrive, dans les rues de Lhassa, qu'on soit alpagué par un moine insistant vous parlant anglais ou par une multitude d'enfants. Mieux vaut ne pas donner d'argent au risque de perpétuer cette habitude. Autant grouper vos dons et donner aux dispensaires ou aux organisations humanitaires sur place. En revanche, ne jamais oublier d'aider ceux qui se prosternent parfois pendant les centaines de kilomètres de leur pèlerinage, vous gratifiant au passage d'une rencontre magique de plus sur les routes du Tibet.

ORGANISER SON VOYAGE SUR PLACE

De par le temps que l'on y consacre et les rencontres que cela peut susciter, voici une des grandes activités du routard à Lhassa. Ceux qui préfèrent les bus publics (quand il y en a !) ou l'auto-stop ne sont pas concernés par cette section : voir aussi « Comment aller au Tibet ? À vélo, à pied » et les rubriques « Arriver – Quitter » dans chaque ville.

Avertissement !

Seules les agences ayant le label FIT *(Foreign Independant Traveller ;* voir « Adresses utiles. Agences de voyages » à Lhassa), délivré par le TTB *(Tibet Tourism Bureau),* peuvent fournir aux « routards indépendants » des prestations nécessitant des permis. Jusque-là ça paraît clair, mais, attention ! Sont considérés comme « indépendants », non seulement les voyageurs entrés en indépendants… mais aussi ceux qui sont entrés au Tibet en groupe organisé dans le cadre d'une prestation « aller simple » ou encore ceux qui sont « impliqués » dans une recomposition de leur groupe.

Quelques exemples pratiques :
– votre groupe s'est uniquement adressé à une agence pour un Kathmandu-Lhassa. Vous devrez vous adresser aux agences FIT si vous avez besoin d'autres permis pour explorer ou sortir du Tibet.

ORGANISER SON VOYAGE SUR PLACE 241

– Votre groupe est titulaire d'un « package » entrée-sortie acheté à une agence. Vous rencontrez à Lhassa quelqu'un qui veut se joindre à vous et faire les permis nécessaires. Impossible sauf intervention d'une agence *FIT* !
– Si vous êtes venu en bus de Golmud, ou en avion de Chine, vous êtes alors un « super indépendant ». Et bien sûr, une fois sur place, vous devrez avoir recours aux agences *FIT*.

Tout ça est bien compliqué, autant pour le voyageur que pour les agences indépendantes. Mais, on a tenu à vous briefer un minimum puisque c'est à l'origine de nombreux problèmes pratiques.

Rappelons que les voyages dans les régions non soumises aux permis ne sont pas concernées par ces tracas réglementaires (voir plus loin la rubrique « PSB, Travel permits »).

Itinéraire, visites et hébergements

Soyez aussi précis que possible, c'est impératif. Écrire le tout sur une « feuille de route » à faire signer par le prestataire avant le départ. Se fier aux temps de trajet que vous trouverez dans ce guide, aux exemples d'itinéraires (voir plus haut) et infos récentes collectées sur place. En mettre plutôt plus que pas assez, quitte à faire l'impasse sur un lieu en cas de fatigue ou de retard. Même une modification simple, comme la visite d'un monastère à quelques insignifiants kilomètres sera très difficile à organiser si elle n'est pas prévue dans le programme. Le chauffeur et le guide invoqueront mille raisons comme un prétendu permis spécial qui serait nécessaire, le temps que ça va prendre, etc. Les agences ne sont souvent que des intermédiaires mettant en relation les voyageurs avec des chauffeurs et guides free-lance dont le but est en général d'arriver au plus vite à leur destination alors que le vôtre est de profiter du voyage ! On le ressent parfois très vite et cela peut créer une mauvaise ambiance dans la voiture. Soyez ferme quant au respect de votre programme sauf en cas de force majeure (mauvaises conditions météorologiques, éboulement, etc.).

Chauffeur, guide et véhicule

Essayez de rencontrer au moins vos guide et chauffeur avant le départ. Si les agences mettent dorénavant un point d'honneur à proposer des guides tibétains, ce n'est malheureusement pas une garantie suffisante. En effet, nombre de guides ne s'intéressent pas ou plus vraiment à la culture qu'ils devraient vous faire partager. Vous risquez d'être le dindon de la farce aux prises avec un jeune, qui passe sans cesse une cassette de sous-techno chinoise plutôt que de vous décrire paysages et coutumes. Vérifier aussi la réelle capacité de votre guide à parler l'anglais ou, si c'est prévu, le français. Le cas échéant, s'il s'avère impossible de trouver un bon guide, on peut très bien s'en passer sur certains itinéraires comme la *Friendship Highway*. L'économie directe sur le prix global est petite mais cela fait une place de plus dans le véhicule.

Concernant le transport, attention aussi aux mauvaises surprises. Les véhicules sont en grande majorité des 4x4 *Toyota Landcruiser* de diverses générations. Bien sûr, les prix ne sont pas les mêmes pour de vieux modèles parfois âgés de 30 ans ou les très confortables *Landcruiser 4 500* dernier cri. Demandez à voir l'engin pour en vérifier l'aménagement intérieur (nombre de sièges, galerie sur le toit ou non) et savoir s'il pourra transporter votre groupe dans des conditions de confort suffisantes. Le nombre maximum de passagers va de 3 à 5 selon la quantité de bagages, le nombre de banquettes et la présence ou non d'un guide.

Compagnons de route

Le prix étant à diviser par le nombre de voyageurs, les routards ont intérêt à se grouper. Pour cela, éplucher les petites annonces que l'on trouve dans les hôtels de Lhassa (voir la rubrique « Où dormir ? »), et interroger les agences qui savent quels groupes programmés sont à la recherche de passagers supplémentaires. Les rencontres impromptues dans les restaurants et cafés de Lhassa sont aussi de bonnes occasions de se découvrir des projets communs.

Prix

Voir plus haut, la rubrique « Budget. Transport ».

PHOTO

Voyager au Tibet, c'est l'occasion de photographier des paysages grandioses et des scènes de vie pittoresques baignées dans la fabuleuse lumière propre à ce pays. Essayez, même si c'est difficile pour les fanas, de ne pas vous charger d'un matériel encombrant, surtout si vous devez faire un trekking. Attention à certains appareils trop fragiles qui supportent difficilement le froid et l'altitude, ce qui est d'ailleurs le cas de beaucoup de numériques (se renseigner à l'achat). Isoler l'appareil du froid le plus possible, ne pas le laisser dehors entre deux photos, ne serait-ce qu'en le glissant sous une veste qu'on referme. N'oubliez pas un filtre UV. Même si la plupart des objectifs sont déjà traités de manière efficace, cela protège au moins l'objectif. Un autre filtre, polarisant, est aussi recommandé. Munissez-vous d'un téléobjectif pour photographier les sommets, et bien sûr d'un flash, utile pour les photos d'intérieurs ou quand il faut déboucher les ombres. Ceux qui sont restés fidèles aux émulsions emmèneront des pellicules de 100 et 400 ISO, à garder dans ses bagages à main lors des vols aériens. Si possible (insister), épargnez leur le passage sous le détecteur en demandant une inspection manuelle.
On devrait dire qu'il faudrait toujours demander l'autorisation avant de photographier quelqu'un, par respect pour la population. Mais certains clichés échappent à cette règle si on veut s'affranchir d'une photo posée et que l'on sait rester discret. Plutôt que de rétribuer quelqu'un qui vous réclame de l'argent, demandez-lui son adresse et envoyez-lui un tirage dès votre retour à la maison. Quand on ne peut l'obtenir (exemple : les nomades), une solution intelligente consiste à offrir de petits bracelets bouddhistes ou tout autre chose faisant plaisir. Avec un numérique, on peut tout de suite montrer le résultat. Cela garantit un gros succès, mais vous ne pourrez offrir votre écran LCD contrairement aux possesseurs d'appareil instantané, qui eux laisseront quelques clichés !

POPULATION

Les statistiques chinoises officielles quant à la population de la région autonome du Tibet sont manipulées afin de cacher le pourcentage important d'immigrants chinois. Sur les 2 640 000 habitants recensés en 2000, nul ne sait combien sont chinois. D'après les exilés, si l'on inclut les régions du Kham et de l'Amdo annexées aux provinces chinoises voisines, la population du Tibet culturel et géographique s'élèverait à environ 14 millions d'habitants, dont plus de 50 % de Chinois. On estime la densité à 2 hab./km^2, soit la plus faible de Chine, très loin derrière la moyenne nationale estimée à 130. Ceci explique aussi la pression démographique exercée sur le Tibet notamment par le Sichuan voisin, très peuplé et traditionnellement terre d'émigrants.

Selon une thèse généralement acceptée, les Tibétains sont issus de tribus nomades qui ont pénétré au nord-est du pays il y a environ trois millénaires. Leurs héritiers directs, les **Drogpas** (le terme signifie « les hommes des solitudes », tout un programme !) sont plutôt des pasteurs transhumants, c'est-à-dire des semi-nomades. L'hiver ils vivent en grandes tribus sur les basses terres du plateau (4 000 m environ) et remontent l'été avec leurs tentes vers 5 000 m. Le deuxième grand groupe social est celui des fermiers villageois, les **Rongpas,** dont la majeure partie vit dans le bassin du Tsangpo (Brahmapoutre). Les moines peuvent appartenir aux deux communautés.

Avant 1950, pasteurs et fermiers, en nombre sensiblement égal, dépendaient les uns des autres pour leur survie : les pasteurs fournissaient aux fermiers viande, beurre, peaux et laine ainsi que chevaux, tandis que les fermiers leur vendaient l'orge pour faire la fameuse *tsampa,* des légumes et les quelques produits manufacturés indispensables, comme les aiguilles ou les pots en cuivre. Dès le début de l'invasion, les Chinois vont sédentariser beaucoup de pasteurs et regrouper les fermiers en communes populaires. Ils remplacent l'orge par du blé d'hiver et suppriment les échanges entre ces deux communautés. Le résultat est aussi rapide que catastrophique : en 1963, le Tibet connaît la première famine de son histoire. Considérant le Tibet comme l'un des greniers de la Chine, les Chinois raflent régulièrement les récoltes tibétaines pour nourrir l'arrière-pays. Bon nombre de révoltes ont éclaté suite à des heurts avec les fermiers, après la moisson. Dans les années 1980, le régime reconnaît certaines de ses erreurs et redistribue le bétail (37 têtes par personne).

Sans tomber dans les clichés, le peuple tibétain est vigoureux comme le yack, habitué à un climat rigoureux (il n'est pas rare de voir des pasteurs torse nu par - 20 ºC), et indépendant. Sa résistance à l'envahisseur le prouve. Par ailleurs, les Tibétains sont d'excellents commerçants : avant les chambardements récents, chaque famille envoyait traditionnellement un fils sur les pistes caravanières pour faire du commerce avec la Chine, l'Inde, le Népal pendant des mois, voire des années. Ceci est à l'origine de l'accueil spontané, chaleureux et convivial des Tibétains.

Les Tibétains en exil

C'est bien sûr la politique des autorités chinoises, mais aussi les difficultés économiques qui poussent la population tibétaine à prendre le périlleux chemin de l'exil. D'après le recensement effectué en 1998 par le gouvernement tibétain en exil, la population des réfugiés tibétains s'élève à 120 000 personnes, dont 18 000 moines et nonnes. Plus de 110 000 vivent en Inde ou au Népal, 60 % d'entre eux vivant regroupés dans des villages ou des communautés tibétaines. Seulement une centaine de personnes est installée en France. Depuis 1984, 8 000 enfants ont fui le Tibet pour l'Inde et le Népal, dont 80 % sans leurs parents. En décembre 1997, 6 enfants sont morts de faim et de froid en essayant de franchir l'Himalaya. En 2003, malgré l'intervention du HCR, les autorités népalaises ont refoulé 18 réfugiés tibétains déjà parvenus à Kathmandu.

POSTE

L'envoi de *courrier* est sûr, mais relativement lent puisqu'il est acheminé jusqu'à Pékin où il est trié. Compter 2 ou 3 semaines jusqu'à la France. Il y a des postes un peu partout, même dans les villes de taille moyenne comme Shegar ou Nyalam. Nous vous conseillons tout de même de poster votre courrier depuis Lhassa. De nombreux hôtels vendent cartes postales et timbres et disposent d'une boîte aux lettres. Pour les envois de ***paquets*** hors du Tibet, il faut exclusivement s'adresser à la poste principale de Lhassa.

PSB – BUREAU DE SÉCURITÉ PUBLIQUE

Ces 3 lettres, initiales anglaises de la police intérieure chinoise, le *Public Security Bureau,* font frémir les Tibétains. C'est le PSB qui s'occupe de toutes les formalités concernant les visas et *travel permits* une fois sur place. Dans chaque bureau, il y a théoriquement un policier du *Foreign Affairs* (le département qui s'occupe des touristes) qui parle l'anglais. Les horaires sont ceux des bâtiments officiels : 9 h-13 h, 16 h-19 h tous les jours sauf le week-end. C'est également là que vous ferez constater des pertes ou vols. Pour les permis et prolongation de visas, les agences de voyages de Lhassa servent d'intermédiaires obligatoires à toutes démarches en vue d'obtenir des permis. En revanche, à Shigatsé et Ali, les indépendants sont acceptés.

Pour les formalités, munissez-vous de votre passeport et de votre visa d'entrée s'il figure sur une feuille séparée. Les prix sont en général affichés. Certains changent selon les nationalités.

Les *travel permits*

Avertissement : nous ne pouvons fournir qu'un instantané datant de notre passage, pris de surcroît à travers l'objectif flou de la bureaucratie chinoise. Venant compléter le permis TTB, prélude à toute entrée au Tibet, les *(Alien) Travel Permit* (permis de voyage pour étrangers) sont nécessaires pour toutes les régions dites « fermées », soit tout le pays à l'exception de : Lhassa et sa région, les villes de Shigatsé, Gyantsé et Tsétang, ainsi que le voyage express de Lhassa à la frontière népalaise. Cela pourrait évoluer (et de même pour le permis TTB), car la Chine se doit de respecter un principe induit par son adhésion à l'Organisation mondiale du commerce, en l'occurrence celui de permettre aux visiteurs de voyager librement dans son pays. Or, si le Tibet c'est la Chine... Annoncé pour fin 2004, puis 2005, ce changement tant attendu serait dorénavant repoussé à l'horizon 2007, après l'inauguration de la ligne de chemin de fer Golmud-Lhassa. Affaire à suivre.

Précisons qu'il n'est souvent pas possible d'obtenir tous les *travel permits* à partir de n'importe quelle ville et que certaines régions frontalières ou sensibles nécessitent 2 ou 3 permis supplémentaires, émanant des Affaires étrangères, de l'armée, etc.

En « période de tension », l'accès à certaines zones, même muni de permis en bonne et due forme, peut être refusé. Les Chinois craignant des manifestations publiques de nationalisme tibétain, le risque est plus grand aux périodes suivantes : en février, au moment du Nouvel An tibétain ; en mars, pour commémorer le soulèvement de 1959 et les grosses manifestations de 1988 et 1989 ; en mai pour l'accord de 1951 qui intégra le Tibet à la Chine ; en juillet pour l'anniversaire du dalaï-lama.

Dans les faits, certaines régions fermées se visitent facilement sans permis (comme Samyé) et, avec de la chance, on peut se glisser entre les contrôles. Le risque, minime, se limite à une éventuelle amende, négociable.

Pour plus de précisions, se reporter aux villes concernées ; voir plus loin la rubrique « Quitter Lhassa. En individuel ». Il est aussi intéressant de recueillir les témoignages de voyageurs sur place ou avant le départ sur les forums internet.

RELATIONS CHINE-TIBET

Pourquoi la Chine s'intéresse-t-elle au Tibet ?

Le Tibet constitue un véritable mythe pour les Chinois. La peur qu'ont les Han des barbares venant de l'Ouest est une histoire aussi ancienne que la Chine elle-même. Les hordes mongoles et les cavaliers tibétains ont fondu périodiquement sur la Chine. Dès 641, à l'époque de l'empire des Tang, le souverain du Tibet, Songtsen Gampo, avait obtenu en mariage une princesse han, après avoir assiégé la capitale chinoise. C'est pour se protéger de ces invasions répétées que la fameuse Grande Muraille fut érigée. Depuis, cette peur est restée ancrée dans l'imaginaire des Han. Lors de son premier discours en 1949, Mao annonça clairement ses intentions concernant le Tibet : pour protéger la révolution et la Chine nouvelle, il fallait commencer par protéger les frontières de l'Ouest. Quelques mois plus tard, l'Armée populaire de libération pénétrait au Tibet. Pour justifier cette intervention, les documents officiels chinois (tels que le site Internet de l'ambassade de Chine en France) affirment haut et fort que le Tibet fait partie de la sphère chinoise depuis des siècles... Paradoxe de l'histoire : les Tibétains paient aujourd'hui pour les rêves de gloire d'une autre époque, car à l'heure où les Chinois passaient à l'offensive, le Tibet vivait déjà depuis longtemps replié sur lui-même, dans un fier isolationnisme, à l'opposé de leur impérialisme d'antan.

La Chine surpeuplée rêvait de ces plateaux désertiques pour y implanter quelques-uns de ses 500 millions d'habitants de l'époque et pour en extraire les minéraux qui feraient la richesse de la Chine populaire. Malheureusement, les plateaux se sont avérés trop pauvres pour les colons chinois des basses terres, et les minerais trop profondément enfouis dans la roche pour pouvoir être extraits à des coûts raisonnables (ce qui n'empêche pas les Chinois de se ruer sur les réserves d'uranium, de borax et de lithium, considérées parmi les plus riches du monde). Reste que l'altitude du Tibet lui permet de dominer la plupart des capitales environnantes : New Delhi, Islamabad, Kaboul, Dakka, Bangkok ou Moscou. Aux yeux des autorités chinoises, cette position stratégique extraordinaire compte plus que la somme exorbitante consacrée à l'armée d'occupation, les revers politiques, les révoltes locales, mais aussi que l'indignation de l'opinion publique mondiale face à la violation permanente des Droits de l'homme au Tibet. Et cela explique pourquoi les Chinois ne quitteront jamais le Tibet, si ce n'est contraints et forcés, mais comment et par qui ?

Aujourd'hui, à Lhassa notamment, 60 à 70 % de la population est chinoise. Les Tibétains laissent progressivement toutes les basses besognes aux colons chinois qui ne demandent que ça et économisent yuan après yuan, tandis que certains Tibétains nantis, grands seigneurs, vont flamber au mahjong. Cette attitude rappelle celle des aristocrates du pays avant l'arrivée des Chinois : jusqu'au dernier moment, les grandes familles qui régnaient sur le Tibet n'ont rien vu venir et ont préféré pratiquer la politique de l'autruche...

Faut-il boycotter le Tibet occupé par la Chine ?

Cette question fut posée au dalaï-lama il y a quelques années ; sa réponse fut sans ambiguïté : « Qu'une partie des dollars des touristes aillent aux Chinois ne me pose pas de problème. Je préfère que de nombreuses personnes visitent le Tibet, voient par elles-mêmes l'oppression chinoise et qu'elles témoignent à leur retour. » Cette attitude nous a été souvent confirmée par les Tibétains du Tibet, pour qui la présence de touristes signifie qu'ils ne sont pas oubliés par le monde occidental et laissés seuls face aux exactions chinoises.

Mais aujourd'hui, il faut bien dire que le touriste ne verra pas d'emblée grand-chose : une visite à un temple n'implique pas forcément qu'on verra des moines assujettis, l'ordre sur la place du Jokhang est assuré par des gardes locaux haranguant en tibétain les ouailles égarées, et nombre de monastères ont retrouvé leur lustre. Et puis, mis à part les conducteurs de taxi, ce sont d'abord des Tibétains qui accueillent les touristes dans les hôtels et les conduisent dans leurs 4x4.

Sachez cependant que, si la façade est tibétaine, au sommet de la pyramide, ce sont bien des Chinois qui décident.

La Chine, bras armé du progrès

Un voyage au Tibet, c'est aussi une formidable occasion de méditer sur les bienfaits et les méfaits du monde moderne. Car les Chinois apportent avec eux la globalisation dans une société traditionnelle et unique. Dans un autre genre moins dramatique, et sur un espace comparativement minuscule, observons ce qui se passe au Bhoutan. Dans ce petit royaume himalayen que l'on ne peut visiter qu'au compte-gouttes et moyennant un droit d'entrée élevé, le peuple est aujourd'hui attiré par les sirènes du progrès après des années de fier isolement. Comme partout, de nombreux jeunes Tibétains sont tentés par le modernisme, même si celui-ci est importé par l'envahisseur et non adopté librement. À l'opposé, certaines attitudes, comme celle d'une amoureuse du Tibet déclarant que c'était une honte de bitumer un axe principal de Lhassa parce que la chaussée en terre était plus authentique, procèdent de l'étroitesse d'esprit voire d'un égoïsme déplacé. Coincée par son interlocuteur, elle admit qu'elle ne supporterait pas toute cette boue et cette poussière dans son pays. Surprenant tout le monde, le dalaï-lama a d'ailleurs encouragé sans équivoque le développement économique induit par les Chinois dans son pays qu'il a qualifié de sous-développé et arriéré. Ceci à prendre bien sûr dans son contexte (voir la rubrique « Histoire ») et n'ayant rien à voir avec un blanc-seing donné à une croissance qui sacrifierait l'environnement et l'identité du peuple tibétain.

Kutchi, kutchi, dalaï-lama pitchu !

« S'il te plaît, donne-moi une photo du dalaï-lama », généralement accompagné des deux pouces levés et de la langue légèrement sortie, signes de grand respect et d'attente...

Jusqu'en 1995, les touristes n'avaient, officiellement, pas le droit de donner dans la rue ou dans les monastères des photos du dalaï-lama aux Tibétains, mais ça se pratiquait malgré tout sans trop de risques. Depuis 1996, les choses ont changé. Après 40 ans de « libération pacifique du Tibet », les Chinois n'admettent pas de voir le dalaï-lama être reçu avec le tapis rouge dans le monde entier. Certains n'apprécient guère que ce peuple garde une foi intense dans ses lamas, consentant à des sacrifices allant de l'offrande de la lampe à beurre aux dons en argent en passant par les travaux bénévoles dans les monastères. Bref, ils ne supportent pas que l'âme tibétaine ait survécu après un demi-siècle de dictature, de désinformation, de Révolution culturelle et de répression.

À présent, les photos du dalaï-lama sont formellement interdites dans les temples, mais aussi chez les particuliers. N'en donnez donc plus. Pas la peine de jouer au petit agent secret, vous feriez courir à vos interlocuteurs de gros risques. Les Tibétains savent trouver par eux-mêmes des moyens de contourner l'interdit. Durant la Révolution culturelle, ils cachaient les photos du saint homme derrière la photo officielle et obligatoire de Mao... Aujourd'hui, posters et fresques apparaissent et disparaissent comme par enchantement, d'autant que certaines autorités locales font preuve de compréhension et préviennent avant d'éventuelles vérifications. Dans la partie setchuannaise du Kham (Est tibétain), les photos sont tolérées dans nombre de monastères tandis que la majorité des nomades portent en médaillon la photo du dalaï-lama.

Ne pas prendre de risques inutiles

Quoi que vous fassiez pour la cause du peuple tibétain, vous ne risquez pas grand-chose : une confession en trois exemplaires, une amende, éventuellement une nuit dans un commissariat de police voire, au pire, une reconduction à la frontière. En revanche, les Tibétains qui vous ont aidé par gentillesse, pour quelques sous ou par conviction politique, risquent, pour leur part, très gros. Les moines sont particulièrement exposés. 15 ans de travaux forcés n'est pas une peine exceptionnelle en Chine pour quelqu'un qui peut être soupçonné d'activité antirégime.

Nouveau rapprochement stratégique : la ligne de chemin de fer

Une voie ferrée, la plus haute du monde, reliant Golmud à Lhassa, un délire ? Non ! Mais si, et tout est allé si vite… malgré la prédiction des pires ennuis techniques, écologiques et humains. Mais on avait peut-être oublié l'essentiel, à savoir le talent des Chinois pour les grands travaux et ce, depuis des millénaires. L'inauguration a eu lieu le 1er juillet 2006 plus par effet d'annonce et de propagande que de réalisme. La sortie de l'hiver 2007 paraît plus plausible pour une exploitation régulière.

Quelques chiffres : la voie est longue de 1 118 km. La moitié repose sur du permafrost et 70 % se situent à plus de 4 500 m ; elle compte plus de 2 500 ponts et 11 tunnels ainsi que 34 gares ; son coût atteindra au final quelque 4 milliards d'euros, soit le triple de ce que Pékin a dépensé en 50 ans pour l'éducation et la santé tibétaines.

Pour rentabiliser sa construction et les frais d'exploitation, fatalement très élevés, les autorités tablent sur l'arrivée de 900 000 touristes supplémentaires par an. La voie servira aussi à faciliter l'acheminement de grosses ressources minérales enfouies dans des terres gelées et inhospitalières. Sur le chantier, déjà plus d'un million de tonnes de cuivre et des milliers de tonnes de cobalt auraient été découverts.

Qu'en est-t-il des effets négatifs de cette ligne ? Au niveau écologique, il faut reconnaître que les Chinois ont fait un effort sans précédent en intégrant cette donnée à tous les niveaux du projet. Ils ont essayé de minimiser l'impact du chantier sur la faune et la flore (plusieurs réserves sont traversées) d'une région déjà fragilisée par le réchauffement climatique.

D'autre part, le spectre d'une accélération de la colonisation han (chinoise) est souvent évoqué, en écho avec ce qui s'est passé au Xinjiang après l'ouverture des voies ferrées. Le danger est bien réel. Exemple concret, la grande majorité des ouvriers du train sont des immigrants. À ce fait indiscutable, les Chinois répondent en pointant le manque de main-d'œuvre tibétaine qualifiée, puis s'empressent de préciser qu'ils pensent au futur, puisqu'un bon tiers des nouveaux étudiants des instituts du rail sont désormais tibétains.

La participation tibétaine au développement et le maintien de l'identité culturelle sont au cœur même du débat actuel, le train n'étant finalement qu'un chapitre supplémentaire. À ce propos, le dalaï-lama, après avoir condamné la voie Golmud-Lhassa, a finalement salué son achèvement comme un jalon supplémentaire permettant au Tibet de sortir de la pauvreté et de l'arriération. Ces propos sont certes teintés d'un fort pragmatisme, mais cette attitude n'est-elle pas liée aux enseignements du bouddhisme ?

RELIGIONS ET CROYANCES

Le bouddhisme

Le prince Siddharta Gautama (dit le Sage, l'Éveillé, le Bouddha) naquit au Népal au VIe siècle av. J.-C. Il mena une vie d'ascète et fut d'abord bodhisattva, c'est-à-dire futur bouddha. Il tint tête à Mara, le démon, assis quatre jours sous un figuier, les jambes croisées dans la fameuse position que nous connaissons. Il atteignit ainsi l'Éveil et réussit à se libérer de toute souffrance. Dès lors, il partit tout le long du continent asiatique proclamant la loi du Karma, loi universelle selon laquelle toute action, bonne ou mauvaise, est punie ou récompensée dans la réincarnation de l'âme.
Le bouddhisme s'inscrit dans un mouvement de réaction au brahmanisme. Il ne tient aucun compte du système des castes, ni des rites, et s'appuie sur une démarche strictement individuelle, une voie de libération.

La doctrine

La pensée du Bouddha vise à libérer de la douleur (cf. son premier sermon à Bénarès, « À l'origine de la douleur universelle est la soif d'exister »).
Les quatre nobles vérités éclairent bien la « mécanique bouddhique » :
– l'attachement conduit à la souffrance ;
– l'origine de l'attachement est dans les passions ;
– pour se libérer de la souffrance, il faut maîtriser les passions ;
– pour maîtriser les passions, il faut suivre une discipline.
Pas facile tout ça, mais le Bouddha a été assez précis sur la façon d'accéder au nirvana : le bouddhiste doit parcourir successivement les huit nobles entraînements présentés dans l'Octuple Noble Sentier, seule façon d'éviter de se voir renaître en rat ou en grenouille.
Pour ceux qui voudraient essayer, nous vous donnons les clés du nirvana : contrôler sa parole, sa volonté, ses actions, son mode de vie, ses aspirations, sa pensée et sa concentration.
Attention, le nirvana n'est pas notre paradis, mais plutôt le bonheur, le moment où l'esprit de l'homme se purifie des passions et la fin du cycle des renaissances *(Samsara)*. En bref, le bouddhisme est une voie du bonheur spirituel.

Divinités et *tantra*

À gauche et à droite du Bouddha historique, *Sakyamuni*, se trouvent le Bouddha du passé, *Dipamkara*, et le Bouddha du futur, *Maitreya.* Ces Bouddhas des trois temps sont revêtus des trois robes monastiques. Cependant, le Bouddha primordial est de couleur bleu nuit, tenant le sceptre *(dorjé)* et la cloche, symboles de la compassion et de la sagesse. Il est représenté sous un aspect de gloire et paré de riches ornements.
Les *bodhisattvas* sont en général au nombre de huit. Ils sont debout et portent de nombreuses parures qui représentent leur aspect spécifique : *Chenrezig (Avalokitesvara)* illustre la compassion, *Manjushri* la sagesse, et *Vajrapani* les pouvoirs.
En règle générale, on reconnaît les manifestations du Bouddha à la couronne représentant les cinq sagesses de l'Éveil. Les divinités sont réparties en quatre sortes de *tantra*, les plus simples n'ayant qu'une seule divinité, les plus compliquées pouvant en avoir plusieurs centaines, comme on en voit sur les mandalas des fresques de Gyantsé ou de Shalu, par exemple.

Protecteurs

Les divinités protectrices sont généralement représentées sous des formes courroucées. Certaines sont des aspects du Bouddha et portent alors la couronne des 5 sagesses (crânes). D'autres peuvent être d'anciennes divinités locales qui ont été assimilées et sont devenues des protecteurs bouddhiques. Ces derniers ont, dans chaque monastère, une chapelle qui leur est dédiée, le *gönkhang,* interdite souvent au public, parfois uniquement aux femmes. Si le visage de ces divinités est souvent caché, c'est qu'effrayant, il pourrait faire peur aux enfants ou (*dixit* notre guide, clairement moqueur), parce qu'il leur faut se protéger des éventuelles haleines chargées d'ail de visiteurs chinois – les Tibétains sachant bien qu'on ne peut en manger avant de visiter un temple. Jeunes lecteurs, ne tremblez pas devant cette sculpture effrayante chevauchant un destrier, c'est votre protecteur !

Maîtres spirituels

Les maîtres des différentes écoles sont représentés sur les fresques murales des temples, depuis les gourous indiens jusqu'aux sages contemporains. On les reconnaît à leurs coiffes et attributs.
Padmasambhava (Guru Rinpoché), avec sa petite moustache, son air courroucé et son visage doré, occupe une place centrale dans tous les monastères de l'école Nyingmapa, ou œcuméniques, comme Mindroling ou Samyé.
Chez les Guélugpas, le « grand cinquième » dalaï-lama occupe une place privilégiée à côté du Bengalais Atisha et de Tsongkhapa.
À Sakya, ce sont les premiers patriarches, notamment Kunga Nyingpo (sans coiffe, reconnaissable à ses cheveux blancs) et Sakya Pandita.
Chez les Kagyüpas, outre les Indiens Tilopas et Naropas, Marpas avec ses cheveux longs, ses habits de laïc et ses anneaux aux deux oreilles, et Milarépa, en robe de coton blanc et portant la main à son esgourde sont omniprésents.

Mandalas

Les mandalas sont des représentations symboliques du palais céleste d'une divinité. Certains de ces mandalas sont construits en trois dimensions (au Potala ou à Gyantsé), mais la plupart sont peints sur des *tangkha* ou des fresques. D'autres enfin sont fabriqués avec du sable de couleur lors de rituels particuliers et sont détruits à la fin de celui-ci. La divinité centrale, parfois reproduite, parfois symbolisée, donne son nom au mandala tout entier.
À l'entrée des temples se trouve souvent représenté le mandala de l'Univers, avec au centre la montagne axiale, le mont Méru, entourée des quatre continents, des océans, du soleil, de la lune, etc. Apparaît aussi la roue de la vie, que le maître de la Mort tient dans ses griffes et qui tourne autour des trois poisons symbolisés par le coq, le serpent et le cochon. La roue elle-même est divisée en six sections représentant les six états de l'être : les dieux, les demi-dieux, les hommes, les animaux, les esprits avides et les enfers.

Les écoles bouddhiques

La vieille distinction « Bonnets rouges, Bonnets jaunes » ne correspond pas à grand-chose, et mieux vaut l'oublier. En fait, il y a au Tibet une école ancienne qui date de la dynastie royale, et des écoles plus récentes qui ont vu le jour lors de la seconde diffusion du bouddhisme au Tibet, aux XIe et XIIe siècles.

– *L'école des Anciens (Nyingmapa) :* cette école est fondée par les maîtres indiens, invités au Tibet durant le règne du roi Trisong Détsen (VIIIe siècle). Cette première introduction du bouddhisme se développe autour de *Samyé* qui devient rapidement un grand foyer intellectuel où des centaines de traducteurs indiens et tibétains transcrivent les textes sanskrits sous le patronage royal. Pendant longtemps l'école Nyingmapa n'a pas construit de monastères, préférant le cadre informel des ermitages ou la vie de pasteur dans les villages. Ce n'est qu'au cours des XVIIe et XVIIIe siècles que sont établis les grands centres Nyingmapa. Au Tibet central, *Mindroling* et *Dorjé Drag* sont des monastères importants, mais c'est au Kham que la tradition Nyingmapa est la plus florissante autour des grands centres de *Séchen* et surtout *Dzokchen* près de Dergué. Cette école est autant réputée pour ses connaissances en médecine, de brillantes études des livres sacrés, que pour son aptitude à régler les conflits.

– *L'école Kadampa :* fondée par Atisha (982-1054), grand érudit indien invité au Tibet de l'Ouest par les princes du royaume de Gugué. Il établit des règles monastiques strictes, notamment le célibat pour contrecarrer les excès du tantrisme sauvage à l'intérieur de l'enceinte monastique. Avec lui, les monastères deviennent des centres d'étude plus que des centres de méditation, ce qu'ils sont toujours aujourd'hui. Le premier monastère Kadampa est *Réting,* au nord de Lhassa.

– *Tsongkhapa et l'école Guélugpa :* en 1357, Tsongkhapa naît en Amdo près du monastère de *Kumbum*. Il met l'accent sur la stricte observance des règles monastiques et fonde, en 1409, le monastère de *Ganden* près de Lhassa, où il meurt peu de temps après. Bien qu'il ne crée pas à proprement parler un nouvel ordre religieux, il est l'inspirateur, sur les bases de l'école Kadampa, de ce qui allait devenir l'école Guélugpa, « la tradition de la vertu ». Cet enseignement prend rapidement une ampleur considérable, établissant quelque 140 centres monastiques dont *Séra* et *Drépung* sont les plus importants. Un disciple de Tsongkhapa consolide l'organisation monastique de l'ordre. Il est reconnu *a posteriori* comme le 1er dalaï-lama. Cependant, malgré ce que l'on croit généralement, le dalaï-lama n'a jamais été le chef de l'école Guélugpa, cette position étant occupée depuis Tsongkhapa par les détenteurs du trône abbatial de Ganden. C'est avec le 5e dalaï-lama que l'école Guélugpa monopolise définitivement le pouvoir politique et religieux sur le Tibet, au détriment parfois des autres écoles qui, suite à de véritables guerres de religion, ont dû soit se soumettre, soit se voir annexées. C'est aussi de l'école Guélugpa qu'est issu le panchen-lama (*panchen* est l'équivalent du sanskrit *pandit*, signifiant « érudit »), l'autre chef spirituel du Tibet, qui, contrairement au dalaï-lama, ne possède pas de pouvoir temporel.

– *L'école Sakyapa :* cette école tire son nom de son lieu d'origine, *Sakya,* dans la province du Tsang. Sakya Pandita (1187-1251) et Phagpa, son neveu, les 4e et 5e patriarches de Sakya, sont des érudits incomparables qui convertissent les Mongols Godan Khan et Kubilai Khan au milieu du XIIIe siècle. Appuyés par ces empereurs puissants, les Sakyapas détiennent pendant un siècle (XIVe) le pouvoir temporel et spirituel sur tout le Tibet. Cet ordre, bien que considéré comme traditionaliste, est à bien des égards le plus intellectuel de tous. Chacune des écoles a son propre cursus de textes ou commentaires religieux, celui du Sakyapa est le Sakya-khabum, les « Cent Mille Mots » de Sakya.

– *Les écoles Kagyüpas :* Marpa le traducteur (1012-1098) se rend trois fois en Inde pour en rapporter textes et initiations qu'il traduit et enseigne au Tibet. Milarépa, son principal disciple, met en pratique ces enseignements par une vie exemplaire de renonciation et de méditation solitaire. Ses disciples fondent l'école Kagyüpa de « la transmission orale » (on peut traduire *Kagyüpa* par « ceux de la tradition murmurée »). Les Kagyüpas sont à l'origine du rite de la réincarnation, adopté ensuite par toutes les écoles bouddhiques. Ils sont connus sous le titre de « Bonnets noirs » depuis que le 2e Karmapa s'en alla visiter Kubilai Khan, fondateur de la dynastie chinoise des Yuan, emportant avec lui une relique inestimable, un bonnet noir, « représentation physique d'une couronne spirituelle tissée à l'aide des cheveux de 100 000 saintes ». Progressivement se forment différentes branches ou sous-écoles se réclamant toutes de la tradition érémitique de Milarépa.

Düsum Kyenpa (1110-1193) est le premier karmapa. Il établit près de Lhassa le monastère de *Tsurphu* qui devient son siège principal. Phagmo Drupa fonde le monastère de *Densathil* qui est à son tour l'inspirateur de huit branches secondaires dont la plus connue est l'école *Drukpa Kagyü*. Aujourd'hui encore école dominante du Bhoutan, elle a donné son nom, *Druk*, à ce pays. En marge de ces principales écoles, un certain nombre de grands maîtres, par leur rayonnement spirituel, donnent naissance à des traditions monastiques ou méditatives séparées, telles que la fameuse tradition du Chöd créée au XIe siècle par la femme yogini, Machik Labdrön.

Le bön

De type chamanique, la tradition bön remonte à un ancêtre mythique, Shenrab Miwo, qui, descendu du ciel par une corde céleste, serait arrivé sur le mont Kailash. Les *bönpos* considèrent cette montagne comme le lieu de naissance de leur tradition, le centre du royaume de Shangshung. Les historiens considèrent plutôt que le bön est originaire de Perse. Il est vrai que si les annales böns contiennent des listes de rois se succédant sur le trône, les preuves historiques de leur existence sont maigres. Lorsque Songtsen Gampo conquiert le Shangshung et l'annexe à son royaume (VIIe siècle), il invite les prêtres bönpos à sa cour, où leur influence demeure importante. Avec l'accession au trône du roi Langdarma (IXe siècle), le bön retrouve ses quartiers de noblesse et entre dans une période de renaissance. Plus tard, la tradition bön réformée va emprunter de nombreux éléments au bouddhisme, notamment le système monastique et la pratique du débat. Aujourd'hui, quand le dalaï-lama parle des cinq traditions du Tibet, il évoque les quatre grandes écoles bouddhiques et le bön. Cette reconnaissance officielle a été accueillie avec soulagement par la population bönpo après des siècles de rejet.

S'il existe des monastères bön dans tout le Tibet, la plus forte concentration se situe au Kham et dans la région du mont Kailash. Au Tibet central, le siège principal du bön est le monastère de *Yundrung Tashiling,* près de Shigasté.

L'enterrement céleste

Pratique funéraire d'origine prébouddhique, c'est assurément l'une des coutumes tibétaines les plus surprenantes. Après le décès, le corps est dépecé et les os sont broyés. Les restes sont donnés aux vautours quand ce ne sont pas les chiens qui s'y mettent. Ceux qui trouveraient cette pratique barbare apprendront que la mise en bière est pour les Tibétains la plus vile des funérailles parmi les cinq méthodes qu'ils recensent : tombe en forme de *stûpa,* apanage des lamas de haut rangs, momifiés ; incinération et remise des cendres dans un petit *stûpa,* privilège de certains nobles ; enterrement céleste ; abandon du corps dans un lac ou une rivière (enfants de moins de 1 an ou personnes n'ayant pas les moyens de s'offrir un enterrement céleste) et, enfin, l'enterrement terrestre, qui est réservé aux bandits, aux « pourris » comme nous dira notre guide.

Tous les grands monastères disposent d'un site. Celui de Drigung Til (voir le chapitre qui lui est consacré) est l'un des plus populaires autour de Lhassa. On y vient de très loin.

Attention, le gouvernement chinois a formellement interdit aux touristes d'assister aux enterrements célestes. Cela correspond généralement aux aspirations des parents du défunt. Toutefois, il arrive que des familles invitent les voyageurs, notamment dans des coins paumés du Kham. Si cela vous arrive, sachez que le spectacle est très difficile à supporter pour nos âmes occidentales. Cette cérémonie n'est cependant pas « triste ». Au détour d'une kora, on verra parfois des pèlerins emmener leurs enfants sur le site d'enterrement et leur mimer les actes tout en s'en amusant. Les funérailles célestes, c'est aussi un véritable business de la mort tout comme nos pompes funèbres. Les premiers prix démarrent autour de 3 000 ¥ (300 €) mais les plus fortunés dépenseront autour de 20 000 ¥ (2 000 €).

La vie monastique

Les monastères tibétains, du plus humble temple de campagne aux riches universités de la région de Lhassa, ont rempli depuis l'origine une fonction d'éducation, de transmission du savoir. Ils ont été au cours de l'histoire l'un des seuls moyens de promotion sociale dans une société fortement stratifiée et immobile. Le dicton « Même le détenteur du trône de Ganden (chef de l'ordre Guélugpa) n'est pas sûr de garder sa position face à un garçon brillant, fils de n'importe quelle femme » signifie qu'il est en théorie possible à n'importe quel moinillon de s'élever jusqu'au sommet de la hiérarchie religieuse, s'il en a les qualités requises. Et les candidats potentiels ne manquaient pas, puisqu'en 1950 on estimait à 600 000 le nombre de moines au Tibet, soit un peu plus d'un habitant sur 10 ! Dès son arrivée au monastère, le novice est affilié à un collège et logé selon sa région d'origine. Il est confié à un précepteur chargé de son éducation religieuse et à un autre moine pour les affaires quotidiennes. Dans toutes les grandes institutions Guélugpa, la durée des études est de douze à treize années, au terme desquelles l'aspirant peut se présenter aux examens de *Guéshé,* ultime grade de la hiérarchie monastique. Les élèves doivent mémoriser des milliers de pages de textes, étudier les paroles du Bouddha *(sûtra),* les traités d'éthique et les systèmes philosophiques. Ils participent à deux ou trois rituels quotidens, à des débats théologiques et méditent pour mettre en pratique ces enseignements. Cependant, tous les moines ne suivent pas ce cursus : certains gèrent les dépendances, s'occupent des tâches administratives ou domestiques pour que ces immenses institutions puissent fonctionner. On a estimé que seulement 30 % des moines devenaient des « lecteurs » (autrement dit des lettrés) ayant suivi tout le cursus. D'autres, les *Dobdob,* le plus souvent illettrés, exerçaient des fonctions purement disciplinaires ou policières au sein de véritables milices monastiques. Soumis à un entraînement physique quotidien, reconnaissables à leur mèche de cheveux enroulée derrière l'oreille, cette caste de moines guerriers, qui constitua jusqu'à 15 % des effectifs monastiques, était crainte de toute la population. Lire à ce sujet les *Mémoires d'un moine aventurier tibétain,* de Hugh Richardson (voir plus haut la rubrique « Livres de route »).

En général, les moines sont nourris par les monastères. Ils reçoivent chaque mois une ration de *tsampa* et de beurre, ainsi que du thé, le complément étant fourni par les familles ou par des offrandes. Pour entretenir de telles communautés avant l'invasion, les grands monastères possédaient d'immenses domaines et des dépendances dans tout le Tibet. Attachés à leurs privilèges, ils ont souvent joué un rôle politique réactionnaire.

De nos jours, il est notoirement difficile pour les enfants de rentrer dans les grands monastères de Lhassa, Shigatsé ou Gyantsé, auxquels un numerus clausus a été attribué par les Chinois. À la campagne, c'est plus facile.

Milarépa et la tradition érémitique

Les monastères ne sont pas des lieux de méditation et de silence à proprement parler, mais avant tout des lieux de transmission et de préservation de la tradition. Les moines – et les laïcs – désireux de se consacrer à la méditation ont la possibilité d'effectuer des retraites collectives sous la direction d'un maître. Selon la tradition la plus courante, celles-ci durent 3 ans et 3 jours. Les méditants confirmés peuvent également se retirer dans la solitude, sans quitter leurs ermitages, sinon pour aller mendier dans les villages ou chez les pasteurs les quelques vivres dont ils ont besoin. Ils suivent en cela l'exemple de Milarépa, poète et grand yogi du XIe siècle, qui passa sa vie dans la solitude des grottes himalayennes. Certains se cloîtrent même jusqu'à leur mort.

Bien que les monastères soient grandement respectés, la population éprouve une admiration plus grande encore pour ces yogis ermites. À l'image de Milarépa, ils renoncent totalement au monde et aux biens matériels (ce qui n'est pas toujours le cas des monastères et des abbés !) et pratiquent l'idéal de renonciation et de sagesse prêché par le Bouddha. Malgré de fortes tensions historiques, la grande force du bouddhisme tibétain est d'avoir su préserver la cohabitation entre les institutions monastiques les plus strictes et la tradition des ermites vivant hors de tout cadre institutionnel. Les grands monastères, faisant abstraction de leurs puissances politico-religieuses, vont souvent tolérer, encourager et parfois supporter matériellement ces « fous divins », ces « francs-tireurs » du spirituel.

Le dalaï-lama

Tout le monde en Occident connaît plus ou moins le visage souriant du 14e dalaï-lama. S'il est devenu une personnalité médiatique, c'est bien malgré lui.

Né en 1935 dans une famille de paysans modestes, le petit Tenzin Gyatso est reconnu, à l'âge de deux ans et demi, comme la nouvelle réincarnation de la lignée des dalaï-lamas. Son prédécesseur, le 13e du titre, est mort en 1933. Il est conduit à Lhassa, au Potala plus exactement, pour y recevoir l'enseignement codifié qui fera de lui un « maître dont la sagesse est aussi vaste que l'océan » (c'est la traduction de *dalaï-lama*). Quand les Chinois envahissent le Tibet en 1950, il est en principe trop jeune pour se voir remettre tous les pouvoirs, mais l'oracle d'État ayant parlé, on fera une exception. Il est d'abord mis à l'abri à Yatung, à l'ouest du pays, dans la vallée de la Chumbi, avant de revenir sur Lhassa. Les années 1950 sont une période difficile, mais le dalaï-lama ne quitte le Tibet qu'en 1959, lors de la répression sanglante qui répond au soulèvement populaire. En avril 1960, il s'installe sur les hauteurs de Dharamsala, une petite ville indienne proche du Pakistan, à 15 h de bus de New Delhi. Acceptant l'offre du gouvernement indien, il y établit le siège du gouvernement tibétain en exil et reconstruit à l'identique d'anciens monastères détruits par l'agression chinoise.

Le dalaï-lama ne passe pas tout son temps à Dharamsala. Il se doit de sillonner le monde en tant qu'ambassadeur itinérant de la cause tibétaine. Le prix Nobel de la paix, obtenu en 1989, l'a récompensé pour sa modération. Depuis des années, il préconise la voie de la sagesse, réclamant non l'indépendance, mais une autonomie élargie qui permettrait aux Tibétains de garder leur culture. Malheureusement, les Chinois continuent de lui faire la sourde oreille malgré de périodiques pourparlers abordant la question de son retour (voir aussi la rubrique « Histoire »). À l'opposé de nombreux Tibétains (notamment les jeunes jusqu'à Dharamsala même) jugent l'attitude du dalaï-lama trop conciliante envers Pékin. Son image est au plus haut dans un Occident en mal de spiritualité qu'il parcourt tel un gourou *new age* en donnant des conférences. Mais, faute de résultats concrets, son aura pourrait faiblir au sein de son peuple pour lequel il est à la fois chef spirituel et temporel.

Quoi qu'il en soit, le dalaï-lama a créé la surprise début 2001 en annonçant qu'il était favorable à la mise en place d'un système d'élection pour désigner son successeur. Voilà en effet une annonce révolutionnaire, rompant avec des siècles de tradition. Objectif : éviter une vacance du pouvoir après son décès, ainsi que toute scission entre la communauté en exil et les différentes écoles du bouddhisme tibétain. L'élu serait sélectionné d'après une liste de candidats pris dans son gouvernement en exil et aurait un statut comparable à celui d'un Premier ministre. Faut-il y voir un moyen d'éviter que le futur chef spirituel soit le jeune Karmapa qui a quitté le Tibet en décembre 1999 ? En raison de rivalités ancestrales, le dalaï-lama a en effet exclu qu'il puisse faire partie des candidats à sa succession. Récemment, le dalaï-lama a encore étonné en avalisant la modernisation du Tibet par l'action des Chinois (voir « Histoire »). Sans aucun doute, il s'agit d'un homme exceptionnel, se plaçant bien au-delà de toutes les querelles de son temps « terrestre ». Ceux qui voudraient en connaître davantage sur l'éducation spirituelle du dalaï-lama verront avec intérêt *Kundun*, le film de Martin Scorsese, qui raconte les années 1937-1959 de sa vie. Il a été reconnu comme étant une reconstitution fidèle de la vie du chef tibétain (le réalisateur s'est basé sur les mémoires du dalaï-lama, *Au loin la liberté*). Le jeune dalaï-lama « apparaît » également dans *Sept Ans au Tibet*, l'adaptation toute relative par Jean-Jacques Annaud de l'aventure hors du commun d'Heinrich Harrer (voir plus haut la rubrique « Livres de route »). Un point commun à ces deux films : vous n'y verrez évidemment pas le Tibet, les lieux de tournage ayant été très divers (les Andes pour Annaud, les États-Unis, le Canada et le Maroc pour Scorsese).

SANTÉ

Pour un voyage au Tibet sans souci, il est indispensable d'être en bonne santé. Ceux qui auraient des doutes devraient effectuer un bilan médical avant le départ.

Mal d'altitude

Le principal risque est lié à l'altitude qui entraîne, chez certaines personnes, le *mal aigu des montagnes*, le célèbre *MAM* des spécialistes. Lhassa est à 3 700 m d'altitude, si bien que la teneur en oxygène de l'air respiré est réduite des deux tiers. C'est pourquoi une bonne partie des voyageurs, qui arrivent directement de la plaine à cette altitude, vont souffrir de maux de tête, d'essoufflement, de nausées ou de malaises… Rien d'inquiétant pour la plupart d'entre eux : il suffira de se ménager, de ne faire aucun effort physique et de ne prévoir aucune excursion pendant les premiers jours, de boire beaucoup (à l'exclusion de boissons alcoolisées), de dormir autant que nécessaire et surtout de ne pas fumer. Relire à ce sujet la rubrique consacrée au mal des montagnes à la rubrique « Trekking » dans les « Généralités » sur le Népal. En bref, se laisser vivre et se reposer en attendant que l'acclimatation se fasse naturellement. Ce processus pourrait être accéléré par divers médicaments, par exemple la Coramine-glucose ou le Diamox, diurétique aisément disponible sur place, mais ce n'est pas l'avis de tous. Pour lutter contre les symptômes, on peut aussi essayer de nombreux remèdes locaux (faire les pharmacies de Lhassa ; MAM se dit *gaoshanbing* en chinois) ou tout simplement prendre du paracétamol.

En cas de forte crise, les deux meilleures thérapies restent :

– l'oxygénothérapie, qui consiste à respirer un air enrichi en oxygène, disponible un peu partout à Lhassa et dans les villes, en bouteille d'1 l rechargeable ;
– redescendre à un niveau d'altitude un peu moins élevé, ce qui est la seule solution lorsque cela va très mal.

Maladies courantes

On a affaire à un pays très pauvre, à l'hygiène très défectueuse, ce qui signifie une présence élevée de toutes les maladies suivantes : hépatite A, fièvre typhoïde, autres salmonelloses et shigelloses, amibiase, giardiase et toutes les autres maladies dites « des mains sales ». Il est indispensable de faire bien attention à ce que l'on mange et ce que l'on boit, en respectant les « précautions universelles ». Bien évidemment, il n'y a pas de paludisme à cette altitude (les moustiques vecteurs ne survivent pas au-dessus de 1 800 m en Asie).

■ *Catalogue Santé-Voyages :* 83-87, av. d'Italie, 75013 Paris. ☎ 01-45-86-41-91. Fax : 01-45-86-40-59. ● www.sante-voyages.com ● (infos santé voyages et commandes en ligne sécurisées). Envoi gratuit du catalogue sur simple demande. Livraison *Colissimo suivi* : 48 h en France métropolitaine. Expéditions UE et DOM-TOM.

Précautions

– Faire attention à *l'air froid et poussiéreux* qui cause fréquemment des infections respiratoires. Traiter le moindre rhume avec attention, une simple toux peut empirer rapidement. Bien se couvrir et emporter des pastilles pour la gorge ainsi que du paracétamol...
– *Les rayons du soleil :* redoutables à ces altitudes. Apporter une crème solaire à fort indice de protection, un baume pour les lèvres et des lunettes de montagne.
– *Les chiens :* nous vous recommandons d'être extrêmement vigilant avec eux. À demi sauvages et imprévisibles, évitez-les autant que possible, les morsures sont courantes, la rage également.
– Enfin, à ceux qui portent des *lentilles,* nous conseillons d'opter plutôt pour des lunettes.
Si vous avez un problème de santé ou un accident, sachez que si les hôpitaux des grandes villes sont acceptables pour les petits pépins (essayez d'être accompagné d'un interprète), en cas de coup dur, mieux vaut se faire rapatrier.

Vaccinations

Toutes les vaccinations universelles sont bien évidemment encore plus utiles ici : diphtérie-tétanos-polio et hépatite B.
D'autres sont recommandées :
– hépatite A (Havrix 1440 ou Avaxim) ;
– fièvre typhoïde (Typhim Vi) ;
– méningite cérébro-spinale en cas de séjour long ;
– rage, contre les méchants molosses tibétains, surtout si vous comptez randonner.
Prévoir de consulter 1 mois à l'avance pour une mise à jour complète.

SITES INTERNET

Infos politiques

- *www.tibet.com* • En anglais. Site du bureau du Tibet basé à Londres, représentant Sa Sainteté le dalaï-lama et le gouvernement tibétain en exil. Outre les infos gouvernementales, le site propose des pages très complètes et très denses sur le bouddhisme tibétain.
- *www.tibet.net* • En anglais. Site officiel du gouvernement en exil de Sa Sainteté le dalaï-lama. On y trouve une présentation du gouvernement et les dernières infos et messages du dalaï-lama.
- *www.tibet-info.net* • En français. Site animé par quelques associations, dont le *Comité de soutien au peuple tibétain*. Infos en ligne, dossier du mois, informations sur les actions en cours ou programmées et un intéressant glossaire, sorte de petit dictionnaire du Tibet.
- *www.tibet.fr* • En français. Le site de l'association France-Tibet. Pages d'actualités plutôt riches. Infos sur les actions menées par les principales associations. Là encore, un site militant qui n'hésite pas à prôner jusqu'au boycott des jouets car ceux-ci sont essentiellement fabriqués en Chine.
- *www.tchrd.org* • En anglais. Site du *Tibetan Centre for Human Rights and Democracy*. Pour se tenir informé sur la situation des Droits de l'homme au Tibet. Le TCHRD publie chaque année un rapport (disponible sur le site) et dénonce inlassablement la répression chinoise.

Culture

- *www.tibetart.org* • En anglais. Site passionnant, comprenant un fonds très important de peintures bouddhiques et de bonzes népalais et tibétain, avec de bonnes descriptions. On peut même lancer la recherche d'une œuvre précise, puis zoomer sur les détails. Grâce à un fond sonore, on peut aussi apprendre à prononcer les mots importants des vocabulaires tibétains et sanskrits !
- *www.tibethouse.org* • En anglais. Ce site est entièrement consacré à la préservation de la culture vivante du Tibet : agenda, calendrier des événements, galeries, bibliothèque et news pour rester en contact.
- *www.buddhaline.net* • En français. Centré autour des préceptes du bouddhisme et de leurs implications dans la vie courante. Ouvert sur les autres religions et philosophies, on y trouve des conférences, enseignements, essais et portraits *on-line* émanant aussi bien du dalaï-lama, de Mathieu Ricard que de Daniel Cohn-Bendit ou de Jean-Marie Lustiger.

Cartes et photos

- *www.tibetmap.com* • En français. Site de l'Institut de cartographie du Tibet. Les nombreuses cartes très précises permettent de préparer son voyage. Également un album photos permettant de visualiser certains lieux et une chronologie. Du beau travail.
- *www.schneuwly.com/tibet/* • En français. Très beau portfolio de photos assez grandioses de paysages qui le sont tout autant, par Alain et Pavla Schneuwly.
- *www.yunnanguide.com* • En français. Pour ceux qu'intéressent les routes de Chine au Tibet ainsi que les régions limitrophes largement peuplées d'ethnies tibéto-birmanes. Nombreuses photos de contrées encore aujourd'hui méconnues des voyageurs et des infos permettant d'y organiser son voyage en solo ou accompagné.

Divers

- ***www.routard.com*** • En français. Tout pour préparer votre périple, des fiches pratiques, des cartes, des infos météo et santé, la possibilité de réserver vos prestations en ligne. Sans oublier *Routard mag*, véritable magazine avec, entre autres, ses carnets de route et ses infos du monde pour mieux vous informer avant votre départ.
- ***www.diplomatie.gouv.fr*** • Le site du ministère des Affaires étrangères, mis à jour régulièrement, répertorie les régions déconseillées et donne des conseils généraux de sécurité, les formalités d'entrée et de séjour. Un site à consulter avant votre départ.
- ***www.tew.org*** • En anglais. L'environnement tibétain présenté à travers plusieurs rubriques : biodiversité, géographie, développement, zone de paix, dalaï-lama, publications, ou encore des nouvelles. Un éclairage intéressant sur les conditions de vie dans cette région du monde.
- ***www.tibetinfor.com.cn/english*** • En anglais. Un portail chinois d'infos générales, culturelles et touristiques. Bien qu'orienté et transpirant souvent la propagande, il reste toujours des infos à lire entre les lignes et il est toujours bon de connaître l'autre son de cloche...

TÉLÉPHONE ET TÉLÉCOMMUNICATIONS

– *France → Tibet :* composez le 00, puis le 86, suivi de l'indicatif de la ville (sans le « 0 ») et du numéro de votre correspondant.
– *Tibet → France :* composez le 00, puis le 33, suivi du numéro à 9 chiffres (sans le « 0 » initial) de votre correspondant. Comptez 8 ¥ (0,8 €) la minute pour la France chez *China Telecom*.
– Pour la **Suisse**, faites le 00-41 ; pour la **Belgique,** le 00-32.
– À Lhassa, Shigatsé et quelques autres chefs-lieux, on peut facilement accéder à l'international depuis les locaux de *China Telecom (Zhongguo Dianxin)* situés souvent à côté de la poste, ou depuis certains points téléphones à carte *(ICKA)*. Les cartes sont en vente dans les postes ou dans certaines échoppes. Mieux, tout comme en Chine, les petits centres téléphoniques *China Unicom* (ou *CNC*, etc.) se multiplient dans les villes. Les tarifs y sont en moyenne de 50 % inférieurs à ceux de *China Telecom*.
Il existe également des cartes prépayées, parfois encore plus économiques. Attention, elles ne marchent en général que dans leur région d'achat.
La couverture mobile est assez bonne dans toutes les zones habitées. Les malins préféreront acheter une puce locale et fonctionner sur le mode de la recharge par carte de type « nomade », ce qui revient moins cher qu'un *roaming* mis en place chez un opérateur national. Demander conseil à un résident au sujet de l'offre la plus intéressante. Dernière solution pour vos coups de fil, les grands hôtels, mais c'est évidemment plus cher.
– **À l'intérieur du Tibet,** pour les appels interurbains, composer l'indicatif de la ville, précédé du « 0 », puis le numéro du correspondant. Dans une même ville, composer directement le numéro du correspondant. Plusieurs possibilités : *China Telecom,* point phone et petites échoppes.
– Pour les **fax,** aller dans les postes ou chez les agences *China Telecom* des principales villes. Les grands hôtels proposent aussi ce service... pour plus cher.

Internet

Accéder au Web et envoyer des e-mails n'est plus un problème à Lhassa, Shigatsé, Gyantsé, Nyalam et Zhangmu. C'est souvent possible depuis les hôtels, notamment ceux pour routards. Sinon, demander la direction du prochain cybercafé 网吧 *(wangba)* ; il y en a presque partout. Prix très bas : de 3 à 5 ¥ (0,3 à 0,5 €) de l'heure. Parfois, on vous demandera d'écrire préalablement votre nom et votre numéro de passeport dans un registre. C'est une pratique que l'on retrouve sur tout le territoire chinois. Les e-mails peuvent théoriquement être lus, voire censurés. Dans la pratique, le gouvernement parvient surtout à interdire l'accès de certains sites. Les censeurs chinois ont notamment entamé une course-poursuite avec la multiplication des blogs en tout genre. De votre côté, évitez de vous rendre sur une page exhibant une grande photo du dalaï-lama pendant qu'un aréopage de Tibétains intrigués s'est réuni derrière vous. Mais à part ça, pas de soucis…

TRANSPORTS INTÉRIEURS

C'est le talon d'Achille des routards, qui doivent bien se faire à l'idée que des difficultés les attendent. Les transports publics sont presque inexistants en dehors de Lhassa et sa région. Le trafic est très faible et essentiellement composé de camions et de jeeps privées. S'il s'avère relativement facile de se rendre à Lhassa ou de ressortir du pays par la capitale, que ce soit à l'aide d'une agence ou en indépendant quand c'est possible, il est bien plus difficile de rayonner dans le pays.

– **Les camions, l'auto-stop :** le stop est officiellement interdit, mais toléré de fait sur certains itinéraires comme la *Friendship Highway*. Ailleurs, des amendes peuvent être infligées à ceux qui sont pris. En tout cas, les chauffeurs embarquant des étrangers le font à leurs propres risques. Comme ce service peut se payer cher, ils n'hésitent pas à larguer leurs passagers quelques kilomètres avant les *checkpoints*.

Important : il est plus efficace de rechercher dans les « relais-étapes » des camionneurs ou chauffeurs de jeep se dirigeant vers votre destination que de se lancer à l'aveuglette sur la route. Avec de la patience (pas beaucoup de trafic et la peur du gendarme), vous devriez parvenir à arrêter un camion, un tracteur ou une carriole tirée par un cheval. C'est rarement gratuit. Les trajets sont souvent longs et épuisants, sans parler du froid et de la poussière. Le luxe, c'est de trouver une place dans une jeep de touristes compatissants, mais il faut un peu de chance…

– **Le vélo :** il est de plus en plus courant de croiser des routards à VTT. Beaucoup font la route de Lhassa à Kathmandu. C'est toléré par les Chinois. Néanmoins, afin de ne pas entraîner des complications lors de la demande du *travel permit*, ne précisez pas que vous êtes à vélo. Si nécessaire, à Lhassa et Shigatsé, vous trouverez de bons marchands de vélos. Pensez en tout cas aux pièces de rechange, il n'y a pas trop de réparateurs en dehors des villes ! Beaucoup de routes sont encore des pistes cabossées ou en terre. Les montées de col sont très exigeantes et pédaler peut alors devenir un calvaire.

– **Le cheval :** le Tibet est le pays du cheval. Chaque année, ces petits chevaux très robustes d'à peine 1,30 m sont acheminés par troupeaux entiers depuis la Mongolie. Le long de la route, vous croiserez souvent des Tibétains ayant fière allure sur leur monture. On peut louer des chevaux pour quelques heures ou quelques jours à des nomades. Il faut souvent négocier longuement et astucieusement car les nomades sont très fiers et orgueilleux. Une journée revient environ à 50 ¥ (5 €). Les touristes ne sont pas officiellement autorisés à se déplacer à cheval, il convient donc d'être discret et de ne monter que dans des régions isolées.

– **Location de voitures ou minibus :** la grande majorité des voyageurs (hors adeptes de l'auto-stop, cyclistes confirmés et grands marcheurs) y ont recours dès qu'il s'agit d'explorer le pays. C'est également pratique pour certaines excursions à la journée comme celle du monastère de Ganden. Il s'agit toujours d'une location avec chauffeur. Les étrangers n'ont pas le droit de conduire sans être titulaires d'un permis chinois.

TREKKING ET SPORTS D'AVENTURE

En matière d'organisation et d'agences, le Tibet est encore bien en retard par rapport à son voisin le Népal. Le potentiel est pourtant là, énorme, malgré certaines contraintes spécifiques dues à l'altitude et au climat. Une offre existe déjà en matière de randonnée, de rafting et de canyoning. Si on passe par le Népal, faire le tour des agences. Sur Lhassa, *Tibet Wind Horse Adventure* (se reporter à la rubrique « Adresses utiles. Agences de voyages » à Lhassa) fut un pionnier en la matière. Aujourd'hui, beaucoup d'agences (même les FIT) proposent des randos (bien se renseigner quand même). Certains itinéraires classiques, tel le trek Ganden-Samyé (5 jours), sont accessibles aux voyageurs indépendants ayant une expérience en la matière, mais partir avec un guide est toujours conseillé. Les treks Tsurphu-Yangpachen (4 jours), Shalu-Nartang (3 jours), ainsi que ceux dans la région de l'Everest sont de plus en plus populaires. Partir avec un guide est plus que conseillé.

À Lhassa, de nombreux magasins répondent à l'engouement croissant des Chinois pour la randonnée. Ils disposent d'un matériel décent et généralement suffisant (voir la rubrique « Loisirs » dans les « Adresses utiles » de Lhassa).

TRUCS ET ASTUCES

Une foule de renseignements pratiques sont laissés intentionnellement par de gentils routards altruistes : l'état des routes, des hôtels, la localisation des *checkpoints* et autres bons plans. Scrutez les cahiers tenus par des restos de Lhassa comme ceux du *Makye Ame* ou du *Tashi* et pensez à Internet (forums, pages perso, blogs, etc). À Lhassa, la rencontre avec les autres routards est extrêmement aisée, et nombreux seront les conseils que vous y récolterez.

Si vous voulez partager une jeep ou joindre un groupe de trek, consultez absolument les petites annonces affichées dans les hôtels *Yak, Snowland, Banashöl et Kirey.*

YACKS

Parce que vous allez en manger à toutes les sauces, vous barbouiller de son beurre lorsque vous tremperez vos lèvres dans un thé traditionnel, et que vos vêtements seront inévitablement imprégnés de l'odeur de son beurre dont on se sert pour éclairer les monastères, il nous était difficile de ne pas évoquer ce superbe animal. Le roi des montagnes tibétaines joue un rôle important au quotidien. On se nourrit de sa viande, de son lait, la poche de son estomac sert à conserver le yoghourt ; on se vêt de sa toison à partir de laquelle sont confectionnés fils, vêtements, tentes ou bottes ; on se réchauffe en hiver en brûlant sa bouse séchée et, enfin, on confectionne des sacs et toutes sortes de condiments à partir de son cuir. On en fait même des embarcations légères ! Quant au lait de la femelle, la *dri,* on en fait du beurre qui accompagne le thé, du fromage, du yaourt, de l'huile pour les lampes, et il rentre même dans la fabrication de cosmétiques.

D'un naturel assez craintif, le yack peut parfois se montrer dangereux. Au début du XXe siècle, l'aventurier russe Roerich nous en fournit la description suivante : « Ces animaux pesants, couverts d'une épaisse toison laineuse, ont le pas d'une douceur, d'une sûreté incomparables quand ils sont d'une humeur paisible ; en fureur, ils deviennent indomptables et ont vite fait d'écraser leurs cavaliers le long des arbres et des rochers. Les Tibétains, qui depuis quelque temps n'aiment pas les Chinois, fournirent à une troupe chinoise des yacks non dressés. »

Aujourd'hui, les yacks sauvages ont quasiment disparu, il n'en resterait plus qu'une dizaine de milliers. À portée des yeux, seuls paissent des *dzo,* croisés avec des bovins. Le yack mâle sauvage vit solitaire et son caractère peut être imprévisible. Autrefois, pendant la saison des amours, tout le monde se cachait dans le village quand il descendait à la rencontre des femelles.

LE TIBET

LHASSA   1 200 000 hab.   Altitude : 3 658 m   IND. TÉL : 0891

Pour les plans de Lhassa, se reporter au cahier couleur.

DE LA CITÉ INTERDITE...

Pendant des siècles, le fait que Lhassa fut difficilement accessible, voire interdite aux étrangers, suscita les histoires les plus folles et excita la curiosité des aventuriers, missionnaires et espions de tout bord. Au XVIe siècle, des prêtres portugais y établissent une mission, mais les missionnaires qui leur emboîtent le pas sont bientôt expulsés pour prosélytisme. Au XIXe siècle, les pères Huc et Gabbet tentent eux aussi d'atteindre la Cité interdite, mais ils n'y restent pas longtemps.

Tandis que les missionnaires en sont réduits à suivre la progression des armées chinoises pour tenter de pénétrer au Tibet, les Anglais y envoient au XIXe siècle les *pandit* espions, Indiens déguisés en pèlerins, qui comptent les kilomètres sur leurs rosaires et cachent leurs relevés topographiques dans leurs moulins à prières. Cette épopée inspire à Kipling son fameux roman *Kim*.

C'est finalement le commandant anglais Younghusband qui, outrepassant sa mission, marche sur Gyantsé et entre en 1904 dans Lhassa. À la suite de cette expédition, les Anglais établissent des comptoirs et certains vont résider à Lhassa, dont le fameux H. Richardson, véritable ami du Tibet, auteur de monographies et surtout de photos remarquables.

En 1924, la Française Alexandra David-Néel pénètre dans la Cité interdite après des mois d'errance déguisée en mendiante, accompagnée de son futur fils adoptif, le lama Yongden. Elle raconte cette aventure hors du commun dans son fameux *Voyage d'une Parisienne à Lhassa*.

En 1943, Heinrich Harrer et son compère Aufschnaiter, alpinistes autrichiens, s'échappent d'un camp de prisonniers dans les Himalayas indiens et se réfugient au Tibet. Ils y passent sept ans, finissent par atteindre Lhassa et deviennent même des familiers de Tenzin Gyatso, l'actuel dalaï-lama, alors âgé d'une dizaine d'années. Ils lui enseignent notamment les secrets de la mécanique et du cinématographe. Ils quittent finalement le Tibet sur le conseil visionnaire du jeune dalaï-lama en 1950, tandis que les Chinois y pénètrent par l'est. Cette aventure a été racontée par Harrer lui-même (voir « Livres de route ») et adaptée au cinéma par Jean-Jacques Annaud.

À part quelques journalistes triés sur le volet, des personnalités prochinoises comme Han Suyin, le Tibet est à nouveau fermé aux étrangers à partir de 1951 pour ne s'ouvrir officiellement au tourisme qu'en 1980, lors de la mise en place de la politique de libéralisation.

... AU LHASSA D'AUJOURD'HUI

Se balader dans les vieilles rues de Lhassa, fouiner sur le Barkhor, puis découvrir les nouvelles avenues qui filent vers le Potala et les autres points cardinaux, desservant des faubourgs qui s'étendent toujours plus loin, amène forcément à se poser des questions sur le futur de cette ville qui se transforme si vite. L'optimiste pensera que ces temporalités pressées ne parviendront pas à noyer les traditions associées à la puissance spirituelle de Lhassa. Oubliant les nouveaux quartiers, plus chinois que tibétains malgré quelques concessions architecturales, cela semble vrai pour la vieille ville. Là, les échoppes traditionnelles vendant des briques de thé ou des panses remplies de beurre de yack tiennent encore la dragée haute aux magasins de téléphones portables. Et quand le dernier cri de la technologie numérique s'y pointe, c'est pour capturer les éternelles rotations et prosternations des pèlerins.

Peu de villes dans le monde projettent d'aussi violents contrastes. On pense à un Bénarès des montagnes, que l'altitude rendrait moins poisseux et plus aéré. Alors, plutôt que de pleurer sur tout ce qui a été perdu, de grimacer à la vision du premier escalator de la vieille ville, d'avoir un haut-le-cœur devant le *Dicos* (fast-food à l'américaine) du Barkhor, autant se mêler au trafic ininterrompu des pèlerins que ces bouleversements ne semblent guère affecter, qu'ils soient bourgeois de la ville ou nomades des hauts plateaux. Inexplicablement, entrer à Lhassa pour la première fois donne toujours l'impression de jouir d'un privilège : celui de déambuler dans la Cité interdite…

Arrivée à l'aéroport

➤ *Gongkar Airport :* dorénavant à seulement 60 km au sud-ouest de Lhassa (1 h de trajet), depuis la construction d'un ensemble de deux ponts et d'un tunnel franchissant la rivière Kyichu et le Brahmapoutre. ☎ 62-46-315. L'aéroport est assez moderne et facile d'usage. Pour le change, sortir et se diriger vers la route principale pour trouver une agence de la *Banque de Chine*.

– *Service de bus de la CAAC :* à l'arrivée, ils attendent les passagers débarqués de chaque avion sur le parking. Depuis Lhassa, 3 ou 4 départs quotidiens de 6 h à 17 h depuis les locaux de la *CAAC* (*plan couleur général C1, 9* ; voir plus haut « Quitter le Tibet. En avion ») ☎ 66-50-206 ou (0)133-08-91-58-77 (portable). Compter 25 ¥ (2,5 €) et 1 h de trajet.

– *Taxis :* sur le parking de l'aéroport. Comptez à partir de 120 ¥ (12 €). À Lhassa, passez par l'intermédiaire de votre hôtel ou adressez-vous directement à un chauffeur.

Orientation

Lhassa s'étend d'est en ouest, parallèlement au cours de la rivière Kyichu qui coule au sud de la ville avant de se jeter dans le Tsangpo (Brahmapoutre) à une cinquantaine de kilomètres au sud-ouest de la capitale.

La vieille ville tibétaine se trouve à l'est de l'agglomération, les grandes avenues des nouveaux quartiers d'essence chinoise occupent l'ouest.

La rue Dekyi Lam en tibétain (ou Beijing Lu 北京路 en chinois) forme l'axe principal de la ville. Au niveau de la vieille ville, elle se nomme Dekyi Shar Lam (ou Beijing Donglu). *Shar* et *Dong* signifient « est » dans chacune des deux langues. Là, elle passe au nord du Jokhang, le temple le plus sacré du pays, desservi par les nombreuses rues et ruelles innervant le cœur du vieux quartier tibétain. Véritable dédale où l'on a vite fait de perdre le nord, ce centre historique est jalonné par l'itinéraire du Barkhor, nom de la circumnavigation dans le sens des aiguilles d'une montre qu'effectuent les pèlerins autour du Jokhang.

Au-delà de l'esplanade qui fait face au Potala, Dekyi Lam devient Dekyi Nub Lam ou Beijing Xilu (*Nub* et *Xi* voulant dire « ouest »), et file à travers les faubourgs vers le monastère de Drépung. En chemin, on dépasse le *Lhassa Hotel* d'où l'on peut rejoindre le parc de Norbulingka, le musée et la gare routière.

Transports en ville et dans les environs

– *Taxis :* nombreux et pratiques pour le Potala ou le monastère de Séra par exemple. Un seul hic, les chauffeurs étant presque tous des émigrés chinois, ils ne parlent ni l'anglais ni, malheureusement, le tibétain. Norbulingka, Séra sont donc du… chinois pour eux. Munissez-vous d'une carte de la ville achetée sur place car elles font apparaître les caractères chinois. Montrez-leur aussi la traduction que nous indiquons pour certains lieux et hôtels touristiques.
Pas de compteur, le prix est invariablement de 10 ¥ (1 €), quelle que soit votre destination à l'intérieur de la ville. Pour les plus longues courses, il faut négocier.
– *Minibus urbains :* ils parcourent un itinéraire fixe pour la modique somme de 2 ¥ (0,2 €). Bon à savoir : la ligne n° 301 relie le Barkhor à Drépung (via le Potala) ; les n°s 502 et 503 rejoignent Séra. Sur d'autres, rien n'est indiqué, tentez votre chance en les hélant au son de votre destination quand ils s'approchent des arrêts.
– *Rickshaws :* compter de 5 à 10 ¥ (0,5 à 1 €) la course entre le Potala et le centre-ville selon la négociation.
– *Location de vélos :* sympa car la ville est plate et que les grands axes sont bordés de pistes cyclables. La vieille ville est toutefois interdite aux vélos, ce qui limite l'intérêt de la petite reine aux excursions vers l'ouest (Potala, Norbulingka, voire Drépung mais là, ça monte à la fin) ou vers le nord (Séra). Vérifiez l'engin et demandez un antivol. Plusieurs pensions proposent des vélos décents (voir « Où dormir ? »). Prix un peu élevé : 20 ¥ (2 €) la journée. Pour un spécialiste, se rendre au grand magasin de vélos (*zoom couleur D2, 15*) qui occupe l'ancien cinéma, entre *l'AJ Dongcuo* et le *Banakshöl*. Choix raisonnable et bon état général. Réduction sur les longues durées. Caution de 300 ¥ (30 €) ou dépôt de passeport.
Des petites agences proposent aussi des raids à VTT. Scruter les panneaux d'affichage des pensions.
– *Marche :* très agréable et de toute manière une obligation pour le Barkhor. Quant au Potala, ce n'est jamais qu'à 20 ou 30 mn du centre-ville.
– *Location de voitures :* inutile en ville, mais vu la rareté des transports publics, c'est un passage quasi obligé pour les excursions en dehors de la capitale. (Voir ce qu'on en dit dans la rubrique « Transports intérieurs » dans les « Généralités » sur le Tibet.)

Adresses et infos utiles

Services

✉ **Poste principale** (*plan couleur général C1-2*) : Beijing Donglu, juste avant d'arriver au Potala. Le guichet « international » 国际邮局 est le seul habilité pour l'envoi des paquets à l'étranger, il s'occupe aussi des transferts *Western Union*. Il est ouvert tous les jours de 9 h à 12 h et de 15 h 30 à 17 h 30. Cartons, ficelles et rubans adhésifs sont disponibles *in situ*. Les autres services, dont les courriers internationaux lents ou rapides *(EMS),* sont accessibles de 9 h à 20 h. Ce que vous postez est sommairement contrôlé afin de vérifier que c'est en phase avec les règlements chinois et internationaux. Service de poste restante au guichet « International Business Post ». La mention à communiquer à vos correspondants est « Poste restante, Main Post Office, Lhassa, Tibet, China ».

■ **Téléphone et fax :** la plupart des cabines *China Telecom* de Lhassa sont reliées à l'international. Se munir de cartes à puces *IC* en vente à la poste ou dans les kiosques de rue. Pour des communications moitié moins chères, préférer les très nombreuses échoppes à l'enseigne de *CNC* ou *China Tietong*. Des cartes prépayées donnent accès aux tarifs les plus intéressants depuis des postes fixes. Elles sont disponibles au cybercafé du *Snowland*, à la poste et dans les kiosques. Les grands hôtels proposent l'international moyennant une surtaxe d'environ 30 %. Pour les fax, s'adresser à la réception des hôtels ou pensions ou à leurs cybercafés (comme au *Yak* et au *Snowland*).

@ *Internet :* se connecter à la Toile est très facile. Comme dans les grandes métropoles chinoises, les milliers de joueurs en ligne de la capitale assurent le succès de ce média. Ceci explique les ralentissements fréquents des connexions suite à l'encombrement plutôt qu'à un quelconque *« Big Brother is watching you »*. Prix généralement constatés : 5 ¥ (0,5 €) de l'heure, 3 ¥ (0,3 €) les 30 mn. Ouverts de 9 h à 22 h environ, le *Yak Hotel (zoom couleur C1, 12)* et le *Snowland Hotel (zoom couleur C2, 23)* proposent divers services annexes comme le transfert de données (lecteurs de cartes), la gravure de CD (au *Snowland*) ou l'envoi de fax *(Yak Hotel)*. Cybercafés *(wangba)* plus classiques : **Kangli Wangba,** en face du *Banakshöl Hotel (zoom couleur D1)* ou **Wisdom Internet** *(zoom couleur D1)*, au 3e étage d'un immeuble traditionnel en face du *Yak Hotel,* qui est ouvert 24 h/24 pour les « netambules ».

Argent, change

■ *Bank Of China* (agence principale 中国银行 ; plan couleur général B1, 1) : sur Linkuo Beijiu, la première grande avenue partant sur la droite après le Potala en venant de la vieille ville. Ouvert de 9 h à 18 h 30 du lundi au vendredi, de 10 h à 17 h le week-end. Tous services de change et distributeur automatique 24 h/24 à l'extérieur.

■ *Bank Of China* (succursale Beijing Donglu ; zoom couleur D1-2, 13) : entre le *Banakshöl* et le *Kirey Hotel*. Ouvert de 9 h à 18 h en semaine, de 10 h à 17 h le week-end. Tous services et distributeur automatique. Situation plus pratique que le siège, mais attention aux horaires, pas forcément respectés le week-end.

■ *Western Union :* service de transfert d'argent express, hébergé par le guichet international de la poste principale (voir plus haut).

Représentation diplomatique, immigration

■ *Consulat du Népal* (plan couleur général A1, 2) : Lingkha Beilu, sur la droite quand on va au *Lhassa Hotel* au *Norbulingka*. ☎ 68-30-609. Fax : 68-36-609. La petite cahute jaune donnant sur la rue est ouverte du lundi au vendredi de 10 h à 12 h 30 pour la remise des passeports et de 16 h 30 à 17 h 30 pour le retrait, possible dès le lendemain. Prix : 255 ¥ (25,5 €) pour 60 jours ou seulement 30 jours si on a déjà été au Népal dans les 6 mois précédents. Il est tout aussi simple de faire faire son visa directement à la frontière népalaise, à Kodari.
Attention ! Il est impératif de se renseigner sur la situation au Népal ainsi que sur les conditions et durées de voyage jusqu'à Kathmandu (nombreux *checkpoints*, etc.). Le consulat peut exiger des conditions supplémentaires à la délivrance du visa (telles que la preuve de moyens fi-

nanciers suffisants ou d'une résa d'hôtel.
- **PSB** *(Public Security Bureau ; plan général couleur D2, 3)* **:** deux bureaux à Lhassa, dont un sur Dhodhi Lam. Ouvert de 9 h à 13 h et de 15 h à 17 h 30. Fermé le dimanche. C'est l'organisme qui émet les permis de voyage *(travel permits)* et peut accorder les prolongations de visa. Mais à Lhassa, contrairement à Shigatsé, il est d'usage, sinon obligatoire pour ces deux opérations, de passer par une agence de voyages qui joue le rôle d'intermédiaire.
- **Quartier général de la police** *(plan couleur général B2, 4)*.

Santé

- **People Hospital** *(plan couleur général C1, 5)* **:** sur Dzuk Trun Lam, non loin de la *China Construction Bank*. Hygiène pas formidable, mais personnel compétent. On fait payer les étrangers bien au-dessus du prix normal ; à vous de négocier.
– Tous les principaux hôtels vendent des petites bouteilles d'oxygène pour ceux qui ont le mal des montagnes. Possibilité de les recharger dans les *hôpitaux régionaux*.

Loisirs

- **Matériel de randonnée et de camping :** *Toread (plan couleur général B1, 6)*, 182, Beijing Zhong Lu ; et *Third Pole Outdoor (plan couleur général B1-2, 7)*, 6 Luobulinka Road, ☎ 68-20-549. Proposent un bon choix de matériel à des prix plus intéressants que les petits magasins situés vers le Barkhor. *Changtang Adventure*, à côté de l'hôtel *Snowland (zoom couleur C2, 23)*, loue des tentes, sacs de couchage, vestes et fourneaux. Prix : entre 10 et 20 ¥ (1 à 2 €) environ par pièce, plus dépôt de caution.
- **Magasins photo** *(plan couleur général B2, 8)* **:** se méfier des nombreux magasins *Fuji* et *Kodak* aux alentours du Jokhang. De nombreuses pellicules ont traîné au soleil, sont périmées ou tout simplement... des contrefaçons. Pour plus de garantie, profiter de la visite au Potala pour faire le tour des magasins en face, sur la grande place ou à proximité du *stûpa* blanc. Ils vendent également des accessoires destinés à la photographie numérique. Ne pas hésiter à marchander.
- **Librairies :** pas grand-chose à se mettre sous la dent. Si vous venez du Népal, faites vos emplettes à Kathmandu, où de nombreuses et superbes librairies proposent le meilleur éventail d'ouvrages concernant le Tibet, dont certains en français. La micro-librairie **Gu Xu Na Bookshop** *(zoom couleur C2, 14)*, Mentzikang Lu, ouverte de 10 h à 20 h, sauve l'honneur grâce à un modeste échantillonnage de plans, calendrier, méthodes de tibétain, guides touristiques et livres issus de la presse chinoise – même entre les lignes, il y a toujours des choses à apprendre... Certains sont disponibles en français. Alternativement, il peut être judicieux d'aller fouiner dans la librairie **Xinhua**, au sud-est de l'esplanade du Potala *(plan couleur général C2)*, toutefois moins bien approvisionnée que celles de Chengdu ou Kunming.
- **Massages :** au 3ᵉ étage d'un immeuble proche du *Kyichu Hotel (zoom couleur C1-2, 30)*. Demandez au personnel de l'hôtel de vous guider, c'est plus simple. ☎ 63-20-870. Prévoir 80 ¥ (8 €) de l'heure. Les masseurs aveugles ont été formés avec l'aide de Braille Sans Frontières, parlent anglais et sont diplômés de leur art : acupressure, stretching de technique chinoise ou huile.

Agences de voyages

AVERTISSEMENT : les prestations des agences locales classiques sont très éloignées de celles que nous connaissons dans nos pays, en qualité et en esprit. À cela, deux raisons : d'une part, le modèle touristique « chinois » procède d'une culture du voyage éloignée de la nôtre où l'accent est mis sur le folklore et les banquets de groupe ; d'autre part, beaucoup (dont les FIT) dépendent du TTB (Tibet Tourism Bureau) qui exerce un quasi-monopole n'encourageant ni l'émulation par la qualité ni la diffusion d'un discours autre que l'officiel.

Les agences que nous mentionnons ici ont été choisies car elles émergent du lot et savent répondre aux désirs spécifiques des voyageurs (dans la limite des possibilités que les règlements leur imposent) ou, parfois, parce qu'elles sont des interlocuteurs inévitables (agences FIT). Voir aussi la rubrique « Organiser son voyage sur place » dans les « Généralités » du pays.

Cela ne veut pas dire que l'on ne peut pas organiser son voyage avec succès grâce à un interlocuteur que nous ne mentionnons pas. D'ailleurs, le paysage est très changeant en la matière. Mais sachez qu'à la fin du voyage beaucoup de clients se plaignent suite à des divergences découvertes en route (et c'est en général trop tard).

■ **Shigatse Travels** (zoom couleur C1,12) : dans l'enceinte du Yak Hotel, au 1er étage. ☎ 63-30-489. Fax : 63-30-482. ● www.shigatsetravels.com ● Dirigé par Genden, tibétain, et René, hollandais. Ce dernier, loup de mer ayant jeté l'ancre en véritable pionnier sur les hauts plateaux, est devenu au fil des années un des spécialistes du pays. Pas les moins chers de la ville mais les prestations sont à la hauteur des tarifs : guides confirmés, interlocuteurs qui comprennent vos attentes. Disposent d'une antenne à Kathmandu. Contactez-les à l'avance.

■ **Tibet Wind Horse Adventure** (plan couleur général A1, 10) : 1, Minzu Bei Lu. ☎ 68-33-009. Fax : 68-36-793. ● www.tibetwindhorse.com ● À l'intérieur de la cour s'ouvrant juste avant le Old Tree Cafe. Agence compétente disposant de guides francophones. Leurs tarifs sont plus compétitifs que par le passé et l'accueil des individuels est en progression. Wind Horse s'intéresse aussi à la randonnée et au rafting.

■ **FIT Travel Snowland** (zoom couleur C2, 23) : à l'intérieur du Snowland Hotel, au 1er étage. ☎ 63-49-239. Fax : 63-63-825. ● migtse21@hotmail.com ● Ouvert tous les jours de 9 h 30 à 18 h 30, moins le break syndical de 12 h 30 à 15 h 30. Personnel tibétain.

L'accueil est bon, plus impliqué que chez d'autres FIT. Les prestations sont en général honorables compte tenu du contexte (voir, dans les « Généralités », la rubrique « Organiser son voyage sur place »). Bref, ça pourrait être pire, mais aussi bien mieux. Tout va toujours bien jusqu'à la signature, c'est après, sur la route, que l'on s'aperçoit parfois que voyager est une notion éminemment subjective.

■ **FIT Banakshöl** (zoom couleur D2, 25) : dans la cour de l'hôtel Banakshöl. ☎ et fax : 63-33-871. Mêmes horaires d'ouverture et mêmes remarques qu'au sujet de son alter ego ci-dessus. Un peu moins efficace cependant.

■ **Tibet FIT Travel « Dongcuo »** (zoom couleur D2, 24) : assez récent, tout comme l'AJ où il se situe. ☎ 63-37-444. Voir comment ça évolue.

■ **Tibet Tourism Bureau :** Norbulingka Road. ☎ 68-29-833. Organisme émettant les permis d'entrée au Tibet et agréant les agences de voyages locales. On peut les contacter en cas de litige avec une agence (ça arrive). Cela si on a des preuves évidemment (non-respect d'un contrat signé, etc.). Anglais à peine parlé, trouvez un interprète pour expliquer le sens de votre démarche.

Étudier le tibétain à Lhassa

■ **Université du Tibet** (Xizang Daxue ; plan couleur général D2) : ☎ 63-31-024. Fax : 63-34-489. ● www.utibet.edu.cn ● Étudier le tibétain à Lhassa ? C'est possible ici, en mode intensif. Cela coûte environ 1 000 € pour un cursus d'un semestre + 5 € par nuit et par personne (hébergement en chambre double avec salle de bains et cuisine). Il est impératif de commencer au début du premier semestre de l'année, qui court de mi-septembre à la première semaine de janvier. Le processus d'inscription est assez long, s'y prendre dès le mois de mai.

Divers

■ *Blanchisserie :* la plupart des hôtels pour routards proposent ce service, parfois même gratuitement. Dans le cas contraire, plusieurs blanchisseries en ville comme, par exemple, sur Mentsikhang Lam, à côté du *Snowland Hotel*. Prix en général à la pièce (2 à 3 ¥ ; 0,2 à 0,3 €) plutôt qu'au poids.
■ *Supermarché Xifang Chaoshi* 西方超市 (*zoom couleur C1, 11*) : Beijing Donglu, à l'angle de Zhisenge Lu, 150 m à l'ouest du *Yak Hotel*. Bien achalandé et assez central, c'est un bon endroit pour faire ses courses en vue d'une rando ou d'un voyage sur les pistes de l'Ouest. Permet aussi de connaître le prix fixe de l'alimentation et d'autres articles de base, sachant que nombre de commerçants de Lhassa, tibétains ou chinois, ont pris la mauvaise habitude de surtaxer les touristes.
■ *Alimentations tibétaines et indiennes* (*zoom couleur C1-2*) *:* aller fureter dans le secteur du marché Tromsikhang (rubrique « À voir »).

Où dormir ?

N'hésitez pas à demander de petits rabais, même pendant la haute saison (mai à octobre), en fonction de la durée de votre séjour, la fréquentation de l'hôtel et de votre humeur du moment. Rien ne coûte d'essayer.
L'anglais est parlé dans tous les hôtels de Lhassa, en tout cas suffisamment pour les affaires courantes. L'accueil est en général sympa, si ce n'est attentif.

De bon marché à prix moyens

Les hôtels suivants offrent une large gamme d'hébergement, allant du dortoir aux chambres standard, en passant par celles sans salle de bains. Certains (*Kirey, Snowland, Banakshöl*) ont conservé leur aspect pittoresque d'anciens caravansérails arrangés autour d'une grande cour intérieure, munis de galeries extérieures desservant les chambres. La plupart assurent également d'autres services, comme la location de vélos, Internet, un petit magasin d'alimentation et de souvenirs, parfois une blanchisserie.

■ *Yak Hotel* 亚宾馆 (ou *Ya Binguan* ; *zoom couleur C1, 12*) : 100, Dekyi Shar Lam. ☎ 63-23-496. Fax : 63-36-906. ● yakhotel@shigatsetravels.com ● Une référence à Lhassa. Rénové depuis peu, ses meilleures chambres valent un vrai 2 étoiles. Remise de 33 à 50 % hors saison. Grands dortoirs au 3e étage, 30 ¥ (3 €) le lit. Doubles et triples sans salle de bains à respectivement 100 et 150 ¥ (10 et 15 €). Dans la nouvelle aile qui donne sur la rue (double vitrage), belles chambres standard confortables pour 260 ¥ (26 €) avec douche, les plus spacieuses avec une baignoire reviennent à 380 ¥ (38 €). À l'arrière de la cour, l'aile tibétaine offre ses chambres rénovées à 260 ¥ (26 €). Eau chaude 24 h / 24. Toutes les chambres avec salle de bains bénéficient du chauffage et de la formule petit déjeuner inclus sous forme de buffet au *Dunya Restaurant* (sauf hors saison). Au 2e étage, *Shigatse Travels* (se reporter aux « Adresses utiles »). Pour organiser son voyage, le panneau d'affichage du *Yak Hotel* est incontournable.

▲ ***Snowland Hotel*** 雪域宾馆 *(ou Xueyu Binguan ; zoom couleur C2, 23)* : 4, Mentsikhang Lam. ☎ 63-23-687. Fax : 63-27-145. Compter 30 ¥ (3 €) le lit en dortoir de 3 à 6 personnes, 80 ¥ (8 €) la double sans salle de bains et 160 ¥ (16 €) la chambre standard. Rabais de 30 % hors saison. Le standard, seules à bénéficier du chauffage en hiver, se situent dans l'aile au fond de la cour. Ambiance un peu caverneuse. Attention à certaines chambres comme ces très exiguës doubles sans salle de bains aux cloisons en carton-pâte. Toilettes communes aux étages, douches dans la cour. Eau chaude 24 h/24. Agence *FIT* qui draine pas mal d'indépendants, un bon cybercafé et un superbe resto (voir plus loin, « Où manger ? »). Panneau d'affichage assez efficace. Très bien placé à deux pas de l'esplanade du Barkhor, c'est l'un des caravansérails les plus populaires de Lhassa, mais pas forcément le meilleur.

▲ ***Dongcuo International Youth Hostel*** 东措青年旅馆 *(zoom couleur D2, 24)* : 10, Beijing Zhonglu. Entrée à côté de la *Bank of China*. ☎ 62-73-388. Fax : 63-30-683. • ti betyouthhostel@163.com • Lits en dortoir (jusqu'à 12 lits superposés) à partir de 25 ¥ (2,5 €), chambres doubles avec ou sans salle de bains de 100 à 230 ¥ (10 à 23 €). Hors saison, rabais allant de 15 % (dortoirs et autres) à quasi 50 %. Remise sur présentation de la carte des AJ. L'ensemble très vaste fait encore un peu caserne frisquette, mais les efforts d'aménagement se poursuivent. Parquets et carrelages, bons matelas, c'est plutôt bien tenu. Ni AC ni chauffage, mais de drôles de ventilos à résistances disponibles en hiver. Eau chaude 24 h/24, machine à laver et cuisine en libre-service. À noter aussi un photo-club qui peut graver vos travaux numériques et en faire des tirages. Géré par un jeune Chinois anglophone, très sympa.

▲ ***Banakshöl*** 八郎学旅馆 *(ou Balangxue Lüguan ; zoom couleur D2, 25)* : 143, Dekyi Shar Lam. ☎ 63-23-829. Large gamme d'hébergements : lit en dortoir, 25 ¥ (2,5 €) ; double avec ou sans salle de bains de 70 ¥ à 160 ¥ (7 à 16 €). Chauffage dans les chambres avec bains. Réduc' en basse saison de 15 à 40 %. Voici un autre chouchou des routards, mais aussi des chauffeurs tibétains de 4x4 qui se posent là pour reprendre souffle et couleurs avant de réattaquer la route. Plus compact, moins aéré que le *Snowland* ou le *Yak*. Les dortoirs et chambres, rustiques et vieillots, sont correctement tenus dans l'ensemble. Eau chaude 24 h/24, douches communes correctes, mais les toilettes sont un peu limite… Également une antenne du *FIT* (voir « Adresses utiles »). Panneau d'affichage très fourni. En attique, sur l'aile au fond de la cour, le *Namtso Restaurant* (voir « Où manger ? »), une des meilleures adresses de Lhassa.

▲ ***Kirey Hotel*** 吉日宾馆 *(ou Jiri Binguan ; zoom couleur C-D1-2, 26)* : 105, Dekyi Shar Lam. ☎ 63-23-462. Lits à 20 ¥ (2 €), chambres doubles avec ou sans salle de bains, de 70 à 150 ¥ (7 à 15 €). Remise de 20 à 30 % en basse saison. Pas de chauffage. L'aspect général de cette vaste enceinte, l'accueil (anglais minimal) et la déco tibétaine à l'ancienne en font le plus « brut de pomme » des caravansérails. Cela a son charme d'autant qu'un effort récent a été fait sur la tenue générale tandis que d'autres se reposent sur des lauriers un peu fanés. Les lits en formules éco sont certes un peu courts et rudimentaires, tout comme les w.-c. à l'étage. Grandes douches individuelles au fond de la cour, très agréables. Eau chaude 24 h/24. Lessive faite gratuitement. La cour intérieure abrite deux restaurants très différents : *Tashi II*, taverne tibéto-routarde de première génération, et le *Shangri-La* qui propose d'honnêtes spectacles traditionnels (voir « Où manger ? »).

▲ ***Flora Hotel*** *(zoom couleur D2, 27)* : Hobaling Lam. ☎ 63-24-491. Fax : 63-24-901. • florahtl@hotmail. com • À l'extrémité sud-est de la vieille ville, presque à côté de la mosquée. Entrée à gauche de l'enseigne verte au sein d'un immeuble moderne de 2 étages. Prévoir 35 ¥ (3,5 €) le lit en dortoir dans des chambres doubles ou triples et 190 ¥ (19 €) la chambre double standard, petit dej' inclus. Remise d'environ 33 % sur les prix hors saison. Pour la formule dortoir, salle de bains à l'intérieur, mais eau chaude aux douches communes, dans la cour. Pas de chauffage. Les grandes chambres doubles sont dotées de tout le confort (eau chaude, et AC). Sols carrelés, tapis, bon maintien général malgré les inégalités, visiter plusieurs chambres. Un bon choix pour ceux qui veulent s'écarter des adresses routardes classiques tout en logeant dans un quartier populaire à seulement 10 mn du Jokhang. Accueil attentif et poli.

De prix moyens à plus chic

🏠 *Mandala Hotel* (zoom couleur C2, 28) : 31, South Barkhor. ☎ 63-38-940. Fax : 63-24-787. Au cœur de l'action, sur le circuit des pèlerins, en face du coin sud-ouest du Jokhang. Doubles à 270 ¥ (27 €). *Lobby* à l'atmosphère frisquette. Les chambres aux parquets de bois, décorées à la tibétaine, souffrent de laisser-aller dans le ménage comme dans l'entretien. Oui, mais la vue sur le flot incessant des pèlerins… ce détail, à vérifier toutefois depuis la chambre que l'on vous propose, emporte la mise générale ! Bon accueil.

🏠 *Dhood Gu Hotel* (zoom couleur C1-2, 29) : 19, Shasarsu Road, Tromsikhang. ☎ et fax : 63-22-555. • dhoodgu@public.ls.xz.cn • Fermé hors saison. Chambres doubles affichées à 480 ¥ (48 €), mais rabais toujours possible (jusqu'à 50 %). À deux pas d'une des pittoresques allées piétonnes qui mènent au Jokhang. Grandes grilles s'ouvrant sur une cour et un bâtiment assez anodin vu de l'extérieur. À l'intérieur, c'est autre chose : déco tibétaine de qualité, à l'abondance presque psychédélique. Moquette dans les chambres. Dirigé par une équipe népalaise, gage de qualité d'accueil.

🏠 *Hôtel Kyichu* (zoom couleur C1-2, 30) : 149, Dekyi Shar Lam. ☎ 63-31-344. Fax : 63-35-728. • www.kyichuhotel.com • À une centaine de mètres à l'ouest du *Yak Hotel*, du côté opposé de la rue. Un établissement familial d'une cinquantaine de chambres, proposant des doubles de 260 à 320 ¥ (32 €), selon la taille de la chambre et du lit. Quelques suites pour 3. Petit dej' en plus. Remise d'environ 40 % en basse saison. Les chambres, confortables et claires, sont dotées de beaux parquets, de tapis et couvertures tibétaines. Elles sont, en outre, chauffées en hiver. Demandez celles qui donnent sur la cour intérieure, égayée par un sympathique jardinet sur lequel donne un resto bien au calme. Salles de bains un rien simplistes dans cette catégorie (douches) sauf pour les suites qui bénéficient d'une baignoire. Service attentionné, accès internet, les clients du *Kyichu* s'y sentent bien, on les comprend ! Intéressante galerie d'art et d'antiquités au rez-de-chaussée, mais attention aux prix trop « touristes », difficiles à marchander.

🏠 *Himalaya Hotel* (plan couleur D2, 21) : 6, East Linkhor. ☎ 63-21-111. Fax : 63-32-675. Près de la rivière Kyichu, à l'extrémité sud de la ville, à 15 mn de marche du Jokhang. Chambres doubles à partir de 300 ¥ (30 €). Hôtel à prix correct pour son standing, avec restaurant.

Très chic

Le grand luxe de norme internationale n'a pas atteint la capitale du Tibet, n'en déplaise à certains prétentieux trop « datés » et « gouvernementaux », d'un kitsch ringard plutôt qu'amusant, en tout cas pas à la hauteur de leurs ambitions. En attendant l'ouverture prochaine de deux nouveaux 4/5-étoiles, conservons le *Lhassa Hotel* dont la mort lente attendrira les sentimentaux.

🏨 **Lhassa Hotel** 拉萨饭店 (ou *Lasa Fandian* ; plan couleur A1, **20**) : 1, Minzu Lu. ☎ 68-32-221 ou 242. Fax : 68-35-796. Doubles négociables à partir de 700 ¥ (70 €). On mentionne cet hôtel gouvernemental et excentré surtout parce que de nombreuses agences y logent leurs clients. Le décor, l'entretien et la qualité de l'accueil ne correspondent certainement pas aux 4 étoiles annoncées.

Où manger ?

En saison, les restos sont en général ouverts de 7 h 30 à 22 h 30, mais certains établissements jouent les prolongations, notamment les week-ends, et tant qu'il y a des clients. L'hiver, plus de service après 21 h 30 et pas mal d'établissements ferment (nous le précisons dans ce cas).

Bon marché (moins de 25 ¥ ; moins de 2,50 €)

🍽 **Tashi I** (zoom couleur C1-2, **37**) : Mentzikhang Lam, au 1er étage d'un l'immeuble quasi au carrefour avec Dekyi Shar Lam. Il tient toujours son rang dans la catégorie petits prix, même si la déco et la cuisine tibéto-routarde commencent un peu à dater face au développement de la concurrence. En vedette maison, les célèbres *bobi*, sortes de galettes non levées servies avec un accompagnement. Également du riz sauté, steak de yack, frites, yaourt de riz avec des raisins et du sucre ainsi que les fameux *cheese-cakes*. Thé au beurre et bière *Chang* à vrai prix d'ami. Demandez les *guestbooks*, ces cahiers où des routards racontent leur voyage et donnent une foule de conseils.

🍽 **Tashi II** (zoom couleur C-D1-2, **26**) : dans la cour du *Kirey Hotel*. Géré par la même gentille famille que le *Tashi I*, dont il est d'ailleurs une copie conforme.

🍽 **Petits restos du Sichuan** (zoom couleur C1) : le long de Dekyi Shar Lam, curieusement presque tous du même côté de la rue que le *Yak Hotel*. Ouverts assez tard. Au choix, d'ouest en est : *Sichuan Kitchen*, au niveau de Mentzikhang Lam ; *Ba Shu Taste Restaurant*, 150 m plus loin, et, quasi en face de la *Bank of China*, *Shancheng Canting*. Le Sichuan, province chinoise, borde l'est du Tibet qui lui doit bon gré mal gré l'essentiel de ses immigrants. Déco réduite à l'essentiel : trois murs ouverts sur la rue, des tables et chaises de cuisine et des gazinières en façade où mijotent des pots de terre. Nouilles et riz sautés ou mijotés (*shaguo*) et *momo* en pagaille. Parfois aussi de succulent *hongchao* (ragoûts stockés au chaud dans de grandes cocottes). Plus élaborés, quelques standards de la cuisine sichuanaise : travers de porc, poulet en dés « *gongbao jiding* », etc. Accueil style « populo ». Clientèle chinoise, tibétaine et routarde. Carte en anglais parfois, sinon pointez et c'est servi.

🍽 **Yisilan Fanzhuang** 伊斯兰饭庄 (zoom couleur D2, **39**) : au sud-est de la vieille ville, pile en face de la mosquée. C'est un des nombreux restos musulmans de quartier habité par une communauté présente depuis des lustres à Lhassa. Grande salle populaire, confite dans son histoire, poussières et émanations de cuisson comprises. Le menu rapide est conseillé. Très bien pour se remplir la panse pour trois sous. Déclinaisons classiques de nouilles de blé faites maison : les *ganbanmian*, des spaghettis auxquels on ajoute une ratatouille à la viande au moment du service, les *lamian* (étirées à la main, sacré spectacle), servies en soupe, ou encore les *daopian* (émincées au couteau). À accompagner de *babao cha*, thé « arrangé », dit des huit merveilles, servi au complet dans son sachet, ou simplement allongé, en verre gratuit (demander alors *Kaishui*).

🍽 **Namtso Restaurant** (zoom couleur D2, **25**) : sur le toit de l'aile arrière de l'hôtel *Banakshöl* (voir « Où dormir ? »). ☎ 63-21-895. Fermé hors saison. Spacieuse et accueillante terrasse précédant une grande salle presque romantique avec son mobilier de bois surdimensionné et ses bougies. Plats tibétains, népalais et indiens, incursions latines avec pizzas et *pasta,* et voyage culinaire vers le pays du Soleil-Levant. Pour les carnivores, viande de yack à prix planchers, servie en burger ou en steak avec des *mashed potatoes.* Mais que les végétariens ne se sentent pas exclus, il y a tout ce qu'il faut au menu. Bon rapport qualité-prix. Managé par une équipe népalo-tibétaine sympathique. Tous les vendredis et samedis soir en haute saison, c'est la fête *live,* avec un groupe local qui vient raffuter.

I●I **Snowland Restaurant** *(zoom couleur C2, 23) :* au rez-de-chaussée de l'hôtel du même nom (voir « Où dormir ? »), entrée sur la rue et dans la cour. ☎ 63-37-323. Cuisine indienne, tibétaine et chinoise sans mauvaises surprises. Fait aussi salon de thé : bons petits pains, gâteaux et boissons chaudes généreuses servies en pot. Atmosphère un peu vieillotte, mais pas poussiéreuse pour autant. Beaucoup d'habitués. Relax et suffisamment grand (3 salles contiguës) pour créer des coins intimes. Paniers rando sur commande. Pendant l'hiver, son bon chauffage et la fermeture de nombreux concurrents en font le grand rendez-vous de la ville.

I●I **Gankhi Restaurant** *(zoom couleur C2, 40) :* face au Jokhang. Belle vue depuis la terrasse couverte. La salle à l'intérieur est typique des « rades » tibétains de la ville. S'y retrouvent des habitués et des voyageurs, marchant à la bière ou au thé au beurre, ce qui est un gage d'authenticité. Cuisine nourrissante et sans façon. Menu en anglais dispo. Accueil parfois encore étonné qu'un étranger ne préfère pas manger dans son grand hôtel. Un petit faible pour l'endroit.

I●I **Norzing Selchung Tashi Yarphel Restaurant** *(plan couleur général C1, 35) :* Ramoche Lam, à l'angle de la petite esplanade du Ramoché. ☎ 63-33-347. Au premier par un escalier extérieur. Grande salle récente et décorée à l'ancienne. Endroit populaire, où pèlerins nomades voisinent avec les citadins et même les policiers du quartier venus taper le carton en habitués. Passé la surprise de vous voir ici, les regards retourneront à leurs jeux et papotages divers. Menu avec photos. Large choix de plats dont les habituels *momo* (délicieux), *thugpa* et *potato beef curry.* C'est aussi l'occasion de déguster des spécialités tibétaines moins courantes, comme ces galettes de pommes de terre fourrées à la viande. Cuisine plus goûteuse que d'habitude ; hygiène et confort également un ton au-dessus. Servi avec le sourire et généreusement. Idéal pour découvrir ce qu'est un vrai resto tibétain.

Prix moyens (de 25 à 50 ¥ ; de 2,50 à 5 €)

I●I **Naga Restaurant** *(zoom couleur C2, 41) :* Mentzikhang Lam. ☎ 63-27-509. ● puntso12@hotmail.com ● Cuisine tibéto-française ? Si si on ne rêve pas, et la qualité des plats est tout à fait acceptable ! Merci au compatriote cuistot qui vient tous les étés rajuster les fourneaux. Star du menu, le yack est ici décliné en bourguignon, fricassée, ragoût, pot-au-feu, steak et bien sûr curry dans un set népalais. En entrée, pourquoi pas le réconfort d'une assiette de pâté ou la légèreté d'un *Naga Treasure,* assortiment de petites salades et purées froides ? D'autres choses aussi, du poulet, de la ratatouille etc. Au rez-de-chaussée, une alcôve chaleureuse où l'on s'assoit en tailleur sur de gros coussins, sinon tables classiques devant le comptoir et au 1er. Bon service. Choix de vins.

I●I **Tanfulou Sifendian** *(plan couleur général A1, 36) :* à l'angle nord-ouest de l'intersection entre Minzu Beilu et Beijing Zhonglu (en face du *Lhassa Hotel).* ☎ 68-27-829. Un resto chinois, d'inspiration yunnanaise. Carte ou plats préparés. Pas de charme particulier mais bonne tambouille, accueil souriant et cuisine 24 h/24 (ce qui fait son intérêt).

|●| Mandala Restaurant *(zoom couleur C2, 28)* **:** au rez-de-chaussée de l'hôtel du même nom. Ouvert de 7 h à 23 h. Spécialités de 6 pays : le quartet de la région, Inde, Népal, Tibet, Chine, plus l'Italie et des hamburgers en vedette américaine. Les cuisiniers n'en ont pas le tournis pour autant, ni d'ailleurs le personnel en salle : ils restent concentrés sur leur première tâche, celle de vous faire passer une bonne soirée dans un cadre assez intime. Terrasse sur le toit.

|●| New Mandala Restaurant *(zoom couleur C2, 43)* **:** à l'extrémité ouest du Barkhor Square, face au Jokhang. ☎ 63-42-235. Tenu par des anciens du *Mandala Restaurant*. Depuis le toit-terrasse, vue imprenable sur le Jokhang et l'esplanade du Barkhor. Spécialité de currys, très fins et bien servis. Le *chicken butter massala* est hautement recommandé. S'il fait frisquet (et ça arrive souvent à l'heure du dîner), grande salle au premier (déco tibétaine, plantes vertes).

|●| Dunya Restaurant *(zoom couleur C1, 12)* **:** fait partie du « complexe » *Yak Hotel*. ☎ 63-33-374. ● www.dunyarestaurant.com ● Fermé hors saison. La façade aux grandes baies vitrées donne sur la rue. Une exception dans la ville, car pensé et géré par des Occidentaux. L'arche de cette équipe de « Hollandais volants » a échoué sur un des toits du monde, comme celle de Noé sur le mont Ararat. Bois clair, grands espaces. D'excellentes nouilles sautées au steak de yack ou *Italian pasta*, c'est un peu plus cher que chez les concurrents, mais bien mieux cuisiné. Beaucoup de produits sont importés de leurs meilleurs terroirs. Le samedi, de 11 h à 14 h, brunch hautement recommandé. Superbes petits déjeuners. Des moines de haut rang, intrigués, viennent parfois y manger des *momo*...

|●| Gangla Medo Restaurant *(zoom couleur C1, 44)* **:** 127, Beijing Donglu. ☎ 63-33-657. ● www.ganglamedo.com ● Presque en face du *Yak Hotel*. Tenu par un Chinois branché, le lieu est décoré dans la veine ethno-chic, toujours autant à la mode dans l'empire des Han. Mix assez réussi, reconnaissons-le, tout comme la cuisine, où voisinent des classiques régionaux, comme le *Tibetan fried mutton*, et chinois avec ce *fried chicken and pineapple*. Mug de *chang* (bière tibétaine artisanale à base d'orge) bien désaltérante. Deux étages et une cour ensoleillée à la belle saison. Petite galerie, atelier de peinture et de tatouage.

|●| Tibet Cafe and Pub *(zoom couleur C2, 45)* **:** ☎ 63-64-791. Fermé hors saison. Comme son nom ne l'indique pas, encore un resto proposant une cuisine venue de multiples horizons. Mais ici le cocktail est enrichi d'un peu de Corée par ci (set menu *bulgogi*) et de Thaïlande par là (nouilles *pat thai*). Plus commun, le *thali*, un plat végétarien népalais classique ou le ragoût de pommes de terre et viande de yack *(yak potato stew)*. En boisson, n'oubliez pas le *chang*. Cadre soigné et service assez pro, dans le ton des établissements à la mode de Kathmandu.

Où boire son thé au beurre, prendre son petit déjeuner ?

À Lhassa, on sait quand on démarre sa balade, mais pas à quelle heure ça va se terminer, souvent pris par l'intensité des scènes. Alors, autant que possible, essayer de bien se caler l'estomac avant l'excursion matinale. Notre tiercé gagnant : le *Dunya Restaurant*, de 20 à 35 ¥ (2 à 3,5 €), avec pain « brun » maison, fromage hollandais inclus, bref, comme à Amsterdam ; le *Snowland* (12 à 25 ¥ soit 1,2 à 2,5 €) pour sa qualité générale et ses bons petits pains, et le *Namtso Restaurant*, un ton en dessous, mais prix planchers pour un petit dej' complet.

– Au fil de vos pérégrinations, vous tomberez sur de nombreuses **boulangeries** locales, proposant des pains au chocolat géants et autres pâtisseries originales de qualité correcte.
- **Les maisons de thé tibétaines :** il y en a plusieurs dans la ville, mais l'une d'elles mérite vraiment le détour. Pile en face du *Snowland Restaurant (zoom couleur C2, 23),* elle remplit le vaste rez-de-chaussée d'un vieux bâtiment de deux étages. Pas de caractères latins mais impossible de louper l'entrée bordée par des marchands ambulants. Y pénétrer, c'est voyager dans le temps. La pénombre, le plafond bas soutenu par des rangées d'antiques piliers, accueillent une clientèle allant du citadin aisé aimant cette convivialité traditionnelle aux familles de pèlerins. C'est bondé du matin au soir, faites-vous une place sans façon, ici on ne minaude pas. Comme les habitués, placez une liasse de mao sur la table. Les serveuses vous apporteront un verre de *cha'ngamo* (thé au beurre sucré plus digeste que le salé) pour trois fois rien et viendront chaque fois le remplir à nouveau.

Où boire un verre ? Où sortir ?

Vu le nombre croissant de touristes chinois et étrangers qui viennent à Lhassa pendant la haute saison, la vie nocturne commence à se développer gentiment. Ce n'est certes pas le Carnaval de Rio tous les soirs mais, à seulement 400 m des 4 000, ça vaut peut-être mieux pour les organismes ! Comme partout, ça s'anime surtout le week-end. Les établissements ferment en principe vers 1 h du mat' et prolongent s'il y a des clients. Mauvais point, ceux-ci sont tous fermés en hiver, il faudra se réchauffer ailleurs.

Makye Ame Restaurant *(zoom couleur C2, 50) :* à l'angle sud-est du Barkhor, dans le dos du *Jokhang.* ☎ 63-24-455. Cette belle maison jaune, idéalement située, fut la résidence d'une beauté légendaire, pour certains, maîtresse du 6e dalaï-lama. La terrasse sur le toit, abritée sous une toile de tente tibétaine, permet de contempler le flot des pèlerins en contrebas, mouvement intemporel et fascinant. Y venir en fin d'après-midi pour l'apéro qu'il soit thé au beurre en thermos ou plus égayant (bières et autres alcools pas trop chers). À d'autres heures ou selon le climat, on arrête la grimpette au 1er pour investir une salle assez chaleureuse (fresques au mur, canapés confortables, revues occidentales, carnets de voyage). En revanche, nourriture très moyenne, ne pas venir pour ça.

Dunya Bar *(zoom couleur C1, 12) :* au 1er étage, au-dessus du *Dunya Restaurant.* Cocktails et whiskies, bon choix de bières, dont la *Lhassa Barley,* brassée avec de l'orge, ce qui change du riz pour les amateurs de mousse. Fred, un Hollandais chevelu, stylé *seventies,* anime efficacement l'endroit. Il est secondé par Top, un barman népalais très sympa. Parfois, en fin de soirée, les murs tremblent car Fred sort de ses gonds et devient DJ, fouillant sans répit dans ses bacs de DVD, *oldies but goldies,* puis poussant la sono en oubliant ceux qui dorment dans les chambres les plus proches. Ne lui en veuillez pas car il réalise là son rêve de gosse dans un pays et une ville qu'il n'avait sûrement pas imaginés. Déco de bois foncé, briques au sol, poutres au plafond, que des tons chauds. Beau comptoir de bar. Balcon, sur la rue, qu'occupe un mobilier de fer forgé. C'est donc l'oasis occidentale de Lhassa.

Shangri-La *(zoom couleur C-D1-2, 26) :* dans la cour du *Kirey Hotel. Le Paradis,* comme son nom l'indique, s'anime tous les soirs à partir de 19 h 30 de danses folkloriques tibétaines à faire pâlir le *Club Med.* Les touristes chinois et asiatiques sont en général de grands enfants, amateurs de folklore sur scène et… devant. Se mettre plutôt à une table près de la scène, sinon ils risquent de faire écran. Les spectateurs se font photographier avec les danseurs. Et nous aussi, pourquoi pas, le temps d'un dîner ? C'est en tout cas le dîner-spectacle le moins ringard du genre, dans un décor typique et soigné. Buffet tibétain et carte variée avec spécialités de poisson et de yack chaud ou froid (dont de la langue !). Au 1er étage, pas de spectacle mais cuisine occidentale et bar internet.

▼ Folk Music Bar (zoom couleur D1, 51) : à côté du centre internet Kangli Wangba. ☎ 63-33-374. Wang Xiao est un musicien chinois, aventurier à ses heures, à pied, en vélo ou en canoë. Le barde local ne parle pas l'anglais mais sa copine si. Il empoigne sa guitare tous les soirs à 22 h. L'atmosphère rebello-punko-baba est typique de certains troquets urbains chinois. Ce n'est pas ici que vous rencontrerez l'esprit colonisateur chinois. Possible d'emmener ses CD et d'organiser sa fête. Quelques petits plats et tout à petit prix. Ferme quand les derniers consommateurs sont partis.

▼ Lowland Music Bar (zoom couleur C1, 52) : en face du Yak Hotel. Oui, le sentiment est que « la terre est basse » ici. Au fond, un set de percu et une guitare. Au bar, de jeunes branchés, hésitant entre le costume tibétain et le sweat à capuche. Bière et autres alcools à prix modiques.

Achats

– **Les vendeurs de souvenirs** : très nombreux sur l'esplanade devant le Jokhang, au pied du Potala et vers le Lhassa Hotel à déployer leurs marchandises sur de petits stands ou à même le sol. Évidemment, beaucoup de pierres sont fausses ou de piètre qualité. Quant aux poinçons des bijoux en argent soi-disant sterling, ils sont trafiqués. Pour plus de garanties, aller en boutique (voir ci-dessous). Toutefois, beaucoup de colliers et bracelets en turquoise, typiquement tibétains, sont assez jolis. Les Tibétaines sont des négociatrices acharnées ; elles useront de toutes leurs armes pour vous faire acheter.
– **Le marché du Barkhor** : tout le long de l'itinéraire sacré. Ce marché est destiné aux pèlerins tibétains. À voir pour le spectacle. Vous y trouverez des photos du panchen-lama, des moulins à prières, mais aussi des cordes, selles, étriers, licols et chapeaux de cow-boys à la mode tibétaine. Également des tabliers traditionnels de différentes qualités, révélatrices de la classe sociale de sa propriétaire. Les boutiques derrière les stands offrent généralement des produits de meilleure qualité. Le marchandage et la comparaison d'un stand à l'autre sont de rigueur.

✦ Dropenling (Handicraft Development Center ; zoom couleur D2, 55) : 11, Chaksal Gang Road. ☎ 63-60-558. ● www.tibetcraft.com ● Par une petite ruelle partant vers le nord depuis la mosquée (enseigne bleue en hauteur). Ouvert tous les jours de 10 h à 20 h, fermé hors saison. Il s'agit d'une entreprise caritative dont le but est de préserver les arts et la culture tibétaine. Une très belle initiative sachant que ceux-ci, au-delà des maux induits par l'hydre chinoise, sont trop souvent submergés par les produits en provenance du Népal. Rien n'est oublié, on apprend aussi aux artisans à négocier avec les redoutables acheteurs chinois. Tout achat sert la cause de la culture tibétaine. Expo-vente de thangka peints sur un papier fait à partir d'une racine empoisonnée expliquant son incroyable pouvoir de conservation. Son secret de fabrication a été sauvé in extremis. Tapis du village de Wangden (près de Shigatsé), là même où furent fabriqués ceux du Potala, bijoux en argent, cachemire et plein d'autres choses, toujours à prix juste. Cartes de paiement acceptées. Visite possible des ateliers. Expos photo temporaires.

✦ Tibetan Peak Art Article Center (zoom couleur C2, 56) : 29, Bakuo Dong Lu (Barkhor est). ☎ 63-30-093. À deux pas du Makye Ame

Restaurant. Beaucoup de belles choses, ce qui n'est pas si courant à Lhassa. Pas d'arnaque *a priori.* Belles imitations de pierres zee se portant en pendentif. En forme de fuseau, marquées de curieuses inscriptions, comme dessinées, elles sont associées à la foi bouddhiste. Elles étaient déposées, comme le jade, dans les tombes antiques. Les Chinois les appellent *tianzhu* (perles célestes). Coraux fossiles provenant des mines du pays kham. Magnifiques *thangka.*

✺ En face, le **Saikang** est un marché couvert où l'on trouve toutes sortes de choses, dont du plastique à prix d'or ! Également des petits articles pas chers qui font toujours plaisir. Attention ! n'achetez jamais d'emblée, marchandez, c'est d'usage.

✺ **Snow Leopard Carpet Industries** *(zoom couleur C2, 57) :* 2, Mentzikhang Lam. ☎ 63-21-481. ● everestrugs@hotmail.com ● Presque au coin de l'esplanade du Barkhor. Fermé hors saison. Boutique d'une fabrique renommée de tapis tibétains. On y trouve aussi des écharpes en cachemire, des bijoux de turquoise et corail fossile.

✺ **Taiwan Coral** *(zoom couleur C2, 58) :* 14, Mentzikhang Lam. ☎ 66-52-649. Pour ceux que le corail fossile intrigue, voici un magasin de luxe présentant une superbe collection de bijoux réalisés dans cette matière. La finesse de la sculpture, œuvre d'artistes taiwanais, est à des années-lumière de la grossièreté de la production habituelle. L'authenticité est garantie, un gros plus tant il y a de faux sur Lhassa. Cher, évidemment, compter 250 ¥ (25 €) le gramme de la meilleure qualité plus le travail. Prix cependant négociables.

✺ **Atelier de Thangka** *(zoom couleur C2, 59) :* à deux pas de la nonnerie *Tsamkhung* (se reporter à la rubrique « À voir »). Dans un microlocal aux portes vitrées donnant sur la rue, des artisans produisent de beaux *thangka.* L'occasion de les voir au travail et pourquoi pas d'en acheter, directement à la source.

✺ **La rue du Ramoché** *(plan couleur C1) :* très animée, elle fourmille de boutiques et de petites fabriques, notamment de toiles de tente garnies d'empiècements colorés, qui font des séparations de portes idéales. Les prix négociés vont de 50 à 280 ¥ (5 à 28 €) selon le nombre de couleurs et le dessin.

✺ **Sculpteurs** *(zoom couleur C2, 60) :* fureter dans les ruelles au sud-est du marché Menzikhang. Nombreux micro-ateliers de sculptures.

À voir

Dans le centre-ville

🌟🌟🌟 **Le Potala** 布达拉宫 *(ou Budala Gong ; plan couleur général C1) :* ouvert aux touristes tous les jours de 8 h 30 à 16 h (15 h l'hiver). Entrée : 100 ¥ (10 €) + 10 ¥ (1 €) pour le « trésor » (pièces intéressantes : costumes, tentures, orfèvrerie, masques). Attention, au pic de la haute saison, il est parfois nécessaire d'acheter son billet la veille (se renseigner auprès de son hôtel). Pas de réductions possibles. Compter 3 h minimum de visite. Depuis 2005, la majestueuse entrée principale donnant sur la place ainsi que les toits-terrasses du Potala sont en travaux, au moins jusqu'à fin 2006. L'entrée se fait dorénavant par la porte ouest. Un long cheminement à l'arrière du mastodonte (belles vues sur les monastères des environs de Lhassa) conduit à l'entrée est du Palais blanc, au niveau des appartements du lever de soleil *(eastern sunshine apartment).* Des bruits courent que l'accès aux toits restera à jamais interdit, dégradations et fragilité obligent. Dommage pour les photos !

LE TIBET

Petite histoire d'un palais universellement connu

Le Potala, inscrit au Patrimoine mondial par l'Unesco, est le plus monumental des édifices tibétains. Il symbolise la puissance de ce peuple au XVIIe siècle. Le Tse Potang *(Peak Palace),* comme l'appellent les locaux, est perché sur la colline du Marpori (la Montagne rouge), 300 m au-dessus de la vallée. Il s'élève sur 13 étages, soit 118 m de façade. Sa construction, de 1645 à 1694, nécessita la participation de 7 000 ouvriers et de 1 500 artistes tibétains, maîtres d'œuvre népalais et chinois. En tout, 300 000 t de bronze furent coulées dans les fondations pour qu'elles résistent aux secousses sismiques. La fresque située dans la galerie au-dessus de la salle du trône de Gyelwa Ngapa illustre bien les moyens gigantesques qui ont été déployés.

Bien avant le Potala, au VIIe siècle, l'empereur Songtsen Gampo construisit son palais sur les lieux. C'est au milieu du XVIIe siècle, lorsque le 5e dalaï-lama résidant à Drépung décida d'ériger un siège plus grand pour ses Guélugpas (dits « les Bonnets jaunes »), que fut entreprise la construction du Potala. La mort du pontife, survenue avant la fin des travaux, fut cachée pendant 12 ans. Le régent le prétendit en retraite afin que les ouvriers achèvent l'ouvrage. Le Potala est le nom du paradis de la divinité Avalokitesvara (*Tchenrezig* en tibétain) qui incarne la compassion et dont les dalaï-lamas sont les incarnations. Il n'a jamais été un monastère à proprement parler. Ses fonctions étaient très variées. Résidence du dalaï-lama et de son entourage, il hébergea une vaste communauté monastique attachée au service du pontife et à l'entretien des temples. Haut lieu de cérémonies, ce fut aussi le siège du gouvernement tibétain. La destinée du pays se jouait dans son enceinte, protégée des attaques ennemies par de larges murs. La présence des dalaï-lamas en a fait une destination majeure de pèlerinage. La richesse de ses salles, la multiplicité de ses temples et les tombeaux des dalaï-lamas fascinent encore aujourd'hui le visiteur. Certaines salles lui sont encore cachées, comme ces oubliettes où de nombreux émissaires des régions voisines passèrent la fin de leurs jours...

S'il conserve toute sa grandeur, le Potala a cependant perdu de son caractère sacré et mythique et beaucoup de sa vie depuis le départ de son illustre locataire. Les quelques moines restants sont devenus les gardiens d'un gigantesque musée. Seuls les pèlerins, venus pour la plupart des hauts plateaux, recréent une atmosphère de prière. Dehors, ce n'est pas mieux. Toute la vieille ville au pied du Potala a été rasée. La grande avenue et l'esplanade ont été construites sur le modèle de Tian'anmen. Seul reste, à l'intérieur des murs, devant la façade, un petit village où l'on vit comme à la campagne.

LHASSA

La visite

On distingue le *Palais rouge,* qui abrite la partie religieuse du bâtiment ainsi que les temples, 35 chapelles et les mausolées de 7 dalaï-lamas, du *Palais blanc* qui sert d'entrepôts, d'arsenal et de résidence au personnel. Avant 1959, c'est dans le Palais blanc que se trouvaient les bureaux du gouvernement et l'école formant les moines-fonctionnaires.

Des appartements des dalaï-lamas restés en l'état, on pénètre dans un labyrinthe de coursives, de couloirs, d'escaliers et de temples abritant des chefs-d'œuvre de l'art bouddhique tibétain qui ont échappé à la destruction, sur ordre personnel, dit-on, de Chou En-lai (Premier ministre chinois au milieu du XXe siècle). Cette débauche de statues, *tangkha*, mandalas, fresques, recueils du Tangyur et Kangyur (les deux principaux livres sacrés tibétains), enluminures, meubles et les stupéfiantes « tombes-*stûpa* » des dalaï-lamas donne une idée de ce que pouvait être la richesse artistique du Tibet d'autrefois. Et encore, il ne reste pas grand-chose des trésors accumulés pendant des siècles. On a parlé de 7 000 volumes (certains pesant jusqu'à 40 kg) emportés par les Chinois vers une destination inconnue.

À *l'intérieur,* l'itinéraire est assez bien balisé. Les chapelles *(lakhang)* sont numérotées et la majorité des panneaux portent des légendes en anglais. Se découvrent (notamment) au fur et à mesure :

– le *Lolang Lakhang,* contient trois stupéfiants mandalas en trois dimensions commandés par le 7e dalaï-lama en 1749. De sacrées « maquettes », surmontées de pagodes, encastrées de coraux, turquoises, etc.

– Le *mausolée du 7e dalaï-lama,* construit en 1757 à l'aide d'environ 500 kilos d'or et de milliers de pierres précieuses.

– La chapelle la plus sacrée, le *Phagpa Lhakang,* abrite sous verre au milieu de centaines de statues, une effigie en bois de santal d'Avalokitésvara datant de sa réincarnation, l'empereur Songtsen Gampo (VIIe siècle).

Après être redescendu au *2e étage* :

– le *Dukhor Lakhang* et son mandala de Kalachakra en trois dimensions, palace de cuivre doré de plusieurs étages et de 6 m de diamètre.

– *Chogyal Drupuk,* la grotte de méditation de Songtsen Gampo et des premiers rois religieux, au fond d'un étroit cul-de-sac. Chose rare, à côté de ses femmes chinoises et tibétaines, une statue de son épouse tibétaine Mongsa Tricham. Seule à lui avoir donné un fils, elle est pourtant rarement représentée.

Descente de deux niveaux supplémentaires, vers le *rez-de-chaussée,* qui correspond à la partie la plus ancienne du Potala.

– *Lamrin* et *Rigdzin Lakhang* sont dédiés aux premiers maîtres indiens et tibétains dont ceux de l'école Nyingmapa. Statues très expressives.

– Enfin, le *Serdung Lakhang* abrite le plus impressionnant des mausolées, celui du 5e dalaï-lama : 12,6 m de haut, 3 721 kg d'or et 10 000 pierres précieuses, dont une perle qui aurait été trouvée dans le cerveau d'un éléphant. Le frisson… Chinois, Tibétains, Occidentaux, tout le monde devient subitement un pèlerin.

Peu après, sortie à l'air libre par le *Thungrub Lhakang.*

¶¶¶ **Le Jokhang** 大昭寺 *(ou Dazhao Si ; zoom couleur C2) :* ouvert tous les jours de 8 h à 19 h 30, mais ces horaires peuvent varier légèrement. Entrée : 70 ¥ (7 €). En y allant un peu avant l'heure d'ouverture, il est relativement facile de se faufiler sans payer. Les matinaux sont en tout cas récompensés par le spectacle des pèlerins qui font la queue dans la cour avant que les portes du sanctuaire intérieur ne s'ouvrent. Garder son ticket permet, en principe, d'entrer à nouveau le même jour si l'on veut assister à l'office du soir, le *Tsok* (18 h).

Le Jokhang, temple le plus ancien du Tibet, est aussi l'édifice le plus sacré du pays. Édifié en 650, il abrite la fameuse statue du Bouddha, le *Jowo,* apportée par la princesse chinoise, épouse du roi Songtsen Gampo. On dit que cette représentation du Bouddha a été faite en Inde. Alexandra David-Néel rappela que certains Tibétains croient que la statue s'est « formée d'elle-même », sans le concours d'un artiste, et qu'il lui arrive de parler !

En 1959, lors de la révolte de Lhassa, les chars chinois détruisirent la façade du Jokhang, qui fut transformé en porcherie durant la Révolution culturelle. Il a été reconstruit depuis. Le temple principal semble dater du XVe siècle, tandis que les énormes piliers qui encadrent la chapelle du Jowo seraient d'origine.

Pendant le Festival des souhaits, qui suit le Nouvel An, de grands débats religieux ont lieu dans la cour intérieure, en présence des moines des quatre grandes universités monastiques de Lhassa, Séra, Drépung et Ganden. C'est là que le jeune dalaï-lama, alors âgé de 15 ans et se préparant à ses examens, apprit l'invasion chinoise. C'est là aussi que le panchen-lama, revenant de 18 ans d'exil (et de lavage de cerveau), refusa par respect de s'asseoir sur le trône du dalaï-lama, lors d'une cérémonie du Nouvel An en 1987. Ce qui provoqua la fureur des autorités.

Le grand temple abrite une imposante statue en pied de Guru Rinpoché (à gauche) et celle de Maitreya, le Bouddha du futur, entourant Tchenrezig le Compatissant à onze têtes. Tout autour, les petites chapelles votives sont dédiées à différentes divinités. Sur le mur intérieur de l'une d'entre elles, à droite en entrant, se trouve une chèvre que le bedeau vous montrera avec un miroir. L'histoire raconte que la chèvre est apparue spontanément lorsque la reine chinoise apporta la statue du Jowo. C'est un lac que l'on choisit comme site pour lui construire un temple. Les chèvres qui ont apporté la terre pour le combler sont à l'origine de l'ancien nom de la ville, *Rassa*, la « terre des Chèvres ». Ce récit est décrit sur la grande fresque à droite en entrant.

La chapelle principale du fond abrite le Jowo, une statue du Bouddha dans sa forme de gloire. Pouvoir contempler cette statue une fois dans sa vie est le souhait le plus cher de tout Tibétain, ainsi assuré d'une réincarnation dans un état supérieur. C'est pour lui rendre hommage que tous ces pèlerins en pelisse, ces femmes aux 108 tresses, ces nomades arrogants de santé ou ces vieillards chétifs ont entrepris le pèlerinage vers la capitale. C'est précisément ce genre d'acte de foi intense que les Chinois tentèrent, en vain, d'anéantir ces 45 dernières années.

Ne pas rater la terrasse où, en fin d'après-midi, sauf le dimanche, les moines se « disputent », comme le faisaient, au Moyen Âge, les étudiants en rhétorique de la Sorbonne. Ici, l'un assène les arguments, l'autre défend, gestes à l'appui. Le niveau théologique ne serait plus ce qu'il était, mais les gestes sont restés.

Le Barkhor 八廓 (ou Bakuo ; zoom couleur C2) :

il y a à Lhassa, autour du Jokhang, trois cercles concentriques de pèlerinage. Le *Lingkhor*, ou cercle extérieur de 8 km de long englobant le Potala, le Ramoché, le Jokhang et les berges de la rivière Kyichu ; le *Barkhor*, cercle intermédiaire autour du Jokhang ; et le *Nangkhor*, le cercle intérieur dans le temple même, qui correspond au déambulatoire de nos cathédrales.

Le *Barkhor* délimite les lieux les plus animés de Lhassa. S'y pressent pèlerins, commerçants, militaires et tout le petit peuple, tissant le fil d'Ariane millénaire qui guide les voyageurs dont le devoir est de venir ici s'égarer. Les familles de nomades, s'abandonnant entièrement à leur foi, engoncés dans leurs *chuba* (cape traditionnelle) et étoffes de couleurs vives auxquelles s'agrippent des enfants aux joues cramoisies, colorent ce flot incessant pendant que ceux qui se prosternent font claquer leurs plaques de bois sur le sol.

Devant le Jokhang, dans les grands fours à fumigations brûlent les offrandes de genévriers et d'encens. Le pilier en pierre portant des inscriptions en chinois et en tibétain scellait le traité de non-agression réciproque signé entre la Chine et le Tibet en 821. Le pilier plus petit décrit les précautions à prendre contre la variole. Des générations entières de pèlerins illettrés, ayant sans doute entendu parler des vertus de ce pilier, en ont arraché des fragments afin de les rapporter dans leurs villages comme un précieux antidote.

En suivant les pèlerins depuis l'entrée du Jokhang, repérer le *Mani Lahkang*, une chapelle de base carrée abritant un énorme moulin à prières. Continuer l'étroite allée qui le longe (partant perpendiculairement au circuit) pour découvrir, en passant sous un porche, le *Jampa Lakhang* sur la droite puis le *Temple Meru*, à l'intérieur d'une petite cour fabuleuse, remplie de pèlerins dans tous ses recoins.

Le marché Tromsikhang (zoom couleur C1-2) :

très pittoresque marché, principalement d'alimentation. On ne sait pas si le beurre tibétain est autorisé à voyager en soute, mais il est probablement plus facile d'emporter un morceau de ces fromages secs au goût de savon, ou une pincée de *tsampa*. Beaucoup de produits indo-népalais allant des cosmétiques exotiques (dont nombre de hennés) aux mélanges d'épices en boîte. « L'ethnoacheteur » mais surtout gourmet pourra s'amuser à troquer les délicieux mais redoutables *pickles* et *chilis* en bocal de la marque bhoutanaise *Druk* (Druk pour Drukpa, secte bouddhique majoritaire là-bas). Les récoltes deviennent difficiles, les *lajiao* (piments) chinois gagnent toujours plus de terrain. Ne pas oublier de marchander, un peu sur les petits achats, beaucoup sur les gros !

🏃🏃 ***Le quartier musulman*** *(zoom couleur D2) :* derrière le Barkhor, autour de la mosquée. Population en majorité composée de bouchers ou de forgerons de père en fils. Cette communauté d'environ 3 500 personnes en 1959 a fortement augmenté avec l'arrivée de musulmans huis ou ouigours de Kashgar ou de Xining. Le quartier, qui n'a pas été reconstruit, est propice à d'agréables et intéressantes promenades.

🏃 ***Le temple de Ramoché*** *(plan couleur général C1) :* dans le vieux quartier tibétain (derrière le *Yak Hotel*), c'est le pendant du Jokhang. Entrée : 20 ¥ (2 €). Tourné vers l'est, soit la Chine, le Ramoché abrita originellement le Jowo (voir « Jokhang ») apporté en dot par la chinoise Wencheng à son mari, le roi Songtsen Gampo. À la mort de ce dernier, la princesse préféra cacher le *Jowo* au Jokhang. En échange, elle plaça au temple *Mikyo Dorje,* une statue du Bouddha Sakyamuni à l'âge de 8 ans, offerte au souverain par son épouse népalaise. *Mikyo Dorje* est considérée par les Tibétains comme l'une des trois images les plus anciennes du Bouddha, avec justement le Jowo (le figurant âgé de 12 ans) et une autre restée en Inde, le représentant à 35 ans. Pendant la Révolution culturelle, *Mikyo Dorje* fut partiellement détruite et le temple fut transformé en étable. Malgré sa prestigieuse histoire et la présence de cette image réparée dans la chapelle Tsangkhang située au fond du temple, le Ramoché est bien moins impressionnant et fréquenté que son illustre jumeau, le Jokhang. Les visiteurs apprécieront cependant le déambulatoire, bordé de moulins à prières, lieu d'intenses prosternations similaires à celles du Barkhor, et l'animation du quartier.

🏃 ***Le Chakpori*** *(plan couleur général B2) :* une colline pelée, surmontée d'antennes de communication, s'élevant face au Potala, vers le sud-ouest. S'y tenait autrefois l'école de médecine tibétaine, détruite pendant la Révolution culturelle. Au bord de l'avenue, le grand *stûpa* reconstruit correspond à l'ancienne porte ouest. Il ne permet plus que de jouir d'un beau point de vue sur le « Palace ». Petit droit d'entrée rarement levé. En longeant la colline par ici, une voie pavée mène au ***Drala Lupuk,*** un petit complexe d'ermitages et de temples taillés dans les rochers. Entrée : 20 ¥ (2 €).

🏃 ***Le Mentzikhang*** *(Traditional Tibetan Hospital of TAR ; zoom couleur C2) :* Bakuo Lu (axe qui prolonge l'esplanade du *Barkhor*), non loin de Mentzikhang Lam. Entrée : 10 ¥ (1 €). Dans un immeuble néotibétain de deux étages (grande enseigne bleue). Fermé le samedi. Il est possible de consulter dans cet hôpital dispensant une médecine tibétaine traditionnelle et de visiter la salle du dernier étage, où sont rassemblés des *tangkha* de médecine, des textes canoniques, et une collection impressionnante d'instruments de chirurgie et d'acupuncture. La personne qui vous guidera parle bien l'anglais, c'est un ancien moine médecin qui est passé, lui aussi, par la moulinette de la Révolution culturelle…

🏃🏃 ***Autres temples et chapelles de la vieille ville :*** assez nombreux, leurs visites sont d'un intérêt très varié et très variable. Une assemblée de pèlerins par-ci, une cérémonie occasionnelle par-là, ailleurs une cour envahie de vieilles dames accrochées à leurs moulins à prières… À visiter comme par surprise alors qu'on se promène dans le coin. Quelques exemples :

– **La nonnerie Tsamkhung** (*zoom couleur C2*) : 29, Lingkhor Lho Lam. Au sud-est du Jokhang, dans une rue rejoignant le quartier musulman. Entrée : 20 ¥ (2 €). Tsamkhung signifie « méditation », ce que le roi Songtsen Gampo fit, dans ce qui était à l'origine une grotte naturelle, afin d'éloigner des dangers d'inondation de la rivière Kyichu. Huit siècles plus tard, au XVe siècle, un disciple de Tsongkhapa établit ici la nonnerie qui fut agrandie par divers abbés des plus grands monastères Guélugpa. Pas grand-chose de spectaculaire si ce n'est une statue d'Avalokitesvara à onze têtes, mille yeux et mille mains au premier étage. Et la vue des seules nonnes présentes sur le Barkhor, dans le joli cadre d'une belle cour intérieure où s'élèvent des bâtiments d'un orange inhabituel…

– **Gyudmed Tantric University** (*zoom couleur C1*) : en face du *Kirey Hotel*. Un simple passage sous une aile d'habitations débouche sur une cour cachée fermée par un grand temple blanc. Ce collège tantrique recevait les meilleurs élèves des trois principaux collèges Guélugpa (Ganden, Sera et Drépung). Ils y poursuivaient leur apprentissage avec une extrême rigueur. Méticuleusement détruit lors de la révolution populaire, il renaît lentement de ses cendres. La salle d'assemblée, très basse de plafond, est extrêmement dépouillée, mis à part quelques statues. L'ambiance est étrange, souvent très calme même si une cinquantaine de moines habiteraient à nouveau les lieux. Possibilité de monter sur la terrasse.

– **Tsome Ling** (*zoom couleur C1*) : depuis Dekyi Shar Lam, environ 100 m à l'ouest du *Yak Hotel*, s'engager dans l'allée *San Xiang* et suivre les panneaux. Surprise, le petit porche s'ouvre sur une vaste cour intérieure fermée par un temple constitué de deux ailes. Elles furent construites au XVIIIe et XIXe siècles pour servir de palais à une famille de régents dont elles abritent aujourd'hui les reliques. Un rien secret, peu visité par les touristes, Tsome Ling accueillait pourtant de nombreux pèlerins le jour de notre visite, dans une ambiance de kermesse pieuse. Jour exceptionnel ou habituel ? Faites-y un tour pour le savoir, ces surprises sont un des grands plaisirs de Lhassa.

Art Gallery Gedunchoepel (*zoom couleur C2*) : à l'angle nord-est du Barkhor. ● www.asianart.com/exhibitions/gendun ● Chose rare et donc précieuse, cette galerie regroupe un collectif de jeunes artistes produisant des œuvres de style contemporain. Leurs toiles expriment toutes les contradictions de leur pays, où traditions et modernité s'attirent et se repoussent à la fois.

Le musée du Tibet (*plan couleur général A2*) : en face de l'entrée du Norbulingka. Entrée : 30 ¥ (3 €). Ouvert tous les jours de 9 h à 18 h pendant la haute saison et de 11 h à 17 h, sauf le lundi, le reste de l'année.
Les légendes et présentations « orientées » sont souvent autant de tentatives visant à justifier l'invasion chinoise, et cela dès le VIIe siècle avec la princesse Wencheng. Ridicule si ce n'est attristant, d'autant que ce musée finalement assez bien conçu (pancartes en anglais, guide audio) présente beaucoup de choses intéressantes concernant l'histoire, les arts et les traditions du Tibet, depuis le Paléolithique jusqu'à l'époque contemporaine. Calligraphie illustrant l'histoire de l'écriture tibétaine, superbes *thangka*, statues, remarquables masques de dieux protecteurs, coiffes hallucinantes des nomades, objets rituels en os humain, vaisselle de cuir, exemple d'habitats, médecine, astronomie. Et puis ces objets offerts par Mao au dalaï-lama (certes, un beau vase de jade)…

Norbulingka 罗布林卡 (ou Luobolinka ; *plan couleur général A2*) : à 2 km à l'ouest du Potala dans la rue du *Lhassa Hotel*. Entrée : 60 ¥ (6 €).
Ceux qui aiment les parcs et le thé tibétain emporteront leur tasse et iront se balader dans l'ancienne résidence d'été des dalaï-lamas. En été évidemment, car en hiver, la balade perd de son intérêt déjà inférieur à celui des autres gemmes de la ville sainte. L'actuel dalaï-lama adorait ce « parc du

joyau » (c'est la signification du terme *Norbulingka*) et le préférait au Potala. C'est d'ailleurs d'ici qu'il prit la fuite, le 17 mars 1959. Passé l'entrée, d'un coût excessif, une allée plantée de grands arbres conduit à un premier « palace », celui du 8e dalaï-lama. Pas grand-chose à l'intérieur mis à part une guirlande de beaux *thangka* suspendus. Longer l'esplanade voisine (stands et petites terrasses) pour rejoindre le *New Summer Palace,* clou de la visite. Ces anciens appartements d'été du dalaï-lama furent construits à son initiative en 1956.

Dans la première pièce (visite fléchée), la salle d'audience, une remarquable fresque murale décrit, de haut en bas et du mur gauche au droit, l'histoire du Tibet depuis l'épisode des singes dans la caverne (voir la rubrique « Histoire » des « Généralités ») jusqu'à la construction du Norbulingsa. Admirer aussi les remarquables broderies.

Après une terrasse, entrée dans la salle de réunion où se trouve le trône d'or aux superbes dorures du très célèbre hôte. Surprise : au sein d'une fresque qui couvre le mur de gauche, un œil attentif découvrira Sa Sainteté entourée de diverses personnalités dont un Anglais, Hugh Richardson, chef de la délégation britannique qui quitta le pays en 1950. Une nouvelle terrasse et voici les appartements réellement privés où l'on découvre un grand lit à l'occidentale, un poste radio soviétique et même un ensemble baignoire-toilettes spécialement venu d'Angleterre en 1957.

Lukhang *(temple des Nagas ; plan couleur général C1) :* dans le parc derrière le Potala. Le temple occupe la petite île au milieu du lac. Sans doute construit par le 5e dalaï-lama pour fuir la pompe du Potala et méditer tranquillement. Aller y admirer des fresques exceptionnelles et profiter du beau point de vue avec le Potala en arrière-plan.

> DANS LES ENVIRONS DE LHASSA

Le monastère de Drépung 哲蚌寺 *(ou Zhebang Si ; hors plan couleur général par A1) :* adossé à la montagne, à 8 km à l'ouest de Lhassa. Ouvert tous les jours de 9 h 30 à 16 h. Bus n° 301. À vélo, compter 30 mn depuis le *Yak Hotel.* Entrée : 55 ¥ (5,5 €).

Drépung, plus grand complexe monastique du Tibet, fut le siège des Guélugpas, jusqu'au 5e dalaï-lama. Fondé en 1416 par Jamyang Chöje, un des principaux disciples de Tsongkhapa, le monastère se développa très rapidement grâce à l'aide des familles riches de l'époque. Il devint le centre du pouvoir politique du Tibet au XVIe siècle, quand l'abbé du monastère fut nommé 2e dalaï-lama et décida d'y construire son palais, Ganden Potrang. Ce n'est qu'en 1655 que les dalaï-lamas investiront le Potala.

Concentrant pouvoir spirituel et temporel, Drépung se trouva naturellement au cœur d'intrigues politiques dont il subit parfois les conséquences. Ainsi, il ne reste pratiquement rien des bâtiments originels qui, en moins d'un siècle, furent détruits et reconstruits trois fois : en 1618, le roi de Tsang rasa le monastère et massacra des milliers de moines pendant sa campagne anti-Guélugpas ; en 1635, les Mongols y mirent le feu ; puis, en 1706, les Dzungars réprimèrent dans le sang le soutien apporté par le monastère au régent Sangye Gyatso.

Au XVIIe siècle, sous le 5e dalaï-lama, Drépung est un haut lieu de connaissance. Cette université monastique qui attire tous les grands intellectuels et religieux de l'époque est une véritable cité peuplée de 10 000 habitants avec ses collèges, ses maisons régionales, ses temples, ses magasins et de larges dépendances. Au XXe siècle, les positions des dirigeants de Drépung furent pour le moins singulières et probablement néfastes pour l'avenir du Tibet. Associés aux factions conservatrices et prochinoises des Bonnets jaunes, ils s'opposèrent aux tentatives de réforme du 13e dalaï-lama et contestèrent le régent qui fut nommé après sa mort. Habiles, les Chinois surent tirer profit de ces divisions politiques, ce qui ne les empêcha évidemment pas de disperser les moines lors de leur intervention de 1959. Seuls quelques vieux moines restèrent, chargés de veiller sur les lieux.

Drépung, un des monastères à avoir le moins souffert de la Révolution culturelle, conserve une quantité impressionnante de statues précieuses, de *tangkha* et de trésors qui donnent une idée de la splendeur passée et des richesses fabuleuses accumulées pendant plus de cinq siècles. Depuis « l'éclaircie » des années 1980 et suite à un important travail de reconstruction, le monastère a retrouvé de sa superbe. Environ 500 moines y vivent, toujours flanqués des incontournables fonctionnaires chinois chargés de leur « rééducation ».

Le complexe est divisé en quatre grands collèges ou *tratsang*, auxquels s'ajoutent le Tsomchen et l'ancien palais des dalaï-lamas, le Ganden Potrang.

– **Le Tsomchen** (ou « grand temple de l'Assemblée ») : situé au cœur du complexe, c'est le plus grand édifice, un immense temple de 2 000 m^2 orné de près de 200 statues. Tous les jours, les moines s'y rassemblent un peu avant 10 h et effectuent des rituels, devant la grande statue de Manjushri et celles, plus petites, des dalaï-lamas et des maîtres du passé. Vous pouvez assister aux cérémonies à 12 h et 16 h. C'est l'occasion d'observer le ballet des jeunes moines qui cavalent du temple aux cuisines lors du rituel du thé. Les pèlerins viennent recevoir la bénédiction du sceptre du fondateur, Jamyang Chöje, dans un petit temple situé derrière le Tsomchen, non loin de sa grotte de méditation. La statue monumentale du Bouddha du futur, Maitreya, est appelée *Tongdrol*, la « libération par la vue », car la contempler est censé libérer du cycle des existences. L'après-midi, ils se réunissent sur la grande terrasse au pied du temple pour tenir des débats philosophiques et recevoir des enseignements. C'est assez spectaculaire, et la vue sur Lhassa est magnifique.

– **Les cuisines** : à ne pas manquer. Moyenâgeuses, elles n'ont pas changé depuis Tsongkhapa. On pourrait croire que, dans les entrailles du monastère, se cache un Gargantua prêt à dévorer, si la nourriture venait à manquer, les jeunes moinillons qui, sur la pointe des pieds, s'arc-boutent au-dessus des chaudrons démesurés pour remuer la gigantesque tambouille au moyen d'ustensiles géants. Mais il s'agit seulement de nourrir les moines et de préparer les litres de thé qui leur permettront de rester attentifs malgré la longueur des rituels et le froid.

※※ *Néchung* : en contrebas de Drépung. Entrée : 10 ¥ (1 €). Ancienne résidence de l'oracle d'État, qui vit aujourd'hui à Dharamsala près du dalaï-lama où il est toujours consulté sous transe quand il faut prendre de grandes décisions politiques ou religieuses. Les moines de Néchung ont reconstruit ce qui n'était plus qu'un amas de ruines en 1980. Petit et beaucoup moins visité que Drépung, on y ressent une présence, celle de l'occulte. Les fresques sont particulièrement fortes. Le temple central contient une statue du Bouddha. Celui de gauche est construit autour de l'arbre sur lequel se serait réfugié Péhar. Cet « esprit » venant d'Asie centrale fut converti au bouddhisme par Padmasambhava, devenant la déité protectrice qui parle par la bouche des oracles. Belles statues à l'intérieur.

➢ ***Balade vers Drépung en passant par Néchung*** : en principe, le bus s'arrête en bas, au niveau de la petite route qui monte à Drépung (sinon, préciser au chauffeur que l'on veut aller à Néchung). L'emprunter avant de s'engager à droite sur un chemin allant traverser un village. Se faire confirmer la direction par les habitants au fil de la marche. Après la visite de Néchung, aller vers l'arrière du monastère et continuer à grimper en obliquant vers la gauche, en direction de Drépung. Petites ravines à traverser.

Au fil du sentier, des sculpteurs de « mani » très colorés, dont les œuvres finissent empilées non loin, et des ermites assis, comme hypnotisés par la rotation inlassable de leurs moulins à prières. On se retrouve en haut, face à un mur percé de passages. Ils permettent de se retrouver dans l'enceinte sans être passé par la porte d'entrée, économisant involontairement une somme que l'on peut toujours offrir à l'intérieur sous forme de donation… Démarrer cette excursion tôt le matin permet de bien profiter de Drépung où l'on peut se restaurer dans un petit resto.

🐾🐾🐾 *Le monastère de Séra* 色拉寺 *(ou Sela Si ; hors plan couleur général par C1) :* à 5 km au nord du Jokhang, au pied de la montagne Phurpa Chok Ri. Bus n°s 503 et 502 ; 15 mn de trajet. Allez jusqu'à l'hôpital militaire puis tournez à droite dans l'avenue, vous y êtes. Sympa aussi à vélo. Ouvert tous les jours de 9 h 30 à 16 h. Entrée : 55 ¥ (5,5 €).
Séra est un des quatre grands monastères des Bonnets jaunes (les Guélug-pas) avec Drépung, Ganden et Tashilumpo. Construit par un autre disciple de Tsongkhapa à la même époque que Drépung, en 1419, il a toujours été son grand rival. *Séra* signifie en effet « la grêle » ; on disait alors que « la grêle détruisait le tas de riz », c'est-à-dire *Drépung*.
Accueillant près de 6 000 moines, Séra était célèbre pour ses enseignements tantriques. Au cours de l'histoire, son rôle politique a été moins important que celui de Drépung, bien que ses moines formés au maniement des armes (les *Dobdob*) n'aient jamais hésité à envahir les rues de Lhassa et à se battre pour défendre leurs intérêts. Encore aujourd'hui, le monastère est souvent à l'origine des manifestations antichinoises. Les 200 moines qui y résident vivent des sub-ventions de l'extérieur, le gouvernement refusant même d'entretenir la route qui mène à leur monastère. Détruit en grande partie pendant la Révolution cultu-relle, la reconstruction est presque achevée.
– Dans le grand temple d'Assemblée de Séra s'ouvre, sur la gauche, une des plus impressionnantes chapelles de Lhassa, celle de *Tamdrin* (Hayagriva), le protecteur, dont la figure grimaçante est surmontée d'une tête de cheval. La chapelle est construite comme un mandala : les pèlerins déambulent en contournant le palais de la divinité centrale. Le long des murs se tiennent les huit divinités secondaires du mandala. Sous le toit, les armes, des casques et des boucliers rappellent le rôle guerrier de ce protecteur.
– L'après-midi, dans la cour adjacente, les moines du collège de logique s'exercent au débat philosophique pour tester leur maîtrise des textes et aiguiser leur vivacité d'esprit. On peut y assister, à condition de rester discret pour ne pas perturber l'exercice.
Séra (comme Drépung) possède un site où a lieu l'enterrement céleste, cérémo-nie pendant laquelle on découpe les morts et broie leurs os. Les Tibétains font des centaines de kilomètres pour venir accomplir ce rituel. Les touristes n'ont officiellement plus le droit d'assister à ce spectacle impressionnant, *dixit* les autorités chinoises (voir « Religions et croyances » dans les « Généralités »).

➤ *Randonnée de Pabonka à Séra :* il s'agit d'une promenade en arc de cercle démarrant au niveau de l'hôpital militaire, là où s'arrête le bus n° 503 allant à Séra. Ça va monter un peu, il faut donc attendre de s'être acclimaté pour faire cette balade, sinon sans difficulté particulière pour le marcheur occasionnel. Partir tôt et avec de l'eau. Au carrefour, devant le poste de contrôle de l'hôpital, prendre la voie irrégulièrement pavée qui s'engage sur la gauche, au coin des bazars. Tourner à droite sur un chemin avant de franchir un petit pont, longer la rivière et entrer dans le village de Duojiacun. De là, vous pouvez repérer une échine montagneuse avec, sur la gauche, le monastère de *Pabonka,* sur son sommet, l'ermitage *Tashi Choling,* et en bas de son flanc droit, la nonnerie *Chupsang,* juste au-dessus de Séra.
Voilà d'ailleurs l'itinéraire proposé. Dans le village, marcher environ 200 m avant de prendre à gauche à la fourche. Impossible de se perdre. On dépasse vite les dernières maisons pour attaquer la montée vers *Pabonka.*

Remarquer le site d'enterrement céleste (voir ci-dessus) marqué par le panneau d'interdiction mais ne pas s'inquiéter de la mention « *off limit* ». Prendre le sentier qui quitte le chemin vers la droite afin de couper au plus court vers le monastère à travers de petites ravines. Compter 20 mn de montée. La visite de *Pabonka,* très vieux monastère où l'alphabet tibétain aurait été inventé, est assez fascinante de par l'état de désolation et l'architecture de ses bâtiments, comme cette tour posée sur un gros rocher à l'allure très médiévale. Les moines locaux sont très sympas. Derrière les 108 *stûpa* et le Palais jaune de la princesse Wencheng, repérer le gros rocher couvert de drapeaux de prières. Le sentier menant à l'ermitage *Tashi Choling* le contourne pour partir vers la droite et grimper à flanc de montagne en direction du sommet de l'arête (30 à 45 mn de marche). *Tashi Choling* est plus ou moins en ruine, mais sa situation et la vue sont superbes. La petite esplanade devant, juste ornée d'un brûle-encens et de deux buissons, ressemble à un tremplin vers le vide et la vallée en contrebas. Une famille vit là, et des moines font l'aller-retour. Si vous avez emmené des provisions c'est le moment de les déballer. Pour descendre vers la nonnerie *Chupsang,* emprunter l'étroit sentier (gravillons, surveiller ses pas) qui s'engage le long du bord raide de l'arête pour aller franchir la ravine. Ne pas passer trop haut mais se diriger vers une sorte de plate-forme plus bas pour retrouver le bon chemin. On voit bientôt des *stûpa* et les murs de la nonnerie *Chupsang* entourée de petites maisons formant un véritable dédale. En contrebas, couper vers la gauche à la base de la montagne par plusieurs sentiers praticables afin de rejoindre le flanc Ouest de Séra.

QUITTER LHASSA

En avion

Pour repartir vers la Chine ou le Népal, se reporter en début de guide au chapitre « Quitter le Népal et le Tibet ».

En bus public

Il n'y a pas si longtemps, les bus étaient quasi inexistants au Tibet à cause de l'état des routes que même les camions ou les jeeps avaient du mal à franchir. Depuis l'amélioration parfois radicale du réseau, le nombre de liaisons augmente régulièrement. Officiellement, seuls les bus desservant la région de Lhassa, la *Friendship Highway,* Tsétang, ainsi que la route de Golmud et au-delà (Xining, Lanzhou) sont accessibles aux voyageurs étrangers. Dans les autres cas, l'obtention éventuelle d'une place se fera de préférence sur les parkings ou à proximité de la station plutôt qu'au guichet…

Il existe 4 gares routières à Lhassa, mais hormis pour les longues distances, la répartition des destinations s'avère un peu chaotique. **Pour la région de Lhassa,** le mieux consiste à demander à son hôtel la gare ou l'arrêt le plus approprié.

Bus des pèlerins : un premier arrêt *(plan couleur général C2)* pile en face de l'hôtel *Snowland*. Petite cahute en tôle où il est judicieux d'acheter son billet la veille. Départ quotidien tôt le matin pour **Samyé,** d'où les bus font ensuite une boucle en direction du **Yumbulakang, Trandruk** et autres petits monastères avant de retourner à Lhassa.

Toujours le long de Mentzikhang Lu, au niveau de l'esplanade du Jokhang et plus au sud, d'autres bus « de pèlerins » partent (tôt) le matin, notamment à destination des monastères de **Tsurphu et Ganden.**

Gare routière longue distance 拉萨汽车站 *(ou Lhassa Qichezhan ; plan couleur général A2) :* à l'ouest de la ville. Pour nombre de destinations,

choix entre des minibus standard ou luxe *(zhongba)*, des vans (comme les *jinbeiche*) et des taxis collectifs.
➢ ***Pour Shigatsé :*** 280 km de bonne route bitumée. Nombreux départs le matin, dernier véhicule vers midi. Prévoir 4 h de trajet.
➢ ***Pour Gyantsé, Sakya, Lhatsé*** *(430 km) :* toutes les routes sont en voie de goudronnage. Les bus directs sont rares et (à l'exception de Gyantsé) encore plus ou moins interdits aux étrangers. Mieux vaut transiter par Shigatsé : on peut s'y faire faire les permis, attraper une correspondance, obtenir une place dans un 4x4.
➢ ***Tsétang :*** à 150 km de Lhassa. Départs toutes les 30 mn. Durée : 2 h de belle route.
➢ ***Ali*** *(mont Kailash, Manasarovar) :* les bus privés ne prennent pas d'étrangers depuis Lhassa mais les acceptent après le *checkpoint* de Lhatsé (voir, ci-dessous « En individuel » et plus loin, « La route de Kathmandu à Lhassa »). Faire le tour des panneaux d'affichage pour les dernières news en la matière.

En voiture de location

Se reporter à la rubrique « Organiser son voyage sur place » dans les « Généralités » du pays.

En individuel – les *travel permits*

Mis à part la région de Lhassa, les villes de Tsétang, Shigatsé, Gyantsé ainsi que la *Friendship Highway* (tant qu'on n'y fait pas d'arrêts hors des zones ouvertes), il faut obtenir un permis de voyage pour étrangers délivré par le PSB (*Public Security Bureau,* la police). La tendance est cependant à l'ouverture progressive du pays au routard individuel. (Se reporter à la rubrique « PSB » dans les « Généralités » sur le pays).
– Depuis quelque temps, il est facile d'obtenir un permis à Shigatsé pour tous les lieux à visiter entre Shigatsé et Zhangmu (Sakya, Everest, etc.).
– Après le *checkpoint* de Lhatsé, il est possible d'embarquer en « illégal » dans un camion, bus ou jeep en route pour Sengué Zangpo (Ali pour les Chinois, capitale du Tibet de l'Ouest), étrange ville où l'on est mis à l'amende (300 ¥, soit 30 €) mais, paradoxalement, on obtient simultanément un permis moyennant 50 ¥ (5 €) supplémentaire !
– Pour quitter le pays en individuel, se reporter en début de guide au chapitre « Quitter le Népal et le Tibet ».

En train

Il arrive ! Voir la rubrique consacrée aux relations entre la Chine et le Tibet dans les « Généralités ».

LES VALLÉES DU TIBET CENTRAL

Dans un rayon de 150 km autour de Lhassa, ces vallées forment la province du Ü.
Nous sommes ici au cœur du Tibet. Dès le VIe siècle av. J.-C., les premiers rois s'installèrent dans la vallée du Yarlung. Au VIIe siècle apr. J.-C., le roi Songtsen Gampo, fort d'un pouvoir politique considérable dans le Yarlung, parvint à unifier les douze petits royaumes qui constituaient le Tibet. Dès lors, durant trois siècles, les rois de la dynastie Yarlung gouvernèrent depuis

Lhassa. Puis, pendant une longue période troublée par la guerre civile, le pouvoir politique fut à nouveau fragmenté, retournant à Sakya, Shigatsé et aux seigneurs féodaux locaux. Au XVe siècle, Tsongkhapa, fondateur de la secte guélugpa, marqua le renouveau de Lhassa comme centre religieux en y instaurant le Festival du Monlam Chenmo et en créant à Ganden le plus grand monastère des Bonnets jaunes. En 1642, le pouvoir politique retourna dans la région du Ü grâce au 5e dalaï-lama qui, aidé des Mongols, parvint à écraser le roi du Tsang et ses alliés karmapas. Le dalaï-lama, investi d'une autorité à la fois temporelle et spirituelle, unifia le territoire sous la tutelle des Guélugpas et se mit à dominer véritablement le Tibet.

Beaucoup de sites à visiter dans la région du Ü. Parmi les plus importants, les monastères de Ganden, Drigung, Terdrom, Samyé, Tsurphu. Le lac Namtso, à plus de 5 000 m d'altitude, est aussi une destination fascinante. Attention, même si les distances semblent courtes à vol d'oiseau, elles restent souvent longues à parcourir, les routes ayant tendance à se transformer en chemin dès qu'on s'éloigne des grands axes. Peu de transports publics, le mieux est de louer une jeep. Néanmoins, des lignes régulières de bus et minibus desservent Ganden, Tsurphu, Tsétang et Samyé.

LA VALLÉE DE LA HAUTE KYICHU

Pour découvrir les magnifiques monastères de la région, voici un itinéraire assez complet, réalisable en 3 jours. Ceux qui ont du temps peuvent même faire un détour par le lac Namtso. Le voyage débute à l'est par Ganden, avant de remonter pour longer la rivière Kyichu, passer par Medro-Gongkar et faire une échappée vers les monastères de Drigung Til et Terdrom. Depuis le village de Drigung Qu, on bifurque ensuite vers le nord-ouest jusqu'à Phongdo, toujours en suivant la rivière. Ce village-carrefour permet de rejoindre Réting à l'est, le lac Namtso au nord et le monastère de Taklung à l'ouest. Possibilité de revenir vers Lhassa par la très belle vallée de Yangpachen, célèbre pour sa source chaude (on peut s'y baigner) pour finir par le monastère de Tsurphu (voir plus loin la vallée de la Tölung). Cet itinéraire peut bien sûr s'effectuer dans l'autre sens. Le plus simple, une fois encore, consiste à louer une jeep à plusieurs, les transports publics étant peu nombreux.

LE MONASTÈRE DE GANDEN

Le monastère de Ganden 甘丹寺 *(Gandan Si)* jouit d'une situation spectaculaire dans un vaste amphithéâtre naturel, à 4 700 m d'altitude, près de la corniche sacrée de Wangku Ri qui offre une très belle vue sur la vallée de Kyichu. C'est une excursion à juste titre très populaire et facile à organiser.

Arriver – Quitter

➤ Depuis Lhassa, emprunter pendant une trentaine de kilomètres la route de Medro-Gongkar longeant la rivière Kyichu avant de bifurquer à droite sur une piste qui grimpe vers le monastère, par de multiples épingles.
Le plus simple est de louer un *taxi* pour la demi-journée. Se renseigner à son hôtel ou auprès des agences de voyages. Bien moins cher, plus lent mais très pittoresque, les **bus de pèlerins** partent chaque matin à partir de 7 h (être sur place à 6 h 30) depuis l'esplanade du Barkhor (voir « Quitter

LES VALLÉES DU TIBET CENTRAL

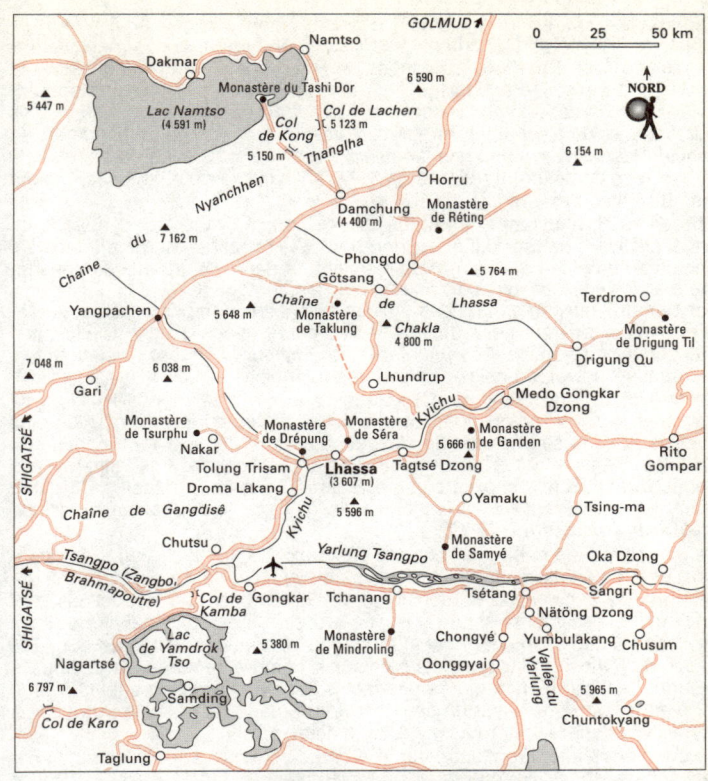

LES VALLÉES DU TIBET CENTRAL

Lhassa »). Prévoir 3 bonnes heures de trajet. Habituellement, les moines cerbères postés à l'entrée ne recherchent pas les touristes dans ce bus ; on se retrouve ainsi à l'intérieur du monastère sans avoir dû débourser le prix d'entrée. À bon entendeur salut !

Où dormir ? Où manger ?

Même si Ganden n'est pas loin de Lhassa, découvrir le monastère au lever du soleil, s'engager sur la Kora avec les premiers pèlerins paraît bien séduisant.

🏠 🍴 *Ganden Monastery Guesthouse* : sur la gauche du parking. Compter de 20 à 40 ¥ (2 à 4 €) le lit. Les chambres les plus chères correspondent à des doubles presque cosy, garnies de mobilier en skaï.
– Au niveau de la *guesthouse* et plus loin vers l'entrée du monastère, plusieurs magasins vendent de l'alimentation et des denrées utiles.

À voir. À faire

🔺🔺🔺 *Le monastère de Ganden* 甘丹寺 (ou *Gandan Si*) : voici le tout premier monastère guélugpa, établi en 1409 par le fondateur même de la secte,

Tsongkhapa, qui en fut également le premier abbé. Entrée à 45 ¥ (4,5 €). L'histoire récente de Ganden est une illustration frappante des récents tourments du Tibet. En 1966, les canons de Mao encerclèrent le monastère et ses 2 000 moines. Pendant que les tanks bloquaient la route, canons et avions bombardèrent sans cesse le lieu pendant plusieurs jours. Les moines qui tentèrent de s'échapper furent mitraillés. Des centaines de bâtiments de l'ancien monastère, il ne resta longtemps que quelques pans de murs avant que la reconstruction ne débute en 1986 à l'initiative des habitants, malgré les réticences des Chinois.

En mai 1996, nouveau drame : les Chinois, poursuivant une campagne de nationalisation, entrent dans Ganden pour y faire retirer de force toutes les photos du dalaï-lama. Les moines résistent, et deux d'entre eux sont froidement assassinés sur place. D'autres, blessés, tentent de s'enfuir. Certains y parviennent, mais la plupart des moines seront jetés en prison. Ceux autorisés à rester devront se soumettre à des cours intensifs de « rééducation patriotique ». Le monastère fut interdit aux visiteurs pendant plusieurs mois et, depuis, l'université religieuse est restée fermée.

Le titre d'abbé de Ganden, contrairement aux autres monastères, ne se transmet pas par incarnation. L'abbé est choisi parmi les moines les plus éveillés et sans ségrégation de classes. Il porte le titre de Tri Rinpoché ou de Tripa. Son mandat dure au moins 7 ans. Personnages très influents, ces abbés furent parfois choisis comme régents pendant la minorité du dalaï-lama. Tous restèrent vivre à Ganden jusqu'à ce que la répression ne pousse le dernier à rejoindre l'exil indien.

Le monastère est habité par environ 400 moines (plus de 2 000 à son apogée). Le gouvernement ayant finalement insufflé de l'argent du fait de l'importance symbolique et touristique de Ganden, les reconstructions sont quasi achevées même si des vestiges et des ruines sont toujours visibles de-ci de-là. Les bâtiments manquent parfois de cette majesté que donne la patine du temps, un fait toutefois commun à nombre de monastères du pays meurtri. La visite n'en demeure pas moins intéressante et agréable. Pour la faire dans l'ordre, essayer de se coller à un groupe de pèlerins. Attention à la déclivité générale, éprouvante à cette altitude.

Le premier bâtiment rencontré sur la droite du chemin d'accès est une chapelle située sur le site du premier temple construit par Tsongkhapa. Passé le *chorten* blanc, on ne peut manquer l'édifice massif de couleur rouge qui domine tout l'ensemble. Son rez-de-chaussée abrite une imprimerie qui permet d'observer le travail de jeunes artisans. Sur la droite, la chapelle de la divinité protectrice est interdite aux femmes. Ressortir puis gravir un escalier de fer qui conduit à la salle « Tsongkhapa Golden Stupa ». Le *stûpa* d'or contient des fragments de squelette du maître, sauvés après la destruction de sa tombe originelle par les gardes rouges.

Vers l'est, le temple d'assemblée, plus récent, abrite une statue impressionnante de Tsongkhapa dont la tête est visible au 1er étage. Les dizaines de rangées de bancs, posés sur un sol de belles dalles, peuvent accueillir jusqu'à 400 moines. La chapelle du fond abrite le trône d'or de Tsongkhapa et certaines reliques, dont le bol du maître, les chaussures du 13e dalaï-Lama et sa coiffe.

Au-delà, le chemin s'incurve en boucle vers la gauche (ouest) passant devant plusieurs collèges dernièrement restaurés.

✖✖✖ La Kora de Ganden :
pèlerinage circulaire autour de la montagne qui porte l'ensemble monastique. Voici une promenade hautement recommandée, à la portée de tout marcheur même occasionnel mais déjà acclimaté. Après le « péage », grimper tout de suite par la gauche, à l'arrière du restaurant. Pas moyen de se perdre, on tourne dans le sens des aiguilles d'une montre, avant de redescendre vers le monastère côté nord-est. Essayer d'emprunter les pas de pèlerins tibétains. Venant en famille, ils sont très

PLANS ET CARTES EN COULEURS

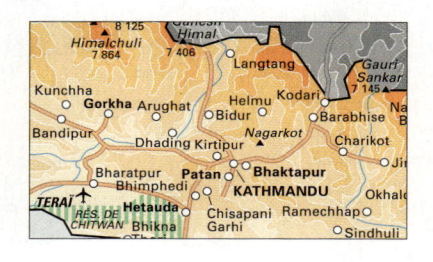

SOMMAIRE

Planches **2-3**	_____	Le Népal
Planches **4-5**	_____	Kathmandu – plan général
Planche **9**	_____	Kathmandu – Thamel (zoom 1)
Planche **11**	_____	Kathmandu – Durbar Square (zoom 2)
Planches **12-13**	_____	La région de Lhassa
Planches **14-15**	_____	Lhassa – plan général
Planche **16**	_____	Lhassa – zoom

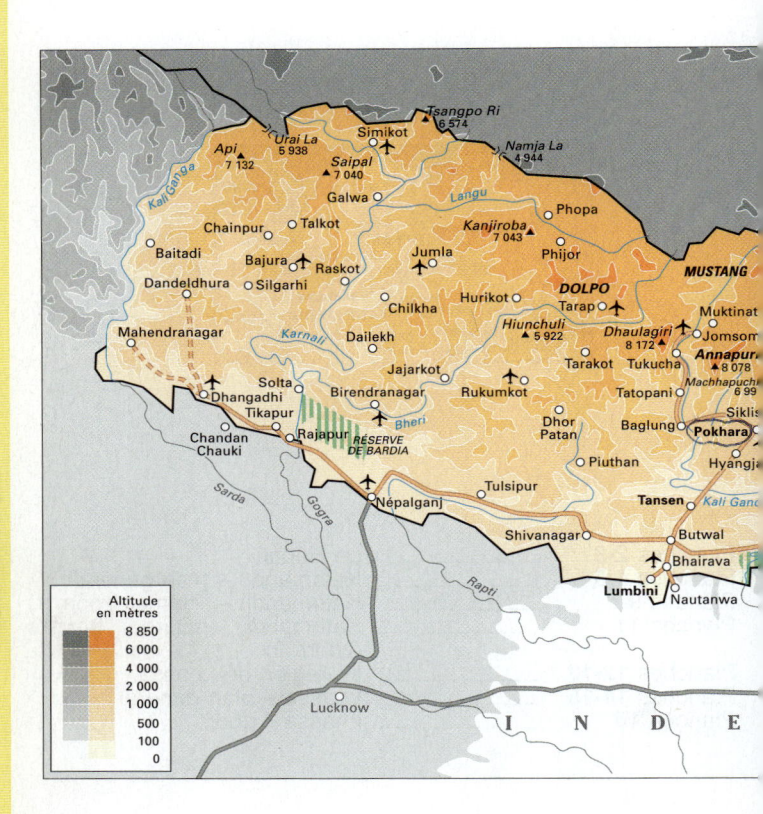

LE NÉPAL

LE NÉPAL

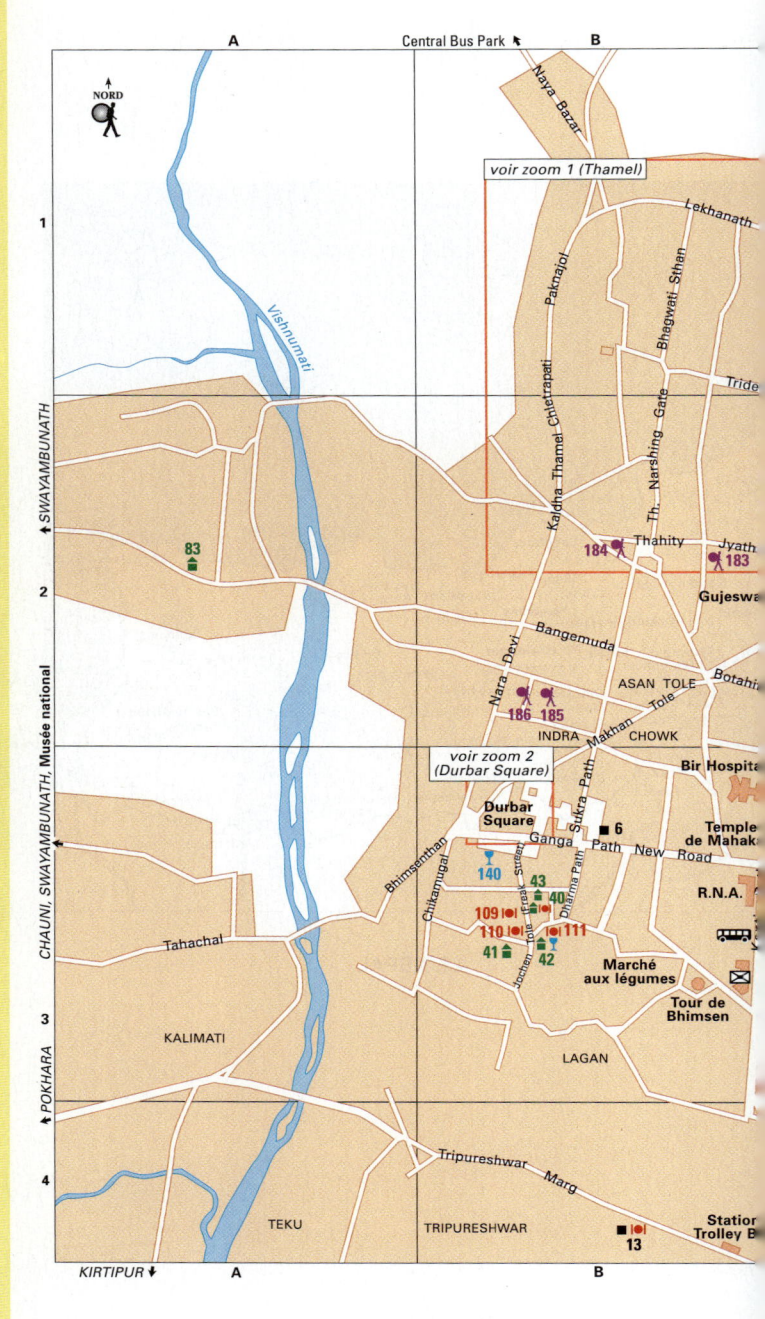

KATHMANDU – PLAN GÉNÉRAL

4

A — B

Central Bus Park

voir zoom 1 (Thamel)

Naya Bazar
Lekhanath
Paknajol
Bhagwati Sthan
Kaldha Thamel Chetrapati
Th. Narshing Gate
Tride

Vishnumati

NORD

← SWAYAMBUNATH

83

184 Thahity
183 Jyath

Gujeswa

Bangemuda
Nara Devi
ASAN TOLE
186 185
Makhan Tole
Botahi
INDRA CHOWK

← CHAUNI, SWAYAMBUNATH, Musée national

voir zoom 2 (Durbar Square)

Bir Hospital

Durbar Square
■ 6
Sukra Path
Ganga Path — New Road
Temple de Mahak

Bhimsenthan
Chitramugal
140
43
109 40
110 111
41 42
Dharma Path

R.N.A.

Tahachal

Marché aux légumes

← POKHARA

KALIMATI

LAGAN

Tour de Bhimsen

Tripureshwar Marg

TEKU
TRIPURESHWAR

■ 13

Station Trolley B

↓ KIRTIPUR

A — B

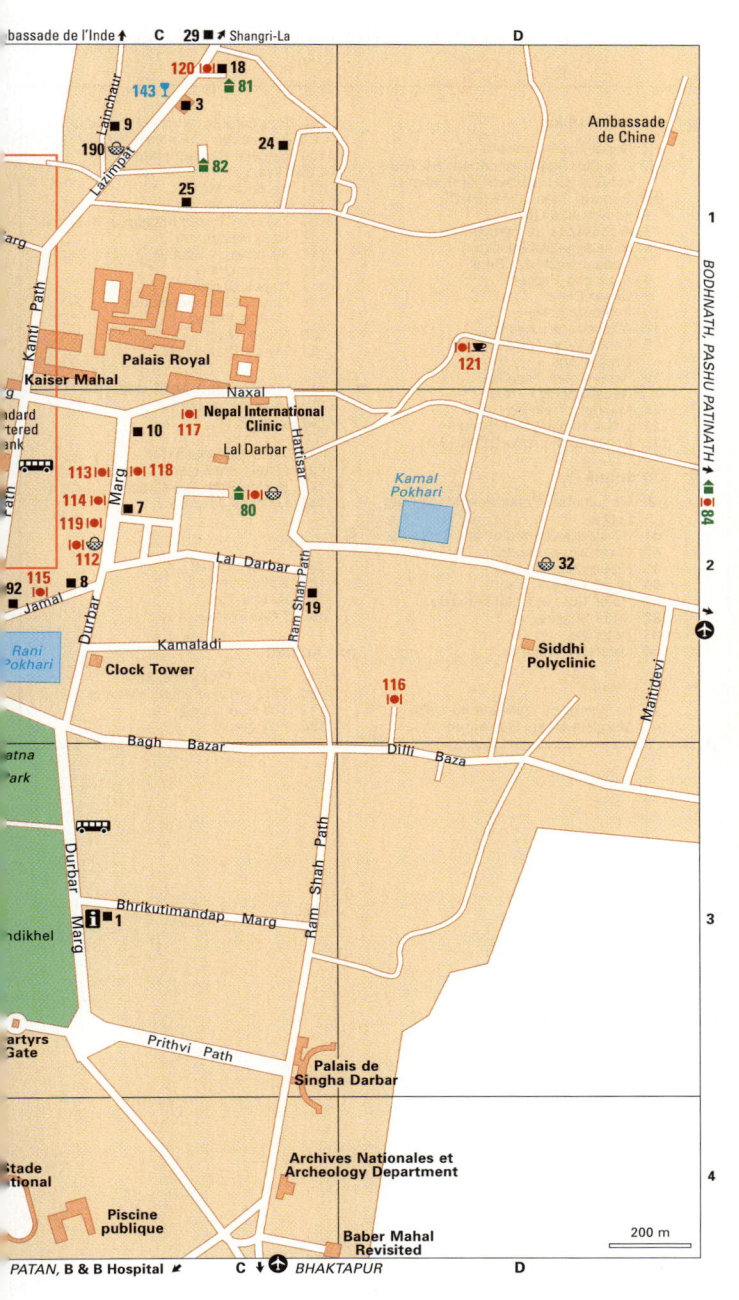

KATHMANDU – PLAN GÉNÉRAL

REPORTS DU PLAN GÉNÉRAL DE KATHMANDU

■ Adresses utiles

- Nepal Tourism Board
- City Bus Station et départ des Tourist Bus pour Chitwan et Pokhara
- General Post Office (GPO)
- 1 Immigration Office
- 3 Ambassade de France
- 6 Himalayan Bank Limited
- 7 Nepal Investment Bank
- 8 American Express
- 9 Ciwec Clinic
- 10 Poste de police
- 13 Alliance française
- 18 Base Camp Trekking and Expeditions
- 19 Acme-Losar Travels
- 24 Nepal Ecology Treks
- 25 Mandala Trekking
- 29 Great Himalayan Adventure
- 192 École de musique DO RE MI

⌂ Où dormir ?

- 40 Monumental Paradise et Moon Stay Lodge
- 41 Himalaya's Guesthouse and Coffee Bar
- 42 Green House Lodge
- 43 Nippon Guesthouse
- 80 Hotel Yak and Yeti
- 81 Hotel Tibet et Hotel Manaslu
- 82 Hotel Shanker
- 83 Hotel Vajra
- 84 Dwarika's Hotel

|●| Où manger ?

- 13 Le Bistrot de l'Alliance française
- 40 Mandala Meggi Restaurant
- 80 Restaurants de l'hôtel Yak and Yeti
- 84 Krisnarpan (Dwarika's Hotel)
- 109 Ganesh Restaurant and Bar
- 110 Diyalo
- 111 Le Snow Man
- 112 The Pub Nanglo
- 113 Tukche Thakali Kitchen et Kushifuji
- 114 Koto Restaurant
- 115 Kathmandu Kitchen
- 116 Bhojan Griha
- 117 Nepali Chulo
- 118 Royal Saïno Restaurant
- 119 Ghàr e Kebàb
- 120 China Town
- 121 Mike's Breakfeast

☕ 🍷 Où prendre son petit déjeuner ? Où boire un verre ? Où sortir ?

- 42 The Mud Café'n'Bar
- 121 Mike's Breakfast
- 140 Bar du Park Guesthouse
- 143 Upstairs Jazz Bar

🎬 À voir

- 183 Chusya Bahal
- 184 Katheshimbu
- 185 Kilagal Tole
- 186 Yitym Bahal

🛍 Achats

- 32 Everest Pashmina Arts
- 80 Pâtisserie de l'hôtel Yak and Yeti
- 112 The Pub Nanglo
- 190 Folk Nepal

LES COUPS DE CŒUR DU **routard**

Nos meilleurs hôtels et restos en France

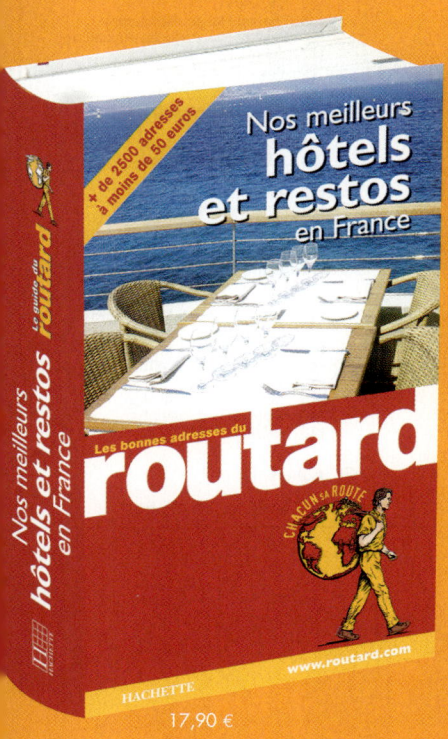

4 000 établissements de qualité sélectionnés pour leur originalité et leur convivialité.

- des cartes régionales en couleurs
- index thématique : catégorie de prix, piscine, parking et terrasse.

17,90 €

HACHETTE

REPORTS DU ZOOM 1 DE KATHMANDU

■ Adresses utiles

- 2 KEEP Travellers Information Center
- 4 Standard Chartered Bank
- 5 Himalayan Bank Limited
- 11 Pilgrims (librairie)
- 14 Glacier Safari Treks
- 15 Celtic Trekking Adventure
- 16 Nepal Trekking et Expeditions
- 17 Trinetra Adventure
- 20 Montagnes du monde Himalaya & Sailung Adventure Trekking
- 21 The Borderland Adventure Centre Asia
- 23 Hard Rock Treks & Expedition
- 26 Exotic Treks & Expeditions
- 28 Les Portes de l'Aventure
- 30 Yatri Tours

≜ Où dormir ?

- 46 The Pleasant Lodge
- 47 Tibet Peace Guesthouse
- 49 Kathmandu Peace Guesthouse
- 50 Shangri-La Guesthouse
- 51 Earth House Hotel
- 52 Shambala Hotel
- 53 Souvenir Guesthouse
- 54 Prince Guesthouse
- 55 Dolphin Guesthouse
- 56 Shree Tibet Hotel
- 57 Tibet Cottage
- 58 International Guesthouse
- 59 Potala Guesthouse
- 60 Hotel Tayoma
- 61 Blue Horizon Hotel
- 62 Mandap Hotel
- 63 Mustang Holiday Inn Hotel
- 64 Pilgrims Guesthouse
- 65 Kathmandu Guesthouse
- 66 Utse Hotel
- 67 Buddha Hotel
- 68 Nepa International Hotel
- 69 Imperial Guesthouse
- 70 Nirvana Garden Hotel
- 71 Dynasty Hotel
- 72 Norbhu Linkha
- 73 Moon Light Hotel
- 74 Harati Hotel
- 75 Kantipur Temple House

|●| Où manger ?

- 21 Northfield Café
- 90 Annapurna Restaurant
- 91 Himalayan Sherpa Restaurant & Bar
- 92 Jatra
- 93 Zaika
- 94 Roadhouse Café
- 95 Chikusa
- 96 Dechenling
- 97 Korean Restaurant Festival
- 98 Helena's et Koto Restaurant
- 99 Green Ice Restaurant
- 100 Les Yeux
- 101 Yin Yang Restaurant
- 102 Café Mitra
- 103 Fire and Ice Pizzeria
- 104 Kilroy's
- 105 Thamel House Restaurant
- 106 Everest Steak House Restaurant
- 107 Gorkha Palace
- 108 Maya Cocktail Bar

♚ Où prendre son petit déjeuner ?

- 54 Delima Garden Café
- 93 Just Juice and Shake
- 98 Weizen Bakery
- 130 Pumpernickel
- 131 Le Bistro et Hot Breads
- 133 Delicatessen Center

♟ Où sortir ?

- 108 Maya Cocktail Bar
- 141 New Orleans Café et Tom and Jerry
- 142 Via Via Café
- 144 Rum Doodle Bar-40 000 Feet
- 145 Bamboo Club
- 146 Paddy Foleys Irish Pub
- 147 Tongues and Tales Bar
- 148 Fullmoon

✤ Achats

- 191 Saroj Instrumental Shop

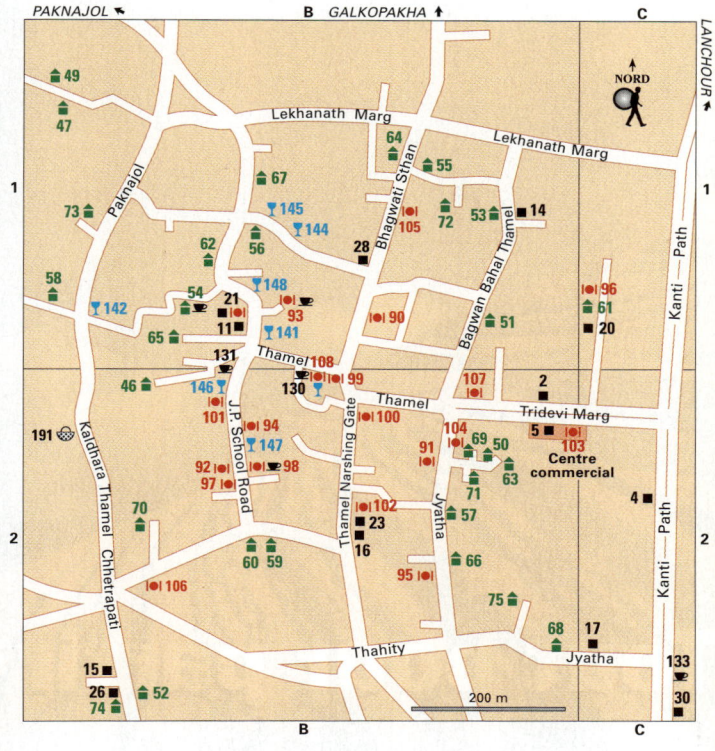

KATHMANDU – THAMEL (ZOOM 1)

Tout pour partir*

*bons plans, concours, forums,
magazine et des voyages à prix routard.

> www.routard.com

routard.com

Chacun sa route

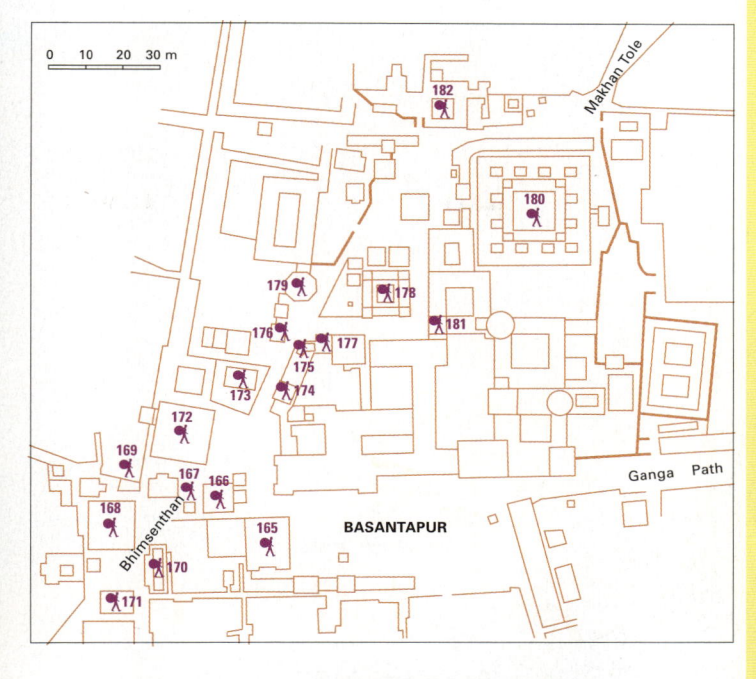

KATHMANDU – DURBAR SQUARE (ZOOM 2)

À voir

- 165 Kumari Ghar
- 166 Trailokya Mohan ou temple de Narayan
- 167 Garuda
- 168 Kasthamandap
- 169 Maru-Ganesh
- 170 Nasal Devta Temple ou Nasal Devata
- 171 Singha Satal
- 172 Mahadeva ou Shiva Temple
- 173 Asta Yogini, temple de Shiva et Parvati
- 174 Bhagwati Temple
- 175 Fenêtres d'ivoire
- 176 Gros tambours
- 177 Seto Bhairav
- 178 Jagannath Temple
- 179 Temple octogonal de Krishna
- 180 Temple de Taleju
- 181 Ancien palais royal, Hanuman Dhoka
- 182 Machendranath Bahal

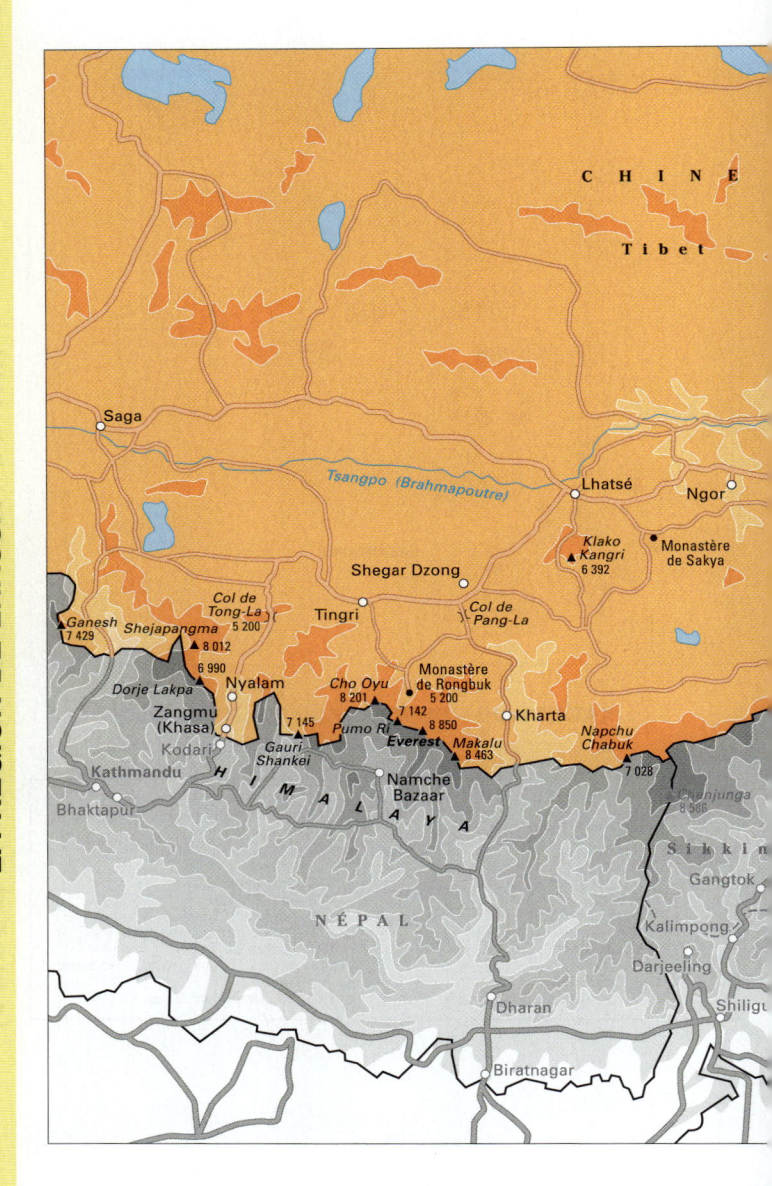

LA RÉGION DE LHASSA

CHINE
Tibet

- Saga
- Tsangpo (Brahmapoutre)
- Lhatsé
- Ngor
- Shegar Dzong
- Klako Kangri 6 392
- Monastère de Sakya
- Col de Tong-La 5 200
- Tingri
- Col de Pang-La
- Ganesh 7 429
- Shejapangma 8 012
- Dorje Lakpa 6 990
- Nyalam
- Cho Oyu 8 201
- Monastère de Rongbuk 5 200
- Kharta
- Zangmu (Khasa)
- Kodari
- Gauri-Shankei 7 145
- Pumo Ri 7 142
- Everest 8 850
- Makalu 8 463
- Napchu Chabuk
- 7 028
- Kathmandu
- HIMALAYA
- Namche Bazaar
- Bhaktapur
- Kanjunga 8 586
- Sikkim
- Gangtok
- NÉPAL
- Kalimpong
- Darjeeling
- Dharan
- Shiligu
- Biratnagar

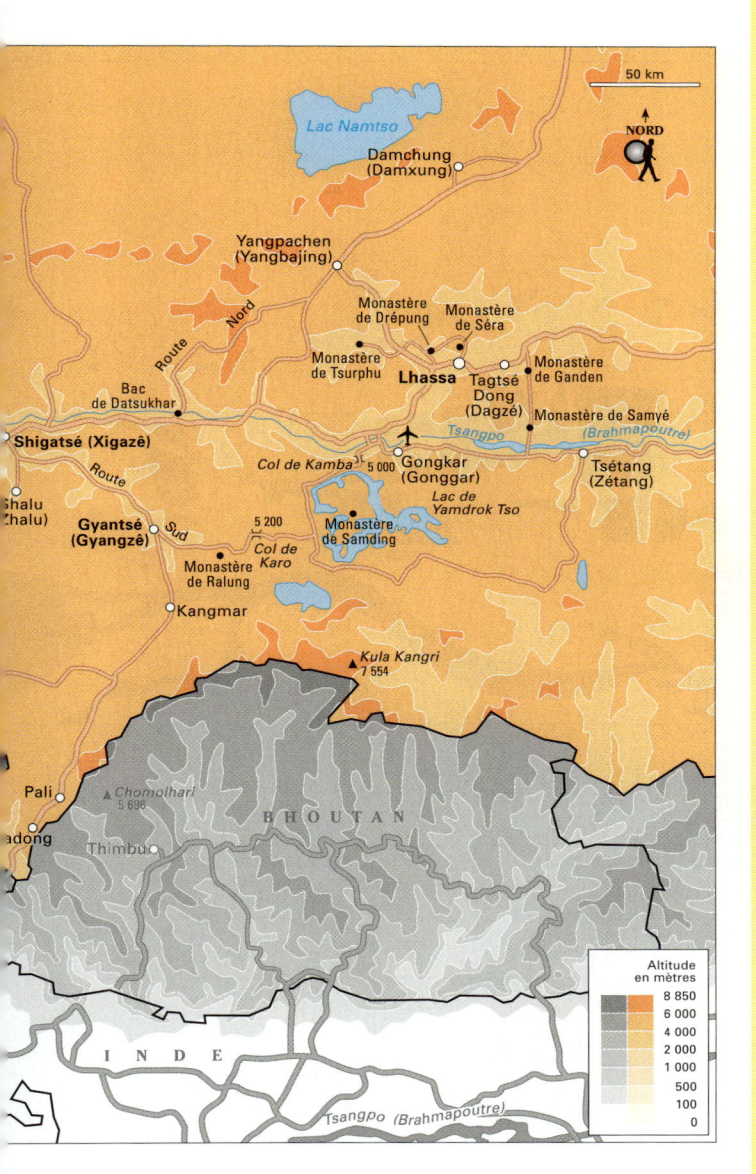

LA RÉGION DE LHASSA

LHASSA – PLAN GÉNÉRAL

Adresses utiles

- **CITS**
- ✉ Poste principale
- 🚌 Gares routières
- 1 Bank of China
- 2 Consulat du Népal
- 3 PSB (Public Security Bureau)
- 4 Quartier général de la police
- 5 People Hospital
- 6 Toread
- 7 Third Pole Outdoor

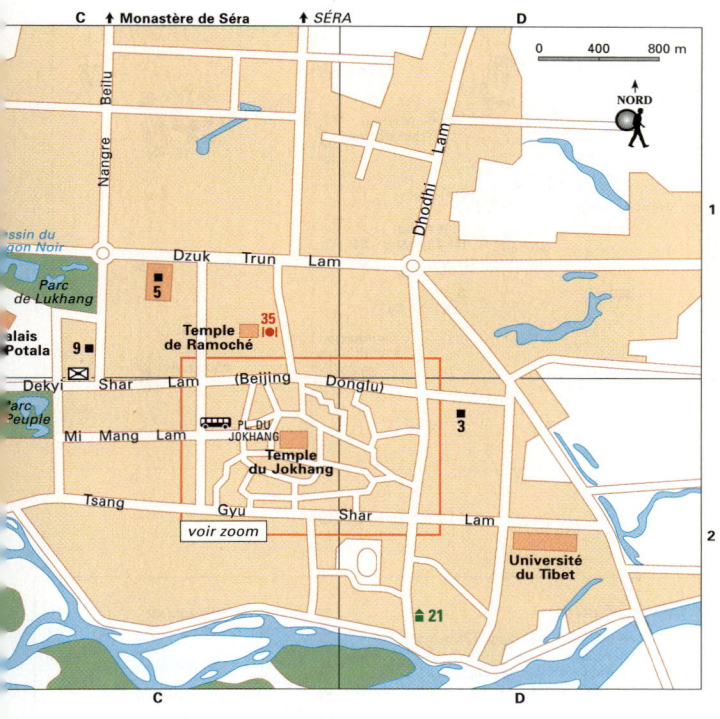

LHASSA – PLAN GÉNÉRAL

	8 Magasins photo		21 Himalaya Hotel
	9 CAAC		
	10 Tibet Wind Horse Adventure	|●|	**Où manger ?**
🛏	**Où dormir ?**		35 Norzing Selchung Tashi Yarphel Restaurant
	20 Lhassa Hotel		36 Tanfulou Sifendian

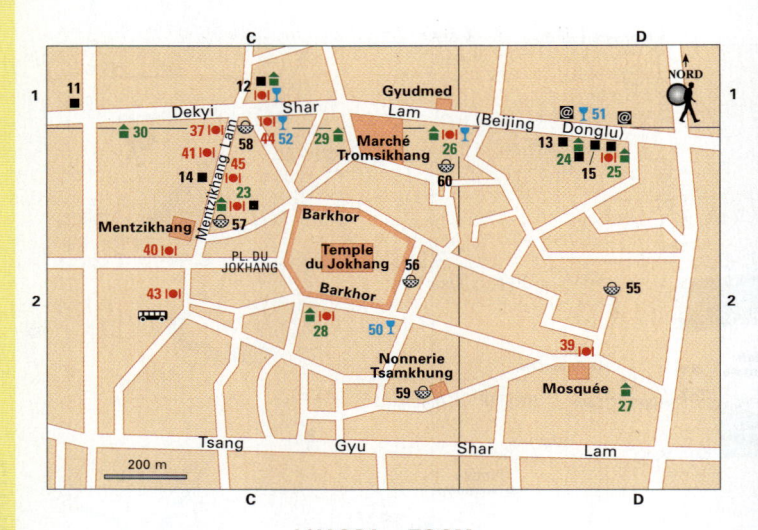

LHASSA – ZOOM

■ Adresses utiles

- 🚌 Gare routière Lugu (Lugu Qichezhan)
- @ Cybercafés
- 11 Supermarché Xifang Chaoshi
- 12 Shigatse Travels
- 13 Bank of China
- 14 Gu Xu Na Bookshop
- 15 Location de vélos
- 23 FIT Travel Snowland
- 24 Tibet FIT Travel « Dongcuo »
- 25 FIT Banakshöl
- 30 Massages

🛏 Où dormir ?

- 12 Yak Hotel
- 23 Snowland Hotel
- 24 Dongcuo International Youth Hostel
- 25 Banakshöl
- 26 Kirey Hotel
- 27 Flora Hotel
- 28 Mandala Hotel
- 29 Dhood Gu Hotel
- 30 Hôtel Kyichu

🍽 Où manger ?

- 12 Dunya Restaurant
- 23 Snowland Restaurant
- 25 Namtso Restaurant
- 26 Tashi II
- 28 Mandala Restaurant
- 37 Tashi I
- 39 Yisilan Fanzhuang
- 40 Gankhi Restaurant
- 41 Naga Restaurant
- 43 New Mandala Restaurant
- 44 Gangla Medo Restaurant
- 45 Tibet Cafe and Pub

🍷 Où boire un verre ? Où sortir ?

- 12 Dunya Bar
- 26 Shangri-La
- 50 Makye Ame Restaurant
- 51 Folk Music Bar
- 52 Lowland Music Bar

🛍 Achats

- 55 Dropenling
- 56 Tibetan Peak Art Article Center
- 57 Snow Leopard Carpet Industries
- 58 Taiwan Coral
- 59 Atelier de Thangka
- 60 Sculpteurs

nombreux le matin. Chaque rocher a son histoire, son rite à accomplir, comme celui percé d'un trou où le pèlerin doit essayer de mettre son doigt en démarrant à 3 m les yeux fermés. Cela pour savoir s'il est capable de rendre à sa propre mère l'immense compassion qu'elle lui a témoignée depuis sa conception. Personne n'y parvient, bien sûr…

➤ **Trek Ganden-Samyé :** le trek entre ces deux monastères est l'un des plus beaux de la région du Ü. Comptez environ 4 ou 5 jours selon votre rythme. C'est une randonnée très chouette et variée, sans trop de difficultés malgré les deux cols à franchir. Il faut cependant être guidé. Les agences de Lhassa peuvent tout organiser. En haute saison, on rencontre souvent à Ganden de jeunes Tibétains proposant de louer leurs services. Une tente et de la nourriture s'imposent, même si on croise en chemin quelques villages et campements de nomades. À Hebu, possibilité de louer des yacks ou des chevaux.

DRIGUNG TIL ET TERDROM

Arriver – Quitter

Le monastère de Drigung et la nonnerie de Terdrom se situent à environ 150 km au nord-est de la capitale.

➤ **En bus :** liaisons entre Lhassa et Medro-Gongkar ou, mieux, le village de Drigung Qu. Demandez à votre hôtel d'où se font les départs (en principe de la gare de l'Est). Il reste alors une trentaine de kilomètres jusqu'aux monastères. Ces derniers sont plus problématiques (très peu de transports publics). D'occasionnels *bus de pèlerins* desservent directement les monastères. Se renseigner à son hôtel ou auprès des chauffeurs de bus garés sur Mentzikhang Lu (à Lhassa).

➤ **En voiture :** pas plus de 4 h depuis Lhassa et seulement 30 mn de route entre les deux sites. À environ 25 km au-delà de la ville de Medro-Gongkar, non loin du bourg Drigung Qu, laisser se couder la rivière Kyichu vers l'ouest et Réting pour poursuivre le long d'un profond sillon creusé par un affluent. Remarquer le beau monastère accroché à la falaise. Les routes deviennent de plus en plus étroites mais elles sont récentes et bitumées.

Où dormir ? Où manger dans la région ?

Si l'excursion est aujourd'hui possible en une journée, il serait toutefois dommage de ne pas dormir sur place, pour explorer les environs et d'autres monastères.

X **Camping :** entre Drigung Qu et Drigung Til, nombreux emplacements adaptés vers la rivière, plus ou moins près des campements de nomades.

▪ |O| **Drigung Monastery Guesthouse & Restaurant :** sur l'esplanade du monastère. Prévoir de 15 à 30 ¥ (1,5 à 3 €) le lit selon le confort et l'étage. La pension est plus récente et mieux tenue que celle de Terdrom. La meilleure option de la contrée.

– À côté de l'entrée de la *guesthouse*, un petit resto délivre de passables currys et *thukpa*, et un non moins modeste bazar-épicerie vend quelques denrées de base.

▪ **Pension :** à Medro Gongkar, gros bourg à environ 80 km de Drigung Til. À la sortie de la ville en venant de Lhassa, au-dessus d'un bazar voisin d'une station-service. Tout à fait acceptable.

▪ |O| **Terdrom Monastery Guesthouse & Restaurant :** dans une baraque en bois de plusieurs étages, à côté des sources chaudes. Compter 40 ¥ (4 €) le lit. Pas très bien tenu ni confortable, assez humide et un peu trop cher, même si le coin à son charme. Non loin de la *guesthouse*, en allant vers la nonnerie, un resto occupe le haut d'une grande maison. Personnel accueillant, portions généreuses de nouilles et currys.

À voir. À faire

🏃🏃 *Le monastère de Drigung Til :* juché sur une crête, ce véritable nid d'aigle est accessible par un sentier ou une étroite et très raide piste carrossable. Fondé en 1179 par Jikten Gonpo, c'est le siège de l'école Drigung Kagyüpa, une secte qui s'est notamment développée au Ladakh. Détruit en 1290 par les Mongols alliés aux Sakyas, Drigung fut reconstruit et devint un centre de méditation florissant où vivaient près de 600 moines, dont une soixantaine en retraite complète, totalement isolés du monde.
Depuis l'extrémité de la nouvelle esplanade, en partie soutenue par une série d'impressionnants piliers métalliques, un escalier raide conduit au bâtiment principal qui abrite trois temples, les cuisines et quelques appartements. Dans la salle d'assemblée : statues de Jikten Gonpo, le fondateur, flanqué de Padmasambhava, Sakyamuni, Marpa et Milarepa. Ressortir et prendre les escaliers débouchant sur la terrasse qui conduit à une galerie à l'air libre d'où l'on accède aux deux autres salles. Elles contiennent les reliques des lamas de Drigung ainsi que leurs statues. Remarquer la forme particulière de leurs bonnets rouges.
Au-delà de ces trois salles principales, Drigung est plutôt un ermitage qu'un monastère à proprement parler. L'essentiel des 200 moines loge en effet dans de petits ermitages accrochés plus haut dans la montagne. Ils vivent en semi-retraite et ne se réunissent qu'occasionnellement pour certains rituels. Mais, si l'atmosphère y est parfois étrange, c'est peut-être aussi à cause de la spécialité des lamas locaux : le transfert de conscience des morts. Le monastère est en effet l'un des lieux de funérailles célestes les plus recherchés du Tibet central.
Pour des raisons que l'on comprendra aisément, ces enterrements célestes (voir « Religions et croyances » dans les « Généralités ») sont formellement interdits aux visiteurs, ainsi qu'un panneau en anglais le rappelle. Confiscation de cartes mémoire ou de pellicules ainsi que grosse engueulade sont à prévoir pour les contrevenants. Si le site se trouve sur le chemin de la Kora, celle-ci reste quand même accessible aux visiteurs. Ne pas trop traîner lors de funérailles.
En chemin, avant de redescendre sur le monastère, visite possible de la chapelle dédiée à Abchi, la divinité féminine qui protège Drigung.

🏃🏃 *La nonnerie de Terdrom :* en venant de Drigung Til, bifurquer sur la droite après une dizaine de km, au niveau d'un hameau. Après maints zigzags dans un canyon étroit et tourmenté, la voie débouche sur une petite vallée en cul-de-sac, constellée de drapeaux de prières. Terdrom domine les lieux. Ses dépendances et les habitations des nonnes partent à l'assaut des pentes. La source chaude émerge en contrebas.
Fondé au VIIIe siècle, Terdrom, le plus important site religieux de la vallée de la Zoto, est bâti non loin d'une grotte à l'histoire un rien légendaire. En 772, le roi Trisong Detsen offrit, contre l'avis de son entourage, l'une de ses épouses, Yeshe Tsogyal, à Guru Rinpoché, le maître tantrique indien qui introduisit le bouddhisme au Tibet. Pour fuir la colère de la cour, les nouveaux tourtereaux se réfugièrent dans cette grotte de Terdrom. Là, Tsogyal reçut les initiations au bouddhisme et les préceptes du grand maître. Seule, elle visita le Népal, reçut de nouvelles initiations à Samyé, avant de revenir à Terdrom où elle acheva sa retraite après le départ de Guru Rinpoché.

De nos jours, plus d'une centaine de nonnes vivent dans le couvent. Comme il est finalement assez rare d'en rencontrer au Tibet, voici l'occasion d'apprécier leur ferveur religieuse. Celle-ci, souvent plus profonde que celle des moines, est pourtant pimentée d'espièglerie et d'une décontraction qui manque parfois chez leurs collègues masculins. Leur détermination politique est tout aussi remarquable. Les nonnes de Terdrom, célèbres pour leur patriotisme, furent souvent parmi les premières à descendre à Lhassa lors des insurrections. À tel point qu'en 1997, 200 nonnes ont été expulsées du monastère ou arrêtées par les Chinois. Orphelines ou souvent issues de familles pauvres, ne recevant pas d'aides de l'État, elles vivent dans la misère, survivant grâce aux donations des pèlerins. N'hésitez pas à faire une donation, elle sera bien employée.

L'ambiance dans le modeste mais élégant temple principal qui sert de lieu d'assemblée est presque aussi chaleureuse que pieuse. Vieux parquet de bois, multiples et belles représentations de Guru Rinpoché ainsi que de Sakyamuni. Un trône Drigung Kagyüpa vient rappeler la filiation du monastère.

En septembre, le monastère produit des statues de Tara. La glaise est apportée depuis Terdrom jusqu'à l'ermitage de son abbesse (voir ci-dessous) pour y effectuer les moulages. Les statues sont ensuite redescendues et bénites au monastère. Les pèlerins viennent alors nombreux pour emporter un exemplaire chez eux en échange d'une aumône.

Les sources chaudes de Terdrom : deux bassins d'eau sulfureuse dont les vertus curatives sont vantées depuis plus de quinze siècles. Possibilité de s'y baigner avec les pèlerins (peu cher). Les hommes s'immergent dans le premier bassin, là où le roi prenait régulièrement son bain assis sur son trône. Les femmes, moins privilégiées, se contentent du deuxième bassin, alimenté par l'eau de ces messieurs. Tout l'ensemble est d'une hygiène moyenne, en tout cas quand c'est fréquenté, à vous de voir.

Randos autour de la nonnerie : la première, très facile, d'environ 2 h, consiste à rejoindre directement l'ermitage à 4 300 m d'altitude où réside aujourd'hui Khandro-la, l'abbesse de Terdrom. Considérée comme la réincarnation de Yeshe Tsogyal, et donc une grande sainte du Tibet, elle vous accueillera très simplement en vous servant le traditionnel thé au beurre si elle n'est pas en période de méditation. Derrière l'ermitage, découvrez de nombreuses cavernes de méditation, dont celle de Guru Rinpoché.

L'autre rando est un peu plus longue, prévoir environ 4 h aller-retour. Le mieux est de demander à une nonne de vous accompagner. En partant des sources d'eau chaude, traversez la rivière puis grimpez en haut de la crête qui fait face au monastère. Une fois en haut, un peu essoufflé par une montée difficile, descendre tranquillement la vallée en direction de l'ermitage de l'abbesse. Vue magnifique, et il n'est pas rare de voir un aigle survoler les lieux.

RÉTING ET TAKLUNG

Arriver – Quitter

À environ 160 km au nord de Lhassa.

➢ *En bus :* bus direct Lhassa-Réting, 4 fois par semaine, retour le lendemain.

➢ *En voiture :* depuis Drigung Qu (liaison en bus avec Lhassa), suivre la rivière Kyichu en direction de Phongdo, puis prendre à l'est vers Réting.

LE TIBET / LES VALLÉES DU TIBET CENTRAL

Autre possibilité : relier Lhundrup, au nord de Lhassa, puis franchir le col du Chakla à 4 800 m.
Pour retourner sur Lhassa par la vallée du Yangpachen (route de Golmud), une belle piste file vers l'ouest le long d'une charmante rivière, dépassant le stupéfiant ermitage de Götsang et Taklung. Depuis Yangpachen, possibilité de se rendre à Shigatsé (belle route), ou de redescendre sur Lhassa, après un éventuel détour par le monastère de Tsurphu.

Où dormir ? Où manger ?

Reting Monastery Guesthouse & Restaurant : dans une petite cour avant l'entrée du monastère. Prévoir 30 à 40 ¥ (3 à 4 €) le lit dur et court sur un sol en terre battue. Pas d'affolement cependant, c'est une des pensions de monastère les plus sympas du Tibet, grâce à l'accueil des moines, assez espiègles, et la bonne tenue générale (draps propres normalement fournis et coup de balai assuré). Le resto, authentique et chaleureux, assure une poignée de plats de survie (*thugpa,* riz sauté) et fait office de petite épicerie (nouilles instantanées, bière aussi !).

Autres possibilités d'hébergement : au monastère de Taklung mais la *guesthouse* y est bien plus rustique, ou dans le bourg de Lhundrup.

À voir

Le monastère de Réting : à 1 h de 4x4 après l'embranchement de Phongdo. Entrée : 40 ¥ (4 €). Réting profite d'un site admirable à la fois sylvestre et bucolique. Au cœur d'une forêt de genévriers vénérables et tortueux à souhait, le monastère domine la vallée de la Kyichu, couverte de campements de nomades entourés de leurs troupeaux de yack. Sachez que vous n'êtes pas les seuls à apprécier l'endroit. Le dalaï-lama aurait déclaré qu'il préférerait résider ici plutôt qu'à Lhassa si, brûlons des cierges, il parvenait un jour à rentrer au Tibet.

Le complot de Réting et l'affaire du 7e Rinpoché

Le monastère connut son apogée au début du XXe siècle. Comme c'était parfois le cas, son abbé fut nommé régent du Tibet à la mort du 13e dalaï-lama (1933). Ayant joué un rôle prépondérant dans l'identification du réincarné, l'abbé devint le tuteur du nouveau dalaï-lama. Plus dure fut sa chute. Soupçonné de collaborer avec les Chinois pour récupérer sa régence, l'abbé fut arrêté en 1947 et mourut en prison. Cette affaire jeta le discrédit sur le monastère et déclencha une véritable guerre civile tibétaine.
Réting fit récemment son retour sur le devant de la scène politico-religieuse. Dans la hiérarchie bouddhique tibétaine, le Rinpoché de Réting coiffe les abbés de Drépung et Ganden. Le 6e en titre étant décédé en 1997, son successeur, alors un gamin de 3 ans, fut comme par hasard découvert par les autorités chinoises en 2001, juste après la fuite du Karmapa en Inde (voir plus loin « Le monastère de Tsurphu »). La volonté de conserver un minimum d'emprise sur les fondamentaux du clergé tibétain paraît évidente. Le dalaï-lama n'a cependant pas reconnu ce candidat. Vous ne verrez pas l'enfant, il réside dans le village en contrebas à l'abri des regards indiscrets.

La visite

Réting fut construit en 1056 par Dromtonpa pour y établir le siège de la secte Kadampa, deux ans après la mort d'Atisha, son maître spirituel. Ce dernier, venu d'Inde, aida à réintroduire le bouddhisme au Tibet après l'an mille, mais ne fonda ni monastère ni secte de son vivant. Comme la plupart des monastères de la région, Réting fut rasé en 1240 par les armées mongoles, à l'instigation des Sakyapas, leurs alliés « spirituels ». Plus de 500 personnes, moines et laïcs, furent massacrés. Plus tard, les enseignements de l'école Kadampa ayant fortement influencé Tsongkhapa, c'est naturellement que Réting passa sous la bannière guélugpa.

Les tristes sires de la Révolution culturelle s'acharnèrent tout particulièrement sur les lieux, détruisant entièrement le monastère. La centaine de moines qui habitent là, un petit cinquième de la population d'autrefois, s'applique à le reconstruire. Pour l'instant, seule une partie du temple d'assemblée principale et quelques chapelles ont été rebâties. Les donations sont bienvenues, d'autant que le gouvernement ne mettrait pas la main à la poche.

Grimper les escaliers et traverser l'esplanade pour entrer dans le temple. Au fond, repérer la photo en noir et blanc qui donne une idée de la magnificence et de l'étendue passées du monastère. En dehors des habituelles statues des lamas de la lignée, de leurs trônes ou empreintes, le véritable trésor de Réting consiste en une petite statue d'or mise en châsse. Cette divinité aurait été utilisée par Atisha pendant ses méditations. En contournant le temple par sa gauche, d'autres chapelles se découvrent au fur et à mesure de la grimpette. Dromtonpa, le fondateur, siège toujours sur la droite des séries de trois statues qui incluent Atisha, Maitreya et ses disciples. Un sentier passant par des ermitages conduit à une nonnerie située plus haut, à flanc de montagne (visible depuis le monastère). Prévoir une bonne heure de balade.

Le monastère de Taklung : dans une vaste vallée, au pied d'une forêt de genévriers, Taklung, construit vers 1180, fut le siège de l'école Taklung Kagyüpa. De nombreux moines venaient dans ce lieu de stricte observance accomplir les retraites durant trois ans. D'autres s'isolaient bien plus longtemps dans les grottes environnantes. C'est dans cet esprit que le maître Götsangpa créa au XIIIe siècle le célèbre centre d'ermitage appelé justement Götsang, à quelques kilomètres en aval.

LA VALLÉE DU YARLUNG

Le Yarlung n'est autre que le nom tibétain du Brahmapoutre qui, après un stupéfiant virage à 180° enserrant le Namcha Parwa (7 756 m), sort du pays pour aller se jeter dans le Gange. La vallée n'abrite pas moins que le premier village (en contrebas de Yumbulakang), le premier palais où vécut le premier roi et le premier monastère tibétain (Samyé) ! Les habitants de la région sont réputés pour leurs talents commerciaux. La vallée du Yarlung produit des étoffes de laines aussi belles que solides.

Arriver – Quitter

En dehors des nombreuses excursions organisées par les agences, de nombreux voyageurs indépendants sillonnent Samyé et la vallée du Yarlung. La meilleure façon de récolter des infos de dernière minute, notamment pour les problèmes de permis et de transport, est de consulter les panneaux d'affichage des hôtels de Lhassa.

➢ *En bus :* de Lhassa, départs toutes les 30 mn pour Tsétang depuis la *gare routière longue distance*. Possibilité de descendre en route : embranchement pour Mindroling, quais des bacs pour Dorje Drak puis Samyé. Sur

Mentzikhang Lu, en face du *Snowland Hotel* de Lhassa, le *bus des pèlerins* (très matinal) dessert Samyé, Trandruk, Yumbulakang et d'autres petits monastères des environs.
Dans le sens inverse, rejoindre la *gare routière de Tsétang* (départs réguliers pour Lhassa), ou, depuis le monastère de Samyé, monter dans un des 2 bus (un le matin, l'autre l'après-midi).
➢ ***En voiture :*** louer une voiture demeure le moyen idéal pour découvrir la région.

Permis

Les *travel permits* pour Samyé et la vallée du Yarlung, en principe délivrés sans problème aux voyageurs indépendants, s'obtiennent à Lhassa ou éventuellement au *PSB* de Tsédang (en face du *Tsedang Hotel*). Ils coûtent 50 ¥ (5 €). Se renseigner au préalable à Lhassa. Deux *checkpoints* du *PSB*, l'un au bac de Samyé (18 km avant Tsétang), l'autre devant le monastère. Beaucoup de voyageurs indépendants se dispensent d'un permis et tentent le coup en visitant les sites de la vallée avec les bus publics. Si on se fait pincer, l'amende varie de 50 à 500 ¥ (5 à 50 €) selon la tête du client.

SAMYÉ

Le village de Samyé est assez pittoresque et plutôt calme malgré l'afflux de touristes. Les ***Festivals de danses masquées*** se déroulent les 9e et 10e jours de la première lune suivant le Nouvel An tibétain.

Arriver – Quitter

On peut rejoindre le village de deux manières :
➢ La plus populaire et agréable demeure la traversée en ***bac*** (compter 1 h environ) depuis la route de Tsétang. On paie par personne ou pour l'embarcation complète si on ne veut pas attendre. De l'autre côté de la rive, des camions attendent pour vous transporter sur les derniers 8 km. À nouveau, on peut louer tout le véhicule.
➢ ***Les bus*** empruntent le pont situé à la sortie de Tsétang puis une piste poussiéreuse mais correcte qui longe la rive opposée du fleuve.
Compter 1 h de trajet depuis Tsétang.

Où dormir ? Où manger ?

⌂ |●| ***Samye Monastery Guesthouse & Restaurant :*** face à l'entrée du monastère. Prévoir de 15 à 50 ¥ (1,5 à 5 €) le lit selon la taille du dortoir (3 à 5 lits) et l'étage. La partie hébergement enserre une cour intérieure. On recommande les chambres du 3e étage, dont les fenêtres donnent sur le monastère. Un must ! Le confort et la propreté vont de moyen en bas à pas mal en haut, où une bassine à ablution, des serviettes et du savon sont même fournis. Toutefois, ne rien attendre des sanitaires communs. Le resto attenant est bien sympa. Flot garanti de pèlerins et cuisine tibétaine *ad hoc,* option café-soda incluse pour ceux qui saturent des thés au beurre. Prix modiques.

|●| ***Snowland Dawa Restaurant :*** la plus sympathique des tavernes du village. Dans une petite allée parallèle qui donne sur le mur est, au sud de la rue principale. Rustique, bien sûr. Petite carte traduite de plats tibétains : yack, curry, *momo*. Bon marché.

À voir. À faire

ܐܳܐ ***Le monastère de Samyé :*** oasis au milieu des dunes de sable, il fut construit au VIIIe siècle par le roi Trisong Détsen aidé par Santaraksita, un saint prince bengali, et Padmasambhava (alias Guru Rinpoché). Construit sur le modèle des temples indiens, son plan symbolise celui d'un mandala, et par là le nouvel ordre cosmique établi par le roi et le bouddhisme au Tibet. Si vous allez au resto du monastère, jetez un œil à l'arrière du menu en anglais. Quelques pages très intéressantes décrivent et racontent l'histoire de Samyé ainsi que la dépendance voulue et apparemment exclusive aux dons (bienvenus) des visiteurs et fidèles.

Entouré d'une enceinte circulaire, le temple principal correspond au centre de l'univers, le mont Méru, la demeure céleste des dieux. Dans les quatre directions, quatre temples évoquent les quatre continents, flanqués chacun de deux sous-continents. Deux temples opposés représentent le soleil et la lune. Quatre *stûpa* de couleurs différentes aux quatre angles du temple principal, offerts par les quatre ministres du roi, complètent la géométrie céleste de l'ensemble qui comprenait autrefois 108 temples et sanctuaires. On allait oublier les 1 028 petits *stûpa* qui ornent le mur d'enceinte.

Pour avoir une vue d'ensemble du mandala, monter sur la colline *Hepori* qui surplombe le monastère (voir ci-dessous).

Comme la plupart des autres monastères, Samyé fut rasé. Ses temples extérieurs furent transformés en étables, ses fresques criblées d'impacts de balles, tandis que poutres, portes et huisseries laissées à l'abandon furent récupérées par les habitants pour retaper leurs propres maisons. Heureusement, un vieil homme de la région avait encore d'anciennes photos de la charpente, et c'est ainsi que le toit a pu être reconstruit. Aujourd'hui 86 moines y résident.

– ***Le temple Utse :*** érigé en plein centre du mandala et complètement restauré, c'est de loin le temple le plus important de Samyé. Chaque étage est construit selon un style différent : le rez-de-chaussée et le 1er niveau sont de style tibétain, le 2e, chinois et le 3e indien. À gauche de l'entrée, orientée à l'est, le texte du pilier extérieur raconte la construction de Samyé. Les inscriptions sur la cloche monumentale suspendue sous le porche composent un éloge au roi Trisong Détsen. Selon le tibétologue Tucci, le pilier et la cloche seraient les deux seuls vestiges datant de la fondation du temple.

Devant soi, après être entré, *la salle d'assemblée.* L'ensemble des moines ne s'y réunit qu'1 ou 2 fois par semaine. Au quotidien, seuls les plus âgés ou sages (ça va souvent ensemble) s'y retrouvent. À l'intérieur, toutes les sectes et leurs maîtres spirituels (Kedampa, Guélugpa, Sakyapa, Nyingmapa) sont représentés, dans un esprit œcuménique particulier à Samyé. Les rois du Yarlung figurent également en bonne place.

La chapelle du fond, le *Jowo Khang,* où l'on pénètre après avoir franchi une triple série de portes, est la plus sacrée de tout le monastère : sculpture miraculeuse de *Sakyamuni* « trouvée » sur la montagne (4 m de haut), huit *boddhisattva* et deux protecteurs sur les flancs, et de magnifiques mandalas au plafond.

À visiter encore, la terrifiante *chapelle latérale* du protecteur (à droite) et, à gauche (accès par l'extérieur), celle d'une très belle et vénérable représentation d'Avalokitésvara aux mille bras (et onze têtes...) sculptés en bas relief dans la paroi.

Une fois sorti, examinez les belles fresques du déambulatoire avant de grimper à l'étage supérieur. On y décèle des parties effacées par des fanatiques. Dans un coin en bas, un beau poulet blanc. Ce volatile est la mascotte du temple depuis qu'un cocorico sauva Samyé d'un incendie.

Au 1er étage, une grande galerie à l'air libre, aux flancs peints, sur pratiquement 100 m, de fresques superbes : éducatives (dans le dos en entrant), rappelant ce qu'il ne faut pas faire (porter des chaussures à crampons, se dévêtir et accrocher ses vêtements aux arbres !) ; historiques (au fond à gauche), retraçant le cheminement de Guru Rinpoché (reconnaissable à son visage doré) d'Inde à Samyé, l'intervention des Mongols et l'avènement des dalaï-lamas. En avant la lecture !

Sur la droite de la cour, diverses chapelles, à gauche les appartements du dalaï-lama et, devant, un temple d'assemblée qui abrite plusieurs statues dorées.

Le 3ᵉ étage (peintures et aménagement récents comme au 2ᵉ), de style indien, ressemble à une vaste chapelle. S'y exhibe une charpente moderne qui n'en répond pas moins à la mathématique religieuse tibétaine. Trois séries concentriques de piliers métalliques entourent l'axe central de bois : 21 extérieurs (poutres peintes en jaune) pour les 21 taras, 16 médians pour autant d'arhats (*luohan*) et 4 intérieurs symbolisant les 4 rois gardiens.

En suivant l'itinéraire de sortie par la galerie couverte, soyez attentif à ce visage parmi les fresques, sur la gauche au niveau de l'escalier. C'est Tendzin Gyamtso, le 14ᵉ dalaï-lama en exil...

➢ ***L'ascension de la colline Hepori :*** prévoir 1 h de grimpette à entreprendre dans l'idéal au lever du soleil (mais pas mal aussi en fin d'après-midi). Se diriger vers la sortie du village et attaquer la grimpette avant le premier *stûpa* blanc. On atteint rapidement une première cahute d'où on jouit des premières belles vues sur le monastère. Pause pour reprendre son souffle avant de suivre la crête jusqu'à sa lèvre supérieure, coiffée d'une petite chapelle habitée par un moine pendant la journée. De là-haut, vue superbe à 360° sur toute la région. Pour redescendre, possibilité de viser un *stûpa* blanc érigé dans les sables en contrebas avant de contourner la colline et de se retrouver face au monastère.

➢ *DANS LES ENVIRONS DE SAMYÉ*

¶¶ ***Le monastère de Mindroling :*** sur la rive droite du fleuve. C'est un crochet conseillé sur la route de Samyé. Une bonne piste longue de 15 km quitte la route de Tsétang peu avant d'arriver au port des ferries desservant Samyé. Traversée d'une vallée fertile, aujourd'hui bien cultivée depuis la réussite d'un programme d'irrigation, ponctuée de jolis villages de maisons de pierre à étage. La route devient rue et grimpe dans le mignon bourg de Mindroling jusqu'au monastère. Entrée : 25 ¥ (2,5 €).

Fondé en 1677 sur les bases d'un autre monastère, plus grand centre Nyingmapa du Tibet central, il fut détruit par les Mongols au début du XVIIIᵉ siècle, puis, tristes répétitions, sous la Révolution culturelle. Sa restauration est aujourd'hui achevée, et 80 moines environ y résident. Les maçons ont respecté la tradition des murs en pierre sèche, aux jointures extrêmement précises. La façade du temple principal, *le Tsukalhang*, compose avec le pavage de la cour une perspective majestueuse.

À l'intérieur, *la salle d'assemblée* (très belle charpente et piliers, *thangka* magnifiques) est flanquée de trois chapelles dont celle du protecteur à droite et, au fond, du Bouddha Sakyamuni accompagné de ses huit *bodhisattva* gardés par deux protecteurs qui lui font face. *Aux deux étages supérieurs,* de belles salles abritent les plus belles statues et trésors du monastère (reliques, *thangka*, mandalas, textes sacrés), dont un miroir où l'on se voit beau ou laid selon la bonté de son âme et une représentation d'union tantrique *Yabyum* – seules les sectes Nyingmapa et Kagyupa les admettent dans leurs temples.

À voir encore, dans le couloir qui longe l'extérieur du Tsukalhang par la droite, accroché au mur gauche, un très vieux et très sacré *thangka* représentant Padmasambhava (Guru Rinpoché) parlant.

Les encens produits par Mindroling, un art dans lequel excelle l'école Nyingmapa, sont très réputés au Tibet pour leurs vertus médicinales. Vente sur place ou au Mani Lakhang (voir « Barkhor » à Lhassa).

🛏️ 🍴 Ceux qui aimeraient prolonger l'expérience trouveront un bazar-alimentation devant l'entrée et devraient pouvoir dormir à la pension du monastère pour un prix modique.

🚶 Sur la route de Tsétang, environ 18 km après l'aéroport, on aperçoit, au pied d'un promontoire sur la rive opposée, le spectaculaire **monastère de Dorje Drak**. Également d'obédience Nyingmapa, il n'est pas autant restauré que Mindroling. Pour y aller, de grosses barques, qui naviguent plutôt le matin et le soir (noter qu'il est possible de les chartériser pour un prix raisonnable). Hébergement possible. Une rando-pèlerinage *(kora)* passe par un ermitage situé au sommet du rocher. Superbe vue. Attention à la descente. Le sentier, raide, n'est pas toujours évident à trouver. Dans le doute, faire une entorse aux traditions et redescendre par le même chemin.

🚶 À 3 h de marche de Samyé, sur les flancs de la montagne qui surplombe le monastère, *Chimphu* est un haut lieu de méditation où vivent quelques dizaines d'ermites.

➤ Un magnifique **trek** part de Ganden et rejoint Samyé en 4 ou 5 jours. Voir plus haut à Ganden.

TSÉTANG   40 000 hab.   Altitude : 3 500 m   IND. TÉL. : 0893

Moderne et sans intérêt touristique, la capitale de la région présente toutefois l'avantage d'accueillir toutes les adresses qui font défaut au reste de la vallée : administrations et banques, un hôtel et des restos de qualité. Tsétang peut donc constituer un bon point de départ pour rayonner alentour.

Adresses utiles

Tout se trouve dans la rue principale, Nedong Lu.

🚌 *Gare routière :* au nord-ouest de la ville. Depuis le grand rond-point de Nedong Lu, marcher environ 500 m après avoir franchi la rivière.

■ *PSB :* en face de l'hôtel *Tsetang*. À éviter autant que possible, pas sympa.

■ *Banque de Chine :* à côté du parking du *Tsedang Hotel.* Ouvert du lundi au vendredi de 9 h à 18 h. Change d'espèces possible.

@ *Cybercafé :* grand et moderne cybercafé au 1er étage d'un immeuble situé en face de la *Construction Bank* (voisine de la poste).

– *Se déplacer :* taxi ou bus municipaux (1 ¥ la course à chaque fois).

Où dormir ? Où manger ? Où boire un verre ?

Pour se loger éco, se renseigner à Lhassa avant le départ ou demander conseil à son guide. En effet, les hôtels bon marché ne peuvent pas accepter les étrangers, et ceux qui le font facturent des prix exagérés. Reste toujours le monastère de Samyé.

🛏️ *Tsedang Hotel* 泽当饭店 : 21, Nedong Lu. ☎ 78-25-555. Fax : 78-21-855. Doubles à partir de 700 ¥ (70 €). Rabais de 20 % négociable toute l'année sauf en période de grosse affluence. Le top de la région.

Rénové récemment, ce qui l'a propulsé, avec un rien d'optimisme, au rang d'un 4-étoiles. Grandes chambres confortables et bien équipées (chauffage, coffre, etc.).

I●I *Nijia Fandian* 你家饭店 : Nedong Lu, en face du *PSB*. Plats préparés, tenus au chaud ou menu en anglais. Bon, copieux et pas cher. Accueil souriant, pas d'arnaque. Bon marché.

I●I *Resto tibétain* : Nedong Lu, en face du *Tsedang Hotel*. Au rez-de-chaussée d'un immeuble moderne. Deux restos côte à côte, dirigez-vous vers celui qui est meublé traditionnellement. Délicieux *momo* au bœuf à prix ridicule et bons currys tibétains. Hormis les spécialités comme la viande de yack grillé, on y mange pour une dizaine de *kuai*. Tenu par des jeunes sympas.

I●I *Jiangcheng Fandian* 江城饭店 : Nedong Lu. À gauche en sortant du *Tsedang Hotel*, à l'angle de la première intersection. Salle au rez-de-chaussée ou box au 1er. Menu avec photos. Succulente cuisine chinoise, servie très généreusement. Prix étonnamment modique pour le Tibet. Service impeccable, propre.

T *Suntribe Bar* 太阳部落吧 : Nedong Lu. Entrée par une cour qui s'ouvre sur le côté du restaurant *Jiangcheng*. Suivre les graffitis jusqu'au 1er étage. Surprise, on ne s'attendait pas à trouver un bar vaste et accueillant, un rien branché ! Son nom et sa déco chaleureuse respirent l'ethno chic en vogue dans la bourgeoisie des grandes villes. Tibétains et Chinois s'y mélangent aux Occidentaux de passage.

➤ DANS LES ENVIRONS DE TSÉTANG

⚜⚜ *Le monastère de Trandruk* : à 7 km au sud de Tsétang, par une route bitumée. Desservi régulièrement par des bus municipaux (direction *Changzhu* 唱珠). Entrée : 35 ¥ (3,5 €). Attribué à Songtsen Gampo (VIIe siècle), Trandruk, un des plus vieux monastères du pays, fait partie du réseau géomantique des 12 temples destinés à neutraliser la démone qui vivait allongée sur le sol du Tibet avant l'avènement du bouddhisme. Selon ces croyances, le Jokhang perce le cœur de la diablesse, et Trandruk lui pique l'épaule gauche. Plus sûrement, les rois passaient l'hiver ici et l'été au Yumbulakang. Comme la plupart des autres monastères de village, il servit d'étable, et ses fresques de tableau noir aux enfants des écoles. Commencée en 1982, la reconstruction des salles principales a été achevée sans que le sanctuaire ne perde son caractère vénérable.

Dans la deuxième enceinte, le plan général fait penser au Jokhang, qui date de la même époque. Tout autour, une galerie déambulatoire semi-couverte sur les flancs extérieurs de laquelle s'ouvre une collection de chapelles. Dans le coin gauche, l'antre du protecteur du temple est interdit aux femmes. Au fond, trois chapelles, de gauche à droite : celle de Songtsen Gampo, entouré de ses épouses népalaise et tibétaine ; celle de « Tara qui parle », ornée d'une très belle charpente, et enfin une petite pièce forte d'atmosphère, abritant une trinité, où repose un poêle qui aurait appartenu à la princesse Wencheng. Sur le côté droit de la galerie, deux protecteurs supplémentaires, l'un pour les femmes (par politesse messieurs n'y entrez pas, même si ce n'est pas interdit !), l'autre pour les enfants (monté sur un cheval).

Malgré toutes ces richesses, c'est sur la terrasse du 1er étage, dans le temple de la Compassion *(Thugjé Lhakhang),* que se trouve le véritable trésor des lieux. Bien à l'abri derrière un grillage, il s'agit d'un magnifique *tangkha*, de style indien, constitué de 29 027 perles, 1 997 coraux et 185 turquoises ! Cette étonnante comptabilité serait le fruit d'un don fait à la déesse Tara par une noble très riche. Le motif représente justement Tara. On dit que ses yeux plongent dans ceux du visiteur quel que soit l'endroit où il se tient dans la pièce. Sur la gauche de Tara, un autre trésor, un *thangka* qui aurait été brodé par la princesse Wencheng elle-même, il y a 1 300 ans. Son roi chéri, Songtsen Gampo, étant parti au loin pendant deux ans, la belle princesse se languit tellement qu'elle en broda un oiseau à 3 pattes. Cherchez-le !

Yumbulakang : à environ 15 km de Tsétang en continuant vers le sud depuis Trandruk. Bus urbains (20 mn de trajet). Entrée : 15 ¥ (1,5 €). Petite grimpette jusqu'à la porte, certains la font à dos de yack. Ce castel perché sur une butte, dont le nom signifie tantôt « palais de la Mère et du Fils », tantôt « palace du Cerf », serait la plus ancienne forteresse du Tibet. Son histoire remonte au roi mythique Nyari Tsenpo (IVe siècle environ), qui serait venu d'Inde chargé de textes bouddhiques en sanskrit. La scène est décrite sur les fresques du 2e étage, qui sont malheureusement repeintes à l'acrylique…

L'édifice présent est probablement situé sur l'emplacement de la forteresse historique, mais on pense qu'il fut reconstruit sous Songtsen Gampo, puis avec certitude sous le règne du 5e dalaï-lama, époque de laquelle date le style de la tour centrale et de son toit doré. Six moines y habitent encore.

Au rez-de-chaussée, dans la petite mais belle salle d'assemblée recouverte de *thangka*, tous les grands personnages ayant fait l'histoire du Tibet durant la dynastie du Yarlung entourent le Bouddha Sakyamuni : les rois semi-légendaires, descendus du ciel avec de beaux cadeaux ; les trois monarques les plus importants, Songtsen Gampo, Trisong Détsen et Ralpachen, ainsi que le ministre Gar avec sa barbe blanche et Tonmi Sambota, le grammairien qui introduisit l'écriture au Tibet. Le 1er étage, en forme de galerie aux murs ornés de belles fresques, s'ouvre en puits sur la salle précédente. Dans une pièce, les pèlerins passent en rampant sous une collection de manuscrits ; la croyance populaire dit que cela permet d'assimiler toute la sagesse des textes en un seul effort ! Dommage, on ne peut monter dans le donjon mais, depuis le chemin de garde, la vue est superbe sur la vallée aux champs en mosaïque, parsemée de maisons aux toits plats. À son extrémité, une petite *kora* part attaquer les crêtes, ne pas avoir le vertige.

Chongyé, la vallée des Rois : dominée par les ruines de l'ancienne forteresse et par le monastère de Riwodéchen, la vallée de Chongyé abrite les tumuli identifiés comme étant les tombes des premiers rois du Tibet. Si votre guide vous dit que le monastère est hors limite, ne l'écoutez pas. De l'aveu des habitants, de nombreux voyageurs s'y rendent sans aucun désagrément. Profitez-en aussi pour vous balader dans le vieux Chongyé. Ce beau village tibétain s'étend sur les pentes au pied du monastère, à la sortie du nouveau bourg. Chongyé est aussi le lieu de naissance du 5e dalaï-lama et de l'amante favorite du 6e dalaï-lama, ce poète et jouisseur dont on ne connaît pas le lieu de sépulture.

Si l'expression « vallée des Rois » évoque les splendeurs de Louxor, le nom est un peu pompeux pour ce site modeste de 16 tumuli visibles, dont un seul se visite.

– *Le tumulus du roi Songtsen Gampo et de ses deux femmes :* entrée à 30 ¥ (3 €). Les chroniques tibétaines considèrent que les rois étaient placés dans des chapelles en forme de mandala. Le cercueil d'argent contenant la dépouille était placé au centre, et les trésors du roi remplissaient les huit chapelles adjacentes. Un pilier placé sur la tombe servait à inscrire le nom du roi. Les rois étaient en général enterrés avec leurs armes, serviteurs et chevaux qui étaient sacrifiés avec eux. Il est probable que ce mode d'ensevelissement était orchestré par des moines bön selon leurs pratiques et croyances, avant que *stûpa* et enterrements célestes ne deviennent la norme.

Imposant, ce tumulus mesure 14 m de haut et 130 m de long. Quelques marches conduisent à un petit temple Nyingmapa posé sur son sommet, d'où le panorama est superbe. Dans la salle principale, le roi est représenté entouré de ses deux reines. Dans la chapelle du fond, les statues d'Avalokitesvara et de Guru Rinpoché enserrent les statues des bouddhas des trois époques, ici représentés dans un ordre inhabituel : passé, futur et présent (au lieu de passé, présent, futur).

LA VALLÉE DE LA TÖLUNG ET LE LAC NAMTSO

LE MONASTÈRE DE TSURPHU

Tsurphu vaut particulièrement la visite de par son aménagement et ses décorations (peintures et statues) uniques. Attention, le monastère se situant à 4 500 m d'altitude, mieux vaut le visiter après une acclimatation de quelques jours à Lhassa. Prévoir des vêtements chauds.

UN PEU D'HISTOIRE

Tsurphu, fondé en 1187, est le siège des lamas karmapas, une branche très importante de l'école Kagyüpa dont ils sont d'ailleurs les chefs spirituels (voir la rubrique « Religions et croyances » des « Généralités »).
Les Karmapas, gourous des princes mongols et des empereurs de Chine, vont propager le bouddhisme et leur autorité spirituelle hors des frontières du Tibet. Ce faisant, ils amassent à Tsurphu des trésors inestimables. Alliés au roi du Tsang, ils freinent la montée du pouvoir guélugpa au Tibet central jusqu'à ce qu'un renversement d'alliance entraîne la mise à sac du monastère par le 5e dalaï-lama et ses alliés mongols (XVIIe siècle), ainsi que la modération des ambitions politiques de la secte.
En 1959, le 16e karmapa quitte le monastère pour établir son siège à Rumtek au Sikkim. Il emporte avec lui l'emblématique coiffe noire et une collection de manuscrits rares. Décédé en exil en 1981, il faut attendre 1992 pour que la 17e réincarnation du karmapa, Orgyen Trinley Dorje, soit officiellement intronisée, mettant fin à 33 ans de vacance. Quand le 14e dalaï-lama le reconnaît, il en fait la seule réincarnation à être admise à la fois par les Chinois et le gouvernement en exil. Or, fin 1999, pour des raisons à la fois religieuses, politiques et symboliques, le karmapa fuit vers l'Inde, portant un rude coup aux Chinois.
Récemment, l'atmosphère avait l'air assez paisible au monastère, trop même, selon les moines, puisqu'en l'absence du karmapa les visites de pèlerins et de voyageurs se font plus rares. On peut se rendre dans les appartements du karmapa, ses photos n'ont pas été retirées.

Arriver – Quitter

La plupart des visiteurs viennent à Tsurphu en voiture de location dans le cadre d'une boucle au nord de Lhassa souvent combinée avec le lac Namtso, voire avec les sites de la haute Kyichu (voir plus haut).
Tsurphu fait partie de la préfecture de Lhassa, pas besoin de permis.
➢ ***En voiture :*** à 70 km au nord-ouest de Lhassa, par la route de Golmud. Après 45 mn de trajet, bifurquer sur la gauche en passant sous la ligne de

chemin de fer pour se retrouver sur une piste caillouteuse qui remonte une vallée pendant 30 km (1 h de trajet). En chemin, beaux villages et yacks accrochés aux pentes.

➢ **En bus :** départ tôt le matin de Lhassa. Retour le soir même. Renseignez-vous auprès de votre hôtel pour connaître la gare de desserte.

Où dormir ? Où manger ?

Monastery Guesthouse : à l'entrée du monastère. Les chambres donnent sur l'extérieur. Prévoir 25 ¥ (2,5 €) le lit. Confort minimal, monastique… Petit resto et boutiques vendant des boissons, des biscuits, des torches, des piles…

La visite

Entrée : 40 ¥ (4 €).
Comme tant d'autres, Tsurphu, l'un des plus puissants et des plus riches monastères du Tibet, n'était plus qu'un vaste champ de ruines à la fin de la Révolution culturelle. Dès 1985, aidés bénévolement par des villageois et des nomades du Namtso, les moines reconstruirent le temple principal, les appartements du karmapa et une maison d'hôtes.

Un escalier de pierre conduit au temple d'assemblée où l'ambiance est d'autant plus forte pendant les offices que les karmapas ne récitent pas les textes sacrés mais les chantent systématiquement. Sur les murs latéraux, fresques des 16 arhats. Dans le fond, des *stûpa* funéraires, une statue très réaliste du 8e karmapa – avec son bonnet noir – et trois statues de bouddhas. Les étages au-dessus composent la résidence du karmapa. Au 1er, la salle où il donnait la bénédiction tous les après-midi. Au 2e, par un escalier de fer, ses appartements personnels dont la visite est à la fois amusante et instructive. On y voit le coin où il s'asseyait avec son tuteur, ses livres, dont un consacré aux « dinos », des encyclopédies illustrées, et même quelques joujoux dont cette maquette plastique de *Mercedes*. N'oublions pas qu'arrivé au monastère à l'âge de 8 ans, il était peut-être réincarné mais gamin pour sûr !

Contourner ce temple à main gauche pour continuer la visite par une série de cinq chapelles dédiées à des divinités protectrices, alignées le long d'une véranda. Peintes successivement en noir (Mahakala, protège Tsurphu), orange, rouge (protecteur ailé de la secte Kagyu), bleu et à nouveau rouge, des moines y chantent sans arrêt afin de donner plus de forces à leurs charmes. Un souci qui explique aussi la présence de cottes de mailles, trophées d'antilope et de tigres empaillés.

Ressortir et continuer dans le sens des aiguilles d'une montre conduit aux nouveaux temples, datant de la fin des années 1990. Parmi eux, le Lhakang Chenmo abrite une représentation géante de Sakyamuni faisant 17 m de haut, réalisée en cuivre plaqué d'argent et d'or. Son manque de grâce ne fait qu'accentuer les regrets causés par la destruction, dans les années 1960, de l'original qui datait du XIIIe siècle.

LE LAC NAMTSO

Le Namtso, ou lac Céleste, s'étend sur plus de 70 km de long et 30 km de large. Il est situé à 4 591 m d'altitude et ceinturé de hautes montagnes ; attendez donc d'avoir passé quelques jours aux alentours de Lhassa avant de vous y rendre, sous peine de souffrir du mal d'altitude.

Le lac est systématiquement inaccessible en hiver. Sa partie sud est dominée par la chaîne des monts Tangula (Nyanchhen Tanglha en tibétain), dont les sommets dépassent 7 000 m. Ces monts irradient le plateau jusqu'à la province du Qinghai où, de leurs pentes enneigées, coulent les premiers torrents qui iront former la Salween et le… Mékong.

Arriver – Quitter

À 240 km au nord de Lhassa, prévoir 4 h de trajet.

➢ L'itinéraire emprunte d'abord la route de Nakqu et de Golmud, bordée par la voie ferrée. Au niveau de Damxung, bifurcation vers les montagnes et une passe à 5 200 m d'altitude, dorénavant prise d'assaut par une bonne route bitumée. Puis redescente vers le lac et traversée de vastes pâturages jusqu'à la presqu'île de Tashi Dor.

Attention : il n'y a pas de transport public jusqu'au lac. Il faut prendre un **bus** pour Golmud de la gare routière principale et s'arrêter à Damxung. De là il reste encore 60 km, que vous pouvez faire à pied (voir plus bas « Petites promenades et grandes randonnées »), mais le plus simple est de louer une **jeep** à Lhassa pour 2 ou 3 jours, aller et retour. Ce qui permet de combiner cette excursion avec la visite du monastère de Tsurphu (au nord-ouest de Lhassa) et éventuellement des sources chaudes de Yangpachen. Le Namtso étant devenu une destination de plus en plus populaire, vous n'aurez pas de mal à faire marcher la concurrence entre les agences.

Où dormir ? Où manger ?

La **guesthouse du monastère de Tashi Dor** est la seule au bord du lac. Pas chère, très rudimentaire, il vaut mieux arriver les premiers pour obtenir un lit (35 ¥, soit 3,5 €) dans la baraque en dur. Pas d'affolement toutefois, le personnel gère aussi des ensembles de grandes tentes collectives avec lits, couvertures et micro-resto attenant : 25 ¥ (2,5 €) par personne sans le repas. Ces dernières offrent un bon abri pour la nuit, mais penser à son duvet. Pas mal de routards viennent en fait avec leurs propres tentes. Près des rochers sacrés ornés de guirlandes de drapeaux de la petite *kora,* c'est la grosse ambiance en cas de vent, et donc de poussière. Une petite échoppe fait restaurant et magasin. Pas grand-chose toutefois : nouilles instantanées, chips, bière.

À voir. À faire

Le Namtso est le deuxième plus grand lac salé du Tibet et de toute la Chine, après le Kokonor dans la province de l'Amdo. C'est aussi un des plus hauts du monde. Malgré son isolement, beaucoup de pèlerins se rendent au « lac Céleste », et certains courageux accomplissent la *kora* (pèlerinage autour du lac durant 18 jours).

L'eau est d'un bleu turquoise resplendissant, et la vue sur les sommets enneigés est magnifique. La plupart des nomades rejoignent le lac vers le début du mois de mai pour faire paître leurs yacks. Certains y ont construit des maisons en pisé et y passent une partie de l'hiver. Proche de l'extrémité orientale, l'immense rocher de *Tashido* (« la pierre de Bon Augure ») est situé sur une presqu'île, s'élevant comme un gigantesque aimant ayant de tout temps attiré les hommes. La modeste chapelle de *Tashi Dor* se blottit à son pied. De nombreuses grottes abritent parfois quelques nomades ermites qui, durant l'hiver, viennent passer là plusieurs mois en retraite. Autrefois, c'était une tradition pour les Karmapas de Tsurphu. Les environs de cet ermitage troglodytique sont sans doute la plus belle partie du lac. Le Namtso est également un site ornithologique important où de nombreux oiseaux migrateurs se donnent rendez-vous d'avril à novembre.

Petites promenades et grandes randonnées

➢ *Le Nekhor :* un circuit de pèlerinage très populaire faisant le tour du promontoire au départ de l'ermitage de Tashi Dor. La marche ne dure que 2 h, mais on peut y camper et faire durer le plaisir. En chemin, de nombreuses cavernes à l'intérieur desquelles les pèlerins ont laissé des objets sacrés datant parfois de plusieurs siècles, et d'autres, bien avant eux, des fresques préhistoriques. Sur la berge du lac, les pèlerins font acte de bénédiction en s'aspergeant mutuellement. Les plages de galets, l'eau cristalline, la splendeur du lac et la sérénité des grands espaces sont une belle invitation à la baignade dans une eau bien froide mais mythique. Le lac Namtso est sans doute l'un des endroits les plus exceptionnels du Tibet.

➢ *Le tour du lac :* possible en une dizaine de jours, par un sentier l'entourant, dans le sens inverse des aiguilles d'une montre, allant rejoindre la vallée du Shang puis Shigatsé.

➢ *De Damxung à Tashi Dor :* à 50 km (deux grosses journées) si vous suivez la route carrossable. Mais autant économiser 10 km en prenant le chemin de randonnée aventureux plus au sud-ouest via la passe de Kong-La (5 250 m d'altitude quand même). Sans réelle difficulté technique mais pas du tout à prendre à la légère ; il vaut mieux partir avec un guide local. Vous croiserez des camps de nomades. Il est plus prudent de monter votre tente juste avant la passe. En arrivant au col, le paysage est grandiose. Sur les rives du lac, les troupeaux de yacks et de moutons se perdent à l'infini autour des tentes noires des nomades.

➢ *Le village de Namtso Qu :* c'est le chef-lieu du coin. En contrebas de la passe franchie par la route carrossable, aller tout droit au lieu de tourner à gauche vers le Tashi Dor.

LE MONT KAILASH ET LE TIBET DE L'OUEST

Ce seraient les armées du roi Songtsen Gampo (VIIe siècle) qui rattachèrent les royaumes de l'Ouest au Tibet de la dynastie royale. Cette région est appelée *Ngari Korsum* par les Tibétains. Son centre spirituel est le mont Kailash, montagne sacrée pour l'hindouisme, le bouddhisme et le bön.

Arriver – Quitter

Mis à part des **bus privés** que l'on peut prendre après le *checkpoint* de Lhatsé jusqu'à la ville d'Ali (voir « Quitter Lhassa »), il n'existe pas de transport public dans cette région du Tibet. Il faut donc passer par une agence, louer un véhicule et avoir du temps… Idéalement pas moins de 20 jours, que l'on désire faire l'aller-retour ou sortir du Tibet par Zhangmu à la fin de son périple.

LA PISTE DU NORD

Après avoir traversé le Brahmapoutre (Tsangpo), quelques kilomètres après Lhatsé, la route du Nord suit le fleuve jusqu'à Saga, puis oblique droit vers le nord pour s'enfoncer au cœur du Changthang. Elle longe de nombreux lacs salés, où les caravanes viennent se fournir en sel qu'ils descendent à dos de mouton ou de yack vers l'Inde et le Népal. Il n'y a pratiquement pas de village sur cette route jusqu'à Ali, hormis quelques postes militaires comme Guerzé, caricatures de déprime coloniale pour cinéaste hyperréaliste : champs d'ordures et de bouteilles vides où traînent des chiens faméliques, des bidasses désœuvrés et quelques autochtones au regard vide...

Sengué Zangpo pour les Tibétains, *Ali* pour les Chinois, capitale administrative du Tibet de l'Ouest, trône au milieu de nulle part. L'inévitable hôtel chinois est aussi le centre de contrôle des permis de voyage. En général, le militaire de service vous dira que Töling et Tsaparang sont ouverts aux touristes mais que le permis n'est délivré qu'à Lhassa !
D'Ali, en traversant l'Indus, bifurcation vers le sud-est pour la route du Kailash et la piste du Sud. En partant vers le nord-ouest, on s'engage sur la route de Kashgar, célèbre étape sur la route de la Soie. Pas de circulation ni de villages (donc de nourriture) sur cette route, d'ailleurs interdite aux étrangers non munis de permis spéciaux. Les camions mettent 4 jours minimum pour rejoindre Kashgar.

TÖLING ET TSAPARANG

Attention : permis spécial obligatoire. On peut l'obtenir à Lhassa avec l'aide d'une agence, ou, parfois, (d'après de nombreux témoignages de routards) auprès du *PSB* d'Ali (voir à ce sujet « Quitter Lhassa »).
Anciens centres politique et religieux du royaume de Gugué, Töling et Tsaparang, commandités par le traducteur et peintre Rinchen Zangpo, furent édifiés au XIe siècle. Le monastère de Töling devint l'un des plus grands centres universitaires d'Asie centrale. Selon le missionnaire d'Andrade qui y séjourna vers l'an 1600, plus de 2 000 moines y étudiaient et y méditaient. Pour les amateurs d'art, Töling et surtout Tsaparang sont deux fleurons de la tradition artistique du XIe siècle. À ne pas manquer, malgré les destructions et la restauration.

Tsaparang : un des sites les plus saisissants que l'on puisse voir au Tibet. Il faut monter dans un labyrinthe creusé dans la falaise pour accéder à la forteresse commandant une vue magnifique sur la vallée de la Sutlej. La partie monastique de Tsaparang était bâtie autour de deux temples principaux, le Temple rouge et le Temple blanc, qui ont été pratiquement rasés puis reconstruits. Tout autour du site, les milliers de grottes devaient, selon toute vraisemblance, servir d'abri aux soldats des rois de Gugué.

➤ DANS LES ENVIRONS DE TÖLING ET TSAPARANG

Le lac Manasarovar : avant de se rendre au mont Kailash, les pèlerins doivent se purifier dans les eaux glacées du lac Manasarovar, résidence des divinités paisibles par opposition au lac Rakshastal, siège des protecteurs courroucés. Le lac est sacré, il est interdit d'y pêcher – comme d'ailleurs dans toute la région du mont Kailash, classée réserve naturelle avant l'heure ! Si vous voulez faire un beau cadeau à vos amis tibétains de

Kathmandu ou d'ailleurs, rapportez-leur une bouteille d'eau du lac, dont les vertus curatives seraient aussi variées qu'efficaces.

La Kora du lac Manasarovar : circuit autour du lac passant par huit monastères construits sur les rives. Compter 4 jours de randonnée et emporter des provisions. On ne trouve pas de nourriture sur le chemin, sauf un peu de *tsampa* dans les monastères lorsqu'ils sont habités (ce qui n'est pas toujours le cas).

Thirtapuri : le camp de base du mont Kailash, sur la route entre Ali et Darchen. Il faut s'y arrêter pour prendre un bain dans les sources chaudes qui alimentent des baignoires naturelles, tout en regardant passer les pèlerins et les caravanes de yacks. Pas mal !

LE MONT KAILASH

C'est autour du mont Kailash que trois des plus grands fleuves du monde prennent leur source : l'Indus, la Sutlej et le Brahmapoutre *(Yarlung Tsangpo)*. On a cru pendant longtemps que le Gange prenait aussi sa source sur la face nord des Himalayas ; il est maintenant prouvé que c'est sur le versant indien, mais la Karnali, l'un de ses affluents, vient effectivement de la région du Kailash.

Où dormir ? Où acheter à manger ?

Emporter une tente et assez de provisions pour la durée du pèlerinage (3 jours), car il n'y a rien sur le chemin, et mendier de la *tsampa* aux pèlerins n'est pas très approprié.

À *Darchen,* une **guesthouse** est tenue par un Tibétain. Très business, mais efficace dès lors que vous avez de l'argent ! Il peut vous trouver des yacks et un guide.

À côté, un petit **magasin** vend quelques biscuits, des piles électriques, du papier hygiénique et les fameuses *fangmian mian,* nouilles chinoises à diluer dans de l'eau chaude – à défaut d'être bon, ça nourrit.

À faire

**Pour les Tibétains, le Kailash représente symboliquement le mont Méru, le centre de l'univers, dont le sommet est la résidence de Chakrasamvara, entourée de son mandala de 64 divinités. Les hindous, quant à eux, associent la montagne à la résidence de Shiva le bienfaisant, maître des Renaissances.

➤ Pour accomplir la *kora* autour de la montagne, les pèlerins quittent **Darchen** à l'aube et parcourent dans la journée les quelque 50 km et les 1 000 m de dénivelé qui séparent Darchen du col de Tara (ou Dolma-La). À 5 700 m d'altitude, souvent enneigé ou gelé, c'est le point le plus haut de l'itinéraire. Pour que le pèlerinage soit complet, ils doivent effectuer 13 fois le tour en 26 jours. Certains n'hésitent pas à le faire en se prosternant.

– Si vous êtes en grande forme, il est possible de réaliser cette *kora* en 14 h environ mais, en général, ceux qui ont une tente et de la nourriture la font en 3 jours et 2 nuits. En route, quelques temples et monastères, notamment la grotte de Milarépa (Dzutrul Puk), sur la face est, où l'on peut éventuellement s'abriter pour une nuit.

DE PURANG À SIMIKHOT

Purang, à la frontière népalaise, se trouve à 4 h de voiture de Darchen. Pour y accéder, on emprunte la route qui longe le glacier de la Gurla Mandhata au sud du Kailash et du Manasarovar. Purang ressemble fort à un village du Ladakh avec ses grosses maisons en pierre et pisé, ses champs d'orge séparés par des murets en pierre sèche. Le nom de la ville correspond au nom de la principauté qui, comme Gugué, fut semi-indépendante avant d'être définitivement rattachée à Lhassa en 1650.

Purang est un gros bourg commercial, le seul dans un rayon de quelque 300 km. Ce devait être avant la fermeture de la frontière un marché florissant, notamment pour le commerce du sel tibétain. Possibilité d'y manger et dormir et d'y acheter de la nourriture de base. Théoriquement, il est impossible d'entrer au Népal par Purang, sauf si vous avez un visa népalais double entrée, si vous êtes accompagné d'un officier de liaison népalais et muni d'un permis spécial pour cette région (pas donné). Dans les faits, ça passe parfois, mais ça reste totalement aléatoire et risque de coûter très cher.

Il faut environ 5 jours pour rejoindre Simikhot. Peu de villages et pas de nourriture sur le trajet. À Simikhot, route ou avion pour Népalganj et Kathmandu.

LA PISTE DU SUD

De la région du Kailash, pour rejoindre Lhassa ou le Népal, le chemin le plus court est la piste du Sud qui longe la face nord des Himalayas et le Yarlung Tsangpo. Contrairement à la route du Nord, assez désertique, on y rencontre de nombreux camps de nomades et une faune plus abondante : gazelles, antilopes, *kyangs* (ânes sauvages ou hémiones), et même quelques loups.

La seule difficulté de cette piste est la traversée des rivières et fleuves à gué. Avant juin, la piste est impraticable à cause de la glace ; après le 20 juillet, les rivières sont gonflées par la fonte des neiges et la traversée à gué s'avère plus qu'aléatoire.

Pour atteindre la frontière népalaise, une piste bifurque après Saga vers le sud, vers l'ancienne route de Kyirong, et passe le long du lac Pegutso, le camp de base du Shéjapangma, avant de rejoindre Nyalam. Elle est cependant difficile et souvent enneigée. Lorsqu'elle est coupée, il faut alors poursuivre jusqu'à Lhatsé pour retrouver la *Friendship Highway*.

LA ROUTE DE KATHMANDU À LHASSA

La route qui s'étend entre Kathmandu et Lhassa est mythique. Longue de 948 km, elle offre au voyageur un superbe aperçu du pays des neiges. Le contraste entre ces reliefs grandioses, ces routes difficiles et la tranquillité joyeuse des paysans est saisissant. Himalaya, mont Everest, villes millénaires et monastères fabuleux, tout est à portée de main. La *Friendship Highway* est rapidement devenue l'axe le plus touristique du Tibet, sans que la vie locale en soit trop affectée. Les policiers et militaires chinois s'efforcent aujourd'hui de s'y montrer discrets. On y voyage facilement même s'il faut toujours se munir de permis à certains endroits (voir aussi « Quitter Lhassa »). Rarement et jamais pour une longue période, la route peut être fermée au plus fort de l'hiver (janvier et février), pour cause de chutes de neige, ou pendant l'été, en cas de fortes pluies.

LA FRONTIÈRE

L'aventure de la *Friendship Highway* démarre dès les derniers kilomètres avant Kodari (alt : 1 870 m), le poste-frontière népalais, pour se poursuivre sur les 8 km de *no man's land* et de montée en lacet vertigineux précédant Zangmu, le poste chinois. La star incontestable et incontournable n'est autre que la route elle-même, véritable défi humain à une nature qui semble mal accepter cette voie tranchant dans un de ses plis les plus redoutables, celui formé par l'Himalaya.

Cela peut être un enchantement par beau temps, comme un cauchemar si la route est coupée lors de la saison des pluies en amont ou en aval (ou les deux !) du poste népalais. C'est alors l'occasion de petites randonnées impromptues entre les zones carrossables, sillonnées par un système de navettes. Une pléthore de porteurs se tiennent prêts à vous aider moyennant quelques roupies (restez vigilant, certains touristes n'ont, paraît-il, jamais revu leurs bagages). Les Népalais se plaignent régulièrement de l'état de ce secteur, disant qu'avec toutes les taxes que les Chinois collectent sur les marchandises importées, ils pourraient quand même faire un effort ! En réalité, cette voie qui s'enlace dans une étroite gorge est (tout comme les derniers kilomètres côté népalais) malmenée à chaque saison des pluies quand des torrents jaillissent de toutes parts pour détruire le travail de l'année précédente.

Quand tout va bien, des *mianbao* (minivan) ou des camions effectuent l'intégralité des 8 km, louant leurs sièges libres pour environ 20 ¥ (2 €) par passager. Les voyageurs moins chargés et en forme peuvent cependant grimper à pied par des raccourcis.

➢ *Le passage de la frontière :* maintenant assez rapide. Côté chinois, la frontière est ouverte de 9 h 30 à 12 h et de 15 h 30 à 17 h. Retrancher 2 h 15 côté népalais pour le décalage horaire. Immédiatement après le poste népalais, le passeport est contrôlé au passage du pont, mais les formalités d'immigration proprement dites ont lieu 8 km plus haut, à Zangmu. Le poste côté chinois a été modernisé, et l'atmosphère générale est plutôt relax. Remplir d'abord sa carte d'entrée *(Entry Card)* avant de se rendre devant l'officier avec son passeport.

ZANGMU (Tib : DRAM . Nép : KHASA)

Altitude : 2 300 m

Zangmu, c'est un peu le Far West : petits hôtels louches partout, *businessmen* tibétains essayant de dédouaner leurs marchandises, administration corrompue, mères maquerelles sur le pas de leur porte, porteurs népalais pieds nus et vêtus d'un vague *longui, kampa* arrogants en pelisse de laine de yack, jeeps de l'armée chinoise à bout de souffle et *Pajero* 4x4 toutes neuves, avec vitres fumées et air conditionné.

En général, les groupes et leurs véhicules ne s'attardent pas dans cette ville bâtie comme un escalier en colimaçon, qui, malgré son caractère unique, n'est pas vraiment le Tibet tant attendu. Cette étape à une altitude intermédiaire permettrait pourtant d'adoucir la grimpette entre Kathmandu (alt. : 1 300 m) et Nyalam.

Arriver – Quitter

➢ *Vers Lhassa :* à ce stade et dans l'état actuel des choses, tout voyageur fait partie d'un groupe. Pour l'anecdote, 1 bus part tous les 2 jours quand la route est praticable.

> **Vers le Népal :** après les formalités chinoises, 8 km de descente à travers le *no man's land* jusqu'à Kodari. Un dernier contrôle des passeports avant le pont qui enjambe la rivière. Côté népalais, on peut faire établir son visa à la frontière. Accueil plutôt sympa malgré la petite arnaque consistant à vous soutirer de l'argent (à peu près 5 €) quand on est titulaire d'un visa groupe. Des bus partent pour Kathmandu 2 fois par jour (matin et soir). Sinon, louer un taxi. Prévoir 4 h de voyage selon le nombre de *checkpoints*.

Adresse utile

■ **Change :** la *Bank of China* change toutes les devises courantes en monnaie chinoise. Elle est située dans le haut du village, mais est parfois fermée au moment où l'on passe la frontière. Du coup, nombre de voyageurs se laissent convaincre par le marché noir qui sévit au vu et au su de tout le monde, juste après la frontière. Les taux sont meilleurs que du côté népalais mais pas forcément mieux que celui de la banque. Pas de faux billets *a priori*. Il n'y a pas d'autres possibilités de faire du change avant Shigatsé.

Où dormir ? Où manger ?

Pas de pénurie en la matière : restos, hôtels et pensions se trouvent immédiatement après le poste de l'immigration. Le *Zhangmu Hotel* n'est vraiment pas terrible et assez cher. Essayez plutôt le *Sherpa GH*, à un petit kilomètre en montant depuis la frontière ; 40 ¥, soit 4 € le lit.

NYALAM
Altitude : 3 750 m   IND. TÉL. : 08027

Nyalam marque profondément l'entrée au Tibet. Fini la richesse luxuriante de la végétation népalaise, les derniers arbres poussent péniblement quelques mètres en contrebas. À partir de là, on grimpe dans la rocaille vers le plateau tibétain, désertique et sec. Ceux qui viennent de Lhassa auront vécu une plongée inoubliable depuis les passes de Tong-La et Tsang-La, séparées d'une douce courbure créant un effet visuel saisissant sur les sommets de l'Himalaya : on se demande par quel chemin on va bien pouvoir passer. Nyalam n'offre pas de charme particulier et souffre, malgré l'altitude, du mal des chantiers permanents, commun aux cités proches des frontières de l'Empire chinois. Elle reste cependant plus agréable que Zangmu pour ceux qui recherchent le calme. D'ailleurs, de par sa position géographique, c'est souvent le premier endroit où dormiront ceux qui entrent au Tibet. Mais attention, entre Kathmandu et Nyalam le dénivelé s'élève à 2 500 m. Tout comme ceux qui atterrissent à Lhassa, état nauséeux, perte d'appétit et difficulté à s'endormir sont prévisibles. Il est conseillé de prendre une médecine préventive (voir la rubrique « Santé, le mal des montagnes » dans les « Généralités »).

Adresse utile

■ **Télécommunications :** une petite *poste* ainsi qu'une antenne *China Telecom* sont présentes. D'autres points téléphone dans de nombreuses échoppes. Accès *internet* au rez-de-chaussée du *Snowland Hotel*. C'est le dernier avant Shigatsé.

Où dormir ?

Toutes nos adresses se trouvent dans la grande rue, qui correspond au trajet de la *Friendship Highway* à travers le bourg.

🏠 *Snowland Hotel* : en plein centre. ☎ 21-11. Le meilleur hôtel de la ville. Dortoirs de 4 ou 5 lits, à 25 ¥ (2,5 €) par personne. Doubles à 60 ¥ (6 €). Sanitaires communs. Chambres sans confort particulier mais charmantes, et les lits sont bons. L'ensemble est propre. Le personnel parle l'anglais.

🏠 *Nyalam Nga-Dhon Guesthouse* : à deux pas du *Snowland*, en continuant du même coté de la rue quand on vient de Zangmu. ☎ 21-13. Un peu moins bien que le *Snowland Hotel*, mais reste tout à fait acceptable. Lits en dortoir pour 30 ¥ (3 €). Doubles à 60 ¥ (6 €). Préférer celles qui donnent sur le torrent. Également une aile plus récente de style tibétain. Patron sympa.

Où manger ?

🍽 *Snowland Restaurant* : en face de l'hôtel du même nom. Ce resto est la référence de Nyalam. Tous les groupes de touristes s'y retrouvent. Cadre plus confortable que la moyenne et bonne cuisine.

🍽 *Everest Restaurant* : devanture rouge, sur le même trottoir que le *Snowland Restaurant*. Menu en anglais accroché au fond de la salle. Nourriture simple et pas chère.

🍽 *Nga-Dhon* : dans l'hôtel du même nom. Large menu proposant de bons plats à prix moyens. Assez copieux.

🍽 *Lanzhou Lamian* : à coté du *Nga-Dhon*. Antre des nouilles étirées à la main *(lamian)*, puis cuites dans un bouillon avec de la viande de bœuf, à la façon de *Lanzhou* (ville-étape sur la route de la Soie). Presque aussi célèbre que les frites chez nous, sur un territoire allant de la côte est de la Chine aux marches du Tibet.

➤ *DANS LES ENVIRONS DE NYALAM*

🎯 *La grotte de Milarépa* : en contrebas d'un village, le long de la route, à une dizaine de kilomètres en direction de Tingri. Entrée : 10 ¥ (1 €). Dans la grotte qui se trouve dans le petit monastère, Milarépa, le poète ascète du XIe siècle, médita pendant les neuf dernières années de sa vie. Selon la légende, le gros rocher s'affaissa alors que Milarépa méditait dessous. Plein de ressources, le maître du souleva, laissant l'empreinte de ses mains sur la roche. Le village en contrebas est superbe et authentique.

🎯 Après Nyalam, la route s'élève rapidement jusqu'au premier col, le **Tong-La**, à 5 200 m (*la* en tibétain signifie « col »), que domine à l'ouest le Shéjapangma (Gosaikunda, 8 000 m).

🎯 À **Gurdzö**, en pénétrant dans la large vallée de Tingri, vue superbe sur l'Everest et la chaîne himalayenne. Le meilleur endroit pour prendre une photo, un petit souvenir à montrer aux copains.

TINGRI

Altitude : 4 400 m

Tingri est un joli village, dominé par le Cho Oyu et l'Everest. Ville-étape historique pour les commerçants et les nomades, elle l'est encore aujourd'hui pour les camionneurs tibétains et les routards. Avant l'ouverture de la route, les Sherpas du Kumbu traversaient le Nangpa-La (5 700 m) pour faire du troc de riz, de viande et parfois de femmes avec les habitants de Tingri. Au-dessus du village, on aperçoit les restes d'un ancien fort, le *Tingri Dzong*, détruit au XVIIIe siècle lors de l'invasion népalaise. Tout au long de la route entre Nyalam et Tingri, de nombreuses et intéressantes ruines confèrent une dimension sacrée au paysage. Ces anciens fortins de la route du Sel et de la Laine servaient d'étapes pour les commerçants.

Arriver – Quitter

➢ ***Pour Zangmu (frontière népalaise) :*** beaucoup de camions et jeeps. Possibilité de faire du stop. Le *checkpoint* de Nyalam est très cool dans le sens nord-sud.

➢ ***Pour Shegar et Lhatsé :*** fin 2006, toute cette portion de route aura été bitumée. Attention : évitez de passer le *checkpoint* en stop, même avec un permis. Arrêtez-vous avant et passez tout seul. Dans ces conditions, pas de problème à signaler.

Où dormir ? Où manger ?

Amdo Guesthouse : en plein milieu du village, côté gauche quand on vient du Népal. Prévoir de 25 à 35 ¥ (2,5 à 3,5 €) le lit selon le confort (enfin, c'est un grand mot !). Auberge la plus populaire du village. Chambres doubles réduites à leur plus simple expression, réparties de plain-pied autour de la cour intérieure dans le style des caravansérails. La majorité des 4x4, bus et camions s'y arrêtent, ce qui est souvent un mauvais signe en terme de propreté et de confort mais, ici, l'ensemble reste acceptable. Douches (payantes) au fond de la cour. Restaurant typique avec un poêle au milieu et des banquettes tout autour. Vu le nombre de visiteurs étrangers, la direction s'est fendue d'un menu en anglais. Plats décents et bon marché. Personnel sympa. Possibilité de téléphoner à l'étranger.

Lao Dhengre Haho : autre caravansérail dans la rue principale, 100 m après l'*Amdo Guesthouse*. Similaire mais en plus rustique, pittoresque et moins cher : 10 ¥ (1 €) le lit en dortoir ; 15 ¥ (1,5 €) en chambre double ou triple. La famille hôtesse est très gentille, même si elle ne parle pas ou très peu l'anglais. Restaurant avec un menu en anglais.

Everest Snow Leopard Guesthouse : passer le pont situé à la sortie de Tingri. À gauche, juste là où l'on vient contempler l'Everest. Entre 50 et 120 ¥ (5 à 12 €) selon les chambres. Demeure similaire (dans sa disposition) aux établissements précédents mais décorée avec plus de soin. Les chambres les plus confortables de la région mais, ne rêvez pas, les douches et w.-c. restent communs. Resto dans l'enceinte, souvent déserté quand il n'y a pas de groupe.

Restaurant sans nom : mais facile à trouver, à l'entrée du village, sur la gauche quand on vient du Népal, dans une construction « moderne », avec une vitrine, ce qui est rare ici. À partir de 5 ¥ (0,5 €). Spécialiste local des *yangrou chaomian*, *lamian* et autres, autant de reconstituants sous forme de nouilles agrémentées de viande d'agneau et servies en bols ou assiettes. Pouvoir réchauffant garanti.

À faire

➢ ***Le trek de Rongpuk :*** de Tingri, une piste rejoint, en 4 jours de marche, le *monastère de Rongpuk* (4 900 m) qui n'est qu'à 2 h du *camp de base de l'Everest*. Se reporter, plus loin, à la rubrique concernée.

Pour revenir à Tingri, possibilité de faire du stop et de monter dans les jeeps de touristes, mais attention, marchandez sec.

SHEGAR (NEW TINGRI)   Altitude : 4000 m

Shegar, alias « New Tingri », est une agglomération sans charme particulier, battue par les vents et les sables, mais qui a l'avantage d'avoir été construite sur la *Friendship Highway*. Le village d'origine, **Shegar Dzong,** est à environ 6 km à l'ouest. Franchir le pont au niveau du carrefour. Mais il ne présente pas grand intérêt sauf si, tôt le matin, vous décidez de grimper au *Shegar Chode,* le monastère local, afin d'y observer les moines y accomplir leurs rituels. Fondé en 1266 par un moine de l'ordre guélugpa, Shegar Chode accueillit jusqu'à 300 moines (en 1959) avant d'être rasé en 1965 puis reconstruit à partir de 1985. Aujourd'hui, seulement 30 moines y vivent, dépendants de l'autorité du monastère de Séra.

Arriver – Quitter

Point de ralliement de nombreux 4x4 allant ou revenant de l'Everest, les auto-stoppeurs ne devraient pas trop galérer pour trouver un siège en direction de Shigatsé, du camp de base de l'Everest ou de la frontière népalaise.

➢ **Pour le camp de base de l'Everest :** la meilleure route, une assez bonne piste, quitte la *Friendship Highway* 5 km après le *checkpoint* (situé à l'ouest de Shegan). De l'embranchement, 4 ou 5 h de trajet jusqu'au monastère de **Rongpuk** et 30 mn de plus pour le camp de base. Pour plus de détails, se reporter plus bas au passage concerné.

Où dormir ? Où manger ?

L'électricité n'est disponible qu'à partir de 18 h 30.

🏠 |O| **Khangjong Hotel (Snowland Hotel) :** sur la rue principale (la *Friendship Highway*), à gauche en venant de Tingri, juste avant la bifurcation du pont menant au village de Shegar Dzong. Compter 25 ¥ (2,5 €) le lit dans de petites chambres doubles disposées autour de l'habituelle cour intérieure. Confort standard au label régional qui est assez moyen. Dans ces contrées, l'essentiel est d'avoir un toit pour se reposer et se protéger du froid et de la poussière. Vu sous cet angle, c'est pas mal. Le restaurant de l'établissement donne sur la route. Ambiance familiale et plats simples : curry, viande de yack et nouilles. C'est le lieu de rencontre des voyageurs.

🏠 **Shegar Tsedong Hotel :** juste après la bifurcation qui permet de rejoindre Shegar, un grand portail vert indique l'entrée d'une *guesthouse* sans nom apparent. Décorée à la tibétaine, celle-ci est tenue par une gentille famille. On vous proposera spontanément thé, bière ; eau chaude pour vous laver. Une bonne adresse... même les chiens y sont affectueux. Bon marché.

🏠 **Nature Preserve of The Zhumulangma Peak :** sur la route de Shegar Dzong, à gauche après avoir franchi le pont. Lit à 80 ¥ (8 €) ou doubles standard à 310 ¥ (31 €). C'est l'hôtel de luxe de la région. Pas terrible cependant, l'ensemble sent le moisi. Heureusement, les cafards ne survivent pas à cette altitude. L'eau chaude serait théoriquement disponible 24 h/24. Grand jardin pas entretenu.

|O| **Les restos de « Chengdu » :** dans la rue principale, en face du *Snowland,* plusieurs chinois portent ce patronyme, nom de la capitale du Sichuan. Offre plus variée que le resto du *Snowland,* mais c'est plus

LA ROUTE DE KATHMANDU À LHASSA

cher. *Chengdu Mingchi* sort du lot. Carte en anglais disponible, ce qui semble dire « prix gonflés pour le touriste ». Marchandez votre assiette. Si, si, les locaux le font aussi.

À voir

S'élevant en étages sur un pic abrupt, Shegar Dzong était autrefois la puissante forteresse *(dzong)* où résidaient les princes de la région. Détruite au moment de la Révolution culturelle, ses ruines ont toutefois conservé splendeur et majesté. On nous a affirmé que l'on voit l'Everest d'en haut ; on veut bien le croire. Au pied de l'ancienne forteresse, le village est superbe, surtout le matin au lever du soleil.

LE CAMP DE BASE DE L'EVEREST

L'entrée dans cette zone protégée est soumise à une taxe de 405 ¥ (40,5 €) par véhicule et à un droit d'entrée de 65 ¥ (6,5 €) par voyageur. Ces sommes (y compris la taxe véhicule) ne sont pas incluses dans le prix des circuits.

Comment y aller ?

Deux pistes permettent de rejoindre le camp de base. Elles se rejoignent à la fin.

➢ *Depuis Tingri :*
– *en 4x4 :* une piste qui parfois n'en porte que le nom permet de faire une boucle en combinant avec la route venant de Shegar. Ça chahute et disparaît carrément après une chute de neige, obligeant parfois les véhicules à rebrousser chemin ;
– *en trek :* accessible à tous, c'est l'un des plus populaires au Tibet. Il traverse des petits villages authentiques et des paysages sublimes. Si vous faites la totalité à pied, il vous faudra 4 jours pour rejoindre Rongbuk, le village au pied du camp de base. *Guesthouses* et chambres chez l'habitant le long du chemin. De nombreux Tibétains sont encore surpris et ravis de voir des gens monter vers le géant.

➢ *Depuis Shegar :* bifurcation au niveau de la borne 494 de la *Friendship Highway* (à 5 km du *checkpoint*). Piste bien meilleure. Les diverses taxes d'entrée se payent au poste de contrôle du village de *Tse*. Les paysages qui suivent sont fantastiques. Au sommet du *col de Pang-La* (5 200 m), on jouit d'une superbe vue sur les Himalayas. Consulter la table d'orientation afin d'identifier 3 des 5 plus hauts sommets mondiaux : l'Everest (8 850 m, d'après les dernières mesures), le Lhotse (8 516 m) et le Makalu (8 463 m). Le trajet, magnifique par beau temps, dure encore 3 ou 4 h, pendant lesquelles on croise des nomades, quelques villages exhalant une impressionnante rudesse, d'anciennes ruines et des paysages aux couleurs flamboyantes. Malgré l'attrait touristique du mont Everest, il y a encore peu de circulation.

Où dormir ? Où manger ?

Bon marché

Auberge du monastère de Rongpuk : dans un baraquement face au monastère. Une dizaine de dortoirs de 4 lits ; compter 40 ¥ (4 €) par personne. Matelas mousse ou coffres de bois, mais, à cette altitude, ils ont une excuse. Le restaurant au sol de terre battue est plutôt sympathique avec son gros poêle autour duquel on se réchauffe puis s'asphyxie alternativement avant qu'un courageux ouvre la fenêtre et relance le cycle. Petits plats, menu en anglais. Passage obligé, l'auberge réunit tous ceux que l'Everest a attirés, du groupe en combinaison d'aventure haute couture au randonneur hardcore. Accueil peu aimable.

▲ |●| *Camp de base :* on peut y passer la nuit, dans un horrible blockhaus en contrebas, muni d'une cuisine rudimentaire. Et puis, y regarder la télé la plus haute du monde ou préparer sa carte postale à introduire dans la boîte aux lettres la plus haute du monde… Moins confortable que l'*auberge de Rongpuk,* y aller surtout s'il fait très beau.

▲ |●| *Benba Guesthouse :* entre le col de Pang-La et l'Everest, dans le village de Zhaxi. Auberge sympa et typique. Lit à 25 ¥ (2,5 €) et plats bon marché.

Plus chic

▲ |●| *View Station of Mount Everest :* s'étage sur la petite colline qui surplombe l'auberge et fait face à l'Everest. Compter environ 300 ¥ (30 €) pour deux. Construction assez laide et pour sûr détonante si ce n'est dérangeante dans cet environnement. Lits confortables et toilettes théoriquement opérationnelles. Service et tenue moyens, vu le prix demandé.

À voir. À faire

🏃🏃🏃 *Le monastère de Rongpuk :* dernière étape avant le camp de base (*zhufeng* en chinois). Rengaine commune dans la région, ses 4 980 m d'altitude en font le monastère le plus haut du monde. Fondé au début du XXe siècle, c'est aussi le plus grand de la région même s'il n'abrite actuellement qu'une dizaine de moines et autant de nonnes, un chiffre dérisoire sachant qu'il en a compté plus de 500. Sans intérêt architectural particulier vu de l'extérieur, mais Rongpuk jouit d'une situation exceptionnelle avec, en arrière-plan, l'Everest.

🏃🏃🏃 *Le camp de base* est 8 km au-delà du monastère, en continuant sur la piste ; 20 mn de trajet en 4x4 ou 2 h à pied pour gagner 150 m (5 150 m d'altitude). Les chauffeurs s'arrêtent afin de recueillir de l'eau sacrée qui jaillit d'une source extrêmement pure, sur le bas-côté de la route. La vue est splendide sur l'Everest quand le ciel est dégagé. Et c'est bien le problème, car c'est souvent couvert, en tout cas en été. En cas de purée de pois rien ne sert d'y monter. Ronger son frein au niveau du monastère est déjà assez difficile pour les accrocs du Toit du Monde.

➢ Si vous voulez vous dégourdir les jambes, il est possible d'atteindre les pénitents (les premières neiges) en 4 ou 5 h, ou le camp de base 1 en une journée entière. Ces deux treks sont faciles et ne nécessitent pas de matériel particulier sinon une bonne liasse de dollars. Il est en effet obligatoire de payer dès que l'on dépasse le camp de base. Espérons en tout cas que cet argent serve à nettoyer les neiges éternelles des déchets laissés par des voyageurs peu respectueux.

SAKYA
Altitude : 4 280 m

Pour rejoindre Sakya, il faut quitter la *Friendship Highway* au niveau de *Renda,* un petit village après Lhatsé quand on vient de Tingri, pour s'engager sur une route, longue de 23 km. Voici un détour hautement conseillé tant le monastère de Sakya, datant du XIe siècle, dénote par son architecture et ses couleurs particulières. N'hésitez pas à passer la nuit sur place si vous avez le temps. La balade dans le village ou sur les remparts au coucher du soleil est fantastique. Malgré l'installation de colons chinois de plus en plus nombreux, comme en témoigne la construction de bâtiments en tout genre, le sentiment d'omnipotence qui se dégage du monastère tout comme l'austérité du village de l'autre côté de la rivière sont intacts.

Arriver - Quitter

➢ *Pour relier Shigatsé à Sakya :* une nouvelle route devait être achevée d'ici fin 2006, ce qui augmentera sans doute la fréquence des bus et camionnettes sur le parcours. Jusqu'à présent il faut compter 2 h de trajet en véhicule privé, 3 h avec les transports publics.

Où dormir ?

La région de Sakya reste pauvre. En attendant une embellie, peut-être sous la forme d'une manne touristique, l'hôtellerie locale est très moyenne. Les chauffeurs n'aiment d'ailleurs pas y séjourner, usant de tous les subterfuges pour rejoindre Lhatsé ou Shigatsé après la visite du monastère.

▲ *Monastery Guesthouse :* descendre la rue du monastère au-delà de son entrée. Grandes chambres-dortoirs sur 2 niveaux autour d'une cour intérieure. Lit à 25 ¥ (2,5 €) mais négocier à 20 ¥ (2 €) car ça ne vaut vraiment pas plus. Cadre pittoresque et très rustique, c'est là le quotidien des pèlerins tibétains qui rencontreront souvent bien pire. Voici un nouveau chapitre à ajouter à « De l'utilité du sac à viande » tant les draps ici sont moyens. Sont-ils d'ailleurs changés ? Le demander en tout cas, tout comme un coup de balai, car les chambres en ont bien besoin.

▲ *Post Hotel :* à l'entrée de la ville, ne pas tourner à gauche vers le monastère mais poursuivre jusqu'à l'intersection suivante. Compter 20 ¥ (2 €) par personne. L'hôtel cohabite avec le bureau de poste dans un immeuble récent faisant le coin. À l'arrière de la cour, 3 chambres de 4 lits chacune. Lits et propreté acceptables ; toilettes communes mais pas de douche, demander le chemin des bains municipaux si nécessaire. D'autres chambres au 1er étage seraient mieux. Sorte de resto-karaoké au-dessus de la poste, pas trop bruyant en tout cas ce soir-là.

▲ *Hotel of the Grain Bureau :* s'éloigner du monastère par la rue parallèle à la rivière jusqu'à rencontrer la prochaine intersection ; tourner à droite, c'est à 50 m sur la gauche, à l'intérieur d'une enceinte. Compter 35 ¥ (3,5 €) pour un vrai lit en chambre double ou triple. Pourrait être vraiment bien, mais c'est déjà pas mal délabré. En fait, seules les chambres semblent vouloir surnager. Toilettes communes à moitié hors d'usage, fenêtres disjointes, odeur de moisi dans les couloirs. Pas d'eau chaude évidemment.

Où manger ?

I●I *Restaurant Chengdu :* en face du *Post Hotel*. Meilleur que ses voisins. Riz sauté copieux, spécialités comme les travers de porc *(paigu)*, poulet et cacahuètes *(gongbao jiding)*. Un peu cher en raison des difficultés d'approvisionnement... c'est en tout cas ce qu'on vous dit. Bon accueil mais pas de carte en anglais, il faut se débrouiller en cuisine ou connaître le nom de quelques plats chinois.

I●I *Snowland :* il y a en fait 2 établissements portant ce nom, l'un en face du mur nord du monastère, l'autre

dans la même rue en marchant vers l'est. Spécialités tibétaines dont les incontournables *thugpa* et *momo*.
|●| *Sakya Monastery Restaurant* : sur la droite de l'entrée du monastère. C'est toujours là que c'est le plus authentique quand, attablé devant une grosse plâtrée de *momo* en buvant du thé tibétain, on échange des sourires avec une tablée de moines.

À voir

🛐🛐🛐 *Le monastère de Sakya* : ouvert de 8 h à 17 h, mais les chapelles n'ouvrent qu'à 10 h. Entrée : 45 ¥ (4,5 €).
La richesse du monastère de Sakya, fondé en 1073, date du XIVe siècle, quand Sakya Pandita et son neveu Phagpa furent invités à la cour de Gengis khan. Son petit-fils, Kubilai, se convertit au bouddhisme et offrit aux Sakya le pouvoir temporel et spirituel sur tout le Tibet en échange d'un serment d'allégeance. L'architecture de style mongol rappelle plus le passé séculier et guerrier de Sakya que sa vocation spirituelle et monastique. En témoignent le chemin de ronde et les hautes tours de garde aux quatre coins de l'enceinte. Les murs sont ornés de trois bandes verticales : bleu-gris, la couleur typique de la région (*Sa kya* signifie « terre grise »), blanc et rouge représentant l'appartenance à la tradition de Sakya. Depuis toujours, Sakya jouit d'un statut particulier au Tibet. Déclarée région indépendante au XIVe siècle, elle échappait ainsi au pouvoir du dalaï-lama. Aujourd'hui encore, les Chinois lui ont laissé une relative autonomie, fait assez rare pour être signalé.
La succession de Sakya était autrefois aux mains de deux familles qui résidaient dans deux palais à l'intérieur de l'enceinte, le *palais de Phuntsok* et le *palais de Dolma*. L'aîné de chaque génération devint le nouveau détenteur du trône de Sakya et de toutes les richesses et privilèges qui allaient avec. C'est pourquoi une grande rivalité opposait ces deux clans, émaillée de disputes qui marquèrent l'histoire de la région.
La célèbre bibliothèque du monastère occupe un bâtiment derrière l'autel du temple principal. Gigantesque, elle constitue la mémoire du Tibet. On y trouve notamment les correspondances des empereurs chinois et dalaï-lamas tibétains à travers les siècles. Il est très difficile de la visiter, car les Chinois en contrôlent et en interdisent souvent l'accès. Certains documents prouveraient qu'à plusieurs moments de l'histoire, le Tibet était suzerain de la Chine et non l'inverse.
Sakya accumula les trésors au fil du temps. Régulièrement, les empereurs mongols apportaient des présents au monastère. Ces richesses firent l'objet d'un racket organisé par le gouvernement chinois : 2 000 céramiques furent ainsi transportées dans un lieu inconnu. Aujourd'hui les vitrines du monastère, qui exposait ses trésors du temps passé, sont vides. Demander tout de même à voir les mandalas peints sur le déambulatoire du 1er étage.
À la fin de la visite, on pourra acheter, dans le temple principal, des petits vases blancs en argile contenant des pilules d'immortalité, normalement destinées aux paysans. Fabriquées en juin par les moines à partir de toutes sortes d'herbes, elles sont vendues pendant le reste de l'année. Cadeau original si vous parvenez à ramener le vase intact chez vous.

➤ *DANS LES ENVIRONS DE SAKYA*

🍴 Passage obligé sur la grand-route, **Lhatsé** est le type même de village pour routiers, à éviter. Pour ceux qui se retrouveraient coincés ici :

🛏 |●| Le *Farmer Hotel* est toutefois assez agréable. De type traditionnel, l'hébergement se fait en dortoir au rez-de-chaussée (négociable à 20 ¥, soit 2 € le lit) ou à l'étage dans des doubles à 70 ¥ (7 €). Le resto est bon mais cher. Râler un peu au sujet des prix « touristes » du menu en anglais (langue ici parlée) pour obtenir le prix normal.

À signaler encore dans la ville, un **resto tibétain** correct au niveau de la station d'essence et de nombreuses épiceries bien approvisionnées pour le ravitaillement.

Lhatsé « vieux village » : à 5 km au nord dans la montagne. Bel endroit mais il faut un véhicule. Essayez de l'inclure dans votre itinéraire négocié avec l'agence.

SHIGATSÉ Altitude : 3 836 m IND. TÉL. : 0892

Deuxième ville du Tibet, Shigatsé compte environ 50 000 habitants, dont plus de la moitié sont chinois. Siège d'une importante garnison militaire c'est, à la différence de Lhassa, une ville de passage qui fourmille de monde l'été et se vide en hiver. Elle possède un important patrimoine culturel et religieux puisqu'elle a toujours été le siège des panchen-lamas, ainsi que le point de départ de nombreux pèlerinages. La ville s'est beaucoup transformée et étendue depuis l'arrivée massive d'immigrants chinois. Ces derniers multiplient les restos et boutiques chinoises au détriment des commerces tibétains. Les routes se sont élargies, les habitations en béton pullulent, formant des banlieues sans âme qui s'étendent sur plusieurs kilomètres. L'attrait de Shigatsé se concentre dans sa partie nord-ouest où s'élèvent le Tashilumpo ainsi que les vestiges de vieux quartiers situés en contrebas de l'ancienne forteresse *(dzong),* en travaux début 2006. Addition récente et pas désagréable : une rue piétonne « relookée » tibéto-moderne, qui file jusqu'au monastère.

Arriver – Quitter

En bus et en stop

Armez-vous de patience lors de l'achat de vos tickets à Shigatsé, les vendeurs ne comprennent pas l'anglais. Quant au stop, il est toléré, surtout si on est muni d'un permis (à prendre au *PSB,* voir plus bas les « Adresses utiles »).

Station de bus (plan B2) : à 500 m du *Post Hotel,* au niveau du 1er carrefour. Liaisons avec :

➢ *Lhassa :* nombreux départs journaliers de bus et minibus à partir de 8 h dans les deux sens. Compter 4 h de trajet pour 280 km de bonne route. Il existe également un service de bus assuré par la *CAAC* entre Shigatsé et *Gongkar Airport* (Lhassa). ☎ (0891) 66-50-206 ou (0)133-08-91-58-77 (portable). Judicieux de réserver. Depuis l'aéroport, départ le matin. Depuis Shigatsé, un départ vers midi ; arrêt devant une agence de la *Bank of China (plan A1).* Prix très intéressants.

➢ *Gyantsé :* départ quand le bus est plein. Compter 1 h 30 de route pour 100 km.

➢ *Lhatsé et Shegar :* bus publics encore peu nombreux (mais ça change). Pas évident d'acheter son billet. Essayer d'attraper au passage le bus *Lhassa-Kathmandu* (voir la rubrique « Quitter Lhassa »).

➢ *Sakya :* une nouvelle route doit être terminée fin 2006.

➢ *Pour la région du Kailash :* rejoindre d'abord Lhatsé puis passer le *checkpoint* se trouvant à la sortie de la ville à pied. À partir de là, les chauffeurs acceptent plus facilement de prendre des auto-stoppeurs. Prévoir 3 jours jusqu'à Ali.

SHIGATSÉ

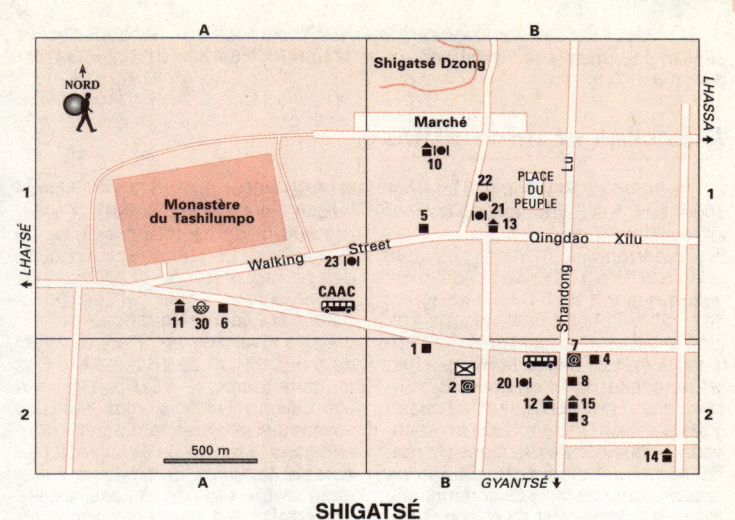

Adresses utiles

- ✉ Poste
- 🚌 Station de bus
- 🚌 Arrêt bus CAAC
- **1** China Telecom
- **@ 2** Telecom Internet Bar
- **3** Bank of China (agence principale)
- **4** Bank of China (Nianhe Office)
- **5** PSB
- **6** Tibet FIT Shigatse Branch
- **@ 7** Cybercafés
- **8** Toread Outdoor Sport

🏠 Où dormir ?

- **10** Tenzin Hotel
- **11** Gang Gyan Orchard Hotel
- **12** Post Hotel
- **13** Sang Zhu Zi Hotel
- **14** Wutse Hotel
- **15** Shigatsé Hotel

🍽 Où manger ?

- **10** Tenzin Hotel Restaurant
- **20** Shigatsé Food Mall
- **21** Gongkhar Restaurant
- **22** Zhengxin Fandian
- **23** Songtsen Restaurant

🎁 Achats

- **30** Fabrique de tapis tibétains

En voiture

Le *FIT* de Shigatsé (voir « Adresses utiles ») peut affréter des jeep. D'autres voyageurs préféreront discuter directement avec des chauffeurs ou d'autres routards. L'hôtel *Tenzin* est un bon lieu pour tenter sa chance.

Entre Shigatsé et Lhassa, 3 itinéraires possibles :

➢ ***La route du Nord :*** la plus longue, elle traverse le Tsangpo à Tadruka, non loin du monastère bönpo de *Tashi Yungdrung,* le seul de cette secte fascinante à être aisément accessible au Tibet central. À l'intersection de Yangpachen (Yangbajing), elle rencontre la route de Golmud (embranchement du lac Namtso).

➢ ***La route du Sud par Gyantsé :*** compter 2 h jusqu'à Gyantsé et 6 ou 7 h en tout. En chemin, le Karo-La (5 200 m), le plus haut col du Tibet central, le lac Yamdrok (d'une magnifique couleur turquoise) et le Kamba-La (4 900 m). Aujourd'hui en grande partie bitumée (jusqu'à Gyantsé et de Nangartse à Lhassa), elle reste toujours la plus pittoresque et la plus intéressante.

➤ *La route du Centre :* longeant les rives escarpées du Tsangpo, c'est la plus rapide, mais elle ne présente pas d'autres d'intérêts. Compter 3 h 30 de trajet.

Adresses et infos utiles

✉ *Poste* (plan B2) : service international pour les lettres mais pas pour les colis.

■ *Téléphone :* China Telecom *(plan B2, 1),* à 100 m de la poste, est ouvert de 10 h à 18 h tous les jours. Fax et téléphone international au tarif habituel ainsi que quelques cabines à cartes. Mieux et moins cher, on ne cesse de le répéter : la téléphonie internet, qu'elle soit à l'enseigne de *China Unicom, Telcom* ou autres. Plusieurs échoppes sur Zhufeng Lu de part et d'autre de l'intersection avec Shandong Lu *(plan B2, 7).* Ouvert d'environ 9 h à 23 h.

@ *Internet :* nombreux cybercafés en ville. Ambiances et performances varient sans cesse. Pour infos : *Telecom Internet Bar (plan B2, 2)* jouxte la poste et deux autres se situent légèrement au nord du *Shigatsé Hotel (plan B2, 15),* de chaque côté de la rue. Ouvert de 9 h à tard dans la nuit (quand ce n'est pas 24 h/24).

■ *Bank of China (agence principale ; plan B2, 3) :* 10, Jiefang Zhonglu. À l'angle de la rue qui longe le *Shigatsé Hotel.* Ouvert de 9 h à 18 h 30 du lundi au vendredi, de 10 h à 17 h le week-end. Service de change pour les espèces et chèques de voyage, et avance sur carte de paiement. Autre agence *(Nianhe Office ; plan B2, 4)* : 43, Zhufeng Lu, à 100 m de l'intersection avec Shanghai Lu. Mêmes horaires et services que la précédente, mais fermé le week-end. Les deux agences ont installé un distributeur à l'extérieur.

■ *PSB (plan B1, 5) :* 24, Xigezibuxing Jie (Walking Street). À environ 500 m de l'entrée principale du Tashilumpo. Le bureau qui s'occupe des permis *(sections of aliens...)* se trouve sur la droite de l'entrée et donne sur la rue (panneau en anglais). Ouvert du lundi au vendredi de 9 h à 13 h et de 16 h à 19 h. Ces derniers temps, le *PSB* de Shigatsé est devenu l'allié le plus sûr des voyageurs indépendants qui circulent dans la région du Tsang (de Shigatsé à Zangmu). En effet, contrairement à Lhassa, ce bureau délivre immédiatement tous les permis nécessaires pour la modique somme de 50 ¥ (5 €) en ne faisant aucun cas de votre moyen de transport.

■ *Tibet FIT Shigatse Branch (plan A1, 6) :* Zhufeng Lu. Voisin de la fabrique de tapis. ☎ 899-11-99. Fax : 883-80-65. S'y adresser pour louer des voitures, trouver un guide et obtenir les permis nécessaires pour la *Friendship Highway.* Pour les permis, aux dernières nouvelles, on peut aussi s'adresser directement au *PSB* (voir ci-dessus), le *FIT* restant utile pendant le week-end quand le *PSB* est officiellement fermé.

■ *Toread Outdoor Sport (plan B2, 8) :* 100 m au nord du *Shigatsé Hotel.* Bonne sélection de matériel de rando. Ne pas négliger les marques locales.

■ *Transports :* de nombreux taxis, 5 ¥ (0,5 €) la course en journée, 10 ¥ (1 €) la nuit. Également des bus municipaux et des triporteurs.

Où dormir ?

De bon marché à prix moyens

⌂ *Tenzin Hotel (plan B1, 10) :* idéalement situé face au marché. ☎ 882-20-18. Fax : 883-15-65. Prévoir 35 ¥ (3,5 €) le lit en formule dortoir dans des doubles ou triples moins tristes que d'habitude. Doubles sans salle de bains, petites mais propres, à 120 ¥ (12 €). Chambres standard coquettes (moquette, baignoire), affichées à respectivement 200 et 260 ¥ (20 et 26 €) mais négociables. Un plus, chauffage partout, même dans les dortoirs ! En basse saison, déduire de 15 à 35 %. Blotti dans des bâtiments de 2 étages entourant une petite cour, cet hôtel est le premier choix des routards. Il est vrai qu'on s'y sent bien. Géré avec énergie et efficacité par une famille tibétaine. Eau chaude, téléphone international à carte, Internet, sans oublier le resto et la véranda.

▲ *Gang Gyan Orchard Hotel* (plan A1, 11) : Qomolongma Lu. ☎ 882-07-77. Fax : 883-01-71. Prévoir de 30 à 50 ¥ (3 à 5 €) le lit dans des chambres doubles à quadruples sans toilettes. Standard avec douches et chauffage à 180 ¥ (18 €). Remise de 20 % en hiver. Très bien placé, à deux pas du Tashilumpo, dans un long bâtiment d'un étage de style néotibétain. Dortoirs et chambres standard offrent la même bonne qualité de lit, des murs bien blancs et une bonne tenue. Eau chaude 24 h/24. Le *lobby* et les couloirs sont peut-être un peu frisquets, mais le bon accueil fait aux routards et le degré général de confort rattrapent cette première impression.

▲ *Post Hotel* (plan B2, 12) : 12, Shanghai Zhong Lu, en face du *Shigatsé Hotel*. ☎ et fax : 882-29-38. Compter de 180 à 280 ¥ (18 à 28 €) pour une chambre double avec ou sans AC et chauffage. D'intéressants rabais sont facilement obtenus, surtout en hiver ! Lino tristoune dans les couloirs, moquettes usées dans les chambres, douches. Eau chaude 24 h/24. Les postiers ne nous offrent peut-être pas les plus belles chambres, mais assurent sur l'essentiel. Choix entre style occidental ou tibétain.

▲ *Sang Zhu Zi Hotel* (Samdrutse Hotel ; plan B1, 13) : ☎ 882-22-80. Doubles avec salle de bains autour de 200 ¥ (20 €). Rabais possible de 20 % selon saison. Eau chaude mais pas de chauffage. Certes, elles ont connu un meilleur sort, mais l'ensemble mérite une note honorable, tout comme le personnel, nombreux et qui fait un effort.

Plus chic

▲ *Wutse Hotel* (plan B2, 14) : Heilongjiang Zhong Lu. ☎ 883-89-99. Fax : 883-86-66 (ext : 88-87). Grosse pièce de *Lego* beige, haute de 2 étages, fichée à l'angle de Jipeilin Lu (rue qui passe immédiatement au sud du *Shigatsé Hotel*). Compter 300 ¥ (30 €) pour de chouettes doubles tout confort. Également des triples. Petit déj' inclus. À la basse saison, 20 à 30 % de remise. Excentré à l'est de la ville, c'est cependant le meilleur choix pour qui recherche le confort sans trop débourser. À pied, compter 40 mn jusqu'au Tashilumpo. Sinon, taxi à prix modique... Literie confortable, baignoire, moquettes correctes et combiné AC-chauffage dans la plupart des chambres. Plus spacieux et plus sympa que le *Shigatsé Hotel*.

▲ *Shigatsé Hotel* (plan B2, 15) : 13, Shanghai Zhong Lu. À une petite demi-heure de marche du monastère. ☎ 882-25-25. Fax : 882-19-00. Compter environ 600 ¥ (60 €) pour une chambre double de style occidental ou tibétain. Rabais de 20 à 30 % hors saison. Incarne le grand standing à Shigatsé. Ce superbe palais des courants d'air accueille, entre autres, les officiels en goguette. Parfois, un coup de chaud et la carcasse s'anime de spectacles traditionnels qui viennent investir son grand hall. Éviter le resto d'où sort une nourriture bien fade.

Où manger ?

Bon marché (moins de 25 ¥ ; moins de 2,5 €)

|●| *Shigatsé Food Mall* 小吃街 (plan B2, 20) : sur une transversale entre Shanghai et Shandong Lu. Plein de gargotes. Brochettes, fon-

dues, nouilles sautées, etc.

|●| Gongkhar Restaurant *(plan B1, 21)* : Xueqiang Lu, presque à l'angle de Qingdao Lu. Choisissez les canapés et vous aurez l'impression de manger dans le salon de vos hôtes au milieu de leurs vélos et diverses affaires. Également des boxes. Pendant que votre voisin dévore une tête de mouton fendue en deux, vous préférerez peut-être d'autres classiques tibétains comme le curry de pommes de terre, les incontournables *momo* et *thugpa* ou le plus rare boudin de chèvre, pas mal du tout. Pour faire glisser le tout, yoghourt sucré sur riz blanc.

|●| Zhengxin Fandian *(Greazy Joe ; plan B1, 22)* : Xueqiang Lu. Attention, plusieurs petites gargotes setchuanaises se sont attribué ce surnom amusant de « Joe le graisseux », en référence au caractère huileux de la cuisine et non au look d'un cuistot ! Ici, le gentil couple ne surfacture pas le *laowai* (« étranger »). Monsieur manie le wok avec dextérité et concocte de bons petits plats (nouilles et riz sautés) et spécialités (sautés de champignons, pousses de bambous ou travers de porc). *Pancakes* et café pour le petit dej'. Menu en anglais. Hygiène correcte. Mieux que le *Greazy Joes*, plus au nord.

Prix moyens (de 25 à 50 ¥ ; 2,5 à 5 €)

|●| Songtsen Restaurant *(plan A1, 23)* : 24, Xigezibuxing Jie (Walking Street). Management népalais pour ce resto joliment apprêté. Sur le menu, les rituels *nepali sets* et *lassi* voisinent avec la spécialité locale, le *yack sizzler,* du « steak » servi sur une plaque chaude accompagné de légumes et de frites. Le confort et l'ambiance chaleureuse font oublier que la cuisine est finalement plus alléchante sur le menu que goûteuse au palais.

|●| Tenzin Hotel Restaurant *(plan B1, 10)* : pour les coordonnées, voir plus haut « Où dormir ? ». Un peu cher mais bien pour les rencontres et profiter de la terrasse.

À voir

🔺🔺🔺 Le monastère du Tashilumpo *(plan A1)* : ouvert tous les jours de 9 h 30 à 12 h 30 et de 14 h 30 à 18 h 30. Entrée : 55 ¥ (5,5 €). La moindre photo à l'intérieur des temples vous coûtera 75 ¥ (7,5 €).

Le Tashilumpo, « l'Endroit vanté de bon augure », fut fondé en 1447 par Genden Drup, qui, plus jeune disciple de Tsongkhapa, sera nommé rétroactivement 1er dalaï-lama. En 1642, le jeune 5e dalaï-lama accorda à son tuteur abbé du Tashilumpo, Lobsang Chogyi Gyaltsen, le titre de réincarnation du Bouddha Amitabha. Il instaura ainsi la lignée des panchen-lamas (grand *pandit* ou maître érudit). Depuis, le Tashilumpo est le siège des panchen-lamas qui, du 4e au 10e, vécurent tous ici et y demeurent enterrés. Véritable ville, Tashilumpo hébergea jusqu'à 5 000 moines, un nombre descendu à 700 de nos jours. Une esplanade comme les aime tant la nouvelle Chine a été aménagée devant l'entrée du Tashilumpo. Complète, avec son écran géant et ses statues réalistes, dont celle d'un Occidental en VTT très populaire auprès des nomades tibétains. Autant en rire !

Rivalités tibétaines et manipulations chinoises

Longtemps, les pouvoirs politiques et richesses des panchen-lamas ne firent que croître. Ils possédaient d'immenses domaines sur lesquels vivaient des milliers de nomades. Fatalement, ces richesses ont fini par rivaliser avec celles des dalaï-lamas. Les Chinois ont habilement tiré parti de ces joutes tibétaines.

Pour une sombre histoire de taxes et de privilèges l'opposant à Lhassa, le 9e panchen-lama n'hésita pas à faire appel aux Chinois. Son successeur joua un rôle controversé. De collaborateur avec les communistes, il devint un martyr de la cause tibétaine quand, en 1989, dans un sursaut tardif mais courageux, il critiqua les erreurs commises par les Chinois. Sa mort suspecte, 6 jours plus tard, servit de catalyseur à de puissantes rébellions. En 1995, le 11e panchen-lama est reconnu par le dalaï-lama. Il est aussitôt placé en résidence surveillée avec sa famille par les Chinois, qui organisent une mascarade dans le Jokhang pour choisir leur propre candidat. Aujourd'hui encore, c'est la confusion totale. L'abbé du monastère est en prison, et les Chinois ont pu mesurer les limites de leur pouvoir en matière religieuse, constatant que les Tibétains n'accepteront jamais la réincarnation « chinoise » du panchen-lama. Après des rumeurs annonçant sa mort en 1999, une association militante a obtenu une photo du « véritable » panchen-lama en 2001. Il semblerait donc que le jeune garçon soit bel et bien en vie. Une grande nouvelle pour les Tibétains de l'intérieur et de l'exil même si son lieu de détention demeure inconnu. En mars 2004, le panchen-lama « chinois » qui semblait condamné au mutisme accorda une interview surprise à un journal de Hong Kong. Le jeune homme, qui n'est pour rien dans toutes ces histoires, ne loge pas à Tashilumpo mais dans un nouveau palais hors limite pour le public. Ses visites au monastère, comme celle de décembre 2005, sont organisées sous haute surveillance (escouades de jeunes patriotes, voiture aux vitres fumées partout...).

La visite

L'architecture du Tashilumpo est superbe, mais, selon les termes du tibétologue Tucci, « la pomposité baroque » et édifiante l'emporte sur la beauté et l'intimité spirituelle. Bien que les bâtiments aient été dans l'ensemble épargnés par la Révolution culturelle, grâce à l'intervention du panchen-lama, de nombreux trésors ont été pillés. Un autre tibétologue affirma : « Le Tashilumpo, le monastère du panchen-lama, est vide de sens aujourd'hui. » Il est vrai que l'ambiance du monastère est curieuse. Certains moines semblent contredire l'adage populaire qui veut que ce ne soit pas seulement « l'habit qui fait le moine ». Véritables fonctionnaires, ils sont rémunérés par les Chinois.

Malgré tout, la découverte du monastère reste un moment très fort et incontournable d'un voyage au Tibet. Passé la grille, orientez votre grimpette vers la gauche pour démarrer par le plus spectaculaire, le *temple de Maitreya*. À l'intérieur, la gigantesque statue du Bouddha du futur est considérée comme sa plus grande représentation en cuivre du monde : 26 m de hauteur, 11 m d'une épaule à l'autre, 1,50 m de long pour le moindre doigt et des narines où un enfant pourrait se cacher ! Ces 115 t de cuivre et 285 kg d'or furent moulées en 1914, peut-être pour conjurer l'invasion des Anglais.

En sortant, faire sonner les cloches (et même en entrant d'ailleurs) et partir vers la gauche (est) où se succèdent les différents *mausolées* des panchen-lamas. Tous ont en commun cet escalier symbolique qui rejoint la niche où le corps est enchâssé assis. Celui du 10e, constitué de 547 kg d'or et 1 000 différentes pierres précieuses, est le plus impressionnant. La tradition tibétaine veut pourtant que seules les tombes-*stûpa* du dalaï-lama puissent être en or. Ce ne fut pas l'avis des « protecteurs » chinois qui imposèrent une cargaison de ce métal venue de Chine. Remarquer cette forêt de stylos, produit d'une amusante coutume qui assurerait à leurs jeunes possesseurs la réussite de leurs examens.

Plus loin, le temple abritant le mausolée du 4e dalaï-lama distille une atmosphère plus vénérable : escalier d'accès bien raide, vieille charpente, murs noircis. On dit qu'il fut sauvé de la destruction par Zhou Enlai. Au-delà, un tunnel débouche sur la célèbre et profonde cour entourée de galeries, au fond de laquelle s'élève un gigantesque mât de prière. Par cette cour, accès sous l'œil des quatre gardiens, au *temple d'assemblée (Tsokhang)* qui date de la création du Tashilumpo. Vaste mais bas de plafond, l'ambiance y est extraordinaire, quasi intime. Profusion de *thangka* brodés (une des spécialités de Shigatsé), rangées de bancs plus hauts et plus garnis que d'habitude, fresques complètement noircies par les lampes à beurre. Au centre, le trône du panchen-lama, à droite, deux chapelles dont une dédiée à Sakyamuni (superbe statue) et à ses disciples.

En redescendant, on peut encore visiter le *collège de logique* où les moines s'entraînent aux débats philosophiques, et le *collège tantrique (Ngagpa Traktsang)*.

La Kora : se lever tôt pour faire cette randonnée avant l'ouverture du monastère ou opter pour la fin d'après-midi avant le coucher du soleil. L'itinéraire suit les murs du monastère. Commencer sur la gauche de l'entrée. Noyé au milieu de pèlerins de tous âges, dans le calme et la sérénité, c'est un instant de Tibet authentique.

La belle balade peut se poursuivre jusqu'à la forteresse, après le haut bâtiment rectangulaire où sont déroulés les *thangkha*.

La forteresse (Dzong ; plan B1) : en travaux début 2006 (à suivre), il n'en restait plus grand-chose depuis les troubles de 1959. Grâce à de vieilles photos, on comprend mieux pourquoi elle est toujours surnommée « le petit Potala ». Compter 20 à 30 mn de montée jusqu'au sommet d'où l'on a une belle vue sur l'ensemble de Shigatsé.

Le marché (plan B1) : on y trouve de tout, du toc pour les touristes, des instruments de la vie quotidienne tibétaine, ainsi que toutes sortes de vêtements et chapeaux. Plus animé le matin, mais la partie pour les touristes joue les prolongations jusqu'en fin d'après-midi. Cette dernière est un peu pénible, on y retrouve le même type de vendeuses qu'au Barkhor de Lhassa. Dirigez-vous vers les secteurs de la viande ou des vêtements, parcourus de hordes fantastiques de nomades et fermiers descendus de leurs montagnes pour acheter et revendre des marchandises.

Festivals

– Chaque année, les 14e, 15e et 16e jours du 5e mois lunaire (juin-juillet), le *tangkha* monumental est déroulé avant l'aube.
– **Festival de danses masquées :** les 3e, 4e, 5e et 6e jours du 8e mois lunaire (fin septembre-début octobre).

Achats

Fabrique de tapis tibétains (Tibet Gang-Gyen Carpet Factory ; plan A1, 30) : 75, Zhufeng Lu. En face du Tashilumpo, de l'autre coté de l'esplanade. Passer le portail et traverser une sorte de terrain vague bordé de baraquements. Au fond, à gauche, le magasin fait face à un grand atelier. Ouvert tous les jours sauf le dimanche, de 9 h à 12 h et de 14 h à 18 h. Les femmes tisserandes viennent des villages alentour. Il faut 15 jours à quatre d'entre elles pour tisser un tapis de 250 x 200 cm, 10 jours et 2 personnes pour les plus petits en 185 x 90 cm. En tout, 70 couleurs sont disponibles. Rien ne vous oblige à acheter ces très belles pièces, mais tout est prévu au cas où, transporteurs compris. Le thé est offert et le manager vous guidera pour la visite.

➤ *DANS LES ENVIRONS DE SHIGATSÉ*

🍴🛏 ***Shalu (ou Zhalu)*** : à 10 km de Shigatsé, sur la route de Gyantsé. Au milieu d'un village agricole, une piste carrossable (indiquée) longue de 4 km file vers le sud. Ni hôtel ni restaurant. Datant du XIe siècle, Shalu est associé à Büton Rimpoché (1290-1364). Cet immense érudit fonda ici la secte éponyme büton (aussi appelée Zhalupa) dont le rayonnement spirituel dépassa largement son implantation géographique. C'est à Shalu que Büton, également considéré comme l'un des plus grands historiens du Tibet, écrivit les 227 volumes du Tangyur (le canon bouddhique tibétain), ses œuvres personnelles et pratiqua l'exégèse des *tantra*. Le monastère, dans sa disposition actuelle, fut construit au XIVe siècle par Dragpo Gyaltsen, célèbre pour sa maîtrise du cycle du *kalachakra tantra*. Il devint rapidement un centre d'instruction yogi ésotérique. Les enseignements incluaient, entre autres, le *lung-gom* (voyage en transe sur de longues distances) décrit par Alexandra David-Néel dans le chapitre sur les moines volants, et le *thumo*, la génération de chaleur interne. La partie chinoise de Shalu, le Serkhang, fut relativement peu abîmée par les sbires de la Révolution culturelle, ce qui n'est pas le cas de la partie tibétaine, à l'arrière, qui, reste toujours en ruine. Aujourd'hui, 75 moines vivent dans le monastère qui compta à son apogée jusqu'à 4 000 résidents.

Le Serkhang, orienté vers l'est, s'élève au fond d'une belle cour pavée bordée de déambulatoires. Datant de la dynastie mongole des Yuan, son toit en tuiles vernissées est unique au Tibet. La salle d'assemblée, plantée de piliers vénérables, est bordée de chapelles sur tout son pourtour. L'ensemble vaut une visite attentive : fresques et petits *stûpa* de style newari, mandalas, murs recouverts de centaines de *tsa-tsa* (plaquettes votives d'argile) et une statue de Sakyamuni qui daterait du XIe siècle. Dans la chapelle du fond, des milliers de bouddhas en bas relief et une coupe d'eau miraculeuse, changée tous les 12 ans. Elle ne croupit pas et soigne 108 maladies.

Particularité des lieux, des couloirs d'atmosphère très médiévale, étroits mais hauts de plafond, entourent le Serkhang au rez-de-chaussée comme à l'étage. Les murs de ce chemin des pèlerins *(khorlam)* sont recouverts de fresques peintes aux XIVe et XVe siècles représentant notamment la cour des grands Mongols. Leur style mélange les influences chinoises, mongoles et newaris. N'oubliez pas votre lampe de poche car seules quelques meurtrières éclairent les corridors. Même si l'on ne peut tout distinguer, on en voit assez pour comprendre pourquoi ces chefs-d'œuvre ayant miraculeusement survécu aux vicissitudes de l'histoire ont inspiré de nombreuses générations d'artistes tibétains.

Dans les chapelles du 1er étage, admirer les superbes mandalas attribués à Büton ainsi que la remarquable collection de statues de cuivre datant des XVIIe et XVIIIe siècles. Au centre, un niveau au-dessus, salle des tombes-*stûpa* des lamas de la secte büton.

Avant de quitter Shalu, passer derrière le Serkhang par les petites portes latérales de la cour. Aux parties ruinées des anciens temples « tibétains », s'accole un petit village où cheminent des enfants rieurs et des grand-mères espiègles. Balade agréable à l'air libre dans un monde blanc, après les rougeurs et les profondeurs du Serkhang...

🍴 ***Ngor*** : l'endroit est difficile à trouver si votre chauffeur ne connaît pas. Il faut suivre la route de Lhatsé jusqu'au niveau du monastère de Narthang, d'où un chemin de terre part vers le sud. Remonter sur plusieurs kilomètres le lit d'une rivière asséchée. À pied, c'est à une demi-journée de marche. Le village de Ngor est perdu, perché sur le flanc de la montagne ; les habitants voient très peu d'étrangers. Vous pouvez choisir de camper à l'entrée du village, mais les moines du monastère de Ngor, qui se trouve à 500 m au-dessus du village, devraient vous réserver un accueil chaleureux et vous proposer une pièce où dormir. L'expérience est magique. D'en haut, vue exceptionnelle sur la vallée.

Fondé en 1429, Ngor fut rapidement considéré comme le plus important monastère Sakyapa. Ses peintures murales (détruites) et ses manuscrits enluminés comptaient parmi les plus grands trésors artistiques du Tibet. Mais les gardes rouges de la Révolution culturelle anéantirent Ngor, ne laissant que des ruines. Aujourd'hui, la reconstruction d'une petite partie du monastère est achevée et l'ensemble a retrouvé de son authenticité. Les quatre *stûpa* alignés à l'entrée furent érigés en l'honneur des quatre maîtres de la lamaserie, chacun possédant un temple différent dans l'enceinte. Deux de ces lamas sont exilés aux États-Unis. Les moines présents sont impressionnants. Bien que n'ayant pour la plupart jamais vu d'Occidentaux, ils ne sont en rien troublés dans leur méditation par votre arrivée ; ce n'est qu'après la cérémonie qu'ils se dépêcheront de venir vous interroger. La visite du monastère est très intéressante, notamment pour les nombreuses fresques qui ont été redessinées, celles des rituels macabres par exemple. Dans la matinée, ne ratez pas les débats philosophiques exécutés par l'ensemble des moines dans le patio.

GYANTSÉ

Altitude : 4 040 m   IND. TÉL. : 0892

Gyantsé est sans doute la plus jolie ville du Tibet central. Sa prospérité tient à sa situation stratégique, au croisement des routes caravanières reliant Lhassa au Sikkim et au Népal. Autrefois, le monastère et la ville percevaient une redevance sur les marchandises. La ville perdit de son importance dans les années 1950 en raison de la fermeture des frontières avec l'Inde. Reconstruite en 1954 après avoir été dévastée par une inondation, elle demeure la troisième ville du Tibet. Ne ratez pas son complexe monastique, le *Pelkor Chode* où s'élève le *Kumbum,* et le *dzong,* la forteresse qui domine la ville.

Promenez-vous dans la vieille ville, dans la moitié nord de Gyantsé. Ici, ni hôtels ni karaokés bruyants, on résiste à l'influence chinoise. À l'opposé, dans le centre moderne et animé de Gyantsé, le commerce bat son plein (plusieurs marchés). Le soir, la populace se rassemble autour de films de kung-fu chinois ou pour des parties de karaoké interminables dont le son est répercuté dans toute la rue. Entrer dans une de ces rustiques tavernes peut être assez drôle d'autant qu'ici, elles sont pour une fois fréquentées essentiellement par des Tibétains. L'accueil est chaleureux et la bière n'est pas chère. L'assistance, qui compte parfois en ses rangs un moine qu'on a croisé le jour même au monastère, vous encouragera à chanter. Lancez-vous sans façons, ne serait-ce que pour quelques couplets, ils adorent.

Arriver – Quitter

Il n'est pas nécessaire de se rendre à la gare routière située au sud de la ville, car les bus viennent se poster tous les matins à partir de 8 h à l'intersection principale. Quelle que soit sa destination ou sa provenance, il vaut mieux transiter par Shigatsé qui sert de plate-forme routière pour toute la région.

Orientation

L'axe central de la ville moderne se nomme Yingxiong Lu. En regardant la forteresse *(dzong),* depuis l'intersection centrale, on se dirige vers le monastère et la vieille ville en prenant l'avenue sur la gauche (Pelkor Road ou

Adresses utiles

@ **Internet :** une salle à l'entrée du *Gyangtse Hotel,* une autre sur Weiguo Lu, pas loin du Zhongshan Binguan. Ouvert d'environ 9 h à minuit.

■ **Téléphone :** comme ailleurs, la téléphonie internet à bas prix envahit la ville (voir les « Généralités » sur le Tibet). Une échoppe entre le *Gyangtse Hotel* et la rue principale, une autre sur cette dernière, entre les hôtels *Jianzang* et *Wutse*. Ferme vers 21 h.

■ **Épicerie :** non loin du rond-point, sur Weiguo Lu, une série de magasins bien achalandés.

Où dormir ?

De bon marché à prix moyens

▲ **Jianzang Hotel :** Yingxiong Zhonglu. ☎ 817-37-20. Fax : 817-39-10. ● jzjzhotel@163.com ● Grande enseigne verticale de couleur bleue. Compter 40 ¥ (4 €) par personne dans des dortoirs de 3 ou 4 lits avec sanitaires à l'extérieur. Doubles avec salle de bains à 200 ¥ (20 €). Rabais de 20 à 33 % en saison creuse. Préférez les chambres dans l'aile donnant sur la rue (plus récentes, parquet, etc.) à celles dans la cour. Évitez les dortoirs du rez-de-chaussée. Eau chaude 24 h/24. Pas de chauffage installé, demandez un radiateur électrique le cas échéant. Parties communes et couloirs carrelés bien tenus. Accueil familial, monsieur parle anglais.

▲ **Wutse Hotel :** Yingxiong Zhong Lu. ☎ 817-29-99. À 150 m au nord du *Jianzang Hotel*. Enseigne verticale portant des caractères chinois jaunes, fresques de tigres et d'éléphants dans le passage de l'entrée. Dortoirs de 4 ou 5 lits à 40 ¥ (4 €) par personne, toutefois moins bien qu'au *Jianzang*. Chambres doubles avec moquette et baignoire autour de 200 ¥ (20 €). Quelques simples et triples également. Tablez sur 20 à 33 % de remise en basse saison. Hôtel très honnête, d'autant que les chambres avec bains ont été refaites depuis peu. Eau chaude 24 h/24. Resto, cher et sans intérêt.

▲ I●I **Zongshan Hotel :** Weiguo Lu. ☎ 817-55-55. À 2 pas de l'intersection principale. Doubles assez spacieuses avec salles de bains à 160 ¥ (16 €), soldées en hiver. Bâtiment moderne de 2 étages, façade vitrée de couleur verte au-dessus du *lobby*. Un hôtel à la chinoise, plutôt pour dépanner ou économiser une poignée de renminbis quand on tient à une chambre avec sanitaires. Tenue moyenne des parties communes mais correcte pour les chambres. Pas de chauffage. Accueil sympa.

Chic

▲ **Gyangtse Hotel :** Shanghai Lu, à environ 500 m du rond-point central. ☎ 817-22-22. Fax : 817-23-66. Descendre Yingxiong Zhong Lu vers le sud, tourner à gauche à la première intersection. Compter environ 350 ¥ (35 €) pour une double, petit dej' compris. Remise de 20 % en basse saison. Les hôtels de types gouvernementaux sont en principe déprimants, mais celui-ci nous a bluffés bien au-delà de son *lobby* surdimensionné. Attendrissante construction datant d'une autre époque (l'ère « pré-carrelages blancs »), dont l'espace et le confort mâtiné d'un brin de coquetterie pourront satisfaire le plus grand nombre. Accueil à mi-chemin entre l'indifférence (on avait dit gouvernemental) et les souvenirs de la formation continue aux nouveaux standards de l'hôtellerie chinoise. Voici donc, en attendant d'affreux palaces nouveaux riches annoncés pour la ville, le luxe descendu sur Gyantsé... il y de cela quelques années. Eau chaude, AC et chauffage. Demandez l'aile tibétaine, c'est encore mieux. Évitez le resto, la nourriture est assez mauvaise.

Où manger ?

Attention, dans certains restos (comme le *Zhuang Yuan* face au *Wutse Hotel*), les menus en anglais affichent des prix largement plus chers que la normale. Si vous êtes coincé, sachez que vous pouvez aussi marchander votre repas ! Ça marche. En principe, les restos indiqués n'appliquent pas cette surfacturation.

|●| *Tashi Restaurant :* Yingxiong Nanlu, un peu au nord du *Wutse Hotel* (grande enseigne verte). Fermé en basse saison. Au 1er étage de l'ancien *Chanda Hotel*. Cuisine népalaise sans mauvaise ni réellement bonne surprise. Populaire.

|●| *Yack Restaurant :* Yingxiong Nanlu, en face du *Jianzang Hotel*. Fermé en hiver. Comme le *Tashi*, le *Yack* propose un menu adapté aux Occidentaux.

|●| *Restaurant du Jianzang Hotel :* pour les coordonnées, voir « Où dormir ? ». À l'étage, un honnête resto décoré à la tibétaine, essayer les *momo* aux pommes ! Une bonne adresse.

|●| *Fuqi Feipian* 夫妻肺片 : Yingxiong Zhonglu. Tiens, encore un setchuanais ! Spécialités du pays comme ces *yuxiang rousi* (émincé de porc parfumé au « poisson », *jiachang doufu* (tofu en sauce épicée maison), ou épinards au gingembre. Menu en anglais illustré de quelques photos. Grande salle assez bien tenue. Un peu cher mais reste honnête.

|●| *Ningxia Musilin :* Yingxiong Zhong Lu. Entre l'hôtel *Wutse* et le restaurant *Tashi*. Enseigne verte ne portant pas de caractères latins. *Ningxia* est la province d'origine des patrons, *musilin* (prononcer « mousselin ») signifie *musulman*. Spécialités coutumières de nouilles de blé, bonnes et pas chères. Menu en anglais. Les *Muslim noodles* correspondent aux *lamian* (souper de nouilles étirées à la main), affublées d'un « *and beef* », ce sont des *gan banmian* (ratatouille et viande de bœuf versée sur une assiette de pâtes). Accompagner tout ça d'une théière de *Babao Cha* (thé des huit merveilles). Cuisine et quelques tables au rez-de-chaussée, grande salle à l'étage où choisir une table « publique » plutôt qu'un box, permet de faire l'inventaire discret de voisins en général pittoresques... qui en feront de même avec vous !

À voir

🏯🏯🏯 *Le monastère de Gyantsé :* ouvert tous les jours de 9 h à 18 h. Entrée : 40 ¥ (4 €).

Le **Pelkor Chode** fut construit en 1418, comme une fédération de 16 collèges monastiques appartenant à trois écoles différentes : Guélugpas, Sakyapa et Büton (ou Zhalupa, une petite secte basée à Shalu). Cet inhabituel esprit de tolérance n'est pas sans expliquer la singularité des lieux. De même, le style architectural est marqué par les influences népalaise, chinoise et tibétaine. Les halls et chapelles du temple principal (Tsuklakhang) ont traversé les siècles (dont la Révolution culturelle) sans dommages majeurs. Ils arborent cette belle patine que d'autres, récemment restaurés, leurs envieront encore longtemps. Les aménagements sont riches, les charpentes sont magnifiques. À l'intérieur, de nombreux trésors comme ces fresques du XVe siècle, de très vieux *thangka,* etc. Cette visite est l'un des grands moments d'un voyage au Tibet.

À gauche de ce temple, il faut absolument aller visiter la *chapelle des Protecteurs* (Gonkhang). Le couloir d'entrée, très bas de plafond, prépare à ce qui suit : fresques décrivant l'enterrement céleste, dépeignant les divinités du Bardo, statues effrayantes des protecteurs, collection de masques qui servent pendant le Festival, le tout est très « parlant ». Au fond de la salle d'assemblée (48 piliers, fresques et sculptures remarquables mais souvent noircies pas les lampes à beurre), se trouve la chapelle la plus importante du temple. L'imposante trilogie des bouddhas du passé, présent et futur est entourée par 8 *boddhisattva* non moins intimidants (environ 4 m de haut), féminins à gauche et masculins à droite.

Monter à l'étage par l'escalier situé au coin sud-ouest de l'antichambre, prendre son temps pour apprécier les quatre chapelles latérales qui flanquent la galerie. On y entre par des escaliers de bois menant à de vénérables triples portes. La deuxième à gauche est un vrai joyau. Les fresques tantriques non restaurées laissent deviner leurs richesses malgré l'usure et les couleurs passées. De tailles humaines, les statues nichées des 16 arhats veillent le Bouddha Sakyamuni et entourent le mandala en trois dimensions de Chakrasamvara. Au centre, la chapelle haute du monastère est ornée de 15 superbes et très complexes mandalas peints, datant sans doute du XVIe siècle. Si certaines salles sont fermées, demander gentiment aux moines de les ouvrir quitte à insister gentiment. Ce serait dommage d'être venu jusqu'ici sans pouvoir apprécier ces trésors. Lors de la fête anniversaire du monastère, traditionnellement du 15e au 19e jour du 4e mois lunaire (mai-juin, mais il est impératif de se renseigner car les dates sont parfois repoussées), un *tangkha* monumental est déroulé sur un grand mur blanc du complexe monastique.

Dans la cour, le *Kumbum* a été construit en 1427 sur le modèle des anciens *stûpa* indiens, selon toute vraisemblance par des artistes newars venus du Népal. Haut de 35 m, les 6 degrés extérieurs correspondent en fait à 8 niveaux intérieurs (certains sont dédoublés). L'ensemble forme un mandala tridimensionnel qui se visite de bas en haut et de gauche à droite jusqu'à la chapelle de Dorjé Chang, le Bouddha primordial. C'est un chemin initiatique qui finit par donner le tournis : grimper au sommet et s'arrêter dans les 77 chapelles permet de « parcourir l'intégralité » de la voie tantrique. Certaines représentations sont magnifiques, la lampe de poche est de rigueur. Payer le forfait de 10 ¥ (1 €) permet de prendre des photos à l'intérieur du *stûpa*, un bon flash est nécessaire. La montée se fait d'abord par des escaliers de pierre et se termine par d'étroites échelles de bois. Deux plate-formes permettent d'apprécier la vue, la dernière se trouve au niveau des yeux. Sachez encore que d'après la tradition, le Kumbum compte 108 portes, un chiffre auspicieux correspondant aussi au nombre de grains des chapelets tibétains. Le terme *Kumbum* signifie, quant à lui, 100 000 fresques…

❀❀ *Le Gyantsé Dzong* : ouvert de 9 h 30 à 19 h 30. Entrée : 30 ¥ (3 €). Accessible par l'arrière en jeep, ou au prix de 20 mn de grimpette jusqu'en haut des murailles. L'effort est largement récompensé par le panorama grandiose dont on jouit sur la ville fortifiée, le monastère et la vallée. Redescendre du côté opposé, depuis la plate-forme où se tiennent les cerbères de la caisse, permet d'aller découvrir la vieille ville. En revanche, il ne reste plus grand-chose du fortin originel du XIIIe siècle, fortement endommagé par l'expédition britannique de 1904 puis lors de la Révolution culturelle. Jeter un rapide coup d'œil à l'amusant musée anti-Anglais. D'autres salles, mais délabrées. Autant rêver en imaginant l'arrivée des troupes anglaises de Younghusband au début du XXe siècle. Fort de ses 1 000 hommes et de son artillerie légère, Younghusband atteint facilement Gyantsé, le dernier bastion fortifié avant Lhassa. Créant une diversion au nord-est, les Anglais pénétrèrent par le sud-ouest après avoir bombardé la muraille. Un obus ayant fait sauter la réserve de poudre, les Tibétains en furent réduits à lancer des pierres sur les envahisseurs.

🏃 *La vieille ville :* accessible par la rue du monastère (Baiju Lu) ou par le flanc est (Yingxiong Beilu). Malgré quelques aménagements (pavage, réverbères), la vie quotidienne s'organise encore comme il y a plusieurs siècles. Les habitants vivent tranquillement dans leurs maisons entourées de grands murs, une vache postée devant. En marchant, vous tomberez peut-être sur une famille en train d'égorger un mouton, une femme qui trait sa vache ou une échoppe vendant cloches et harnais, méticuleusement examinés par les acheteurs potentiels comme s'il s'agissait de bijoux. Plus loin, des enfants jouent à la marelle et s'interrompent pour observer les manœuvres d'un tracteur qui achemine une énorme récolte de bouses… Tous les jours en fin d'après-midi, un véritable défilé de bergers et fermiers rentrent des champs à cheval, à pied ou en carriole. Dès les premiers détours, peu d'étrangers dans les rues, rien que le regard doux des Tibétains, et la curiosité des enfants. Complément bien agréable aux plaisirs des monastères, cette promenade est l'occasion de découvrir une vraie tranche de vie tibétaine.

🏃🏃 *Carpet Factory :* dans la vieille ville. Prendre tout droit vers le nord (Yingxiong Beilu) depuis l'intersection centrale, obliquer à gauche après le similiparc (panneau indiquant *Gyantze Dzong*), puis à droite (indiqué). Entrée au bout d'un cul-de-sac sur la gauche, par un porche tibétain. Ouvert tous les jours sauf le dimanche, d'environ 9 h à 13 h 30 et de 14 h 30 à 17 h. Visite intéressante à travers une série de petits bâtiments chacun dédié à une tâche particulière. Passé le porche, à gauche, le magasin, à droite le filage et cardage, ensuite, les tissages des petites et grandes pièces et, à l'arrière, les finitions (coupage des brins). Les 200 employés, principalement des femmes, sont payés au rendement. La plupart ne dépasseront guère les 300 ¥ (30 €) de salaire mensuel sans pour autant paresser… Toujours prêtes à rigoler, elles apprécient les visites. On peut prendre des photos. Celles-ci seront encore plus appréciées si elles sont envoyées.

DE GYANTSÉ À LHASSA PAR LA ROUTE SUD

🏃🏃 *Le monastère de Ralung :* au-delà de la passe Simu-La (altitude 4 500 m, superbe petit lac artificiel en contrebas) et avant d'atteindre le col de Karo-La, quitter la route de Lhassa par une piste caillouteuse (panneau indicateur), longue d'environ 5 km. Site superbe, dominé par les glaciers et les neiges éternelles de montagnes atteignant les 7 000 m d'altitude. Datant du XIIe siècle, Ralung fut dynamité par les Chinois, avec ses moines à l'intérieur… Les ruines impressionnantes de ce qui fut le temple principal donnent un aperçu de l'importance passée du monastère qui abrita jusqu'à 1 000 moines (une vingtaine aujourd'hui). Ralung est le centre vital de la secte Drukpa Kagyu au Tibet, une héritière directe de l'enseignement de Milarépa, le poète ermite. Au XVIe siècle, Drupka Kunleg, yogi et maître spirituel atypique, y professait la folie pour atteindre la sagesse. Un siècle plus tard, fuyant les armées du roi du Tsang, un abbé du monastère alla se réfugier au Bhoutan. Il réussit à unifier ce petit pays sous la bannière Drukpa qui devint et reste encore aujourd'hui la religion nationale du royaume. Aujourd'hui, le monastère a retrouvé un nouvel essor suite à la reconstruction de certaines chapelles.

🏃🏃 *Le lac Yamdrok-Tso :* ses superbes tonalités turquoise et sa forme étrange aux multiples bras (il ressemble à un scorpion) en font un arrêt obligatoire pour tous les véhicules qui empruntent cette route du sud. Son centre est formé de terrains marécageux qui gagnent du terrain sur le lac lui-même. Pour beaucoup, les Chinois seraient responsables de cet abaissement des eaux depuis qu'ils ont creusé les parois du lac en forme de cuvette. L'eau vient alimenter les turbines d'une usine hydroélectrique en contrebas, avant de se déverser dans la rivière Yarlung. C'est un autre sacrilège, plus grave que celui de pêcher dans le lac (repérer les gros bateaux), et une affaire très délicate pour le gouvernement. D'après une ancienne prédiction, si le lac venait à être asséché alors le Tibet, ayant perdu son symbole vital, cesserait d'être habitable…

Le monastère de Samding : dans le périmètre dessiné par le lac Yamdrok-Tso, à une dizaine de kilomètres à l'est de Nangartse. Accès par une piste difficile en été, car très boueuse. Datant du XIIe siècle, Samding devint deux siècles plus tard l'unique monastère de l'obscure secte bodongpa qui ne prospéra jamais en dehors des murs du monastère. Fondée par Bodong Chokle Namgyal, qui fut plus tard le tuteur de Tsongkhapa (patriarche des Guélugpas), l'école bodongpa rassemble les enseignements Sakyapa et Nyingmapa. La grande particularité de Samding est d'être dirigé par Dorje Phagmo, une lignée de réincarnation *(tulku)* féminines. Selon la légende, lors de l'invasion des Mongols en 1716, elle aurait transformé ses nonnes en cochons. Les envahisseurs, stupéfaits, s'en retournèrent en laissant le monastère intact. Malheureusement, le même miracle n'eut pas lieu lors de la Révolution culturelle quand le monastère, alors très imposant, fut réduit en cendres. Désormais, une trentaine de moines studieux vivent dans un ensemble entièrement mais bien modestement construit. L'ensemble manque un peu de vie ; peut-être parce que la dernière réincarnation de Dorje Phagmo vit à Lhassa où elle est membre du gouvernement régional.

Dans la cour intérieure, deux grands escaliers de pierre, prolongés par les habituelles triples « échelles » de bois, grimpent dans chacune des ailes de la construction principale en forme de L. À droite, la petite salle d'assemblée avec, à l'étage, les appartements de Dorje Phagmo (peintures et photos d'elle) et plusieurs chapelles. Remarquer la récente collection du *Tangyur* en 227 volumes de couvertures jaunes, offertes par les Chinois pour se racheter de la destruction. À voir encore par l'escalier de gauche, une salle qui réunit les patriarches de tous les ordres tibétains ainsi qu'une chapelle dédiée au dieu protecteur.

Les toits-terrasses permettent de jouir d'une très belle vue sur la vallée, l'occasion aussi de mesurer son assèchement. En grimpant, observez l'arête sur laquelle s'adosse le monastère. De là-haut, autre superbe panorama, cette fois-ci sur le bras nord du lac.

Les peuples indigènes croient qu'on vole leur âme quand on les prend en photo. Et si c'était vrai ?

Pollution, corruption, déculturation : pour les peuples indigènes, le tourisme peut être d'autant plus dévastateur qu'il paraît inoffensif. Aussi, lorsque vous partez à la découverte d'autres territoires, assurez-vous que vous y pénétrez avec le consentement libre et informé de leurs habitants. Ne photographiez pas sans autorisation, soyez vigilants et respectueux. Survival, mouvement mondial de soutien aux peuples indigènes s'attache à promouvoir un tourisme responsable et appelle les organisateurs de voyages et les touristes à bannir toute forme d'exploitation, de paternalisme et d'humiliation à leur encontre.

Survival
pour les peuples indigènes

Espace offert par le Guide du Routard

❑ envoyez-moi une documentation sur vos activités   ❑ j'effectue un don

NOM   PRÉNOM   ADRESSE

CODE POSTAL   VILLE

Merci d'adresser vos dons à Survival France. 45, rue du Faubourg du Temple, 75010 Paris.
Tél. 01 42 41 47 62. CCP 158-50J Paris. e-mail : info@survivalfrance.org

routard ASSISTANCE
L'ASSURANCE VOYAGE INTEGRALE A L'ETRANGER

VOTRE ASSISTANCE « MONDE ENTIER » LA PLUS ETENDUE

RAPATRIEMENT MEDICAL		**ILLIMITÉ**
(au besoin par avion sanitaire)		
VOS DEPENSES : MEDECINE, CHIRURGIE,	(env. 1.960.000 FF)	**300.000 €**
HOPITAL, GARANTIES A 100% SANS FRANCHISE		
HOSPITALISE : RIEN A PAYER ! … (ou entièrement remboursé)		
BILLET GRATUIT DE RETOUR DANS VOTRE PAYS :		**BILLET GRATUIT**
En cas de décès (ou état de santé alarmant)		**(de retour)**
d'un proche parent, père, mère, conjoint, enfant(s)		
*BILLET DE VISITE POUR UNE PERSONNE DE VOTRE CHOIX		**BILLET GRATUIT**
si vous êtes hospitalisé plus de 5 jours		**(aller - retour)**
Rapatriement du corps – Frais réels		**Sans limitation**

RESPONSABILITE CIVILE «VIE PRIVEE» A L'ETRANGER

Dommages CORPORELS (garantie à 100%) ....(env. 4.900.000 FF)   **750.000 €**
Dommages MATERIELS (garantie à 100%) ....(env. 2.900.000 FF)   **450.000 €**
(dommages causés aux tiers)   (AUCUNE FRANCHISE)
EXCLUSION RESPONSABILITE CIVILE AUTO : ne sont pas assurés les dommages causés ou subis par votre véhicule à moteur : ils doivent être couverts par un contrat spécial : ASSURANCE AUTO OU MOTO.
ASSISTANCE JURIDIQUE (Accident) ....(env. 1.960.000 FF)   **300.000 €**
CAUTION PENALE .... (env. 49.000 FF)   **7500 €**
AVANCE DE FONDS en cas de perte ou de vol d'argent ..(env. 4.900 FF)   **750 €**

VOTRE ASSURANCE PERSONNELLE «ACCIDENTS» A L'ETRANGER

Infirmité totale et définitive	(env. 490.000 FF)	**75.000 €**
Infirmité partielle – (SANS FRANCHISE)		**de 150 € à 74.000 €**
	(env. 900 FF à 485.000 FF)	
Préjudice moral : dommage esthétique	(env. 98.000 FF)	**15.000 €**
Capital DECES	(env. 19.000 FF)	**3.000 €**

VOS BAGAGES ET BIENS PERSONNELS A L'ETRANGER

Vêtements, objets personnels pendant toute la durée de votre voyage à l'étranger :
vols, perte, accidents, incendie,   (env. 6.500 FF)   **1.000 €**
Dont APPAREILS PHOTO et objets de valeurs   (env. 1.900 FF)   **300 €**

À PARTIR DE 4 PERSONNES
TARIFS "Spécial Famille"
Nous consulter Tél. : 01 44 63 51 00
Souscription en ligne : www.avi-international.com

routard ASSISTANCE
L'ASSURANCE VOYAGE INTEGRALE A L'ETRANGER

BULLETIN D'INSCRIPTION

NOM : M. Mme Melle

PRENOM :

DATE DE NAISSANCE :

ADRESSE PERSONNELLE :

CODE POSTAL :   TEL.

VILLE :

DESTINATION PRINCIPALE..

Calculer exactement votre tarif en SEMAINES selon la durée de votre voyage :
7 JOURS DU CALENDRIER = 1 SEMAINE

Pour un Long Voyage (2 mois…), demandez le ***PLAN MARCO POLO***
Nouveauté contrat Spécial Famille - Nous contacter

COTISATION FORFAITAIRE 2006-2007

VOYAGE DU   AU   =
                                                                                SEMAINES

Prix spécial (3 à 40 ans) :   **22 € x**   =   €

De 41 à 60 ans (et – de 3 ans) :   **33 € x**   =   €

De 61 à 65 ans :   **44 € x**   =   €

Tarif "**SPECIAL FAMILLES**" 4 personnes et plus : **Nous consulter au 01 44 63 51 00**
Souscription en ligne : www.avi-international.com

Chèque à l'ordre de ROUTARD ASSISTANCE – *A.V.I. International*
28, rue de Mogador – 75009 PARIS – FRANCE - Tél. 01 44 63 51 00
Métro : Trinité – Chaussée d'Antin / RER : Auber – Fax : 01 42 80 41 57

ou Carte bancaire : Visa ☐   Mastercard ☐   Amex ☐

N° de carte :

Date d'expiration :   Signature

Je déclare être en bonne santé, et savoir que les maladies
ou accidents antérieurs à mon inscription ne sont pas assurés.

Signature :

Faites des copies de cette page pour assurer vos compagnons de voyage.

Information : www.routard.com / Tél : 01 44 63 51 00
Souscription en ligne : www.avi-international.com

INDEX GÉNÉRAL

— A-B —

ALI (SENGUÉ ZANGPO)	304
ANNAPURNAS (sanctuaire des)	188
BANDIPUR	169
BANEPA	163
BARDIA (parc de)	200
BAUDA (BODHNATH)	145
BEGNAS (lac de)	187
BHADGAON (BHAKTAPUR)	147
BHAIRABSTHAN	191
BHAKTAPUR (BHADGAON)	147
BODHNATH (BAUDA)	145
BUDDHA NILKANTHA	131
BUNGAMATI	139

— C —

CHANDI BHANJYANG	191
CHANGU NARAYAN	158
CHANGZHU	298
CHHAUNI (National Museum)	131
CHIMPHU	297
CHITWAN (parc de)	192
CHOBAR (gorges de)	141
CHONGYÉ (vallée des Rois)	299

— D —

DAKSHIN KALI	142
DANUSHA	204
DARCHEN	305
DHULIKHEL	165
DORJE DRAK (monastère de)	297
DRAM (ZANGMU, KHASA)	307
DRÉPUNG (monastère de)	281
DRIGUNG TIL (monastère de)	289

— E-G —

EVEREST (camp de base de l')	312
GANDEN (monastère de)	286
GHOREPANI	188
GODAVARI	139
GORKHA	168
GURDZÖ	309
GYANTSÉ	324

— H-J —

HAUTE KYICHU (vallée de la)	286
HYANGJA	187
JAHARSING PAUWA	162
JANAKPUR	201
JANAKPUR WOMEN'S DEVELOPMENT CENTRE	204
JOMSOM	188

— K —

KAILASH (mont)	305	KIRTIPUR	139
KALI KHOLA (vallée de la)	187	KOSHI TAPPU WILDLIFE RESERVE	204
KATHMANDU	91		
KATHMANDU (vallée de)	129	KUCCHAY	141
KHASA (ZANGMU, DRAM)	307	KYICHU (vallée de la haute)	286
KHOKHANA	139		

— L —

LALITPUR (PATAN)	134	LHATSÉ « VIEUX VILLAGE »	316
LHASSA	261	LUMBINI	198
LHATSÉ	315		

— M —

MANAKAMANA (télécabine de)	167	MINDROLING (monastère de)	296
		MILARÉPA (grotte de)	309
MANASAROVAR (lac)	304	MUGLING	167

— N —

NAGARKOT	160	NÉPAL (le)	91
NALA	163	NEW TINGRI (SHEGAR)	311
NAMO BUDDHA (balade du)	164	NGOR	323
NAMTSO (lac)	301	NIRMAL POKHARI	187
NAUDANDA	187	NORD (piste du)	304
NÉCHUNG	282	NYALAM	308

— P —

PABONKA	283	PATAN (LALITPUR)	134
PALPA (TANSEN)	189	PHARPING	141
PANAUTI	163	POKHARA	171
PARVAS LAKE	191	PURANG	306
PASHUPATINATH	143		

— R —

RALUNG (monastère de)	328	RONGPUK (monastère de)	313
RANI GHAT	191	RUPA (lac de)	187
RÉTING	291		

– S –

SAKYA	313	SHALU (ZHALU)	323
SAMDING (monastère de)	329	SHEGAR (NEW TINGRI)	311
SAMYÉ	294	SHIGATSÉ	316
SANKHU	159	SIMIKHOT	306
SARANGKOT	187	SUD (piste du)	306
SAURAHA	194	SWAYAMBUNATH	
SENGUÉ ZANGPO (ALI)	304	(SWAYAMBU)	130
SÉRA (monastère de)	283		

– T –

TAKLUNG	291	TIBET DE L'OUEST (le)	303
TANSEN (PALPA)	189	TINGRI	309
TATOPANI	189	TÖLING	304
TÉRAÏ (le)	191	TÖLUNG (vallée de la)	300
TERDROM (nonnerie de)	289	TONG-LA (le ; col)	309
THIMI	158	TRANDRUK (monastère de)	298
THIRTAPURI	305	TSAPARANG	304
TIBET (le)	207	TSÉTANG	297
TIBET CENTRAL (vallées du)	285	TSURPHU (monastère de)	300

– Y-Z –

YAMDROK-TSO (lac de)	328	ZANGMU (DRAM, KHASA)	307
YARLUNG (vallée du)	293	ZHALU (SHALU)	323
YUMBULAKANG	299		

OÙ TROUVER LES CARTES ET LES PLANS ?

- Bhaktapur 148-149
- Kathmandu – plan général, *cahier couleur* 4-5
- Kathmandu – Thamel (zoom 1), *cahier couleur* 9
- Kathmandu – Durbar Square (zoom 2), *cahier couleur* 11
- Lhassa – plan général, *cahier couleur* 14-15
- Lhassa – zoom, *cahier couleur* 16
- Népal (le), *cahier couleur* 2-3
- Pokhara – plan général 173
- Pokhara – zoom 175
- Région de Lhassa (la), *cahier couleur* 12-13
- Shigatsé 317
- Treks des Annapurnas (les) 189
- Vallée de Kathmandu (la) 132-133
- Vallées du Tibet central (les) 287

Les **Routards** parlent aux **Routards**

Faites-nous part de vos expériences, de vos découvertes, de vos tuyaux.
Indiquez-nous les renseignements périmés. Aidez-nous à remettre l'ouvrage à jour.
Faites profiter les autres de vos adresses nouvelles, combines géniales... On adresse un exemplaire gratuit de la prochaine édition à ceux qui nous envoient les lettres les meilleures, pour la qualité et la pertinence des informations. Quelques conseils cependant :
– Envoyez-nous votre courrier le plus tôt possible afin que l'on puisse insérer vos tuyaux sur la prochaine édition.
– N'oubliez pas de préciser l'ouvrage que vous désirez recevoir.
– Vérifiez que vos remarques concernent l'édition en cours et notez les pages du guide concernées par vos observations.
– Quand vous indiquez des hôtels ou des restaurants, pensez à signaler leur adresse précise et, pour les grandes villes, les moyens de transport pour y aller. Si vous le pouvez, joignez la carte de visite de l'hôtel ou du resto décrit.
– N'écrivez si possible que d'un côté de la lettre (et non recto verso).
– Bien sûr, on s'arrache moins les yeux sur les lettres dactylographiées ou correctement écrites !
– En tout état de cause, merci pour vos nombreuses lettres.

Le Guide du routard : 5, rue de l'Arrivée, 92190 Meudon

e-mail : guide@routard.com
Internet : www.routard.com

Les **Trophées** du **Routard**

Parce que le *Guide du routard* défend certaines valeurs : droits de l'homme, solidarité, respect des autres, des cultures et de l'environnement, les Trophées du Routard soutiennent des actions à but humanitaire, en France ou à l'étranger, montées et réalisées par des équipes de 2 personnes de 18 à 30 ans.
La troisième édition des Trophées du Routard 2006 est lancée, et les équipes partent chacune avec une bourse et 2 billets d'avion en poche pour donner de leur temps et de leur savoir-faire aux 4 coins du monde. Ces projets sont menés à bien grâce à l'implication d'Air France qui nous soutient.

Routard Assistance *2006*

Routard Assistance, c'est l'Assurance Voyage Intégrale sans franchise que nous avons négociée avec les meilleures compagnies, Assistance complète avec rapatriement médical illimité. Dépenses de santé et frais d'hôpital pris en charge directement sans franchise jusqu'à 300 000 € + caution + défense pénale + responsabilité civile + tous risques bagages et photos. Assurance personnelle accidents : 75 000 €. Très complet ! Le tarif à la semaine vous donne une grande souplesse. Tableau des garanties et bulletin d'inscription à la fin de chaque *Guide du routard* étranger. Pour les longs séjours, un nouveau contrat, *Plan Marco Polo* « spécial famille » à partir de 4 personnes. Si votre départ est très proche, vous pouvez vous assurer par fax : 01-42-80-41-57, en indiquant le numéro de votre carte de paiement. Pour en savoir plus : ☎ 01-44-63-51-00 ; ou, encore mieux, sur notre site : • www.routard.com •

Photocomposé par Euronumérique
Imprimé en Italie par Legoprint
Dépôt légal n° 75734-8/2006
Collection n° 13 - Édition n° 01
24/0583/5
I.S.B.N. 2.01.24.0583-5